L'ABC DES RELIGIONS

Avec la collaboration de Sylvie Mascle

Pierre Chavot

L'ABC DES RELIGIONS

MARABOUT

Pour Jean (1931-2004)

AVANT-PROPOS

Chacun vit auprès de juifs, de chrétiens ou de musulmans. Mais savons-nous ce qui rapproche et sépare ces croyants, ce qui motive leurs actes et leurs pensées ? Que sont vraiment le Grand Pardon (*Yom Kippour*), une *fatwa*, le *djihad* et la *charia* – si souvent mal interprétés –, l'Immaculée Conception, des termes aussi répandus que païen, amen ou parabole ? En quoi les sunnites se distinguent-ils des chiites, les catholiques des orthodoxes et des protestants, les séfarades des achkénazes... ? Qui sont ces rabbins, ces prêtres et ces imams ? Il faut l'avouer : dans notre monde qui va vite, où le sensationnel l'emporte souvent sur la compréhension des événements, nous ne connaissons peu ou pas ces voisins, c'est-à-dire l'« autre ».

Dès la Préhistoire, les hommes se mirent à croire en des puissances supérieures qui, dans l'Antiquité, devinrent des dieux. À la fin du IIe millénaire avant notre ère, un dieu majeur émergea au Proche-Orient, son portrait évoluant au fil du temps. Le mot « dieu » cessa d'être commun et prit une capitale. Car, par nature, et par définition, Dieu s'affirma unique, principe même du nom propre. Cette croyance finit par se structurer il y a environ 2 800 ans, grâce à l'écriture, puis donna naissance à trois religions : ce sont, par ordre chronologique, le judaïsme trois fois millénaire, le christianisme âgé de deux mille ans et l'islam né au viie siècle. Cohabitant dans de nombreux pays, répandues sur les cinq continents à la faveur des migrations, des découvertes et des conquêtes, elles concernent la moitié de l'humanité, soit un peu plus de trois milliards d'individus. Elles forment une vaste famille, riche, exceptionnelle, tant sur le plan historique que spirituel. Un héritage qui fait de tous ces croyants des frères réunis autour de Dieu et d'une aspiration vieille comme le monde : la paix. Un mot qui se dit chalom en hébreu, salam en arabe, termes aux racines proches qui rappellent que ces deux langues sont des sœurs venues des très anciens Sémites...

Car ces trois « monothéismes », s'ils se sont aimés ou affrontés, partagent la foi en Dieu, le Créateur et l'Éternel, l'amour du prochain, l'aumône, la reconnaissance d'Abraham (le père de tous les croyants)... Ils n'ont jamais cessé d'échanger des savoirs et des traditions. À côté de nos anciennes civilisations occidentales, ils ont imprégné les comportements, les habitudes, les rapports humains. Il suffit de consulter les calendriers civils, rythmés par des fêtes chômées dont la grande majorité sont d'origine religieuse. Le carnaval, le ramadan, le nouvel an juif (*Roch ah-Shanah*), la Toussaint, Noël, Pâques... sont inscrits dans notre rythme annuel. De même, des expressions et des mots sont si courants que nous en avons oublié la source religieuse : l'acolyte, « la paille et la poutre » de Jésus, le jubilé, le tohu-bohu, le chérubin, l'année sabbatique ou encore les agapes, sans oublier ce que l'on doit à l'arabe (assassin, bazar, amiral, alcool...).

Cette réalité n'empêche pas chacune de ces religions d'affirmer son identité forte. Pour le judaïsme, Dieu se manifesta aux hommes par l'intermédiaire des prophètes, dont le plus grand fut Moïse auquel Dieu transmit la Torah, première partie de la Bible hébraïque. Pour le christianisme, ces mêmes prophètes ont certes un rôle capital, mais Dieu se révéla avant tout par son Fils Jésus-Christ qui transmit l'Évangile ; celui-ci est aussi le nom donné aux quatre premiers livres du Second Testament, les textes sacrés chrétiens. L'islam reconnaît et loue les prophètes, mais non la nature divine de Jésus ; la révélation finale de Dieu s'est faite au travers du Coran, dicté au Prophète Mahomet par l'ange Gabriel. L'homme n'est ainsi qu'un « avertisseur », précise souvent les versets coraniques pour qui juifs et chrétiens sont les « Gens du Livre » (*ahl al-Kitab* en arabe), c'est-à-dire ces écrits sacrés révélés par Dieu à des hommes. Mais comment exposer clairement et simplement ce qui, malgré les siècles, anime toujours le quotidien de tous ces fidèles de Dieu ?

L'ABC des religions, ouvrage sans équivalent, répond à ce besoin. Par exemple, il fait un exposé clair et très accessible du Jugement dernier ou des anges, alors qu'auparavant, il fallait réunir plusieurs sources pour en connaître la signification. Facile, simple et agréable à lire grâce à la forme abécédaire, la plus pratique et la plus attrayante, il présente en effet les fondements, les spécificités et les convergences du judaïsme, du christianisme et de l'islam. Et, point capital : écrit par un historien des religions, non-croyant respectueux de la foi, il ne s'adresse pas aux « spécialistes » mais au plus grand nombre.

L'ABC s'appuie en premier lieu sur les trois sources qui sont au cœur des trois religions : la Bible, le Second Testament (en priorité les évangiles), le Coran. Vous en découvrirez le contenu et ses prolongements : les illustres personnages (prophètes, grandes femmes, David, Jésus, Mahomet, Ali, Moïse, Abraham…) ; les créatures (démon, Léviathan, Satan…) ; les grands thèmes (sagesse, mystique, apocalypse, enfer…). Viennent dans un second temps les écrits, décisions, traditions et certaines fonctions qui leur sont liées, comme la Michnah et le Talmud juifs, les conciles et les bases du clergé chrétiens, les hadith islamiques. À cet ensemble s'ajoutent la liturgie et les lieux de culte (synagogue, église, mosquée…) ; les principaux courants des trois monothéismes ; les fêtes des calendriers. *L'ABC* évoque aussi des événements historiques et des courants religieux qui ont un lien direct avec ces époques lointaines, comme les mandéens, les judéo-chrétiens, les hérésies chrétiennes, les kharidjites et les caraïtes. Au total, ces sujets sont traités au sein de près de 900 notices recensant des mots courants aux définitions courtes. Un index de plus de 2500 noms, propres ou communs, vient compléter cet ensemble déjà fourni. Enfin, les annexes répertorient le contenu de la Bible, du Second Testament et du Coran, une chronologie et les calendriers.

L'ABC des religions n'est pas pour autant exhaustif, tâche presque impossible, mais un éclairage : il n'a pas pour but de juger, chacun étant libre d'approfondir ailleurs tel ou tel sujet et de se forger une opinion. C'est pourquoi il évite les sujets très généraux, comme la mort, la science, le mariage, l'art ou la guerre, dont les applications, multiples, résultent avant tout de l'action humaine. Emblématique de ce choix, la condition féminine, sujet épineux, n'y est pas abordée, tout comme les bouleversements de la fin du XXe siècle et de ce début de millénaire. Car l'Histoire montre comment ces religions ont pu, et peuvent, être déviées de leur sens originel pour être récupérées à des fins politiques, ou pour assurer la prédominance masculine. Cet imbroglio spirituel, heureusement très minoritaire mais aux conséquences parfois considérables, est le résultat d'une lecture partisane et d'une interprétation tendancieuse des textes. Dieu n'y est pour rien ! Si nous suivons les versets, parfois très complexes, des écrits sacrés, il apparaît que Dieu, dont il faut craindre la colère et suivre les exigences, est avant tout un créateur qui, comme n'importe quel donneur de vie, tient à ce qu'il crée, en l'occurrence l'univers, les êtres vivants, les humains occupant le premier rang. Il les entoure d'amour paternel, de protection, de grandeur...

Pour conclure, nous reprendrons cet extrait de l'apôtre Jean, à la toute fin de l'évangile qui porte son nom : « Il y a encore bien d'autres choses qu'a faites Jésus. Si on les mettait par écrit une à une, je pense que le monde lui-même ne suffirait pas à contenir les livres qu'on en écrirait » (21, 25). En effet, les hommes ont une fâcheuse tendance à oublier l'essentiel. C'est-à-dire faire connaître de manière impartiale la foi qui, concrètement, est appliquée par l'immense majorité des juifs, chrétiens et musulmans, dans le respect des préceptes d'amour, de charité et de fraternité inspirés par Dieu.

MODE D'EMPLOI

Chaque entrée est suivie d'un symbole représentant la ou les religions concernées. À la fin, des renvois à d'autres notices permettent de compléter le sujet.

Afin de faciliter encore la compréhension, nous avons simplifié au maximum la prononciation phonétique et la graphie (par exemple, en arabe, abou au lieu d'abû, dhou au lieu de dhû).

Concernant les noms propres et communs, nous avons préféré nous abstenir d'étymologies lorsqu'elles n'étaient pas sûres, et conservé les formes francisées, comme Mahomet au lieu de Muhammad.

Concernant les dates, elles sont fixées avant ou après Jésus-Christ par souci d'uniformisation (le calendrier juif débute en 3 761 ans av. J.-C., et le calendrier musulman à l'Hégire, soit en 622 apr. J.-C.).

Enfin, nous avons privilégié le nom de « Dieu », même dans les définitions propres à l'islam qui prononce Allah, et au judaïsme qui, depuis des siècles, ne le nomme pas : juifs et musulmans comprendront cette position qui permet encore une meilleure compréhension

A

AARON ✡ ✝ ☪

Dans la Bible, Aaron est le frère de Myriam et de Moïse qui, ayant des difficultés à s'exprimer, le prend pour porte-parole (Ex 4, 15-16). Mais Aaron est surtout le premier grand prêtre d'Israël entouré de ses fils, eux-mêmes voués au sacerdoce – charge donnée par Moïse sur l'ordre de Dieu (Lv 8, 6-9) – et, de ce fait, le fondateur de la classe des prêtres qui officiera dans le temple de Jérusalem. Aaron et Moïse sont ainsi rattachés à la tribu de Lévi (« adjoint à » en hébreu), qui donnera la classe sacerdotale, prédominante, des lévites.

La figure d'Aaron est attachée à de grands événements de l'Exode : il assiste Moïse devant Pharaon ou encore laisse le peuple adorer le Veau d'or, ce que lui reproche son frère avant de lui pardonner. Mais, comme Moïse, il n'entrera pas en Canaan, la Terre promise : à Mériba, tous deux ont douté que Dieu, par sa simple volonté, pût faire jaillir une source. Il meurt avant Moïse, et Éléazar, son fils, le remplace. Le Talmud décrit Aaron comme un homme pacifique, à la voix douce. Il est présent lors de Soukkot, fête commémorant les huttes où s'abritèrent les Hébreux durant l'Exode.

Le Second (Nouveau) Testament a repris la figure d'Aaron. L'épître aux Hébreux dit : « Tout grand prêtre, en effet, pris d'entre les hommes, est établi pour intervenir en faveur des hommes dans leurs relations avec Dieu, afin d'offrir dons et sacrifices pour les péchés. [...] Nul ne s'arroge à soi-même cet honneur, on y est appelé par Dieu, absolument comme Aaron. De même, ce n'est pas le Christ qui s'est attribué à soi-même la gloire de devenir grand prêtre, mais il l'a reçue de celui qui lui a dit : "Tu es mon fils, moi, aujourd'hui, je t'ai engendré" » (5, 1-6). Certains attributs des évêques, même si la mission de ces clercs est différente de celle d'Aaron, sont directement inspirés de ceux du premier grand prêtre d'Israël, comme la crosse qui rappelle son bâton miraculeux et celui de Moïse.

Aaron (Haroun en arabe) est cité plusieurs fois dans le Coran, qui le range parfois parmi les prophètes (*Marie*, 19, 53), « ceux qui font le bien » (*Les Troupeaux*, 6, 84).

Comme lui, Moïse a reçu la Loi ou Torah (*Les Prophètes*, 21, 48). Tous deux sont présents devant Pharaon et ses magiciens (*Jonas*, 10, 75-82 ; *Ta Ha*, 20, 1-79 ; *Les Poètes*, 26, 13-48). En outre, Moïse demande à Aaron de le remplacer auprès « de son peuple » (*al-Araf*, 7, 142), car il a demandé à Allah : « Donne-moi un assistant, de ma famille : mon frère Aaron ; accrois ainsi ma force ; associe-le à ma tâche » (20, 29-32). Dieu répond : « Nous allons te faire aider par ton frère ; nous vous donnerons de l'autorité » (28, 35). Moïse reproche cependant à Aaron l'épisode du Veau d'or (7, 150). Aaron a pourtant mis en garde les Hébreux contre cette « tentation » et essayé d'obtenir leur obéissance (20, 90). « Paix sur Moïse et Aaron », auxquels a été donné le Livre, conclut la sourate *Ceux qui sont placés en rang* (37, 114-122).

➜ *Exode, Hébreux, Lévite, Lévitique, Moïse, Myriam, Prêtre, Prophète, Soukkot, Torah, Veau d'or*

ABBAS, AL- ☪

Membre de la tribu des Quraïch, al-Abbas est le demi-frère d'Abou Tâlib, père d'Ali, et d'Abd Allâh, père de Mahomet. Commerçant aisé et respecté de La Mecque, il s'oppose d'abord violemment à la prédication de Mahomet et, après l'Hégire (622) – la fuite de ce dernier à Médine –, il continue de participer au combat contre les musulmans. Finalement, il se rallie à son neveu et à l'islam en 630, au moment où Mahomet s'apprête à entrer triomphalement à La Mecque. Pour la Tradition, al-Abbas reste un personnage important, qui, dit-on, bénéficiait de l'estime du Prophète. Il est en effet l'ancêtre de ces princes qui formèrent la deuxième grande dynastie arabe de l'islam, après les Omeyyades. Ce sont les Abbassides (750-1258), lignée qui s'effondra sous les coups des Mongols et par la chute de Damas (Syrie), leur capitale.

➜ *Ali, Mahomet, Hégire, Mecque (La), Quraïch*

ABD

Signifie, en islam, « serviteur de »; on retrouve souvent ces trois lettres au début de noms ou de prénoms. Par exemple, Abdallah est le «serviteur d'Allah».

ABDIAS ✠ ☪

Le livre d'Abdias (Obadiah en hébreu) est le plus court de la Bible (20 versets). Ce prophète s'insurgea contre les Édomites, peuple d'Édom qui, en 587 av. J.-C., s'était réjoui du malheur de Juda, apportant même son aide à Babylone lors du saccage de Jérusalem. Il prédit à cet ennemi « héréditaire » d'Israël le châtiment de Dieu. Un midrach fait descendre Abdias d'Éliphaz, l'un des amis de Job avec lequel celui-ci s'entretient au sujet du mal et pour qui « Dieu ne châtie qu'au nom de la justice », même Israël.

➡ *Jérusalem, Job, Juda, Midrach, Prophète*

ABEILLES, LES ✡ ☪

Les Abeilles, *al-Nahl* en arabe, est le titre de la 16e sourate du Coran. Nous y apprenons que Dieu, le Créateur de tout ce qui vit et existe (homme, animaux, mer, montagne, ombre...), a appris aux abeilles : « Établissez vos demeures dans les montagnes, dans les arbres, dans les ruches ; puis mangez de tous les fruits. » Et plus loin : « De leurs entrailles sort une liqueur diaprée où les hommes trouvent une guérison » (16, 68-69). Dieu offrira à ceux qui iront au paradis quatre boissons sacrées et pures : l'eau, le lait, le vin (interdit sur Terre) et le miel. Car le mystère, céleste comme terrestre, est du domaine de Dieu.

Dans le monde ancien, en l'absence de sucre raffiné, le miel servait en effet à de multiples usages, notamment à adoucir les mets et le vin. Cette propriété est reprise dans la Bible, où le miel est associé à la douceur, à la vie, voire à la survivance : les Hébreux conduits par Moïse sont nourris chaque jour par la manne de Dieu, au goût de miel, tandis que Canaan, qu'ils vont conquérir, est un pays où le miel coule en abondance. Et, dans le calendrier juif, durant la fête de Roch ha-Chanah (Nouvel An), il est d'usage de tremper du pain dans du miel pour attirer les bienfaits sur l'année à venir. L'islam, dans le Coran et les traditions, a également loué les qualités gustatives du miel qui se trouve aussi paré de vertus curatives et fécondantes, tout comme il en fait un élément de nombreuses symboliques variant selon les régions, en particulier celles de l'amour et du désir.

➡ *Manne, Mystère, Paradis, Roch ha-Chanah*

ABEL ✡ ✝ ☪

Deuxième fils d'Ève et d'Adam, Abel (Avel en hébreu), nom contenant la notion de filiation (vient sans doute de *hébèl*, qui évoque une fumée, une buée, ce qui se rapporte à un souffle), a pour frère aîné Caïn (Qayin), tous deux ayant été conçus, par la volonté de Dieu, après que leurs parents ont été bannis du paradis terrestre, le jardin en Éden.

Le drame d'Abel, raconté dans la Genèse (4, 1-16), illustre les premiers temps d'Israël, où les cultivateurs de Canaan s'opposaient parfois violemment aux éleveurs semi-nomades (Israélites) venus s'établir sur leur terre.

Abel choisit de devenir « pasteur de petit bétail » tandis que Caïn « cultiv[e] le sol ». Il fait une offrande (premiers-nés du troupeau et leur graisse) à Yahvé qui, sa préférence étant toujours mystérieuse, la choisit au détriment de celle de Caïn (prémices des récoltes, c'est-à-dire les premières productions agricoles de l'année). Mais « Caïn en fut très irrité et eut le visage abattu », et Dieu le mit en garde. Cette indisposition démontre que son geste, au contraire de celui d'Abel, était marqué d'une arrière-pensée qui pouvait le conduire au péché. Caïn, dévoré par la jalousie, attire Abel en pleine campagne, le tue, regrette son geste et le sang répandu, mais se voit tout de même frappé d'exil tout en bénéficiant d'une protection divine.

La Bible n'est pas la seule à rendre compte de ce crime. Les auteurs arabes avaient pour habitude d'appeler Caïn du nom de Cabel (« premier ») et Abel de celui d'Habel, mot évoquant le désarroi. Le Coran parle aussi d'Abel et de Caïn, mais sans les nommer. Le verset 27 de la 5e sourate (chapitre), *La Table servie*, rapporte : « Raconte en toute vérité l'histoire des deux fils d'Adam : ils offrirent chacun un sacrifice : celui du premier fut agréé ; celui de l'autre ne fut pas accepté ; il dit alors : "Oui ! Je vais te tuer !" » La suite de cette sourate est dans le sillage de la Bible.

L'histoire d'Abel et de Caïn est triplement symbolique pour chacune des trois religions monothéistes : éclairer la condition du juste, croyant sincère ayant résisté aux idoles et persécuté ; condamner le meurtre (celui-ci est le premier de l'humanité) qui va à l'encontre des commandements de Dieu ; insister sur le repentir grâce auquel le coupable ou le mauvais croyant bénéficiera du pardon de Dieu.

➡ *Adam, Caïn, Canaan, Commandement, Éden, Ève, Idole, Juste, Péché, Prémices, Repentir, Sang, Table servie (La)*

ABLUTION ✡ ✝ ☪

L'ablution, du latin *abluere* (« laver »), est une pratique commune à de nombreuses religions et croyances. Par l'eau, élément de pureté, source de vie et de régénérescence, on se défait de tout ce qui est impur : faute, maladie, intentions... Il en va de même dans les trois religions monothéistes.

La Torah, première partie et cœur de la Bible, est ainsi imprégnée de rites liés à l'eau. Le livre du Lévitique prévoit des ablutions que les prêtres devaient effectuer avant d'entrer et de sortir du temple de Jérusalem, et avant et après une cérémonie. Au temps de Jésus, elles sont toujours pratiquées et prescrites à tout juif ayant été en contact avec une source d'impureté (cadavre, lépreux, corps ayant eu des rapports sexuels...). Par exemple, la communauté des esséniens de Qumrân, juifs d'une grande intransigeance religieuse, y étaient très attachés, et les judéo-chrétiens, secte du début du christianisme, poursuivirent les ablutions. C'est, entre autres, contre ces rites très contraignants que se dressa Jésus. Aujourd'hui, le grand mode d'ablution *(tevila)* du judaïsme est le *miqveh*.

Au cours de la messe chrétienne, l'opération appelée « lavabo » répond au même principe de purification, et la présence de bénitiers remplis d'eau bénite permet de se purifier avant d'entrer dans une église. Mais c'est le sacrement du baptême qui confère la dimension la plus symbolique de la purification.

En islam, où l'hygiène corporelle est très importante, les ablutions sont de trois sortes. La petite ablution, ou *woudou* (bras, coudes, visage, cheveux, pieds), est une préparation à la prière. Il convient en effet de se présenter calme et serein devant Dieu, de prier en état de pureté intérieure et extérieure. Car « Dieu est celui qui efface les péchés et qui pardonne », rappelle la sourate *Les Femmes* du Coran : « Ô vous qui croyez ! N'approchez pas de la prière, alors que vous être ivres [...] ou impurs [...] – attendez de vous être lavés » (4, 43). La sourate recommande, en l'absence d'eau (ou si elle est souillée), de prendre du sable : c'est la deuxième ablution, ou *tayammoum*. Il existe enfin la grande ablution *(ghousl)*, le corps étant lavé entièrement après un acte sexuel ou à la fin du cycle menstruel, par exemple. Cette ablution est en outre liée au hammam : hérité des thermes romains, ce « bain chaud » (en arabe) alterne les salles, de la plus froide à la plus chaude où l'on transpire abondamment. Il fut adopté par l'islam dès ses débuts, avec la dynastie des Omeyyades (660-750). Ce passage d'un état extrême à l'autre, ainsi que l'attente qui précède le bain, dans la salle de déshabillage et de repos, est en effet idéal pour la pratique du *ghousl*. Privé ou public, le hammam fut l'un des trois pôles de toute cité de l'islam, avec la mosquée et le souk. Destiné aussi bien aux hommes qu'aux femmes, à des heures distinctes quand il n'a pas d'enceinte réservée à chaque sexe, il reste inséparable de la civilisation musulmane, et, à la faveur de l'émigration, a gagné les pays occidentaux.

➡ *Baptême, Essénien, Judéo-chrétien, Lévitique, Messe, Miqveh, Péché, Qumrân*

ABOU BAKR ☪

À la mort de Mahomet (632), son beau-père, Abou Bakr, père d'Aïcha, devient son « successeur » (calife). Compagnon de la première heure du Prophète, riche marchand membre de la tribu des Quraïch, il a financé les débuts de l'islam, affranchi des esclaves convertis, dont Bilâl ibn Rahâb, le premier muezzin. Il n'a pas hésité à se convertir et à accompagner Mahomet durant l'Hégire (fuite du Prophète à Médine, en 622), ce qui lui vaudra le qualificatif de « Celui qui croit fermement et avec certitude » *(al-siddiq)*. C'est lui qui, pendant la maladie de son gendre, a montré sa foi exemplaire en prenant la charge d'imam, directeur de la prière, que lui avait confiée Mahomet lui-même et qui prouve son statut particulier. Peu après la disparition du Prophète, il se charge de mettre un terme à l'influence grandissante de Musaylima, membre de la tribu des Banou Hanifa, qui se proclame aussi prophète, celui d'al-Rahman, le Dieu « miséricordieux » – Nom divin très fréquent dans le Coran. Musaylima, qui revendique aussi une révélation, entre autres points de concordance avec la mission de Mahomet, trouve la mort dans une bataille, en même temps que de nombreux Banou Hanifa.

Mais Abou Bakr n'exerce sa fonction que pendant deux ans. Omar lui succède, héritant d'un islam aux frontières consolidées, prêt à mener son irrésistible expansion. Tous deux reposent à Médine, au côté du Prophète.

➡ *Aïcha, Calife, Foi, Hégire, Imam, Mahomet, Miséricorde, Muezzin, Prophète, Quraïch*

ABOU LAHAB ☪

Abou Lahab (« Père de la flamme ») nous transporte au début de la mission de Mahomet (vers 570-632). En recevant la révélation du Coran par Dieu et en exhortant ses compatriotes de La Mecque à la conversion, Mahomet se heurte à l'hostilité, même au sein de sa propre famille. Ainsi, son oncle Abou Lahab s'oppose à lui et concourt à sa fuite en 622 à Médine (ou Hégire), qui marque la naissance de l'islam. Dès lors, la prédication de Mahomet prend aussi les accents de la lutte. Abou Lahab, resté son ennemi, meurt à la bataille de Badr (mars 624), au sud-ouest de Médine, sur la route commerciale conduisant en Syrie. C'est le premier grand engagement contre les Mecquois, et la première victoire des musulmans, pourtant trois fois moins nombreux. Ce succès renforce en tout cas la foi et la détermination de Mahomet et de ses compagnons. Dans le Coran, il a été rendu possible par Dieu. « Ce n'est pas vous qui les avez tués ; mais Dieu les a tués. Tu ne lançais pas toi-même les traits quand tu les lançais, mais Dieu les lançait pour éprouver les croyants au moyen d'une belle épreuve venue de lui », rapporte par exemple la 8e sourate (chapitre), *Le Butin* (8, 17), à propos des nombreux morts mecquois jonchant le sol où le combat s'est déroulé autour de puits.

De son côté, Abou Lahab est logiquement maudit, plus précisément dans la courte (cinq versets) sourate 111, intitulée *La Corde (al-Masad)* :

« Que les deux mains d'Abou Lahab périssent et que lui-même périsse ! Ses richesses et tout ce qu'il a acquis [ou fait] ne lui serviront à rien. Il sera exposé à un feu ardent ainsi que sa femme, porteuse de bois, dont le cou est attaché par une corde de fibres. » Pour Dieu, le châtiment concerne tous ceux qui s'opposeront par les armes à la véritable foi. Ainsi, sur le plan symbolique, la corde est associée, par son aspect concret, au transport pénible de l'eau ; elle représente aussi le malheur et la mort, suivie des tortures de la géhenne (enfer).

➡ *Conversion, Coran, Géhenne, Hégire, Mahomet, Révélation*

ABRAHAM ✡ ✝ ☪

Le patriarche Abraham, ou Abram, premier homme à croire au Dieu unique, selon la Bible, fait montre d'une foi exemplaire qui lui vaut d'être le « père » des trois religions monothéistes : judaïsme, christianisme et islam. Abraham et Abram signifient en effet « Père puissant » ou encore « Père d'une multitude de nations ». Juifs, chrétiens et musulmans sont ainsi les enfants d'Abraham.

L'épopée ou « cycle » d'Abraham est racontée dans le livre de la Genèse (12-25). Fils de Térah, frère de Nahor et d'Harân, Abraham est un éleveur prospère à Harân, au nord de la Mésopotamie. Un jour, Yahvé s'adresse à lui : « Quitte ton pays, ta parenté et la maison de ton père, pour le pays que je t'indiquerai. Je ferai de toi un grand peuple, je te bénirai, je magnifierai ton nom ; sois une bénédiction ! » (12, 1-2.) Abraham quitte sa patrie pour cette terre promise par Dieu, accompagné de son épouse Sarah, de son neveu Lot (fils d'Harân) et de ses troupeaux. Il arrive ainsi en Canaan puis y revient après un séjour en Égypte et s'installe à Hébron, au chêne de Mambré, tandis que Lot gagne la vallée du Jourdain. Il se rend aussi à Salem (Jérusalem) dont il rencontre le roi, Melchisédech (« mon roi est justice »), qui le bénit : « Béni soit Abram par le Dieu Très Haut qui créa ciel et terre » (14, 19). N'ayant toujours pas de descendance, à laquelle Dieu a renouvelé la promesse de la terre de Canaan, et Sarah étant stérile, il s'unit à Agar, la servante de sa femme. De cette union naît un fils, Ismaël. Abraham adopte ensuite la circoncision, signe de l'Alliance avec Dieu. Quelques années plus tard, trois anges lui rendent visite – des chercheurs y voient Dieu lui-même – et lui annoncent que Sarah va enfanter un garçon, Isaac. Sarah étant l'épouse en titre, ce fils est considéré comme le seul « fils de la promesse ». En conséquence, elle demande qu'Ismaël et Agar soient chassés de Canaan : Abraham s'y soumet difficilement, et ils partent pour l'Arabie, où Ismaël sera l'ancêtre du peuple arabe.

Après l'épisode des villes pécheresses de Sodome et Gomorrhe où Abraham sauve Lot, Isaac voit le jour et est circoncis à l'âge de huit jours. Or, Dieu, exigeant que toutes prémices lui soient offertes en tant que Créateur, ordonne au père de sacrifier son fils. Abraham obéit à ce sacrifice *(aqédah)*, montrant encore sa foi, lui le juste par excellence : il brandit son couteau, mais Dieu remplace l'enfant par un bélier. Il meurt après Sarah, à cent soixante-quinze ans, et, comme elle, est enterré à la grotte de Makpéla, à Hébron. D'Isaac naîtra Jacob, lequel aura douze fils, les ancêtres des douze tribus d'Israël.

Abraham a alimenté de nombreux récits de l'Haggadah, littérature du judaïsme, et la tradition lui attribue la création du *Chaharith*, l'office du matin. Selon le Midrach, il aurait brisé les idoles adorées par son père Térah, puis, Nemrod, roi de Mésopotamie, l'aurait précipité dans une fournaise d'où il émergea sain et sauf. Il est aussi décrit comme l'exemple de l'hospitalité et de la loyauté, qualités avancées également par les musulmans.

Le Second Testament reprend bien sûr la figure d'Abraham qui, avec Isaac et Jacob, accueillera les croyants au festin du royaume de Dieu. Les évangélistes Luc (3, 8) et Matthieu (3, 8-9) évoquent, par exemple, la prédication de Jean le Baptiste, précurseur de Jésus : « Produisez donc des fruits dignes du repentir, et n'allez pas dire en vous-mêmes : "Nous avons pour père Abraham." Car je vous dis que Dieu peut, des pierres que voici, faire surgir des enfants à Abraham. » Tous deux font ensuite descendre Jésus d'Abraham. Paul, dans ses épîtres aux Galates (chapitre 3) et aux Romains (chapitre 4), avance qu'Abraham crut à la promesse de Dieu et, en raison de cette foi, fut considéré par Dieu comme un juste. Or, à cette époque lointaine, Abraham ne pratiquait pas la Loi (Torah), il n'était pas circoncis.

Ce n'est donc pas cette pratique qui rend l'homme juste devant Dieu, mais la foi. Paul en tire la conclusion que ceux qui croient en Dieu, qui a ressuscité Jésus, n'ont pas ou n'ont plus, s'ils sont juifs, à respecter tous les préceptes de la Torah. Cette doctrine contribuera beaucoup à la séparation des juifs et des chrétiens, et permettra aux païens d'entrer dans l'Église sans pratiquer la Loi. Ainsi, Abraham devient Père de tous les croyants, juifs et non juifs. Tous sont également fils de Dieu. Jean, de son côté, consacre un long passage (8, 31-59) à Jésus et à Abraham : « Jésus dit alors aux Juifs qui l'avaient cru : "Si vous demeurez dans ma parole, vous êtes vraiment mes disciples, et vous connaîtrez la vérité et la vérité vous libérera [des péchés]." Ils lui répondirent : "Nous sommes la descendance d'Abraham et jamais nous n'avons été esclaves de personne. Comment peux-tu dire : 'Vous deviendrez libres ?'" [...] "Je sais, vous êtes la descendance d'Abraham ; mais vous cherchez à me tuer, parce que ma parole ne pénètre pas en vous. [...] Si vous êtes enfants d'Abraham, faites les œuvres d'Abraham." »

Le Coran abonde en références à Abraham (Ibrahim), l'« ami de Dieu » *(al-Khalil)* et le croyant par excellence, qui apparaît dans vingt-cinq sourates (chapitres). La sourate 14, qui porte son nom, lui est plus spécialement consacrée. Pour *La Vache* (2, 118-140), Abraham, le juste choisi par Dieu pour montrer le vrai chemin aux juifs et aux chrétiens, est, avec Ismaël, chargé d'une mission divine. Ce sont les messagers *(rassoul)* de Dieu : « Purifiez ma Maison [Kaaba de La Mecque], pour ceux qui accomplissent les circuits [circumambulations], pour ceux qui s'y retirent pieusement, pour ceux qui s'inclinent et se prosternent. » « Ô gens du Livre ! Pourquoi vous disputez-vous au sujet d'Abraham alors que la Torah et l'Évangile n'ont été révélés qu'après lui ? » précise *La Famille de 'Imran* (3, 65). « Abraham n'était ni juif ni chrétien mais il était un vrai croyant *[hanif]* soumis à Dieu ; il n'était pas au nombre des polythéistes » (67). Abraham, conduit par Dieu, ennemi des idoles, fils (ou neveu, selon certains érudits musulmans) d'Azar (*Les Troupeaux*, 6, 74) et non de Térah, apporta aussi la circoncision et le sacrifice de substitution. Celui-ci est pratiqué en période de pèlerinage (Hadj) et recommandé après la naissance d'un enfant *(el-'aqîqa).* Des musulmans pensent enfin que ce sacrifice ne concernait pas Isaac mais Ismaël, ancêtre des Arabes.

➡ *Agar, Alliance, Aqédah, Canaan, Chaharit(h), Circoncision, Fawatih, Foi, Genèse, Hadj, Hébron, Isaac, Ismaël, Jacob, Juste, Livre, Lot, Patriarche, Prémices, Royaume, Sarah, Torah*

ABSALOM ✡

Absalom (ou Abichalom, « Le père est la paix »), troisième fils du roi David. Jeune homme brillant mais très ambitieux et vaniteux, très beau, célèbre en Israël pour ses hauts faits, il rêve du trône, mais a des frères aînés. Le premier, Ammon, viole leur sœur Tamar. Absalom le fait alors assassiner lors d'un banquet, avant de se réfugier trois ans durant à l'étranger. Grâce à l'entremise du général Joab, il parvient à retrouver son pays et l'affection de David. Mais, assoiffé de pouvoir, il entre en rébellion, poussant le roi à quitter Jérusalem et à placer sa confiance en Dieu. Son armée est battue dans les forêts de Galaad. Absalom trouve alors une mort absurde : juché sur sa monture, il prend ses magnifiques cheveux dans les branches d'un chêne et y reste suspendu. Joab le rejoint et, désobéissant à David, le tue de trois coups de lance, puis jette son corps dans une fosse, dernière demeure des anonymes et des humbles. Dieu ne pouvait accorder sa faveur à Absalom !

➡ *Ammon, David, Jérusalem*

ACHAMNOU ✡

Ce mot, qui signifie « nous avons péché » en hébreu, débute la prière que l'on récite à Yom Kippour, au cours du jeûne, mais aussi, selon les communautés, avant le mariage, avant la mort, voire chaque jour. L'aveu des péchés se fait par lettre de l'alphabet dans l'ordre de l'abécédaire, en utilisant le « nous », tandis que l'on se frappe la poitrine pour chaque faute reconnue.

➡ *Jeûne, Péché, Yom Kippour*

ACHKÉNAZE ✡

Les Achkénazes sont les juifs qui, répandus en Europe occidentale, centrale et orientale (pays non méditerranéens) par l'effet des migrations, partagent une spécificité qui les distinguent de la famille des Séfarades (juifs du bassin méditerranéen). Ainsi, ils prononcent différemment l'hébreu, et leur liturgie, tout en reposant sur un cœur commun, bat à des rythmes différents : par exemple, les *piyyoutim* (poèmes liturgiques chantés) sont en allemand et en français du Moyen Âge ; à Chavouot, ils récitent l'*aqdamout millin*, hymne en araméen faisant la louange de Dieu ; les officiants portent occasionnellement le *qitel*, une « blouse » blanche, par exemple lors de la prière pour la pluie de *Chemini Atseret*. Autre et importante particularité : la langue yiddish, qui a produit une abondante littérature.

Dans le livre de la Genèse (10, 1-4), Noé est à l'origine d'une nombreuse descendance issue de ses trois fils – Sem (ancêtre des peuples sémites), Cham et Japhet – à partir de laquelle « se fit la dispersion dans les îles des nations [le monde] ». Par exemple, Japhet donne naissance à Gomer qui, à son tour, a des enfants, dont Achkenaz qui, selon la tradition, serait l'ancêtre des Scythes. Cet ancien peuple d'origine iranienne fit, au VIIe siècle av. J.-C., d'importantes incursions au Proche-Orient. Déferlant sur la Mésopotamie, les Scythes poussèrent jusqu'en Palestine et même en Égypte. Dans son livre, le prophète Jérémie les exhorte à faire chuter Babylone, qui a soumis et ravagé Juda, et Jérusalem (en 587) dont il a exilé la population.

Dans la ligne du traité Yoma du Talmud, qui voit Gomer comme le père de la Germanie (Allemagne), des textes rabbiniques du XIe siècle emploient le nom « Achkenaz » pour désigner la région franco-allemande correspondant alors à la Lotharingie. En effet, d'abord installés surtout en Allemagne, les juifs achkénazes (ou *Achkenazim*) gagnèrent l'est de l'Europe à partir du XVe siècle, en particulier la Pologne qui s'affirma comme le centre achkénaze. Mais, victimes de violences, beaucoup retournèrent vers l'ouest, dont la France et l'Allemagne. Au XIXe siècle, des Achkénazes partirent pour les États-Unis, puis, à la faveur du sionisme, pour la Palestine où ils furent suivis par d'autres juifs quittant l'Allemagne nazie. Pendant la Shoah, une grande partie des Achkénazes d'Europe furent décimés, surtout en Pologne.

Par rapport aux Séfarades (ou *Sefaradim*), les Achkénazes sont majoritaires dans l'actuel État d'Israël (notamment grâce aux juifs venus d'URSS dès 1989) et au niveau mondial (70 % des juifs environ). Héritiers d'un long passé franco-allemand, ils ont évolué dans des pays chrétiens, et leurs usages linguistiques, leurs coutumes et même l'architecture des synagogues portent les traces de leur immersion dans ces territoires.

➡ *Assyrie, Babylone, Cham, Chavouot, Exil, Genèse, Jérémie, Jérusalem, Juda, Liturgie, Piyyout, Prophète, Qitel, Séfarade, Shoah, Talmud, Yiddish*

ACHOURA ☪

Cette fête, lors de laquelle on jeûne, est dite « du Dixième jour », car elle se déroule le 10 de mouharram, 1er mois du calendrier musulman. Certains y voient l'influence du Yom Kippour juif, d'autres d'une fête locale antéislamique ou le mélange de rites juifs et chrétiens. Mais des rapporteurs de la Sunna attestent que ce jeûne fut institué comme une recommandation et non une obligation. De nombreux musulmans sunnites le pratiquent en l'honneur de Moïse et de son peuple qui, échappant aux armées de Pharaon, purent, grâce à Dieu, franchir à pied sec la mer Rouge. En fait, historiquement, cette date coïncide avec la commémoration de l'assassinat du petit-fils du Prophète, Hussein, fils d'Ali – ce qui explique cette confusion. L'Achoura est ainsi l'occasion d'une grande ferveur de la part des sunnites qui y voient un jour chargé de bienfaits à venir, alors que depuis le Xe siècle, les chiites, qui se réclament d'Ali et de ses descendants, commémorent le martyre d'Hussein tué à la bataille de Kerbela (680) ; on peut à cette occasion assister à des processions et aux mystères de la passion d'Hussein (*taziya*), une forme quasiment unique de théâtre en islam.

➡ *Ali, Chiisme, Hussein, Jeûne, Kerbela, Mouharram, Mystère, Saum, Sunnisme, Yom Kippour*

ACHRÉ ✡

L'*Achré* (« Heureux ceux ») est l'hymne précédant la lecture des psaumes de la Bible lors des offices quotidiens du judaïsme, ainsi qu'au shabbat et lors de certaines fêtes. Il contient en effet un extrait du psaume 84, invitation au bonheur dans la maison de Dieu dont la gloire est magnifiée (« Heureux les habitants de ta maison »), ou encore, et surtout, un passage du psaume 145, splendide louange à Dieu. L'*Achré* s'achève par *Alléluia (Hallelouyah)*.

➡ *Alléliua, Béatitudes, Office, Psaumes, Shabbat*

ACTES DES APÔTRES ✝

Adressés à un certain Théophile (« ami de Dieu »), les Actes (faits et gestes) des apôtres, cinquième livre du Second Testament, sont en général attribués à l'évangéliste Luc. Les chercheurs hésitent encore à dater leur rédaction, celle-ci se situant au plus tôt en l'an 63, au plus tard dans les années 80-90.

On assiste à l'Ascension, au remplacement de Judas, à la descente de l'Esprit saint sur les apôtres, au jour de la Pentecôte, marqué aussi par le don des langues (glossolalie) et de nombreuses conversions de juifs. Suivent les premiers temps de l'Église de Jérusalem. Pierre et Jean, à qui est reproché d'enseigner la résurrection de Jésus, comparaissent devant le Sanhédrin, la grande instance juive, puis sont relâchés avant d'y retourner : le président, Gamaliel l'Ancien, leur permet de repartir libres. Ensuite, le nombre sans cesse croissant des disciples nécessite la création des premiers diacres, assistant des apôtres, dont Étienne, le premier martyr, lapidé en présence d'un des persécuteurs, un certain Saül de Tarse. Mais ces persécutions n'empêchent pas les missions et les baptêmes qui, débordant la Judée, touchent la Samarie. Même Saül de Tarse se convertit à son tour sur le chemin qui le mène à Damas (Syrie), avant de se désigner apôtre et de prendre le nom de Paul. Les premiers païens embrassent bientôt la nouvelle foi, et, à Antioche (actuelle Antakya, en Turquie), sont appelés chrétiens, c'est-à-dire « disciples du Christ » (Messie) Jésus. Pour intégrer ces populations non juives, le premier concile se réunit à Jérusalem. Enfin, un long développement porte sur Paul : ses missions, son arrestation, son départ pour Rome, où il est emprisonné pour la première fois (vers 63).

➡ *Ascension, Concile, Conversion, Diacre, Église, Esprit saint, Évangéliste, Évangiles, Gamaliel, Jean, Jésus, Judas Iscariote, Judée, Martyr, Messie, Païen, Paul, Pierre, Pentecôte, Samarie, Sanhédrin*

AD ☪

Le Coran mentionne à plusieurs reprises cette tribu, que l'on situe en général parmi les tribus originelles du sud de l'Arabie.

Les Ad (de même que les Thamoud), appelés aussi Adéens, reçoivent des messagers d'Allah, tel Houd comme le rapporte la sourate *al-Araf* (7,

65-73). Mais ils refusent de reconnaître la prééminence du Dieu unique et continuent de vénérer les idoles, n'acceptant pas d'abandonner « ce que leurs pères adoraient » (7, 70). Ils « ont traité les prophètes de menteurs » (*Les Poètes*, 26, 123), malgré la crainte que doit inspirer Dieu. « Le Démon embellissait leurs actions », et Dieu a puni « chacun d'entre eux à cause de son péché. Il en est, parmi eux, à qui nous avons envoyé un ouragan. Il en est, parmi eux, que le Cri a saisi. Il en est, parmi eux, que nous avons fait engloutir par la terre. Il en est, parmi eux, que nous avons noyés. Il ne convenait pas à Dieu de les léser, mais ils se sont fait tort à eux-mêmes » (*L'Araignée*, 29, 38-40). « Comme j'ai châtié et comme j'avais averti ! » (*La Lune*, 54, 21) rappelle Dieu qui « a utilisé [un vent] contre eux pour tout dévaster durant sept nuits et sept jours » (*Celle qui doit venir*, 69, 8).

➜ *Allah, Arabie, Araf (al-), Araignée (L'), Coran, Démon, Houd, Idole, Prophète, Thamoud*

ADAM ✡ ✝ ☪

Dans la Bible, le livre de la Genèse débute par le récit de la Création : le sixième jour, Dieu crée le premier homme à partir de la glaise du sol. Cette créature, qui reçoit la vie par le souffle divin, est appelée Adam, c'est-à-dire simplement « homme » en hébreu *(âdâm)*. Ce mot possède également la même racine qu'*adama*, qui signifie la « terre » dont Adam est issu, ou que *demout*, « image [de Dieu] » puisque Adam est fait à l'image de Dieu.

Adam prend ensuite place au paradis et Dieu, décidant qu'Adam ne peut pas rester seul, crée les bêtes sauvages *(behémoth)* et les oiseaux du ciel auxquels Adam attribue des noms. Mais l'homme, que Dieu a donc fait à son image, ne trouve personne qui lui soit égal. Aussi Dieu crée-t-il la femme, Ève, qui s'installe avec l'homme au paradis. Dominant les autres créatures, ils ont pour consigne de se multiplier. C'est sans compter avec le démon et le fruit défendu de l'arbre de la Connaissance. Le péché va se répandre, à commencer par le propre fils d'Adam et Ève, Caïn, qui tuera son frère Abel.

Le judaïsme et le christianisme (avec le Second Testament notamment) se sont abondamment nourris de la figure d'Adam. De même, le Coran, qui reprend les éléments de la Genèse, l'évoque à de nombreuses reprises.

Les anges doivent se prosterner devant lui, « à l'exception d'Iblis [démon] qui refusa et qui s'enorgueillit », rapporte la sourate *La Vache* (2, 34). Adam, créé par Dieu, est le père des hommes qui sont ses fils, c'est pourquoi : « respectez les entrailles qui vous ont portés » car l'humanité descend du premier couple de la Création (*Les Femmes*, 4, 1).

➡ *Abel, Behémoth, Caïn, Coran, Création, Démon, Ève, Genèse, Iblis, Lilith, Paradis, Péché*

ADAR ✡

Adar (février-mars) est le 6e mois du calendrier religieux juif et le 12e mois du calendrier civil. Adar est jalonné de célébrations historiques et, de ce fait, marqué par la joie. La tradition fixe au 7 la naissance et la mort de Moïse. Le 13, est célébré le jeûne d'Esther (qui permit de sauver son peuple d'un génocide). Le 14, se déroule Pourim, fête majeure d'adar, consacrée aux récits rapportés dans le livre d'Esther. Et c'est le 23 de ce mois qu'eut lieu, en 515 av. J.-C., la dédicace du Second temple de Jérusalem, comme le rapporte le livre d'Esdras. Certaines années (sept fois sur une période de dix-neuf ans), un 13e mois, adar II, est ajouté au calendrier afin de combler le décalage créé entre le cycle solaire et le cycle lunaire qui rythment l'année.

➡ *Jérusalem, Esdras, Esther, Moïse, Pourim, Temple*

ADHAN ☪

Dans les pays musulmans, c'est l'« appel » aux cinq prières quotidiennes *(salat)* de l'islam, à celle du vendredi et à celles de jours particuliers. Le muezzin en est le messager du haut du minaret de la mosquée, un quart d'heure avant la prière – en réalité, cela dépend des mosquées et des prières car il n'y a aucune prescription canonique. L'*adhan* peut varier selon les régions. Par exemple, en Indonésie, on peut utiliser les gongs (probable influence du bouddhisme) et, quand la voix ne peut franchir d'épaisses forêts, des tambours *(belug)*.

L'*adhan* comprend les formules suivantes, répétées en général deux fois (il existe des variantes en fonction des différents courants de l'islam) :

Allahou akbar (« Allah est le plus grand ») ; *Ashhadou an la'ilaha illa-Llah* (« J'atteste qu'il n'y a de Dieu qu'Allah ») ; *Ashhadou anna Muhammadan rasoulou-Llah* (« J'atteste que Muhammad [Mahomet] est son Envoyé ») ; *Hayya'ala-s-salah* (« Levez-vous pour la prière ») ; *Hayya'ala-l-falah* (« Levez-vous pour le salut ») ; *Allahou akbar* (« Allah est le plus grand ») ; *La ilaha illa-Llah* (« Il n'y a pas d'autre Dieu qu'Allah »)

À la prière du matin *(soubh)* est ajouté : « *As-salatou khayrun mina n-naum* » (« La prière est préférable au sommeil »).

➡ *Allah, Chahadah, Mosquée, Muezzin, Prière, Salat, Vendredi (prière du)*

ADONAÏ ✡

Le mot *adon* signifie en hébreu « maître », ou plus précisément « Seigneur ». Dans la Bible, Adonaï, son pluriel (« Mes Seigneurs »), apparut vers le IIIe siècle av. J.-C. au sein de milieux lettrés, afin de remplacer le tétragramme YHWH, prononcé « Yahvé ». Adonaï signifie que Dieu est le maître du monde, le seigneur de tous les rois. La Septante, traduction grecque de la Bible, a rendu Adonaï par Kyrios, puis la version latine par Dominus. Les textes du Second Testament ont également souvent recours au qualificatif de Seigneur.

Dans le judaïsme, *adon* forme, associé à *olam* (« univers »), le titre et les deux premiers mots d'une hymne célèbre, l'Adon Olam (XIe siècle), chantée notamment à la fin de l'office du matin du shabbat (et tous les matins), des fêtes, voire de Yom Kippour. Elle met l'accent sur le rôle créateur de Dieu, sa majesté, sa puissance et son pouvoir de libérateur.

➡ *Buisson ardent, Élohim, Jéhovah, Roch ha-Chanah, Seigneur, Septante, Shabbat, Testament, Yahvé, YHWH, Yom Kippour*

AGAR ✡ ✝ ☪

Le livre de la Genèse (16, 1-16) présente Agar comme la servante égyptienne de Sarah, épouse d'Abraham. Trop longtemps stérile, Sarah se résout à ce que son mari s'unisse à cette jeune femme pour lui donner une descendance. Agar tombe enceinte et, devenue concubine d'Abraham, dédaigne sa maîtresse. Sarah, furieuse, la maltraite et l'oblige à s'enfuir dans le désert.

« L'Ange de Yahvé la rencontra près d'une certaine source au désert, la source qui est sur le chemin de Shur [nord-ouest du Sinaï]. Il dit : [...] Retourne chez ta maîtresse et sois-lui soumise. [...] Je multiplierai beaucoup ta descendance, tellement qu'on ne pourra pas la compter. [...] Tu es enceinte et tu enfanteras un fils, et tu lui donneras le nom d'Ismaël, car Yahvé a entendu ta détresse [Ismaël signifie « Dieu écoute »]. » Ismaël voit le jour, suivi d'Isaac, fils d'Abraham et de Sarah, devenue enfin fertile. La Genèse (21, 8-20) rapporte ensuite que Sarah, apercevant les deux enfants en train de jouer, demande à Abraham de chasser Agar et son fils : la terre de la promesse (Canaan) ne peut être partagée. Abraham en est chagriné, mais Dieu le rassure et lui demande de s'exécuter : « C'est par Isaac qu'une descendance perpétuera ton nom, mais du fils de la servante je ferai aussi une grande nation [Arabes] car il est de ta race. » Agar, portant Ismaël dans ses bras, prend donc le chemin du désert, où l'eau vient vite à manquer. Elle installe son fils sous un buisson et éclate en sanglots : « "Je ne veux pas voir mourir l'enfant !" Dieu entendit les cris du petit et l'Ange de Dieu appela du ciel Agar et lui dit : "Qu'as-tu, Agar ? Ne crains pas, car Dieu a entendu les cris du petit, là où il était. Debout ! Soulève le petit et tiens-le ferme, car j'en ferai une grande nation." Dieu dessilla les yeux d'Agar et elle aperçut un puits. Elle alla remplir l'outre et fit boire le petit. [...] Il [Ismaël] demeura au désert de Parân [nord de la péninsule du Sinaï] et sa mère lui choisit une femme du pays d'Égypte. » Agar a donc donné naissance à un peuple frère d'Israël, les Arabes.

Le Second Testament évoque Agar dans l'épître aux Galates (4, 21-31), où Paul se livre à une comparaison étonnante : « Abraham eut deux fils, l'un de la servante, l'autre de la femme libre ; mais celui de la servante est né selon la chair, celui de la femme libre en vertu de la promesse. » Agar symbolise l'alliance de la servitude et Sarah celle de la promesse.

➡ *Abraham, Alliance, Ange, Arabie, Canaan, Galates (Épître aux), Genèse, Israël, Sarah, Sinaï, Yahvé*

AGGÉE ✡

Dans le livre (très court) de la Bible qui porte son nom, le prophète Aggée intervient durant le règne de l'empereur perse Darius Ier, précisément de la fin août à la mi-décembre 520 av. J.-C. Comme son contemporain Zacharie, il se désole que le chantier du Temple (détruit en 587) ait été abandonné, demande aux juifs de se réveiller, proclame l'intervention directe de Dieu qui prend son nom guerrier, Sabaot. Aggée fait aussi la louange de deux hommes : Zorobabel, gouverneur de Juda, descendant de David, serviteur de Dieu qui l'a choisi pour restaurer le pouvoir royal ; et Josué, chargé du chantier du Temple, représentant du pouvoir sacerdotal.

➡ *David, Jérusalem, Juda, Malachie, Prophète, Sabaot, Temple, Zacharie*

AGNEAU ✡ ✝ ☪

Innocent et fragile, gage de l'avenir du troupeau, l'agneau est souvent mentionné dans la Bible. En groupe, les agneaux sont le peuple guidé par Dieu, pasteur et berger. L'agneau est aussi le juste, le croyant par excellence. Il est donc logique qu'il ait été l'objet de sacrifices, notamment l'holocauste pratiqué dans le temple de Jérusalem. Il est surtout associé à l'une des fêtes majeures du judaïsme : la Pâque (Pessah) qui, selon la Bible, puise son origine dans l'Exode. Pour contraindre Pharaon à libérer son peuple, les Hébreux, Moïse, rendu capable de miracles par Dieu, envoie dix plaies sur l'Égypte. Alors que la dixième va s'abattre, Dieu le prévient, ainsi que son frère Aaron, de badigeonner le linteau des portes des Hébreux avec du sang d'agneau. De la sorte, l'ange de la Mort reconnaît les maisons et ne frappe que celles où vivent les premiers-nés égyptiens. L'agneau pascal est donc destiné à souder la communauté d'Israël autour de son Dieu, qui l'a épargnée aux temps anciens, ce sang versé ayant permis de la sauver.

Le christianisme a repris cette image biblique de l'agneau, devenu l'un des grands thèmes de l'art religieux chrétien, mais pour signifier le sacrifice de Jésus. Lui, le juste souffrant sur la croix, pareil à cet innocent que le prophète Isaïe a décrit dans ses Chants du Serviteur, à propos de la persécution d'un juste (53, 7) : « Maltraité, il s'humiliait, il n'ouvrait pas la bouche, comme l'agneau qui se laisse mener à l'abattoir. » Pour Jean, dans son évangile, Jésus est l'« agneau de Dieu » (*agnus dei* en latin, nom d'une prière chantée à la messe, juste avant la communion), comme l'a annoncé

Jean le Baptiste : « Voici l'agneau de Dieu, qui enlève le péché du monde » (1, 29). Et quand Jésus crucifié reçoit le coup de lance, Jean ajoute cette allusion à Isaïe : « Venus à Jésus, quand ils virent qu'il était déjà mort, ils ne lui brisèrent pas les jambes, mais l'un des soldats, de sa lance, lui perça le côté et il sortit aussitôt du sang et de l'eau. [...] Car cela est arrivé afin que l'Écriture fût accomplie : Pas un os ne lui sera brisé » (19, 32-36).

Jésus a versé son sang pour le salut des hommes. Il est l'agneau, image de la renaissance et de la victoire de la vie sur la mort. Mais cet animal peut aussi être combattant, comme dans l'Apocalypse de Jean qui, représentant Jésus, le situe dans la lutte incroyable qui se déroulera à la fin des temps.

Dans l'islam, l'agneau est sacrifié puis consommé lors de l'aïd al-Kebir, fête qui commémore le sacrifice du fils d'Abraham (Ismaël pour la plupart des musulmans, Isaac pour d'autres).

➡ *Abraham, Aïd al-Kebir, Apocalypse, Berger, Crucifixion, Exode, Holocauste, Isaïe, Jean le Baptiste, Juste, Messe, Moïse, Pâques, Pasteur, Pessah, Plaies d'Égypte, Salut, Sang, Temple*

AGNOSTICISME ✡ ✝ ☪

L'agnosticisme, mot dérivé du grec *agnôstos* (« inconnaissable », « inconnu »), est l'impossibilité de savoir si quelque chose existe en dehors de l'expérience ou de la raison. Ce mot fut créé en 1869 par le philosophe anglais Thomas Huxley (1825-1895). En matière religieuse, un agnostique est un sceptique : il ne peut savoir si Dieu ou les dieux existent, même s'il reconnaît l'existence du divin. Il est donc différent du gnostique qui, dans les premiers temps de l'Église, fondait sa foi sur la gnose, la « connaissance ».

➡ *Athéisme, Déisme, Foi, Gnosticisme*

AHL AL-KITAB ☪

C'est la « communauté du Livre » ou les « gens du Livre », c'est-à-dire les juifs et les chrétiens, souvent évoqués dans le Coran, et qui, comme les musulmans, bénéficient de livres révélés par des prophètes (Torah pour les juifs, Évangile pour les chrétiens). La sourate 98, *La Preuve décisive* (huit versets), est plus spécialement consacrée à un thème récurrent dans le Coran, celui des « incrédules parmi les gens du Livre et les polythéistes, [qui] ne changeront pas tant que la preuve décisive ne leur sera pas parvenue ». Ceux-là sont voués à la géhenne (enfer), et « ceux qui croient et qui accomplissent des œuvres bonnes [...] auront, pour récompense, auprès de leur Seigneur, les jardins d'Éden ». « Ô gens du Livre ! Venez à une parole commune entre nous et vous : nous n'adorons que Dieu ; nous ne lui associons rien ; nul parmi nous ne se donne de Seigneur, en dehors de Dieu », dit *La Famille de 'Imran* (3, 64), rappelant que les trois religions monothéistes, « du Livre », ont ce point commun essentiel.

➡ *Coran, Éden, Évangile, Géhenne, 'Imran (La Famille de), Livre, Torah*

AHQAF, AL- ☪

Nom de la 46ᵉ sourate du Coran, qui comprend 35 versets et insiste sur la révélation de ce Livre, qui vient parachever les deux autres, Torah juive et Évangile chrétien. L'homme n'est qu'un avertisseur du message de Dieu : répandre le bien, le paradis étant réservé à ceux qui disent et pratiquent ce précepte : « Notre Seigneur est Dieu. » Au jour du Jugement et de la Résurrection, Dieu récompensera chacun en proportion de ses bienfaits, les autres allant brûler dans le feu de la géhenne (enfer). La sourate rappelle ainsi Houd, qui « avertit son peuple dans le pays d'Al-Ahqaf [sans doute une montagne d'Arabie] » au sujet des incrédules, frappés par « un vent qui contient un douloureux châtiment ». « Ne cherche pas à hâter quoi que ce soit, pour ces gens-là [les incrédules] », recommande le dernier verset. « Qui donc sera anéanti, sinon le peuple pervers ? » Le nom al-Ahqaf désigne des dunes gigantesques qui se trouvaient au Yémen, près de la mer, dans une région appelée ech-Chahre, ou dans celle de l'Hadramaout.

➡ *Coran, Géhenne, Houd, Paradis, Versets sataniques*

AÏCHA ☪

Aïcha (613-678), que l'on décrit d'une grande beauté, est la troisième épouse de Mahomet (mort en 632) et, selon la tradition, celle qu'il préféra.

Elle est aussi la fille d'Abou Bakr qui succéda au Prophète, devenant le premier des quatre califes dits « bien-guidés » *(Rachidoun)*.

Pour la Tradition, le début de la 24e sourate du Coran, *La Lumière* (1-26), est une allusion directe à Aïcha qui, perdue dans le désert après le retour d'une campagne militaire, fut ramenée à Médine par un jeune homme. Elle fut suspectée d'adultère, mais Mahomet refusa de divorcer, et elle fut innocentée. Car « Voici une sourate que nous avons révélée, que nous avons imposée », dit le premier verset, tandis qu'il est précisé plus loin qu'un adultère doit être prouvé par quatre témoins.

Mais cet épisode marqua le début de l'inimitié entre Aïcha et Ali, gendre et cousin du Prophète, qui avait justement suggéré le divorce. Elle s'opposa ensuite à Ali, devenu quatrième calife, erreur que lui reprochent autant les sunnites (partisans de la Sunna) que les chiites (partisans d'Ali et de ses descendants). Elle meurt à Médine, où elle s'était retirée après sa défaite et celle des coalisés à la bataille du Chameau (656). Aïcha, appelée « Mère des croyants », est à la source de nombreux hadith. Elle compte aussi parmi les grands muftis (autorité en matière de charia, la loi) et savants de l'islam.

➡ *Abou Bakr, Ali, Calife, Chiisme, Hadith, Mahomet, Médine, Prophète, Sunnisme*

AÏD AL-ADHA ☪

L'aïd al-Adha (« fête du Sacrifice ») d'Abraham est l'une des deux principales fêtes musulmanes, avec l'aïd al-Fitr (« fête de la Rupture du jeûne »). Appelée aussi aïd al-Kebir (« Grande Fête ») dans le langage populaire, elle a lieu le 10 du mois de *dhou al-hijjah*, le « mois [sacré] du pèlerinage », et dure trois jours. L'animal emblématique est alors l'agneau (ou le mouton), que l'on tue en prononçant le *Basmallah* (« Au nom de Dieu... ») et en direction de La Mecque *(qibla)*. Et cela en souvenir du fils qu'Abraham se résolut à sacrifier avant que Dieu le sauve (Ismaël, père des Arabes pour la majorité des musulmans Isaac, pour certains). « Nous avons racheté son fils par un sacrifice solennel. Nous avons perpétué son souvenir dans la postérité », souligne le Coran (sourate *Ceux qui sont placés en rang*, 37, 107-108). Il est d'usage, selon la Sunna et en vertu du principe de charité musulmane, de partager l'agneau en trois parts : une pour les pauvres, une pour les amis, la troisième pour la famille. Enfin, la *Salatû al-aïd* (« prière de la Fête »), commune avec l'aïd al-Fitr, et la *zakat* (aumône) ponctuent cette fête.

➡ *Abraham, Agneau, Aïd al-Fitr, Aqédah, Aumône, Basmallah, Charité, Dhoual-hijjah, Isaac, Ismaël, Qibla, Zakat*

AÏD AL-FITR ☪

L'aïd al-Fitr (« fête de la Rupture du jeûne »), ou « petite fête » *(aïd al-Saghir)*, est, avec l'aïd al-Adha, l'une des deux grandes célébrations solennelles de l'islam, tant chez les sunnites (partisan de la Sunna) que chez les chiites (partisans d'Ali, cousin et gendre du Prophète). Elle marque la fin du ramadan, le 1er du mois de shawwal (« mois de la chasse »), et dure trois jours. Les musulmans prononcent une prière spéciale, la *Salatû al-aïd* (« prière de la Fête »), et se rencontrent pour manger ensemble et s'offrir des cadeaux.

➡ *Aïd al-Adha, Chiisme, Jeûne, Ramadan, Sunnisme*

ALAOUITE ☪

En Syrie, où prédomine le sunnisme (partisans de la Sunna), il existe une enclave chiite (se réclamant d'Ali, cousin et gendre du Prophète, et de ses descendants) : ce sont les alaouites (de l'arabe *'alawiyîn*, « partisans d'Ali »), nés d'une dissidence du chiisme duodécimain. Ils se distinguent par l'apport de courants spirituels comme le manichéisme ou le gnosticisme chrétien, qui les mettent aux frontières de l'hérésie musulmane. Ils diffèrent aussi par la croyance en une triade, ou « mystère », composée de trois êtres divinisés : Mahomet, son cousin Ali et son compagnon Salman al-Farisi, dotés chacun d'une lettre spécifique de l'alphabet et reliés – différemment selon les courants alaouites – à la Terre, à la Lune et au Soleil. Les alaouites sont aussi ouverts au principe de la métempsychose, c'est-à-dire à la thèse d'une âme pouvant habiter des enveloppes successives, humaines, animales ou végétales.

Bien qu'ils représentent seulement 12 à 13 % de la population syrienne, les alaouites, qui ont pris le pouvoir par un coup d'État en 1970, fournissent encore les grands cadres de l'État, dont Hafez al-Assad (mort en 2000), auteur de ce coup d'État, et son fils et successeur Bachar. Ceux de Syrie sont indépendants des Alaouites qui gouvernent le Maroc depuis quelque quatre siècles. En fait, ils sont appelés ainsi depuis le protectorat des Français sur la Syrie en 1920. Car, historiquement, ils se nomment nusayris ou nosaïris, d'après un ancêtre majeur, Ibn Nusayr ou Nosaïr, qui mourut en 884, époque de leur fondation en Irak. Apparus en Syrie au siècle suivant, les alaouites, persécutés, se réfugièrent au XIe siècle dans les régions isolées, notamment le djebel Ansarieh, parallèle à la Méditerranée, où ils sont très présents.

➡ *Ali, Chiisme, Duodécimain, Gnosticisme, Hérésie, Mahomet, Mani, Sunnisme*

ALAQ, AL- ☪

Al-Alaq *(Le Caillot de sang)* est la première sourate révélée à Mahomet par l'ange Gabriel. Mais, dans la recension du Coran, elle est la 96e. Au sens étymologique, le mot *alaq* signifie « adhérence », « quelque chose qui s'accroche » ; ce que l'embryologie contemporaine nomme « nidation » ou « implantation ». On trouve dans cette sourate le fondement de la religion musulmane : s'en remettre à Dieu. Le Seigneur « a créé l'homme d'un caillot de sang », puis l'a « instruit au moyen du calame ». Mais gare aux biens matériels qui aveuglent. Il faut refuser de suivre ces hommes gâtés, qui ont oublié le chemin de Dieu : « Ne lui obéis pas, mais prosterne-toi et rapproche-toi de Dieu. » La sourate *Le Pèlerinage* ajoutera que les hommes furent « créés de poussière, puis d'une goutte de sperme, puis d'un caillot de sang, puis d'une masse flasque, formée ou non » (22, 5).

➡ *Ange, Calame, Coran, Création, Gabriel, Mahomet, Sang, Seigneur*

ALÉNOU ✡

L'*Alénou le-chabbéah*, ou simplement l'*Alénou*, est une prière très ancienne, entonnée à Roch ha-Chanah, le Nouvel An juif, et à la fin des tous les offices, ce qui en souligne l'importance. Il peut être interprété comme une véritable profession de foi, dans laquelle on loue le peuple élu (par Dieu) puis Dieu lui-même, tout-puissant, vers qui retourneront tous les impies, et dont la gloire rejaillira sur un monde de félicité – où l'on sent l'attente du Messie. « Le Seigneur sera Roi sur toute la terre, en ce jour le Seigneur sera Un et Son nom Un », conclut la prière. Historiquement, l'*Alénou* fut intégré à l'*Amidah* (prière) de Roch ha-Chanah et de Yom Kippour par Abba Arikha (vers 175-247), ou Rav, l'un des plus grands *amoraïm*, sages du Talmud. Mais des indices laissent penser que cette prière remonterait à une époque antérieure, sans doute à celle du Second Temple, plus précisément au temps de la Grande Assemblée, groupe de religieux qui œuvra à la restauration du Dieu unique après l'exil à Babylone, soit du Vᵉ siècle (environ) au IIᵉ siècle.

➡ *Amidah, Amora, Foi, Gloire, Grande Assemblée, Jugement dernier, Messie, Office, Peuple élu, Roch ha-Chanah, Talmud, Temple, Yom Kippour*

ALI ☪

Fils d'Abou Tâlib (mort en 619), Ali ibn Abî Tâlib figure parmi les premiers convertis à l'islam, vers l'âge de douze ans, dit-on. Il appartient au clan des Banou Hachim, de la tribu des Quraïch, comme son cousin Mahomet, dont il épouse, vers 623, la fille Fatima, née de Khadidja. De cette union naîtront deux fils, Hassan et Hussein. Durant les débuts de l'islam, Ali s'illustre lors de combats et remplit des missions confiées par Mahomet. Après la mort de celui-ci, en 632, et après avoir hésité, il finit par prêter allégeance *(bay'a)* à Abou Bakr, compagnon du Prophète, qui s'impose comme premier calife, successeur de Mahomet.

Sous ce califat et les deux suivants, ceux d'Omar (634-644) et d'Othman (644-656), Ali joue un rôle certain. Il est, par exemple, le consultant incontournable d'Omar, qui prend rarement des décisions sans solliciter son avis – tout le monde loue la science et le savoir religieux d'Ali. Mais son opposition devient de plus en plus sensible en matière religieuse, politique et sociale. Se réclamant de la Sunna, Ali réunit des partisans – de là viendra plus tard le *chi'at Ali* (« parti d'Ali »), chiisme. Grâce à ceux-ci et après l'assassinat d'Othman (656), il accède à la fonction de calife (il est le quatrième et dernier des califes dits « bien-guidés », ou *Rachidoun*). Il s'ensuit une révolte, conduite par Mu'âwiya, gouverneur de Damas (Syrie) et parent d'Othman, et par Aïcha, troisième épouse de Mahomet. Tous deux lui reprochent de ne pas avoir puni, en tant que calife, les assassins d'Othman, comme l'oblige la *charia*. En décembre 656, non loin de Bassora

(Irak) a lieu la bataille du Chameau, appelée ainsi parce que Aïcha y assiste depuis une litière portée par un chameau. Ali, vainqueur, se débarrasse de ses rivaux. Les plus dangereux sont Talha, qui meurt peu après, et Al-Zubayr, tué sur place. Aïcha, qu'ils avaient rejointe, est simplement reconduite à Médine, après qu'elle a fait la promesse de ne plus interférer dans la politique. Réputé pour son courage, Talha, qui figurait parmi les premiers compagnons de Mahomet et qui avait participé aux tout premiers combats contre les Mecquois, avait, dit-on, été déçu de ne pas être choisi comme calife. Al-Zubayr, quant à lui, cousin du Prophète, qu'il avait rejoint également très tôt, s'était tout aussi illustré dans les campagnes militaires des musulmans.

Mais la bataille du Chameau, opposant pour la première fois deux camps musulmans de manière très violente, devait susciter des débats en matière de doctrine et alimenter, du même coup, les divisions au sein d'un islam auparavant uni, qui venait de mener de grandes conquêtes. L'année suivante, en juin-juillet 657, Ali affronte en effet Mu'âwiya à la bataille de Siffin. Cet engagement se conclut non par les armes, mais par un arbitrage religieux qui, semble-t-il, satisfait les deux partis ; refusant ce résultat, une frange de ses partisans quittent Ali, d'où leur nom de khâridjites (« sortants »). Le Coran doit en effet servir à départager les deux camps, ce qui, pour ces croyants très soucieux du pouvoir de Dieu, est inacceptable. D'autant que Mu'âwiya l'emporte.

Ali accorde aux khâridjites toutes les libertés d'opinion et de pratique à condition qu'ils n'organisent aucun trouble armé au sein de la communauté, ce qu'ils ne respectent pas. Ainsi, ils excommunient ses partisans et ceux qui acceptent son gouvernement. Ali réagit et les vainc au sud de Bagdad, à la bataille de Nahrawan, en juillet 658, laissant peu de survivants. Cette victoire entraîne d'autres défections dans son camp, l'empêchant de poursuivre sa campagne contre Mu'âwiya dont les conquêtes progressent. Il est assassiné en 661 (40 après l'Hégire) par un kharidjite, à Koufa (Irak) où il a transféré ce qui reste de son pouvoir. Il a soixante ans environ.

Le califat, rongé par des luttes intestines, ne sera jamais restauré dans sa plénitude et son unité passées. Hassan succède à son père Ali mais, pendant six mois et après négociation, il cède le pouvoir à Mu'âwiya ; puis Hussein se révolte avant d'être tué à son tour (680). Des deux fils d'Ali descendront les chérifs. L'Arabie, jusqu'alors cœur de l'islam, laisse cette place à Damas d'où vont régner les Omeyyades (660-750), dynastie fondée par Mu'âwiya.

Il est difficile de cerner précisément le portrait d'Ali. Cependant, un certain consensus le présente comme un homme certes peu doué pour la politique, mais un saint homme, courageux et très pieux, appréciation à la source d'écrits légendaires. Les sunnites (partisans de la Sunna) reconnaissent en général son rôle militaire, religieux (transmission de hadith) et littéraire, sans pour autant lui accorder une place privilégiée. Certains courants sunnites ultras le rejettent même sans hésitation.

En revanche, Ali est vénéré par les chiites comme le premier imam, sur l'affirmation que Mahomet en aurait fait son successeur au retour de son dernier pèlerinage de La Mecque, dit « de l'Adieu ». Cet événement aurait eu lieu à l'étang de Ghadir el-Khumm (« mare de Khumm »), entre La Mecque et Médine. Il est fêté chaque année, depuis le Xe siècle, par les chiites duodécimains (qui reconnaissent douze imams alides, c'est-à-dire descendants d'Ali), lors de l'aïd al-Ghadir (« fête de la Mare »). La vénération entourant Ali pousse même des chiites extrémistes, soit à le diviniser, soit à refuser sa mort ou à voir en lui le Mahdi (figure qui doit revenir à la fin des temps avec le Messie, c'est-à-dire Jésus). Sa tombe, située a Nadjaf (Irak), non loin de Koufa, fait l'objet d'un pèlerinage chiite.

➡ *Abou Bakr, Aïcha, Calife, Charia, Chérif, Chiisme, Duodécimain, Fatima, Hadith, Hassan, Hégire, Hussein, Imam, Khadidja, Khâridjite, Mahdi, Mahomet, Mecque (La), Médine, Nadjaf, Omar, Othman, Quraïch, Sunna, Sunnisme*

ALIF ☪

Alif est la première lettre de l'alphabet arabe. Valant « un », elle figure au début d'Allah, Nom véridique du Dieu unique, et d'Adam, le premier homme. Comme pour la kabbale juive (courant mystique fondé sur la symbolique de l'écriture) avec l'hébreu, la tradition mystique musulmane accorde une valeur hautement symbolique aux lettres de l'alphabet arabe. Le Coran contient ainsi 28 lettres dont certaines, les mystérieux *fawatih*, introduisent des sourates, tandis que d'autres en forment le titre, comme *çad*, *ta* et *ha*, *qaf*, *ya* et *sin*. L'interprétation de ces lettres, ou *huruf*, est du ressort de la « science des lettres » *(ilm al-huruf)*, assurée par les hurufis qui les considèrent comme la source créatrice des choses et des êtres qu'elles désignent ; transmises à Adam par Dieu, elles sont donc des outils de la Création et leur valeur numérique permet d'avoir une interprétation mystique du Coran. Certaines de ces lettres, comme *qaf*, possèdent en elles-mêmes une puissance propre qu'elles transmettent à celles qui leur sont associées. Il en va ainsi d'*alif*. Mais certains musulmans en font le symbole d'Iblis, le démon, ce qui l'empêche de s'unir aux lettres sacrées, même si *alif* forme avec elles un mot ou une expression (par exemple avec le *dal*, neuvième lettre de l'alphabet).

➡ *Adam, Allah, Arabe, Çad, Coran, Création, Démon, Fawatih, Hébreu, Iblis, Kabbale, Mystique, Qaf, Ta Ha, Ya Sin*

ALIYA ✡

L'*Aliya*, la « Montée », est un terme qui recouvre différentes significations, toutes essentielles. Il s'agit d'abord de l'immigration juive en terre d'Israël (Erets Israël), depuis les patriarches jusqu'à notre époque : l'arrivée d'Abraham en Canaan, le retour de l'exil de Babylone, ou encore le retour des juifs de la Diaspora à Sion (nom d'une colline de Jérusalem, celui de la ville elle-même et d'où découle le mot « sionisme »). Tout juif a aussi le devoir de monter à Jérusalem pour le pèlerinage et les grandes fêtes. Enfin, l'*aliya* est un privilège accordé à la synagogue : lire la Torah, depuis la *bimah* (tribune).

➡ *Pèlerin, Sion, Sionisme, Synagogue, Torah*

ALLAH ☪

Allah est employé par les arabophones (musulmans ou chrétiens) pour désigner le Dieu unique. C'est le plus important et le plus puissant des Noms de Dieu dans le Coran, et sans doute le plus connu des non-musulmans. À l'origine, les Arabes d'Arabie avaient foi en la religion monothéiste d'Abraham, dont le fils Ismaël (et leur ancêtre) avait prodigué l'enseignement. Mais cette croyance en Allah l'unique subit, au fil du temps, l'influence des cultes polythéistes. Tout en continuant de croire en Allah, dont ils évoquaient sans doute le nom dans des discours, des poèmes et même des supplications, les Arabes lui associèrent d'autres divinités : statues, astres, démons, anges... Ils consacraient un culte à ces idoles, les considérant comme des médiateurs auprès d'Allah. C'est pour cette raison que le Coran les qualifie de *muchrikûne*, c'est-à-dire d'« associationnistes ».

Allah, formé à partir d'El, le grand dieu des civilisations sémites du Proche-Orient, vient de l'arabe *al-ilah* (« la divinité »). Mais, au-delà de son étymologie, Allah, le Nom propre et véridique de Dieu, contient en lui l'adoration que tout croyant doit lui rendre. Dieu est le Créateur de tout, l'Éternel, le Seigneur et le Miséricordieux. La grandeur suprême d'Allah, qui commence par la lettre *alif*, au puissant symbolisme, est célébrée dans la proclamation : *Allahou akbar* (« Allah est le plus grand »), prononcée notamment au cours de l'*adhan*, l'appel à la prière, et qui s'entend souvent en dehors des pratiques religieuses.Cette proclamation est appelée aussi *takbir*, mot qui renvoie à la notion d'embellissement, de noblesse, de majesté. Il existe également le *tasbîh*, prononcé au quotidien : *soubhâna Allah* (« gloire à Dieu »).

➡ *Adhan, Alif, Ange, Arabie, Chahadah, Création, Démon, El, Éternel, Idole, Inchallah, Mahomet, Miséricorde, Musulman, Seigneur, Sémite*

ALLÉLUIA ✡ ✝

Alléluia est une exclamation attestée par plusieurs psaumes de la Bible, parmi lesquels ceux composant le *Hallel* (« louange »). On la trouve aussi à la fin du livre de Tobie et dans l'Apocalypse du Second Testament. Elle signifie, en hébreu, « louer *(hallelou)* Dieu » (Yah, abréviation de Yahvé). Elle a été reprise par la liturgie catholique.

➡ *Apocalypse, Bible, Hallel, Liturgie, Messe, Psaume, Testament, Tobie, Yahvé*

ALLIANCE ✡ ✝ ☪

Pour la Bible, la première Alliance (*bérith* en hébreu) entre Dieu et les hommes remonte au Déluge. Une autre Alliance, signée par le rite de la circoncision, est conclue avec Abraham, le premier homme à avoir la révélation du Dieu unique. Le Code de l'Alliance, remis à Moïse sur le Sinaï, en même temps que le Décalogue, et placé dans l'Arche, scelle les liens indéfectibles de Dieu avec les Hébreux : dès lors, Israël est le peuple particulier de Dieu, ce qui le distingue des autres nations. En retour, ce peuple doit respecter les commandements et préceptes de Dieu contenus dans la Torah, et la liturgie qui en découle.

Au cours de la Passion, rapportent les trois évangiles synoptiques du Second Testament (ceux de Matthieu, Marc et Luc), Jésus institue l'eucharistie lors de la Cène, son dernier repas. Après avoir partagé le pain, symbole de son corps, avec les apôtres, il tend une coupe de vin qui circule de lèvres en lèvres. Luc (22, 19-20), Marc (14, 22-25) et Matthieu (26, 26-29) livrent ces mots : « Cette coupe est la nouvelle Alliance en mon sang, versé pour la multitude. » « En vérité, je vous le dis [c'est-à-dire *amen*], je ne boirai plus du produit de la vigne jusqu'au jour où je boirai le vin nouveau dans le royaume de Dieu », ajoutent Matthieu et Marc. Pour les chrétiens, l'alliance nouvelle, personnifiée par le Christ (Messie), est venue renouveler et revivifier l'ancienne. Ainsi, le mot *bérith* fut traduit par le latin *testamentum*, qui a donné le français « testament ».

Dans le Coran, *Ta Ha*, la 20e sourate, énonce que Dieu fit alliance avec le premier homme, Adam, qui « l'oublia » (20, 115), puis avec les autres hommes. Vint ensuite Abraham, le juste auquel Dieu affirme : « Mon alliance ne concerne pas les injustes » (*La Vache*, 2, 124). Ces injustes sont, par exemple, ces Hébreux qui, las d'attendre le retour de Moïse parti sur le mont Sinaï, se construisent une idole, le Veau d'or. Dieu est aussi en alliance avec les prophètes, dont Jésus. Les musulmans entretiennent ainsi une alliance avec Dieu, qui, si elle est rompue ou corrompue, leur interdira la vie future : « Dieu ne leur parlera pas ; il ne les regardera pas, le jour de la Résurrection ; il ne les purifiera pas et un châtiment douloureux les attend » (*La Famille de 'Imran*, 3, 77). En revanche, la sourate *L'Immunité* annonce que le paradis, « promesse faite en toute vérité dans la Torah, l'Évangile et le Coran » (9, 111), attend ceux qui la respectent aussi bien que Dieu, le Miséricordieux.

➡ *Abraham, Arche, Christ, Circoncision, Commandement, Décalogue, Déluge, Eucharistie, Évangile, Juste, Messie, Moïse, Paradis, Peuple élu, Prophète, Révélation, Royaume, Testament, Torah, Veau d'or*

ALPHA ET OMÉGA ✝

Alpha et oméga, première et dernière lettres de l'alphabet grec, symbolisent le début et la fin de toute chose, dont le monde. Dieu est ainsi le premier, mais il est présent aussi parmi les derniers, c'est-à-dire les plus humbles, a clamé le prophète Isaïe. Jean désigne Jésus par ces lettres, dans l'Apocalypse : « Oui, *amen* ! Je suis l'Alpha et l'Oméga, dit le Seigneur Dieu, "Il est, Il était et Il vient", le Maître-de-tout » (1, 4-8). Plus loin, dans la vision d'une Jérusalem céleste, il rapporte : « C'en est fait [...], je suis l'Alpha et l'Oméga, le Principe et la Fin ; celui qui a soif, moi, je lui donnerai de la source de vie, gratuitement. Mais [...] tous les hommes de mensonge, leur lot se trouve dans l'étang brûlant de feu et de soufre : c'est la seconde mort » (21, 1-8). Évoquant la parousie (retour du Christ à la fin des temps), il écrit encore : « Je suis l'Alpha et l'Oméga, le Premier et le Dernier, le Principe et la Fin » (22, 13). Par ce titre, Jean rappelle que Jésus, en tant que Verbe (Parole) de Dieu, était avant toute chose et subsistera quand la Création aura disparu (1, 1-14). L'alpha et l'oméga figurent souvent sur les croix du Christ et aussi sur les cierges allumés à Pâques.

➡ *Amen, Apocalypse, Christ, Isaïe, Jean, Jérusalem, Jésus, Parousie, Verbe*

AMEN ✡ ✝ ☪

Ce mot hébreu très ancien provient d'un radical qui, commun à l'arabe et à l'hébreu, signifie « ce qui est ferme » ou « ce qui est solide ». Il marque une approbation de la parole et du pouvoir de Dieu : *amen* est ce qui est vrai. La Bible accorde une grande importance à ce mot sacré puisqu'il y figure cent cinquante fois environ. La Septante, traduction grecque de la Bible connue des premiers chrétiens, le rendit par *genoïto*, « ainsi soit-il ». Pour les chrétiens, il prend ce sens encore plus entier et, dans l'Apocalypse de Jean, on trouve ce propos concernant le Christ : « Ainsi parle l'Amen, le Témoin fidèle et vrai, le Principe de la création de Dieu » (3, 14). De fait, durant son ministère, Jésus a souvent accompagné ses propos des formules « en vérité » ou « en vérité, je te le dis » – soixante-quinze fois dans les évangiles.

De nos jours, *amen* sert toujours à conclure une prière juive ou chrétienne. Il a aussi son correspondant dans l'islam, *amin* (qui signifie

« écoute et accepte cette prière »), prononcé après des supplications et des prières adressées à Dieu. Le mot est généralement prononcé par une personne ou un groupe après une invocation publique formulée par une autre personne, un imam notamment.

➡ *Apocalypse, Bible, Évangiles, Imam, Jean, Jésus, Judas Iscariote, Prière, Septante*

AMIDAH ✡

L'*Amidah* est la prière inscrite au cœur du judaïsme, lors du shabbat, des fêtes ou des offices quotidiens, avec des variantes en fonction de ces divers rendez-vous. Dans la tradition, l'*Amidah* se substitue aux offrandes faites autrefois au temple de Jérusalem. On fait remonter son origine à la Grande Assemblée, groupe de religieux qui œuvra à la restauration du Dieu unique après l'exil de Babylone, soit du Vᵉ siècle (environ) au IIᵉ siècle av. J.-C., et son texte définitif date du IIᵉ siècle de notre ère.

À la synagogue, l'*Amidah* doit être dite à voix basse, « debout » (sens de l'hébreu *amidah*), tourné vers l'Arche (et Jérusalem), pieds joints, et elle exige le silence des fidèles qui, de leur côté, la récitent mentalement, sans perturber le récitant, très concentré.

Dans le corps principal de l'*Amidah*, nous trouvons trois bénédictions d'ouverture consacrées à louer les patriarches, les bienfaits de Dieu et la sainteté de son Nom. Elles sont suivies de trois bénédictions : reconstruction du Temple et reprise du service des prêtres, louange de la bonté de Dieu, appel à la paix.

En conclusion, le fidèle appelle Dieu à guider ses pas. Aux offices des jours de semaines, celui du matin *(chaharith)*, de l'après-midi *(minhah)* et du soir *(maariv)*, treize bénédictions sont placées entre les trois bénédictions d'ouverture et les trois suivantes. La prière y aborde des demandes précises, comme le privilège de la « connaissance », le regroupement en Israël de tous les exilés, la reconstruction de Jérusalem, ou encore l'attente du Messie. Pour le shabbat et les fêtes, ces treize bénédictions sont remplacées par une seule.

Précisons que, à l'origine, l'*Amidah* ne comprenait que dix-huit bénédictions. La 19ᵉ fut ajoutée tardivement, contre les apostats.

➡ *Apostasie, Arche, Chaharith, Chema, Connaissance, Grâce, Grande Assemblée, Jérusalem, Maariv, Messie, Minhah, Office, Shabbat, Temple*

AMMON ✡

C'est le nom d'un royaume situé à l'est d'Israël, qui entretint avec ce dernier des relations souvent difficiles. Dans la Bible, le livre de la Genèse (19, 38) donne le nom de leur ancêtre. Après l'épisode de Sodome et Gomorrhe, Lot, neveu d'Abraham, couche avec ses deux filles qui l'ont abusé en l'enivrant : « La cadette aussi donna naissance à un fils et elle l'appela Ben-Ammi [« fils de mon parent »] ; c'est l'ancêtre des Bené-Ammon d'aujourd'hui. » De son côté, la sœur aînée enfante Moab, autre pays ennemi d'Israël, et souvent cité avec Ammon.

Les Ammonites, ou Ammonéens, forment un peuple araméen auquel les Israélites se confrontent dès leur installation en Canaan (XIIIe siècle av. J.-C.). Accusés d'impiété et d'idolâtrie par la Bible, à l'image de leur dieu Milkom (Moloch), ils menacent Israël à l'époque des Juges (de 1200 à 1040 environ), puis dès le premier roi israélite, Saül (1030-1010). Le grand David (1010-970) et son fils Salomon (970-931) ont aussi maille à partir avec ces guerriers. Mais Israël l'emporte, soutenu par Dieu. Dénoncés par les prophètes, les Ammonites continuent de se heurter à Juda, royaume israélite du Sud né du schisme d'Israël (931). Les rois Josaphat (870-848) et Yotam (740-736) l'emportent. En revanche, sous Joiaqim (609-598), les Ammonites semblent avoir rejoint les armées de Babylone qui détruiront Jérusalem et son Temple (587). Lorsque le Perse Cyrus le Grand vainc les Babyloniens et autorise les Israélites exilés à retrouver leur terre, à partir de 538 av. J.-C., Ammon finit par être intégré à l'Empire perse. Excepté quelques allusions dans la Bible, il disparaît de l'histoire d'Israël, après des siècles de rapports conflictuels. Au début de l'ère chrétienne, le pays est absorbé par les Arabes. Aujourd'hui, Rabba (« la Grande »), ville principale des Ammonites que conquit David, a laissé place à Amman, capitale du royaume de Jordanie.

➡ *Araméen, Astarté, Canaan, Idole, Juges (livre des), Lot, Moab, Moloch, Salomon, Saül, Sodome et Gomorrhe,*

AMORA ET AMORAÏM ✡

Les *amoraïm* (pluriel de *amora*, « interprète ») furent de grands savants du judaïsme, chacun se spécialisant dans un domaine, qui participèrent à l'élaboration des deux talmuds (le Talmud de Palestine et celui de Babylone), soit de 200 environ à la toute fin du Vᵉ siècle apr. J.-C. Considérés comme des sages, ils ont aussi apporté de précieux éclairages dans le Midrach, réflexions de rabbins sur la Bible. Leurs discussions, souvent animées, ne pouvaient cependant mettre en doute les décisions des *tannaïm*, autres sages qui les avaient précédés, mais ils se chargèrent d'en fixer la pensée et les arguments par écrit, voire d'identifier des *tannaïm* anonymes. Au contraire de ces derniers, ils ne se concentrèrent pas uniquement en Palestine (où ils se faisaient appeler *rabbi*), où ils édifièrent le Talmud de Jérusalem (dit aussi de Palestine), mais travaillèrent aussi à Babylone (sous l'appellation *rav*) où les trois dernières générations d'*amoraïm* achevèrent le Talmud babylonien. Ces spécialistes éminents furent deux mille environ, répartis en académies. On en compte huit générations à Babylone et cinq en Palestine.

➡ *Michnah, Midrach, Talmud, Tanna*

AMOS ✡

Amos est un prophète que Dieu chargea de transmettre sa Parole au royaume de Samarie, dont le peuple s'était perverti.

Les écrits d'Amos forment le premier livre daté de la Bible. Natif et résident de Teqoa, ville du royaume de Juda, située à 8 km environ de Bethléem, il se présente comme un « bouvier et pinceur de sycomores » (7, 14), ou « figuier sauvage » (*sukomoros* en grec), dont il vend les fruits, moins bons que ceux du figuier, après les avoir incisés pour les rendre plus mûrs. Mais Yahvé lui fait prononcer ses oracles en Samarie, au nord, pays frère où le roi Jéroboam II (783-743) achève son règne. Une difficile mission pour Amos, car les idoles y sont plus menaçantes qu'au royaume de Juda, les inégalités flagrantes, les pauvres exploités par des riches dépravés, les prêtres captivés par les biens matériels...

À Béthel (« maison de Dieu »), sanctuaire où passèrent les patriarches Abraham et Jacob, Dieu est honoré sous la forme d'un taureau, alors qu'il est interdit de le représenter. Des dieux étrangers sont vénérés à proximité pendant que des prostitués, hommes et femmes, vendent leurs charmes aux pèlerins. Yahvé désapprouve ces sacrilèges et la fausse dévotion dont il est entouré. Il charge donc Amos d'annoncer un châtiment terrible, le « jour de Yahvé », préfiguration du style apocalyptique. De fait, en 722, la Samarie va tomber sous les coups assyriens, et ses habitants seront dispersés, mais parmi eux, et malgré l'épreuve de l'exil, subsistera le noyau d'où renaîtra Israël. C'est le « reste de Joseph », allusion directe à Joseph, fils du patriarche Jacob, et l'un des ancêtres des douze tribus d'Israël. En outre, le « jour de Yahvé » n'est pas réservé à la seule Samarie. Il s'abattra aussi sur Juda, en 597 et en 587 !

➡ *Abraham, Apocalypse, Bethléem, Bible, Exil, Idole, Jacob, Joseph, Juda, Patriarche, Prophète, Samarie, Yahvé*

AMR ☪

Ce mot arabe (dérivé du verbe *amara*, « ordonner ») est utilisé dans le Coran pour désigner un « décret » de Dieu le Créateur, un « commandement » réalisé par sa Parole et sa volonté. Quand il s'agit des hommes, *amr* prend plutôt le sens d'une affaire ou d'un point relevant du domaine spécifiquement humain, et non plus divin.

➡ *Commandement, Création, Prédestination*

AMULETTE ✡ ☪

L'amulette (*qamea* en hébreu) est un objet que l'on porte sur soi pour ses vertus bénéfiques. Le principe consistant à porter sur soi un objet renfermant des formules ou couvert d'inscriptions destinées à se protéger contre les sorts néfastes et le mauvais œil est une constante de l'Antiquité. On le retrouve, par exemple, en Chine et en Égypte.

Pour réaliser un vœu ou se prémunir contre des démons, comme la terrible Lilith, des juifs portent sur eux des images représentant des lettres magiques empruntées à la kabbale (mystique juive insistant sur la valeur symbolique de l'alphabet sacré), des noms d'anges, la *menorah* (le chandelier à sept branches) ou l'étoile de David (*Magen David*). Les attributs sacrés du culte sont considérés aussi comme protecteurs : ce sont, d'une part, les *tefillin* ou phylactères (du grec *phulackterion*, « sauvegarde », traduit par le latin *amuletum*, d'où vient le mot « amulette », de même sens), d'autre part, la *mezouzah*, petit étui contenant un passage de la Torah et qui est fixé au montant de la porte de la maison. On trouve aussi une « main » (*yad* en hébreu, *yad* et *hamsa* en arabe), utile pour écarter le mal car le Nom de Dieu y est inscrit. Cette main se dit aussi *khamsa* (« cinq doigts ») en arabe. Cette tradition se retrouve surtout dans les communautés juives du Maghreb, comme au Maroc, qui l'ont transmise aux musulmans. Mais elle n'a aucun fondement au regard de l'islam et ressortit davantage à la superstition – les musulmans d'Orient en ignorent l'usage. Ainsi, des passages du Coran, recopiés sur divers supports, continuent d'être utilisés par des musulmans, surtout en Afrique du Nord, pour se placer sous l'aile bienfaitrice de Dieu. Ces supports peuvent être des mains stylisées, des bijoux ou encore des pochettes de cuir. En Afrique de l'Ouest, les amulettes sont appelées *grigri*, et *hajib* ou *herz* en Afrique du Nord.

➡ *Ange, Démon, Étoile de David, Kabbale, Lilith, Menorah, Mezouzah, Tefillin, Torah*

ANATHÈME, LOI DE L' ✡ ✝

« Anathème », comme de nombreux termes bibliques, est passé dans le langage courant où il signifie « condamnation », « blâme total ». Dans la Bible, il répond plus précisément à une exigence divine, une loi remontant aux prémices d'Israël : Dieu exige que les ennemis et leur bétail soient massacrés, que le butin lui soit consacré. Ainsi, dans le livre de Josué, qui rapporte la conquête de Canaan après l'Exode, la ville de Jéricho subit cette loi. Dans le livre de Samuel, qui relate les débuts de la royauté d'Israël, Saül, premier roi avant David, y désobéit et le paie très cher : la disgrâce de Dieu, puis la mort. Dans la Torah, le Lévitique (27, 28-29) précise que tout bien venant d'un anathème ne peut être vendu, car « tout anathème est chose très sainte qui appartient à Yahvé ». Mais en fait, dans ces ouvrages, les scribes ont voulu mettre en garde Israël contre les tentations de l'idolâtrie. En effet, nous constatons que l'anathème est en contradiction avec le septième commandement de Dieu, contenu dans le Décalogue rapporté par le Deutéronome : « Tu ne tueras pas. » Le sens premier de l'anathème, transcrit par le grec *anathêma* et le latin *anathema*, était en effet de « vouer » une offrande à Dieu. L'anathème, qui ne semble pas avoir été appliqué à la lettre, doit donc être lu de manière symbolique, comme la détermination de résister, de conserver pure la religion, d'alerter les croyants. Surtout après le retour de l'exil à Babylone, à partir de 538 av. J.-C., quand Israël ne possédait plus d'armée et achevait la mise en forme de la Torah.

Dans le judaïsme, l'anathème (*hèrem* en hébreu) fut appliqué aux juifs reconnus grands pécheurs sous la forme d'une expulsion – temporaire ou définitive – de la communauté, assortie, entre autres, d'une interdiction de prier et de réciter la Torah. Cette forme d'excommunication, devenue très minoritaire, concerne essentiellement les milieux très orthodoxes.

Dans le Second Testament, Paul confère à l'anathème la dimension d'une malédiction, notamment dans ses épîtres aux Romains (9, 1-5) et aux Corinthiens (1 Cor 16, 22). De fait, l'Église a repris ce terme pour l'appliquer à ses propres excommunications touchant tout partisan d'une hérésie. Les conciles, à la fin de la réunion, statuaient sur ceux qui devaient être condamnés tout en précisant la doctrine (unicité du Dieu créateur, Esprit saint, Jésus-Christ fils de Dieu ressuscité et revenant au Jugement dernier...). Au Moyen Âge, l'anathème fut assorti d'une interdiction des sacrements et de l'exclusion de la communauté. Le concile Vatican II (1962-1965) a mis un terme à cette sanction que seules les plus hautes instances pouvaient lever.

➡ *Commandement, Concile, Décalogue, Doctrine, Excommunication, Exil, Hérésie, Idole, Jéricho, Orthodoxe, Paul, Péché, Salut, Saül, Torah*

ANDRÉ ✝

Dans les évangiles, André (nom venant du grec *andreas*, « viril » ou « courageux ») est moins connu que son frère Simon (que Jésus appelle aussi Pierre), comme lui pêcheur sur le lac de Tibériade et résidant à

Capharnaüm. Il n'en demeure pas moins l'un des quatre principaux apôtres de Jésus, avec Pierre, Jean et son frère Jacques (le Majeur). D'abord disciple de Jean le Baptiste, il est le premier nommé par Jésus dans le groupe des disciples et entraîne Simon derrière ce « Messie » (Jn 1, 40-42), tous deux devenant « pêcheurs d'hommes », rapporte Matthieu (4, 19). Il intervient ensuite plusieurs fois au cours du ministère de Jésus, par exemple, lors du miracle de la multiplication des pains et pendant la Passion. Son destin après la Pentecôte, fête au cours de laquelle l'Esprit saint descend sur les apôtres, reste un mystère, et, comme pour les autres apôtres, se teinte fortement de légende. On lui prête l'évangélisation ardue des régions de la mer Noire, d'une partie de la Roumanie, de l'Ukraine, ou encore de la Macédoine et de la Thessalie, en Grèce. Puis, parvenu dans le nord du Péloponnèse, il aurait subi le martyre en 62, à Patras, sur une croix en forme de X, qui depuis porte son nom. Ses reliques furent ensuite conservées à Constantinople à partir de 357, retournèrent à Patras au IXᵉ siècle, puis furent offertes au pape Pie II (1458-1464). Elles seront en partie restituées en 1966 à la Grèce et sont toujours exposées à Patras. Au sein de l'Église orthodoxe de Constantinople, qui fait de l'apôtre son patron (de même que l'Écosse), les patriarches sont les successeurs d'André, comme les papes de Rome sont ceux de Pierre. André est fêté le 30 novembre depuis le Vᵉ siècle. Son nom a été porté par de nombreux saints.

➡ *Agneau, Apôtre, Capharnaüm, Disciple, Jacques, Jean, Jean le Baptiste, Jésus, Matthieu, Messie, Patriarche, Pentecôte, Pierre, Tibériade*

ANGE ✡ ✝ ☪

L'ange est une créature céleste commune aux trois religions monothéistes. C'est un être surnaturel qui, parfois, adopte une apparence humaine.

Le mot « ange » vient du grec *aggelos* qui, comme l'hébreu *malak*, signifie « messager », « envoyé ». Un ange, messager de Dieu, intervient en général auprès des hommes pour leur annoncer de grandes nouvelles (naissance d'illustres personnages, par exemple, tel Samson), mais aussi pour remplir diverses missions. On en rencontre dès la Genèse, auprès d'Abraham, puis de son petit-fils Jacob qui lutte avec un ange et reçoit le nom Israël. Sans oublier cet « ange de Yahvé » (16, 7-11) qui annonce à Agar, servante de Sarah, que le fils qu'elle va avoir d'Abraham sera appelé Ismaël, l'ancêtre des Arabes. Dans le livre de l'Exode, Moïse est devant le Buisson ardent avec un « ange de Yahvé ». Les anges peuvent être aussi combattants : le livre de Josué, qui relate la conquête de Canaan, parle de l'« armée de Yahvé » (5, 14), et le premier livre des Rois d'« armée du ciel » (22, 19). Enfin, des anges encadrent la Gloire de Dieu dans les récits de prophètes comme Ézéchiel : ce sont les séraphins et les chérubins qui, au côté des archanges (le rang supérieur, réservé à Gabriel, Michel et Raphaël), faisaient partie d'une hiérarchie céleste mise au point dans les premiers siècles du christianisme et aujourd'hui abandonnée.

L'ange porte souvent à la fin de son nom le suffixe *el*, nom de la divinité principale des religions anciennes du Proche-Orient. Chacun de ces noms possède donc une signification particulière.

Raphaël (« Dieu guérit ») est présent dans le livre de Tobie. Michel (« qui est comme Dieu ») lutte contre le diable dans l'Apocalypse, où il affronte les mauvais anges, car un ange peut être déchu, comme Satan. Gabriel (« homme de Dieu ») aide Daniel à obtenir des visions, et c'est lui qui annonce à Marie la naissance de son fils Jésus. Nous trouvons aussi Raziel (« secret de Dieu ») qui initia Adam et Noé au mysticisme, Uriel (« lumière de Dieu ») qui, entre autres, permit aux Hébreux de passer la mer Rouge, et dont le nom était inscrit sur des amulettes protectrices.

Mais si la Bible reconnaît les anges, ceux-ci n'ont commencé à être vraiment personnalisés qu'à partir du livre de Job (milieu du Ve siècle av. J.-C.) et il faut attendre le livre de Daniel (164 av.J.-C.) pour qu'ils soient nommés. Les chercheurs pensent en effet que, s'inspirant des créatures associées aux divinités étrangères, le judaïsme, surtout après l'Exil (VIe siècle apr. J.-C.), les récupéra et les adapta. Reconnus par le Talmud, mais absents de la Michnah (version écrite de la Loi orale, dont le Talmud est le prolongement), en raison du caractère très juridique de cette dernière, les anges ont fait l'objet de nombreuses réflexions de la part des érudits. La mystique juive (kabbale) s'y est intéressée de près, notamment le *Zohar*, ouvrage fondamental, écrit pour l'essentiel entre 1270 et 1300. Enfin, les anges sont présents dans la liturgie juive, par exemple la *Qedouchah* (prière) et le *Chalom Alekhem* récité au shabbat.

En fait, les anges acquirent une grande importance dans les écrits intertestamentaires (textes rédigés pendant la période séparant la Bible hébraïque et le Second Testament chrétien), dans la littérature apocalyptique comme le *Livre d'Hénoch* et les livres des Jubilés, et surtout dans le Second Testament. Par exemple, dans les Actes des apôtres, Pierre est délivré de sa prison par un « ange du Seigneur ».

L'islam accorde une place très grande aux anges, particulièrement à Gabriel (Djibril), ange de la Révélation qui dicta le Coran à Mahomet. Ainsi, les anges y sont également les « serviteurs de Dieu » dont ils font la louange et auprès duquel ils demandent le pardon pour les hommes. Nous les retrouvons aussi avec Abraham et son neveu Lot, avec Zacharie, père de Jean le Baptiste, et avec Marie. Ils peuvent être annonciateurs de châtiments et requis pour combattre : « Je [Allah] vous envoie un renfort de mille anges, les uns à la suite des autres », rapporte la sourate *Le Butin* (8, 9) ; Dieu fait ainsi « descendre des armées invisibles » (*L'Immunité*, 9, 26) après avoir fait descendre sa *Sakina* (« Présence ») sur les hommes et son Prophète. D'autres anges sont des écrivains de Dieu : « Il envoie vers vous ceux qui enregistrent vos actes » (*Les Troupeaux*, 6, 61). L'ange de la mort est, quant à lui, chargé de recueillir les défunts et de les emmener vers Dieu. Enfin, dans la géhenne (l'enfer) règne un feu dévorant gardé par des anges : « Ses surveillants sont au nombre de dix-neuf » (*Celui qui est revêtu d'un manteau,* 74, 30-31).

➡ *Abraham, Amulette, Annonciation, Apocalypse, Buisson ardent, Chérubin, Daniel, Diable, Djinn, El, Ézéchiel, Gabriel, Géhenne, Harout, Hénoch, 'Imran (La Famille de), Jacob, Kabbale, Michel, Révélation, Satan, Séraphin, Tobie, Zohar*

ANNE ✡ ✝

Le prénom Anne (de l'hébreu *Hannah*, « pleine de grâce »), ou *Anna* en grec, est porté par plusieurs personnages centraux du judaïsme et du christianisme. Nous trouvons ainsi l'épouse de Tobie, qui, malgré ses déboires, garde la foi et recouvre la santé. Dans ce récit intervient aussi l'épouse de Ragouël (forme grecque de l'hébreu *Réuel*, « ami de Dieu »), parent de Tobie, qui porte le nom Edna : Jérôme (vers 345-420), dans sa traduction latine de la Bible, la Vulgate, la nomme Anne. Ce nom est aussi celui de la mère du prophète Samuel. Elle est la première épouse d'Elqana (« Dieu a créé »), et sa préférée. Mais elle est stérile, au contraire de Peninna, la seconde épouse, qui lui a donné des enfants et n'arrête pas de moquer Anne. Elqana invoque alors Dieu à Silo, antique sanctuaire situé à 30 km environ de Jérusalem. De son côté, Anne en appelle aussi à Dieu et sa dévotion exemplaire est récompensée. Elle donne naissance à Samuel – suivront trois fils et deux filles. Et pour remercier Dieu, elle lui consacre un très beau cantique.

Anne est également le nom de la mère de Marie, du moins pour des livres apocryphes (non reconnus par le canon, ou règle, de l'Église). Il s'agit plus précisément de *La Nativité de Marie* (ou *Protévangile de Jacques*, sans doute antérieur au IIe siècle), qui inspira deux autres apocryphes, l'*Évangile de l'enfance du Pseudo-Matthieu* et le *Livre de la nativité de Marie*. Anne est mariée au pieux Joachim (« Dieu accorde »), qui, un jour, se voit refuser une de ses généreuses offrandes au temple de Jérusalem, car son épouse est stérile. Pendant quarante jours (durée symbolique), il jeûne dans le désert, tandis qu'Anne se lamente, craignant pour la vie de son époux. Soudain, un ange lui annonce qu'elle va donner naissance à un enfant dont la gloire sera reconnue par tous. Mais, comme pour Anne, mère de Samuel, il faudra qu'elle le réserve au service de Dieu. Mis au courant par un autre ange, Joachim rentre chez lui. Et sept mois plus tard naît une fille qui, recevant le nom de Marie, est d'une précocité exceptionnelle. À tel point que, âgée de trois ans, elle intègre le Temple pour y servir Dieu. Ses parents s'effacent du récit qui se concentre alors sur son histoire. Le culte d'Anne rayonnera en Orient dès le VIe siècle, puis en Occident, à la faveur des croisades (XIe-XIIIe siècle).

À son tour, Marie, au cours de l'Annonciation, apprend la conception de Jésus. Elle entonne bientôt un cantique (*Magnificat*) qui comprend quelques emprunts faits à celui de la mère de Samuel. Puis, lorsque Jésus, circoncis à l'âge de huit jours, est présenté au Temple – comme le veut la tradition juive – l'évangéliste Luc rapporte qu'Anne, une prophétesse, voit aussitôt en cet enfant le Messie, le sauveur d'Israël.

Enfin, toujours dans le Second Testament, le nom Anne est porté cette fois par un homme. Il s'agit du grand prêtre (autorité supérieure), président du Sanhédrin (grande instance juive). Mis en place en l'an 6 par les Romains, ces derniers l'ont destitué en 15. Lorsque Jésus entame son ministère, Anne n'exerce donc plus cette fonction, assurée, depuis 18, par son gendre Caïphe, qui l'assumera jusqu'en 36. Mais il a conservé une influence et une autorité incontestables. D'ailleurs, pendant sa Passion, Jésus est interrogé par Anne qui ne trouve aucune preuve d'une quelconque trahison.

➡ *Annonciation, Caïphe, Cantique, Circoncision, Jésus, Messie, Samuel, Tobie, Vulgate*

ANNONCIATION ✝

L'Annonciation désigne traditionnellement l'annonce à Marie de la naissance de son fils Jésus. L'évangile de Luc, qui la rapporte (1, 26-38), la place après celle, six mois plus tôt, de Jean le Baptiste, cousin et précurseur de Jésus. Dans les deux cas, l'ange Gabriel est le messager de cette nouvelle.

Marie, fiancée à Joseph, un charpentier, habite à Nazareth, en Galilée. Alors qu'elle se trouve chez elle, Gabriel lui apparaît et la salue : « Réjouis-toi, comblée de grâce, le Seigneur est avec toi » (1, 28). Marie découvre ensuite qu'elle enfantera un fils nommé Jésus, qui sera le Messie. Elle objecte qu'elle est vierge et fiancée, mais Gabriel lui apprend que son enfant sera conçu par l'Esprit saint, et que sa cousine Élisabeth attend aussi un enfant (Jean) de par la volonté de Dieu. Suit alors ce qu'on appelle la Visitation (1, 39-45) : après le départ de l'ange, Marie se rend chez Élisabeth qui réside près de Jérusalem : « Bénie es-tu entre les femmes, et béni le fruit de ton sein ! » (1, 42), déclare Élisabeth, reconnaissant par là la première place de Jésus dans les intentions divines. « Mon âme exalte le Seigneur » (1, 46), clame Marie dans son « cantique » (46-56). C'est le *Magnificat*, premier mot de cette phrase en latin : « *Magnificat anima mea, Dominum.* » Toujours dans l'évangile de Luc (1, 46-55), cette marque de dévotion débute le « cantique de Marie » : « Mon âme exalte le Seigneur, et mon esprit tressaille de joie en Dieu mon Sauveur, parce qu'il a jeté les yeux sur l'abaissement de sa servante. Oui, désormais toutes les générations me diront bienheureuse, car le Tout-Puissant a fait pour moi de grandes choses. Saint est son nom, et sa miséricorde s'étend d'âge en âge sur ceux qui le craignent. Il a déployé la force de son bras, il a dispersé les hommes au cœur superbe. Il a renversé les potentats de leurs trônes et élevé les humbles. Il a comblé de biens les affamés et renvoyé les riches les mains vides. Il est venu en aide à Israël, son serviteur, se souvenant de sa miséricorde, – selon qu'il l'avait annoncé à nos pères – en faveur d'Abraham et de sa postérité à jamais ! »

Selon l'évangile de Matthieu, Joseph, en découvrant qu'elle est enceinte, décide de la répudier, mais dans la discrétion, car les femmes adultères étaient lapidées jusqu'à la mort. Un ange parvient à le convaincre de n'en rien faire, et Joseph adoptera l'enfant.

Quant au cantique du *Magnificat*, il est intégré aux vêpres (soir), l'un des offices catholiques de la journée (les heures), ainsi qu'à d'autres célébrations.

➡ *Ange, Cantique, Esprit saint, Évangiles, Gabriel, Galilée, Heures, Jean le Baptiste, Jérusalem, Jésus, Joseph, Luc, Marie, Matthieu, Nazareth, Vierge*

ANTÉCHRIST ✠ ☪

L'Antéchrist trouve son origine dans le Second Testament. D'abord, les épîtres de Jean citent pour la première fois l'Antichrist, c'est-à-dire « contre le Christ ». Le texte dénonce en effet ceux qui refusent de voir en Jésus le Messie (*Christos* en grec) : « Vous avez ouï dire que l'Antichrist doit venir ; et déjà maintenant beaucoup d'antichrists sont survenus : à quoi nous reconnaissons que la dernière heure est là. [...] Qui est le menteur, sinon celui qui nie que Jésus soit le Christ ? Le voilà l'Antichrist ! Il nie le Père et le Fils. [...] Voilà ce que j'ai tenu à vous écrire au sujet de ceux qui cherchent à vous égarer » (1 Jn 2, 18-26). Car, pour vivre en enfants de Dieu, il faut se rappeler que « tout esprit qui ne confesse pas Jésus n'est pas de Dieu ; c'est là l'esprit de l'Antichrist. Vous avez entendu dire qu'il allait venir ; eh bien ! maintenant, il est déjà dans le monde » (1 Jn 4, 3). « C'est que beaucoup de séducteurs se sont répandus dans le monde, qui ne confessent pas Jésus-Christ venu dans la chair. Voilà bien le Séducteur, l'Antichrist » (2 Jn, 7). Cette créature maléfique est dans la droite ligne du courant eschatologique (fin des temps) développé dans le judaïsme peu avant le début de l'ère chrétienne, comme la littérature apocalyptique, autant d'œuvres dont les manuscrits retrouvés dans les grottes de Qumrân, sur les rives de la mer Morte, nous ont livré des exemples. La fin des temps était en effet une préoccupation importante des premiers chrétiens, dont les Pères de l'Église.

Cela explique que la tradition ait développé aussi la notion d'Antéchrist, mot absent du Second Testament. À « l'anti » fut donc substitué « l'avant » (*ante* en latin). L'Antéchrist devient l'impiété personnifiée, l'adversaire désigné du Christ dont il a précédé la venue. Les Pères, justement, guettaient les antéchrists, ces imposteurs osant parler au nom du véritable Messie, à la parole pernicieuse et dangereuse, aux miracles trompeurs. Seule une foi pure et totale pouvait enrayer leur action. Dans l'Apocalypse de Jean, la Bête venue de la mer, soutenue par le diable (Satan), est l'exemple le plus connu de l'Antéchrist – qui n'est cependant pas cité dans cette œuvre. Aujourd'hui, la figure et la venue de l'Antéchrist sont considérées comme des symboles.

L'islam possède aussi l'Antéchrist en la personne du Dajjal, plus précisément *el-masîh ed-dajjal* (« le faux Messie »). Selon certains hadith, il sera tué avant la fin des temps par Jésus lui-même – le vrai Messie selon le Coran. Il est prêté au Dajjal à peu près les mêmes ruses qu'à son frère chrétien.

➡ *Bête, Christ, Diable, Église, Fils, Jean, Jésus, Messianisme, Messie, Millénarisme, Père, Qumrân, Satan*

APOCALYPSE ✡ ✝ ☪

L'apocalypse n'est pas, comme on le pense parfois, synonyme de cataclysme ou de désastre. C'est la « révélation » (*apokalupsis* en grec) de Dieu aux hommes. Un jour, qui n'est bien sûr pas précisé, Dieu, le Créateur, le seul roi, le maître de l'Histoire, jugera les nations et les hommes en fonction de leurs actes : dans ce bilan redouté du passé, les bons et les justes seront récompensés, les autres châtiés. Dieu régnera alors sur un monde purifié, fait de justice et de sainteté, apportant le salut.

Le mot « apocalypse » est à mettre à l'actif des écrits chrétiens, mais la Bible préfigure cette révélation dans un genre littéraire dit « style apocalyptique ». On en trouve les prémices chez les prophètes Amos (VIIIe siècle av. J.-C.), qui menace les impies du terrible « jour de Yahvé », et Sophonie (vers 630 av. J.-C.). Puis elles apparaissent chez d'autres prophètes, comme Malachie (vers 520) et surtout Ézéchiel (début VIe siècle). Mais c'est avec Joël (V^e -IVe siècle) que le thème d'un jour de punition est développé, tandis que le Trito-Isaïe, ensemble de poèmes insérés dans le livre d'Isaïe et écrits sans doute au IVe siècle, fait de Jérusalem le centre du monde purifié évoqué plus haut. Le style apocalyptique est véritablement inauguré par le livre de Daniel (164) qui introduit une dimension nouvelle : jusqu'ici, seuls les vivants étaient jugés ; désormais, les morts sont aussi concernés, l'idée de résurrection s'étant répandue dans le judaïsme. Dès lors, le style se développe comme en témoignent les livres apocryphes (absents de la Bible) d'Hénoch, des Jubilés ou encore de Baruch... Et à l'époque de Jésus, ces textes s'insèrent dans un courant qui va culminer avec le livre de l'Apocalypse.

Ce livre, le dernier du Second Testament, est attribué à l'évangéliste Jean, mais les doutes subsistent. Son style puissant, profond, allégorique, magnifique, bien dans la lignée des écrits apocalyptiques juifs, les symboles (les chiffres par exemple) et les visions, en font un ouvrage à part dans le Second Testament et une somme littéraire passionnante. Tout se concentre sur des notions théologiques qui viennent compléter les évangiles, dont, bien sûr, la fin des temps (eschatologie). D'après des chercheurs, ce caractère particulier rapproche cette œuvre des textes judéo-chrétiens, c'est-à-dire ceux de juifs convertis au message de Jésus le Christ (Messie) mais qui continuent à pratiquer la Torah. En tout cas, l'Apocalypse eut bien du mal à s'imposer dans le canon (règle) chrétien. À la fin du IIe siècle, il n'avait pas bonne presse à Rome où on le jugeait hérétique, et en Orient, vers 250, la paternité de Jean fut remise en cause par Denys le Grand. Mais il réussit à rejoindre le Second Testament, justement grâce à l'aura dont bénéficiait l'apôtre de Jésus.

L'auteur, qui écrit depuis l'île de Patmos (Grèce), s'adresse à sept Églises situées en Asie Mineure. Le récit de ses visions débute vraiment au chapitre 4 : l'Agneau, symbole du Christ, brise les sept sceaux du livre de

Dieu : à chacun des quatre premiers sceaux apparaît un des quatre cavaliers de l'Apocalypse (blanc pour le Christ, les trois autres étant le malheur). Puis au cinquième et sixième sceaux brisés apparaissent les martyrs et la justice de Dieu : « Il est arrivé, le grand Jour de sa colère [jour de Yahvé], et qui donc peut tenir ? » (6, 17.) L'Agneau accueille alors les justes sous son aile. Puis il brise le septième sceau : sept anges sonnent de sept trompettes annonçant un déferlement de plaies où périssent les impies, la septième correspondant à l'avènement du royaume de Dieu où le Christ siège au côté de son Père, où prennent place les saints et tous ceux marqués du sceau de Dieu. « Alors s'ouvrit le temple de Dieu dans le ciel, et son arche d'alliance apparut » (11, 19). L'Apocalypse fait ensuite intervenir le Dragon, « l'antique Serpent, le Diable ou le Satan, comme on l'appelle, le séducteur du monde entier », qui, avec ses anges, est précipité « sur la terre », vaincu par l'archange Michel (« qui est comme Dieu ») et ses anges. Le Dragon transmet alors son pouvoir à deux Bêtes. « Puis voici que l'Agneau apparut à mes yeux ; il se tenait sur le mont Sion [Jérusalem], avec cent quarante-quatre milliers de gens portant inscrits sur le front son nom et le nom de son Père » (14, 1). Les Bêtes sont vaincues à leur tour, le Dragon est prisonnier pour mille ans (source du millénarisme), mais « les mille ans écoulés, Satan, relâché de sa prison, s'en ira séduire les nations des quatre coins de la terre, Gog et Magog, et les rassembler pour la guerre, aussi nombreux que le sable de la mer » (20, 7-8). Après le jugement des nations vient la glorification d'une Jérusalem céleste où ceux qui y prendront place, autour du trône de Dieu et de l'Agneau, connaîtront la félicité éternelle. « Moi, Jésus, j'ai envoyé mon Ange publier chez vous ces révélations concernant les Églises. Je suis le rejeton de la race de David, l'Étoile radieuse du matin. [...] Que la grâce du Seigneur Jésus soit avec tous ! *Amen* » (22, 16-21), conclut l'Apocalypse.

Le christianisme compta aussi des apocalypses apocryphes. La plus remarquable, et la plus importante, est l'*Apocalypse de Pierre,* rédigée en grec dans la première moitié du IIe siècle. Reconnue comme canonique par des Pères de l'Église tels que Clément d'Alexandrie (vers 150-215), elle évoque la période comprise entre la résurrection de Jésus et son Ascension. Écarté du Second Testament, ce texte, qui évoque le paradis, le Jugement dernier ou encore l'enfer, disparut, excepté des fragments, jusqu'à la découverte, en 1910, d'un manuscrit presque complet en éthiopien. En tout cas, il exerça une profonde influence, sur la conception chrétienne du ciel et des enfers notamment.

Le Coran, qui abonde en thèmes eschatologiques, est particulièrement centré sur le Jugement dernier, tout en évoquant aussi une bête apocalyptique. L'Apocalypse est décrite dans plusieurs sourates (chapitres) dont les titres correspondent à des noms qui lui sont attribués. Citons, par exemple, *Celle qui doit venir (al-Haqqa)*, sourate 69, c'est-à-dire l'heure du Jugement, quand « le ciel se fendra et sera béant » (69, 16) et que les hommes seront « exposés en pleine lumière ». L'Apocalypse marque ainsi *La Rupture du ciel (al-Infitâr)*, sourate 82, et *Le Décrochement (al-Takwir)* du Soleil, titre de la 81ᵉ sourate. L'heure du Jugement, *Celle qui enveloppe* (*al-Ghâshiya*, sourate 88), se manifestera aussi par *Le Tremblement de terre* (*al-Zalzala*, sourate 99), jour où « les hommes surgiront par groupes pour que leurs actions soient connues » (99, 6), qu'il s'agisse d'un bien ou d'un mal infinitésimal. Car elle est *Celle qui fracasse* (*al-Qari'a*, sourate 101), ce jour où les hommes seront dispersés, comme des papillons.

➡ *Agneau, Alpha et oméga, Amos, Ange, Antéchrist, Armagedôn, Behémoth, Bête, Daniel, Décrochement (Le), Diable, Gog et Magog, Joël, Judéo-chrétien, Jugement dernier, Léviathan, Messie, Millénarisme, Rupture du ciel (La), Satan*

APOCRYPHE ✡ ✝

Les chrétiens des premiers siècles, pour constituer leur Bible, adoptèrent la traduction grecque de la Septante (IIIᵉ-IIᵉ siècle) qui, enrichie d'autres livres, devint l'Ancien (ou Premier) Testament. Cette Bible diffère de la Bible originale hébraïque, fixée par le canon (règle) juif, par plusieurs écrits transmis en grec : Maccabées, Siracide, Judith, Tobie, Sagesse de Salomon ; passages dans Daniel, Jérémie, Esther. Le judaïsme ne les retint pas dans son canon, en raison de leur caractère tardif et de leur texte grec. Il les rangea donc dans la catégorie « apocryphes » (de l'adjectif grec *apocruphos*, « caché »). Le Talmud, l'un des piliers littéraires du judaïsme, achevé vers 500 apr. J.-C., en fait les *sefarim hitsonim*, les « livres extérieurs ». Dans leur sélection de la Bible, les protestants, suivant Jérôme, auteur de la Vulgate (traduction latine), appelèrent ces mêmes ouvrages les « Apocryphes ».

Les catholiques et les orthodoxes, en revanche, les ont intégrés dans leur canon de l'Ancien (Premier) Testament. Les catholiques les qualifient en outre de « deutérocanoniques », c'est-à-dire appartenant au « deuxième canon ». Et ils réservent le qualificatif « apocryphes » à tous les livres qui ne figurent pas dans le Nouveau (Second) Testament. On trouve notamment des ouvrages qui influencèrent le culte de Marie, mère de Jésus, des récits d'apôtres. Le pape Gélase Ier (492-496) décréta que leur contenu était d'inspiration hérétique.

➡ *Bible, Canon, Hérésie, Intertestamentaire, Pseudépigraphe, Septante, Talmud, Testament, Vulgate*

APOSTASIE ✡ ✝ ☪

Dans le christianisme, l'apostasie (du latin *apostasia*, « abandon ») est, sur le plan juridique, soit le renoncement à la foi chrétienne au profit d'une autre religion, soit l'abandon par un clerc ou un religieux de ses vœux. Celui qui se rend coupable d'apostasie est dit « apostat ». Il exista par exemple les *lapsi* (« qui sont tombés »), chrétiens ayant renié leur foi jusqu'à la fin des persécutions romaines en 313 apr. J.-C., et dont la réintégration dans l'Église posa de gros problèmes. L'apostasie s'applique également aux deux autres religions monothéistes.

Le judaïsme, tout au long de son histoire, a dû se confronter aux idoles étrangères dénoncées par les prophètes ou encore au christianisme naissant qui comprenait une majorité de juifs ayant adhéré à la nouvelle foi. Mais, au Moyen Âge, les juifs d'Europe furent souvent soumis à des pressions, parfois même tués, par ceux qui voulaient les contraindre à embrasser le catholicisme : il en alla ainsi des *conversos* d'Espagne au XVe siècle, ou « marranes ». Le judaïsme distingue alors deux sortes d'apostats : les *anoussim* (convertis par force), parmi lesquels se révélèrent de grands ennemis de leur religion d'origine, et les *mechoummadim* (convertis par choix).

L'islam estime que l'incroyance est la plus grande des fautes : « Écarter les hommes du chemin de Dieu, être impie envers lui et la Mosquée sacrée, en chasser les habitants, tout cela est plus grave encore devant Dieu », dit le Coran dans la sourate *La Vache* (2, 217). L'apostasie, ou « défection » *(ridda)*, mérite, quant à elle, la fureur divine et le brasier de l'enfer. Cependant, dans la *charia*, la peine de mort n'est pas préconisée de manière systématique, et divers grands esprits de l'islam n'avalisèrent pas une telle sentence, comme Omar, le deuxième calife (successeur de Mahomet, 634-644) : l'apostasie, qui prend différentes formes (reniement, hostilité, sacrilège...), doit être prouvée, et, par exemple, n'est pas retenue quand l'apostat a été contraint.

➡ *Charia, Enfer, Foi, Idole, Judéo-chrétien, Juif, Kafir, Livre, Marrane, Shoah*

APÔTRE ✝

Jésus, dès le début de son ministère en Galilée, s'entoure de partisans ou « disciples » (du latin *discipulus*, « élève »), qui acceptent de partager une existence souvent difficile. Pour l'assister, il choisit parmi eux un groupe de fidèles qui seront appelés « apôtres » (du grec *apostolos*, « envoyé ») : c'est le groupe des Douze. Ce chiffre, très symbolique, rappelle les douze tribus d'Israël qui, selon la Bible, descendaient des douze fils du patriarche Jacob. Il signifie donc que Jésus appelle à une nouvelle Alliance avec Dieu, dans la perspective de la venue du Royaume. De fait, il s'agit de douze hommes (pas de femmes malgré la présence de disciples féminins comme Marie de Magdala) dont les évangiles synoptiques (Matthieu, Marc, Luc) donnent la liste.

On y trouve d'abord les tout premiers disciples, Jean et Jacques (le Majeur), fils de Zébédée, Simon (que Jésus appellera Pierre), toujours cité le premier, et son frère André, anciens disciples de Jean le Baptiste et Galiléens comme Jésus, dont ils sont sans doute les plus proches.

Les autres sont Thomas, Jacques fils d'Alphée (que les catholiques assimilent à Jacques le Mineur), Judas Iscariote, Philippe, Matthieu (peut-être l'évangéliste), Barthélemy (ou Nathanaël), Jude (ou Thaddée), Simon le Zélote (ou le Cananéen).

Les Douze, qui ont pour tâche de diffuser l'Évangile – leur mission est contenue, entre autres, dans le discours apostolique cité par Matthieu (10, 1-42) –, vont suivre Jésus jusqu'au terme de la Passion, malgré des revers : la trahison de Judas Iscariote, bien sûr, mais aussi le célèbre reniement de Pierre. Jésus crucifié, les apôtres, réduits à onze après le suicide de Judas, se dispersent, désemparés, mais se reconstituent après la Résurrection pour reprendre leur mission et annoncer le message du Christ (Messie). Avant la Pentecôte, le groupe revient à douze avec le remplacement de Judas par Matthias, un disciple des débuts du ministère. Après cette fête et la descente de l'Esprit saint sur les apôtres, les Douze vont fonder à Jérusalem le collège apostolique dirigé un temps par Pierre, puis par Jacques, le « frère de Jésus », dit le Mineur. Bientôt, l'Église naissante considérera tous les missionnaires comme des apôtres. Selon la tradition, la plupart des apôtres connaîtront le martyre, comme l'avait annoncé Jésus.

➡ *André, Barthélemy, Disciple, Église, Esprit saint, Évangéliste, Jacques le Majeur, Jacques le Mineur, Jean, Jean le Baptiste, Jésus, Judas Iscariote, Marie de Magdala, Matthieu, Pentecôte, Philippe, Pierre, Simon le Zélote, Thomas*

COLLÈGE

Les Romains désignaient par *collegium* toute corporation ou association, artisans ou prêtres par exemple. L'Église a repris ce terme pour l'appliquer à sa propre organisation. À l'origine, nous trouvons le Collège apostolique, c'est-à-dire des apôtres, dont les successeurs sont les évêques. Dans l'Église catholique, ces derniers forment avec le pape, premier d'entre eux, le Collège épiscopal qui a remplacé sans discontinuer celui des apôtres et dont la mission est de garantir la cohésion, d'enseigner et d'entretenir la foi, d'organiser la vie spirituelle. On parle ainsi de collégialité dans l'Église, principe qui trouve aussi son expression dans les conciles, les synodes, les Conférences épiscopales (réunion d'évêques à l'échelle nationale ou régionale, dont les décisions sont soumises au Vatican), de même que dans le collège formé par les cardinaux, le Sacré Collège.

AQÉDAH ✡

À la demande de Dieu, Abraham doit sacrifier son fils Isaac, sur le mont Moriyya. Ce sacrifice est l'*Aqédah* (« lier » en hébreu). Mais Dieu se ravise et remplace Isaac par un bélier.

Pour d'anciens commentateurs juifs, comme le philosophe Philon d'Alexandrie (vers 13 av. J.-C.-54 apr. J.-C.), qui voit dans le geste d'Abraham l'expression d'une foi exemplaire, cet épisode poignant vise aussi à dénoncer les sacrifices d'enfants effectués pour conjurer les grands dangers, au Proche-Orient. Et même en Israël où sévissait l'influence des baals (les faux dieux, selon la Bible) de Phénicie, pays adepte de ce rituel. À Jérusalem, les cérémonies, vouées par exemple au dieu assyrien Moloch, se déroulaient dans le quartier de Tophèt, niché au sud de la ville, dans la vallée du Cédron, appelée aussi « Ben-Hinnom » (ou Gê-Hinnom) ou de la Géhenne. Dans la Bible, les prophètes condamnent bien sûr ces pratiques. Isaïe s'oppose ainsi au roi Achaz (736-716) qui souille le Temple avec des dieux cananéens auxquels il sacrifie son enfant premier-né. Plus tard, Manassé (687-642), fils d'Ézéchias, pourtant considéré par la Bible comme un roi fidèle à Yahvé, se montre particulièrement impie : « Il fit passer son fils par le feu. Il pratiqua l'astrologie et la magie, institua nécromants [de nécromancie : "consultation des morts"] et devins. De multiples façons, il offensa Yahvé en faisant ce qui est mal à ses yeux », rapporte le second livre des Rois (21, 7). La Torah interdit pourtant le sacrifice d'un enfant, qu'elle punit de mort, le remplaçant par celui d'un agneau.

Pour le Midrach, Satan aurait fait douter Dieu de la foi d'Abraham, l'amenant à proposer le sacrifice d'Isaac pour éprouver sa piété sur le mont Moriyya, identifié à celui sur lequel Salomon devait bâtir le Temple. Le récit de l'*Aqédah*, sur lequel de grands penseurs juifs ont souvent réfléchi, est logiquement intégré à la liturgie, notamment à Roch ha-Chanah (Nouvel An), ou à Yom Kippour pour la kabbale (mystique juive).

➡ *Abraham, Agneau, Baal, Dôme du Rocher, Foi, Géhenne, Isaac, Isaïe, Jérusalem, Kabbale, Midrach, Prophète, Roch ha-Chanah, Sacrifice, Salomon, Satan, Temple, Torah, Yahvé, Yom Kippour, Zohar*

ARABE ☪

Jusqu'au début du VIIe siècle apr. J.-C., l'arabe, langue sémitique de la même famille que l'hébreu ou l'araméen, ne concernait que des tribus nomades d'Arabie, dont certaines s'étaient fixées au sein d'oasis. Il était parlé aussi par des tribus implantées en ville, comme les Quraïch, tribu de Mahomet. Il devait ensuite connaître une expansion formidable, avec la naissance puis l'essor de l'islam. L'arabe a ainsi laissé une forte empreinte dans les pays conquis, en devenant leur langue officielle ou en influençant durablement leur culture.

L'arabe a fourni et continue de produire une littérature d'une extrême finesse, notamment, en matière religieuse, la poésie des soufis (mystiques musulmans). Nous lui devons par ailleurs des ouvrages de médecine, de mathématique, d'astrologie ou encore de philosophie, qui ont marqué les mentalités occidentales.

L'arabe est aussi (et surtout) la langue du Coran qui, pour être diffusé aux croyants et aux convertis, favorisa la mise au point d'une grammaire dès la première moitié du VIIIe siècle. La lecture du Coran se fait en arabe, même si on ne le comprend pas. La sourate *Joseph* le souligne d'emblée : « Alif. Lam, Ra. Voici les Versets du Livre clair : nous les avons fait descendre sur toi en un Coran arabe » (12, 1-2). Elle rappelle en outre que vingt-huit sourates commencent ou sont titrées par des lettres de l'alphabet arabe, au sens mystérieux (les *fawatih*). Enfin, signalons l'existence d'une *Vie de Jésus en arabe*, ouvrage rangé parmi les apocryphes chrétiens, et centré plutôt sur la figure de Marie.

➡ *Alif, Apocryphe, Arabie, Araméen, Çad, Coran, Fawatih, Hafiz, Hébreu, Jésus, Marie, Qaf, Quraïch, Sémite, Soufi, Ta Ha, Ya Sin*

ARABIE ☪

Berceau de l'islam, l'Arabie, où se trouvent les villes saintes de La Mecque et de Médine, est peuplée sans doute dès le IIIe millénaire av. J.-C. Elle est occupée au IXe siècle avant notre ère par des tribus nomades parlant arabe, mais dont on ne connaît précisément ni la période d'arrivée ni l'origine, excepté qu'elles appartiennent aux Sémites. Des textes assyriens et hébreux font alors mention d'*arabs* – ainsi la reine de Saba, dans le sud de la péninsule Arabique (Yémen), rendant visite à Salomon (troisième roi d'Israël, vers 970-931 av. J.-C.). Il s'agit de populations redoutables à la guerre, se déplaçant à dos de chameau, pratiquant l'élevage et le commerce, recourant parfois aux rapines. Il s'agit surtout de nomades, ou Bédouins (de l'arabe *badawi*, « habitant du désert »), mais aussi de sédentaires (au sud). Placés sous l'orbite des Perses (VIe siècle), les Arabes adoptent, pour certains d'entre eux, l'araméen (langue de l'Empire perse) ainsi que des rites et des croyances perses. Nous les trouvons ensuite jusqu'en Syrie, en Jordanie, en Palestine, aux marges de la Mésopotamie. Certains d'entre eux entretiennent des relations avec les Romains, qui les appellent *Sarraceni*, mot qui donnera celui de Sarrasins, utilisé au Moyen Âge pour désigner les musulmans en général.

Avant la révélation de Dieu à Mahomet (vers 610 apr. J.-C.) et la fondation de l'islam, la religion des tribus arabes est polythéiste, voisinant avec des courants chrétiens et le judaïsme. À La Mecque, capitale de la région du Hedjaz, cité riche et commerçante, des divinités sont vénérées à la Kaaba, la Pierre noire, autour de laquelle on tourne (circumambulation), tandis que non loin, à Arafat, on sacrifie des animaux. La figure d'al-Lât domine. Mais Mahomet unifie les tribus, fait briser les idoles représentant ces dieux, et La Mecque devient un lieu de pèlerinage, le Hadj. Cette religion, partie d'Arabie, se répand au Proche-Orient puis en Méditerranée, en Afrique et jusqu'en Asie. Les Bédouins en profitent pour déborder leur berceau d'origine et gagner le Moyen-Orient, l'Égypte et l'Afrique du Nord, où, se sédentarisant partiellement, ils concourent à diffuser les préceptes musulmans. Organisés en tribus régies par un système patriarcal, connues pour leur attachement à leur territoire et à ses prérogatives, même à l'égard d'une autre tribu, ils sont inséparables de l'élevage, de leurs chameaux et des tentes qui ont contribué à façonner leur image d'Épinal.

Au XVIIIe siècle, le mouvement wahhabite commence à conquérir l'Arabie qui, excepté l'Hedjaz, finit par tomber sous la tutelle étrangère. Durant la Première Guerre mondiale, l'attitude des Arabes contre les Ottomans (par l'intermédiaire du colonel Lawrence) permet de chasser ces derniers. L'Arabie accède à l'indépendance en 1932, sous le nom d'Arabie Saoudite, royaume bordé au sud par le Yémen, à l'est par les Émirats arabes et Oman. Le fondateur en est Ibn Séoud, dont la famille, les Sa'oud, avait adopté, dès 1744, le wahhabisme, qui constitue toujours la doctrine officielle.

➡ *Allah, Arabe, Arafat, Araméen, Chérif, Circumambulation, Encens, Hadj, Hébreu, Idole, Kaaba, Lât (al-), Mahomet, Mecque (La), Médine, Pierre noire, Révélation, Saba, Sémite, Wahhabite et Wahhabisme*

ARAF, AL- ☪

La signification d'*araf* reste encore mystérieuse. Ce mot pourrait évoquer un haut mur, une éminence, un lieu ou encore un chemin. En tout cas, sur le plan symbolique, si les mécréants sont voués aux flammes de l'enfer, l'*araf* représente, selon des théologiens musulmans, un endroit où les croyants qui n'ont pas accédé au paradis en raison de leurs fautes sont soumis à une attente au bout de laquelle, purgés de leurs péchés, il leur serait possible de rejoindre les heureux élus (on peut y voir une sorte de purgatoire).

La 7e sourate du Coran porte justement le titre *al-Araf*, référence au verset 46 : « Un voile épais est placé entre le Paradis et la Géhenne : des hommes, se connaissant les uns et les autres d'après leurs traits [inconnus] distinctifs, seront sur les Araf. Ils crieront aux hôtes du Paradis : "Salut sur vous !" mais ils n'y entreront pas, bien qu'ils le veuillent. » La sourate (de 206 versets), qui débute par les *fawatih* (lettres mystérieuses), dont la lettre *alif*, est d'ailleurs consacrée à ce qui différencie croyants et incrédules, ainsi qu'aux attitudes que tout musulman se doit d'observer. Ainsi, « les hôtes du Jardin crieront aux hôtes du Feu : "Nous avons trouvé vrai ce que notre Seigneur nous a promis !" » (44.) Tout homme doit se souvenir que Dieu a « envoyé Moïse avec ses Signes à Pharaon et ses conseillers, mais ils se montrèrent injustes envers ses signes. – Vois quelle a été la fin des corrupteurs ! – » (103.) À tout croyant, il est dit : « Souviens-toi de ton Seigneur, en toi-même, à mi-voix, avec humilité, avec crainte, le matin et le soir » (205).

➡ *Ad, Alif, Djinn, Enfer, Fawatih, Géhenne, Juste, Moïse, Paradis, Purgatoire, Salut, Thamoud*

ARAFAT ☪

Située à 25 km environ de La Mecque, la plaine d'Arafat est semée de collines, dont le mont de la Miséricorde. Ce site est une étape grandiose du Hadj, le plus grand pèlerinage musulman. Son nom viendrait d'Adam et Ève qui, chassés du paradis, s'y retrouvèrent et se « reconnurent » (sens étymologique d'*arafat*), mais cette légende n'est confirmée par aucun texte de l'islam, du Coran ou de tradition du Prophète.

Partant de La Mecque, les pèlerins y parviennent le 9 de dhou al-hijjah, le « mois du pèlerinage ». De midi au coucher du soleil, ils prient, méditent, se donnent entièrement à Dieu, commémorent Mahomet, puis reviennent à La Mecque. Sur le plan symbolique, la station d'Arafat, cœur du Hadj, est l'occasion d'un vaste pardon, la foule intense évoquant celle du Jugement dernier. C'est aussi un moment de profonde unité, tous les musulmans portant le même habit, accédant tous à la prière dans un même élan.

➡ *Adam, Coran, Dhou al-hijjah, Ève, Hadj, Jugement dernier, Mahomet, Mecque (La), Paradis, Prophète*

ARAIGNÉE, L' ☪

L'araignée, que de nombreuses civilisations admirent pour la perfection de ses toiles, est le titre donné à la sourate 29 du Coran (*al-Ankabout* en arabe), qui compte 69 versets. Dans cette sourate, il s'agit de résister aux incrédules qui détournent les croyants de leur foi et qui devront répondre de leurs actes au jour de la Résurrection. Ne se souviennent-ils pas de Noé et du Déluge envoyé pour punir le péché ? Il y est précisé que : « Ceux qui prennent des maîtres en dehors de Dieu sont semblables à l'araignée : celle-ci s'est donné une demeure, mais la demeure de l'araignée est la plus fragile des demeures » (41) – on retrouve une telle allusion dans le livre de Job de la Bible : « Sa confiance [l'impie] n'est que filandre, sa sécurité, une toile d'araignée. S'appuie-t-il sur sa demeure, elle ne tient pas ; s'y cramponne-t-il, elle ne résiste pas » (8, 14-15). Il faut pratiquer la prière qui « éloigne l'homme de la turpitude et des actions blâmables » (45), s'entretenir avec les « gens du Livre », juifs et chrétiens, « de la manière la plus courtoise » (46) sauf s'ils sont injustes, car : « Oui, nous dirigerons sur nos chemins ceux qui auront combattu pour nous. Dieu est avec ceux qui font le bien » (69).

➡ *Déluge, Job, Juste, Livre, Noé, Résurrection*

ARAMÉEN ✡ ✝

Le mot « araméen » désigne à la fois une langue et un ensemble de populations, dont l'histoire est étroitement liée à celles de l'hébreu et d'Israël. En effet, la Bible fut écrite essentiellement en hébreu, la langue d'Israël, mais on trouve, dans les livres de Daniel et d'Esdras, des passages en araméen, langue de la même famille sémitique. D'ailleurs, Aram est, dans le livre de la Genèse, le fils de Sem, à l'origine du mot « sémite ».

À la fin du IIe millénaire avant notre ère, des tribus s'installent au nord de la Syrie, dans une région appelée justement Aram (« haut »), du nom de ce prestigieux ancêtre, et en Mésopotamie. Ainsi naît le puissant royaume d'Aram, avec Damas pour capitale, qui sera tantôt l'ami, tantôt l'ennemi d'Israël, et qui affrontera l'Assyrie et Babylone. Parallèlement, la langue araméenne se répand au Proche-Orient – notamment grâce à la déportation des populations par les Assyriens – au point que les Perses, maîtres de la région dès le VIe siècle av. J.-C., l'adoptent comme langue officielle, depuis l'Inde jusqu'à l'Égypte. Deux siècles plus tard (en 331), quand Alexandre le Grand conquiert ces territoires, c'est le grec qui s'impose. Cependant, l'araméen, divisé en dialectes, continue d'être pratiqué. C'est pourquoi, à l'époque de Jésus, les juifs de Palestine utilisent toujours l'araméen, l'hébreu étant pratiqué par l'élite religieuse, les fonctionnaires et certains milieux pieux comme celui des esséniens de Qumrân – Jésus, par sa connaissance des textes sacrés, connaissait nécessairement l'hébreu. Ces juifs d'une piété très exigeante emploient aussi l'araméen, comme le prouvent les *Targoums* (traductions et commentaires de la Bible) rédigés dans cette langue et retrouvés dans des grottes autour de la mer Morte. En outre, le Talmud, achevé à la toute fin du Ve siècle apr. J.-C., fut en grande partie écrit en araméen. La langue s'est essoufflée avec les siècles, à partir de l'époque des *geonim* (fin VIe siècle-milieu XIe siècle), et elle n'est plus pratiquée que par les communautés chrétiennes de Syrie (langue syriaque). Cependant, de nombreux ouvrages de la kabbale (mystique) ont été composés en araméen, dont le célèbre *Zohar* (fin du XIIIe siècle), ou *Livre de la Splendeur*. On retrouve aussi l'araméen dans les contrats de mariages *(ketoubot)* et de divorce *(get)*, ainsi que dans des prières de la liturgie juive *(Kol nidré, Qaddich...)*.

L'araméen a repris l'alphabet phénicien, comme l'hébreu. Il a également des points communs avec l'arabe.

➡ *Arabe, Essénien, Gaon, Hébreu, Kabbale, Kol nidré, Qaddich, Qumrân, Sémite, Targoum, Zohar*

ARBRE ✡ ✝ ☪

Amandier, chêne, acacia, cèdre, arbre à encens, térébinthe, ricin, palmier, tamaris, rameaux divers… La Bible et le Second Testament abondent en références aux arbres, le Proche-Orient antique étant moins désertique qu'il ne l'est aujourd'hui. Mais il existe deux arbres qui, par leur symbolique, sortent du lot commun : l'arbre de Vie qui donne l'immortalité, et l'arbre de la Connaissance du bien et du mal. Ils sont tous deux évoqués dans l'histoire de la Création rapportée par le livre de la Genèse.

Installés au paradis, le jardin en Éden, Adam et Ève les côtoient parmi l'abondante végétation. Dieu a averti Adam : « Tu peux manger de tous les arbres du jardin. Mais de l'arbre de la Connaissance du bien et du mal tu ne mangeras pas, car, le jour où tu en mangeras, tu deviendras passible de mort » (2, 17). Mais intervient le Serpent, c'est-à-dire le diable, roi du mensonge ; il convainc Ève qu'elle ne risque rien à goûter de l'arbre de la Connaissance du bien et du mal. Séduite et certaine que cet arbre est « désirable pour acquérir le discernement », elle mange le fruit – il n'a jamais été question de pomme, et la « pomme d'Adam » est à mettre à l'actif de la tradition chrétienne. « Voilà que l'homme est devenu comme l'un de nous, pour connaître le bien et le mal ! Qu'il n'étende pas maintenant la main, ne cueille aussi de l'arbre de vie, n'en mange et ne vive pour toujours ! » décrète Yahvé (3, 22). Adam et Ève, désormais conscients de la nudité, et donc pudiques, sont renvoyés du jardin d'Éden. « Il [Dieu] bannit l'homme et il posta devant le jardin d'Éden les chérubins et la flamme du glaive fulgurant pour garder le chemin de l'arbre de vie » (3, 24).

Les arbres sont encore présents dans les célébrations juives et chrétiennes. Le calendrier juif célèbre encore le Nouvel An des arbres *(Tou bi-Chevat)*, tandis que le christianisme fête les Rameaux, par exemple, et que l'arbre de Jessé (père de David) s'est inscrit dans la tradition chrétienne.

L'islam accorde aussi une grande importance aux arbres *(ashjâr)*, tant dans le Coran que dans les hadith et la littérature. Ainsi, la « bonne parole de Dieu est comparable à un arbre excellent dont la racine est solide, la ramure dans le ciel et les fruits abondants en toute saison », proclame la sourate *Abraham* (14, 24-25). La sourate *al-Araf* reprend la Genèse en commençant par ces mots : « [Dieu dit] “Ô Adam ! habite le jardin, toi et ton épouse. Mangez de ses fruits partout où vous voudrez ; mais n'approchez pas de cet arbre que voici, sinon vous seriez au nombre des injustes." Le Démon [Iblis] les tenta afin de leur montrer leur nudité qui était encore cachée » (7, 19-26) – les sourates *La Vache* (2, 34-37) et *Ta Ha* (20, 116-123) évoquent aussi la tentation.

➡ *Adam, Araf (al-), Création, Démon, Diable, Éden, Ève, Genèse, Hadith, Iblis, Paradis, Péché, Rameaux, Tou bi-Chevat*

ARCHE ✡ ✝ ☪

La Bible mentionne deux arches (*arôn* en hébreu), ou « coffres » (*arca* en latin, *tévah* en hébreu). La première est le vaisseau qui permet à Noé de fuir le Déluge ; la seconde est l'Arche d'alliance, qui abrite les Tables de la Loi.

Dans la Genèse, avant le Déluge, Dieu indique à Noé la manière de construire l'« arche » qui lui permettra, avec sa famille et un couple de chaque être vivant, d'échapper au cataclysme destiné à punir le péché répandu dans le monde. Noé construit ainsi une armature en bois résineux, couverte de roseaux. L'ensemble (135 m de long sur 67,5 m de large) se compose de trois étages, d'un toit et d'une fenêtre. Il est nappé de bitume (goudron végétal) pour le rendre imperméable. Après le Déluge, l'arche accoste sur le mont Ararat (Turquie). Le Second Testament reprend explicitement l'arche de Noé. Les évangiles de Luc et de Matthieu l'évoquent à propos de l'avènement du Fils de l'Homme : les gens mangeaient, buvaient, faisaient l'amour, insouciants emportés par les flots, comme ils seront engloutis au jour du Jugement. En effet, précise l'épître aux Hébreux, Noé fut sauvé parce qu'il avait une foi exemplaire en Dieu. Et Jésus est le Sauveur de toutes les âmes, même de celles perdues dans le Déluge, énonce la première épître de Pierre. Le Coran reprend aussi l'arche de Noé et l'appelle principalement « vaisseau » *(fulk)* et « chargé » *(mashûn)*. On la trouve surtout dans la 11e sourate *Houd* (36-49), qui rapporte : « Le vaisseau voguait avec eux au milieu de vagues semblables à des montagnes », et dans la 23e sourate, *Les Croyants* (23, 27-30).

La seconde arche (un coffre) remonte à l'Alliance : sur le mont Sinaï, Dieu remet à Moïse les Tables de la Loi, où sont gravés ses commandements et les principes de l'Alliance qu'il a scellée avec les Hébreux. Durant l'exode des

Hébreux, elle est abritée dans le tabernacle (ou tente), sanctuaire transporté durant ce long périple de quarante ans, plus précisément dans le Saint des saints, sa partie la plus sacrée. Le livre de l'Exode détaille la composition d'un meuble magnifique : mesurant 110 cm sur 70 cm environ, il est en bois d'acacia plaqué d'or pur à l'intérieur et à l'extérieur, le tout entouré d'une moulure d'or. Il repose sur quatre pieds équipés chacun d'un anneau d'or dans lequels on passait des barres de bois permettant de le transporter. Une plaque d'or, servant de couvercle, est dominée par deux chérubins : c'est le propitiatoire, sur lequel, le jour des Expiations (Yom Kippour), les prêtres du Temple versaient le sang d'animaux sacrifiés, afin d'apaiser la colère de Dieu et de susciter son pardon. C'est pourquoi des chercheurs pensent que cette arche est une construction théologique élaborée au retour de l'Exil (VIe siècle av. J.-C.). Quoi qu'il en soit, l'arche connaît une histoire exemplaire, car elle marque la présence et la protection de Dieu. De fait, après la mort de Moïse, les Hébreux entament la conquête de Canaan, la Terre promise, sous la conduite de Josué. L'arche franchit le Jourdain, portée par des prêtres, et, durant la campagne, Dieu sera favorable aux croyants, semant le malheur chez les autres. Par exemple, des prêtres la portent en faisant le tour de Jéricho dont les murailles s'effondrent au son de cornes de bélier. Puis, éclipsée pendant l'époque troublée des Juges (vers 1200-1050), elle refait surface au temps du prophète Samuel, vénérée dans le sanctuaire de Silo, à 30 km environ de Jérusalem. Mais les Philistins, ennemis d'Israël, s'emparent de ce coffre sacré dont ils redoutent la puissance. Ils le transportent à Ashdod (actuelle bande de Gaza) et le vouent à leur dieu Dagôn. Yahvé, furieux, abat la statue représentant cette divinité et rend malades les habitants de la ville qui s'empressent de se défaire de l'arche. Puis celle-ci, circulant en Philistie, sème la mort et le malheur jusqu'à ce qu'elle soit rendue à Israël : dans la ville de Bet-Shémesh (« maison du Soleil »), entre la Méditerranée et Jérusalem, elle est accueillie dans l'allégresse. Mais, dans leur hâte, les Israélites ont oublié les rites de pureté indispensables pour approcher un objet aussi sacré. Accablés de maux par Dieu, les habitants la transportent à la ville proche de Qiryat-Yéarim (« ville des Bois »). C'est là que le roi David (1010-970) vient la prendre, avant de lui réserver une entrée triomphale à Jérusalem, sa capitale. Son fils et successeur Salomon construit ensuite le Temple, la maison de

Yahvé, où l'arche est installée dans le Saint des saints. L'arche aurait disparu lors de la prise de Jérusalem et l'incendie du Temple par les Babyloniens, en 587 av. J.-C. Des textes juifs apocryphes (non retenus dans la Bible) avancent qu'elle aurait été cachée par le prophète Jérémie, et qu'elle réapparaîtra le jour de la venue du Messie.

Aujourd'hui, les synagogues abritent une arche, sorte de petite armoire parfois richement ouvragée, et particulièrement sainte car elle représente le Saint des saints *(debir)* de l'ancien Temple. Fixée dans le mur est, donc en direction de Jérusalem, elle contient en effet un rouleau *(séfer)* manuscrit de la Torah (ou Pentateuque), la Loi de la Bible, que l'on sort solennellement pour les lectures. Comme l'ancien *hékhal* (sanctuaire), elle comporte un rideau, ou *parokhet*, et sa présence est signalée par une lumière brûlant en permanence (il en va de même pour le tabernacle des chrétiens). Les fidèles se tournent vers elle lors de la prière.

Nous trouvons bien sûr des références à l'arche d'Alliance dans le Second Testament. Ainsi, dans l'épître aux Hébreux : « La première alliance, elle aussi, avait donc des institutions cultuelles ainsi qu'un sanctuaire, celui de ce monde. [...] [Derrière le Saint] était une tente appelée Saint des saints, comportant un autel des parfums en or et l'arche de l'alliance entièrement recouverte d'or, dans laquelle se trouvaient une urne d'or contenant la manne, le rameau d'Aaron qui avait poussé, et les tables de l'alliance ; puis au-dessus, les chérubins de gloire couvrant d'ombre le propitiatoire » (9, 1-5). De même, dans le Coran, dans la sourate *La Vache* (2, 247-248), Dieu, omniprésent, donna le « signe de sa royauté » par l'arche que portaient les anges et qui contenait sa *Sakina* (Présence).

➡ *Alliance, Commandement, Chérubin, Déluge, Exil, Exode, Expiation, Fils, Jéricho, Jugement dernier, Messie, Parokhet, Péché, Philistin, Propitiation, Saint des saints, Sakina, Tables de la Loi, Temple, Torah*

ARIANISME ✠

L'arianisme est un courant jugé hérétique par l'Église et condamné au concile de Nicée I (325). L'initiateur en est Arius (256-336). Ce prêtre d'Alexandrie (Égypte) constate qu'aucun dogme n'a encore défini la Trinité

(Père, Fils et Esprit saint). Vers 320, il avance que les trois personnes qui composent la Trinité ne peuvent pas être envisagées selon un même principe de divinité. En tant qu'homme, Jésus fut nécessairement inférieur à Dieu (Père), voire non divin selon certains arianistes. Ces considérations complexes aboutirent à une grave crise au sein de l'Église d'Orient. Arius ne démordant pas de ses conclusions, le concile de Nicée est convoqué par l'empereur Constantin et jette les bases du dogme de la Trinité. Condamné pour hérésie, Arius est exilé, puis est autorisé à retrouver Alexandrie. Il meurt finalement à Constantinople. Mais l'Église, pour contrecarrer l'arianisme, achève de définir la Trinité au concile de Constantinople I (381), qui condamne une nouvelle fois ses adeptes. Cependant, l'arianisme est adopté par des rois germains en Italie et en Espagne. Clovis, roi des Francs, bat leur coalition à la bataille de Vouillé (507). Les derniers rois arianistes se convertissent au catholicisme à la fin du VIe siècle.

➡ *Anathème (Lois de l'), Concile, Dogme, Église, Esprit saint, Fils, Hérésie, Jésus, Trinité*

ARMAGEDÔN ✝

« Puis, de la gueule du Dragon, et de la gueule de la Bête, et de la gueule du faux prophète, je vis surgir trois esprits impurs, comme des grenouilles [...] Voici que je viens comme un voleur : heureux celui qui veille et garde ses vêtements pour ne pas aller nu et laisser voir sa honte. Ils les rassemblèrent au lieu dit, en hébreu, Armagedôn. »

C'est ainsi que, dans l'Apocalypse (16, 13-14), Jean évoque l'Armagêdon, bataille qui aura lieu lorsque les armées de Dieu, au jour du Jugement, viendront sur Terre pour en chasser celles du démon. L'Apocalypse est le seul livre à faire mention de l'Armagêdon, Bible et Second Testament confondus. L'origine de ce nom est plus qu'imprécise. Il pourrait s'agir de la montage de Meguiddo, ville qui dominait la plaine d'Yizréel (« Dieu sème »), théâtre de plusieurs épisodes rapportés par la Bible (Jézabel, Débora, Saül, par exemple).

➡ *Apocalypse, Bête, Débora, Démon, Jean, Jézabel, Jugement dernier, Païen, Satan, Saül*

ASCENSION ✡ ✝ ☪

C'est la montée de Jésus au ciel célébrée quarante jours après Pâques, jour de sa résurrection.

Une forme d'ascension au ciel est déjà mentionnée dans la Genèse à propos d'Hénoch, et dans le second livre des Rois de la Bible, à propos du prophète Élie (IXe siècle av. J.-C.), enlevé vivant par Dieu (2, 1-18) : « Un char de feu et des chevaux de feu se mirent entre eux deux [Élie et son disciple Élisée], et Élie monta au ciel dans le tourbillon. » Mais c'est dans le christianisme, puis dans l'islam que ce phénomène prend une dimension exceptionnelle.

Dans les Actes des apôtres du Second Testament (1, 1-11), après sa résurrection, Jésus se montre plusieurs fois à ses apôtres, parle du royaume de Dieu, de sa crucifixion qui, bien que lui, le Messie, en ait été la victime, était prévue par Dieu. Au cours d'un repas, il leur recommande aussi de rester à Jérusalem au jour, proche, de la Pentecôte, car l'Esprit saint les habitera : « Vous serez alors mes témoins [...] jusqu'aux extrémités de la erre. » Cette entrevue est la dernière. Au cours de l'Ascension (6-11), passage d'une profonde spiritualité, Jésus est littéralement enlevé au ciel, comme le fut Élie. Il va siéger près de son Père, et deux anges annoncent qu'il reviendra sur terre (parousie) après la proclamation de l'Évangile dans le monde entier – Marc et Luc évoquent brièvement une ascension à la fin de leurs évangiles. Jésus, le Messie ressuscité, s'affirme donc comme le « juge établi par Dieu pour les vivants et les morts. [...] Qui croit en lui recevra, par son nom, la rémission de ses péchés », dira Pierre (Ac 10, 42-43). Ainsi naît l'Église. Dans le calendrier des fêtes, l'Ascension est célébrée le jeudi de la cinquième semaine après Pâques.

Dans le Coran, Mahomet est également l'objet d'une ascension *(miraj)* au cours de son Voyage nocturne *(isra)* à Jérusalem. Cet événement est la source d'une intense piété, notamment au dôme du Rocher de Jérusalem, où eut lieu le *miraj*.

➡ *Actes des apôtres, Crucifixion, Dôme du Rocher, Église, Élie, Esprit saint, Évangile, Hénoch, Isra, Jésus, Mahomet, Messie, Miraj, Pâques, Parousie, Pentecôte, Résurrection, Royaume*

ASCÈSE ✡ ✝ ☪

L'ascète (du grec *askêsis*, « exercice »), dans sa quête de perfection et de pureté, choisit tous les moyens qui lui permettront de dépasser son esprit et son corps afin d'approcher Dieu. Pour cela, il vit en solitaire, loin des tentations du monde matériel, s'imposant une alimentation frugale.

Une telle recherche exista dès les premiers temps d'Israël avec le *nazir* (femme ou homme voués à Dieu pour une période donnée) et se perpétua chez les esséniens par exemple, secte juive du temps de Jésus. À partir du IIe siècle, donc après la destruction du temple de Jérusalem (70), des ascètes (*perouchim* en hébreu) apparurent, mais le judaïsme développé par les rabbins, comme l'attestent la Michnah et le Talmud, désapprouva ces attitudes extrêmes. Aujourd'hui, le jeûne est la forme d'ascétisme reconnue.

Le christianisme des premiers temps fut également marqué par le phénomène ascétique, présent dans le début du monachisme, en Égypte notamment, avec les ermites, et qui se poursuit aujourd'hui dans certains ordres monastiques. Le jeûne, quant à lui, n'est plus pratiqué, dans le calendrier catholique, que le mercredi des Cendres et le vendredi saint.

De son côté, le Coran pousse à l'honnêteté et à une vie exempte d'excès et autres débordements, sous peine d'être châtié au jour du Jugement : autrefois, les ascètes (*oubbad*, « serviteurs de Dieu ») respectaient scrupuleusement ces consignes coraniques. Les soufis, mystiques musulmans, sont dans le prolongement de ce courant ancien. Les musulmans pratiquent aussi le jeûne (ramadan).

➡ *Cendres (mercredi des), Essénien, Faqîr, Jeûne, Jugement dernier, Michnah, Monachisme, Mystique, Nazir, Ordre, Ramadan, Soufi, Talmud, Vendredi saint*

ASMODÉE ✡

Asmodée est un esprit maléfique évoqué par le livre de Tobie, qui l'appelle « le pire des démons ». Il a fait périr les sept maris de Sarra (« princesse ») « avant qu'ils se soient unis à elle comme de bons époux ». Son nom (Achemedaï en hébreu) signifie d'ailleurs sans doute « celui qui fait mourir ». Tobie, épris de Sarra, trouve le moyen de se débarrasser d'Asmodée, grâce à l'ange Raphaël. Il doit en effet montrer que l'union qu'il désire est avant tout fondée sur l'amour et non sur la satisfaction d'un besoin charnel. Les amoureux invoquent Dieu et sa protection, tout en faisant cuire sur la braise le foie et le cœur d'un poisson dont l'odeur fait fuir Asmodée. Le démon court jusqu'en Égypte (pays du mal dans la Bible), où Raphaël l'enchaîne à jamais.

Le Talmud s'est emparé d'Asmodée dans une série de légendes. Ainsi, on le retrouve souvent associé au roi Salomon, lequel, par exemple, après avoir été chassé par le démon de son trône et être devenu mendiant, finit par le récupérer, non sans avoir enchaîné Asmodée, l'obligeant à l'aider au chantier du temple de Jérusalem. D'autres traditions font d'Asmodée l'époux de la terrible Lilith, ou encore la peau du serpent qui suscite la tentation dans l'esprit d'Ève. On l'a encore rapproché de Samaël (« venin de Dieu »), autre époux de Lilith et prince des enfers.

➡ *Ange, Démon, Ève, Lilith, Raphaël, Salomon, Talmud, Tobie*

ASSOMPTION ✝

C'est l'élévation au ciel de la Vierge Marie par des anges, fêtée le 15 août en Occident (par les catholiques) depuis le VIIIe siècle, et en Orient (par les orthodoxes) où elle est appelée « Dormition ».

L'Assomption n'est pas mentionnée dans le Second Testament. Elle repose d'abord sur des écrits apocryphes, puis sur son élaboration progressive au fil des siècles, par d'autres illustres figures de l'Église comme Albert le Grand (vers 1200-1280) et son élève Thomas d'Aquin (1226-1274), « docteur universel » de l'Église, tous deux éminents théologiens de l'université de Paris.

Une fête de la Dormition est attestée dès le VIe siècle en Orient – elle pourrait être plus ancienne, de deux siècles selon certains chercheurs. Contrairement à l'ascension de Jésus, Marie est enlevée juste à sa mort, car sa dimension de grande sainteté ne pouvait s'accorder avec la dégradation physique d'un défunt. Le mot « assomption » vient d'ailleurs du latin *assumptio*, « prendre », « admettre », « emprunter », en l'occurrence son corps et son esprit. En outre, Marie, conçue immaculée, devait rester pure. Tout cela explique que le pape Pie XII, après avoir consulté les évêques du monde entier, a proclamé *ex cathedra* (mesure exceptionnelle) le dogme « divinement révélé » de l'Assomption, le 1er novembre 1950 : « Nous affirmons, Nous déclarons et Nous définissons [...] que l'Immaculée Mère de Dieu, Marie toujours Vierge, après avoir achevé le cours de sa vie terrestre, a été élevée en corps et en âme à la Gloire céleste. »

➨ *Ange, Apocryphe, Ascension, Docteur de l'Église, Dogme, Évêque, Ex cathedra, Immaculée Conception, Marie, Testament, Vierge*

ASSYRIE ✡

L'Assyrie était située en Mésopotamie (Irak actuel), « le pays entre les deux fleuves », le Tigre et l'Euphrate, qui fut le berceau de grandes civilisations comme Sumer. Ninive, capitale de l'Empire assyrien, est évoquée par la Bible en des termes peu flatteurs, en particulier dans le livre de Jonas et par d'autres prophètes. L'existence de l'Assyrie en tant que nation structurée remonte au XVIIIe siècle av. J.-C. Mais, après une longue histoire d'indépendance et de soumission, marquée notamment par des rapports tumultueux avec Babylone, l'Assyrie affiche ses ambitions. L'accession au pouvoir de Téglat-Phalasar III (745-727) signe la véritable naissance du grand empire. Téglat a besoin de finances pour mener son expansion, et, après avoir réformé son État, entame une série de conquêtes au cours desquelles il dévaste, pille, rançonne, pratique la politique de la terre brûlée. Damas (Syrie) veut mener une coalition, mais tombe en 732. Dix ans plus tard, Salmanazar V (727-721) poursuit l'avancée. Sachant qu'Israël occupe un couloir stratégique qui conduit à la Méditerranée et à la puissante Égypte, laquelle y a toujours vu un rempart la protégeant contre les envahisseurs du Nord, il fond sur Samarie pour l'anéantir, déportant la population. Mais il épargne Juda dont l'intérêt est moindre, tant sur les plans économique que géographique. L'Assyrie, à son apogée sous Sargon II (721-705), finit par se soumettre à Babylone qui prend Assur (614), l'ancienne capitale, puis Ninive (612). D'autres empereurs assyriens se sont illustrés, comme Assurbanipal (669-630 environ) qui dota Ninive d'une magnifique bibliothèque.

Pour la Bible (livre de la Genèse), l'Assyrie, ou Assour (nom parfois donné aussi à Babylone), descend de Sem, fils de Noé, ce qui en fait donc un peuple sémitique.

➡ *Babylone, Genèse, Israël, Jonas, Juda, Prophète, Samarie, Sémite*

ASTARTÉ ✡

Cette déesse illustre l'influence des divinités polythéistes qu'Israël dut combattre pour imposer le Dieu unique.

Située au nord de la Syrie, la cité d'Ougarit est très prospère du XIVe au XIIIe siècle. On y vénère Athirat, ou Ashéra, déesse très ancienne et épouse d'El, le grand dieu du Proche-Orient antique. Surnommée la « Mère du ciel » (et des dieux), ou la « Dame de la mer », Ashéra finit par se confondre avec une déesse centrale de Mésopotamie : Ishtar ou Ashtart, nom que lui donnent les Assyriens et les Babyloniens, et qui, à la fin du IIIe millénaire, s'est confondue avec la déesse sumérienne Inanna, nom traduit en général par « Reine du ciel ». L'importance d'Ishtar, nom d'origine sémitique, est telle que le terme *ishtarâtu* sert à désigner les déesses en général. Selon la mythologie, elle est la fille de Sîn, dieu de la Lune, et la sœur de Shamash, dieu du Soleil. Ishtar personnifie la fécondité, l'amour, la sexualité, allant jusqu'à épouser les rois, dont elle est la patronne, lors de noces grandioses. Mais elle peut aussi se montrer violente. La conquête de la Mésopotamie par les Perses, au VIe siècle av. J.-C., signe le net recul d'Ishtar. Dans le Levant (Syrie, Liban, Israël, Palestine), elle prend le nom d'Ashtart, ou, dans sa forme grecque, Astarté.

Nous comprenons pourquoi Ashéra-Astarté est condamnée dans la Bible. Elle est le plus souvent honorée sous la forme de « pieux sacrés » cités à de nombreuses reprises, notamment dans la bouche de prophètes comme Jérémie : « Leurs fils se souviennent de leurs autels et de leurs pieux sacrés, près des arbres verts, sur les collines élevées » (17, 2). Ces pieux prennent place près des sanctuaires d'Ashéra-Astarté, ou sur les « hauts lieux » parsemés d'idoles, sommets de collines où officient des prostitués sacrés, femmes ou hommes. Devenus l'archétype de l'idolâtrie, ils se joignent en effet aux autres représentations des divinités étrangères, les baals, comme les bétyles (pierres dressées), toutes réunies sous le terme générique et parlant d'« ashéras » ou d'« astartés ». Dans les livres des Rois, le roi Salomon (970-931), bien que loué pour sa sagesse, a même cédé à la déesse sur ses vieux jours : « Salomon suivit Astarté, la divinité des Sidoniens [en Phénicie], et Milkom, l'abomination des Ammonites [du pays d'Ammon, ennemi récurrent d'Israël] » (1 R 11, 5) ; « C'est qu'il m'a délaissé, qu'il s'est prosterné devant Astarté, la déesse des Sidoniens, Kemosh, le dieu de Moab, Milkom, le dieu des Ammonites, et qu'il n'a pas suivi mes voies, en faisant ce qui est juste à mes yeux, ni mes lois et mes ordonnances, comme son père David » (1 R 11, 33). Manassé (687-642), souverain de Juda, royaume israélite du Sud, se voit plus tard reproché d'avoir fait dresser une statue de la déesse dans le temple de Jérusalem, la maison de Dieu : « Il plaça l'idole d'Ashéra, qu'il avait faite, dans le Temple au sujet duquel Yahvé avait dit à David et à son fils Salomon : "Dans ce Temple et dans Jérusalem, la ville que j'ai choisie dans toutes les tribus d'Israël, je placerai mon Nom à jamais" » (2 R 21, 7). Mais Josias (2 R 23, 4 et 7), auteur d'une réforme religieuse saluée par la Bible, ordonne « de retirer du sanctuaire de Yahvé tous les objets de culte qui avaient été faits pour Baal, pour Ashéra et pour toute l'armée du ciel » (2 R 23, 4) ; « Il démolit les maisons des prostitués sacrés, qui étaient dans le Temple de Yahvé et où les femmes tissaient des voiles pour Ashéra » (23, 7) ; « les hauts lieux qui étaient en face de Jérusalem, au sud du mont des Oliviers, et que Salomon roi d'Israël avait bâtis pour Astarté, l'horreur des Sidoniens, pour Kemosh, l'horreur des Moabites, et pour Milkom, l'abomination des Ammonites, le roi les profana » (23, 13). Tout cela n'empêcha pas Ashéra-Astarté de gagner l'Égypte, et Ishtar l'Arabie préislamique sous le nom de Manât.

➡ *Ammon, Assyrie, Baal, Babylone, Idole, Josias, Lât (al-), Moab, Moloch, Sémite*

ATHALIE ✡

Immortalisée par Racine dans sa tragédie de 1691, Athalie (« Yah est exalté ») est la fille de Jézabel et d'Achab (874-853 av. J.-C.), roi de Samarie, auquel s'opposent les prophètes Élie et Élisée. Le second livre des Rois la décrit comme une femme nuisible à deux rois de Juda, son mari Joram (848-841) et son fils Ochozias (841) qui, assassiné, lui laisse l'accès au pouvoir. Athalie (841-835) fait aussitôt éliminer les descendants de la lignée royale, mais sa fille Yehosheba et son jeune cousin Joas en réchappent et trouvent refuge dans le Temple auprès du prêtre Yehoyada. Sept ans plus tard, Joas reçoit de ce dernier l'onction royale et, acclamé, provoque la colère d'Athalie. Des gardes s'emparent alors d'elle, la font sortir du sanctuaire, et « quand elle arriva au palais royal par l'Entrée des Chevaux, là elle fut mise à mort » (11, 16). Joas (835-796), quoique plus fidèle à Yahvé, laisse les divinités païennes souiller la terre du Dieu unique. Il meurt assassiné lui aussi.

➡ *Élie, Élisée, Jézabel, Juda, Onction, Samarie*

ATHÉISME ✡ ✝ ☪

L'athéisme, mot qui remonte à l'Antiquité, notamment grecque, désigne l'absence de Dieu. Un athée ne croit donc pas à l'existence du divin en général, du Dieu unique en particulier. Ce mot présente aussi diverses nuances, l'athée pouvant nier simplement cette existence, adopter une attitude passive face à la religion, ou être un véritable activiste rejetant la foi et tout ce qui la représente (Église par exemple) – dans ce dernier cas, on parle aussi d'antithéisme.

➡ *Agnosticisme, Déisme, Foi*

AUBE, L' ☪

L'Aube (al-Fajr) est le titre de la 89e sourate du Coran. Ce moment ferme la nuit, inaugure et honore une journée. Dieu honore aussi les hommes qui, éprouvés par ses dons, doivent en retour honorer les plus faibles, les aider au lieu de se soucier d'argent ou d'héritage. Chacun doit donc craindre Dieu et la perspective de la géhenne (séjour infernal des morts). Mais Dieu demande aux âmes de s'apaiser, car il leur suffit de retourner vers lui pour entrevoir le paradis qu'il réserve à ses fidèles serviteurs.

➡ *Charité, Clarté du jour (La), Géhenne, Lumière, Paradis*

AUMÔNE ✡ ✝ ☪

Dans les trois religions monothéistes, Dieu éprouve pour les hommes en général un amour immense et, pour les plus pauvres en particulier, un sentiment fort : la « compassion », *eleos* en grec, d'où vient *eleêmosunê* qui a donné le mot « aumône ». Celle-ci n'est pas, comme on le croit souvent, un geste dévalorisant pour celui qui la reçoit. Car, indissociable de la charité, elle est un véritable geste naturel pour celui qui, animé de la foi, en est le donateur. En donnant à l'autre, il l'aide aussi moralement et spirituellement. Les cas de personnes secourues et ayant retrouvé leur place dans le monde sont innombrables dans l'Histoire, et toujours d'actualité.

Dans la Bible, le secours aux pauvres, aux affamés, aux malheureux, à la veuve, à l'orphelin, à tous les démunis, fait partie des priorités des prophètes, des représentants de la sagesse, ou encore de certains rois, et bien sûr de tout juif. L'aumône est en effet inscrite au cœur de la Torah qui la considère comme un devoir de justice. Chaque personne devait verser un dixième de ses revenus au temple de Jérusalem, principe de la dîme encore pratiquée en terre d'Israël (Erets Israël) sous d'autres formes. L'aumône peut être l'autorisation de glaner (prendre les épis non moissonnés) dans un champ, comme dans le livre de Ruth, de grappiller (récupérer les grappes de raisins restant après la vendange), de ramasser les fruits non cueillis d'un verger. C'est le *leqet* (« glanure » en hébreu) prescrit par le livre du Lévitique (19, 9-10) et par le Deutéronome (24, 19). Pour les rabbins, tout produit qui n'a pas été récolté doit être donné ainsi, et une partie d'un champ, d'une vigne et d'un verger doit être consacrée à l'aumône, ce que commande aussi le Lévitique (23, 22). En Israël, chacun se devait d'inviter une veuve, un orphelin et un étranger aux banquets.

Le Second Testament fonde l'aumône avant tout sur l'amour d'autrui. L'évangile de Luc le précise : « Que celui qui a deux tuniques partage avec celui qui n'en a pas, et que celui qui a de quoi manger fasse de même » (3, 11) ; « Car où est votre trésor, là aussi sera votre cœur » (12, 34). Matthieu donne aussi des clés : « À qui te demande, donne ; à qui veut t'emprunter, ne tourne pas le dos » (5, 42) ; « Quand donc tu fais l'aumône, ne va pas le claironner devant toi ; [...] quand tu fais l'aumône, que ta main gauche ignore ce que fait ta main droite, afin que ton aumône soit secrète ; et ton Père, qui voit dans le secret, te le rendra » (6, 1-4). Dans les Actes des apôtres, ceux-ci mettent leurs biens en commun ; le produit des quêtes est distribué justement et sert à financer les jeunes communautés. Les exemples d'abandon des biens abondent dans le christianisme. Le monachisme, par exemple, exige d'ailleurs de se défaire de ses biens et la vie communautaire est une constante chrétienne. Quant à l'aumônier, il s'agissait autrefois de prêtres au service de grands personnages, nobles ou de la famille royale, qui, tout en assurant les offices dans les chapelles de leurs protecteurs (d'où leur autre nom de chapelains), avaient pour mission de distribuer les aumônes aux pauvres. Aujourd'hui, ce titre s'applique aux prêtres, aux religieux non prêtres ou aux laïcs (aidés par des prêtres) spécialement formés, qui ont en charge une collectivité dont ils assurent le culte et la formation religieuse (école, prison, lycée, association, hôpital, communautés religieuses...).

L'aumône fait naturellement partie des piliers de l'islam et des obligations *(fard)* voulues par Dieu. Dans le Coran, où elle est maintes fois évoquée, elle fait l'objet de deux termes qui, par leur racine, font tous deux appel à la notion de purification, gage de l'accès à la vie future auprès de Dieu : « Prélève une aumône sur leurs biens pour les purifier et les rendre sans taches », prescrit par exemple la sourate *L'Immunité* (9, 103) – le butin pris aux ennemis est également distribué. « À celui qui fait l'aumône et qui craint Dieu ; à celui qui déclare véridique la très belle récompense, nous faciliterons l'accès au bonheur », ajoute *La Nuit* (92, 5-7).

Ces deux mots, qui ont pris ultérieurement des sens différents, sont la *zakat*, ou aumône légale, l'un des Cinq Piliers de l'islam, et la *sadaqa*, aumône volontaire.

➨ *Charité, Dîme, Fard, Ismaël, Jugement dernier, Monachisme, Piliers (Les Cinq), Ramadan, Ruth, Sadaqa, Sagesse de Dieu, Zakat*

CHAPELLE

La chapelle est un lieu de culte pourvu d'un autel, mais qui n'a pas de juridiction territoriale. On en trouve à l'intérieur d'une église, chez des particuliers ou dans des communautés comme les hôpitaux. La tradition avance que saint Martin de Tours (vers 315-397) partagea son manteau avec un pauvre. Ce long vêtement, relique devenue sacrée, accompagna longtemps les rois de France lors de leurs campagnes militaires. Appelé aussi « chape » (*capa* en latin), il prenait place dans une tente spéciale qui fut appelée *capella*, d'où vient le mot « chapelle ». Le nom « chapelain » est d'ailleurs donné aux prêtres attachés à un sanctuaire, comme une chapelle renfermant des reliques, ou des lieux de pèlerinage.

AURORE, L' ☪

L'Aurore (al-Falaq) est le titre de la 133e sourate, très courte (cinq versets), du Coran ; elle en est aussi l'avant-dernière. Dieu est le Seigneur de l'aurore, instant qui, suivant l'aube, précède le lever du soleil, la lumière restant symboliquement l'un des moteurs de la vie. Tout homme doit se placer sous sa protection contre le mal, les ténèbres et les vices qui entachent l'humain.

➨ *Mecque (La), Seigneur, Vice*

AUTEL ✡

L'autel (du latin *altus*, « haut ») est un élément de l'architecture religieuse commun à de nombreuses civilisations de l'Antiquité. Il s'agissait de constructions en pierre sur lesquelles on procédait à des sacrifices ou qui recevaient les offrandes destinées à la divinité adorée.

La Bible mentionne l'existence de plusieurs autels édifiés par les patriarches par exemple, et l'habitude fut prise en Israël d'en ériger au sommet de collines, résurgence du culte des baals de Canaan vénérés sur des « hauts lieux » prohibés par la Bible, et voués aussi à Ashéra (Astarté). Ces pratiques prirent fin avec la centralisation du culte décrétée par le roi Josias au VIIe siècle av. J.-C. Alors, le Temple bâti jadis par Salomon (Xe siècle) resta le seul temple où l'on pouvait offrir des sacrifices. Des hauts lieux continuèrent cependant de fonctionner, ce que dénoncent les prophètes.

Dans le Temple, il existait un autel recouvert d'or, pour les offrandes et les holocaustes, et un autre, situé dans le Saint des saints *(hékhal)*, fait d'acacia doré, pour brûler l'encens. Après la destruction de ce Premier temple, les juifs, revenus de l'exil à Babylone (VIe siècle), commencèrent par restaurer l'autel avant l'édifice lui-même : il disparut avec ce Second Temple en 70 apr. J.-C. Aujourd'hui, l'autel, qui remplissait donc une fonction expiatoire, est remplacé dans le judaïsme par l'acte de charité. Mais au cours du shabbat, par exemple, la table familiale rappelle l'autel.

Presque dès sa naissance, l'Église chrétienne a repris le principe de l'autel où, depuis ces temps lointains, est célébrée la messe – les chrétiens dressaient des autels sur la tombe des martyrs. Dans une église, il est installé devant les fidèles, et en hauteur pour signifier son rôle essentiel.

➡ *Astarté, Baal, Charité, Église, Encens, Expiation, Holocauste, Israël, Jérusalem, Josias, Messe, Shabbat, Saint des saints, Temple*

AV ✡

Av (juillet-août) est le 11ᵉ mois du calendrier religieux et le 5ᵉ mois du calendrier civil. Il est surtout marqué par la célébration du 9, le Tichah be-Av, le neuvième jour d'Av. À cette date sont commémorées les destructions du Premier Temple de Jérusalem par Babylone (587 av. J.-C.), et du Second Temple par les Romains (70 apr. J.-C.), mais aussi divers drames ayant jalonné la longue histoire du monde juif – persécutions, expulsions et autres oppressions. Et ce fut un 9 Av que les juifs furent expulsés d'Espagne en 1492 et du Portugal en 1495.

À l'occasion de ce jour d'une grande tristesse, les juifs pratiquent un jeûne de vingt-cinq heures et respectent un certain nombre de prescriptions d'ascèse et d'interdits. À la synagogue, on récite, entre autres prières, les Lamentations de Jérémie, chant sur Jérusalem dévastée. Mais le Messie devant reconstruire le Troisième Temple un 9 Av, cette date deviendra alors un grand moment de fête.

➡ *Jérémie, Hamichah, Jeûne, Lamentations, Messie, Temple*

AVENT ✝

L'Avent est, dans les Églises chrétiennes d'Occident, la période consacrée à la préparation de Noël. Il commence quatre dimanches avant la fête. Le mot vient du latin *adventus*, « arrivée [de Jésus] », dans le sens d'un nouvel « avènement », pareil à celui des anciens empereurs de Rome, car il semble qu'une forme primitive d'avent se retrouve dès la fin du IVᵉ siècle, notamment en Gaule occupée par les Romains. L'Avent paraît avoir gagné ensuite Rome au VIe siècle, avant de s'imposer dans l'année liturgique, dont il marque le début.

Cette longue évocation de l'attente du Messie (Jésus-Christ), dont la solennité augmente à mesure que Noël approche, célèbre non seulement l'annonce de sa naissance par le prophète Isaïe (7, 14), mais Jean qui baptisa Jésus, Marie qui l'enfanta, jusqu'à la perspective du retour (parousie) de Jésus et l'instauration du royaume de Dieu, où régneront la paix et la justice. Les Églises chrétiennes d'Orient ne respectent pas d'avent, mais accordent aux dimanches avant Noël une même valeur évocatrice.

➡ *Christ, Dimanche, Jésus, Messie, Noël*

AVINOU ✡

Dieu, en tant que Père et Créateur omnipotent, exigeant par conséquent le strict respect de la Torah, a inspiré cette prière très ancienne, l'*Avinou Malkenou* (en hébreu, « Notre Père, notre Roi »), récitée aux jours de pénitence et de jeûne. Les prémices en sont attribuées à Rabbi Aqiva (ou Akiva, Akiba, vers 50-135 apr. J.-C.), l'un des plus prestigieux *tannaïm* (sages qui, du début de l'ère chrétienne jusqu'à la fin du IIe siècle, constituèrent la Michnah) : au cours d'une sècheresse, il inventa cinq suppliques commençant par ces mots, et Dieu, ignorant les autres demandes, fit tomber la pluie. À la fin de la révolte de Bar-Kokhba, Aqiva, alors qu'il était martyrisé à mort par les Romains (il avait proclamé Bar-Kokhba « Roi-Messie »), continua de réciter le *Chema Israël*, la grande prière juive, tout en endurant de terribles souffrances.

➡ *Bar-Kokhba, Chema, Création, Jeûne, Michnah, Notre Père, Père, Prémices, Tanna*

AVODAH ✡

L'Avodah correspond aujourd'hui à un service supplémentaire pratiqué par les communautés juives au cours de Yom Kippour (le « jour des Expiations » ou Grand Pardon).

Dans le chapitre 16 du Lévitique, Dieu explique à Moïse le déroulement du « culte » *(avodah)* que devra respecter Aaron, ou, pour replacer ce livre dans le contexte de sa rédaction, le grand prêtre du Temple le jour de Yom Kippour. Pour entrer dans le Saint des saints, cœur du Temple où réside la Présence même de Dieu, il doit se présenter entièrement vêtu de lin (symbole d'humilité) consacré et blanc (symbole de pureté). Il procèdera ensuite à des offrandes d'animaux, pour éviter la fureur de Dieu qui se tient sur le propitiatoire (table d'or) de l'arche d'Alliance. Il s'agit d'un taureau, sacrifié pour la reconnaissance de ses péchés personnels, l'encens remplissant ensuite le sanctuaire tandis que le sang de la victime est aspergé sur le propitiatoire. Puis viennent deux boucs offerts par « la communauté des Israélites » : l'un, tiré au sort, « sacrifié pour le péché du peuple », est immolé, son sang étant aussi aspergé sur le propitiatoire. L'autre part dans le désert entourant Jérusalem, où il servira de « bouc émissaire » et de proie à Azazel (un démon). Une fois sacrifiées, les deux bêtes sont brûlées (principe de l'holocauste), et les officiants lavent leurs vêtements et leur corps.

➡ *Arche, Azazel, Bouc émissaire, Encens, Expiation, Holocauste, Idole, Lévitique, Neziqin, Péché, Propitiation, Temple, Yom Kippour*

AZAZEL ✡

Selon la prescription contenue dans le livre du Lévitique (16), à Yom Kippour, qui célèbre la fin de la période de repentir commencée à Roch ha-Chanah, le grand prêtre du temple de Jérusalem envoyait le « bouc émissaire » chargé des péchés d'Israël, « à Azazel », lieu du désert proche de Jérusalem.

Ce nom était sans doute celui d'un mauvais esprit du désert, et les traditions ultérieures l'appliquent à un démon, voire au prince des démons, Satan – ce nom, en hébreu, contient la notion de dieu et de force. Des écrits de la kabbale en font aussi la combinaison de deux anges malins, Ouza et Azaël. Dans *Le livre d'Hénoch*, pseudépigraphe composé durant les deux siècles précédant notre ère, Azazel (ou Azazyel) apparaît comme un de ces démons qui enseignèrent aux humains l'iniquité et les péchés, sources d'impiété, d'impureté, de crimes et autres fornications. Il révéla même les secrets des cieux. Sur l'ordre de Dieu, Raphaël l'entrava et l'abandonna dans le désert. Enfin, la tradition chrétienne fera d'Azazel une figure majeure des enfers.

➡ *Bouc émissaire, Démon, Diable, Hénoch, Kabbale, Lévitique, Satan, Yom Kippour*

AZYME ✡ ✝

Le pain azyme (du grec *azymos*, « sans levain »), *matsah* en hébreu, revient très souvent dans les rites juifs, en particulier lors de Pessah (Pâque), où il rappelle le pain emporté par les Hébreux durant l'Exode et qui ne put lever tant ils étaient pressés de sortir d'Égypte.

Au cours de la Cène, Jésus institue l'eucharistie et, pour cela, prend du pain, symbole de son corps. Il reprend ainsi l'usage juif lors d'une Pâque symbolique – il sera crucifié le lendemain, veille de Pessah et du shabbat. Ce pain était donc azyme. Chez les orthodoxes, la messe est célébrée avec du pain levé, et chez les catholiques, traditionnellement avec du pain azyme, mais aussi avec du pain levé (depuis le concile Vatican II, 1962-1965).

➡ *Cène, Eucharistie, Exode, Hamets, Hébreux, Hostie, Maror, Matsah, Messe, Pain, Pessah, Shabbat, Séder*

B

BAAL ✡ ✝ ☪

Baal (ou Ba'al) est, dans les langues sémitiques, le « seigneur », le « maître ». Attesté dès le IIIe millénaire av. J.-C., ce dieu, au portrait complexe, rayonne sur l'ouest du Proche-Orient, où il se nourrit d'autres divinités, comme Haddou (ou Hadad), dieu de l'orage. Son culte anime par exemple Ougarit, cette ville du nord de la Syrie qui connut son apogée du xive au xiiie siècle av. J.-C. Baal réside sur le mont Sapon qui domine la cité où, en 1929, les archéologues ont mis au jour des tablettes ayant permis de mieux connaître le culte de ce dieu.

Plus largement, Baal s'affirme bientôt dans sa zone d'influence proche-orientale comme le maître de l'eau et de la mer, de la pluie et du vent, de l'orage donc, et, par corollaire, de la fertilité des sols et de la végétation, de la fécondité en général et de la vie. Il est aussi le protecteur des troupeaux ou encore des marins. Bref, il préside aux trois piliers que sont l'agriculture, l'élevage et le trafic maritime. On le présente d'ailleurs comme le fils de Dagân, dieu du grain, connu par exemple des Philistins sous le nom de Dagôn. Ou bien comme celui d'El, autre grande figure divine. Il est tenu en outre pour le frère d'Anat, déesse guerrière des sources et de la rosée, dont il serait aussi l'époux.

Mais la société des dieux étant un calque subtil des sociétés humaines, Baal doit préserver sa souveraineté. Car Môt, le dieu de la mort, de la sècheresse et de la stérilité, s'arrange pour le faire disparaître dans le monde des morts. Alertés, Anat et El constatent que la sécheresse s'est installée sur la Terre et que toutes les eaux sont taries. Même les temples son désertés. Anat parvient à faire tomber la pluie et à récupérer une partie du corps de Baal. Puis, elle anéantit Môt, disperse sa dépouille et redonne vie à Baal. Mais, au bout de sept ans, le dieu infernal reprend forme. Baal finit par le vaincre et par assurer son trône. Cette lutte symbolise bien sûr le renouveau de la nature. Baal s'affronte aussi à son frère Yam, dieu de la mer et des eaux (qui inspira sans doute le Léviathan biblique), et l'abat, montrant aussi son pouvoir sur les eaux en général, et son statut de roi des dieux.

Étant donné son importance, il est logique de retrouver Baal au sein de la triade de Sidon (Phénicie), au côté d'Astarté et d'Eshmoun, dieu de la médecine. En Phénicie encore, il prend le nom de Baalshamîn (« Maître des cieux » en araméen), et à Éqrôn (Philistie), celui de Baal Zeboul (« Baal le prince ») repris par des évangiles du Second Testament - en français Belzébuth. Au royaume de Moab (ennemi récurrent d'Israël), il est Baal Péor (ou Belphégor, « dieu du mont Péor »). Il gagne la Mésopotamie pour devenir Bêl (« seigneur » en akkadien), vénéré aussi à Palmyre en Syrie. Aussi est-il cohérent de le rencontrer chez les Cananéens.

À Canaan, Baal était associé à Astarté (ou Ashéra), à laquelle étaient dévolus des « pieux sacrés » que fustigea le prophète Isaïe sous le roi Ézéchias (716-687). Car l'Israël antique eut de tout temps à se défendre contre le culte de Baal qui mettait en péril celui de Yahvé, le Dieu unique. Il est probable que, aux prémices de son histoire, à partir de son arrivée en Canaan (vers 1200 av. J.-C.), Israël ne fit pas une distinction nette entre Baal et Yahvé ; Baal ne commença à être prohibé qu'au temps d'Élie (IXe siècle av. J.-C.). En effet, cet illustre prophète s'opposa à la reine Jézabel qui tentait d'imposer ce dieu central, adoré dans sa Phénicie natale. Mais Israël résista au syncrétisme qui touchait d'ordinaire les peuples les plus récemment installés. Rejetant l'assimilation, il put compter sur de formidables combattants de Dieu : les prophètes se sont tous élevés contre les pratiques cultuelles entourant ces divinités, dont Astarté. Les cérémonies à Baal se déroulaient en ville et sur les « hauts lieux », sanctuaires établis au sommet de collines, où l'on sacrifiait des animaux et où les prostitués, hommes et femmes, se proposaient aux pèlerins. C'est pourquoi, dans la Bible, à l'image des « astartés » et des « ashéras », Baal finit par devenir un nom générique, « baals » *(baalim)* désignant les « faux dieux » et les idoles. Le prophète Osée (VIIIe siècle av. J.-C.), par exemple, remplaçait dans les noms composés Baal par *boset* (« honte »).

La prépondérance de Baal lui valut cependant de donner son nom à des lieux (Baalbek, au Liban, vient de Baal Beqaa, « seigneur de la Beqaa »), à des patronymes et à des prénoms. Par son étymologie, il est également devenu un mot propre au judaïsme (ainsi dans *baal ha-bayit*, « maître de maison »). Israël ben Éliézer (1700-1760), à qui est attribuée la fondation du hassidisme (courant mystique), fut surnommé Baal Chem-Tov (« Maître du Bon Nom », sous-entendu de Dieu), d'après Baal Chem, titre conféré, dès le haut Moyen Âge, à des êtres capables de guérir miraculeusement – par exemple, à l'aide d'amulettes – en utilisant le Nom divin reçu par une grâce particulière. Nous trouvons aussi associées à la synagogue des fonctions comme celle du *baal teqiah* (« maître de la sonnerie » du chofar, instrument à vent), du *baal tefillah* (« maître de la prière », c'est-à-dire le culte), ou encore du *baal qeriah* (« maître de lecture » de la Torah).

Le Coran, quant à lui, fait mention de Baal dans la sourate 37 (*Ceux qui sont placés en rang*), pour évoquer le grand combat d'Élie rapporté par la Bible (premier livre des Rois) : « Élie était au nombre des envoyés. Il dit à son peuple : "Ne craignez-vous Ba'al ? Délaisserez-vous le meilleur des créateurs : Dieu, votre Seigneur, le Seigneur de vos premiers ancêtres ?" » (123-126.)

➡ *Astarté, Belzébuth, Canaan, Chofar, El, Élie, Hassidisme, Idole, Isaïe, Jézabel, Moab, Osée, Phénicie, Prophète, Sémite, Torah, Yahvé*

BAB ☪

Le mot *bab*, « porte » en arabe, s'applique à un élément architectural très présent dans l'art de l'islam, les plus anciennes de ces portes remontant au VIIIe siècle. Notons au passage que le mot hébreu *babba* signifie également « porte ». Il est donné, entre autres, aux trois premiers traités de l'ordre Neziqin de la Michnah : Babba Qamma, Babba Batra, Babba Metsia.

Le mot *bab* est aussi une clé très symbolique dans le chiisme, branche de l'islam fondée sur la croyance en une succession d'imams descendant d'Ali, cousin et gendre de Mahomet. En effet, pour les chiites, Ali, leur précurseur, est la porte permettant d'ouvrir sur la connaissance que représente le prophète Mahomet. Et, pour les duodécimains, qui croient en douze imams, la porte est le dernier d'entre eux, occulté en 874, Muhammad al-Mahdi al-Muntazar, qui doit revenir à la fin des temps et ouvrir une nouvelle ère prophétique.

En 1844, en Perse (actuel Iran), où prédomine le chiisme duodécimain, Sayyid Ali Muhammad (1819-1850) s'inscrit dans cette perspective. Il est alors reconnu Bab, c'est-à-dire la porte vivante qui mène à la vérité, l'« imam caché », puis Mahdi (« l'Attendu », qui reviendra avec le Messie, Jésus). Il est exécuté à Tabriz après que ses disciples ont provoqué des révoltes. En 1868, le babisme, persécuté, incite des fidèles à rejoindre Bahâ Allâh. Ce dernier est le fondateur du bahaïsme, survivance toujours actuelle du babisme, mais sous une forme moins eschatologique (relative à la fin des temps).

➡ *Ali, Babel, Bahaïsme, Chiisme, Duodécimain, Imam, Islam, Mahdi, Mahomet, Messie, Michnah, Neziqin, Prophète*

BABEL ✡

L'hébreu *babel*, « porte de Dieu », est la traduction des noms que portait la ville de Babylone dans les deux langues de Mésopotamie : *Bab-ilu* en akkadien (réparti en deux dialectes : le babylonien et l'assyrien), et *Ka-Gingr-ra* en sumérien. De l'avis des chercheurs, la tour qui porte ce nom, dans le livre de la Genèse, est une image directement associée aux ziggourats. Ces temples babyloniens, pyramidaux et à étages, permettaient de faire des observations astronomiques ; un sanctuaire placé au sommet servait à vénérer la divinité.

Après le Déluge, les fils de Noé, Sem (ancêtre d'Abraham), Cham (ancêtre de Canaan, de Babylone, de l'Assyrie) et Japhet (d'où descend Ashkenaz), sont à l'origine d'une abondante descendance qui occupe la Terre. Les peuples parlent alors la même langue et utilisent le même vocabulaire jusqu'au jour où, « à l'orient », ils se rendent à Shinéar (la Babylonie en fait). Là, ils se disent : « Allons ! Faisons des briques et cuisons-les au feu ! La brique leur servit de pierre et le bitume leur servit de mortier. [...] Bâtissons-nous une ville et une tour dont le sommet pénètre les cieux ! Faisons-nous un nom et ne soyons pas dispersés sur toute la terre ! » Devant une ambition aussi sacrilège, qui donne une idée des projets démesurés de l'humanité, Dieu disperse les peuples et leur fait parler des langues différentes pour briser cette unité.

Il faut voir, dans ce récit intemporel de la Genèse (11, 1-9), l'esprit des scribes de la Bible qui, après l'exil des juifs à Babylone (587-538 av. J.-C.), réfléchirent à la puissance déchue (symbolisée par la tour) de cet empire où l'on parlait plusieurs langues : Dieu est le maître de l'Histoire et des nations, redoutables ou non. La tour de Babel fait donc penser à la ziggourat qui se dressait à Babylone.

Faite de briques et de bitume, elle symbolisait le mont sacré, demeure de la divinité. On ne peut pas parler de sacrilège, mais de culte polythéiste, donc impie à l'égard du Dieu unique d'Israël. Avant notre ère, l'empereur perse Xerxès Ier la pilla en 479, puis Alexandre le Grand (356-323) l'abattit, prévoyant de la reconstruire (mais il mourut avant). Aussi ce monument se réduisait-il à un amas de briques où l'on venait puiser des matériaux de construction.

Le nom de Babel n'apparaît pas dans le Second Testament. En revanche, il est cité une fois dans le Coran, dans la 2e sourate (chapitre), *La Vache* : « Ils ont approuvé ce que les démons leur racontaient touchant le règne de Salomon. Salomon n'était pas incrédule, mais les démons sont incrédules [ce sont les anges déchus]. Ils enseignent aux hommes la magie, et ce qui, à Babil, avait été révélé aux deux anges [déchus] Harout et Marout » (2, 102). Dans cet extrait, Babylone est donc associée aux rites magiques, prohibés par le Coran.

➡ *Abraham, Achkénaze, Assyrie, Bab, Babylone, Canaan, Cham, Déluge, Démon, El, Genèse, Harout, Hébreux, Noé, Sémite*

BABYLONE ✡

Vers 2000 av. J.-C., lorsque disparaît la brillante civilisation de Sumer, des nomades investissent le Croissant fertile : ce sont les Akkadiens ou Sémites. Ces nouveaux venus parlent une langue commune qui va donner naissance à d'autres langues, dont l'hébreu et l'araméen. Puis des royaumes apparaissent en Mésopotamie, dont deux éternels rivaux, Assur (Assyrie), au nord, et Babylone, au sud. Sous le grand roi Hammourabi (vers 1793-1750), célèbre pour son code législatif conservé au musée du Louvre, Babylone l'emporte et règne sur cette région, avant d'être supplantée par Assur à partir du XIVe siècle. Après une longue éclipse, Babylone se réveille en 625, avec la naissance de l'Empire néobabylonien ou chaldéen par Nabopolassar, prince de ces Chaldéens arrivés trois siècles plus tôt. Il s'allie aux Mèdes, détruit Assur (614), Ninive (612), capitale de l'Empire assyrien, puis met un terme à celui-ci (606). Les Chaldéens, qui régneront jusqu'en 556, vont se montrer tout aussi terrifiants.

En Palestine, Israël est alors réduit au seul royaume de Juda, la Samarie ayant été ravagée par les Assyriens en 722. Le prophète Habaquq prévient que Dieu a choisi les Chaldéens pour être son instrument. Mais le roi Joiaqim (609-598) cherche la protection de l'Égypte, ce que lui reproche un autre prophète, Jérémie. Un an avant de monter sur le trône babylonien, Nabuchodonosor (604-562), fils de Nabopolassar, bat le pharaon Neko à Karkémish, sur la rive gauche de l'Euphrate. La Syrie et la Philistie sont envahies. Malgré un premier avertissement en 597, Juda se montre rebelle : Jérusalem et le Temple sont détruits en 587, le roi Joiakîn est fait prisonnier, les Judéens partent pour l'exil, l'arche d'Alliance disparaît, emportée avec le butin de Nabuchodonosor. Dans la Bible, le second livre des Rois rapporte : « Il déporta tout Jérusalem, tous les chefs, tous les gens riches, soit dix mille déportés, tous les artisans du métal et les serruriers ; il ne resta que les petites gens du pays. Le roi de Babylone établit roi à la place de Joiakîn son oncle Mattanya dont il changea le nom en Sédécias » (24, 16-17). En 539, le Perse Cyrus le Grand renverse l'Assyrie et, l'année suivante, permet aux peuples exilés de retrouver leur terre. Les Israélites commencent à retourner à Jérusalem, pour reconstruire la ville et le Temple.

Malgré tous ces événements, Babylone continuera d'abriter des communautés juives, qui y composeront l'un des deux Talmud (écrit central du judaïsme), ouvrage qui est dit justement « de Babylone ».

➡ *Arabe, Araméen, Arche, Assyrie, Babel, Exil, Habaquq, Hébreu, Jérémie, Philistin, Sémite, Talmud*

BAHAÏSME ☪

Issu du babisme, secte chiite iranienne fondée par Sayyid Ali Muhammad (1819-1850), dit « Bab », le bahaïsme apparaît dans la seconde moitié de ce siècle. Bahâ Allâh (1817-1892), « Gloire de Dieu » *(Bahá'u'lláh)*, de son vrai nom Mirza Husayn, ancien disciple du Bab, est exilé à Bagdad, Constantinople (Istanbul), Andrinople (Édirne), puis Acre (Akko, en Israël), où il écrit le *Kitab-i-aqdas* (« Livre très saint »). Bahâ Allâh, qui se revendique le nouveau Prophète, dans la lignée de Mahomet et du Bab, est le créateur de ce bahaïsme, dont les adeptes, les bahaïs, voient en lui le Mahdi (« l'Attendu »), qui reviendra à la fin des temps avec le Messie, Jésus. Après sa mort, ce mouvement se perpétue avec son fils, Abbâs Efendi (1844-1921), ou Abd al-Bahâ (« fils de la Gloire »). Aujourd'hui, le bahaïsme, dont le centre se trouve à Haïfa, en Israël, rayonne dans le monde entier.

Opposés à la mystique entourant Dieu, non violents, monogames et partisans de l'égalité des sexes, ils accordent une place prépondérante aux prophètes, dont bien sûr Mahomet, mais aussi Adam, ceux des deux autres religions monothéistes, et même Zarathoustra, promoteur du zoroastrisme. Quant au bouddhisme et au confucianisme, ils sont considérés comme des sagesses. Toutes les religions passées sont en fait des préparations à l'avènement du bahaïsme, ce qui en fait la religion universelle qui abolira la violence, les inégalités, les disparités entre hommes et femmes, le barrage des langues. Il n'existe ainsi aucun sacrement permettant d'y entrer, et pas de clergé.

En Iran, les bahaïs ont été persécutés dès 1979 par la Révolution islamique qui les considérait comme des apostats. L'islam voit en eux des hérétiques, ce qui explique leur absence dans les pays arabes.

Le bahaïsme, dont le cœur se trouve cependant en Iran, a gagné l'Europe et les États-Unis dès les années 1890.

➨ *Adam, Apostasie, Bab, Hérésie, Mahdi, Mahomet, Messie, Prophète, Zoroastrisme*

BAHIR, SÉFER HA- ✡

Le *Séfer ha-Bahir*, ou simplement *Bahir (Livre de la clarté)* est un ouvrage prépondérant pour la kabbale (mystique juive). Édité en France à la fin du XIIe siècle, il a été composé à partir de sources diverses, où semble se dessiner l'influence du gnosticisme (ensemble de sectes chrétiennes). La tradition l'attribue à un sage du Ier siècle, Rabbi Nehounya ben ha-Kana. Mais sa forme littéraire, celle d'un midrach où interviennent des paraboles, évoque aussi des autorités du Talmud et d'autres personnages inconnus. Ce livre est fondamental pour la kabbale en raison de son langage très symbolique. Il développe en effet le rôle des *sefirot* (les dix nombres ou degrés du monde divin), apparus dans le *Séfer Yetsirah (Livre de la Création*, d'inspiration mystique, IIIe-VIe siècle), et par lesquels Dieu montre son pouvoir de Créateur.

➡ *Gnosticisme, Kabbale, Midrach, Séfer Yetsirah, Sefirot, Talmud*

BAPTÊME ✝

L'eau a été de tout temps symbole de vie et source de purification à l'aide des ablutions. Il en va ainsi dans le judaïsme ou l'islam. Le christianisme accorde à cet élément une valeur supplémentaire, celle du baptême (du grec *baptizein*, « plonger »).

Le baptême est devenu l'un des sacrements fondamentaux institués par Jésus. L'enfant ou l'adulte est immergé (symbole de la mort du Christ), puis sorti de l'eau (symbole de la Résurrection). Il entre alors dans le royaume de Dieu et son Église. En fait, le baptême consiste le plus souvent en une aspersion. Donné au nom de la Trinité, ce sacrement fait du baptisé un enfant de Dieu par la réception de l'Esprit saint. La cérémonie prévoit un certain nombre d'actes liturgiques, comme la profession de foi ou l'onction d'huile sainte.

Le baptême fut initié par Jean le Baptiste, dans le Jourdain, et se démarqua alors des bains du judaïsme. Tandis que ces derniers consistaient en une immersion, qui devait être suivie de sacrifices pratiqués dans le temple de Jérusalemm afin d'obtenir le pardons de ses fautes, Jean, lui, baptisait « en personne », ce qui permettait de se purifier des péchés dans la perspective du Jugement dernier, at ainsi d'être pardonné. Le baptême pouvait être administré aux personnes de toute origine, juifs, non-juifs, et même des Romains. Jésus, baptisé par Jean, devait baptiser à son tour dans l'eau, mais aussi dans « l'Esprit saint et dans le feu » (Lc 3, 16-17), selon l'annonce du Baptiste.

➡ *Ablution, Esprit saint, Jean le Baptiste, Jourdain, Jugement dernier, Miqveh, Onction, Royaume, Sacrement, Temple*

BARABBAS ✝

Prisonnier gracié par Ponce Pilate à la place de Jésus. D'après les évangiles, Ponce Pilate, ne voyant pas de motif de faire crucifier Jésus, propose de le libérer, selon une coutume juive qui n'est pas attestée par ailleurs et qui aurait consisté à libérer un prisonnier à l'occasion d'une fête – le « procès » de Jésus se déroule la veille de la Pâque (Pessah). Mais l'assistance crie : « Non, pas lui, Barabbas ! » Barabbas est décrit par Jean comme un « brigand » (18, 40), Marc raconte que cet homme a été « arrêté avec les émeutiers qui avaient commis un meurtre dans la sédition » (15, 7), ce que confirme Luc (23, 19), tandis que Matthieu le qualifie de « fameux » (27, 16). Barabbas, nom alors répandu signifiant « fils du père » en araméen, était sans doute un membre de la secte révolutionnaire des zelates.

➡ *Jean, Jésus, Luc, Marc, Matthieu, Pessah, Ponce Pilate, Procès, Zélote*

BARAKA ☪

La *baraka* est l'influence bénéfique d'une personne, d'un lieu ou d'un objet, de tout ce qui peut apporter la sainteté transmise par la grâce de Dieu. Par exemple, les fidèles se recueillant sur les tombes des saints établies près des *zaouïa* (centres religieux) du Maghreb, recherchent la bénédiction (*baraka*) de ces saints. Ce mot se retrouve dans de nombreuses formules de salutation ou de dévotion (*Barakat Allah*, « Que Dieu soit béni ») et n'a donc rien à voir avec la « chance », sens qu'il a pris en Occident.

➡ *Allah, Bénédiction, Grâce, Marabout, Saint, Zaouïa*

BAREKHOU ✡

Le *Barekhou* (« Bénissez ») est une bénédiction qui appelle les fidèles aux offices du matin *(Chaharith)* et du soir *(Maariv)*, mais à condition que le nombre requis pour réciter la prière communautaire soit réuni, soit dix hommes au moins (c'est le *minyan*). Le *Barekhou* se compose de la formule : « Bénissez Dieu, le béni », reprenant par là l'appel d'un psaume de la Bible : « Allons ! Bénissez Dieu, tous les serviteurs de Dieu, officiant dans la maison de Dieu, dans les parvis de la maison de notre Dieu. Dans les nuits levez vos mains vers le sanctuaire, et bénissez Dieu » (134, 1). L'assemblée répond ensuite par une autre et brève bénédiction adressée à Dieu pour l'éternité.

➡ *Bénédiction, Chaharith, Maariv, Minyan, Psaume*

BAR-KOKHBA ✡

C'est le surnom, signifiant « Fils de l'étoile », donné à Siméon Bar Koziba, qui conduisit la révolte juive contre l'empereur romain Hadrien, au IIe siècle apr. J.-C. La révolte juive de 66 à 70 apr. J.-C. est matée par les Romains. Ceux-ci détruisent le temple de Jérusalem, renforcent leur domination par la pression fiscale et créent une monnaie où figurent des formules explicites telles que « Judée vaincue ». En même temps, ils octroient aux juifs le droit d'exercer leur propre pouvoir, à l'image de l'ancien Sanhédrin (autorité religieuse supérieure), et même d'acheter des terres qu'ils ont annexées pour en toucher les profits. Mais, en 130, l'empereur Hadrien, présent en Palestine, décide de construire un sanctuaire à Jupiter sur le mont du Temple, et de transformer Jérusalem en ville romaine, Aelia Capitola. Les juifs se révoltent à nouveau, conduits de 132 à 135 par Bar-Kokhba. Selon le Talmud et les traditions rabbiniques, des juifs accourent de la Diaspora et même des gentils (non-juifs), pour soutenir l'insurrection. Dans les rangs, on parle hébreu, araméen et grec. Infligeant d'abord de sévères défaites aux Romains, Bar-Kokhba, proclamé Messie par Rabbi Aqiva (à qui est attribué l'*Avinou*), se bat surtout en Judée. Il force Hadrien à mener une terrible répression suivie de persécutions. Bar-Kokhba trouve lui-même la mort au siège de la dernière forteresse encore investie par les insurgés, Béthar. Durant cette révolte, les morts des deux camps se comptent par milliers.

➡ *Avinou, Diaspora, Gentil, Jérusalem, Judée, Messie, Romain, Talmud, Temple*

BAR-MITSVA ✡

La *bar-mitsva* (« fils du commandement » en hébreu) marque la maturité juive : le garçon accède au statut d'adulte juif et accepte en toute conscience l'application des commandements (*mitsvot*). Ce moment est en général fixé à l'âge de treize ans et un jour. Le garçon porte alors le *tallit* (châle) et les *tefillin* (phylactères). Il peut également intégrer un *minyan* (nombre d'adultes requis pour réciter la prière). Comme la communion solennelle catholique (aujourd'hui profession de foi), c'est l'occasion de fêter l'événement par un grand repas et des cadeaux. Les filles de douze ans et un jour, âge de la majorité religieuse, sont, quant à elles, fêtées, si elles le désirent, par la bat-mitsva (« fille du commandement »).

➡ *Commandement, Minyan, Mitsvot, Synagogue, Tallit, Tefillin*

BARTHÉLEMY ✝

Comptant parmi le groupe des Douze, les plus proches disciples de Jésus, Barthélemy (« fils de Tolmaï » en araméen) est né à Cana, cadre du premier miracle mentionné dans le Second Testament. Il est cité sous ce nom dans les évangiles synoptiques (Matthieu, Marc et Luc). Et il a été identifié à Nathanaël (« don de Dieu »), cité par Jean, et qui, comme lui, était un proche de Philippe, un autre apôtre. Car c'est ce dernier qui l'a présenté à Jésus, en qui Barthélemy reconnaît le Fils de Dieu et le Messie, puis le voit ressuscité. Comme les autres apôtres, la suite de sa vie ressortit surtout à la légende. Il aurait évangélisé l'Inde et aurait été martyrisé en Arménie, écorché vif, disent certains.

➡ *Apôtre, Cana, Jean, Matthieu, Philippe, Synoptique*

BARUCH ✡

Le livre de Baruch, pseudonyme d'un auteur qui n'a rien à voir avec le secrétaire du prophète Jérémie auquel il est habituellement attribué, figure dans la Septante (traduction grecque de la Bible, IIIe-IIe siècle av. J.-C.), mais non dans la Bible hébraïque. Il fut rédigé, de même que la Lettre de Jérémie qui lui a été ajoutée, après 164, et donc postérieurement à la profanation du Temple par le roi séleucide Antiochus IV Épiphane (175-163). Il convient donc de le lire en tenant compte de l'état d'esprit des juifs traumatisés par ce sacrilège. Près de quatre siècles séparent en effet sa rédaction des faits rapportés, qui se situent vers 582 av. J.-C., sous le règne de l'empereur babylonien Nabuchodonosor et après la chute de Jérusalem (587), ce qui explique les invraisemblances historiques. Mais, comme souvent dans la Bible, la trame sert avant tout à appuyer et à transmettre la parole de Dieu.

Ce livre est adressé plus spécialement aux juifs de la Diaspora auxquels sont donnés trois conseils : vivre en bonne intelligence avec les nations où ils résident ; obéir à la Loi ; entretenir l'espoir d'un retour en Israël. Les objets du culte, dont l'arche d'Alliance, ont été dérobés dans le Temple par le vainqueur babylonien et rapportés par Baruch qui recommande à son peuple exilé à Babylone de préserver les relations avec l'empereur. La première partie est une longue et superbe prière de pénitence, par laquelle Baruch reconnaît les fautes d'Israël responsables de la catastrophe et demande à Dieu le pardon de tous les exilés. La deuxième partie est un éloge de la sagesse de Dieu, qui en est le seul possesseur et qu'il a transmise par la Loi (Torah), laquelle doit être pratiquée même loin de la Terre promise. Enfin, la troisième partie, pendant de la première, décrit l'espoir d'un retour à Jérusalem.

➡ *Alliance, Arche, Babylone, Diaspora, Exil, Jérémie, Jérusalem, Sagesse de Dieu, Septante, Torah*

BARZAKH ☪

Dans l'eschatologie (croyances relatives à la fin des temps), très présente dans l'islam à travers le Coran, le mot *barzakh*, cité trois fois dans ce dernier, est la « barrière », une sorte de monde intermédiaire, entre deux lieux ou deux états, un entre-deux où convergent deux pôles incompatibles comme l'enfer et le paradis, le bien et le mal, le monde d'ici-bas (les vivants) et l'au-delà (les morts). « C'est Dieu qui a fait confluer les deux mers : l'une est douce, agréable au goût ; l'autre est salée, amère. Il a placé entre les deux une barrière, une limite infranchissable », stipule la 25e sourate (chapitre), *La Loi* (25, 53). Et quand un pécheur ou un mécréant s'inquiète à l'approche de la mort : « Il dit : "Mon Seigneur ! Qu'on me renvoie sur la terre, peut-être, alors, accomplirais-je une œuvre bonne parmi les choses que j'ai délaissées !" Non… ! C'est là seulement, une parole qu'il a prononcée ; une barrière se trouve derrière les hommes jusqu'au Jour [du Jugement] où ils seront ressuscités » (*Les Croyants,* 23, 99-100).

➡ *Coran, Enfer, Jugement dernier, Paradis, Péché, Seigneur*

BASMALLAH ☪

Ce mot provient du premier verset de la première sourate du Coran, appelée *al-Fatiha* : « Au nom de Dieu » *(bismi Allah).* Les deux versets suivants sont : « le Miséricordieux [ou le Clément], / le Tout-Miséricordieux. »

En raison de sa haute valeur spirituelle, cette expression précède de multiples pratiques religieuses, comme l'abattage rituel d'un animal, voire des actes personnels conformes aux règles de l'islam. Par exemple, avant le repas, la *Basmallah* sert de bénédiction, à l'image du *Bénédicité* chrétien. Elle est également placée en tête de toutes les sourates, excepté la sourate 9 *(L'Immunité),* ce qui en souligne encore l'importance.

➡ *Bénédicité, Coran, Fatiha (Al-), Miséricorde*

BÉATITUDES ✝

Le judaïsme, avec l'*Achré* par exemple, et l'islam comptent des glorifications de Dieu où résonnent des appels au bonheur dans la vie éternelle. Au nombre de neuf, les Béatitudes (du latin *beatus*, « heureux ») s'inscrivent dans cet élan.

Elles constituent le texte que l'évangéliste Matthieu (8, 1-12) place au début du discours sur la Montagne, et grâce auxquelles Jésus tient d'abord à désigner ceux qui ont en priorité accès au royaume de Dieu. Son auditoire, composé en grande majorité de gens modestes, comprend qu'il pourra accéder au salut, que le judaïsme officiel rend très difficile à atteindre. Les Béatitudes proclament ainsi « heureux » les « tout-petits » (pauvres, doux, affligés, affamés et assoiffés de justice, miséricordieux, cœurs purs, persécutés). La neuvième Béatitude est adressée à ceux qui souffriront sans doute à cause de Jésus, mais il s'agissait, dans le contexte d'écriture des évangiles, composés dans la seconde moitié du Ier siècle, de prévenir les disciples persécutés par les autorités juives et les païens.

Chez Luc (6, 20-23), nous trouvons quatre autres Béatitudes qui, par leur style et leur teneur, correspondent sans doute mieux aux paroles de Jésus. Elles introduisent un autre discours, que Jésus prononce « sur un plateau » de Galilée. Il déclare heureux les pauvres, ceux qui ont faim, ceux qui pleurent.

La quatrième Béatitude se rapporte aussi aux persécutés : « Quand les hommes vous haïront, quand ils vous frapperont d'exclusion et qu'ils insulteront et proscriront votre nom comme infâme, à cause du Fils de l'Homme [qualificatif que Jésus se donne souvent] ». Luc se démarque ensuite de Matthieu en insérant quatre malédictions (6, 24-26) destinées aux riches, aux repus, aux insouciants, aux railleurs. Mais il rappelle qu'il faut « aimer vos ennemis ».

➡ *Achré, Fils, Galilée, Jésus, Luc, Matthieu, Montagne (Discours sur la), Païen, Royaume*

BEHÉMOTH ✡

Le pluriel *Behémoth* désigne, en hébreu, les « bêtes » que Dieu fait naître au cours de la Création, rapportée par la Genèse : « Dieu dit : Que la terre produise des êtres vivants selon leur espèce : bestiaux, bestioles, bêtes sauvages selon leur espèce et il en fut ainsi. Dieu fit les bêtes sauvages selon leur espèce, les bestiaux selon leur espèce et toutes les bestioles du sol selon leur espèce, et Dieu vit que cela était bon » (1, 24-25). Mais, toujours dans la Bible, le splendide livre de Job transforme ce mot en nom propre, pour désigner la Bête terrestre, créature de Dieu qui, seul, peut la maîtriser : « Mais regarde donc Behémoth, ma créature, tout comme toi ! Il se nourrit d'herbe, comme le bœuf. Vois, sa force réside dans ses reins, sa vigueur dans les muscles de son ventre. Il raidit sa queue comme un cèdre, les nerfs de ses cuisses s'entrelacent. Ses os sont des tubes d'airain, sa carcasse, comme du fer forgé. C'est lui la première des œuvres de Dieu. Son Auteur le menaça de l'épée, lui interdit la région des montagnes et toutes les bêtes sauvages qui s'y ébattent. Sous les lotus, il est couché, il se cache dans les roseaux des marécages. Le couvert des lotus lui sert d'ombrage et les saules du torrent le protègent. Si le fleuve déborde il ne s'émeut pas ; un Jourdain lui jaillirait jusqu'à la gueule sans qu'il bronche. Qui donc le saisira par les yeux, lui percera le nez avec des pieux ? » (40, 15-24.) Job évoque ensuite une créature tout aussi redoutable : le Léviathan marin. Il semble que ces deux monstres terrifiants soient inspirés de la mythologie babylonienne où ils naissent du chaos, bien que Behémoth évoque aussi l'hippopotame sacré et démoniaque d'Égypte. Selon des écrits apocryphes juifs, ils sont nés au cinquième jour de la Création, et Dieu offrira leur chair aux justes, dans le monde messianique, c'est-à-dire après le retour du Messie.

➡ *Apocalypse, Bête, Bible, Création, Genèse, Job, Juste, Léviathan, Messie*

BELZÉBUTH ✡ ✝

Au temps de Jésus, l'adoration des baals, dieux étrangers contre lesquels ont combattu les prophètes d'Israël pour garantir le culte du Dieu unique, Yahvé, n'est plus d'actualité depuis longtemps. Mais le nom d'un de ces dieux anciens, Baal Zeboub (« Maître des mouches »), est resté dans les mémoires pour désigner ce qui, dans le domaine divin et religieux, a trait aux immondices. Il s'agissait de la déformation ironique et injurieuse de Baal Zeboul (« Baal le prince »), grand dieu d'Éqrôn en Philistie. Le second livre des Rois commence ainsi : « Après la mort d'Achab [874-853], [le royaume de] Moab se révolta contre Israël. Comme Ochozias [fils de Jézabel] était tombé du balcon de son appartement à Samarie et qu'il allait mal, il envoya des messagers à qui il dit : “Allez consulter Baal Zeboub, dieu d'Éqrôn, pour savoir si je guérirai de mon mal présent” » (1, 1-2).

Pour de nombreux chercheurs, ce Baal Zeboul est en rapport direct avec le Béelzéboul cité dans les évangiles synoptiques (Matthieu, Marc, Luc). Selon Luc (11, 14-22), Jésus expulse du corps d'un muet un démon qui, une fois parti, laisse sa victime parler. Mais, dans la discussion qui s'ensuit entre Jésus et ses opposants, ce nom désigne d'une manière globale Satan ou le diable. Le français en a fait le nom Belzébuth.

➡ *Baal, Démon, Diable, Jézabel, Moab, Philistin, Prophète, Satan, Yahvé*

BÉNÉDICITÉ ✝

Prière que l'on récite avant chaque repas. Dans la première épître aux Corinthiens (10, 31), saint Paul écrit : « Soit donc que vous mangiez, soit que vous buviez, et quoi que vous fassiez, faites tout pour la gloire de Dieu. » C'est à partir de cette réflexion qu'a été instauré, sans doute très tôt dans le christianisme, et peut-être à partir de communautés monastiques, le *Bénédicité*. Ce mot (« bénissez » en latin) introduit systématiquement la prière, dont il existe des formules différentes mais qui renvoient toutes à la louange de Dieu, à la charité, au don du « pain quotidien ». Il est d'usage aussi de prononcer un autre *Bénédicité* en sortant de table.

➨ *Birkat ha-mazon, Corinthiens (Épître aux), Pain, Paul*

BÉNÉDICTION ✡ ✝ ☪

Dieu protège ses fidèles et les prémunit contre toute malédiction en leur donnant sa bénédiction, c'est-à-dire, en latin, de bonnes *(bene)* paroles *(dicere)*. La Bible et le Second Testament comptent cent cinquante de ces formules environ, qui s'adressent à Noé, au patriarche Abraham. On peut aussi voir d'illustres personnages accordant leur bénédiction, sous-entendu rendue possible par Dieu, à leurs fils, comme Isaac à Jacob, et celui-ci à ses douze fils d'où naîtront les douze tribus fondatrices d'Israël. On remarque également des prêtres procédant au même cérémonial auprès du peuple. Dans le judaïsme, les bénédictions (*berakhot,* titre du premier traité de la Michnah) apparaissent aussi dans les Psaumes, et la formule *Barouk atta Adonaï* (« Tu es source de bénédictions, Seigneur ») fait partie de celles que la tradition rabbinique a retenues. En outre, les bénédictions accompagnent la liturgie, comme l'*Amidah*, grande prière, et les compartiments de l'existence, tels que les ablutions (comme le *miqveh*), les repas avec le *Birkat ha-mazon*, dont le pendant chrétien est le *Bénédicité*. Elles comprennent nécessairement le Nom de Dieu (ou plutôt Adonaï, prononciation du tétragramme YHWH) et s'achèvent par *amen*.

Dans les évangiles, Jésus prononce des paroles de bénédiction. Mais c'est avec la bénédiction du pain de l'eucharistie, lors de la Cène, son dernier repas, qu'il effectue le geste chrétien le plus fort. L'Église catholique n'accorde qu'aux prêtres le pouvoir de bénir, notamment au cours de la messe et de cérémonies comme le mariage ; le pape, le premier d'entre eux, et les évêques, leurs supérieurs, peuvent procéder à des bénédictions particulières.

En islam, Dieu est « le Miséricordieux », « le Seigneur des mondes », « le Roi du jour », pour reprendre la *Fatiha*, la première sourate du Coran. C'est pourquoi il convient de le louer chaque jour par la prière, ou *salat*, mot arabe signifiant « appel ». Lors de la *dua*, la prière personnelle qui suit la *salat*, le musulman bénit le prophète Mahomet, le messager de Dieu. On trouve aussi la *baraka*, bénédiction demandée par exemple sur la tombe d'un saint dans l'islam populaire.

➡ *Adonaï, Amen, Amidah, Baraka, Bénédicité, Birkat ha-mazon, Eucharistie, Évêque, Fatiha (Al-), Génuflexion, Grâce, Jugement dernier, Messe, Miséricorde, Pain, Pape, Prêtre, Salat*

BERGER ✡ ✝

Le berger, gardien de moutons, de brebis et d'agneaux, est une figure récurrente de la Bible. Comme le pasteur, le berger trouve son origine dans une Palestine antique où, en l'absence d'industrie, les juifs tiraient leurs revenus et leur subsistance de la terre et de l'élevage. Pour les Psaumes et les Prophètes par exemple, le berger peut être Dieu menant son peuple. Il peut aussi représenter les rois et leur entourage qui, mauvais guides, ont précipité les deux royaumes d'Israël à la ruine : Samarie en 722 av. J.-C. et Juda en 597-587. Ainsi, Ézéchiel (597) les rend responsables, tandis que, dans le livre d'Isaïe (vers 740-700), a été inséré le Livre de la consolation d'Israël, daté de la fin du VIe siècle av. J.-C., où il est dit que le peuple sera délivré de l'exil et retrouvera sa terre sous la conduite de Dieu.

La référence du berger prend logiquement sa place dans les évangiles du Second Testament, où Jésus l'utilise dans certaines de ses paraboles – lors de sa Nativité, sa naissance, il a lui-même reçu la visite de bergers symbolisant le peuple. Pour Luc (15, 4-7), Jésus raconte l'histoire d'une brebis perdue puis retrouvée afin de signifier le pardon du pécheur. Pour Matthieu (9, 36), ses compatriotes (et coreligionnaires) juifs sont « des brebis qui n'ont pas de berger », allusion claire à la responsabilité des autorités religieuses dans la misère qui touche son peuple. Chez Jean, Jésus se déclare « le Bon Berger » (chapitre 10). Il qualifie aussi les apôtres de bergers veillant sur des brebis, mais, sentant sa mort prochaine, les prévient du sort qui les attend (le martyre) en reprenant cet avertissement du prophète Zacharie (13, 7) : « Tous vous allez succomber, car il est écrit : Je frapperai le pasteur et les brebis seront dispersées. » Quant à Jésus, au jour du Jugement dernier, il sera ce Fils de l'Homme qui « séparera les gens les uns des autres, tout comme le berger sépare les brebis des boucs », rapporte Matthieu (25, 32).

➡ *Agneau, Apôtre, Ézéchiel, Fils, Isaïe, Jean, Jésus, Jugement dernier, Luc, Matthieu, Nativité, Pasteur, Testament, Zacharie*

BET DIN ✡

C'est le tribunal rabbinique qui, de nos jours, traite principalement des affaires de divorce, des conversions au judaïsme (ou prosélytisme) et qui prononce des jugements dans des affaires civiles pour concilier les intérêts des deux parties.

La Bible fait remonter la notion de jugement à Moïse lui-même, qui s'entoura de juges pour l'assister, les décisions capitales lui revenant. Israël, avant l'instauration de la royauté, connut une période de troubles où intervinrent les Juges (vers 1200-1040 av. J.-C.), dont les exploits sont comptés dans la Bible. À partir de David (fin XIe siècle), le jugement fut du ressort des rois, Salomon, son fils et successeur, s'illustrant par sa sagesse en ce domaine. Après le retour de l'Exil, à partir de 538, date marquant le Second Temple (515-70), les juifs, sous tutelle perse, s'organisèrent en « maisons de droit » (singulier : *bet din* ; pluriel : *baté dinim*) composées de trois à vingt-trois juges (singulier : *dayan* ; pluriel : *dayanim*), selon l'importance de la ville ou du bourg. Mais l'instance suprême était le Sanhédrin de Jérusalem auquel on se référait pour les sentences les plus importantes. Après la disparition du Sanhédrin, en 425, l'autorité judiciaire, en matières religieuse, civile et personnelle, revint au *bet din* qui pouvait, par exemple, prononcer le redouté anathème *(hérem)* marquant l'expulsion de la communauté. Ce pouvoir fut très présent tant que les juifs furent victimes de persécutions. À partir du XVIIIe siècle, période appelée Haskalah

(« Émancipation »), la reconnaissance de leurs droits incita certains à se tourner aussi vers la justice et les tribunaux de leur pays d'accueil.

Aujourd'hui, les *baté dinim* sont encore en activité dans la plupart des communautés de la Diaspora et en Israël.

➡ *Anathème (Loi de l'), David, Diaspora, Juges, Prosélyte, Salomon, Sanhédrin*

BÊTE ✡ ✝ ☪

La Bible évoque des créatures terrifiantes associées à des phénomènes eschatologiques (relatifs à la fin des temps), comme Behémoth (« bêtes » en hébreu) et Léviathan. Mais, dans la lignée de ce courant et de la littérature apocalyptique juive, l'Apocalypse du Second Testament met en scène la Bête, qui devient un nom propre. Pourvue de sept têtes et de sept cornes ornées de diadèmes, elle surgira de la mer et le Dragon (Satan) lui transmettra son trône et son pouvoir sur le monde. Une autre bête, venue de la terre, l'aidera dans sa campagne de destruction et de persécutions contre les adeptes de l'Agneau (Jésus-Christ), son ennemi. Mais le Christ reviendra et la vaincra.

Les chercheurs voient dans cette épopée maléfique l'image de Rome persécutant les chrétiens. En effet, le 666, chiffre permettant d'identifier la Bête, peut se lire selon un principe fréquent dans l'Antiquité et dans les écrits apocalyptiques : les lettres, dans l'ordre de leur alphabet, possédaient une valeur numérique, de sorte que l'on peut interpréter ce chiffre par César-Néron le persécuteur de chrétiens (en hébreu) ou César-Dieu (en grec, à partir de 616, son équivalent).

Le Coran, dans la sourate *Les Fourmis*, rapporte aussi l'existence d'une Bête apocalyptique, qui rappelle celle de la terre : « Lorsque la Parole tombera sur eux, nous ferons, pour eux, sortir de terre une bête et celle-ci proclamera que les hommes ne croyaient pas fermement à nos Signes » (27, 82). Nous retrouvons encore une Bête au sujet de Salomon, dans *Les Saba* : « Lorsque nous eûmes décrété sa mort, les Djinns ne s'aperçurent pas de son décès avant que, la Bête de la terre ayant rongé son bâton, son corps ne s'écroulât » (34, 14).

➡ *Agneau, Antéchrist, Apocalypse, Behémoth, Djinn, Léviathan, Saba, Satan*

BETHLÉEM ✡ ✝

Bethléem, nom que l'on traduit par « Maison du pain », ou « Maison de Lhamu », une possible divinité de Canaan, est la ville natale de Jessé et de son fils David, de qui, selon le prophète Isaïe, devait descendre le Messie, sauveur d'Israël. Dans la Bible, le prophète Michée (VIIIe siècle av. J.-C.) déclare à propos du Messie : « Et toi, Éphrata, petite parmi les clans de Juda, c'est de toi que sort pour moi celui qui doit gouverner Israël. » (5, 1-3). Éphrata (« féconde ») est en fait identifiée à Bethléem, ville sise à 9 km au sud de Jérusalem. Le livre de la Genèse y situe l'enterrement de Rachel, épouse préférée du patriarche Jacob.

Dans le Second Testament, la Nativité de Jésus, le Christ (Messie), est située précisément à Bethléem dont Joseph est originaire. La basilique de la Nativité, dont une bonne partie date du IVe siècle, en célèbre l'événement.

➡ *Christ, David, Isaïe, Jacob, Jérusalem, Jessé, Jésus, Joseph, Messie, Nativité, Rachel, Ruth*

BETHSABÉE ✡

Bethsabée (Bat-Shéba en hébreu), dont le nom signifie « fille de l'opulence », ou « fille du serment », est l'épouse d'Urie le Hittite, officier de l'armée du roi David (1010-970), qui s'illustre dans la guerre contre Ammon, ennemi récurrent d'Israël. Dans la Bible, le second livre de Samuel, dans les chapitres 11 et 12, raconte que, d'une grande beauté, elle se baigne lorsque David, déjà sur ses vieux jours, en tombe amoureux. L'autorité royale ne souffrant aucune contestation, il s'unit à elle. Mais Bethsabée tombe enceinte et David convoque Urie à Jérusalem pour qu'il assume la responsabilité de cette paternité. « Lorsque Urie fut arrivé auprès de lui, [...] David dit à Urie : "Descends chez toi et lave-toi les pieds." Urie sortit de la maison du roi, suivi d'un présent du roi. Mais Urie coucha à la porte de la maison du roi avec tous les serviteurs de son maître et ne descendit pas chez lui. On en informa David : "Urie, lui dit-on, n'est pas descendu chez lui." David demanda à Urie : "N'arrives-tu pas de voyage ? Pourquoi n'es-tu pas descendu chez toi ? " Urie répondit à David : "L'arche, Israël et Juda logent sous les huttes, mon maître [le général] Joab et les serviteurs de Monseigneur campent en rase campagne, et moi j'irais chez moi pour manger, boire et coucher avec ma femme ! Par ta vie, par ta propre vie, je ne ferai pas cette chose-là !" Alors David dit à Urie : "Reste encore aujourd'hui ici, et demain je te donnerai congé." Urie resta donc à Jérusalem ce jour-là et le lendemain. David l'invita. Il mangea et il but en sa présence. David l'enivra. Le soir Urie sortit et se recoucha sur son lit avec les serviteurs de son maître, mais il ne descendit pas chez lui » (2 S 11, 7-14). Excédé, David commande à Joab de s'arranger pour qu'Urie périsse dans les combats. « Lorsque la femme d'Urie apprit que son époux était mort, elle pleura son mari. Quand le deuil fut achevé, David l'envoya chercher et la recueillit chez lui, et elle devint sa femme. Elle lui enfanta un fils. Mais l'action que David avait commise déplut à Yahvé » (11, 26-27). En conséquence, l'enfant meurt, malgré le repentir de David.

D'après le premier livre des Chroniques, Bethsabée lui donne ensuite quatre fils, Shiméa, Shobab, Natân et Salomon. Puis, avec le prophète Nathan, elle s'arrange pour que Salomon, son fils préféré, pourtant très mal placé dans l'ordre de succession, obtienne l'assurance du trône d'Israël.

➡ *Ammon, David, Nathan, Repentir, Salomon, Samuel*

BIBLE ✡ ✝ ☪

Le mot bible vient du grec *ta biblia*, qui signifie « livres saints ». Il a été employé par l'Église chrétienne pour désigner les textes qu'elle estimait sacrés, répartis en deux parties ou Testaments. L'Ancien (ou plutôt le Premier) Testament, dont elle a hérité, se rapporte spécifiquement à l'histoire et à la religion juives. Il fut composé en hébreu, la langue mère d'Israël, et, pour une petite partie, en araméen, langue d'adoption en vigueur dans le Proche-Orient à partir du VIe siècle av. J.-C. environ. La Torah, c'est-à-dire les cinq premiers livres de ce Testament, fut traduite en grec dans la version de la Septante (IIIe-IIe siècle), qui fut ensuite augmentée d'autres livres traduits également en grec. Cet ensemble fut adopté par les premiers chrétiens, qui lui donnèrent le nom d'« histoire sainte ». La seconde partie, ou Nouveau (Second) Testament, est consacrée à la foi chrétienne au travers du ministère de Jésus (Évangile), des débuts de l'Église (Actes des apôtres et épîtres), ce corpus se terminant par un livre particulier, l'Apocalypse.

Dans la tradition occidentale, la Bible associe généralement les deux Testaments. Mais les écrits juifs, qui furent les premiers à chanter la foi en un Dieu unique, sont pour cette raison une Bible à part entière, dont le Second Testament est un prolongement, même s'il scelle l'identité du christianisme. C'est pourquoi nous avons choisi de n'appliquer ce mot qu'à cette collection de textes juifs d'une valeur et d'une beauté inestimables.

Il exista une multitude de traductions des deux Testaments, et dans de nombreuses langues (copte, gothique, slavon, syriaque, éthiopien, arménien...). Citons aussi celle que Martin Luther (1483-1546), l'initiateur de la Réforme protestante, réalisa en allemand à partir de l'original hébraïque, et qui devait servir de référence au monde protestant allemand. Mais nous nous limiterons aux deux Bibles qui, dans les versions françaises, sont les plus utilisées. Il s'agit, d'une part de la Bible hébraïque, en vigueur dans le judaïsme, d'autre part de la Bible en usage chez les catholiques et qui, aujourd'hui, part de l'original en hébreu, et non plus de la Vulgate (en latin). Elles se différencient par la répartition de quelques livres et leur classement, mais partagent la plupart des ouvrages. Tous ces écrits, très courts ou très longs, plongent dans la religion et l'histoire d'Israël.

La Bible hébraïque est appelée aussi « Tanakh », mot formé des initiales de ses trois parties (selon le principe de l'acronyme) : Torah, Neviim et Ketouvim. Elle rassemble des écrits composés depuis la généralisation de l'écriture alphabétique (VIIIe siècle av. J.-C.), à partir de traditions diverses et jusqu'au tournant de l'ère chrétienne. La liste des livres fut établie par le canon (règle) juif juste après la destruction du temple de Jérusalem (70 apr. J.-C.). Le choix se fit parmi de très nombreux textes, dont beaucoup furent produits dans les deux derniers siècles, comme en témoignent les manuscrits de Qumrân – les livres non retenus sont dits « apocryphes » (« cachés » ou « tenus secrets », en grec). Certes, l'exégèse (étude des Écritures), les historiens, les archéologues ont apporté de nombreux éléments pour mieux cerner les fondements historiques de ce monument. Mais le plus important est de le découvrir, aussi et surtout dans sa dimension religieuse et politique, dans ses récits épiques, dans sa poésie. C'est dans cette Bible que Jésus apprit à lire, à prier, à conforter sa foi.

La Torah (traduite souvent par « Loi ») contient la révélation de Dieu à son peuple, chaque livre étant titré de ses premiers mots en hébreu. Elle va de la Création aux dernières recommandations de Moïse aux Hébreux, avant qu'ils n'entrent en Terre promise (Canaan). On y trouve, dans l'ordre, Beréchit (« Au commencement »), Chemot (« Tels sont les noms »), Va-Yiqra (« Et Yahvé appela Moïse »), Ba-Midbar (« Dans le désert »), Devarim (« Telles sont les paroles »). Neviim (Prophètes) rassemble les prophètes premiers, c'est-à-dire les acteurs à la source d'Israël (Josué, Juges, Samuel, Rois), les prophètes postérieurs qui se répartissent en « grands prophètes » (Isaïe, Jérémie, Ézéchiel), et douze « petits prophètes » (Osée, Joël, Amos, Abdias, Jonas, Michée, Nahum, Habaquq, Sophonie, Aggée, Zacharie, Malachie) – le qualificatif de « petit » vient de la taille des livres. Les Ketouvim (écrits ou hagiographes) comprennent : Psaumes (les grandes prières du judaïsme), Job, Proverbes, les Cinq Rouleaux sacrés du judaïsme (Ruth, Cantique des cantiques, Qohélet, Lamentations, Esther), Daniel, Esdras et Néhémie, Chroniques. Enfin, la Bible fut traduite en grande partie en araméen (les Targoums), tandis que la Michnah et le Talmud sont le produit d'une Loi orale élaborée à partir de la Torah écrite.

La Bible latine est organisée en cinq parties. Le Pentateuque (« Cinq Rouleaux »), la première, est le nom grec de la Torah. Ce sont, dans le même ordre que l'original hébraïque, Genèse, Exode, Lévitique, Nombres, Deutéronome. La deuxième partie comprend les livres historiques se rapportant à Israël, depuis la conquête de Canaan par Josué (XIIIe siècle av. J.-C.) jusqu'à la période des Maccabées (167-63) : Josué, Juges, Ruth, Samuel, livres des Rois, Chroniques, Esdras, Néhémie, Tobie, Judith, Esther, Maccabées. Viennent ensuite les livres poétiques et sapientaux (du courant de sagesse) : Job, Psaumes, Proverbes, Qohélet (ou Ecclésiaste), Cantique des cantiques, Sagesse de Salomon, Siracide (ou Ecclésiastique). Enfin viennent les prophètes qui interviennent de 740 à 490-500 environ : Isaïe, Jérémie, Lamentations, Baruch, Ézéchiel, Daniel, Osée, Joël, Amos, Abdias, Jonas, Michée, Nahum, Habaquq, Sophonie, Aggée, Zacharie, Malachie. La Bible latine, outre des passages dans certains livres comme Daniel, diffère de la Bible hébraïque par la présence de Tobie, Judith, Maccabées, Sagesse de Salomon, Siracide, Baruch.

L'islam a également appuyé sa foi en Allah, notamment en se référant à la Bible. Le Coran, dicté à Mahomet, concentre ainsi son attention sur la Torah, ou Livres de Moïse, et dans une moindre mesure sur les Psaumes, ce qui fait rentrer le judaïsme parmi les religions du Livre. Mais nous y trouvons aussi des évocations de prophètes, de rois comme David et Salomon, de grandes figures bibliques telles que Jonas. Pour le Second Testament, le Coran est axé sur les évangiles, tandis que Jésus et Marie sont des personnages centraux. Et le christianisme est aussi une religion du Livre.

➡ *Apocryphe, Araméen, Canon, Épître, Hagiographe, Hébreu, Intertestamentaire, Ketouvim, Livre, Massorah, Michnah, Neviim, Œcuménisme, Peuple élu, Pseudépigraphe, Qumrân, Révélation, Saint, Septante, Talmud, Tanakh, Targoum, Testament, Torah, Vulgate*

PETIT LEXIQUE BIBLIQUE

EXÉGÈSE. Discipline de la théologie, l'exégèse est l'étude des textes sacrés à l'aide de leurs langues, de leurs sources et d'autres matériaux, la Bible pour les juifs, les deux Testaments pour les chrétiens, le Coran pour les musulmans.

PALIMPSESTE. Le palimpseste était un parchemin dont les copistes effaçaient les manuscrits précédents pour faire place à un nouveau texte. Le parchemin, d'origine animale, était en effet très coûteux. Il était fait en peaux d'animaux, le plus précieux étant le vélin, veau mort-né. Il servit ainsi à copier et recopier la Bible juive et le Second Testament chrétien, mais les couches raclées à nouveau (*palimpsêstos* en grec) ont pu être identifiées.

BIDAH ☪

La *bidah* (« innovation » en arabe) est un changement opéré au sein de l'islam, mais qui ne correspond pas à ce que contiennent le Coran et la Sunna. Par exemple, pour certains fondamentalistes, elle s'appliquerait même à des éléments d'architecture de la mosquée, comme le minaret, quoi qu'ils ne soient pas mentionnés dans le Coran. Cependant, pour l'ensemble des musulmans, la *bidah* correspond à une innovation qui contredit l'islam ou, surtout, qui le met en péril, comme un commentaire sacrilège du Coran, par exemple. En revanche, les changements sont acceptés quand ils respectent la religion (par exemple, l'aménagement de locaux pour faciliter le culte des fidèles, même s'il ne respecte pas parfaitement la tradition).

➡ *Coran, Fondamentalisme, Islam, Mosquée, Sunna*

BIRKAT HA-MAZON ✡

Dans la plupart des religions, il est d'usage de remercier les divinités ou le Dieu unique sans lesquelles ou lequel aucune nourriture ne pourrait exister. C'est pourquoi les fidèles récitent des actions de grâces. Dans le judaïsme, les repas sont inaugurés et clôturés par des bénédictions (*berakhot* en hébreu), dont l'équivalent chrétien est le *Bénédicité*. Ainsi, avant de manger, on prononce une prière appelée *Ha-motsi* (c'est-à-dire dédiée à Dieu qui « tire » le pain de la terre). Puis, pour remercier Dieu d'avoir pu consommer du pain, on prononce une *Birkat ha-mazon* (« action de grâces après le repas »), comme le stipule le livre du Deutéronome (8, 10) : « Tu mangeras, tu te rassasieras et tu béniras Yahvé ton Dieu en cet heureux pays qu'il t'a donné. » Il s'agit de quatre bénédictions où sont loués le Dieu créateur et les bienfaits dont il a entouré son peuple élu, la libération d'Égypte, la Terre promise (Canaan), et où il lui est demandé d'écarter d'Israël le malheur et la disette.

➡ *Bénédicité, Création, Deutéronome, Grâce, Israël, Pain, Peuple élu*

BLASPHÈME ✡ ✝ ☪

Le mot « blasphème » vient du latin *blasphemia* (« blâme », « calomnie »), lui-même issu du grec *blasphêmia*, qui, au sens religieux, signifie « parole de mauvais augure ». Dans toutes les religions, le blasphème est par conséquent une injure, un outrage envers la divinité, en acte ou en parole. Dans les trois religions monothéistes, il peut s'agir d'un mensonge, de l'assimilation de Dieu à une autre divinité, ou de l'utilisation abusive de son Nom. C'est pourquoi le blasphème est considéré comme un péché grave. La crainte de prononcer « Dieu » dans des jurons a conduit à le remplacer par le mot « bleu » (comme la peur) : parbleu, sacrebleu et autres morbleu viennent de cette tradition. Cela explique aussi que, dans le judaïsme, le Nom de Dieu ne soit plus prononcé depuis le IIIe siècle av. J.-C., voire plus tôt.

La Bible, par le quatrième commandement du Décalogue rapporté dans le Deutéronome (5, 11), le stipule : « Tu ne prononceras pas le nom de Yahvé ton Dieu à faux, car Yahvé ne laisse pas impuni celui qui prononce son nom à faux. » De fait, dans l'ancien Israël, la lapidation était appliquée à tous ceux qui injuriait Dieu. Au début de l'ère chrétienne, le judaïsme, dans le sillage de la Michnah, décréta que la mort ne serait appliquée qu'à celui qui blasphémait outrageusement le Nom (qui n'était plus prononcé) de Dieu, les fautes moins graves étant sanctionnées par le fouet. Ensuite, quand les juifs s'éparpillèrent dans la Diaspora, le blasphème fut puni par l'excommunication (*hérem* ou « anathème »). Le christianisme s'inscrit dans la même conception du blasphème ; les peines capitales furent pratiquées par l'Inquisition.

En islam, selon la loi, le blasphème mérite la mort, mais cette condamnation est loin d'être appliquée à la lettre, excepté parmi les mouvements extrémistes qui, comme dans toutes les religions, ont une lecture partiale des textes et des traditions.

➡ *Anathème, Commandement, Décalogue, Diaspora, Excommunication, Michnah, Mitsvot, Péché, Repentir*

BOUC ÉMISSAIRE ✡

Dans son chapitre 16, le livre du Lévitique fixe la manière dont il convenait de célébrer le jour de Yom Kippour, jour des Expiations ou Grand Pardon. Le grand prêtre du temple de Jérusalem devait ainsi choisir au sort deux boucs. Le premier était sacrifié à Yahvé. Le second, ou « bouc émissaire », était chargé des péchés d'Israël transmis par l'imposition des mains du grand prêtre et conduit dans le désert de Juda, dans un lieu appelé Azazel. Ainsi Israël pouvait-il expier ses fautes.

➡ *Azazel, Jérusalem, Temple, Yom Kippour*

BUISSON ARDENT ✡ ✝ ☪

Le Buisson ardent est un épisode fondateur pour les trois religions monothéistes, car Moïse, qui en est une illustre figure, y rencontre Dieu.

Le monastère chrétien Sainte-Catherine (dans le Sinaï), bâti au VIe siècle à proximité du site supposé de cet événement, en célèbre la grandeur.

Dans la Bible, le livre de l'Exode (3, 1-15) rapporte que Moïse, apprenant qu'il est un Hébreu, tue un contremaître égyptien qui maltraitait l'un des siens, puis s'enfuit dans le désert. Il se réfugie au pays de Madiân (à l'est de la péninsule du Sinaï), auprès d'un prêtre, Jethro, dont il épouse la fille Çiporra. Un jour, il conduit son troupeau paître au bas du mont Sinaï (ou Horeb) : « L'Ange de Yahvé lui apparut, dans une flamme de feu, du milieu d'un buisson. Moïse regarda : le buisson était embrasé mais le buisson ne se consumait pas. Moïse dit : "Je vais faire un détour pour voir cet étrange spectacle, et pourquoi le buisson ne se consume pas." Yahvé vit qu'il faisait un détour pour voir, et Dieu l'appela du milieu du buisson. "Moïse, Moïse", dit-il, et il répondit : "Me voici." Il dit : "N'approche pas d'ici, retire tes sandales de tes pieds car le lieu où tu te tiens est une terre sainte." [Se déchausser fut très important chez les juifs dans les synagogues, il en va de même chez les chrétiens de certains ordres monastiques par exemple, et dans les mosquées pour les musulmans.] Et il dit : "Je suis le Dieu de ton père, le Dieu d'Abraham, le Dieu d'Isaac et le Dieu de Jacob." Alors Moïse se voila la face, car il craignait de fixer son regard sur Dieu. » Dieu lui confie alors la mission de libérer les Hébreux de l'esclavage tandis qu'il le protégera. Moïse lui demande son nom : « Mais s'ils [les Hébreux] me disent : "Quel est son nom ?", que leur dirai-je ? Dieu dit à Moïse : "Je suis celui qui est." Et il dit : "Voici ce que tu diras aux Israélites : 'Je suis' m'a envoyé vers vous." [...] C'est mon nom pour toujours, c'est ainsi que l'on m'invoquera de génération en génération." » De la formule « Je suis qui je suis » (*Ehyé acher Ehyé* en hébreu) sera tiré en effet Yahvé, prononciation du tétragramme YHWH.

➡ Ange, Exode, Hébreux, Moïse, Sinaï, Touwa, Yahvé, YHWH

BUTIN, LE ☪

Le Butin (*al-Anfal* en arabe) est le titre de la sourate 8 du Coran. Elle comprend 75 versets. L'amour et la miséricorde de Dieu, le Seigneur, sont réservés aux vrais croyants, ceux qui pratiquent l'aumône, prient, récitent le Coran, craignent Dieu qui leur permet de discerner le bien et le mal, et les protège contre le Démon. À eux est promise « une récompense sans limites auprès de Dieu », la vie future après la résurrection. Et dans leur combat contre les non-musulmans qui, hostiles aux musulmans d'alors, visaient leur éradication et auxquels est promis le feu de l'enfer (géhenne), Dieu leur envoie un « renfort de mille anges », comme les soldats de Pharaon, poursuivant Moïse et les Hébreux, furent emportés par les eaux de la mer Rouge. Car « il n'y a pas de victoire si ce n'est auprès de Dieu – Dieu est puissant et juste. » Chacun doit se souvenir que Dieu aida en effet les premiers croyants dans leur combat et leurs épreuves. « Sachez que quel que soit le butin que vous preniez [aux incrédules], le cinquième appartient à Dieu, au Prophète et à ses proches, aux orphelins, aux pauvres et au voyageur. »

➡ *Aumône, Coran, Démon, Enfer, Géhenne, Juste, Miséricorde, Résurrection, Seigneur*

C

CACHER

Si la tradition chrétienne ne comporte quasiment pas (ou plus) d'interdits alimentaires, ces derniers se limitant aux jeûnes et au carême, le judaïsme a conservé les lois prescrites dans la Torah, puis étudiées dans la Michnah et le Talmud. Ces règles, qui comprennent notamment celles de l'abattage rituel *(chehitah)*, sont contenues dans la *cacherout*, c'est-à-dire « aptitude » en hébreu, l'un des ciments de l'identité juive, où tout aliment autorisé devient « apte » (*cacher*, mot provenant du Talmud et non de la Torah). Les interdits, dont l'origine est complexe, ne s'appliquent pas aux fruits et légumes (tous permis), mais aux viandes animales – en priorité au sang, siège de la vie : au premier rang figure le porc, rangé parmi les impurs (*tamé* en hébreu) car sale, omnivore et vecteur de maladies ; nous trouvons aussi le cheval, le lapin, certains oiseaux et leurs œufs, les coquillages et crustacés… Les animaux jugés purs *(tahor)* sont ceux aux sabots fendus en deux, les poissons à écailles et ceux qui ont au moins une nageoire, les volailles domestiques. La cacherout se penche également sur la manière de consommer certains aliments ; par exemple, l'association viande et produit lacté est proscrite, selon l'injonction répétée trois fois dans la Torah : « Tu ne feras pas cuire un chevreau dans le lait de sa mère. » Tout ou partie d'un animal, même autorisé, qui ne se conforme pas à la *cacherout* est qualifié de *teréfah* (« déchiré » en hébreu, sous-entendu charogne). Rappelons que si l'Église chrétienne, dans ses premiers temps, conserva certaines coutumes alimentaires juives, elle a suivi ensuite l'appel de Jésus pour qui la notion de pureté se trouve en l'homme : « Ce n'est pa+s ce qui entre dans la bouche qui souille l'homme ; mais ce qui sort de sa bouche, voilà ce qui souille l'homme. […] Ce qui sort de la bouche procède du cœur, et c'est cela qui souille l'homme. Du cœur en effet procèdent mauvais desseins, meurtres, adultères, débauches, vols, faux témoignages, diffamations. Voilà les choses qui souillent l'homme ; mais manger sans s'être lavé les mains, cela ne souille pas l'homme », rappelle l'évangile de Matthieu (15, 11-20).

L'alimentation conforme aux règles *cacher* fait l'objet d'une « certification » (*hekhcher* en hébreu) délivrée par un rabbin ou un *bet din* (tribunal rabbinique). Cette attestation, donnée pour le vin, les alcools, les produits ordinaires et rentrant dans la composition de mets, concerne aussi bien les particuliers que les commerçants.

Le mot *cacher* est parfois attribué, mais de manière impropre puisqu'il est spécifiquement juif, aux lois alimentaires (moins nombreuses) en vigueur dans l'islam, et contenues dans ce qui est permis *(halal)*. Nous y retrouvons certaines règles du judaïsme, au sujet du porc et du sang par exemple : « Dieu vous a seulement interdit la bête morte, le sang, la viande de porc et tout animal sur lequel on aura invoqué un autre nom que celui de Dieu », souligne le Coran dans la sourate *La Vache* (2, 173). Il existe aussi des devoirs sacrés : jeûner pendant le ramadan ou nourrir le pauvre, principe de charité commun à toutes les religions, tout comme l'hospitalité.

➡ *Ablution, Agneau, Carême, Charité, Chehitah, Halal, Jeûne, Michnah, Ramadan, Sang, Talmud, Torah*

ÇAD ☪

Çad est le titre de la 38e sourate du Coran, rang qu'elle occupe aussi sur le plan chronologique (elle fut rédigée à La Mecque). C'est aussi la 14e lettre de l'alphabet arabe (le *s*), et l'une des lettres mystérieuses du Coran *(al-fawatih)*. Les 88 versets de cette sourate sont un appel à la prudence, un avertissement aux sceptiques, aux incrédules, aux factieux, tels les 'Ad, les Thamoud et le peuple de Noé qui traitèrent les prophètes de menteurs. Ils sont aux antipodes des grands personnages qui marquèrent les premiers temps d'Israël. Le texte cite le roi David, « un lieutenant [de Dieu] sur la terre » (26), et son fils Salomon qui, après avoir été tenté par les richesses et les cadeaux, demanda le pardon de Dieu, le Créateur, « le continuel Donateur ! » (35). À ce roi furent soumis « le vent, [...] les démons bâtisseurs ou plongeurs et d'autres encore » (27-28). Nous trouvons aussi Job, le juste persécuté par Dieu qui, après lui avoir parlé face à face, le restitua dans une condition plus grande encore que la précédente. La sourate mentionne d'autres illustres figures auxquelles Dieu a transmis puissance et discernement : les patriarches d'Israël (Abraham, Isaac, Jacob), Ismaël (ancêtre des Arabes), le prophète Élisée. Il faut redouter le jour du Jugement : à ceux qui craignent Dieu est promis l'Éden et ses jardins, ses fruits, ses boissons ; aux incrédules, séduits par le démon Iblis, est réservée la géhenne (enfer) et ses tourments. L'homme n'est qu'un avertisseur de Dieu, « le Seigneur des cieux, de la terre, et de ce qui se trouve entre les deux » (46).

➡ *Ad, Arabe, David, Démon, Éden, Élisée, Fawatih, Géhenne, Iblis, Ismaël, Job, Jugement dernier, Juste, Mecque (La), Noé, Patriarche, Salomon, Thamoud*

CAÏN ✡ ✝ ☪

Le chapitre 4 (1-16) de la Genèse rapporte que Caïn est le fils aîné d'Ève et d'Adam, et le frère d'Abel qu'il tue par jalousie, Dieu ayant préféré les offrandes de ce dernier. Le sang répandu, comme stipule le texte biblique, n'appartient pas aux hommes mais à Dieu qui punit Caïn : « Maintenant, sois maudit et chassé du sol fertile qui a ouvert la bouche pour recevoir de ta main le sang de ton frère. Si tu cultives le sol, il ne te donnera plus son produit : tu seras un errant parcourant la terre. »

L'origine de ce nom viendrait de l'hébreu *qânî-thî* (« j'ai acquis »), référence à Ève : « J'ai acquis un homme de par Yahvé » (Gn 4, 1) ; ou de l'araméen *qayn*, « forgeron », puisqu'un descendant de Caïn, Tubal-Caïn, fut « l'ancêtre de tous les forgerons en cuivre et en fer » (Gn 4, 22), ce qui ferait de Caïn l'ancêtre des Qénites, peuple vivant en Canaan avant l'installation des Israélites.

Caïn atteste de la prolifération du péché dans le monde après la désobéissance d'Adam et Ève au commandement de Dieu. Il n'exprime aucun repentir, seulement sa peur d'une vengeance, inévitable désormais. Dieu lui donne juste l'assurance que, malgré son crime, il est marqué d'un signe le protégeant ; du coup, Dieu condamne ceux qui chercheraient à le tuer. Le récit se termine donc par l'arrêt de la chaîne de la violence.

Les épîtres du Second Testament insistent sur la figure de Caïn, archétype de l'impie pour Jude (11), opposé du bien représenté par Abel, selon la première épître de Jean (3, 12) et l'épître aux Hébreux (11, 4).

Comme Abel, le nom de Caïn n'est pas cité dans le Coran qui évoque simplement les deux fils d'Adam. Il y est associé au corbeau, oiseau qui lui indique comment inhumer son frère.

➡ *Abel, Adam, Araméen, Canaan, Commandement, Ève, Genèse, Hébreux (Épître aux), Jean, Jude, Péché, Repentir, Sang*

CAÏPHE ✡ ✝

En l'an 15 de notre ère, Anne, le grand prêtre et le président du Sanhédrin (grande instance juive) est destitué de son poste par les Romains, qui lui ont pourtant permis d'y accéder. C'est dire combien cette responsabilité était précaire tant elle dépendait de l'autorité romaine pour qui elle était le seul interlocuteur valable. En effet, trois autres grands prêtres succèdent à Anne en l'espace de trois ans. En 18 est nommé son gendre, Joseph, surnommé Caïphe, qui, bien qu'en exercice, sait combien son beau-père est resté populaire et très influent au sein du Sanhédrin. À en croire les évangiles du Second Testament, ils sont même complices, notamment lorsqu'il s'agit de nuire à Jésus, dont le ministère risque de porter atteinte à leurs privilèges et à ceux d'une partie du clergé de Jérusalem. En effet, ne risque-t-il pas d'attirer l'attention des Romains sur leurs affaires ? Il est préférable « qu'un seul homme meure pour le peuple et que la nation ne périsse pas tout entière », déclare Caïphe dans l'évangile de Jean (11, 50), qui poursuit : « Dès ce jour-là donc, ils [le haut clergé et non les juifs dans leur ensemble] résolurent de le tuer » (11, 53). Entre les deux dignitaires, l'affaire est donc entendue : il faut se débarrasser du trublion.

Lorsque Jésus fait son entrée triomphale à Jérusalem (Rameaux), il sent que sa Passion est très proche. Arrêté quelques jours plus tard, au jardin des Oliviers, par les gardes du Temple, il est conduit d'abord auprès d'Anne qui l'envoie ensuite à Caïphe, lequel l'interroge dans son palais. Sont également présents des membres du Sanhédrin. Matthieu (26, 59-68), par exemple, raconte les difficultés de Caïphe à trouver un motif valable pour envoyer Jésus devant le tribunal romain, que préside le préfet Ponce Pilate. Mais le grand prêtre parvient à ses fins : « Jésus se taisait. Le Grand Prêtre lui dit : “Je t’adjure par le Dieu Vivant de nous dire si tu es le Christ, le Fils de Dieu.” “Tu l’as dit, lui dit Jésus. D’ailleurs je vous le déclare : dorénavant, vous verrez le Fils de l’homme siégeant à droite de la Puissance et venant sur les nuées du ciel.” Alors le Grand Prêtre déchira ses vêtements en disant : “Il a blasphémé ! qu’avons-nous encore besoin de témoins ? Là, vous venez d’entendre le blasphème ! Qu’en pensez-vous ?” Ils répondirent : “Il est passible de mort.” »

Même s’il disparaît ensuite des récits évangéliques, on peut supposer que Caïphe, étant donné ses responsabilités, dut assister au procès de Jésus et peser sur Ponce Pilate afin d’obtenir la crucifixion. Il y a aussi toutes les chances qu’il préside le Sanhédrin lorsque Étienne, le premier martyr chrétien, est condamné à la lapidation. Caïphe conserve son poste jusqu’en 36, une durée appréciable qui prouve son habilité, mais qui ne l’empêche pas d’être destitué à son tour par les Romains.

➨ *Anne, Étienne, Fils, Gamaliel, Jésus, Oliviers (Jardin des), Passion, Procès de Jésus, Rameaux, Sanhédrin*

CALAME, LE ☪

Dans l’Antiquité, le calame était un morceau de roseau (*calamus* en latin) taillé à son extrémité et qui permettait d’écrire sur différents supports, comme les tablettes de terre cuite. Il est toujours employé par les calligraphes arabes et correspond, dans le Coran, à un symbole puissant. La 68e sourate, *al-Qalam* (« plume »), traduit par *Le Calame*, commence en effet par ce verset : « Par le calame et par ce qu’ils écrivent ». Dieu a créé le calame avant toute chose, et le Coran, le Livre *(Kitab)*, est écrit grâce à sa Parole, mise par écrit.

➨ *Ahl al-Kitab, Fawatih, Livre*

CALIFE, CALIFAT ☪

Le mot arabe *khalifa* est mentionné plusieurs fois dans le Coran, en tant que « lieutenant [de Dieu] sur terre » (2, 30 ; 7, 74 ; 24, 55), de vicaire chargé de dispenser les aumônes reçues de Dieu (57, 7). Mais le Livre n'indique pas les devoirs et les fonctions du *khalifa*, le terme ne faisant pas appel à une notion ou à un système politico-religieux. Pourtant, le calife a rempli au cours de l'Histoire une fonction (califat) éminente dans le monde musulman, en tant que successeur de Mahomet à la tête de la communauté musulmane et en tant que détenteur d'un pouvoir temporel (politique et militaire) – ce qui explique que plusieurs dynasties revendiquèrent ce titre, en Espagne et au Maghreb notamment. Il s'agit donc d'une construction historique. Cependant, certains hadith parlent de *khoulafa al-rachidoun* (« califes bien-guidés »), des hommes justes remplaçant le Prophète dans la « direction » de la communauté.

De fait, les quatre premiers califes (632-661), Abou Bakr, Omar, Othman et Ali, sont dits « bien-guidés » *(Rachidoun)* dans la mesure où leur légitimité vient de leur mérite (moral et religieux) et de leur proximité avec le Prophète, bien que celui-ci n'ait pas laissé de consignes sur sa succession. Nommés sans doute par acclamation, ils régnèrent depuis Médine et sont particulièrement loués par les sunnites (partisans de la Sunna), tandis que les chiites ne reconnaissent que le califat d'Ali et celui, bref, de son fils Hassan.

Après les *Rachidoun*, le califat prit, en revanche, un tour héréditaire allant de pair avec l'expansion militaire de l'islam. Avant même l'assassinat d'Ali (661), son adversaire Mu'âwiya, fondateur de la dynastie des Omeyyades (660-750), prend le titre de calife à Damas (Syrie), dignité qui, transmise au sein de la dynastie, reprend celle de « commandeur (religieux et militaire) des croyants » *(Amir al-Muminin)* datant d'Omar. Les Omeyyades laissent place aux Abbassides (750-1258) de Bagdad (Irak) tandis que, en Espagne, à Cordoue, existe une branche omeyyade (756-1031) qui, en 931, revendique aussi la dignité d'émir (commandeur) des croyants. Durant cette période longue et complexe, au califat, bien que morcelé comme le territoire abbasside, est adjoint le titre d'« imam », ce que conteste les Fatimides d'Égypte (909-1171), des chiites pour qui l'imanat revient de droit aux descendants d'Ali. Le pouvoir abbasside s'étiolant, Bagdad tombe en 1258 sous les coups des Mongols. Jusqu'en 1517 et la conquête de l'Égypte par les

Ottomans, les califes abbassides réfugiés au Caire auprès des Mamelouks (dynastie issue de soldats esclaves) ne jouent plus de rôle déterminant. Les sultans ottomans prennent en quelque sorte le relais de cette autorité califale jusqu'à l'abolition du sultanat, et donc du califat, en 1924 par le laïc Mustapha Kemal Atatürk.

Pendant le califat officièrent également les vizirs. Le mot « vizir » est la francisation de l'arabe *wazir*, issu d'un verbe (*wazara*) signifiant « porter un fardeau ». En effet, le *wazir* (*sadr* en persan) était un très proche collaborateur des califes, c'est-à-dire les successeurs du prophète Mahomet (vers 570-632). Le titre de *wazir* est encore donné aux ministres. Nizam al-Moulik (1018-1092), sous la dynastie des Seldjoukides, est considéré comme le plus grand vizir en raison de son apport essentiel au fonctionnement de l'État musulman.

➨ *Abou Bakr, Ali, Aumône, Chiisme, Hadith, Hassan, Imam, Juste, Livre, Mahomet, Médine, Mu'âwiya, Omar, Othman, Sunnisme, Vizir*

ÉMIR

Le mot émir, dérivé de l'arabe *amir* (« commandant », « chef »), désignait un chef d'armée, au temps des premiers califes (successeurs de Mahomet). Gouverneur du territoire qu'il avait conquis, il était placé sous l'autorité, plus ou moins forte au cours de l'Histoire, de ces derniers. Certains émirs acquirent ainsi une indépendance, parfois en prenant le pouvoir, allant jusqu'à initier une dynastie, avec toutefois l'aval essentiel du calife. Le califat a disparu, mais des principautés du golfe Persique sont appelées « émirats », comme le Koweït ou le Qatar, puisque ces État indépendants sont dirigés par un émir, ou « prince » ; quant à l'Arabie Saoudite, elle octroie ce titre à un membre de la famille régnante. Le terme « émir » s'est progressivement étendu à divers titres et niveaux de responsabilité, temporelle et spirituelle. Le calife fut ainsi l'*Amir al-Muminin* (« commandeur des croyants ») ; le chef de la flotte était l'*Amir el-Bahr* (d'où vient le mot « amiral ») ; l'*Amir al-muslimin* (« commandeur des musulmans ») était en vigueur chez les Almoravides... Nous en trouvons la racine aussi au temps des Abbassides, des Seldjoukides, des Mamelouks, lors du pèlerinage de La Mecque...

ÇALIH ☪

Dans le Coran, Çalih est, avec Chou'aïb et Houd, l'un des trois prophètes arabes ayant précédé Mahomet. La sourate *Al-'Araf* (7, 73-79) le présente comme un envoyé de Dieu auprès des Thamoud auxquels il rappelle d'épargner « la chamelle de Dieu » (cesser le sacrifice aux idoles), de ne pas corrompre la terre, de se souvenir des bienfaits de Dieu... Mais « ceux qui étaient remplis d'orgueil » tranchent les jarrets de la chamelle : « Le cataclysme fondit sur eux, et, le matin suivant, ils gisaient dans leurs demeures. » Il exhorte les Thamoud à se repentir auprès de Dieu le Créateur, le Tout-Puissant, le Miséricordieux : « Mon Seigneur est proche et il exauce » (*Houd*, 11, 61). Dans *Les Fourmis* (27, 45-53), il doit affronter « neuf individus qui répandaient la corruption sur la terre et qui ne se corrigeaient pas » ; ils décident de l'assassiner de nuit, avec sa famille ; mais Dieu les extermine, « eux et leur peuple en entier. Leurs demeures sont devenues désertes, parce qu'ils avaient été injustes. – Il y a vraiment là un Signe, pour un peuple qui sait – Nous avons sauvé ceux qui croyaient et qui craignaient Dieu ». Dans *Le Pèlerinage*, Dieu rapportera à Mahomet que, avant lui, Çalih, comme Chou'aïb, fut traité de menteur (22, 42).

➡ *Chou'aïb, Houd, Idole, Miséricorde, Prophète, Repentir, Thamoud*

CALOMNIATEUR, LE ☪

La 104e sourate du Coran, *Le Calomniateur (al-Humaza)* met en garde les médisants et les calomniateurs qui profitent de leurs méfaits et de leurs richesses pour garantir leur avenir et, pensent-ils, leur immortalité. Ils seront voués à l'*houtama* (la géhenne, l'enfer), ce « feu de Dieu allumé qui dévore jusqu'aux entrailles », où les flammes les emprisonneront « en longues colonnes ».

➡ *Enfer, Géhenne, Vice*

CANA ✝

La ville de Cana, à quelques kilomètres au nord-est de Nazareth, en Galilée, est le cadre du premier miracle de Jésus. Comme les autres miracles recensés par les évangiles, cet événement, rapporté seulement par Jean (2, 1-12), doit être abordé selon les mentalités et le contexte du Ier siècle.

Au tout début de son ministère, Jésus, accompagné de sa mère Marie et de disciples proches, tient à vaincre les ultimes hésitations de ces derniers. Pour montrer qu'il est l'envoyé de Dieu, il doit procéder au « commencement des signes », c'est-à-dire des gestes miraculeux qui vont jalonner sa mission et montrer la puissance de Dieu dont il est l'intermédiaire et le Fils. De fait, Marie l'avertit que le vin, très important dans les fêtes nuptiales juives d'alors, vient à manquer. Il demande aux serviteurs (et non aux maîtres, ce qui montre qu'il tient à associer les humbles) de remplir d'eau les cuves ayant servi aux ablutions rituelles (manière de rompre avec les préceptes du judaïsme officiel). L'eau est changée en vin que le « maître du repas » trouve à son goût au point que, s'adressant au marié, il fait remarquer : « Tout homme sert d'abord le bon vin et, quand les gens sont ivres, le moins bon. Toi, tu as gardé le bon vin jusqu'à présent ! » Sur le plan symbolique, ce vin montre que Jésus a manifesté « sa gloire et ses disciples crurent en lui ». En cherchant à renouveler l'Alliance entre Dieu et son peuple, très souvent évoquée dans la Bible sous la forme d'un mariage, le miracle de Cana est une manière de sceller à nouveau les noces d'Israël et de son Dieu.

Plus tard, à Cana, et toujours selon Jean (4, 46-54), Jésus, de retour de Judée, procède à la guérison du fils d'un fonctionnaire royal, accomplissant ainsi un « deuxième signe ».

➨ *Ablution, Alliance, Eau, Fils, Jean, Jésus, Marie, Miracle, Vigne*

CANAAN ✡

Dans le livre de la Genèse, le pays de Canaan correspond à peu près à la Terre promise par Dieu à Abraham : « À toi et à ta race après toi, je donnerai le pays où tu séjournes, tout le pays de Canaan, en possession à perpétuité, et je serai votre Dieu » (17, 8). Ce territoire va plus précisément de « Dan [au nord] à Bersabée [au sud] » (9 500 km^2 environ), souligne le livre des Juges (20, 1). Canaan, nom appliqué au littoral et à l'intérieur des terres, était ainsi limité par la Méditerranée (ouest), la Phénicie (Liban, nord), la vallée du Jourdain et la mer Morte (est), et l'Égypte (sud).

Canaan (pays qui correspond en gros à la Palestine et au Liban) était un nom en vigueur à Babylone *(Kinahou)* aussi bien qu'en Égypte *(Kinahi)* où des archives l'évoquent au XIVe siècle av. J.-C. Sa traduction est « laine teintée de pourpre » (en Mésopotamie), ou « pays de la pourpre » (Kenaana en hébreu). La pourpre, couleur royale tant au Proche-Orient que pour les empereurs romains, était obtenue à partir de diverses espèces du coquillage murex. Au nord de Canaan, les artisans de la côte étaient passés maître dans l'art de ce colorant, par ailleurs très précieux – il fallait dix mille coquillages pour obtenir un gramme de produit !

Après l'Exode, les Hébreux, vers le XIIIe siècle av. J.-C., découvrent à Canaan une population polythéiste, composée d'une mosaïque ethnique rassemblée sous le nom générique de Cananéens (parfois Amorites). Cette appellation est quelque peu péjorative, et, selon les textes bibliques, peut s'appliquer aux Israélites convertis aux idoles locales, les baals adorés dans des sanctuaires comme Béthel et Hébron. Le livre de la Genèse rapporte ainsi que l'ancêtre de Canaan est Cham qui, irrespectueux envers son père Noé, fut frappé de malédiction. Mais les Israélites, implantés en Canaan vers 1200 av. J.-C., constituaient une population semi-nomade qui trouva en ces baals des dieux de la nature capables de satisfaire les besoins élémentaires (récolte, fertilité...). Israël, avec l'aide précieuse des prophètes, dut batailler ferme pour imposer Yahvé, le Dieu unique.

En Phénicie, Jésus rencontrera une Cananéenne, incarnation de l'impiété : selon les évangélistes Matthieu (15, 21-28) et Marc, lequel parle d'une Syrophénicienne (7, 24-30), Jésus reconnaît sa foi profonde et guérit sa fille.

➡ *Abraham, Baal, Exode, Hébron, Idole, Israélite, Noé, Palestine, Yahvé*

CANON ✡ ✝ ☪

Le canon, mot issu du grec *kanôn* (« règle »), est utilisé par les trois religions monothéistes pour désigner l'autorité qui statua sur le choix des textes considérés comme révélés, et par conséquent appelés « canoniques » (Bible, Second Testament, Coran). Les autres sont dits « apocryphes » (« cachés » en grec).

Le canon juif, dit aussi de Yavneh (Jamnia), fut définitivement fixé à la fin du Ier siècle apr. J.-C., après la destruction du Second Temple.

La notion de canon chrétien apparaît dans le courant du IIe siècle, son contenu variant selon les catalogues. À la fin de ce siècle, Irénée de Lyon (vers 130-vers 208) donne sa liste qui comprend les quatre évangiles, les Actes des apôtres, l'Apocalypse et des épîtres (Paul, 1 Pierre et 1 Jean). À la même époque, à Rome, le canon dit de « Muratori » choisit à peu près les mêmes ouvrages, auquel s'ajoutent l'*Apocalypse de Pierre* (un apocryphe, qui ne sera donc pas retenu) et un *Livre de sagesse*. Le canon est définitivement établi à partir de la liste donnée en 367 par Athanase d'Alexandrie, c'est-à-dire 27 livres. Cette liste est approuvée en 382 par le pape Damase pour l'Occident, et par le concile de Carthage (397) pour l'Orient. Le Second Testament est constitué.

Le canon musulman se réfère à la fixation du Coran, Livre saint de l'islam, sous le califat d'Othman (644-656).

Par extension, le canon désigne aussi l'ensemble des lois régissant une religion, comme le droit canonique de l'Église catholique. Par exemple, elle déclare « contumace » celui ou celle qui refuse son autorité, soit par son attitude motivant une excommunication (l'hérésie par exemple), soit par la violation délibérée du droit canon dont il ou elle a connaissance. Le mot « contumace » vient du latin *contumax*, qui signifie « orgueilleux » et, par extension, « indomptable, rebelle ».

➨ *Apocryphe, Bible, Coran, Évangiles, Index, Révélation, Testament, Vulgate*

CANTILATION ✡

La cantilation est, dans le judaïsme, l'art de psalmodier les textes de la Bible au cours des offices liturgiques, c'est-à-dire la diction accentuée des textes sacrés. Cette lecture, envoûtante, musicale et magnifique, est très ancienne puisqu'on en retrouve les premières traces après la reconstruction du Temple consacré en 515 av. J.-C. Elle a fait l'objet de codifications ultérieures, notamment dans la Massorah (la « tradition » ou la « transmission » du texte authentique de la Bible par des règles de lecture et de chant).

➨ *Bible, Massorah, Office, Temple*

CANTIQUE ✡ ✝

Le cantique est un « chant religieux » (*canticum* en latin). Pour le judaïsme et le christianisme, il s'agit surtout de poèmes qui ne sont pas des psaumes, ces grandes prières inscrites au cœur de leurs deux liturgies. Ce sont des textes de louange, d'actions de grâces célébrant Dieu.

Nous en trouvons de splendides exemples dans la Bible, comme dans le livre de l'Exode (15, 20), le cantique de Moïse après le passage de la mer Rouge, également chez Débora, Tobie, Judith, ou encore le prophète Isaïe. La liturgie juive recourt ainsi à des cantiques, comme le *Chir ha-yihoud* (« Cantique de l'unité »), le cantique de Moïse, et le Cantique des cantiques, c'est-à-dire « le plus beau des chants », qui fait partie des Cinq Rouleaux sacrés.

Le christianisme a repris les cantiques majeurs des évangiles. Lors des offices contenus dans le Bréviaire (heures), par exemple, reviennent trois passages de Luc : dans le *Magnificat*, Marie chante sa joie (1, 46-55) ; dans le *Benedictus*, Zacharie, père de Jean le Baptiste, loue Dieu pour cette naissance (1, 46-55) ; dans le *Nunc dimittis* (« Maintenant tu peux laisser aller »), après que Jésus est présenté au temple de Jérusalem, comme le stipule la loi juive, Syméon, homme juste et pieux, célèbre en cet enfant le Sauveur et la Lumière du monde (2, 29-32).

➡ *Débora, Grâce, Heures, Isaïe, Jean le Baptiste, Jésus, Judith, Juste, Liturgie, Marie, Moïse, Office, Psaume, Rouleaux (Les Cinq), Temple, Tobie, Zacharie*

CANTATE

À ne pas confondre avec le cantique, la cantate (du latin *cantata*, « ce qui est chanté ») est l'une des plus belles expressions de la musique sacrée. Elle consiste en l'alternance de parties d'orchestres, de chœurs (choral), de chants solistes et de passages (chantés) de récitants accompagnés d'instruments.

CANTIQUE DES CANTIQUES ✡

Ce livre (« le plus beau des chants »), d'une beauté stupéfiante, est le seul de ce genre dans la Bible (hébraïque comme latine), où sa présence, au côté d'écrits spirituels, prophétiques et historiques, peut sembler étonnante. Il s'agit d'un puissant hymne à l'amour charnel et à la passion, au vocabulaire allégorique et poétique parfois cru ; le style rappelle celui de la poésie orientale. La bien-aimée et son bien-aimé, qui se désirent, puis qui, en dépit d'entraves, se retrouvent pour une nuit sublime, s'expriment au cours de monologues et de dialogues, tandis qu'un chœur s'exalte, comme dans les tragédies antiques. Les étreintes et les baisers sont ardents, les corps s'enlacent et l'on trouve les plantes réputées aphrodisiaques (grenade, myrrhe, safran, cannelle...). Le texte fait aussi une large place aux sentiments profonds, car l'amour est plus puissant que tout, conclut le livre.

Les chercheurs datent sa rédaction du IVᵉ siècle avant notre ère environ, époque où la tutelle perse prend fin et où le judaïsme doit se souder encore davantage pour subsister. Le Cantique des cantiques est en effet une illustration du couple monogame, uni et soudé, fondement et perpétuation d'Israël. Sur le plan religieux, il rappelle l'amour qui unit Yahvé et son peuple, semblable à des liens « conjugaux » selon le prophète Osée (VIIIᵉ siècle avant notre ère), ce que répète le Midrach.

Le Cantique, que la tradition et le texte attribuent à Salomon, est aujourd'hui lu à la synagogue, à l'occasion, par exemple, de tous les shabbats chez les Séfarades et, pour les Achkénazes, au shabbat de la semaine de Pâque (Pessah). Il fait partie des Cinq Rouleaux sacrés.

➡ *Bible, Cantique, Midrach, Osée, Pessah, Rouleaux (Les Cinq), Shabbat, Salomon*

CAPHARNAÜM ✝

Capharnaüm est une ville située au bord du lac de Tibériade, en Galilée, au nord de la Palestine. Jésus choisit d'y résider dès le début de son ministère, juste après son premier miracle, celui des noces de Cana. Elle lui sert de halte entre deux missions en Galilée, et il habite sans doute dans la maison de Pierre. Capharnaüm s'affirme donc comme un lieu essentiel où il accomplit des actes singuliers. Par exemple, il s'affiche avec des pécheurs, rapporte Marc (2, 15-17), ce qui est contraire à la loi juive qu'il connaît très bien. Toujours selon Marc (1, 21-31), un jour de shabbat, à la synagogue, il subjugue les scribes pharisiens par la nouveauté de son enseignement tout en respectant la Loi. Ils sont même impressionnés par son autorité qui s'affirme naturelle et non façonnée par l'étude des textes sacrés. Mieux, il débarrasse un dément du mauvais esprit qui le taraudait, et la belle-mère de Pierre d'une fièvre tenace. Jésus est donc un combattant efficace du mal. Il peut apporter le salut, comme le montre un autre miracle à Capharnaüm (Mc 2, 1-12) : la guérison du paralytique, auquel il lance cette célèbre phrase : « Lève-toi, prends ton grabat et va-t'en chez toi. » Mais Capharnaüm ne se convertira pas à l'Évangile, de même que les autres villes du lac. Et Jésus leur prédira le traitement terrible qui a touché autrefois Sodome et Gomorrhe où régnait le pur péché (Mt 11, 20-24).

Depuis, le nom commun « capharnaüm » désigne un grand désordre d'objets, possible référence aux foules parfois confuses que Jésus attirait dans la cité.

➡ *Cana, Évangile, Galilée, Jaïre, Jésus, Miracle, Pharisien, Pierre, Salut, Scribe, Shabbat, Sodome et Gomorrhe, Synagogue, Tibériade*

CARAÏTE ✡

Les caraïtes (ou qaraïtes) forment un courant du judaïsme centré sur la « lecture » (qaraïtes vient de l'hébreu *qara*, « lire »). Ils s'appellent aussi *Bene Mikra* ou *Bene Midra* (les « fils de l'Écriture »), ou Qeraïm (« gens de la Bible »). Au VIIIe siècle apr. J.-C., à Damas, le rabbin Anan ben David (le créateur du caraïsme, selon la tradition) rejette le Talmud et la Michnah, c'est-à-dire toute Loi orale, la seule Loi étant celle de l'écrit, de la Bible. Il s'oppose donc à l'enseignement des rabbins et rassemble des fidèles, ou ananites, qui prendront le nom de caraïtes vers 850. Ce retour aux textes premiers trouve bientôt un écho auprès des juifs du Proche-Orient, de Perse et jusqu'en Europe centrale. Mais des chercheurs pensent que l'origine de ce mouvement original serait plus ancienne, et que les études (très éclairées) des caraïtes sur la Bible se rapprochent des textes de Qumrân. Le caraïsme, dont la liturgie diffère des règles rabbiniques en vigueur dans le reste du judaïsme, a mené de profondes recherches sur l'hébreu. Aujourd'hui, décimé par les génocides du siècle précédent, il se concentre essentiellement dans l'actuel État d'Israël.

➡ *Bible, Michnah, Perse, Qumrân, Rabbin, Talmud*

CARÊME ✠

Précédé par le carnaval, inauguré par le mercredi des Cendres, premier jour de jeûne, le carême dure quarante jours pour s'achever à Pâques. Le carême débute donc le « 40e jour » avant Pâques (en latin *quadragesima dies*, d'où vient le mot carême). Cette période est destinée à fortifier la foi, à faire pénitence en vue de Pâques qui célèbre la résurrection de Jésus. Il convient par exemple de pratiquer la charité et de s'abstenir de viande. Les sept derniers jours forment la semaine sainte, temps voué à la passion de Jésus.

Quant au chiffre 40, qui symbolise une génération, il est fréquent dans la Bible : les quarante jours du Déluge, les quarante ans de l'exode des Hébreux, etc. Mais on le retrouve aussi dans les évangiles, avec les quarante jours que Jésus passe dans le désert de Judée, soumis aux tentations du Diable. Ce chiffre exprime en effet une attente qui se conclut par un changement.

➡ *Carnaval, Cendres (Mercredi des), Charité, Déluge, Pâques, Passion, Résurrection, Semaine sainte*

CARNAVAL ✠

Le carnaval débute un dimanche et s'achève un mardi, la veille du mercredi des Cendres, qui ouvre la période du carême. Pendant ces trois jours, il est permis de s'amuser sans retenue, de manger à satiété avant le mercredi, jour de jeûne complet qui va « enlever la viande » (*carnevale* en italien). Le mardi est ainsi appelé « mardi gras », car c'est la dernière occasion de manger de la viande avant la fin du carême, ces quarante jours marqués par la frugalité.

➡ *Carême, Cendres (Mercredi des), Dimanche, Jeûne*

CATACOMBE ✠

Les Romains avaient l'habitude d'installer les sépultures en dehors des villes. Devant la surpopulation, ils durent enterrer les morts dans des souterrains, quand la nature du sous-sol le permettait, comme à Rome même, par exemple. Ainsi apparurent les catacombes, c'est-à-dire les

« cimetières souterrains » (du grec *kata*, « de haut en bas », et du latin *tumba*, « tombe »). De part et d'autre des galeries étaient installées des couches de *loculi*, cavités fermées par une plaque et abritant les corps des gens simples, tandis que les personnages importants bénéficiaient d'une pièce entière. Avant l'arrêt définitif et officiel des persécutions, en 313, les chrétiens trouvèrent refuge dans ces catacombes, les Romains considérant le séjour des morts comme sacré et, par conséquent, interdit aux forces armées. Ces mêmes chrétiens assurèrent, à la mode romaine, la décoration des parois : mosaïques et fresques. On a retrouvé dans ces catacombes des symboles chrétiens, comme la vigne et surtout le célèbre poisson qui consistait en réalité à glorifier secrètement Jésus-Christ. En effet, poisson se dit *ichtus* en grec. Si l'on décompose les lettres de ce mot, nous obtenons en grec : I (Iesu) CH (Christos), T (Théou), U (Uios), S (Sôter), soit « Jésus-Christ, Fils de Dieu, Sauveur ». C'est pourquoi le poisson fut souvent représenté par l'art sacré.

Enfin, les chrétiens des catacombes reprirent aussi l'usage romain de manger près de la tombe de défunts, en l'occurrence les martyrs, mais en célébrant l'eucharistie, sous la forme de repas fraternels et communautaires appelés agapes. Ce mot, essentiellement chrétien, vient du grec *agapê*, qui désigne la « charité », laquelle se concrétise grâce à l'amour réciproque entre Dieu et les hommes, et entre les hommes eux-mêmes – l'équivalent musulman est le *mahabbah*, « amour ». Les agapes se déroulaient donc autour d'une table rappelant la Cène, le dernier repas de Jésus, qu'il prit avec ses apôtres, et où les chrétiens célébraient l'eucharistie. Mais l'Église les interdit au IVe siècle, arguant d'excès préjudiciables à la morale. Le mot « agapes » (utilisé toujours au pluriel) illustre aujourd'hui des repas festifs, plantureux et bien arrosés.

➡ *Charité, Christ, Eucharistie, Jésus, Martyr, Romain, Vigne*

CATÉCHISME ✝

Le catéchisme est un écrit catholique à l'intention des fidèles (les enfants en particulier), ou plus largement de ceux qui souhaitent connaître la position de l'Église en matière de foi et la manière dont celle-ci s'exprime. Le mot vient du grec *katêkhein* (« faire retenir »). Autrefois transmis oralement, il fit l'objet d'une forme écrite au XIIIe siècle, puis de livres imprimés après l'apparition de l'imprimerie en Europe en 1450. Mais lorsque Martin Luther, artisan de la Réforme protestante, publie son *Catéchisme* (1529) qui connaît un grand succès, l'Église catholique réagit en réunissant le concile de Trente. Ainsi naît le premier *Catéchisme romain*, approuvé par le pape Pie V en 1566. Largement diffusé et traduit, il restera la référence jusqu'en 1992. À cette date, Jean-Paul II demande aux cardinaux et aux évêques de rédiger un *Catéchisme de l'Église catholique*.

Le catéchisme contient la catéchèse de l'Église catholique, c'est-à-dire la profession de foi, la liturgie et les sacrements, l'attitude conforme au message de Jésus Christ et la prière (partie s'achevant par le *Notre Père*, prière centrale du christianisme). Le catéchisme désigne aussi la formation religieuse que reçoivent les enfants baptisés, assurée par des prêtres ou des laïcs.

Présent dès le début du christianisme, le catéchumène est, quant à lui, un adulte qui, souhaitant recevoir le sacrement du baptême, est préalablement formé au catéchisme de l'Église. Cette période, ou catéchuménat, est conforme à l'enseignement que donnaient les apôtres de Jésus, rapporté par les Actes des apôtres du Second Testament. Le catéchuménat a été restauré en France depuis le concile Vatican II (1962-1965).

➡ *Actes des apôtres, Catholique, Foi, Liturgie, Notre Père, Prière, Sacrement*

CATHOLIQUE ✠

Dès le Ier siècle, l'Église chrétienne s'organise en patriarcats et, malgré quelques divergences, reste une seule entité. Répondant au message de Jésus à ses apôtres – baptiser toutes les nations –, l'Église chrétienne rayonne sur l'Empire romain, le monde d'alors, et peut donc s'affirmer « universelle » (*katholikos* en grec, d'où vient le mot « catholique »). Ce mot, absent des évangiles, apparaît au concile de Constantinople (381), qui déclare en effet l'Église « une, sainte, catholique ». Mais l'empire se scinde en deux puissances (395) qui revendiquent chacune l'universalité en matière d'Église. D'un côté, l'Orient (qui durera mille ans, jusqu'aux Ottomans), avec pour capitale Constantinople (actuelle Istanbul), se prévaut de l'autorité au sein de l'Église. De l'autre, l'Occident revendique la primauté donnée par Jésus à Pierre, mort en martyr (vers 60) à Rome. Le concile de Chalcédoine (451) valide ce constat en accordant à l'Occident la première place dans l'Église universelle, et « la seconde après », c'est-à-dire en matière d'autorité. Pourtant, et malgré la chute de l'Empire romain d'Occident (476), le patriarche de Rome, le pape, ne cesse d'asseoir son identité et son indépendance, tout en proclamant cette primauté de l'Église universelle. Et le patriarche de Constantinople s'oppose logiquement à cette tutelle papale. À cette querelle s'ajoutent des désaccords religieux, complexes et multiples, qui relèvent de trois domaines. D'abord, il s'agit du pouvoir que le pape peut exercer sur tout le monde chrétien en vertu de cette dimension universelle *(katholikos)* de Rome. Ensuite, ce sont des questions de dogme (vérité en matière de foi), par exemple le *filioque*, c'est-à-dire la place du Fils au sein de la Trinité. Troisième domaine, des différences sont apparues en matière de liturgie et de législation (ordination de prêtres mariés, par exemple). Le climat s'envenime et aboutit, en 1054, à la séparation des deux Églises, qui s'excommunient mutuellement. Ces excommunications entre orthodoxes et catholiques ne seront levées qu'au concile Vatican II (1962-1965). L'Église catholique romaine, dite aussi « latine » (la langue de Rome), est majoritaire au sein du monde chrétien, notamment grâce aux missions qui, très tôt dans son histoire, lui ont permis de se répandre en Europe puis dans le monde.

➡ *Concile, Église, Excommunication, Orthodoxe, Pape, Patriarche, Pierre*

PETIT LEXIQUE CATHOLIQUE

ABBAYE. L'abbaye est un monastère supérieur, sorte d'autorité dont dépendent des maisons « filles ». C'est un monastère autonome, c'est-à-dire jouissant d'un gouvernement propre, et dirigé par une abbesse ou un abbé (de l'araméen *abba*, « père ») élu – il existe de nombreuses variantes de cette autonomie. Certaines de ces abbayes ont laissé de profondes traces dans l'Histoire, comme celle de Cluny (Xe-XIe siècle), qui mena d'importantes réformes. Centrée autour du cloître, l'abbaye obéit aux mêmes lois architecturales qu'un monastère et aux mêmes règles de vie religieuse. L'abbatiale est l'église d'une abbaye.

ARCHEVÊQUE. Dans les Églises chrétiennes, l'archevêque, fonction apparue au IVe siècle en Orient, puis étendue à l'Occident, était appelé à l'origine « métropolitain ». Évêque lui-même, il était chargé, en Occident, d'une province ecclésiastique, regroupement de diocèses (circonscription placée sous l'autorité d'un évêque) sur lesquels il avait autorité, dont celle de convoquer des synodes (assemblées nationales ou locales d'évêques). Il siégeait depuis un chef-lieu, ou métropole (du grec *méter*, « mère », et *polis*, « ville ») - son propre diocèse était l'archidiocèse. Enfin, il était élu par les évêques (dits alors suffragants). L'archevêque est toujours l'évêque d'une métropole, sans pour autant exercer une autorité au sens hiérarchique. Il porte comme signe distinctif le *pallium* remis par le pape, une étole de laine blanche. Mais l'organisation et les fonctions diffèrent selon les Églises chrétiennes. Quant au titre « métropolitain » (ou « métropolite »), il a été conservé dans la plupart des Églises orientales, avec le même sens qu'archevêque.

CARDINAL. Le mot « cardinal » vient du latin *cardo*, qui signifie « gond », « charnière » ou « pivot ». Cette fonction, apparue au VIIIe siècle, remonte au temps où le pape était élu par le clergé et les habitants de Rome, élection organisée par les curés des plus importantes paroisses de la ville et les diacres pontificaux, personnages qui servaient ainsi de pivot. En avril 1059, le pape Nicolas II décida que les Souverains Pontifes seraient désormais élus par les seuls cardinaux. Ceux-ci furent ensuite organisés dans ce qu'on appelle encore « le Sacré Collège » (du latin *collegium*, « corporation », « association ») de Rome, fondé en 1150, présidé par un doyen (président sans prérogatives) et administré par un camerlingue (« chambellan » qui s'occupe aussi des affaires dans l'intervalle entre deux papes). Ce collège remplit trois fonctions : conseiller le pape dans le gouvernement de l'Église, assurer l'intérim lorsqu'un pape décède et se réunir pour élire le suivant à la majorité des deux tiers, lors d'un conclave - en novembre 1970, Paul VI a limité à quatre-vingts ans le droit de vote, et, en novembre 1973, fixé à cent vingt le nombre de cardinaux électeurs. Les cardinaux, contrairement aux évêques ou aux diacres, sont donc le résultat du droit et non de la coutume primitive du christianisme. Représentant presque tous les pays du monde, désignés pour faciliter le travail de l'Église catholique (« universelle »), ils occupent, après le pape, le rang le plus élevé. Aujourd'hui, ils sont cent quatre-vingt-dix environ (trente au XVe siècle) et sont « créés » par le pape au cours du consistoire (réunion) du Sacré Collège. La barrette (calotte) pourpre, avec laquelle le pape coiffe le nouveau cardinal, est l'insigne de cette création – elle leur est réservée depuis 1464. Ils ont une place privilégiée au sein de la curie (gouvernement du Vatican) et le pape les consulte en assemblée plénière ou partielle. Ce rôle concurrence le synode des évêques, restauré par Vatican II, qui reste cependant influent. Les cardinaux, appelés autrefois « éminences » dont ils portent encore le titre, se reconnaissent à leur chapeau (attribut depuis 1244), leur soutane et leur calotte. La couleur pourpre répond à plusieurs symboliques très riches, dont celle de l'autorité suprême. Rappelons que pour se moquer de sa « royauté » et avant de l'envoyer au supplice, les soldats romains coiffèrent Jésus d'une couronne d'épines et le revêtirent d'un manteau pourpre, couleur des empereurs romains. Pour les cardinaux, la pourpre « cardinalice » signifie qu'ils doivent être prêts à verser leur sang pour leur foi.

DIOCÈSE. Dans l'Église catholique, chaque pays est divisé en provinces ecclésiastiques, placées chacune sous l'autorité d'un archevêque et composées de divisions administratives. Ce sont les diocèses (du grec *dioikêsis*, « administration »), calqués sur les Romains, qui délimitaient des territoires (cités) possédant leurs propres règles et leur organisation, tout en rendant des comptes au pouvoir central de Rome. Au contraire des Romains, le Vatican, où siège le pape, premier évêque, ne décide pas du sort des diocèses. Chaque diocèse est dirigé par un évêque et porte le nom de la ville où celui-ci a son siège (cathédrale). Il est une Église à part entière, tandis que les évêques du monde entier forment, avec le Souverain Pontife, l'Église « universelle » (sens du mot « catholique »). Un diocèse représente donc à lui seul cette Église, par les paroisses et les prêtres qui en ont la charge.

MAGISTÈRE. Le magistère (du latin *magisterium*, « fonction de maître ») est une fonction éminente de l'Église catholique. Celle-ci, partant du principe que Jésus confia aux apôtres le soin d'enseigner son message, désigne pour remplir cette mission les évêques (successeur des apôtres), en particulier le premier d'entre eux, le pape. Il existe ainsi un magistère ordinaire : le pape et les organismes de son gouvernement (au Vatican) transmettent réflexions et décisions à tous les catholiques du monde ; à l'échelle d'un diocèse (découpage administratif d'un pays), les évêques (qui en sont responsables) se chargent de la formation et de l'information des fidèles, avec l'aide des paroisses. La seconde catégorie de magistères est dite « extraordinaire », ou « solennelle » : il s'agit, d'une part, des conciles, réunions des évêques à l'échelle mondiale pour prendre une décision capitale en matière de dogme (fondement de la foi) ; d'autre part, du pape qui, en liaison avec toute l'Église, définit un élément capital de la foi. Ce dernier magistère est exceptionnel. Le seul du xxe siècle (et dernier) a défini le dogme de l'Assomption de la Vierge (1950). Le mot « magistère », toujours dans le sens d'enseignement, désigne aussi un diplôme universitaire.

PAROISSE. La paroisse est, par son origine grecque (*paroikia*), un « territoire voisin », une « habitation proche ». Cité dès la fin du i[er] siècle dans des écrits chrétiens, ce mot désigne en effet la communauté de base de l'Église. Les paroisses sont les subdivisions d'un diocèse, mesure généralisée au concile de Trente (1545-1563). Chacune est confiée à un curé, considéré comme le pasteur de l'Église, mis au service de l'évêque (responsable du diocèse). Il est aidé par des laïcs et, si sa paroisse est très importante, par des vicaires (adjoints).

PRIEURÉ. Le « prieur », mot spécifiquement religieux, n'a rien de commun avec la prière. Il vient du latin *prior*, c'est-à-dire « premier » en parlant de deux personnes. Dans l'Église catholique, le prieur est un moine qui assiste le supérieur d'une abbaye, l'abbé. Il s'agit aussi du supérieur d'un prieuré, monastère dépendant d'une abbaye.

PROPAGANDE. La « propagande » n'est pas, à l'origine, l'action de convaincre politiquement l'opinion au moyen de supports adaptés (presse, télévision, littérature...). Dans son sens premier, c'est « propager » ou « prolonger » (*propagare* en latin). En 1599 fut ainsi instituée au Vatican une congrégation (commission) particulière dite *Congregatio de propagande fide* (« Congrégation de la propagation de la foi »), appelée couramment « Propagande ». Elle a été débaptisée en 1967 pour devenir la « Congrégation pour l'évangélisation des peuples ».

CAVERNE, LA ☪

La Caverne (*al-Kahf*), symbole de secret et de méditation dans les croyances antiques, est la 18e sourate du Coran. Composée de 110 versets, elle débute par la légende des Sept Dormants. Puis, après l'évocation du feu promis aux injustes et du paradis récompensant les justes, intervient une parabole, où un homme, à qui Dieu a donné une vigne luxuriante, se vante de ses richesses auprès d'un autre, prétendant que le paradis ne peut égaler ses jardins. Dieu, le Créateur, le punit en ravageant sa récolte, tandis que personne ne vient à son aide : « La protection, en pareil cas, ne dépend que de Dieu, la Vérité : c'est lui qui est le meilleur pour récompenser et pour donner une fin à toute chose » (44). Et quand Dieu rassemblera les hommes à la fin des temps, « ils trouveront, présent devant eux, tout ce qu'ils ont fait » (49). Il faut refuser la parole mensongère des démons, dont Iblis, mais suivre celle de Dieu qui guida Moïse, puis (sans doute) Alexandre le Grand (IVe siècle av. J.-C.) dans ses conquêtes en lui procurant la puissance : appelé Dhou al-Qarnaïm (« Celui qui a deux cornes », attribut de puissance chez les peuples sémites), Alexandre parvient à vaincre les Yadjouj et les Madjouj (peuples terrifiants, identifiés à Gog et Magog).

➡ *Démon, Gog et Magog, Iblis, Juste, Mecque (La), Parabole, Paradis, Sept Dormants, Vigne*

CENDRES, MERCREDI DES ✠

Le mercredi des Cendres, qui suit le carnaval, ouvre le temps du carême, soit quarante jours avant Pâques. Au cours de la célébration, le prêtre impose de la cendre sur le front des fidèles. En effet, la cendre symbolise, déjà dans le judaïsme ancien, le regret de la faute commise, le péché, qu'il convient d'avouer dans la perspective du pardon de Dieu. Car l'homme n'est que poussière, comme le proclament à plusieurs reprises la Bible et le Second Testament. Ainsi, dans le livre de la Genèse, Abraham a ces mots en s'adressant à Dieu : « Je suis bien hardi de parler à mon Seigneur, moi qui suis poussière et cendre » (18, 27). Le mercredi des Cendres est donc un jour de pénitence c'est pourquoi, dans le calendrier actuel de l'Église catholique, il reste l'un des deux jours de jeûne, avec le vendredi saint.

➡ *Carême, Carnaval, Jeûne, Vendredi saint*

CÈNE ✠

La Cène (du latin *cena*, « repas ») est l'ultime repas que prit Jésus avec les apôtres. Elle se déroula un jeudi soir (début du vendredi pour le calendrier juif), dans une pièce appelée justement « cénacle », que les chercheurs ont localisée sur le mont Sion, à l'ouest de Jérusalem. La salle est dite aussi « chambre haute » car située au premier étage de la maison d'un disciple. Cette année-là, ce repas eut lieu aussi la veille de la Pâque et du shabbat fixés tous deux au vendredi soir (samedi pour les juifs).

L'évangéliste Jean (13, 1-20) rapporte que Jésus lava d'abord les pieds des apôtres « avec le linge dont il était ceint ». Il s'agissait d'un geste d'amour et d'humilité, car réservé d'ordinaire aux esclaves étrangers : « Le serviteur n'est [donc] pas plus grand que son maître, ni l'envoyé plus grand que celui qui l'a envoyé. » Puis Jésus dit que leur repas commun serait le dernier avant que n'advînt le royaume de Dieu, car il allait bientôt mourir ! C'est pourquoi il pratiqua une Pâque symbolique, que l'Église nommera « eucharistie », afin que ses disciples vivent sa présence et le Royaume à venir après sa mort. Le lendemain, vendredi, Jésus fut jugé et crucifié.

➡ *Apôtre, Eucharistie, Jésus, Pâques, Royaume, Shabbat, Vendredi saint*

CHAATNEZ ✡

Dans l'antique Israël, le vêtement appelé *chaatnez* (« tissu mixte ») n'était pas autorisé, excepté aux prêtres du temple de Jérusalem : « Tu ne porteras pas sur toi un vêtement en deux espèces de tissu », prescrit le Lévitique (19, 19). Toujours dans la Bible, le Deutéronome précise davantage cette règle qui, inexpliquée comme beaucoup de prescriptions divines, faisait sans doute partie d'interdits très anciens : « Tu ne feras pas de vêtement tissé mi-laine mi-lin » (22, 11). Les différentes injonctions de la Bible ne pouvant pas disparaître avec le temps, le judaïsme traditionnel refuse toujours ce mélange.

➡ *Deutéronome, Lévitique, Zeraïm*

CHAFIISME ☪

Ce mot désigne l'une des quatre écoles juridiques *(madhahib)* de l'islam sunnite, avec le malikisme, l'hanafisme et l'hanbalisme. Il vient du juriste *(moujtahid)* et théologien Mouhammad ibn Idris al-Châfi'i (767-820), dont les disciples fondèrent l'école en question. Membre de la tribu de Mahomet, les Quraïch, al-Châfi'i, grand acteur du droit musulman, privilégia la Sunna et les hadith dans l'élaboration de la science juridique, où il aboutit à une synthèse de la jurisprudence. Il se distingua, par exemple, des hanafites qui introduisirent la notion d'avis personnel, lequel, pour lui, ne constituait un recours que s'il était indispensable, ce qui conduisait à le réglementer. Al-Châfi'i a écrit un *Livre fondamental (Kitâb al-Umm).*

➡ *Charia, Hadith, Hanafisme, Hanbalisme, Madhahib, Mahomet, Malikisme, Moujtahid, Quraïch, Sunna, Sunnisme*

CHAHADAH ☪

La *chahadah* (« témoignage » ou « attestation » en arabe) est la profession de foi de l'islam, dont elle est le Premier Pilier. Tout musulman (et tout converti) y affirme : « *Achhadou an la'ilaha illa-Llah / Achhadou anna Muhammadan rasoulou-Llah* » (« J'atteste qu'il n'y a de Dieu qu'Allah / J'atteste que Muhammad [Mahomet] est son Envoyé [son Prophète, son Messager, *rassoul*]. »). Par ce credo, tout croyant se déclare soumis à l'islam, sens du mot musulman. Le croyant saisit intimement que tout vient de Dieu, la seule réalité possible, et que Mahomet, par la révélation de Dieu, vint accomplir tout ce qu'avaient transmis les prophètes avant lui. Il ne s'agit pas de croire, mais de se soumettre à Dieu, ou plutôt de s'en remettre à lui, en goûtant son amour et sa miséricorde tout en craignant sa colère. La 49e sourate (chapitre), *Les Appartements privés* (49, 15), rappelle une formule qui revient plusieurs fois dans le Coran : « Seuls sont vraiment croyants ceux qui croient en Dieu et son Prophète – sans plus jamais en douter ensuite – tandis qu'ils luttent dans le chemin de Dieu avec leurs biens et leurs personnes. – Voilà ceux qui sont véridiques. »

➡ *Allah, Conversion, Coran, Credo, Foi, Islam, Mahomet, Miséricorde, Musulman, Piliers (Les Cinq), Prophète, Révélation*

CHAHARITH ✡

L'aube se disant *chahar* en hébreu, la liturgie juive appelle *Chaharith* l'office du matin, la plus longue des trois prières quotidiennes. Il remplace le sacrifice qui avait lieu chaque matin au temple de Jérusalem. La tradition en attribue l'origine au patriarche Abraham, en vertu de ce passage de la Genèse : « Levé de bon matin, Abraham vint à l'endroit où il s'était tenu devant Yahvé » (19, 27). Le fidèle commence par remercier Dieu pour la journée qui s'annonce, récite des versets extraits surtout des psaumes. Puis viennent le *Chema* (la grande prière de la foi juive), précédé et suivi de bénédictions, et l'*Amidah* (autre prière importante) assortie de la *Qedouchah* (louange à Dieu). À chaque *Chaharith*, il est obligatoire de porter le *tallit* (châle) et les *tefillin* (phylactères), sauf au neuvième jour d'av (ils sont réservés pour la prière de *Minhah*, office de l'après-midi), ainsi que certains jours de fête comme Yom Kippour (jour des Expiations ou Grand Pardon). Au cours du shabbat et des fêtes, le *Chaharith* prend un visage particulier et se trouve enrichi d'autres éléments liturgiques.

➡ *Amidah, Av, Chema, Minhah, Office, Shabbat, Tallit, Tefillin*

CHALOM ✡

Le mot *chalom* signifie « paix » en hébreu. Il se retrouve dans les salutations juive telles que *chalom alekhem* (« que la paix soit sur vous »). Au cours du shabbat, il prend une dimension particulière puisque ce jour chômé est aussi un moment de paix – on dit aussi *shabbat chalom*. Ainsi, lorsqu'un enfant achkénaze (juifs originaires d'Europe centrale et de l'Est, ou établis dans ces régions) vient au monde (auquel il apporte symboliquement la paix), il est d'usage que la famille et les parents se rassemblent le vendredi soir (début du shabbat) qui suit la naissance, pour apporter la « paix au nouveau-né » *(chalom zakhar)*.

➡ *Achkénaze, Salam, Shabbat*

CHAM ✡

Dans le livre de la Genèse, Cham, le cadet des trois fils de Noé, est présenté comme l'ancêtre de Canaan, Terre promise par Dieu au peuple d'Israël. Pour les rédacteurs de la Bible, il fallait montrer que la rivalité entre Israël et les Cananéens remontait aux débuts de l'humanité. De fait, un jour,

Noé, qui a trop bu de vin, s'endort nu dans sa tente. Cham le voit et avertit ses deux frères qui aussitôt recouvrent le corps d'un manteau en reculant pour ne pas voir la nudité de leur père. Quand Noé émerge de sa torpeur, furieux, il maudit Cham (et Canaan) : « Béni soit Yahvé, le Dieu de Sem [ancêtre des Sémites], et que Canaan soit son esclave ! » (9, 26). De fait, Israël finira, après bien des difficultés, par supplanter les Cananéens polythéistes et par faire prévaloir le Dieu unique, soit à la toute fin du IIe millénaire av. J.-C. Cham est en outre l'ancêtre d'un autre grand ennemi, l'Égypte, et des pays de Kush (la Nubie ou l'Éthiopie) et de Put, lequel pourrait être la Libye ou une partie de l'Arabie.

➡ *Canaan, Genèse, Noé, Sémite, Vigne*

CHAMACH ✡

À la synagogue, le chamach (« serviteur » en hébreu) est chargé de l'entretien, de l'assistance au rabbin, etc. Dans l'actuel État d'Israël, il œuvre dans les grandes synagogues, et sa mission est considérée comme importante par tous les juifs.

Le chamach peut aussi travailler pour une communauté juive en se chargeant, par exemple, de remplir des tâches administratives. Autrefois, dans les ghettos, il venait frapper aux portes des fidèles pour les appeler à l'office du matin (rôle appelé *schulklopfer*). Le chamach est aussi le nom d'une flamme allumée au cours de la fête des Lumières (Hanoukkah).

➡ *Ghetto, Hanoukkah, Synagogue*

CHANDELEUR ✝

La chandeleur, ou « fête des chandelles », célèbre un rituel juif en vigueur dans l'ancien Israël. L'évangéliste Luc rapporte (2, 21-35) que Jésus, circoncis huit jours après sa naissance, est, selon la loi de Moïse (Torah), présenté au temple de Jérusalem, comme tout premier-né. Deux tourterelles et deux colombes sont sacrifiées. Dans le Temple est présent un vieillard du nom de Syméon (« Dieu a entendu » en hébreu) qui reconnaît en Jésus le Messie et chante la grandeur future de cette « lumière des nations ». C'est pour célébrer cet événement, ou Présentation du Seigneur, que le 2 février, quarante jours après Noël, on allume des cierges bénits pendant la cérémonie.

➡ *Cierge, Jésus, Messie, Noël, Seigneur, Torah*

CHAPELET ✝ ☪

Le chapelet catholique est constitué de cinq dizaines de grains enfilés, chacun d'eux correspondant à un *Ave Maria (prière à la Vierge Marie)*. Les dizaines sont séparées par des grains différents qui correspondent à des *Notre Père*, prière fondamentale du christianisme.

Au Moyen Âge, il était d'usage de couronner de roses les statues de la Vierge Marie, chaque fleur symbolisant une prière. À cette pratique se substitua celle du chapelet, c'est-à-dire le petit « chapel » (couronne de fleurs), peut-être parce que les roses étaient plus difficiles à se procurer et, surtout, parce que les grains portés par un fil permettent, en les faisant glisser entre les doigts, de réciter un nombre précis de prières sans avoir à compter. Le chapelet est sans doute très ancien puisqu'il servait déjà au XIIe siècle, époque à partir de laquelle il se répandit. Saint Dominique (1170-1221), fondateur de l'ordre des Dominicains qui le portaient à leur ceinture, en généralisa encore l'usage. Depuis 2003, la récitation de quatre chapelets forme un rosaire, contre trois auparavant, décision de Jean-Paul II. Le « rosaire », mot qui renvoie également à la coutume médiévale des roses, fait l'objet d'une fête dans le calendrier depuis 1573, année où le pape Grégoire XIII fixa le 7 octobre pour célébrer la victoire de Lépante (Grèce), bataille navale remportée en 1571 par la Sainte Ligue chrétienne contre les Ottomans, réputés jusque-là invincibles.

Le chapelet et le rosaire peuvent se réciter seul ou collectivement. Le rosaire seul permet de se concentrer sur les mystères entourant Marie et Jésus : ceux qui ont présidé à la vie de Jésus (premier chapelet) comme la Nativité ; ceux concernant la Passion (deuxième) ; ceux relatifs à la Résurrection et à ce qui la suit (troisième) ; le quatrième chapelet est consacré aux événements du ministère de Jésus.

Nous trouvons aussi le chapelet musulman *(soubha)*, qui comprend, pour le modèle courant, 99 grains (en référence aux 99 noms d'Allah). Certains comprennent 33 grains à égrener trois fois, voire, plus rarement et pour les milieux mystiques, 1 000 grains.

➡ *Allah, Ave Maria, Coran, Dieu, Marie, Notre Père, Vierge*

CHARIA ☪

Le mot *charia* est, selon son emploi dans le Coran, le chemin, la voie indiquée par les anciens, à commencer par le Prophète, Mahomet.

Au IXe siècle, l'islam se dota d'un ensemble de textes regroupés sous le nom «charia» et produits par les écoles juridiques *(madhahib)*. On y trouve des éléments venant du Coran, des hadith et de la Sunna. Toutes ces dispositions ont fait l'objet de jurisprudences *(fiqh)*. La *charia* constitue donc la loi de l'islam que tout musulman doit respecter, qu'il s'agisse de religion ou de vie sociale. Le sunnisme se repose sur l'héritage de ses quatre *madhahib*, tandis que le chiisme s'appuie sur la sienne (jafarite). Il existe par ailleurs les « coutumes » *(adah)* qui, issues de la tradition, régissent la vie au côté de la *charia*. Enfin, le *mufti*, mot arabe évoquant la notion de jurisconsulte, est une autorité en matière de *charia*. Cette compétence l'autorise à prendre des avis *(fatwa)* dans ce domaine. Le mufti peut également être imam, celui qui dirige la prière à la mosquée.

Rappelons que l'islam n'est pas une religion d'interdits, bien au contraire. Comme toute foi, l'islam est encadré par un certain nombre de règles guidant le croyant dans tous les domaines de la vie (religieuse, sociale, traditionnelle) : il s'agit essentiellement du *haram* (interdit pur et simple), du *halal* (ce qui est permis), du *fard* (obligation), du *makrouh* (découragé), du *moustahab* (ce qui est recommandé).

➡ *Chafiisme, Chiisme, Coran, Fard, Fatwa, Fiqh, Hadith, Halal, Hanafisme, Hanbalisme, Haram, Ijma, Ijtihad, Jafarite, Madhahib, Malikisme, Sunnisme*

CHARISME ✝

Selon les Actes des apôtres, à la Pentecôte, fête sacrée du judaïsme, l'Esprit saint descend sur les apôtres qui se mettent à parler toutes les langues pratiquées ce jour-là à Jérusalem, et qu'ils ne connaissaient pas (c'est la glossolalie, le « don des langues »). Ce don est appelé « charisme » (du grec *charisma*, « faveur », « grâce », « don »). Dans sa première épître aux Corinthiens, l'apôtre Paul tente de canaliser les manifestations excessives au sein des assemblées de cette communauté de Corinthe, qu'il a fondée. Il précise alors (12, 1-11) la nature des dons spirituels offerts au jour du baptême : « Il y a, certes, diversité de dons spirituels, mais c'est le même Esprit. [...] À chacun, la manifestation de l'Esprit est donnée en vue du bien commun [Sagesse, science, foi, guérisons, miracles, prophètie(s), don des langues]. Mais tout cela, c'est l'unique et même Esprit qui l'opère, distribuant ses dons à chacun en particulier comme il l'entend. » Pour Paul, la glossolalie est le dernier charisme (et le moins important), le premier étant la charité. Par extension, ce mot qualifie aujourd'hui le pouvoir, l'influence que certaines personnes ont sur leurs semblables.

➡ *Actes des apôtres, Baptême, Chavouot, Corinthiens (Êpitre aux), Esprit saint, Paul, Pentecôte*

CHARITÉ ✡ ✝ ☪

La charité (du latin *carus*, « cher ») est l'expression de l'amour de Dieu pour les hommes, et de ces derniers pour leurs prochains. Elle est donc inscrite au cœur de la foi des trois religions monothéistes qui continuent d'en appliquer le principe. En accordant à son tour les bienfaits venus de Dieu, le croyant peut espérer accéder au monde futur, à ses côtés. L'aumône est ainsi l'un des grands actes de charité.

Dans le judaïsme, la charité au sens premier, c'est-à-dire l'amour partagé avec Dieu et l'amour des hommes entre eux, est un commandement : « Tu aimeras Yahvé ton Dieu de tout ton cœur, de toute ton âme et de tout ton pouvoir », énonce le Deutéronome (6, 5) ; et le Lévitique ajoute : « Tu aimeras ton prochain comme toi-même. Je suis Yahvé » (19, 18). Dans sa dimension d'aumône, c'est-à-dire une source matérielle servant à secourir les pauvres (l'argent par exemple), la charité est le *tsedaqah*, mot hébreu dont le sens primitif était « justice ». Cet autre commandement fait partie de la catégorie plus générale des « actes de bonté » (*gemilout hassadim*). La Torah contient ainsi nombre de prescriptions alimentaires ou pécuniaires, comme la dîme aux nécessiteux pendant l'année sabbatique. On trouve aussi, dans l'ordre Zeraïm de la Michnah, le traité Péah relatif à la dîme que tout paysan devait verser aux pauvres. Respecter le mendiant, convaincre un autre d'être charitable, donner à plus pauvre que soi-même si l'on a reçu… tout cela fait toujours partie de la morale et de l'humanisme juifs.

De même, pour le christianisme, la charité (*agapê* en grec) est un commandement central du ministère de Jésus, et elle figure même parmi les vertus théologales (« données par Dieu »). Elle ne s'exprime pas uniquement en argent, mais en tout : actes, pensées, générosités, intentions… le moteur restant, comme pour les juifs et les musulmans, l'amour donné par Dieu et qui lui est rendu. Les évangiles rappellent cette démonstration constante de la foi : « Quiconque vous donnera [aux disciples] à boire un verre d'eau pour ce motif que vous êtes au Christ, en vérité, je vous le dis, il ne perdra pas sa récompense », rapporte Marc (9, 41). Matthieu (25, 31-40), évoquant Jésus parlant du Jugement dernier, écrit : « Quand le Fils de l'homme viendra dans sa gloire, escorté de tous les anges, alors il prendra place sur son trône de gloire. Devant lui seront rassemblées toutes les nations […]. Alors le Roi dira à ceux de droite [les justes] : “Venez, les bénis de mon Père […]. J'ai eu faim et vous m'avez donné à manger, j'ai eu soif et vous m'avez donné à boire, j'étais un étranger et vous m'avez accueilli, nu et vous m'avez vêtu, malade et vous m'avez visité, prisonnier et vous êtes venus me voir. […] En vérité je vous le dis, dans la mesure où vous l'avez fait à l'un de ces plus petits de mes frères, c'est à moi que vous l'avez fait.” »

En islam, la charité est un souci constant de tout musulman, en direction de ses frères mais aussi du voyageur de passage, de l'étranger accueilli selon les lois sacrées de l'hospitalité (qualité commune aussi aux juifs et aux chrétiens). L'aumône, l'un des Cinq Piliers de l'islam, est le grand principe concret. On se doit ainsi de donner toujours à manger aux plus pauvres, sous peine de ne pas dormir sur ses deux oreilles. Le Coran rappelle constamment le devoir de charité. Ainsi, dans la 93e sourate (chapitre), *La Clarté du jour* (*al-Duha*) : « Ne t'a-t-il [Dieu] pas trouvé orphelin et il t'a procuré un refuge ? Il t'a trouvé errant et il t'a guidé. Il t'a trouvé pauvre et il t'a enrichi. Quant à l'orphelin, ne le brime pas. Quant au mendiant, ne le repousse pas » (6-10). Car il faut se souvenir que Dieu a donné aux hommes *L'Abondance (al-Kawtar)*, titre de la courte (deux versets) sourate 108.

➡ *Aumône, Commandement, Connaissance, Dîme, Foi, Jugement dernier, Michnah, Piliers (Les Cinq), Vertu, Zeraïm*

CHAVOUOT ✡

Chavouot est la fête des Semaines car, précise la Bible, elle a lieu sept semaines après la Pâque (Pessah), plus précisément le 50e jour, d'où son autre nom, Pentecôte (« 50e » en grec). Comme plusieurs des rendez-vous du calendrier juif, elle possède une origine agraire ; c'est pourquoi elle est appelée aussi « temps de la Moisson » *(hag haqqatsir)*, ou « Prémices » *(bikkourim)*, rappelant ce temps ancien où l'on venait au temple de Jérusalem offrir les premiers produits des moissons. Cela explique aussi la présence de fleurs et de verdure dans les synagogues.

Chavouot, qui se déroule les 6 et 7 du mois de sivan (mai-juin), est appelée aussi Yom Mattam Torah (« fête du Don de la Torah »). En effet, on y célèbre la Loi (Torah) donnée par Dieu à Moïse sur le mont Sinaï, comme le rapporte le livre de l'Exode (19, 10-11) : « Yahvé dit à Moïse : "Va trouver le peuple et fais-le se sanctifier aujourd'hui et demain ; qu'ils lavent leurs vêtements et se tiennent prêts pour après-demain, car après-demain Yahvé descendra aux yeux de tout le peuple sur la montagne du Sinaï." » On récite le Décalogue (les « Dix Paroles » de Dieu), le livre de Ruth (l'un des Cinq Rouleaux) qui fait justement référence aux moissons de l'ancien Israël. Dans l'actuel État d'Israël, la fête prend des atours particuliers dans les *kibboutzim* où il n'est pas rare de rencontrer des paniers chargés de fruits et des pains.

➡ *Décalogue, Moïse, Omer, Pentecôte, Prémices, Rouleaux (Les Cinq), Ruth, Torah*

CHEHITAH ✡

La *chehitah* est littéralement l'« abattage rituel » des animaux. Les règles en sont énoncées dans les traités Houllin et Zevahim de l'ordre Qodachim de la Michnah, mais aussi dans le Talmud. Considérée comme l'un des actes sacrés, la *chehitah* consiste à égorger l'animal avec une lame qui, posée perpendiculairement au cou, sectionne la trachée-artère et l'œsophage d'un mouvement aller-retour rapide. Toute hésitation ou mauvaise position invalide la *chehitah* car, pour éviter la souffrance de l'animal, cet acte, condition pour que la viande soit consommable *(cacher)*, exige la perfection. Le *chohet*, l'« abatteur », doit être dûment reconnu par les autorités rabbiniques. Après avoir vérifié l'état parfait de la lame, il prononce une bénédiction avant l'abattage, puis répand à terre le sang des animaux non domestiques et de la volaille avant de le recouvrir de sable ou de poussière (pour la volaille uniquement) – pudeur devant le fait d'ôter la vie à un être qui n'a pas dépendu de l'homme. Enfin, les viscères sont examinés soigneusement pour déceler d'éventuelles malformations, perforations et autres anomalies. La *chehitah*, pratique très ancienne, est aujourd'hui réalisée surtout dans des abattoirs à grande échelle.

➡ *Cacher, Halal, Michnah, Qodachim, Sang, Talmud*

CHEIKH ☪

Le *cheikh*, ou *chaykh* (*pîr* en Iran) est un homme arborant les marques de la grande maturité et donc susceptible de détenir la sagesse et l'expérience, autant de valeurs faisant de lui un maître. À ce titre, il peut revêtir deux autorités : celle, morale, au sein d'une communauté – par exemple des tribus du désert et des campagnes –, fonction existant en Arabie avant l'islam ; celle, religieuse, en raison de son grand savoir, comme dans les écoles ou au sein du soufisme (courant mystique de l'islam). Dans l'Empire ottoman, le titre *cheikh al-Islam* était donné, depuis le XVIe siècle, à un personnage hautement influent, dirigeant les muftis (autorité en matière de *charia*).

➡ *Arabie, Islam, Soufisme*

CHEKHINAH ✡

Le mot hébreu *Chekhinah* (« demeure ») n'apparaît pas dans la Bible mais seulement à partir de l'époque des *tannaïm* (début Ier siècle-fin IIe siècle), de prestigieux érudits. Il peut désigner Dieu lui-même, mais s'applique surtout à sa Présence. La *Chekhinah*, synonyme de lumière, était ainsi dans le tabernacle des Hébreux, dans le Saint des saints *(debir)* du Premier temple de Jérusalem. Elle accompagnait aussi les prophètes et les juifs durant leurs exils et, dit-on, elle serait encore présente au mur Occidental de Jérusalem (« mur des Lamentations » pour les chrétiens). Si le péché l'éloigne, le respect de la Torah et l'amour la rendent plus proche, et tout prosélyte (converti) est placé sous son aile. Dans la mystique juive, la kabbale, la *Chekhinah*, principe féminin, est la dernière des dix *sefirot* (émanations divines) ; en recevant l'énergie des neuf autres, qui lui sont supérieures, elle diffuse sa lumière. Son mariage avec la sixième *sefirah* (Mari) conduit à l'harmonie suprême avec le monde divin. Dans l'islam, l'équivalent de la *Chekhinah* est la *Sakina* qui, on le constate, est un mot très proche.

➡ Kabbale, Mystique, Sakina, Saint des saints, Sefirot, Tabernacle, Tanna, Temple, Torah

CHEMA✡

« Écoute [*Chema* en hébreu], Israël : l'Éternel est notre Dieu, l'Éternel est Un. Béni soit à jamais le nom de son règne glorieux. » C'est ainsi que débute le *Chema*, la grande prière de la foi juive, proclamation de l'unicité de Dieu gravée dans le cœur, de l'obéissance à ses commandements. Dans sa version originale hébraïque, il se compose de 245 mots, et trois mots ont été ajoutés pour le relier aux 248 commandements positifs de Dieu, qui correspondent aux 248 organes du corps humain. Véritable profession de foi, il est récité aux offices du matin et du soir, avant l'*Amidah* (autre prière importante), mais anime aussi plusieurs rendez-vous liturgiques (shabbat, Yom Kippour et autres fêtes), et toute l'existence d'un juif : de sa première enfance au dernier soupir avant la mort, où l'agonisant trouve la force d'en prononcer les phrases – les martyrs juifs, dit-on, expiraient en récitant le *Chema*.

Le *Chema* comprend trois passages de la Torah. Il commence par le Deutéronome, cinquième livre de la Torah : d'abord, la reconnaissance du monothéisme et de l'omnipotence de Dieu (6, 4-9). Puis l'obéissance aux commandements, garante de la vie et de bonheur, tandis que l'impiété est source de châtiment (11, 13-21) : « Tu aimeras l'Éternel, ton Dieu, de tout ton cœur, de toute ton âme et de toutes tes facultés. Que les commandements que je te prescris aujourd'hui soient gravés dans ton cœur. Tu les inculqueras à tes enfants, tu les répéteras dans ta maison et en voyage, en te couchant et en te levant. Tu les lieras en signe sur ta main, et ils serviront de fronteau entre tes yeux [les *teffilin*, « phylactères »]. Tu les écriras sur les poteaux de ta maison et sur tes portes [à l'aide des *mezouzot*, petits étuis]. » Le dernier passage, le livre des Nombres (15, 37-41), énonce que les juifs doivent « se faire des houppes aux pans de leurs vêtements et mettre un fil de pourpre violette à la houppe du pan ». C'est le *tsitsit* (vêtement à franges) qui rappelle « tous les commandements » à mettre en pratique pour être consacré à Dieu. Car c'est Dieu qui a fait sortir son peuple (les Hébreux) d'Égypte.

➡ *Amidah, Chaharith, Commandement, Deutéronome, Maaravot, Mezouzah, Nombres (Livre des), Piyyout, Shabbat, Teffilin, Torah, Tsitsit, Yom Kippour, Yotserot*

CHEMINI ATSERET ✡

Chemini Atseret (« huitième de l'assemblée solennelle ») est célébré le 22 du mois de tichri, c'est-à-dire le huitième jour de Soukkot, dite aussi fête des Tabernacles (ou des Tentes pour rappeler les habitations des Hébreux durant l'Exode). Cependant, elle est souvent une fête à part entière et non la simple clôture *(Atseret)* de cette dernière. Elle répond à la prescription du Lévitique (reprise en écho dans le livre de l'Exode) : « Pendant sept jours, vous offrirez un mets à Yahvé. Le huitième jour, il y aura pour vous une sainte assemblée, vous offrirez un mets à Yahvé. C'est jour de réunion, vous ne ferez aucune œuvre servile » (23, 36). On y récite l'*Amidah* (prière importante) et le *Qiddouch* (« sanctification »), mais aussi une prière pour la pluie et une autre à la mémoire des morts *(Yizkor)*. En Israël, Chemini Atseret coïncide avec Simhat Torah : cette fête de réjouissance correspond à la fin du cycle annuel de la lecture de la Torah, laquelle repart alors pour une nouvelle année. En Diaspora, elle est indépendante et a lieu le lendemain, le 23 tichri.

➡ *Amidah, Diaspora, Exode, Lévitique, Qiddouch, Simhat Torah, Soukkot, Tichri*

CHÉRIF, CHÉRIFAT ☪

Le mot francisé chérif (de l'arabe *sharif*) s'appliquait, dans les temps anciens, à quelqu'un possédant de la « noblesse » et une « gloire » issues de son ascendance prestigieuse, qualités qui lui permettaient d'occuper des positions sociales élevées. De ce fait, ce titre fut donné à Fatima, épouse d'Ali, à leurs fils Hassan et Hussein et à leur descendance (les Alides), et par conséquent à celle de Mahomet, beau-père et cousin d'Ali. Toutefois, les chérifs ne sont pas obligatoirement des chiites (partisans d'Ali et de sa descendance). Ils peuvent être sunnites (partisans de la coutume enseignée par le Prophète), comme ceux qui règnent sur le Maroc (les Alaoui) et la Jordanie.

Les chérifs, aux origines véritables ou non, se comptent ainsi par milliers dans le monde musulman. Mais le système du chérifat est un rouage étatique important. Par exemple, les Hachémites, ou Hachimides, se réclament toujours chérifs. Ils se revendiquent en effet les descendants du clan de la tribu très influente des Quraïch de La Mecque, auquel appartenaient le Prophète et Ali. Ce clan était celui des Banou Hachim (« fils d'Hachim », arrière-grand-père de Mahomet). En effet, à La Mecque, les chérifs hachémites régnèrent du Xe siècle jusqu'à la conquête wahhabite (à partir de 1924) qui devait aboutir à la création, en 1932, du royaume d'Arabie Saoudite par le wahhabite Ibn Séoud. Abdallah, fils du dernier chérif de La Mecque, Hussein ibn Ali – qui s'était illustré durant la Première Guerre mondiale au côté du colonel Lawrence (d'Arabie) –, fut placé à la tête du nouveau (et actuel) royaume de Jordanie. Il faut signaler que, durant ce conflit, les Britanniques, relayés par les Français, firent preuve au Proche-Orient d'une duplicité dont les effets sont encore très sensibles, promettant la souveraineté aux Arabes, et aux juifs la création d'un foyer juif (déclaration Balfour, 1917), le tout sans concertation entre les deux parties. Ils ne purent, en revanche, décider, malgré la volonté française, du sort du Maroc, où le chérifat est institué depuis la fin du XIIIe siècle.

➡ *Ali, Arabie, Fatima, Hassan, Hussein, Mahomet, Mecque (La), Quraïch, Sionisme*

CHÉRUBIN ✡ ✝

Ce mot français vient de l'hébreu *keroubim*, issu de l'akkadien de Mésopotamie (Assyrie et Babylone) *karoubou* ou *kouritou* (« bénir »), qui désignait des divinités secondaires, sortes de sphinx chargés de garder les temples et de faire le lien entre les dieux importants et les hommes.

Ce rôle se retrouve dans la Bible où les chérubins, êtres célestes, sont présents dès la Création : « Il bannit l'homme et il posta devant le jardin d'Éden les chérubins et la flamme du glaive fulgurant pour garder le chemin de l'arbre de vie » (Gn 3, 24). On les retrouve aussi dans la description que le livre de l'Exode fait de l'arche d'Alliance, où leurs ailes couvrent une plaque d'or. Puis, sous le roi Salomon (vers 970-931), quand l'arche réside au sein même du Temple, la maison de Dieu à Jérusalem, ils sont encore présents (1 R 8, 7). L'une des plus somptueuses évocations est due au prophète Ézéchiel qui, en 593 avant notre ère, depuis l'exil des Israélites à Babylone, décrit la vision au cours de laquelle il reçoit sa vocation (chapitre 1). Il contemple alors des êtres de feu à quatre faces et le Char divin (de Yahvé) – Jean reprendra cette image dans l'Apocalypse (4, 6-9). Plus loin, il voit (chapitre 10) la Gloire de Yahvé quitter sa demeure de Jérusalem ; les chérubins ont « quatre faces et chacun quatre ailes, avec des formes de mains humaines sous leurs ailes ». Enfin, dans sa description d'une Jérusalem et d'un Temple idéaux, il écrit (41, 18) : « On avait aménagé un espace pour y faire des chérubins et des palmiers, un palmier entre deux chérubins ; chaque chérubin avait deux faces : une face d'homme vers le palmier d'un côté, et une face de lion vers le palmier de l'autre côté, sur tout le Temple, tout autour. »

➡ *Ange, Apocalypse, Arbre, Arche, Création, Exil, Exode, Ézéchiel, Genèse, Gloire de Dieu, Quatre Vivants, Temple*

CHEVAT ✡

Chevat (janvier-février) est le 5e mois du calendrier religieux et le 11e mois du calendrier civil. Le Deutéronome (1, 3), cinquième livre du Pentateuque, aurait été lu par Moïse au 1er du mois de chevat : « Ce fut la quarantième année, le premier jour du onzième mois, que Moïse parla aux Israélites selon tout ce que Yahvé lui avait ordonné à leur sujet. » Mais c'est surtout le Nouvel An des arbres (Tou bi-Chevat) qui se distingue parmi ces trente jours.

➡ *Deutéronome, Moïse, Tou bi-Chevat*

CHIISME ☪

Le chiisme, certes minoritaire par rapport au sunnisme, très largement majoritaire, n'en demeure pas moins une famille fondamentale et importante de l'islam. Il puise son origine et son identité en Iran, au temps du prophète Mahomet lui-même, soit au VIIe siècle. Il est en effet lié à Ali, cousin et gendre de Mahomet : opposé aux premiers califes, Ali revendiqua la succession de ce dernier, ses partisans se réunissant autour du *chi'at Ali*, le « parti d'Ali ». Mais, historiquement, le chiisme en tant que tel n'est apparu qu'après l'assassinat d'Hussein (680), le fils d'Ali. D'ailleurs, les chiites voient en Ali un imam infaillible, le premier de la lignée qu'ils vénèrent, alors même qu'Ali réfuta et combattit une telle notion.

Les chiites reconaissent Ali comme le quatrième des califes « bien-guidés » (*Rachidoun*), et ses fils Hassan et Hussein comme des martyrs. Après la mort d'Hussein, les partisans d'Ali refusèrent les autres califats. Puis le chiisme fut reconnu en Iran (ou Perse), où la dynastie des Bouyides (932-1062) assura le pouvoir. Il fut ensuite persécuté, avant de resurgir au grand jour sous les Séfévides (1501-1732) qui instituèrent en Iran le chiisme duodécimain comme religion d'État. Prépondérant dans l'Iran d'aujourd'hui, où il est la religion officielle, il est également présent au Liban, en Syrie, et en Irak où se trouvent deux de ses lieux saints : Kerbela (tombeau d'Hussein) et Nadjaf (tombeau d'Ali).

Le chiisme trouve son essence dans la foi aux douze imams historiques ou guides (sens du mot « duodécimains » ou imamites) – par extension, il s'applique à ceux qui, avec des variantes, se réclament de cette ascendance (Ismaéliens et Druzes par exemple). Sur le plan du droit, les chiites suivent la *charia* et les hadith, mais selon leur propre école juridique (jafarite).

Le chiisme diffère du sunnisme en ce qui concerne la hiérarchie spirituelle : l'autorité supérieure est conférée aux imams, descendants du

Prophète. Au sommet, on touve les mollas (de l'arabe *mawla*, « maître »), orthographié aussi « mollah ». Contrairement aux oulémas, spécialistes du droit musulman dans le sunnisme, les mollas peuvent prendre des décisions ayant valeur de droit – ce qui explique le rôle politique qu'ils occupent en Iran – car ils sont des *moujtahid*, docteurs en religion, intermédiaires entre Dieu et les hommes.

Au-dessus des mollas se trouve l'ayatollah (de l'arabe *ayat Allah*, « signe de Dieu »). En tant qu'imam et *moujtahid*, l'ayatollah prend des décisions très respectées. Dans le chiisme duodécimain d'Iran, il fait fonction en quelque sorte d'« imam caché », c'est-à-dire le douzième imam qui fut enlevé aux yeux des hommes en 874, et qui doit revenir à la fin des temps pour sauver la foi. Mais il est désigné par ses pairs imams. À partir de la révolution islamique d'Iran (1979), initiée par l'ayatollah Rûhollah Mûssavi Khomeyni (1902-1989), ce titre a pris une connotation fortement politique, les ayatollah occupant les rangs du pouvoir.

Le mot « ayatollah » n'est pourtant apparu qu'à la fin du XIXe siècle. À cette époque naquit le titre d'*houjjat al-Islam* (« preuve de l'islam ») pour désigner un *moutjahid* ayant autour de lui de nombreux disciples. Il déboucha bientôt sur la création du rang suprême, celui d'ayatollah. Houjjat reste cependant utilisé pour qualifier un imam dont on reconnaît le prestige.

➡ *Ahl al-Kitab, Ali, Bab, Calife, Charia, Coran, Druze, Duodécimain, Hadith, Hassan, Hussein, Imam, Ismaélien, Jafarite, Kerbela, Mahomet, Moujtahid, Ouléma, Révélation, Sunnisme*

CHOFAR ✡

Instrument à vent utilisé lors de certaines cérémonies. Pour le Talmud, la sonnerie du chofar (« corne de bélier ») évoque le bélier qu'Abraham, au cours de l'*Aqédah* (sacrifice), substitue à son fils Isaac : « Abraham leva les yeux et vit un bélier, qui s'était pris par les cornes dans un buisson, et Abraham alla prendre le bélier et l'offrit en holocauste à la place de son fils », rapporte le livre de la Genèse (22, 13). Cet instrument intervient à plusieurs reprises dans les récits bibliques, notamment pour annoncer l'année du Jubilé dans le Lévitique (25, 9). Le chofar est confectionné en priorité à partir d'une corne de bélier, et parfois d'une corne d'un autre animal au « sabot fourchu, fendu en deux ongles, et qui rumine [mouton, bouc, cerf...] », comme le stipule le Deutéronome (14, 6), mais le bœuf, que l'on peut manger, est exclu car il rappellerait l'épisode impie du Veau d'or. Le chofar exprime différents états : le repentir, la puissance divine, la pénitence, l'espérance ou encore le pardon. Il intervient surtout à Roch ha-Chanah (Nouvel An juif) ou les sons sont très codifiés, mais aussi au Yom Kippour (jour des Expiations ou Grand Pardon).

➡ *Aqédah, Jubilé, Roch ha-Chanah, Shabbat, Talmud, Veau d'or, Yom Kippour*

CHOU'AÏB ☪

Dans le Coran, Chou'aïb est, comme Houd et Çalih, un prophète arabe ayant précédé Mahomet. Dans la sourate *Al-'Araf* (7, 85-93), il est envoyé par Dieu au pays de Madiân, cette région située à l'est de la péninsule du Sinaï et au nord-ouest de l'Arabie, où Moïse trouva refuge et se maria – ce qui a laissé supposer que Chou'aïb pourrait être Jethro, beau-père de Moïse. Mais les chefs lui disent : « Nous te chasserons de notre cité, ô Choua'ïb ! Toi et ceux qui ont cru en même temps que toi, à moins que vous ne reveniez à notre religion. » Le lendemain, tous sont frappés par Dieu, et « ceux qui avaient traité Chou'aïb de menteur disparurent comme s'ils n'y avait jamais existé ». En revanche, le Seigneur étant « miséricordieux et aimant », il sauve Chou'aïb « et, avec lui, ceux qui avaient cru » (*Houd*, 11, 84-95).

Dans *Les Poètes*, le prophète condense le sens de sa mission, où l'on reconnaît les qualités du musulman : « Ne craindrez-vous pas Dieu ? Je suis pour vous un prophète digne de foi. Craignez Dieu et obéissez-moi. [...] Utilisez des mesures exactes ; ne soyez pas au nombre de ceux qui trichent. Pesez avec une balance juste, ne causez pas de tort aux hommes dans ce qui leur appartient ; ne soyez pas malfaisants sur la terre, en la corrompant » (26, 177-184).

➡ *Arabie, 'Araf (Al-), Çalih, Coran, Houd, Mahomet, Miséricorde, Moïse, Prophète, Seigneur*

CHRIST ✝

Ce mot vient du grec *christos*, « oint », qui traduit l'hébreu *mashiah*, rendu en français par « Messie » (le Sauveur d'Israël). Il fut donné à Jésus peu après sa mort, par les premières communautés réunies autour de son enseignement. Dans les Actes des apôtres (11, 26) du Second Testament, on trouve ainsi celle d'Antioche (actuelle Antakya en Turquie) « où les disciples reçurent le nom de chrétiens », donc adeptes du Christ. Cette appellation, donnée autour de l'an 50 de notre ère, signe la naissance du christianisme.

Le Christ, dont l'ennemi juré est précisément l'Antéchrist, est aussi la représentation de Jésus sur la croix (crucifix). La christologie est l'étude de la personne et du message de Jésus.

On rencontre des portraits originaux du Christ, comme ceux qui, en Espagne, consistaient à le coiffer d'une perruque. Autre exemple, les églises byzantines qui parsèment le paysage du monde chrétien orthodoxe (Grèce, Turquie…), souvent ornées d'un Christ assis bénissant de sa main droite et tenant un livre de la main gauche : c'est le Christ dit « Pantocrator », qui exprime ainsi sa toute-puissance (du grec *pan*, « tout », et *kratos*, « puissance »).

➡ *Actes des apôtres, Antéchrist, Christianisme, Crucifixion, Jésus, Messie, Onction*

CHRISTIANISME ✡ ✝ ☪

Le nom de chrétien est donné, dans les Actes des apôtres, aux « disciples du Christ Jésus » de la communauté d'Antioche (Antakya en Turquie). Se réclamant du message de Jésus, l'Évangile (contenu dans les ouvrages du même nom retenus plus tard par le canon de l'Église), les premiers chrétiens partent répandre la nouvelle foi, d'abord auprès des juifs, puis en direction des païens. Bientôt, ils se démarquent du judaïsme par la suppression progressive de la pratique de la Torah, la Loi écrite de Dieu et le cœur de la foi juive. Puis le christianisme élabore les fondements de son Credo, notamment la Trinité (Père, Fils et Esprit saint), lors des premiers conciles. Après vingt siècles d'une histoire mouvementée, le christianisme se répartit entre trois familles principales : les Églises catholique et orthodoxe (séparées depuis 1054) et celles issues de la Réforme protestante (XVIe siècle).

➡ *Alliance, Christ, Confession, Credo, Esprit saint, Évangile, Fils, Incarnation, Jésus, Mahomet, Marie, Messie, Moïse, Monophysisme, Païen, Père, Prophète, Révélation, Testament, Trinité*

CHRONIQUES, LIVRE DES ✡

Cet ouvrage, rangé parmi les livres historiques de la Bible, comprend deux parties (depuis la traduction grecque de la Septante, aux IIIe-IIe siècles). La première débute par une longue généalogie, depuis Adam jusqu'à la naissance d'Israël ; l'histoire court ensuite jusqu'au règne du roi David (1010-970). La seconde commence avec le roi Salomon et s'achève avec l'Exil (597-587), puis l'édit du Perse Cyrus le Grand qui permet aux Israélites de retrouver leur terre (538). La dimension historique est différente de celle des livres des Rois et de Samuel. Ce qui importe à l'auteur (anonyme), c'est de focaliser l'attention sur la Loi et le temple de Jérusalem. Il rapporte ce qui a été fait ou non en faveur du Temple, louant les rois comme David (qui en a jeté les principes), Salomon (qui l'a édifié), ainsi que Josaphat (870-848), Ézéchias (716-687) et surtout Josias (640-609), connus pour leurs tentatives de réforme religieuse. D'autres, comme Sédécias (597-587), ont fait « ce qui déplaît à Yahvé ». La dimension religieuse l'emporte donc sur les faits. Cet ouvrage fut en effet composé à la fin du IIIe siècle av. J.-C., une époque où les Grecs avaient déjà pris la place des Perses, lesquels avaient permis le retour de l'Exil. La royauté n'existant plus, le Temple et la Loi étaient devenus le cœur d'Israël. Cela explique aussi des anachronismes, telle la présence de lévites à l'époque de David.

➡ *David, Exil, Josias, Lévite, Loi, Perse, Rois, Salomon, Samuel, Septante, Temple*

CIERGE ✝

Le cierge est une chandelle longue et effilée, pourvue d'une mèche entourée de cire (*cera* en latin, d'où son nom). Dans la symbolique antique, la lumière représentait l'autorité supérieure, humaine ou divine ; ainsi, dans le temple de Jérusalem, la *menorah* (le chandelier à sept branches) signifiait la Sagesse de Dieu et le don de la Torah ; le judaïsme, qui utilise toujours ce chandelier, fête encore les Lumières (Hanoukkah).

La bougie ou toute forme de lumière née d'une flamme symbolise, depuis les premiers siècles du christianisme, celle de Jésus-Christ. Le cierge est utilisé à de nombreuses occasions dans les églises : messe, prière particulière, dévotion à un saint, autel où il brûle en permanence, chapelle... À Pâques, le cierge pascal, qui se distingue notamment par sa grande taille et l'inscription « Alpha et oméga », symbolise la présence et la lumière, très importantes en ce jour, de Jésus-Christ.

➡ *Alpha et oméga, Autel, Christ, Église, Hanoukkah, Menorah, Messe, Pâques, Torah*

CIRCONCISION ✡ ☪

Rite juif s'appliquant aux jeunes garçons et au cours duquel le prépuce de l'enfant, âgé de huit jours, est enlevé par le *mohel*, en présence d'un *minyan* (nombre requis de participants). Le *mohel* (« circonciseur » en hébreu) doit être un homme majeur, forcément juif, non un gentil (non-juif). Autrefois, après avoir tranché, selon des règles précises, le prépuce du nouveau-né de huit jours, avec son couteau à double tranchant, il en aspirait le sang. Mais de nos jours, devant les risques réels de maladies et d'infections, il utilise par exemple une pipette. Pendant l'acte, l'enfant est placé sur les genoux d'un parrain (*sandak*), qui prend place dans un fauteuil symbolisant la présence d'Élie, grand prophète du IXe siècle av. J.-C. Au final, la circoncision marque l'appartenance d'un garçon au peuple de Dieu, dit aussi de l'Alliance, et plus précisément aux descendants du patriarche Abraham, qui circoncit ses fils, Ismaël et Isaac. L'opération même se dit d'ailleurs *berit milah* en hébreu (« alliance de la circoncision »).

La circoncision, commune à de nombreux peuples, se perd dans la nuit des temps. Est-ce un acte d'hygiène, un rite initiatique ? Le mystère demeure. Mais le judaïsme et l'islam en ont fait un acte majeur. Le livre de la Genèse annonce : (17, 9-14) : « Dieu dit à Abraham : Et toi, tu observeras mon alliance, toi et ta race après toi, de génération en génération [...] que tous vos mâles soient circoncis. [...] Qu'il soit né dans la maison ou acheté à prix d'argent à quelque étranger qui n'est pas de ta race, on devra circoncire celui qui est né dans la maison et celui qui est acheté à prix d'argent. Mon alliance sera marquée dans votre chair comme une alliance perpétuelle. L'incirconcis, le mâle dont on n'aura pas coupé la chair du prépuce, cette vie-là sera retranchée de sa parenté : il a violé mon alliance. » On notera deux prolongements de la circoncision. D'abord, l'*orlah* (« non-circoncis »), titre d'un traité de l'ordre Zeraïm de la Michnah où sont décrites les règles entourant l'interdiction de ne pas profiter des fruits d'un arbre pendant ses trois premières années. Ensuite, la circoncision du cœur, symbolique dans la Bible.

Les premiers chrétiens étaient juifs et donc circoncis. La question de la circoncision des chrétiens d'origine païenne se posa très vite en même temps que la pratique d'autres exigences de la Torah, notamment alimentaires. Les judéo-chrétiens voulurent ainsi imposer la circoncision à tous, tandis que Paul, « l'apôtre des gentils », refusa. Le concile de Jérusalem, réuni en 48 ou 49, ne l'exigea pas des païens, et la circoncision ne fut plus pratiquée dans l'Église : seule la foi dans le Christ Jésus donne le salut, et non la pratique de la Torah.

En islam, la circoncision (*khitan* en arabe, « purification ») peut se pratiquer dès la naissance ou plus tard, même jusqu'à un âge tardif; elle fait l'objet d'une fête. Mais elle ne figure pas parmi les règles canoniques, et le Coran n'en fait pas mention. En revanche, elle est fortement conseillée par les *madhahib*, les écoles juridiques de la *charia*.

Enfin, si la circoncision est une pratique admise, il n'en va pas de même de son équivalent féminin, l'excision.

➡ *Abraham, Alliance, Charia, Concile, Élie, Excision, Gentil, Judéo-chrétien, Madhahib, Torah, Zeraïm*

CIRCUMAMBULATION ✡ ☪

La pratique consistant à tourner autour d'un lieu, d'un objet ou d'un édifice sacré est une constante des pèlerinages orientaux et extrême-orientaux, depuis la Perse antique jusqu'en Inde et au Tibet. Ce rite a ainsi perduré dans le judaïsme avec les *haqqafot*, « tournées » autour de la tribune *(bimah)* de la synagogue ; on peut y voir le rappel d'un épisode de la Bible où des prêtres font sept fois le tour de la ville de Jéricho en sonnant du chofar, provoquant ainsi l'écoulement de ses murs. Le sept, chiffre exprimant un tout, comme la Création, se retrouve aussi en islam, dans le *tawaf* « circumambulation ») : au cours du Hadj (pèlerinage), les pèlerins font sept fois, de gauche à droite, le tour de la Kaaba de La Mecque, où niche la Pierre noire. Dans le Coran, la sourate *La Vache* le rappelle : « Purifiez ma Maison pour ceux qui accomplissent les circuits » (2, 125). De fait, le *tawaf* reprend un rite qui existait avant l'islam et que Mahomet fut chargé de restaurer, non plus dans une perspective polythéiste, mais monothéiste.

➡ *Hadj, Haqqafot, Jéricho, Kaaba, Mecque (La), Pierre noire, Sémite, Synagogue*

CLARTÉ DU JOUR, LA

Sourate 93 du Coran, *La Clarté du jour (al-Duha)* correspond à la matinée. Mahomet entend de Dieu les bienfaits que procurent la foi, plus grands encore que ceux qu'il pourrait recevoir dans sa vie présente. Orphelin errant, il a désormais un guide qui lui apportera richesse, sens de la fraternité et de la charité, autant de bienfaits qu'il se doit de faire connaître.

➡ *Charité, Foi, Luqman, Mahomet, Mecque (La), Nuit (La), Révélation, Soleil (Le)*

CLERC

Toute communauté a besoin d'une autorité, plus ou moins affirmée, pour édicter et faire respecter les règles et les principes qui en assurent l'originalité et le fonctionnement. Ce principe est également valable en matière de religion où la dimension spirituelle se conjugue, pour certaines croyances, à une dimension hiérarchique. On désigne alors par clercs les personnes qui s'engagent à en transmettre l'« héritage » (*kleros* en grec).

Il en va ainsi des religions monothéistes, et plus spécifiquement du christianisme où la notion de clergé concerne ceux qui appartiennent à la hiérarchie (évêques, prêtres, diacres). Les laïcs, tout en étant acteurs de leur religion, ne sont pas clercs.

➡ *Diacre, Église chrétienne, Évêque, Laïc, Prêtre*

CODEX ✠

Dans le judaïsme ancien (mais aussi actuel avec le *Séfer Torah* par exemple), ainsi qu'aux premiers siècles du christianisme, des scribes étaient chargés de copier les textes en général, sacrés en particulier, d'abord sur des feuilles de papyrus, puis sur des parchemins (peau d'animal) assemblés pour former des rouleaux (*volumen* en latin, d'où vient « volume »). Nous disposons ainsi de textes de la Torah (c'est-à-dire les cinq premiers livres de la Bible), du reste de la Bible, et du Second Testament.

Avant l'apparition et la diffusion de l'imprimerie en Europe, au XVe siècle, ces écrits saints continuèrent d'être recopiés, travail assuré essentiellement par des moines. Au début du Moyen Âge fut repris le principe des Romains qui reliaient des tablettes de bois pour former un codex (« tronc d'arbre » en latin, mais aussi « tablette »). Ainsi naquit l'ancêtre de notre livre, qui présentait une reliure de cuir incrustée parfois de métaux précieux. De splendides codex sont conservés au Vatican.

➨ *Bible, Scribe, Séfer Torah, Testament, Torah*

CŒUR ✠

Reprenant ce mot de la Bible, le Second Testament cite de nombreuses fois le cœur, organe du corps qui, pour maintes civilisations, est le siège de sentiments forts et de pensées tournées vers autrui. Il s'agit ainsi d'exprimer l'amour que Dieu témoigne aux hommes : « Heureux les cœurs purs, car ils verront Dieu », rapporte Matthieu (5, 8) dans les *Béatitudes*. L'évangéliste poursuit : « Jésus prévient que les paroles révèlent les véritables intentions du cœur » (12, 33-37). Pour les chrétiens, le cœur de Jésus est le symbole de l'amour de celui-ci pour les hommes, ce cœur qui fut transpercé sur la croix par la lance d'un soldat (Jn 19, 34) et dont il sortit du sang et de l'eau. De là est né le culte du Cœur de Jésus, apparu dès le XIIIe siècle. Puis une religieuse de Paray-le-Monial, Marguerite-Marie Alacoque (1647-1690), à plusieurs apparitions de Jésus, qui lui demande de promouvoir la dévotion à son cœur, lequel prend alors l'adjectif de « sacré ». Le culte du Sacré Cœur se répand et bénéficie, en 1899, d'une fête dans le calendrier catholique. Très respecté jusqu'au début du XXe siècle, il décline ensuite.

Dans le calendrier officiel catholique, le Sacré Cœur de Jésus est cependant fêté le vendredi suivant le deuxième dimanche d'après la Pentecôte.

➡ *Béatitudes, Crucifixion, Eucharistie, Jésus, Pentecôte, Sang*

COHEN ✡

Le nom de famille Cohen, répandu tout comme ses dérivés tels que Kahn ou Kagan, signifie « prêtre » en hébreu. Le livre de l'Exode énonce ainsi : « Je [Dieu] vous [les Hébreux] tiendrai pour un royaume de prêtres, une nation sainte » (19, 6). Tout juif, descendant d'Aaron, frère de Moïse et premier grand prêtre, est ainsi considéré comme un prêtre. Mais le cohen d'une synagogue est le prêtre attitré, assisté du lévite.

➡ *Aaron, Exode, Lévite, Moïse, Prêtre, Synagogue*

COLOSSIENS, ÉPÎTRE AUX ✝

Parmi les épîtres de l'apôtre Paul contenues dans le Second Testament, celle qu'il écrit vers 61 à 63 aux Colossiens, habitants de Colosses (Asie Mineure), répond au souci de préserver cette communauté chrétienne en proie à une crise interne. Il y rappelle la primauté du Christ, la foi qu'il faut placer en lui, seul vrai chef des hommes, des anges et de l'Église... Aux tentations de l'ancienne idolâtrie, il faut répondre par les conduites découlant de l'attachement à la vie nouvelle que rend possible le Christ.

➡ *Christ, Épître, Foi, Idole, Paul, Philémon, Salut, Testament*

COMMANDEMENT ✡ ✝ ☪

Dieu, dont l'amour est incommensurable, est exigeant. C'est pourquoi, par l'intermédiaire des trois livres sacrés (Bible et surtout Torah, Second Testament, Coran), Dieu a édicté un certain nombre de commandements (*mistvot* en hébreu, *amr* en arabe), destinés à fixer les relations que les hommes doivent entretenir avec lui et entre eux. Le Décalogue (les « Dix Paroles »), à la dimension morale et religieuse, en est l'illustration la plus concise – et la plus célèbre. L'Église catholique, pour sa part, a produit des commandements qui ne sont pas de Dieu mais lui sont propres : respect des fêtes, dont Pâques, du dimanche, des jeûnes et du carême, confession des péchés...

➡ *Amr, Carême, Confession, Coran, Décalogue, Jeûne, Livre, Mitsvot, Torah*

COMMUNION ✝

La communion réunit des personnes partageant une même foi et qui se regroupent en une communauté (*communio* en latin). On peut donc dire que les fidèles de chaque religion monothéiste communient en partageant les fois juive, chrétienne ou musulmane. Ils forment ainsi la communion des juifs, celle des chrétiens, et celle des musulmans. L'exclusion d'un membre ou d'un groupe d'une de ces communautés est appelée « excommunication ».

Pour le christianisme, la communion eucharistique, où le fidèle reçoit le corps et le sang de Jésus, est le signe de l'unité des chrétiens, donc de la parfaite communion des membres d'une Église. C'est pourquoi « l'intercommunion », ou communion des membres des Églises séparées, est interdite.

L'expression « première communion », quant à elle, concerne les enfants recevant l'eucharistie pour la première fois. Et la « communion solennelle », célébrée vers l'âge de douze ans, est appelée aujourd'hui communément « profession de foi ».

Enfin, la communion des saints exprime la communion des vivants et des morts, et de tous ceux qui, en tant qu'enfants de Dieu, forment un seul corps spirituel (dit « mystique » au sens de mystère) dans leur union au Christ.

➡ *Baptême, Confirmation, Dogme, Eucharistie, Excommunication, Foi, Mystère, Notre Père, Sacrement, Saint, Salut*

CONCILE ✝

Le concile (du latin *concilium*, « assemblée »), mot apparu à la fin du VIIe siècle, est une institution essentielle de l'Église. Il désigne la réunion d'évêques (successeurs des apôtres) qui, investis d'un pouvoir décisionnaire en matière religieuse, débattent de questions importantes. Son principe remonte à l'époque des apôtres : en 48 ou 49, ces derniers, dont Pierre et Paul, se retrouvent à Jérusalem pour décider s'il faut accepter les rites juifs dans l'Église naissante.

Aujourd'hui, on entend par concile les assemblées dites « œcuméniques » (universelles), c'est-à-dire rassemblant les évêques du monde entier en vue de changements et de grandes décisions au sein de l'Église. Les assemblées moins importantes sont appelées synodes (du grec *sunodos*, « assemblée »). Dans l'Église catholique, les synodes peuvent avoir lieu à l'échelle d'un pays ou, à l'intérieur de celui-ci, au niveau d'une province épiscopale, ou d'un diocèse. Il existe aussi le synode des évêques qui, auprès du pape, concurrence celui des cardinaux, conseillers du pape à Rome. Dans les Églises d'Orient, unies à Rome (uniates) ou orthodoxes, le patriarche, supérieur d'une Église nationale, est assisté aussi d'un synode d'évêques. Enfin, les Églises protestantes, notamment les calvinistes et les luthériens, se réunissent en synodes régionaux et nationaux, les protestants accordant la priorité aux communautés locales.

Les conciles œcuméniques ont eu lieu à des époques et dans des circonstances délicates, c'est pourquoi y furent prises des mesures capitales concernant le dogme, comme la divinité de Jésus, la liturgie ou la lutte contre les hérésies, mais aussi destinées à s'adapter aux évolutions de la foi et à asseoir de nouvelles communautés chrétiennes.

L'Église catholique en retient vingt et un, les orthodoxes les sept premiers, les anglicans et certains protestants les quatre premiers parce qu'ils concentrent l'essentiel de la christologie. Les conciles œcuméniques se répartissent en trois périodes.

Les deux premiers furent convoqués par les porte-drapeau du monde chrétien, c'est-à-dire les empereurs romains qui régnaient alors sur l'Occident et l'Orient. Nicée I (325) et Constantinople I (381) sont fondamentaux puisque le Credo y est défini.

Les six conciles suivants furent convoqués par les empereurs romains d'Orient (capitale Constantinople, ou Byzance), d'une part, parce que les évêques orientaux étaient majoritaires, d'autre part, parce que Rome, capitale de l'Occident, en proie à des difficultés, devait chuter en 476. Ces assemblées renforcent la cohésion et le pouvoir de l'Église, en condamnant des hérésies : le nestorianisme à Éphèse (431) et à Constantinople II (553), le monophysisme à Chalcédoine (Turquie) en 451, le monothélisme à Constantinople III (680-681). Nicée II (787) statue sur l'affaire des icônes.

En 1054, un schisme divise l'Église chrétienne en deux familles, l'Orient (orthodoxe) et l'Occident (catholique). Les conciles œcuméniques ne sont plus convoqués que par les papes, patriarches d'Occident, qui, d'ailleurs, ont revendiqué la présidence en tant que successeurs de Pierre. Malgré des tentatives de rapprochement avec les orthodoxes, ils portent essentiellement sur les questions touchant l'Occident et les catholiques. Ils se répartissent à leur tour en trois grandes périodes : Moyen Âge (réformes importantes, croisades...), Renaissance (règlement du Grand Schisme qui déchirait l'Occident, tentative de rapprochement avec l'Orient), et époque moderne. Cette dernière période débute par le concile de Trente (1545-1563), appelé aussi « Contre-Réforme » car il se tient en réaction à l'avancée de la Réforme protestante engagée au début du XVIe siècle par Martin Luther (1483-1546). Il en ressort un certain nombre de mesures importantes : généralisation des séminaires pour mieux former les prêtres, fixation du nombre et du rôle des sacrements, distinction nette entre clercs et laïcs... Il s'ensuit un regain de la spiritualité dont bénéficie notamment le monachisme, ainsi qu'un essor des missions. Mais, en même temps, l'antagonisme avec les protestants s'accentue : en France, où ils sont persécutés et reculent (guerres de Religion, 1562-1598) ; en Angleterre, où les catholiques sont minoritaires ; en Allemagne, où les princes des deux camps s'affrontent.

Le XXe concile œcuménique, Vatican I (1869-1870), affirme la primauté et l'infaillibilité du pape, ce qui contrecarre le conciliarisme, mouvement qui, né à la fin du Moyen Âge, a tenté d'accorder une plus grande autorité aux conciles œcuméniques qu'au pape. Enfin, le 4 novembre 1958 est élu Jean XXIII, âgé de soixante-dix-sept ans. On pense que ce pape, rompu à la diplomatie, assurera une simple transition, en raison de son grand âge et de sa prudence. Mais il surprend tout le monde. Le 25 janvier 1959, il annonce le concile Vatican II (1962-1965) et prononce un discours, l'*Aggiornamento* (« mise à jour » en italien). Jean XXIII a choisi ce titre pour éviter d'avoir à prononcer les mots « réforme » (lourd de sens historique) ou « changement », qui pouvaient sous-entendre une mutation profonde de l'Église. Il meurt en 1963, avant la fin des travaux du concile. Vatican II a représenté une grande ouverture vers la modernité, l'œcuménisme et le dialogue avec les autres religions. Parmi les conclusions figurent : la possibilité d'utiliser les langues nationales au lieu du latin dans la liturgie (source d'une vive opposition, encore sensible, des fondamentalistes) ; la participation accrue des laïcs ; le rôle des diacres ; la reconnaissance des persécutions envers les juifs, et encore bien d'autres dispositions. Certains reprochent aux successeurs de Jean XXIII et de Paul VI, Jean-Paul II et Benoît XVI, d'avoir freiné cet élan.

Malgré la place centrale du pape, le concile reste néanmoins déterminant car il exige l'unanimité presque totale en matière de décision. Et la discussion existe toujours dans l'Église sur la détermination de l'autorité respective du pape et du concile.

➡ *Apôtre, Christ, Déicide, Dogme, Église, Évêque, Hérésie, Infaillibilité, Laïc, Œcuménisme, Orthodoxe, Pape, Paul, Pierre*

LES CONCILES ŒCUMÉNIQUES

325 : Nicée I

381 : Constantinople I

431 : Éphèse

451 : Chalcédoine

553 : Constantinople II

680-681 : Constantinople III

787 : Nicée II

869-870 : Constantinople IV

1123 : Latran I

1139 : Latran II

1179 : Latran III

1215 : Latran IV

1245 : Lyon I

1274 : Lyon II

1311-1312 : Vienne (concile du Moyen Âge)

1414-1418 : Constance (concile du Moyen Âge)

1431-1445 : Bâle-Ferrare-Florence (concile de la Renaissance)

1512-1517 : Latran V (concile de la Renaissance)

1545-1563 : Trente (concile moderne)

1869-1870 : Vatican I (concile moderne)

1962-1965 : Vatican II (concile moderne)

CONFESSION ✡ ✝ ☪

En matière de religion, la confession (du latin *confessio*, « aveu ») revêt trois sens. D'abord, chacun peut faire la proclamation publique de sa foi, oralement ou par écrit : c'est la profession de foi. Ensuite, au sein d'une religion comme le christianisme, les différents courants, qui renvoient chacun à une expression particulière de la foi, peuvent être appelés « confession » catholique, orthodoxe ou protestante. Enfin, troisième sens, la confession correspond à l'aveu d'un péché. Pour les trois religions monothéistes, la reconnaissance de sa faute est la condition du pardon et de la miséricorde de Dieu.

La Bible, le Second Testament et le Coran, la pratique du jeûne, ou encore des prières attestent d'une telle quête. Certaines fêtes répondent également à cet objectif, comme le Yom Kippour juif (le jour des Expiations) : l'*al-hêt* (« pour le péché ») y est littéralement la reconnaissance publique, individuelle et collective des fautes. Cette formule figure au début de chaque ligne composant la confession « longue », récitée neuf fois durant la fête.

Cependant, le judaïsme et l'islam ne recourent pas à des intermédiaires recueillant l'aveu des fautes, ou confession. En revanche, dans l'Église catholique, cette confession est l'un des sept sacrements ; elle est pratiquée aussi par les orthodoxes. Le prêtre est mandaté par l'Église pour exprimer cette parole de pardon et, depuis le concile Vatican II (1962-1965), de « réconciliation » du pécheur avec Dieu. C'est pourquoi l'Église emploie plutôt l'expression « sacrement de réconciliation ». À cette occasion, mais aussi au début de la messe, avant de recevoir l'eucharistie, le fidèle prononce le *Confiteor* qui débute par « je confesse » ou « j'avoue » (*confiteor* en latin).

➡ *Achamnou, Conversion, Église, Foi, Messe, Miséricorde, Mitsvot, Péché, Réconciliation, Rédemption, Repentir, Sacrement, Yom Kippour*

CONFIRMATION ✡ ✝

Après le baptême, qui marque l'entrée dans l'Église, la confirmation consiste à pérenniser cette entrée : c'est un des sept sacrements de l'Église catholique, que les orthodoxes et les protestants estiment inclus dans le baptême. C'est pourquoi elle exige que celui qui la demande le fasse en toute confiance, soit entre dix et quatorze ans, car il sera désormais un chrétien adulte, c'est-à-dire capable de saisir l'importance de sa foi et de l'Évangile.

La confirmation touche donc les adolescents baptisés durant leur premier âge, mais elle peut aussi concerner des adultes qui la reçoivent alors immédiatement ou peu après leur baptême. Au moment de ce sacrement, l'évêque, assisté de prêtres, pose les mains sur la tête de la personne (c'est l'imposition des mains). Celle-ci reçoit ainsi l'Esprit saint, comme les apôtres de Jésus le reçurent au jour de la Pentecôte. L'évêque invoque en même temps l'Esprit saint tandis qu'il oint le front de saint chrême, onction rappelant celle du Christ.

Le judaïsme a repris le terme (français) de confirmation pour l'appliquer à la cérémonie touchant garçons et filles, en général à l'âge de quinze ans. Elle a lieu en public, au cours de l'office de Chavouot, à la synagogue, et le participant réaffirme sa judéité (son adhésion au judaïsme), laquelle a déjà été scellée au cours de la bar-mitsva (bat-mitsva pour les filles).

➡ *Baptême, Bar-mitsva, Chavouot, Chrême, Esprit saint, Évêque, Foi, Onction, Pentecôte, Sacrement*

CONNAISSANCE ✡ ✝ ☪

La Bible, le Second Testament et le Coran évoquent souvent la « connaissance » de Dieu. Mais il ne s'agit pas « d'apprendre Dieu », ou d'acquérir un savoir concernant Dieu pour en retirer une forme de culture. Dieu, insaisissable, voit tout, sait tout. La connaissance revient à aimer et à craindre Dieu, à en respecter les lois, cet amour étant alors donné en retour aux hommes. Elle peut aussi concerner toute une panoplie de relations humaines, comme le couple. Ainsi, le chapitre 4 de la Genèse, consacré à Caïn et Abel, commence par ces mots : « L'homme [Adam] connut Ève, sa femme ; elle conçut et enfanta Caïn. »

➡ *Abel, Adam, Bible, Caïn, Charité, Coran, Ève, Genèse, Testament*

CONSTELLATIONS, LES ☪

Les Constellations (al-Buruj) est le titre de la 85e sourate du Coran, composée de 22 versets. Prenant d'emblée à témoin le ciel et ses mondes, elle fait référence aux « hommes d'Ukhdoud », c'est-à-dire des martyrs chrétiens d'Arabie mis à mort en 523 pour leur foi. Une action intolérable qui mérite, pour tout assassin de croyant et de croyante qui ne s'est pas repenti, le feu impitoyable de la géhenne (enfer). Car Dieu, à l'incommensurable pardon, est le Miséricordieux et le Créateur de toute chose.

➡ *Enfer, Géhenne, Martyr*

CONVERSION ✡ ✝ ☪

La conversion, décision essentiellement adulte tant elle fait appel à une pleine conscience de ses choix, possède trois sens. Elle s'applique d'abord au croyant qui, après s'être écarté de sa religion, se « tourne vers Dieu » (sens du latin *conversio*) à nouveau. Dans son deuxième sens, elle peut concerner toute personne qui, athée, agnostique ou déiste, se tourne un jour vers Dieu, brusquement ou lentement selon les cas. Enfin, elle correspond à un changement de religion. Dans tous les cas, ce chemin étant aussi personnel et mystérieux que la foi, la conversion doit être libre et non forcée, ces contraintes ayant jalonné l'Histoire, à l'image des marranes, juifs d'Espagne convertis de force au catholicisme et expulsés du XVe au XVIIIe siècle. Pour les trois religions monothéistes, cette décision, importante et lourde de sens, suppose l'acceptation de ce qui fait la spécificité de chacune.

Pour le judaïsme, la conversion (*giyyour* en hébreu) consiste, pour le non-juif (gentil), femme ou homme, à intégrer le monde juif, entrée sanctionnée par un bet din (tribunal de la communauté). Pour cela, le prosélyte (nouveau converti) s'engage à suivre la Torah, ses interdictions et ses permissions, à être circoncis pour les hommes, à se purifier dans un bain *(tevilah)*, et encore d'autres caractéristiques qui en font un *gere tsedeq* (« juste converti »). Les juifs, de leur côté, lui témoignent du respect et un amour fraternel.

Dans le christianisme, le baptême, qui fait entrer une personne dans l'Église, est le signe de la conversion. La personne, qui - comme pour les deux autres religions - doit expliquer les raisons qui l'amènent à un tel changement, pourra ensuite être confirmée, puis communier au Christ dans l'eucharistie.

En islam, la conversion (*aslama* en arabe) fait entrer celui qui la demande dans la communauté islamique (oumma) ou « communauté des croyants ». Pour cela, il doit se purifier par une ablution (*ghousl*) et prononcer la profession de foi *(chahadah)*.

➡ *Ablution, Baptême, Bet din, Chahadah, Circoncision, Eucharistie, Foi, Gentil, Marrane, Oumma, Prosélyte, Torah*

PROSÉLYTE

Au sens premier, le prosélyte (du grec *prosêlutos,* « nouveau venu »), désigne l'étranger converti au judaïsme.

CORAN ☪

En arabe, *al-Quran* (francisé en « Coran ») évoque la notion de transmission orale, faite à haute voix. De fait, Mahomet (vers 570-632) reçut la révélation de Dieu en arabe par l'intermédiaire de l'ange Djibril (Gabriel), de 610 à 632. Il l'enseigna jour après jour à ses frères arabes jusqu'alors polythéistes. Puis ses propos furent rassemblés par écrit dans un ensemble qui constitue le Coran, dont la version officielle, ou Vulgate, fut définie en 652, vingt ans après la mort du Prophète, sous le calife (successeur) Othman (644-656). Ce texte fit ensuite l'objet de commentaires *(tafsir)*. Les autres dires authentiques du Prophète constituent la Tradition (hadith).

Le Coran, chef-d'œuvre de la langue arabe qui y puisa l'essentiel de son identité, est un appel à la soumission au Dieu unique, c'est-à-dire à l'islam. cependant, toute traduction est en soi une perte plus ou moins importante du sens original : cette constatation est d'autant plus valable pour le Coran où l'arabe est d'une subtilité impressionnante, d'un style sans équivalent et d'une sobriété déroutante. Mais il s'agit surtout de la Révélation, c'est-à-dire de la parole même de Dieu qui ne peut donc être totalement et fidèlement traduite. Mahomet parachève en effet la prophétie de Moïse, contenue dans la Torah (première partie de la Bible), et celle de Jésus, rapportée dans les évangiles. Or, au contraire de la Bible juive et du Second Testament chrétien, qui furent composés puis compilés sur des périodes plus ou moins longues, le Coran fut dicté en une seule fois, sur quelques années, à un seul homme et par Dieu seul. Des notions du judaïsme et du christianisme, présents en Arabie à l'époque de sa rédaction, y figurent mais reconsidérées désormais sous l'angle de la foi musulmane : géhenne, paradis, Jugement dernier et eschatologie (fin des temps), résurrection, sans oublier les personnages majeurs de ces religions, tels les patriarches (Abraham, Isaac, Jacob), des prophètes et des rois majeurs d'Israël (David, Salomon), Jésus, Jean le Baptiste et Marie...

Le Coran reçoit des qualificatifs prestigieux tels que *Majid* (« Glorieux ») ou *Karim* (« Noble »). Comme le stipule ce mot qui y figure des dizaines de fois, il est « la direction » *(al-huda)*, le chemin juste et véritable, qui indique aux hommes les comportements et tout ce qui concerne la foi. Le Coran se compose de 6 219 versets *(âya)* regroupés dans 114 sourates (chapitres). Celles-ci ne sont pas classées par ordre chronologique, mais selon leur nombre décroissant de versets. En fait, la dictée du Coran fut faite à Mahomet durant deux périodes : d'abord, à La Mecque (610-622), sa ville natale, où elle est éminemment religieuse (ce sont les sourates les plus courtes) ; puis, après l'Hégire (622-632), à Médine (Yathrib), où les sourates prennent un tour plus juridique, cette période correspondant au combat contre le polythéisme et les ennemis de l'islam.

La première sourate (en fait la cinquième), *al-Fatiha*, concentre en sept versets l'essentiel du Coran, ce qui lui vaut d'être reprise en partie (dans la *Basmallah*) pour introduire chacune des autres sourates.

➡ *Arabe, Basmallah, Charia, Fatiha, Fawatih, Gabriel, Hadith, Hafiz, Hégire, Mahomet, Mecque (La), Médine, Musulman, Othman, Prophète, Résurrection, Révélation, Salomon, Sunna, Tafsir, Tajwid, Testament, Torah, Vulgate*

SOURATE

Adapté de l'arabe *surah* ou *surat* (« échelle » ou « niveau »), la sourate est un chapitre du Coran qui en contient 114. Les sourates sont de longueurs inégales (de 3 à 287 versets). Chacune porte un titre.

CORÉ ✡ ☪

Cité par le livre de l'Exode et celui des Nombres, Coré (« le chauve ») est présenté comme celui qui, contestant l'autorité de Moïse et d'Aaron conférée par Dieu, est durement châtié, ainsi que ses partisans : « Yahvé dit à Moïse : Parle à cette communauté et dis : "Éloignez-vous de la demeure de Coré." Moïse se leva et s'en vint auprès de Datân et Abiram [partisans de Coré] ; les anciens d'Israël le suivirent. Il parla à la communauté et dit : "De grâce, écartez-vous des tentes de ces hommes pervers, et ne touchez à rien de ce qui leur appartient, de peur que tous leurs péchés ne vous emportent." [...] Le sol se fendit sous leurs pieds, la terre ouvrit sa bouche et les engloutit, eux et leurs familles, ainsi que tous les hommes de Coré et tous ses biens. Ils descendirent vivants au *shéol*, eux et tout ce qui leur appartenait. La terre les recouvrit et ils disparurent du milieu de l'assemblée. À leurs cris, tous les Israélites qui se trouvaient autour d'eux s'enfuirent. Car ils se disaient : "Que la terre ne nous engloutisse pas !" Un feu jaillit de Yahvé, qui consuma les deux cent cinquante hommes porteurs d'encens » (Nb 16, 24-35). Les fils de Coré, échappant cependant au massacre, seront parmi les lévites, prêtres du temple de Jérusalem.

Coré figure trois fois dans le Coran. La 28e sourate (chapitre), *Le Récit*, rapporte : « Coré appartenait au peuple de Moïse, mais il était rempli de violence envers lui. [...] Ne savait-il pas que Dieu avait fait périr avant lui des générations plus redoutables que lui par la force et plus importantes en nombre ? [...] Nous avons fait engloutir par la terre Coré et sa maison. Il n'avait pas de troupe pour le secourir – en dehors de Dieu – Personne ne lui porta secours » (28, 76-82). Coré n'a pu échapper à son châtiment car il faisait partie de ceux auxquels Moïse « avait apporté des preuves décisives, mais [qui] s'enorgueillirent sur la terre » (*L'Araignée*, 29, 39). Malheur à cet homme qui traita Moïse d'imposteur (*Celui qui pardonne*, 40, 24).

➡ *Aaron, Araignée (L'), Exode, Lévite, Moïse, Nombres (Livre des), Péché, Récit (Le), Shéol*

CORINTHIENS, ÉPÎTRE AUX

Dans le Second Testament, les deux épîtres aux Corinthiens, rédigées entre 55 et 57, sont adressées par l'apôtre Paul aux membres de la communauté chrétienne de Corinthe, qu'il a fondée en 50-52. Cette implantation se trouve donc en terre païenne (Grèce), et Paul tient à rappeler à ces personnes, modestes pour la plupart, le danger qu'il voit dans leurs pratiques ancestrales (notamment sexuelles et idolâtres). C'est pourquoi il leur enseigne la sagesse chrétienne, le repas du Seigneur (eucharistie), les dons spirituels (charismes), la charité, la résurrection des morts dans la première ; le ministère d'un apôtre, la générosité et la fraternité entre chrétiens dans la seconde. Accusé d'ambition, il se voit aussi contraint d'y faire son propre éloge.

➡ *Charisme, Charité, Eucharistie, Ministère, Païen, Paul*

CORNEILLE ✠

Corneille est le nom d'un centurion romain dont l'histoire est rapportée par les Actes des apôtres (chapitre 10) du Second Testament. Après la Pentecôte où l'Esprit saint les a investis, les apôtres partent annoncer l'Évangile. Pierre, le premier d'entre eux, rencontre Corneille à Césarée, en Judée. Cet homme est un païen. Pourtant, il donne des aumônes aux juifs, et Dieu l'en félicite par l'intermédiaire d'un ange qui lui commande d'appeler Pierre pour écouter ce qu'il a à lui dire. Avec des compagnons, ce dernier se rend auprès du centurion qui se prosterne à ses pieds : « Relève-toi. Je ne suis qu'un homme, moi aussi », dit Pierre qui, comprenant qu'il s'agit d'un païen, sait aussi que l'Évangile ne fait pas de distinction concernant l'accès au royaume de Dieu : « Dieu vient de me montrer, à moi, qu'il ne faut appeler aucun homme souillé ou impur. » Il enseigne donc l'Évangile à Corneille : « Pierre parlait encore quand l'Esprit saint tomba sur tous ceux qui écoutaient la parole. Et tous les croyants circoncis qui étaient venus avec Pierre furent stupéfaits de voir que le don du Saint Esprit avait été répandu aussi sur les païens. Ils les entendaient en effet parler en langues et magnifier Dieu. Alors Pierre déclara : “Peut-on refuser l’eau du baptême à ceux qui ont reçu l’Esprit Saint aussi bien que nous ?” Et il ordonna de les baptiser au nom de Jésus Christ. »

Cet événement est important car il entraîne l’entrée des païens dans l’Église, sujet de débat lors du premier concile de Jérusalem.

➨ *Actes des apôtres, Baptême, Circoncision, Concile, Esprit saint, Évangile, Païen, Pentecôte, Pierre, Royaume*

COURSIERS RAPIDES, LES ☪

La 100e sourate du Coran, très courte (11 versets), porte le titre *Les Coursiers rapides (al-Adiyât)*, premiers mots d’une évocation, au style très profond, du Jugement de Dieu qui attend les hommes. Quand « le contenu des tombes sera bouleversé », c’est-à-dire à la résurrection, gare à ceux qui, ingrats envers Dieu, auront préféré les richesses matérielles à celles que procure la foi et la confiance de Dieu.

➨ *Jugement dernier, Résurrection*

CRÉATION, CRÉATEUR ✡ ✝ ☪

La Bible commence par le livre de la Genèse dont les chapitres 1 et 3 sont consacrés à la création de la Terre et de l’homme, thème essentiel du judaïsme repris par le christianisme. Ce récit fut achevé après le retour d’Exil (fin du VIe siècle av. J.-C.) – la tradition juive le situe avant cette date et l’attribue à un seul auteur – par des milieux pieux et lettrés qui voulaient illustrer la manière dont Yahvé avait guidé et protégé son peuple. Israël, au contraire d’autres pays vaincus, avait survécu aux catastrophes, grâce à Dieu, qui conduisait le destin de toutes les nations, comme l’avaient proclamé les prophètes. Le récit de la Création devait donc insister sur le rôle primordial de Dieu dans la création de la Terre et de l’Univers afin de le démarquer des divinités vantées dans les mythes babyloniens ou phéniciens diffusés au Proche-Orient. Les prêtres et les scribes auteurs de ces récits utilisèrent, d’une part, des traditions d’Israël, d'autre part, firent des emprunts à ces mythes, par exemple l'arbre de vie. C'est pourquoi la Création comprend deux récits, mais où est toujours proclamé le rôle personnel de Dieu.

Dans le premier récit (1-2, 4 a), Dieu crée par sa Parole. En six jours, il donne forme à l'Univers à partir du chaos, c'est-à-dire le *tohu* et le *bohu* : lumière, jour et nuit, firmament, océans, végétation, Soleil et Lune, étoiles, animaux. Le sixième jour, il crée son œuvre la plus importante, l'homme *(adâm)* et la femme qui sont « à l'image et à la ressemblance de Dieu ». L'humain, plus proche de Dieu que les bêtes, possède ainsi un rôle majeur dans l'Univers, mais il semble une minuscule poussière comparé au pouvoir que ce poème confère au Créateur. Le septième jour, enfin, Dieu se repose et l'homme devra lui vouer totalement ce temps – le shabbat juif et à sa suite le dimanche chrétien ont puisé une partie de leur origine dans ce jour.

Le second récit (2, 4 b-3, 24), la formation de l'homme et de la femme, est une relation courte, différente par son style et son contenu. Il commence par un condensé du travail de Dieu jusqu'à ce qu'il modèle « l'homme avec la glaise du sol ». Puis il l'installe dans « un jardin en Éden », crée les animaux sur lesquels règne l'homme, et il crée enfin la femme à partir d'une côte de l'homme. Ce premier couple vit au paradis, nus et sans avoir « honte l'un devant l'autre ». Il doit en respecter les règles, dont l'interdiction de toucher à l'arbre de la Connaissance du bien et du mal, sous peine de mort. Mais le serpent (que la littérature de sagesse puis la tradition chrétienne identifieront au diable) tente la femme qui goûte au fruit défendu. Dieu punit l'homme et la femme qui viennent de commettre le premier péché (que la tradition chrétienne a appelé péché originel, terme créé par saint Augustin, 354-430) et les renvoie du paradis.

Le Coran ne fait aucune mention d'un arbre de la Connaissance, mais simplement d'un arbre, sans le définir. Le péché est évoqué, mais sans qu'Ève ait tenté Adam, ni que sa punition fût l'accouchement dans la douleur. Par ailleurs, il n'est pas dit qu'Ève provient de la côte d'Adam, tous deux ayant été créés à partir d'une seule âme *(nafçine wâhida)*. Après avoir reconnu leur faute, ils sont pardonnés. Le Coran utilise à plusieurs reprises le mot *fâtir*, « celui qui sépare » (lumière et ténèbres, eaux, jour et nuit…) traduit par Créateur, titre de la 35e sourate (chapitre). Les 45 versets de cette sourate sont voués à Dieu qui a fait des anges ses messagers, et qui « ajoute à la création ce qu'il veut ». Omnipotent et omniscient, il suscite la crainte des incrédules et châtie les malfaisants, prodigue aussi ses bienfaits aux hommes, « égare qui il veut et dirige qui il veut ». Maître des vents et des astres, il a créé l'homme de la terre puis d'une semence, formant ensuite les couples. On ne peut être que pauvre devant Dieu, qui seul peut purifier, pardonner. Les fidèles accéderont aux « Jardins d'Éden où ils seront parés de bracelets en or et de perles », et « le feu de la géhenne [enfer] est destiné aux incrédules ». La sourate conclut en avertissant les hommes que Dieu peut très bien tout faire disparaître et procéder à une nouvelle Création : « Si Dieu s'en prenait aux hommes pour ce qu'ils ont fait, il ne laisserait aucun être vivant sur la surface de la terre. Il leur accorde cependant un délai, jusqu'à un terme fixé ; mais qu'ils sachent, quand leur terme arrivera, que Dieu voit parfaitement ses serviteurs. »

➡ *Adam, Arbre, Bahir (Séfer ha-), Diable, Dimanche, Éden, Ève, Exil, Géhenne, Mathusalem, Paradis, Péché, Sagesse (Littérature et courant de), Shabbat, Séfer Yetsirah, Sefirot, Tohu-bohu, Verbe*

CREDO ✡ ✝ ☪

Au Ier siècle, les premières communautés chrétiennes, s'adressant aux païens, affirmaient leur foi par le kérygme, c'est-à-dire une « proclamation » (*kerygma* en grec) directe et en public : Jésus est le Christ (Sauveur) mort sur la croix pour le salut des hommes et ressuscité, chacun en étant témoin. Le kérygme fut suivi du Credo (« je crois » en latin) chrétien, ou Symbole des apôtres, contenu fondamental de la foi chrétienne et, par extension, de toute religion et croyance. Il fut en effet adopté très tôt puisqu'il remonte aux conciles de Nicée I (325) et de Constantinople I (381) : croire au Dieu unique et créateur, au Seigneur Jésus-Christ, son Fils, en la Trinité (Père, Fils et Esprit saint), en la Résurrection, en l'Église catholique (dans son sens premier d'universelle), au baptême. La proclamation du Credo permit de contrer les hérésies qui contestaient le bien-fondé de la Trinité, notamment le monophysisme. Quant au kérygme, il reste fondamentalement d'actualité.

L'islam, de son côté, affirme « Six Piliers de la foi » : la croyance au Dieu unique, à ses anges, aux Livres révélés, aux prophètes, au jour du Jugement dernier et au Destin.

➡ *Apôtre, Baptême, Catholique, Christ, Esprit saint, Fils, Foi, Hérésie, Jésus, Livre, Monophysisme, Père, Résurrection, Révélation, Seigneur, Trinité*

CROISADE ✡ ✝ ☪

Les croisades n'ont pas un rapport direct avec les livres saints des trois religions monothéistes. Mais leur importance dans l'Histoire et leurs conséquences justifient que l'on se penche sur cette période complexe qui, justement, illustre les relations parfois très difficiles entre juifs, chrétiens et musulmans, pourtant frères réunis autour du même Dieu.

Dès le IXe siècle, le pape a promis d'absoudre les péchés de ceux qui combattraient les « infidèles » (musulmans), notamment en Espagne. Aussi, en 1071, quand l'Empire byzantin est défait par les Seldjoukides turcs qui investissent l'Asie Mineure, la papauté réagit : en 1095, Urbain II, sans doute appelé par les Byzantins, exhorte les chrétiens d'Occident à sauver leurs coreligionnaires persécutés et à récupérer la Terre sainte, tout en leur promettant une indulgence plénière (remise totale des péchés). Durant deux siècles, de simples gens d'abord, puis des chevaliers, vont mener la lutte, avec l'aide de moines-soldats dont les ordres sont créés à cette époque.

En 1096 débute la première croisade, appelée ainsi en raison de la croix que les soldats arborent sur le dos. Quatre armées, commandées entre autres par Godefroy de Bouillon, s'emparent de Nicée, d'Antioche puis de Jérusalem (1099) où est fondé le Royaume latin, qui, au fil des années, reçoit l'aide de pèlerins occidentaux venus prier à Jérusalem. Mais les Turcs, en reprenant Édesse (1144), provoquent la deuxième croisade (1147-1149), laquelle aboutit à un échec. Il faut attendre la prise de Jérusalem (1187) par le grand sultan Saladin pour que l'élan chrétien permette une troisième croisade (1189-1192) qui s'empare de Saint-Jean-d'Acre, et où interviennent l'empereur germanique Frédéric Barberousse, le roi de France Philippe Auguste et le roi d'Angleterre Richard Ier Cœur de Lion. Si ce dernier signe une trêve avec Saladin, Jérusalem reste aux mains des Turcs. La quatrième croisade (1202-1204) n'y change rien, mais aboutit au siège, à la prise et au pillage de Constantinople (avril 1204) à qui, pourtant, a toujours été promise la restitution des territoires pris par les Turcs. Et dans cette capitale du christianisme d'Orient, séparée de Rome depuis 1054, est fondé un Royaume latin. L'Occident, dans ses projets initiaux de libération de la Terre sainte, se prive ainsi du secours précieux des Grecs qui reprennent la ville en 1261. Les cinquième (1217-1219) et sixième (1228-1229) croisades ne bouleversent pas non plus l'échiquier. Mais la chute de Jérusalem (1244) aboutit à la septième (1248-1249), à laquelle participe le roi de France Louis IX, qui, capturé, est libéré grâce au paiement d'une rançon et retrouve le sol français en 1254. Afin de défendre les dernières possessions en Terre sainte, la huitième croisade (1268-1270) est rassemblée : Louis IX meurt de la peste en 1270, au siège de Tunis, et Saint-Jean-d'Acre, Tyr et Tripoli sont perdues. Le Royaume latin disparaît en 1291…

Les huit croisades, certes motivées en partie par la foi, la solidarité envers des frères en danger et l'irrépressible besoin de pèlerinage à Jérusalem, ont, au-delà du bilan humain et financier, conduit à gâter encore les rapports avec les chrétiens d'Orient. La papauté, en créant une fiscalité (la décime) et en pesant politiquement, en est pourtant sortie renforcée. En revanche, les croisades ont favorisé le commerce des ports de Méditerranée orientale et une connaissance mutuelle avec les musulmans. Elles ont aussi permis à l'Occident de bénéficier de savoirs venus d'Orient, et même d'Asie où œuvrèrent des missionnaires.

Mais ce bilan mitigé des croisades n'est pas complet. Cette longue période constitue, en effet, l'une des heures les plus noires du monde juif. Dès la première croisade, les juifs qui se trouvent sur le chemin des croisés sont persécutés en France et en Allemagne, notamment parce qu'ils refusent de se convertir. Les croisés, en pleine exaltation, voient dans ces communautés des ennemis de Jésus ! Même à Jérusalem où Godefroy de Bouillon commet des exactions en 1099 envers des juifs et des musulmans. Les préjugés antijuifs commencent en effet à s'amplifier, mensonges qui auront un impact terrible sur le sort des juifs qui subissent tourments et violences. Ils sont ainsi accusés d'invraisemblables meurtres rituels, de profanation d'hosties, de crimes divers et horribles, de complot, et autres absurdités tels que le déicide. En 1215, le concile Latran II décide, entre autres mesures discriminatoires, que les juifs porteront des signes distinctifs : en France, Louis IX impose la rouelle (pièce de tissu circulaire) ; en Angleterre, gagnée aussi par les massacres, ce sont deux tables de pierre blanche symbolisant les Tables de la Loi. À Paris, le Talmud, jugé blasphématoire envers la foi chrétienne, est même brûlé en place publique (1244). Au final, les juifs sont expulsés d'Angleterre (1290), de France (1306), puis d'autres pays. Ils demeurent néanmoins dans certaines régions, comme le Comtat Venaissin (autour d'Avignon), qui appartient alors au pape. Il faudra attendre le XVIIIe siècle, celui des Lumières, pour que les juifs commencent à acquérir un début de légitimité, période appelée « Émancipation ». Mais les croisades ont laissé dans la mémoire juive un souvenir douloureux. En témoigne, par exemple, l'*Av ha-Rahamin* (« Père miséricordieux »), prière dédiée aux martyrs de la première croisade et intégrée au rite achkénaze. L'Église catholique a, quant à elle, exprimé sa repentance pour ces massacres, ainsi que d'autres circonstances, au concile Vatican II (1962-1965), puis par les déclarations de Jean-Paul II (1978-2005).

Après les croisades proprement dites, ce mot servit à désigner toute entreprise de défense de la chrétienté et de l'Église de Rome. L'une des plus retentissantes toucha les cathares (du grec *katharos*, « pur »). Puisant dans le christianisme et le manichéisme, le catharisme, marqué par l'austérité, rayonna du XIe au XIIIe siècle en Italie, en Catalogne et surtout en France, principalement dans le Sud où les adeptes furent appelés albigeois. On y trouve la dualité entre deux puissances – le bien (Dieu) et le mal (Diable) –, l'absence de Trinité, la Vierge sainte, la confession (pénitence)... Le grand rite était le consolament (*consolatum* en latin) : à l'issue d'une période d'ascèse, la personne, homme ou femme, devenait un parfait, le sommet de la hiérarchie. Celle-ci se devait de donner l'exemple, par sa rigueur, de son détachement des choses matérielles. Condamné comme hérésie au concile de Latran III (1179), le catharisme, qui gênait un clergé catholique préoccupé par ses richesses, fut dénoncé par les prédicateurs et impitoyablement réprimé par l'Inquisition. Des croisades firent tomber les châteaux qu'ils occupaient, dont Montségur (1244), en Ariège.

Des croisades visèrent aussi les musulmans, d'autres expéditions les Ottomans (XIVe-XVIIe siècle), ou encore les Barbaresques (XVIIe siècle), des corsaires qui, surtout en Méditerranée mais jusqu'en mer du Nord, faisaient des razzias, capturaient des chrétiens vendus en esclavage aux Barbaresques, c'est-à-dire l'Algérie, la Tunisie et la Tripolitaine (au nord-ouest de la Libye). Les musulmans réagirent en développant la notion *de djihad*, la guerre sainte.

➡ *Déicide, Djihad, Hérésie, Indulgence, Jérusalem, Pape, Péché, Pèlerinage*

CRUCIFIX ✝

La croix, sous différentes formes, est un symbole partagé par de nombreuses civilisations, par exemple en Inde pour adorer Agni (dieu du feu), en Chine, en Égypte... Le christianisme a ainsi repris le crucifix (du latin *crucifigere*, « mettre en croix »), figurant le Christ crucifié sur une croix en forme de T. Cet emblème omniprésent n'a pas toujours eu l'aspect que nous lui connaissons. Symbole du sacrifice de Jésus pour la multitude, il avait d'abord pour but de signifier que le Christ avait surmonté la condition d'homme et vaincu la mort. C'est pourquoi il se résuma à une simple croix jusqu'au VIe siècle, puis fut ajouté un Jésus aux attitudes triomphales, et enfin un supplicié mort, affichant les affres de la souffrance.

En réalité, s'il était d'usage de clouer les condamnés sur la croix (un bras ou deux bras ensemble, les pieds joints et percés au talon), il n'est pas certain que la croix de Jésus fut un T. En effet, si cette forme était la plus répandue chez les Romains, ceux-ci assemblaient aussi des Y ou des

X, et utilisaient même les arbres quand les matériaux venaient à manquer. Nous savons aussi que les croix étaient en général petites, et que les plus grandes, surplombant les autres, signalaient une punition exemplaire. Il est donc peu probable que celle de Jésus ait été aussi haute. En outre, sur les crucifix, Jésus porte un linge autour de la taille alors que les crucifiés mouraient nus. Il peut s'agir ici d'un geste des autorités juives voilant la nudité à la veille de la Pâque (Pessah) et du shabbat, jour correspondant à la crucifixion du Christ. Enfin, le INRI, ou *titulus*, fut ajouté aux crucifix à partir du XVe siècle.

Le crucifix, né de la croyance et de la ferveur, reste, comme tous les symboles forts des autres religions, le vecteur d'une communication directe avec le cœur de la foi. En cela, et quelle que soit la conviction de chacun, il doit être respecté.

➡ *Christ, Crucifixion, INRI, Jésus, Pâques, Pessah, Shabbat*

CRUCIFIXION ✝

Dans le livre IV de son *Histoire d'Alexandre le Grand*, Quinte-Curce, historien latin du Ier siècle, raconte comment le conquérant met le siège devant Tyr, ville portuaire de Phénicie. Vainqueur au bout de sept mois, Alexandre le Grand « ordonna que l'on fît périr tous les habitants, sauf ceux qui s'étaient réfugiés dans les temples, et que l'on mît le feu aux maisons. [...] Seulement dans l'enceinte des remparts, six mille combattants furent massacrés. La colère du roi donna ensuite un triste spectacle à son armée victorieuse : deux mille hommes qu'avait épargnés la rage épuisée du soldat furent attachés à des croix, et pendus au loin, le long du rivage ».

D'autres témoignages, dont ceux d'Hérodote, historien grec du Ve siècle av. J.-C., et de l'historien juif Flavius Josèphe (Ier siècle apr. J.-C.) qui rapporte des cas au sein même d'Israël, confirment que ce châtiment cruel ne fut pas inventé par Rome, mais qu'il était infligé par nombre de puissances antiques. Il n'a cependant jamais été décrit avec autant de précision que dans les évangiles, lesquels contiennent des détails confirmés par l'archéologie et l'histoire.

À l'époque de Jésus, Rome occupait la Palestine et fit de la crucifixion une peine exemplaire appliquée dans tout l'empire. Le « bois de malheur », selon l'expression romaine, a pour but de dégrader l'individu, c'est pourquoi il est épargné aux citoyens romains et réservé en priorité aux rebelles, comme Spartacus, esclave révolté, qui fut crucifié en 71 av. J.-C. avec ses compagnons. Il s'étend aussi à des criminels, pirates ou encore séditieux comme les zélotes, des juifs extrémistes. Le condamné, qui est toujours exécuté en dehors de la ville, est d'abord déshabillé et flagellé, épisode au cours duquel on se moque de lui pour augmenter son humiliation. Les fouets, cruels, sont parfois garnis de boules de plomb. Puis, épuisé, quand il n'est pas mort sous les coups, il porte l'une des traverses de la croix, sous les quolibets des curieux et jusqu'au lieu de son supplice. La croix est alors assemblée et le malheureux, entièrement nu, fixé par des clous ou des cordes – des chercheurs ont retrouvé en 1968, à Jérusalem, un corps datant du Ier siècle, celui d'un homme d'une trentaine d'années, Yohanân, dont les talons étaient transpercés d'un clou de 17 cm. Il arrive qu'une pancarte, le *titulus* (« inscription »), qui indique le nom du condamné et le motif de la peine, soit placée au-dessus de sa tête. Il peut agoniser pendant des heures, voire des jours avant de succomber asphyxié ou d'avoir les tibias brisés pour accélérer sa fin (pratique appelée *crurifragium*, de *crurifragius*, « estropié »). C'est ce qui arrive aux deux « brigands » crucifiés avec Jésus, des voleurs (« larrons ») ou des zélotes. Car, en cette veille de Pâque et du shabbat, il ne devait pas y avoir de cadavres dans et autour de Jérusalem.

Les exécutions étant en général massives pour en augmenter l'impact, il est très probable que Jésus fut ajouté à un nombre plus important de condamnés. Le vendredi matin vers 9 heures, Jésus, après avoir été fouetté et raillé par ses bourreaux, marche vers le Golgotha qui se dresse à 500 m environ, non loin des murs de Jérusalem. Dans les rues étroites, la foule adresse ses habituelles méchancetés. Il porte le *patibulum* (la traverse horizontale), et peut-être aussi un *titulus*, le célèbre INRI. En entendant des femmes se lamenter sur son martyre, il surmonte son épuisement et a cette phrase rapportée par Luc : « Ne pleure pas sur moi ! Pleurez sur vous-mêmes et sur vos enfants » (23, 28). Ensuite, Simon de Cyrène (en Libye) est requis pour l'aider. Au Golgotha, Jésus, littéralement « porté », est pourtant décidé à affronter son supplice. Il refuse ainsi de boire un vin narcotique qui, c'était l'habitude, plongeait le crucifié dans l'inconscience pour atténuer ses souffrances. Dévêtu, il a les poignets cloués au *patibulum* que l'on emboîte ensuite dans le *stipes crucis* (la traverse verticale) sur lequel ses talons sont également cloués. Pour qu'il ne s'affaisse pas, une *sedula* (crochet de bois) le retient à la croix au pied de laquelle des proches sont venus le soutenir, dont sa mère Marie et Marie de Magdala. Les soldats romains se partagent ensuite ses vêtements (autre coutume), dont sa tunique tirée au sort. Alors qu'il crie : « Mon Dieu, mon Dieu, pourquoi m'as-tu abandonné ? » (début du psaume 22, 2), il se voit proposer au bout d'un roseau une éponge imbibée de *posca*, eau vinaigrée consommée par les soldats romains. Puis, vers 15 heures, raconte Jean (19, 30), témoin du drame, il prononce dans un dernier souffle : « C'est achevé. » Un soldat lui perce le flanc pour constater la mort. « Et voilà que le voile *[parokhet]* du Sanctuaire [Saint des saints du Temple] se déchira en deux, du haut en bas », rapporte Matthieu (27, 51) pour signifier que la Nouvelle Alliance est en marche. Le corps est ensuite porté au tombeau d'un de ses disciples, Joseph d'Arimathie. Le dimanche matin, Marie de Magdala est le premier témoin de sa résurrection.

Le chemin de croix, représenté dans les églises et encore pratiqué, surtout pendant le carême, reconstitue ce « chemin de douleur » *(via dolorosa)*. Il est fameux pour ses quatorze étapes ou « stations ». En fait, l'archéologie a montré qu'à Jérusalem, il ne suit pas le trajet historique de Jésus mais celui fixé par les Franciscains selon la topographie de la Jérusalem du XIIIe siècle de notre ère. En outre, cinq de ces stations ne figurent pas dans les évangiles et sont nées de la tradition : les trois chutes de Jésus (III, VII, IX) ; sa mère Marie présente sur le parcours (IV) ; Véronique (« vraie image » en grec) essuyant son visage sanglant (VI), thème apparu au IVe siècle en Occident. Cette sainte est prénommée Bérénice (« celle qui donne la victoire » en grec) en Orient, où elle est confondue avec la femme qui, chez Matthieu, guérit d'hémorragies récurrentes après avoir touché le manteau de Jésus.

Le Coran estime que Jésus n'a pas été crucifié mais qu'un autre a pris sa place ou qu'il était simplement « apparent » : « Dieu l'a élevé vers lui : Dieu est puissant et juste », proclame la sourate *Les Femmes* (4, 157-158).

➡ *Alliance, Calvaire, Carême, Crucifix, Dimanche, Golgotha, INRI, Jérusalem, Jésus, Joseph d'Arimathie, Josèphe (Flavius), Marie, Marie de Magdala, Pâques, Parokhet, Résurrection, Saint des saints, Shabbat, Temple, Vendredi saint, Zélote*

CULTE PUR, LE ☪

La sourate 112, intitulée *Le Culte pur (al-Ikhlâs)*, est l'une des plus courtes du Coran, avec quatre versets qui condensent le principe de l'unicité indiscutable d'Allah : « Dis : "Lui, Dieu, est Unique ! Dieu !... L'Impénétrable ! Il n'engendre pas ; il n'est pas engendré ; nul n'est égal à lui !" » Dieu ne peut pas avoir d'« associé », et sa nature ne peut être divisée, ce qui est en opposition avec la Trinité chrétienne.

➡ *Allah, Coran, Trinité*

PETIT LEXIQUE DU CULTE

CULTE. Au sens étymologique (*cultus* en latin), c'est le fait de « cultiver », de « prendre soin ». Sur le plan religieux, le culte désigne donc les pratiques qui permettent d'honorer Dieu et les personnages de la religion concernée.

PROFANE. Pour le christianisme, si le sacré est tout ce qui se rapporte à Dieu (lieux de culte, littérature, musique...), son contraire, le profane, est tout ce qui est « hors du temple » (*profanus* en latin). Par extension, le profane est celui qui n'a pas été initié à une discipline (science, art...) et n'en possède donc pas les clés.

RITE, RITUEL. Le rite est ce qui est fait « selon les règles » (*rite* en latin). Il est indissociable de la « pratique religieuse » *(ritus)*, c'est-à-dire les cérémonies entourant le culte. Les rites diffèrent d'une religion à l'autre, mais aussi au sein d'une même religion : par exemple, entre Achkénazes et Séfarades, les deux grandes familles du judaïsme. Ces différences, perceptibles aussi dans le christianisme et l'islam, résultent de schismes (séparations), de circonstances historiques ou encore d'une lecture différente des textes sacrés.

SACERDOCE. Selon son étymologie latine, ce mot désigne la personne qui a en charge les devoirs sacrés d'une religion.

SACRILÈGE. Du latin *sacrilegus*, « qui s'empare des objets sacrés, qui profane un lieu sacré ».

D

DANIEL, LIVRE DE ✡

Le livre de Daniel (« Dieu est juge » en hébreu) est rangé parmi les écrits prophétiques dans la Bible latine, et parmi les Hagiographes (écrits saints après Esther) dans la Bible hébraïque. Il est daté précisément d'octobre 164 av. J.-C., ce qui en fait l'un des écrits les plus récents de la Bible. Cette date suit de quelques semaines la purification du temple de Jérusalem par Judas, dit le Maccabée, grand acteur de la révolte juive qui porte son nom. L'auteur, anonyme, situe son propos après la prise de Jérusalem par l'empereur babylonien Nabuchodonosor, en 587. Dans la première partie (chapitres 1-6), quatre amis, jeunes juifs fidèles à Dieu, Ananias (« Dieu a fait grâce »), Misaël (« Qui est Dieu »), Azarias (« Dieu a secouru ») et Daniel, sont condamnés à mort parce qu'ils refusent de vénérer les idoles étrangères. Mais Dieu les protège et permet à Daniel d'interpréter les rêves dont il a peuplé le sommeil de Nabuchodonosor. Celui-ci apprend ainsi que sa chute est proche. Daniel, comme autrefois Joseph en Égypte, voit son talent reconnu et obtient un poste à la Cour. La seconde partie est une suite de visions extraordinaires, d'une grande puissance littéraire, qui font de ce texte un chef-d'œuvre du style apocalyptique qu'il influencera par la suite. Le passé, le présent, l'avenir lointain de l'Histoire et la fin des empires qui ont soumis Israël (Babylone, Assyrie, Perse)… Daniel « voit » cela, tout en précisant que Dieu, même si son peuple est brimé, établira son règne par l'intermédiaire du Fils de l'Homme. Les impies seront punis, et le mal balayé. Durant cette lutte, le monde tremblera sous l'effet d'une peur intense et inconnue. Tous les hommes, morts ou vivants, seront jugés : seuls les bons, c'est-à-dire les justes, auront droit à la vie éternelle.

➡ *Apocalypse, Babylone, Esther, Fils, Idole, Joseph, Judas Iscariote, Maccabées (Livre des), Temple*

DAVID ✡ ✝ ☪

David, qui régna de 1010 à 970 environ, est considéré par les juifs comme le plus grand roi qu'ait connu Israël. Dans la Bible, son histoire est contée dans les livres de Samuel, et la fin de sa vie au début du premier livre des Rois et des Chroniques.

Né à Bethléem dans la tribu de Juda et fils de Jessé, il réussit à vaincre Goliath, le champion des Philistins, redoutables ennemis d'Israël. « Élu selon le cœur de Dieu », il reçoit l'onction royale (huile versée sur la tête) des mains du prophète Samuel. Il succède ensuite à Saül, son beau-père, qui, jaloux, a cherché à l'assassiner. Il enlève Jérusalem dont il fait sa capitale, où il fait venir l'arche d'Alliance. Il unifie les douze tribus israélites, jusque-là sans cohésion, et, par ses conquêtes et ses alliances, donne à son royaume une étendue qu'il ne retrouvera plus jamais. Mais il commet deux fautes : il fait le recensement de ses sujets alors que Dieu seul est comptable des hommes, et, pour épouser la belle Bethsabée, qui sera sa femme préférée, il se serait arrangé pour que son mari Urie le Hittite meurt à la guerre. Aussi, quand il propose de construire la maison de Dieu, le Temple, Dieu lui fait dire par le prophète Nathan qu'il lui bâtira une maison : pour récompenser sa foi et son obéissance à la Loi (Torah), sa dynastie ne s'éteindra pas. Mais le chantier du Temple reviendra à son fils et successeur, Salomon, le roi sage qui, pourtant, ne l'égalera jamais en gloire.

Réputé poète et musicien, David possède une telle aura que des psaumes (prières juives) de la Bible lui sont attribués. En outre, pour la tradition juive, le Messie doit descendre de David, comme l'annonça le prophète Isaïe (VIIIe siècle av. J.-C.). Pour l'Haggadah (littérature du judaïsme) et la kabbale (mystique juive insistant sur la symbolique de l'alphabet sacré), il personnifie le royaume d'Israël.

Pour le christianisme, Jésus-Christ (*Christos* signifie « Messie » en grec) naît à Bethléem, comme David, et descend de celui-ci par son père (adoptif) Joseph. En effet, dans la seconde moitié du VIIIe siècle av. J.-C., le prophète Michée (5, 1) a annoncé que le Messie naîtrait à Bethléem. C'est pourquoi, dans le Second Testament, l'évangile de Matthieu (1, 1-17) présente une longue généalogie de Jésus qui se trouve rattaché à David. Luc, de son côté, parle simplement de « maison de David » (1, 27).

Dans le Coran, les évocations de Daoud (David) sont très nombreuses. Prophète auquel Dieu remet les psaumes et la sagesse, il est l'inventeur de la cote de mailles (*Les Prophètes*, 21, 80) et parle aux djinns et aux oiseaux (qui lui sont soumis)…

➡ *Arche, Bethléem, Bethsabée, Jérusalem, Messie, Onction, Psaume, Salomon, Samuel, Saül, Temple, Torah*

DÉBORA ✡

Débora (« abeille » en hébreu) est le seul Juge féminin et l'une des rares « héroïnes » de la Bible, avec Esther, Ruth, Judith ou encore les Matriarches. Son histoire illustre le rôle important des femmes en Israël.

L'action de cette prophétesse se situe, en ces temps troublés (XIIe siècle environ av. J.-C.), dans le nord d'Israël, où les tribus israélites doivent affronter Yabîn, roi d'Haçor (ville cananéenne, du grec *asôr*, « enclos »). Ce souverain dispose de neuf cents chars de fer, donc redoutables, commandés par un certain Sisera. Débora parvient à convaincre l'un des siens, Baraq (« éclair » en hébreu), de réunir les guerriers des tribus de Zabulon et de Nephtali, soit dix mille hommes qu'elle suit au mont Thabor (en Galilée, près de Nazareth). À l'issue de la bataille, les armées de Yabîn sont mises en déroute par Dieu, et les fuyards tous massacrés. Sisera parvient cependant à s'échapper et à gagner la tente de Héber (« compagnon ») le Qénite (clan allié d'Haçor) dont la femme, Yaël (« antilope »), l'accueille, lui donne à manger et le dissimule sous une couverture. Puis, profitant de son sommeil, elle lui enfonce un piquet dans le crâne et fait entrer Baraq, lequel, avec Débora, chante Dieu et la victoire d'Israël dans un style d'une grande poésie.

➡ *Esther, Galilée, Israël, Judith, Juges (Livre des), Matriarches, Nazareth, Ruth (Livre de)*

DÉCALOGUE ✡

Sur le mont Sinaï, Dieu remet à Moïse le Décalogue (« Dix Paroles »), gravé sur des tables de pierre, matériau symbolisant l'éternité, tandis que le chiffre dix illustre un tout harmonieux aux éléments indissociables. Il est presque impossible d'en fixer la date de rédaction, mais il figure sous deux formes légèrement différentes dans deux livres du Pentateuque (Torah) dont nous connaissons à peu près la période de constitution : le Deutéronome (5, 1-22 ; la version sans doute la plus ancienne) et l'Exode (20, 1-17).

La tradition l'appelle aussi « Dix commandements », en référence aux centaines de commandements de la Torah, mais ce qualificatif est impropre car, dès sa première parole, Dieu se présente : « Moi, Yahvé, je suis ton Dieu, qui t'ai fait sortir du pays d'Égypte, de la maison des esclaves » (Dt 5, 6). Suivent les célèbres phrases, courtes et percutantes, qui contiennent toutes les attitudes qu'il convient d'avoir à l'égard des autres humains et de Dieu, et qui concernent les grands domaines de la vie : comment louer Dieu et utiliser son Nom, l'interdiction de le représenter, le respect du shabbat, le devoir d'honorer ses parents, et, bien sûr, de ne pas commettre de meurtre, d'adultère, de vol, de faux témoignage et de ne pas éprouver de convoitise.

Le Décalogue, texte central du judaïsme, a été repris par le christianisme.

➡ *Commandement, Deutéronome, Exode, Josias, Moïse, Sinaï, Torah*

DÉCHIRURE, LA ☪

La Déchirure (al-Inshiqâq), ou plutôt *La Fissure*, titre de la 84e sourate du Coran, est celle du ciel, annonciatrice du jour du Jugement. Le croyant, pieux et bon, rencontrera son Seigneur Dieu, et les fourbes, les faux croyants et les incrédules, désemparés par cette rencontre qu'ils ne soupçonnaient pas, recevront un châtiment terrible.

➡ *Jugement dernier, Seigneur*

DÉCRET, LE ☪

Le Décret (*al-Qadr*, c'est-à-dire le commandement *[amr]* de Dieu réalisé), titre de la 97e sourate du Coran, est l'annonce de la Nuit du Décret (ou Nuit du Destin), *Laylat al-Qadr*, durant laquelle, en 610, le Coran descendit sur Mahomet, marquant le début de la Révélation sous la dictée de l'ange

Djibril (Gabriel). Cette nuit, fixée dans les dix derniers jours du mois de ramadan (souvent le 27e), est toujours entouré d'une grande solennité.

« Oui, nous l'avons [le Coran] fait descendre durant la Nuit du Décret. Comment pourrais-tu savoir ce qu'est la Nuit du Décret ? La Nuit du Décret est meilleure que mille mois ! Les anges et l'Esprit descendent durant cette Nuit, avec la permission de leur Seigneur, pour régler toute chose. Elle est paix et Salut jusqu'au lever de l'aurore. »

➡ *Amr, Commandement, Coran, Gabriel, Mahomet, Ramadan, Révélation, Salut, Seigneur*

DÉCROCHEMENT, LE ☪

Le Décrochement (al-Takwir) est le titre de la 81e sourate du Coran. Le début se rapporte au jour du Jugement où « toute âme saura ce qu'elle devra présenter » (14). Mahomet est le « noble Messager [de Dieu], doué de force auprès du Maître du Trône inébranlable » (19-20). Il prévient que sa prophétie « n'est qu'un rappel adressé aux mondes, pour celui d'entre vous qui veut se tenir droit » (27-28).

➡ *Apocalypse, Jugement dernier, Mahomet, Mecque (La), Prophète*

DEGRÉS, LES ☪

Les Degrés (al-Maarij), c'est-à-dire ceux qui accomplissent l'ascension, est le titre de la 70e sourate du Coran. Dieu est le maître de ces degrés, barreaux symboliques d'une échelle pareille à celle de Jacob, patriarche d'Israël, qu'empruntent « les anges et l'Esprit [Djibril, l'ange Gabriel] ». En revanche, ils ne sont pas accessibles aux hommes, parmi lesquels les incrédules seront promis au châtiment de Dieu quand viendra le jour du Jugement.

➡ *Esprit, Gabriel, Israël, Jacob, Jugement dernier, Patriarche*

DÉICIDE ✡ ✝

En 325, le concile de Nicée I proclame que Jésus est le Fils de Dieu. Dès lors se répand une rumeur qui va devenir une certitude : les juifs (dans leur ensemble) n'ont pas seulement commis un « homicide » en faisant condamner Jésus ; pire, ils sont accusés de « déicide ». Cette certitude se fonde donc sur la divinité de Jésus, sur le déroulement de son procès et d'autres éléments comme le cas complexe de Judas Iscariote. Dès le IVe siècle, elle motive, de la part de chrétiens, une série de persécutions contre les juifs, qui se poursuivent notamment pendant les croisades et par les ghettos. En outre, les Tsiganes, peuple issu d'une région mystérieuse d'Orient et arrivé en Europe au XVe siècle, sont accusés d'avoir fourni les clous de la croix !

Le déicide renforce la violence de la judéophobie, fondée, entre autres, sur des prétextes sociaux et politiques, ainsi que la « théorie des races », une ineptie qui, au XIXe siècle, prétend que le genre humain comprend plusieurs races de forces inégales, alors qu'il n'en existe qu'une seule. Jugés inférieurs, les juifs connaissent des périodes dramatiques, comme les pogroms, et surtout la Shoah du XXe siècle.

Mais, en même temps, le déicide a été largement démenti. Au XIXe siècle, un mouvement à l'intérieur du christianisme a banni l'utilisation de ce mot pour caractériser le rôle des juifs dans la condamnation à mort de Jésus. Cette position nette sera ratifiée par le concile Vatican II (1962-1965), soutenue énergiquement par Jean-Paul II, et désormais par l'ensemble de l'Église catholique. Elle corrige cette erreur théologique qui, fondement du déicide, a eu des conséquences aussi terribles qu'irréparables. D'une part, Jésus ne fut pas condamné par l'ensemble des juifs, mais par les responsables religieux de Jérusalem, avec l'aide des Romains. D'autre part, la sentence ne concernait pas un « dieu », mais un homme qui se prétendait Messie, de plus, supérieur à Moïse, considéré comme le porte-parole de Dieu.

➡ *Concile, Église, Fils, Ghetto, Jésus, Juif errant, Judas Iscariote, Messie, Pogrom, Procès de Jésus, Sémite, Shoah*

DÉISME ✡ ✝ ☪

Le déisme, prisé au XVIIIe siècle, avance qu'il existe un Dieu unique et créateur, ou une divinité en général, mais nie qu'il s'est révélé à des hommes, en l'occurrence Moïse, Jésus ou Mahomet. Il ne se reconnaît donc pas dans les religions et leurs dogmes. Le culte de l'Être suprême, instauré pendant la Révolution française, était ainsi d'essence déiste. Bien que ce culte ait disparu, cette notion d'être suprême, d'entité invisible, souveraine et indéfinissable, persiste. En philosophie, le déisme est parfois appelé aussi théisme, ou en est distingué, le théiste cherchant justement à définir Dieu.

➡ *Agnosticisme, Athéisme, Foi*

DÉLIBÉRATION, LA ☪

Composée de 53 versets, *La Délibération (al-Nasr)* est la 42ᵉ sourate du Coran. L'accent est mis d'emblée sur la révélation du Coran et l'urgence, pour les habitants polythéistes de La Mecque (prise par les musulmans en 630), d'adhérer au message de Dieu, le seul maître, sous peine de finir dans le « brasier » (enfer), comme tous les incrédules. Au contraire, les croyants auteurs de bonnes actions, iront aux jardins (paradis). Dieu, aussi exigeant que miséricordieux, détenteur de la véritable justice, réclame leur unité autour du culte, comme il le fit pour Noé, Abraham, Moïse et Jésus. Il sait aussi effacer les fautes quand l'homme fait preuve de repentir, mais l'injustice flagrante et sans remords sera durement punie par les feux de la géhenne (enfer).

➡ *Abraham, Enfer, Esprit saint, Fawatih, Géhenne, Hégire, Jésus, Mahomet, Mecque (La), Médine, Moïse, Noé, Paradis, Révélation*

DÉLUGE ✡

Il s'agit de la grande « inondation » (*diluvium* en latin) envoyée par Dieu pour détruire la Terre envahie par le péché.

La Bible, dans le livre de la Genèse, raconte que le péché, inauguré par Adam et Ève, se répand ensuite dans le monde. Ainsi, leur fils Caïn tue son frère Abel avant d'être banni par Dieu. Puis, ils enfantent Seth d'où descendent Hénoch, Mathusalem et d'autres patriarches. Mais le péché, malgré la piété de ces illustres personnages, gangrène l'humanité et Dieu se décide à envoyer le Déluge (6, 5-9, 17). Toute vie sur Terre doit disparaître. Seul un juste trouve grâce auprès de Dieu : c'est Noé qui, sur ses consignes, construit une arche dans laquelle sa famille et un couple de chaque espèce trouvent refuge. Noé achève son travail en sept jours (durée de la Création) – près de cent vingt ans pour la tradition juive –, et, à peine la porte refermée, le Déluge s'abat. Quarante jours et quarante nuits d'une pluie incessante, dont les vagues soulèvent l'arche, submergent et anéantissent toute forme de vie. Après cent cinquante jours, le vent amorce la décrue de sept mois. Et l'arche finit par se poser sur le mont Ararat (Turquie). Au bout de trois mois commencent à apparaître les sommets des montagnes. Noé lâche alors un corbeau et une colombe qui reviennent pour révéler que la terre est encore gorgée d'eau. Puis la colombe s'envole et revient, un rameau d'olivier dans le bec. Elle repart et disparaît, prouvant par là que la Terre est redevenue habitable. Noé, par ses fils Cham, Japhet et Sem, peuplera le monde. Et Dieu, par ce châtiment, a montré son pouvoir de Créateur, capable de donner la vie et de la retirer. Sachant que l'humanité est imparfaite par nature, il noue avec elle une alliance, la première : les hommes pourront jouir de la nature et il n'enverra plus de déluge. De fait, il se voit ensuite contraint de les punir lorsqu'ils bâtissent la tour de Babel grâce à laquelle ils pensent pouvoir atteindre le ciel…

Le Déluge, punition divine pour une faute majeure commise par les hommes, se retrouve aussi dans de nombreuses mythologies antiques, où il représentait la fin du monde qui se régénère en un nouveau cycle.

De l'avis des chercheurs, les auteurs du récit biblique se sont sans doute inspirés de sources venant de Mésopotamie, plus précisément des Babyloniens, lesquels l'empruntèrent à Sumer, civilisation qui, rappelons-le, inventa l'écriture. La bibliothèque d'Assurbanipal (VIIe siècle av. J.-C.), à Ninive (capitale de l'Assyrie), a fourni un précieux exemplaire de l'ouvrage *Épopée de Gilgamesh*, dont les premiers écrits datent du début du IIe millénaire av. J.-C. À ce récit furent ajoutées d'autres sources, postérieures ou à peu près contemporaines. Ce roi d'Uruk, ville sumérienne, aurait vécu vers 2600 et régné cent vingt-six ans. Dans sa formidable aventure, nous retrouvons le bateau que l'un des dieux demande au héros du déluge, Utanapishtim (« vie de longs jours »), de construire afin d'épargner sa famille et des animaux. La pluie s'abat pendant sept jours ; au huitième, Utanapishtim libère une colombe et une hirondelle qui retournent au navire, puis un corbeau qui, ne revenant pas, montre que le monde est accessible. Le bateau se pose alors sur le mont Nisir, qui correspond au Pir Omar Gudrun, à l'est de Kirkouk, au nord de l'Irak. Utanapishtim, rendu immortel par les dieux, rejoint avec les siens une contrée lointaine où Gilgamesh viendra le rencontrer et écouter son histoire. Cette version du déluge est d'ailleurs proche d'une autre, la plus ancienne connue : celle d'Atrahasîs (« le Très-Sage »).

Le Déluge est évoqué aussi dans le Coran en tant que châtiment divin : « Nous avons envoyé Noé à son peuple. Il demeura avec lui mille ans, moins cinquante ans [dans la Bible, Noé vécut neuf cent cinquante ans] ; puis le déluge les emporta, parce qu'ils étaient injustes », explique par exemple la 29e sourate (chapitre), *L'Araignée*.

➡ *Abel, Adam, Alliance, Arche, Assyrie, Babel, Babylone, Caïn, Cham, Création, Ève, Genèse, Hénoch, Juste, Mathusalem, Noé, Péché*

DÉMON ✡ ✝ ☪

Les Anciens croyaient au *daimôn* (« génie, esprit »), mot grec qui donnera « démon ». Cette créature, bénéfique ou maléfique, intermédiaire entre les dieux et les hommes, était attachée à une personne, un groupe ou une cité dont il influençait le destin.

Pour la Bible, le démon devient forcément mauvais et peut être personnalisé, comme Asmodée et Lilith. Il peut également personnifier des maladies telles que la peste. Dans tous les cas, il réside en des lieux désolés et obscurs, emplis de lourds mystères, à l'image d'Azazel. C'est pourquoi les démons bibliques sont associés aux idoles des dieux étrangers. Puis, à l'approche de l'ère chrétienne, ils prennent les atours d'anges déchus, comme le diable (ou Satan).

C'est dans cette acception diabolique que le Second Testament aborde les démons. Ils envahissent une personne pour la rendre malade au sens mental et physique du terme, et la plupart des miracles de Jésus reviennent à les chasser du corps atteint et à rendre la santé (*salus* en latin) à la victime. Surtout, le démon est un tentateur, toujours prêt à provoquer le péché de l'homme, comme il le fit au paradis avec Adam et Ève. C'est pourquoi il essaie en permanence de contrarier l'œuvre et les bienfaits de Dieu, particulièrement le premier d'entre eux, le diable, qui affronte les armées du ciel dans l'Apocalypse. Comme le souligne ce livre, Jésus viendra mettre fin définitivement au pouvoir de toutes ces forces maléfiques.

En islam, les djinns, êtres invisibles, peuvent faire le bien ou le mal, comme l'homme. S'ils font le mal et tentent les hommes, ils sont des *shayâtîn* (« satans », pluriel de *shaytân*), mot dont la racine évoque le fait de perdre quelqu'un.

➡ *Antéchrist, Apocalypse, Asmodée, Diable, Djinn, Exorcisme, Iblis, Idole, Lilith, Miracle, Péché, Salut, Satan*

DERVICHE ☪

Le mot « derviche », issu du persan *darwish* qui évoque la notion de mendicité (acception la plus courante), désigne les membres d'une confrérie musulmane *(tariqa)* vivant en communauté *(ribat)* autour d'un maître *(cheikh)* et, en effet, le plus souvent voués à la pauvreté *(faqr)*. Ils se rattachent au soufisme, mystique musulmane.

En Occident, ce mot s'est réduit, ce qui n'est donc pas correct, aux Mawlawi, disciples de Mawlana (1207-1273), nom qui signifie « notre maître » en arabe, ou Mevlana en turc. Ce grand soufi, de son vrai nom Jalâl al-Dîn Rûmi, simplement Rûmi, fonda un ordre à Konya, ville sainte de Turquie, où il fut supprimé par l'Atatürk en 1925. Mais les Mawlawi (Mevlana en turc), reconnaissables à leur haute toque et leur long habit, officient encore, en Égypte par exemple. Pour atteindre l'extase, ils commencent par faire trois tours sur eux-mêmes pour se rapprocher de Dieu : le premier représente la *charia*, le deuxième la *tariqa* (chemin emprunté par le mystique musulman), le dernier la *haqiqa* (« vérité »). Les bras tendus, ils entrent dans une danse d'une beauté stupéfiante, la paume droite vers le ciel pour accueillir la grâce, celle-ci étant transmise à la terre par la paume gauche. On trouve aussi, après la psalmodie du Coran, la commémoration de Dieu *(dhikr)*. Cette chorégraphie d'une grande intensité spirituelle leur a valu d'être appelés « derviches tourneurs ».

➡ *Charia, Coran, Cheikh, Dhikr, Faqîr, Grâce, Mystique, Prière, Ribat, Soufisme, Tariqa*

DEUTÉRONOME ✡

Le Deutéronome, écrit après le retour de l'exil des Israélites à Babylone en 538, est le cinquième et dernier livre de la Torah (ou Pentateuque), la Loi divine constituant la première partie de la Bible. Nous trouvons dans ces écrits des lois et des coutumes réunis en un code (chapitres 12-26) que le roi Josias (640-609) utilisa sans doute pour appuyer sa tentative de réforme religieuse au royaume de Juda. Il s'était servi d'un vieux document emporté à Jérusalem par des prêtres après la chute de Samarie (722).

Le Deutéronome, où plane ainsi la menace de l'exil, contient des éléments fondamentaux du judaïsme (comme le Décalogue), regroupés dans trois discours que Moïse aurait tenus devant les Hébreux qui, rassemblés face au Jourdain et au pied du mont Nébo – ou du mont Pisga – (nord-est de la mer Morte, en face de Jéricho), attendaient d'entrer en Terre promise (Canaan). Ces discours évoquent le passé récent, comme la fuite d'Égypte et le mont Sinaï où Yahvé donna à Moïse la Loi qui exprime sa sagesse et qui contient le Décalogue. Ils sont aussi un rappel constant du respect dû à la Torah, qui a permis cette libération, et qui s'affirme comme le gage du bonheur à venir, ou, en cas d'infidélité, du châtiment exemplaire (l'exil). Yahvé, le Dieu unique et le Créateur, le roi du monde, et le peuple qu'il a choisi par amour sont liés par une Alliance qu'il convient de respecter, la Loi et ses exigences étant transmises entre les générations. En retour, Dieu accordera sa protection.

Moïse confie ensuite la conquête de Canaan à Josué. Après avoir loué Yahvé, il gravit le mont Nébo, bénit son peuple, regarde la Terre promise qui envahit l'horizon et meurt. Les siens l'enterrent sur place.

➡ *Alliance, Canaan, Décalogue, Exil, Hébreu, Israélite, Josias, Josué, Jourdain, Juda, Moïse, Sagesse de Dieu, Torah*

DEVÉQOUT ✡

Partant du principe biblique (dans le livre du Deutéronome) que la vie n'est possible que par l'attachement à Dieu, la *devéqout* (« adhésion » en hébreu) est, pour la kabbale, le chemin emprunté dans la prière et les mots qui la composent. On peut ainsi, en se concentrant à l'extrême, élever son âme jusqu'au monde des émanations divines (sefirot), au nombre de dix par lesquelles se manifeste la Présence de Dieu (*Chekhinah*). Il s'agit, on le voit, de la perfection en matière de foi mais accessible à tout juif, lettré ou non.

➡ *Chekhinah, Foi, Kabbale, Mystique, Sefirot*

DHIKR ☪

Le *dhikr* est, en arabe, « l'invocation » ou la « commémoration » du Nom de Dieu, à voix haute ou silencieuse (comme l'oraison), jusqu'à des milliers de fois. Il revient, pour les soufis, mystiques musulmans, à se conformer au Coran qui, à plusieurs reprises, rappelle la nécessité impérieuse de se souvenir de Dieu. « Invoque le Nom de ton Seigneur ; consacre-toi totalement à lui », commande la sourate *Celui qui s'est enveloppé* (73, 8). « Invoquez-moi et je me souviendrai de vous », souligne *La Vache* (2, 152). On retrouve par conséquent le *dhikr* pratiqué par les confréries musulmanes (*tourouq*), où, permettant d'atteindre l'extase, il conduit à l'unité avec Dieu.

➡ *Derviche, Faqîr, Mystique, Prière, Soufisme, Tariqa*

DHIMMI ☪

En terre d'islam, les gens du Livre (*Ahl al-Kitab*), c'est-à-dire les juifs et les chrétiens, étaient appelés aussi *dhimmis* (« protégés » en arabe). Ce statut spécial disparut après la Première Guerre mondiale, les formes anciennes de gouvernement musulman laissant place à des structures plus modernes. Plus ou moins enviable au cours de l'Histoire, la condition de *dhimmi* prévoyait le droit de culte, une hiérarchie conservée, le paiement d'une taxe par tête (*djizya*), le respect du droit musulman en vigueur, mais aussi la conservation de leurs droits canons (règles)... Si des *dhimmis* accédèrent à de hautes responsabilités, d'autres furent marginalisés, voire persécutés, moins cependant que les juifs et les chrétiens jugés hérétiques en Europe, ou les Amérindiens, « païens » du Nouveau Monde.

➡ *Ahl al-Kitab, Canon, Christianisme, Islam, Juif, Livre, Païen*

DHOU AL-HIJJAH ☪

Dhoual-hijjah, 12e et dernier mois du calendrier religieux musulman, est littéralement, en arabe, le « mois du pèlerinage », c'est-à-dire le grand pèlerinage à La Mecque, le Hadj. Le 10 a lieu un autre rendez-vous majeur de l'islam, la « fête du Sacrifice » (aïd al-Adha), car on y commémore le sacrifice d'Abraham, père des croyants. Dhoual-hijjah est en outre l'un des quatre mois sacrés, avec ramadan et mouharram. Le quatrième, dhou al-qidah (le « mois du repos ») en arabe, est le 11e et avant-dernier mois du calendrier.

➨ *Abraham, Aïd al-Adha, Aqédah, Hadj, Islam, Mecque (La), Mouharram, Ramadan*

DHOUL AL-KIFL ☪

Le nom de ce prophète signifie « qui aura la double part ». Il est cité deux fois dans le Coran : dans la sourate *Les Prophètes* (21, 85), avec Idris (l'Hénoch de la Bible) et Ismaël ; dans la sourate *Çad* (38, 48), avec Élisée (prophète d'Israël) et Ismaël. Son identification reste mystérieuse, bien que certains auteurs l'aient associé à Ézéchiel, grande figure du prophétisme biblique.

➨ *Bible, Çad, Coran, Élisée, Ézéchiel, Hénoch, Idris, Ismaël, Israël, Prophète*

DIABLE ✝ ☪

Le diable est « celui qui divise » (*diabolos* en grec, traduction de Satan dans la Septante, version grecque de la Bible). Dans le Second Testament, il est appelé aussi Belzébuth (« prince des démons ») ou Satan (dans l'Apocalypse), c'est-à-dire l'« Adversaire ». Les Pères de l'Église, grands penseurs des premiers siècles de l'ère chrétienne, lui donneront également le nom Lucifer (« porteur de lumière » en latin). La première représentation connue du diable date du IVe siècle, en Égypte, au monastère copte de Baouit, où il n'apparaît pas dangereux. Son portrait effrayant va se dessiner au Moyen Âge. Lié notamment au Jugement dernier, le diable devient le roi du mensonge qui, en provoquant folie et péché, conduit ses victimes vers son royaume, l'enfer, quand il ne les pousse pas vers l'hérésie. L'Église catholique s'en émeut suffisamment pour en préciser la condamnation au concile de Latran IV (1215) : « Le diable et les autres démons ont été créés bons de nature par Dieu, mais ils sont devenus mauvais par eux-mêmes. L'homme a péché par suggestion du diable. » La remise en question de la figure du diable remonte au XVIIIe siècle, celui des Lumières. Ce personnage continuera cependant d'alimenter l'imaginaire littéraire et populaire.

Dans le Coran, le diable est assimilé à la figure d'Iblis, nom propre désignant le père spirituel des satans (*shayâtîn*), ces djinns (êtres invisibles) qui commettent le mal et le prônent.

➨ *Antéchrist, Apocalypse, Belzébuth, Concile, Démon, Djinn, Enfer, Hérésie, Iblis, Satan*

DIACRE ✟

Si Étienne, le premier martyr chrétien (mort vers 36 de notre ère), fut institué diacre par les apôtres, cette fonction, ou diaconat, a évolué depuis la naissance de l'Église. Il ne s'agit pas d'un sous-prêtre, mais d'un véritable « serviteur » (*diakonos* en grec) direct de l'évêque.

Il n'existe pas dans les évangiles de définition du diaconat, et l'apôtre Paul cite souvent ce mot sans en préciser le sens, excepté dans la première épître à Timothée (2, 8-13) : « Les diacres, eux aussi, seront des hommes dignes, n'ayant qu'une parole, modérés dans l'usage du vin, fuyant les profits déshonnêtes. [...] Les diacres doivent être maris d'une seule femme, savoir bien gouverner leurs enfants et leur propre maison. » Dès la première Église, en expansion, les apôtres s'entourent de deux fonctions qui semblent alors identiques : prêtres et diacres. C'est du moins ce que supposent certains chercheurs, en s'appuyant sur Les Actes des apôtres (6, 1-6) rapportant une « institution des Sept » dirigée par Étienne et comprenant : Philippe, Prochore, Nicanor, Timon, Parménas et Nicolas. Ils furent dévolus aux chrétiens de culture grecque qui se plaignaient que leurs veuves fussent négligées « dans le service quotidien ». Il s'agissait de « sept hommes de bonne réputation [...] et nous les préposerons à cet office. [...] On les présenta aux apôtres et, après avoir prié, ils leur imposèrent les mains. »

Le diacre fut d'abord chargé de tâches illustrant la charité et la fraternité chrétiennes, comme le soutien aux malades et aux malheureux, la trésorerie de l'église, et bien sûr le service liturgique (partage des offrandes, aide au cours de la communion, administration du baptême...). Mais, si les diacres devinrent souvent des évêques, le diaconat déclina au fil du temps, sans doute en raison d'un nombre suffisant de prêtres. En effet, le diaconat fut considéré comme une étape vers la prêtrise, jusqu'au concile Vatican II (1962-1965) qui décida de lui redonner sa nature première et un rôle permanent – pour pallier le manque de prêtres dû, entre autres, à l'obligation de célibat, disent certains. Ainsi, le diaconat est l'un des trois ministères donnés par ordination sacramentelle (conformément à l'époque des apôtres), avec l'épiscopat (évêque) et le presbytérat (prêtrise). Les diacres, formés pendant trois à cinq ans, peuvent baptiser, donner la communion (eucharistie), présider les cérémonies de mariage et d'enterrement. Ils ont toujours le droit d'être mariés, mais à « une seule femme » (un veuf ne peut se remarier). Le diaconat a pris une ampleur notable depuis ce concile. En revanche, il n'est plus accessible aux femmes, bien qu'il existât des diaconesses (aux fonctions moins larges) dans l'Église des premiers siècles, surtout en Orient.

Le diaconat, auquel les anglicans accordent la même importance, est également en vigueur chez les orthodoxes (ainsi la porte qui lui est réservée dans l'iconostase), et dans certaines Églises protestantes qui, toutefois, ne lui accordent pas la dimension sacramentelle.

➡ *Apôtre, Étienne, Évêque, Iconostase, Ordination, Philippe, Prêtre, Sacrement*

DIASPORA ✡

Depuis plus de deux mille cinq cents ans, les juifs n'ont cessé d'être sujets à la « dispersion » (*diaspora* en grec), soit à l'extérieur de la terre *(erets)* d'Israël. Ces implantations étrangères, qui motivèrent l'espoir du retour *(aliya)*, se firent pour diverses raisons, les principales étant l'exil *(galout)*, comme celui des habitants de Juda à Babylone au VIe siècle av. J.-C., les guerres, mais aussi la volonté de propager le judaïsme hors de ses frontières d'origine. Nous trouvons ainsi des communautés juives établies en Égypte après les conquêtes d'Alexandre (IVe siècle av. J.-C.) dont fait partie Israël, à Rome dès le IIe siècle avant notre ère. Des livres de la Bible, comme celui de Jonas, font clairement référence à ces communautés, pieuses et actives, dont les membres ont aussi le droit d'être considérés comme juifs, même en dehors d'Israël. À partir de Jésus, puis de la révolte juive aboutissant à la destruction du temple de Jérusalem, en 70, la dispersion devait s'accentuer.

En effet, la Diaspora obéit à une seconde cause : les persécutions entamées au Moyen Âge par les royaumes européens, et les expulsions des XIVe et XVe siècles qui poussent des juifs (dont les marranes d'Espagne) à se réfugier dans d'autres pays, notamment musulmans. À cela s'ajoutent les ghettos, les pogroms des XIXe-XXe siècles et la Shoah. La Diaspora a cependant abouti à l'émergence des deux grandes familles du judaïsme : les Achkénazes (Europe centrale et de l'Est) et les Séfarades (juifs du bassin méditerranéen).

Nous trouvons aussi de très anciennes communautés dont l'implantation est parfois étonnante. L'Éthiopie abrite par exemple les Beta Israël (« Maison d'Israël » en guèze, langue éthiopienne classique). L'origine de cette communauté noire est imprécise et pourrait remonter à l'Antiquité. Ils seraient les descendants des dix tribus perdues d'Israël, lesquelles composaient le royaume de Samarie avant sa destruction en 722 av. J.-C. par les Assyriens – les deux autres tribus étaient celles de Juda. La population fut déportée, et sa trace se perdit. Le rite pratiqué par ces juifs noirs d'Afrique est indiscutablement très ancien, datant sans doute d'avant l'exil à Babylone en 587 av. J.-C. – nous possédons un *Livre d'Hénoch* en éthiopien. Ils suivent une Bible traduite en guèze et n'acceptent pas l'autre nom qui leur est donné, Falachas (« étranger », « émigré » en guèze). En 1985, un pont aérien permit l'installation de quinze mille d'entre eux en Israël. L'Éthiopie est également exemplaire car elle possède l'une des plus anciennes Églises chrétiennes, l'évangélisation datant de 320, de la part d'un certain Frumentius, appelé Abba Salama (« père de la paix ») par les Éthiopiens. Quant à l'islam, il s'implanta sur la côte (actuel Érythrée) dès son origine au VIIe siècle.

L'Inde est aussi la terre d'élection de quatre communautés juives. Les juifs de Cochin, répartis en *paradesi* (« juifs blancs » venus au XVIe siècle de la péninsule Ibérique) et *malabari* (« juifs noirs » arrivés avant l'ère chrétienne), se sont intégrés à la tradition indienne, au point d'adopter autrefois le principe des castes (aboli en Inde après 1947, date de l'Indépendance). Les dix tribus perdues sont également revendiquées par les trois communautés juives d'Inde. Issus de l'Exil de 587 av. J.-C., les Baghdadi, implantés en Irak depuis cette époque, parviennent progressivement en Inde, surtout au XIXe siècle. Proches des Anglais, qui ont encouragé leur émigration, ils les suivent en Grande-Bretagne après 1947. Les quelques Baghdadi restant en Inde se concentrent à Bombay. Les dix tribus perdues sont revendiquées par deux autres communautés juives d'Inde : la première, les Mizos, arrivée dans la seconde moitié du XXe siècle, vit près du Myanmar (Birmanie) et prétend descendre de la tribu de Manassé ; la seconde, de loin la plus importante, est celle des Bene Israël (« Fils d'Israël »), qui vivent depuis très longtemps le long de la côte du Konkan, entre Calicut et Kochi (Cochin). D'après leur tradition, ils y auraient débarqué à la suite d'un naufrage, les quelques survivants (sept femmes et sept hommes) ayant perdu tous les livres de prières et les rouleaux de la Torah dans la catastrophe. Ils ne se souvenaient que du *Chema Israël*.

La Diaspora juive, dont la plus importante communauté réside aux États-Unis, est aujourd'hui nettement plus nombreuse que la population de l'État d'Israël. Au sens large, le mot « diaspora » peut s'appliquer aussi aux musulmans aujourd'hui dispersés dans le monde occidental, à la faveur de l'émigration politique, économique, voire humanitaire.

➡ *Aliya, Achkénaze, Exil, Hénoch, Jonas, Juda, Marrane, Saba, Samarie, Séfarade, Temple, Torah*

DIBBOUK ✡

En Europe de l'Est apparaît, au XVIIIe siècle, le mot de *dibbouk* (« attachement » en hébreu). Il désigne en fait une notion beaucoup plus ancienne, celle de démons investissant un corps, à l'image de ceux que Jésus expulse par ses miracles, ou encore les cas de possession décrits dans la Bible – celui du roi Saül, par exemple. La manifestation du dibbouk est peut-être inspirée de la kabbale, la mystique juive qui insiste sur la valeur symbolique de l'alphabet sacré. Une personne, nécessairement coupable de péché, peut être ainsi habitée par cet esprit mauvais qui, la déstabilisant et s'emparant de son âme, la plonge dans un profond désarroi spirituel. Le dibbouk correspond en effet à une âme qui, selon un thème de la kabbale, n'est pas passée dans un autre corps après la mort, conformément au phénomène de la transmigration des âmes. La victime parle d'une voix différente et la seule manière de la débarrasser du dibbouk est de procéder à un exorcisme.

➡ *Démon, Exorcisme, Kabbale, Miracle, Mystique, Péché, Saül*

DIEU ✡ ✝ ☪

L'humanité, dès la préhistoire, a eu besoin de supports divins, comme l'attestent les peintures des cavernes ou les représentations sculptées de femmes (symbole de fécondité et de vie), appelées les « Vénus ». Avec l'instauration du polythéisme, égyptien, grec, mésopotamien ou encore romain, déesses et dieux (noms communs) reçurent des noms ; des légendes en racontèrent les relations et les pouvoirs. Au Dieu unique des trois religions monothéistes, ce principe, très humain, ne peut s'appliquer. En effet, prononcer un nom revient à connaître et à reconnaître celui qui le porte. Et le « Nom » (propre) de Dieu reste un mystère, une puissance exigeant crainte et respect, amour et foi. Ainsi, les juifs s'interdisent depuis plus de deux mille ans de le prononcer. Les musulmans, eux, accordent une infinité de Noms à Dieu, dont Allah, le Véridique, qui les contient tous. Le Coran évoque par exemple « les plus beaux Noms de Dieu » *(al-asmâ' Allâh al-husnâ)* – l'idée selon laquelle Dieu possède 99 Noms est répandue mais non fondée ; certes, un hadith mentionne ce chiffre, mais pas de manière restrictive. Seigneur, Tout-Puissant, Très-Haut, Sabaot ou Yahvé... Dieu, pour juifs, chrétiens et musulmans, est le Créateur, celui qui voit tout, sait tout, dirige les hommes et les nations, et qui, en retour de son amour incommensurable, exige le respect de ses commandements pour le bonheur de tous, ici-bas et dans le monde éternel.

Sur un plan strictement linguistique, le nom « dieu », commun ou propre, doit pourtant beaucoup aux polythéismes antiques. Il a en effet pour racine l'indo-européen *dei*, qui signifie « briller » – les Indo-Européens se répartirent de l'Inde, leur berceau, jusqu'en Europe de l'Ouest, d'où leur nom, et produisirent des traditions culturelles et religieuses possédant de formidables points communs. Cette racine donna aussi *dyew* (« lumière terrestre »), à l'origine de Dyaus (« ciel » en sanscrit), le « père céleste » (Dyaus Pita) de la mythologie hindoue. De *dyew* viennent aussi le nom de Zeus (dieu souverain de la mythologie grecque), celui de Jupiter, pendant romain de Zeus, qui peut être traduit par « jour-père du ciel lumineux », et celui de Tyr, « dieu de la guerre » dans la mythologie germano-nordique et premier dieu principal avant Odin – Tyr est, par exemple, à l'origine du « mardi » anglais *(tuesday)*, allemand *(Dienstag)* et suédois *(tisdag)*. Toujours en latin, *deus* (« dieu ») dérive également du *dei* indo-européen, et *dies* (« jour ») est issu du *dyew*.

➡ *Adonaï, Allah, Baal, Charité, El, Élohim, Jéhovah, Sabaot, Seigneur, Très-Haut, Yahvé, YHWH*

PETIT LEXIQUE DIVIN

FOR. Le sens commun de « for » (du latin *forum*, « place publique ») est « tribunal » ; le « for intérieur » est donc le « tribunal de la conscience ». Dans l'Église catholique, le for prend deux dimensions qui engagent chacune une responsabilité particulière. Elles sont distinctes mais étroitement liées, allant parfois jusqu'à s'influencer : le « for interne » (d'où vient « for intérieur », le plus profond de soi-même) concerne la relation intime (et invisible) d'une personne avec Dieu et avec sa conscience ; le « for externe », lui, est le rapport avec le monde, dont les manifestations sont visibles et qui tombe ainsi sous le coup de la loi ecclésiastique.

MONOTHÉISME. Du grec *mono* (« un ») et *theos* (« dieu »). Le monothéisme est donc la croyance en un Dieu unique.

POLYTHÉISME. Du grec *poly* (« plusieurs ») et *theos* (« dieu »). Au contraire du monothéisme, le polythéisme, en vigueur dans l'Antiquité, mais aussi dans certaines religions actuelles (hindouisme, shintoïsme...) repose sur la croyance en plusieurs dieux, et non pas en un seul.

THÉOLOGIE. Le mot « théologie » apparaît pour la première fois dans *La République* de Platon (428-348). C'est étymologiquement le « discours sur Dieu » ou la « doctrine de Dieu » (du grec *theos* et *logos*), c'est-à-dire l'ensemble des matières qui étudient la religion (juive, chrétienne ou musulmane). Elle concerne trois grands domaines : les Livres sacrés, le dogme et la morale (vérités que l'on ne peut pas mettre en doute) et la tradition orale ou écrite (par exemple, certains passages de la Michnah juive, les hadith musulmans, les décrets des conciles pour les Églises chrétiennes). Il s'agit, pour l'homme, d'étudier Dieu et les relations qui les unissent, ainsi que l'univers, à travers différents thèmes, auxquels les recherches historiques et archéologiques ont apporté de précieux renseignements.

VOCATION. Le mot vocation (du latin *vocare*, « appeler ») n'a pas le même sens que celui de « conversion ». Il est appliqué à tous les appels de Dieu (Abraham, les prophètes, les disciples de Jésus et même tous les chrétiens et tous les musulmans). Dans l'Église catholique, il concerne plus spécifiquement ceux qui sont appelés, par Dieu ou par l'Église, à entrer dans le ministère sacerdotal et/ou dans un ordre religieux (on dit alors « avoir la vocation », c'est-à-dire être appelé ou se sentir appelé).

DIMANCHE ✠

Le christianisme, comme le judaïsme avec le shabbat, possède un jour sacré et chômé dans la semaine. Son étymologie latine, *dies dominicus*, l'indique : dimanche est le « jour du Seigneur », jour que les évangiles présentent comme celui de la résurrection de Jésus, fondement de la foi pour les chrétiens. « Après le jour du shabbat, comme le premier jour de la semaine commençait à poindre », relate Matthieu (28, 1). Il est le repos hebdomadaire (officiel depuis 312), symbole repris au shabbat pour signifier que Dieu se reposa au septième jour de la Création. Il est aussi, pour les croyants, une occasion d'aller à la rencontre de Dieu et du Christ, au cours de la messe (eucharistie). Dès l'époque des apôtres, le dimanche, premier jour de la semaine, se substitua peu à peu au shabbat dont il garda le rythme : il commençait la veille (samedi) au coucher du soleil pour se terminer le lendemain au même moment, selon la définition alors habituelle des jours.

Le Second Testament confirme à plusieurs reprises cette place du dimanche. Dans l'Apocalypse attribuée à l'apôtre Jean, celui-ci déclare : « Je tombai en extase, le jour du Seigneur » (Ap 1, 10). Quand l'apôtre Paul se trouve à Troas, sur la mer Égée : « Le premier jour de la semaine [dimanche], nous étions réunis pour rompre le pain [eucharistie] », écrit l'auteur des Actes des apôtres (20,7). Dans sa première épître aux Corinthiens, le même Paul recommande : « Que le premier jour de la semaine, chacun de vous mette de côté chez lui ce qu'il aura pu épargner, en sorte qu'on n'attende pas que je vienne pour recueillir les dons » (16,2).

Le dimanche remplaça aussi l'ancien culte que les Romains vouaient au Soleil ; de même que les juifs, ils en faisaient le premier jour de la semaine. En dehors de son rôle hebdomadaire dans le calendrier, il marque de grandes fêtes chrétiennes : Rameaux, Pâques et Pentecôte par exemple.

➡ *Apocalypse, Apôtre, Eucharistie, Évangiles, Messe, Pâques, Pentecôte, Pessah, Rameaux, Résurrection, Shabbat, Seigneur*

DÎME ✡ ✝ ☪

La dîme (*maaser* en hébreu) est inscrite dans le livre de la Genèse de la Bible, où le patriarche Abraham la verse à Melchisédech (« mon roi est la justice »), souverain de l'antique Jérusalem. Il s'agissait, dans l'ancien Israël, de payer le dixième (*decima* en latin, qui a donné « dîme ») des récoltes et du bétail aux prêtres et aux lévites du temple de Jérusalem, afin de remercier Dieu. L'ordre Zeraïm de la Michnah s'est intéressé de plus près aux modalités de la dîme, notamment le traité Péah, dîme pour les pauvres. Après la destruction du Second Temple, en 70 apr. J.-C., cette mesure fut abandonnée et n'est plus appliquée aujourd'hui par la Diaspora juive. En revanche, certains milieux religieux organisent une forme de dîme dans l'État d'Israël, la réservant à différents usages.

Le principe de la dîme agricole fut repris par l'Église catholique afin de financer les lieux de culte et le clergé, conformément à l'usage des premiers siècles du christianisme, où chacun s'acquittait d'une participation pour l'entretien et le fonctionnement de la communauté. Dans le Second Testament, on trouve d'ailleurs mention d'un concours financier dans la première épître aux Corinthiens de Paul : « Ne savez-vous pas que les ministres du temple vivent du temple, que ceux qui servent à l'autel partagent avec l'autel ? » (9, 13.) Aux IVe et Ve siècles, ne pas payer la dîme entraînait désormais la punition de l'anathème ou l'excommunication. Cet impôt fit l'objet d'une législation plus précise en 585, au concile de Mâcon. Imposée bientôt à tous les pays chrétiens, la dîme concerna aussi bien les revenus que l'agriculture. Son produit, recueilli par les dîmiers (souvent mal accueillis), était remis à l'évêque (plus tard aux curés de paroisse) qui le répartissait, dans son diocèse, entre lui-même, les pauvres, les clercs et les lieux de culte. Abolie dans les pays qui la pratiquaient, elle fu supprimée en France sous la Révolution.

En islam, la *zakat* (aumône légale) est à rapprocher de la dîme.

➡ Anathème (Lois de l'), Concile, Église, Évêque, Excommunication, Lévite, Michnah, Prémices, Prêtre, Temple, Zakat, Zeraïm

DIONYSOS ✡

Dionysos était, dans la mythologie grecque, celui de la vigne, du vin, des réjouissances. Il était au centre de mystères, les dionysies, qui remportaient un grand succès, notamment à Athènes. Indissociable, donc, de la culture hellénistique, il est logique de retrouver son empreinte en Égypte et au Proche-Orient, à la faveur des conquêtes grecques d'Alexandre le Grand (356-323). La langue grecque se répand, en même temps que sa culture. À partir de l'an 200, la Palestine est sous la coupe des Séleucides, dynastie issue du général Séleucos, l'un des héritiers d'Alexandre. Or, en 167, le roi séleucide Antiochus IV Épiphane (175-163) commet plusieurs impairs graves envers les juifs. Par exemple, il veut les obliger à pratiquer les dionysies : « Le roi envoya Géronte l'Athénien pour forcer les juifs à enfreindre les lois de leurs pères et à ne plus régler leur vie sur les lois de Dieu, pour profaner le temple de Jérusalem et le dédier à Zeus Olympien, et celui du mont Garizim [sanctuaire de Samarie, concurrent du Temple] à Zeus Hospitalier, comme le demandaient les habitants du lieu. L'invasion de ces maux était, même pour la masse, pénible et difficile à supporter. Le sanctuaire était rempli de débauches et d'orgies par des païens [gentils, ou non-juifs] qui s'amusaient avec des prostituées et avaient commerce avec des femmes dans les parvis sacrés, et qui encore y apportaient des choses défendues. L'autel était couvert de victimes illicites, réprouvées par les lois. Il n'était même pas permis de célébrer le shabbat, ni de garder les fêtes de nos pères, ni simplement de confesser que l'on était juif. On était conduit par une amère nécessité à participer chaque mois au repas rituel, le jour de la naissance du roi et, lorsque arrivaient les fêtes dionysiaques, on devait, couronné de lierre [l'une des plantes sacrées de Dionysos], accompagner le cortège de Dionysos », rapporte le second livre des Maccabées (6, 1-7).

Tous ces événements, et d'autres, provoquent la révolte des Maccabées, menée par Mattathias, puis par son fils Judas. Mais les juifs n'en ont pas fini avec Dionysos. Nicanor, l'un des chefs des armées d'Antiochus, sévit aussi sous le règne du roi suivant, Démétrius Ier Sôter (162-150) : « Nicanor leva la main droite vers le Temple et affirma avec serment : "Si vous ne me livrez pas Judas enchaîné, je raserai cette demeure de Dieu, je détruirai l'autel, et, au même endroit, j'élèverai à Dionysos un sanctuaire splendide" », menace-t-il (2 Mc14, 33). Il est battu dans un combat et meurt. Au final, les Maccabées chassent les Séleucides et instaurent une certaine indépendance, jusqu'en 63, date de l'arrivée des Romains, déjà présents dans la région.

➡ *Autel, Gentil, Maccabées (Livres des), Mystère, Samaritain, Shabbat*

DISCIPLE ✡ ✝ ☪

Le disciple, femme ou homme, est l'« élève » (*discipulus* en latin) d'un maître qui lui enseigne son savoir et, en matière religieuse, le contenu de la foi (ou discipline). Sans disciples, les trois religions monothéistes n'auraient pu se répandre, convertir, exister. Ce sont eux qui transmirent aussi bien les écrits de la Bible que les paroles (*logoi* ; singulier : *logos*) de Jésus dans les évangiles, et, pour l'islam, qui diffusèrent le Coran et la Tradition (hadith).

En outre, la discipline est, dans l'acception chrétienne la plus courante, l'enseignement qu'un maître transmet effectivement à son disciple (Jésus et les apôtres par exemple), et, plus rarement, le respect d'un règle édictée, comme celles du monachisme, ou bien le droit canon élaboré par l'Église catholique.

➡ *Bible, Coran, Évangiles, Hadith, Livre, Testament*

DISCUSSION, LA ☪

La Discussion (al-Mujadala), 58e sourate du Coran, commence par ces versets : « Dieu a entendu les propos de celle qui discutait avec toi au sujet de son époux, et qui se plaignait à Dieu. Dieu entendait votre conversation – Dieu est celui qui entend et voit. » En effet, Dieu met en garde celui qui chasse injustement son épouse et qui devra, par exemple, nourrir soixante pauvres, l'aumône purifiant le cœur et la foi. Car toute mauvaise pensée, tout péché, produit du démon, sera compté au jour du Jugement ; les incrédules, les « partisans du démon », finiront dans les flammes éternelles de la géhenne (enfer), et les « partisans de Dieu » connaîtront l'immortalité dans les jardins merveilleux (paradis).

➡ *Aumône, Démon, Géhenne, Jugement dernier, Paradis, Péché*

DISPUTATIO ✡ ✝

La *disputatio*, mot venant de « disputer » (du latin *disputare*, « discuter »), est un débat engageant des représentants de religions différentes, chacun défendant les articles de sa foi tout en tentant d'en démontrer la prééminence sur les autres. L'Histoire fut ainsi émaillée, dès le Ier siècle, de grandes disputatios, les plus importantes se situant au Moyen Âge où elles engageaient des juifs et des chrétiens ou des juifs apostats. Par exemple, Nahmanide (1194-1270), grand érudit juif de Gérone, en Catalogne, s'opposa à Pablo Christiani, juif converti au catholicisme. La disputatio se déroula à Barcelone, en présence du roi Jacques Ier, qu'il servait, et d'une assistance. Bien que vainqueur au bout de quatre jours de débat ininterrompu, Nahmanide dut fuir en Palestine, accusé d'être antichrétien par les Dominicains, lesquels avaient pourtant provoqué la disputatio !

➡ *Apostasie, Foi*

DJAMÂ'A ☪

Attesté dès les premiers temps de l'islam (notamment dans l'hanbalisme, l'une des quatre écoles juridiques de l'islam sunnite), mais absent du Coran, le terme *djamâ'a* est présent dans de nombreux hadith. Évoquant l'idée de collection, il est une autre désignation de la « communauté des croyants » *(oumma)*. Il doit se comprendre dans un sens strictement religieux, et donc n'englobe pas les incrédules, et même ceux qui procèdent à des changements *(bidah)* jugés très hétérodoxes, c'est-à-dire contraires à l'orthodoxie, la véritable voie. On le trouve dans l'assemblée *(yawm al-djamâa)* réunie pour la prière du vendredi, ou encore dans l'appellation arabe des sunnites *(ahl al-sunna wa al-djamâa*, les « gens de la Sunna et de la communauté »).

➡ *Bidah, Hanbalisme, Hadith, Orthodoxe, Oumma, Sunna, Vendredi (prière du)*

DJIHAD ☪

Le mot arabe *djihad* (« effort » sur soi-même et dans la voie d'Allah) a souvent été interprété comme la « guerre sainte », qui impliquerait massacres, servitudes et autres atteintes aux droits des peuples. Certes, le djihad a correspondu à des combats, mais ce serait le réduire à une seule dimension, même si celle-ci est revendiquée par certains groupes extrémistes et très minoritaires. Ces luttes armées du passé doivent donc être resituées dans leur époque historique. Dans le Coran, les appels au combat s'inscrivent dans un contexte guerrier hostile à la nouvelle religion. Cette vive opposition visait à l'extermination de l'islam. Il faut donc le comprendre dans le sens d'un djihad défensif.

Il existe en effet, dans la tradition musulmane, deux catégories de djihad.

Le djihad mineur *(al-jihad al-asghar)* est le combat physique servant à défendre la foi, l'intégrité et l'intérêt de la communauté de l'islam lorsque celle-ci est attaquée. Il ne s'agit donc pas d'obliger quiconque à embrasser la religion musulmane. Ainsi, plus d'un verset du Coran, Livre sacré de l'islam, attestent que contraindre par la force un non-musulman à se convertir non seulement n'a aucun sens, mais est contraire à la volonté de Dieu : « Si Dieu l'avait voulu, il aurait fait de vous une seule communauté », énoncent les sourates (chapitres) *La Table servie* (5, 48) et *Les Abeilles* (*al-Nahl* 16, 93).

Le djihad majeur *(al-jihad al-akbar)* correspond, quant à lui, à un combat spirituel et moral afin d'atteindre la rectitude et la vertu : « Pas de contrainte en religion ! » clame *La Vache* (2, 256). Car « si ton Seigneur l'avait voulu, tous les habitants de la terre auraient cru », souligne *Jonas* (10, 99). Ceux qui répondent au djihad sont alors animés de l'*ikhlas*, la « sincérité » en matière de foi, la « dévotion pure », qui permet de s'abandonner totalement à Dieu. L'*ikhlas* est aussi inscrite dans toutes les grandes figures de l'islam, leurs différents rôles n'ayant été possibles qu'avec la présence de Dieu.

Le djihad se range parmi les obligations *(fard)* au service de la communauté, dites aussi « de suffisance » *(fard al-kifaya)*. En effet, les « combattants du djihad » *(moudjahidin)*, nécessairement des hommes adultes, doivent être en nombre suffisant et ne s'engager que si la lutte est justifiée sur le plan religieux, et la victoire possible. Ils font ainsi preuve de dévotion (*ikhlas* donc) et montent directement au paradis quand ils tombent au combat – chacun est alors un martyr (*shahid*, « témoin »). L'islam étant par essence la religion véritable, il s'agit de lui gagner des territoires, de chercher à convaincre les non-croyants en général (athées ou agnostiques) de sa justesse et de laisser les gens du Livre *(Ahl al-Kitab)*, juifs et chrétiens, qui ne veulent pas se convertir, libres de culte (ils sont alors *dhimmis*, « protégés »). Mais le djihad devient une obligation « personnelle » *(fard al-ayan)* – comme la *zakat* (aumône) – quand l'islam est menacé et agressé : « Dieu prend la défense des croyants ; Dieu n'aime pas le traître incrédule. Toute autorisation de se défendre est donnée à ceux qui ont été attaqués parce qu'ils ont été injustement opprimés [...] et à ceux qui ont été chassés injustement de leurs maisons. [...] Si Dieu n'avait pas repoussé certains hommes par d'autres, des ermitages auraient été démolis, ainsi que des synagogues, des oratoires et des mosquées où le Nom de Dieu est souvent invoqué. Oui Dieu sauvera ceux qui l'assistent », stipule par exemple la 22e sourate *(Le Pèlerinage*, 22, 39-40).

➡ *Abeilles (Les), Ahl al-Kitab, Anathème (Loi de l'), Aumône, Conversion, Coran, Dhimmi, Fard, Ikhlas, Martyr, Zakat*

DJINN ☪

Les chercheurs pensent aujourd'hui que la croyance aux djinns existait avant l'islam. Les djinns, génies invisibles aux humains, ont été créés par Dieu : « Il a créé l'homme d'argile, comme la poterie ; Il a créé les

Djinns d'un feu pur [sans fumée] », rapporte la 55e sourate du Coran, *Le Miséricordieux* (14-15). « Le Feu est votre demeure ! Vous y demeurerez durablement *[khâlidîna]*, à moins que Dieu ne le veuille pas » (6, 128, *Les Troupeaux*). La sourate 72 leur est consacrée.

Les djinns, féminins ou masculins, peuvent adopter les formes les plus originales pour se rendre visibles, croire en une religion ou non, mais ils doivent reconnaître le Coran. Ils disputent aux hommes, qu'ils envoûtent, l'amour de Dieu. S'ils occupent, avec ces derniers, les « deux charges » (ou *al-thaqalan*, 55, 31) du monde, ils n'ont cependant pas le pouvoir de connaître les mystères de l'avenir (34, 14, *Les Saba*). « Nous avons destiné à la géhenne [enfer] un grand nombre de djinns et d'hommes », rappelle *Al-'Araf* (7, 179).

Plutôt associés au mal (« Nous avons suscité, à chaque prophète, un ennemi : des hommes démoniaques et des djinns » 6, 112), ils possèdent leurs « prophètes choisis parmi vous » (6, 130) et sont parfois bénéfiques. Ainsi, ils assistent Salomon qui sait les soumettre : « Les armées de Salomon, composées de Djinns, d'hommes et d'oiseaux furent rassemblées et placées en rangs » (27, 17, *Les Fourmis*) ; « Certains djinns étaient à son service avec la permission de son Seigneur » (34, 12).

➡ *Ange, 'Araf (Al-), Coran, Géhenne, Iblis, Islam, Miséricorde, Saba, Salomon, Satan*

DOCÉTISME ✝

Apparu dès la fin du Ier siècle et développé aux IIe et IIIe siècles, le docétisme (du grec *dokeîn*, « paraître »), fut considéré comme une hérésie par l'Église chrétienne. Il avançait que Jésus n'avait pas été un être humain à part entière mais une sorte « d'apparition » qui, étant donné son immatérialité, avait échappé aux souffrances et autres réalités réservées aux hommes. Il mettait ainsi à mal l'incarnation de Dieu en Jésus son Fils, laquelle nécessite une enveloppe humaine, donc matérielle, mais aussi la Résurrection et l'Ascension de Jésus au ciel. Le docétisme fut combattu par l'Église en même temps que le gnosticisme qu'il avait nourri au IIIe siècle.

➡ *Ascension, Fils, Gnosticisme, Hérésie, Incarnation, Résurrection, Trinité*

DOCTEUR DE L'ÉGLISE ✠

Au contraire des Pères, les Docteurs, hommes ou femmes tous canonisés, sont désignés par l'Église catholique en raison de l'exemplarité de leur vie, de leurs écrits, de leur foi et de leur richesse intérieure. Issus de l'Occident comme de l'Orient, ils jalonnent l'histoire du christianisme auquel ils ont apporté, par leurs réflexions et leurs œuvres, de profondes pensées théologiques. Les premiers sont également Pères, et, de ce fait, appartiennent à la période « patristique » (jusqu'au VIIIe siècle), comme Jérôme (347-420), auteur de la Vulgate, traduction latine de la Bible, Augustin (354-430) acteur du monachisme et l'un des plus grands théologiens, notamment pour ses *Confessions*. Viennent ensuite les figures du Moyen Âge, dont Thomas d'Aquin (1226-1274), autre éminent théologien catholique, les docteurs de la Renaissance (François de Sales, Thérèse d'Avila…), et ceux de l'époque moderne. Parmi ces derniers, Thérèse de Lisieux (1873-1897), par-delà les convictions religieuses de chacun, a laissé des témoignages bouleversants et d'une humanité profonde, à l'égal de son : « J'entre dans la vie », prononcé juste avant de mourir. Elle a été faite docteur en 1997. Aujourd'hui, plusieurs cas d'accession au titre de docteur sont à l'étude.

➡ *Église, Monachisme, Père de l'Église, Théologie, Vulgate*

DATES D'ATTRIBUTION DU TITRE DE DOCTEUR

1295 : Ambroise (339-397), Augustin (354-430), Jérôme (347-420), Grégoire le Grand (pape, 590-604)

1568 : Athanase (296-373), Basile le Grand ou de Césarée (330-379), Grégoire de Nazianze (329-389), Jean Chrysostome (vers 345-407), Thomas d'Aquin (1226-1274).

1586 : Bonaventure (1221-1274).

1720 : Anselme de Cantorbéry (1033-1109).

1722 : Isidore de Séville (560-636).

1729 : Pierre Chrysologue (vers 400-450).

1754 : Léon le Grand (pape 440-461).

1829 : Pierre Damien (1007-1072).

1830 : Bernard de Clairvaux (1090-1153).

1851 : Hilaire de Poitiers (315-368).

1871 : Alphonse de Liguori (1696-1787).

1877 : François de Sales (1567-1622).

1883 : Cyrille d'Alexandrie (376-444), Cyrille de Jérusalem (315-386), Jean Damascène (vers 650-753).

1899 : Bède le Vénérable (673-735).

1920 : Éphrem le Syrien (306-373).

1925 : Pierre Canisius (1521-1597).

1926 : Jean de la Croix (1542-1591).

1931 : Albert le Grand (vers 1200-1280), Robert Bellarmin (1542-1621).

1946 : Antoine de Padoue (1195-1231).

1959 : Laurent de Brindisi (1559-1619).

1976 : Thérèse d'Avila (1515-1582).

1976 : Catherine de Sienne (1347-1380).

1997 : Thérèse de l'Enfant-Jésus et de la Sainte-Face, dite « Thérèse de Lisieux » (1873-1897).

DOCTRINE ✝

La doctrine est un « enseignement » (du latin *doctrina*) de l'Église destiné à cerner et à expliquer la foi qu'elle nourrit ainsi dans ses multiples aspects et manifestations, comme les sacrements et même le domaine social. La doctrine fondamentale du christianisme est bien entendu l'Évangile, la « Bonne Nouvelle » annoncée par Jésus. Lorsqu'une doctrine de foi est définie de manière solennelle, elle devient un dogme.

➡ *Foi, Dogme, Évangile, Jésus, Sacrement*

DOGME ✝

Dès les premiers temps du christianisme est apparue la nécessité de fixer des vérités fondamentales de la foi, afin, notamment, de faire barrage aux hérésies : ce sont les dogmes, c'est-à-dire une « croyance » qu'il est obligatoire de professer, « ce qui est bon » (*dogma* en grec). C'est ainsi que le concile de Nicée I (325) élabora le Credo, exprimant l'essentiel du contenu de la foi, notamment que « le Saint-Esprit procède du Père ». Le concile de Constantinople I (381) développa ce Credo. Après la séparation de l'Orient orthodoxe et de l'Occident catholique, en 1054, ce dernier poursuivit seul la définition de ces dogmes. Aujourd'hui, le dogme est plus précisément une doctrine de foi définie lors d'un magistère (enseignement) extraordinaire de l'Église catholique. Les dogmes étant, pour l'Église, des chemins à suivre, et pour ses détracteurs des vérités imposées sans recours possible, les plus récents, nés de croyances anciennes, ont provoqué de grandes polémiques, notamment de la part des autres chrétiens qui n'y avaient pas été associés. Il s'agit principalement de l'Immaculée Conception de la Vierge Marie (1854), de l'infaillibilité du pape (1870) et de l'Assomption de la Vierge (1950). Mais un dogme n'est pas figé et peut évoluer dans sa formulation.

➡ *Assomption, Concile, Credo, Doctrine, Esprit saint, Foi, Hérésie, Immaculée Conception, Infaillibilité, Marie, Trinité*

DÔME DU ROCHER ☪

Le Dôme (ou Coupole) du Rocher (Qubbat al-Sakhra), séparé de la mosquée al-Aqsa par des arcades, a été édifié à partir de 691 par Abd al-Malik, sur l'emplacement supposé du temple de Salomon, à Jérusalem, mais aussi de l'*Aqédah*, sacrifice d'Isaac qui aurait eu lieu sur ce Rocher (mont Moriyya). Plus important encore, Mahomet aurait fait une halte en ce lieu juste avant son ascension *(miraj)* au ciel depuis le Rocher. Il ne s'agit donc pas d'une mosquée, mais plutôt d'un sanctuaire.

La coupole de ce plus ancien témoignage architectural musulman est empruntée à l'architecture chrétienne, comme la basilique du Saint-Sépulcre, bâtie dès le IVe siècle à Jérusalem. Sous une charpente de bois (matériau pourtant peu fréquent dans cette région), qui domine le Rocher (18 x 14 m), la décoration, magnifique, comprend mosaïques, bronzes et autres marbres.

Le Dôme du Rocher est parfois appelé par erreur mosquée d'Omar, du nom du calife qui s'empara de Jérusalem en 638 : après avoir ordonné de nettoyer l'esplanade du Temple jonchée de détritus, il y fit sa prière.

➡ *Abraham, Aqédah, Ascension, Jérusalem, Mahomet, Miraj, Mosquée, Omar, Salomon, Temple*

DONATISME ✝

En 313, l'empereur romain Constantin le Grand accorde aux chrétiens la liberté de culte, mettant fin aux persécutions contre ces derniers, dont certains avaient renié leur foi (les *lapsi*, « qui sont tombés »). L'une de ces campagnes de persécutions, celle de Dioclétien, en 303, a conduit des évêques à livrer (*tradere* en latin) aux Romains les Livres saints, d'où leur surnom de traditeurs. À Carthage (Afrique du Nord), l'élection de Cécilien au siège épiscopal en 312 est remise en question. En effet, Félix d'Abthugni, l'un de ceux qui l'ont consacré évêque, est accusé d'être un ancien traditeur. Cécilien est presque aussitôt débarqué par Donat (du latin *donatus*, « donné » à Dieu), qui, bien que condamné par les évêques de Gaule, restera en poste trente ans. D'une grande intransigeance, il est désavoué de l'accusation portée contre le supposé traditeur. Soutenu par un élan populaire, le donatisme, qui exige donc des prêtres ou des évêques irréprochables, s'allie à des mouvements paysans, prenant alors une tournure politique et sociale en réaction à l'autorité impériale. La répression ne tarde pas : Donat meurt en exil (355), mais Julien l'Apostat reprend le flambeau. Combattus par Augustin (354-430), l'un des pères du monachisme chrétien, les donatistes refusent les sacrements donnés par des clercs qu'ils suspectent de mauvaise conduite passée. Mais le mouvement s'éteint après la mort d'Augustin. L'Église d'Afrique sort affaiblie de ce schisme de près d'un siècle.

➡ *Église chrétienne, Évêque, Julien l'Apostat, Monachisme, Schisme*

DRUZE ☪

Les Druzes, qui tiennent leur nom de leur fondateur Darazi (début du XIe siècle), forment un courant issu de l'islam (qui voient en eux des hérétiques) et dérivé de l'ismaélisme, branche du chiisme (les ismaéliens croient en une succession de sept imams). Ils sont implantés dans le sud du Liban et de la Syrie (dont le djebel Druze), et au nord d'Israël. Organisés en initiés et non-initiés, ils se proclament les « unitaires » (unité de Dieu). Délaissant les Cinq Piliers de l'islam, sans lieux de culte comme les mosquées, ils respectent scrupuleusement des principes ou commandements (fraternité, soumission à Dieu…). Mais ils fêtent l'Achoura et l'aïd al-Adha (fête du Sacrifice).

➡ *Achoura, Aïd al-Adha, Chiisme, Commandement, Hérésie, Imam, Ismaélien, Piliers (Les Cinq), Ramadan*

DUODÉCIMAIN ☪

Les duodécimains (du latin *duodecimus*, « 12e ») forment la famille principale du chiisme, c'est-à-dire les musulmans qui se réclament d'Ali, cousin du Prophète et quatrième des califes dits « bien-guidés » *(Rachidoun)* de l'islam et de ses descendants. Les duodécimains sont prédominants en Iran – ils sont aussi présents en Irak.

Les chiites duodécimains *(ithnâ 'ashariya)* rejettent les trois premiers califes bien-guidés (Abou Bakr, Omar, Othman). Ils croient en douze imams (d'où leur autre nom, imamites) dit « alides » puisqu'ils descendent d'Ali. Ce sont, par ordre chronologique : Ali, ses deux fils Hassan (625-670) et Hussein (626-680) ; le fils de ce dernier Ali Zayn al-Abidin (mort en 713) ; Muhammad al-Bâqir (733) ; Jafar al-Sâdiq (mort 765, qui donna son nom à l'école chiite jafarite) ; Mûsa al-Kâzim (799) ; Ali al-Rîdâ (818) ; Muhammad al-Jawâd (835) ; Ali al-Hâdi (868) ; al-Hassan al-Askari (874). Fils de ce dernier, le douzième imam, Muhammad al-Mahdi al-Muntazar, qui serait né en 869, disparaît en 874 aux yeux des humains : c'est l'« occultation » *(ghayba)*. Cet « imam caché » doit revenir à la fin des temps en la personne du Mahdi, l'« Attendu », qui sera avec le Messie (Jésus).

➡ *Calife, Chiisme, Imam, Islam, Ismaélien, Jafarite, Mahdi, Messie, Prophète*

DUPERIE RÉCIPROQUE, LA ☪

Titre de la 64e sourate du Coran, *La Duperie réciproque (al-Taghaboun)* met en garde contre la tentation de suivre le prétendu message religieux d'un seul homme ou, pour les croyants, d'accorder des faveurs qui ne reviennent qu'à Dieu, comme le pardon. Seul Dieu peut effacer les mauvaises actions et faire ainsi entrer dans les jardins (paradis) ceux qu'il juge en avoir acquis le mérite. Il connaît tout, sait tout, et les incrédules, qui nient ses signes, iront à leur « détestable fin », l'éternité dans les flammes de l'enfer.

➡ *Enfer, Géhenne, Paradis*

E

EAU

Dans la symbolique universelle, religieuse en particulier, l'eau possède trois dimensions. Elle est à la source de la vie, animale et végétale, donc de la création. Signe de bénédiction, elle est un moyen de se purifier par les ablutions : juives, avec le miqveh ; chrétiennes, avec le baptême ; musulmanes, avec les trois sortes d'ablutions, de la petite (*woudou*) à la grande (*ghousl*). L'eau est enfin synonyme de régénérescence. Dans la Bible et le Second Testament, les allusions aux puits (de Jacob par exemple), aux fleuves tel le Jourdain et autres oasis (de l'Exode notamment) sont nombreuses. Le Coran est également riche en évocations, l'eau, denrée toujours précieuse au Proche-Orient, étant aussi au cœur de la Création. « Nous [Dieu] avons créé, à partir de l'eau, toute chose vivante », énonce la 21e sourate, *Les Prophètes* (21, 10).

➡ *Ablution, Baptême, Bénédiction, Bible, Coran, Création, Exode, Jacob, Jourdain, Miqveh, Testament*

ECCE HOMO

L'évangéliste Jean rapporte (19, 1-5) que Jésus, après avoir été fouetté, est présenté par Ponce Pilate devant les autorités religieuses de Jérusalem : « Voyez, je vous l'amène dehors, pour que vous sachiez que je ne trouve en lui aucun motif de condamnation », déclare le préfet romain pour les embarrasser. « Voici l'homme [*Ecce homo* en latin] », dit-il ensuite en montrant Jésus. Pilate devra céder devant la pression de l'assistance et le faire crucifier. De nombreuses peintures et sculptures représentent l'Ecce Homo, Jésus coiffé de la couronne d'épines, un roseau dans les mains, habillé du manteau dont l'ont revêtu les soldats.

➡ *Évangiles, Jean, Jérusalem, Jésus, Ponce Pilate*

ÉDEN ✡ ✝ ☪

Dans la Genèse, premier livre de la Bible, Dieu crée le monde, les animaux, puis le premier homme (Adam) et la première femme (Ève). Il place ensuite ce couple, le premier de l'humanité, dans un jardin en Éden, soit quelque part en Orient, c'est-à-dire vers le soleil levant, mais dans un lieu indéterminé. Ce jardin, splendide et généreux, recèle notamment deux arbres, celui de Vie, qui donne l'immortalité, celui de la Connaissance du bien et du mal, à la source du premier péché. Il est aussi appelé « jardin des Délices », sens du mot hébreu *eden* (« plaisir », « délice »), d'origine mésopotamienne. Pour rendre cette idée de richesse, les traducteurs grecs de la Bible (version de la Septante) l'exprimèrent par *paradeisos*, qui a donné notre paradis. Ce mot vient de l'hébreu *pardes*, « parc », sous-entendu luxuriant, lui-même emprunté au persan *pairi-daza* (« parc », « jardin »).

Il convient donc de distinguer ce paradis sur Terre du paradis céleste où résideront ceux qui auront mérité de connaître la vie éternelle auprès de Dieu. Le christianisme s'inscrit dans la Création décrite ainsi par la Bible. Le Coran, qui multiplie les références au paradis, évoque aussi l'Éden à plusieurs reprises, jardin arrosé de rivières où résideront les justes. Ainsi, dans la sourate *Le Créateur* : « Ils pénétreront dans les Jardins d'Éden où ils seront parés de bracelets en or et de perles, où leurs vêtements seront en soie » (35, 33). Les jardins d'Éden sont une récompense de Dieu près de qui les fidèles resteront immortels (*La Preuve décisive*, 98, 8).

➡ *Adam, Arbre, Création, Ève, Genèse, Juste, Paradis, Péché, Preuve décisive (La)*

ÉDOM ✡

La Genèse, premier livre de la Bible, raconte comment les jumeaux Ésaü (l'aîné) et Jacob se disputent déjà dans le ventre de leur mère. Une fois venus au monde, leur inimitié ne fait que grandir et trouve son point d'orgue lorsque Jacob parvient à dérober à son frère son droit d'aînesse, c'est-à-dire celui de posséder un jour la terre promise par Dieu que doit lui léguer son père, le patriarche Isaac. La rivalité qui opposa Ésaü et Jacob symbolise en fait celle, ancestrale, entre Israël et son voisin, le pays d'Édom. S'étendant du sud de la mer Morte au golfe d'Aqaba, ce royaume sémite serait ainsi issu d'Ésaü, né « roux » (*admoni* en hébreu, d'où vient le nom « Édom »). Le prophète Osée (vers 750 av. J.-C.) s'en fit l'écho, ce qui suppose que cette tradition était très ancienne : « Dès le sein maternel il supplanta son frère, dans sa vigueur il fut fort contre Dieu » (12, 4). Toujours dans la Genèse (36, 9-20), Ésaü est à l'origine de douze fils et petits-fils, à l'image de Jacob, dont les douze fils seront les ancêtres des douze tribus d'Israël.

Sur le plan historique, des documents égyptiens mentionnent Édom à la fin du XIIIe siècle av. J.-C., c'est-à-dire à l'époque des Juges, ces héros qui, de 1200 à 1040 environ, sauvèrent Israël à douze reprises. Entre Édomites et Israélites, les conflits seront nombreux. Édom, qui occupe une terre fertile, est hérissé de forteresses qui rendent son invasion difficile. Mais Israël l'emportera le plus souvent, sans pour autant soumettre les Édomites. Vaincu par Saül (1030-1010), premier roi d'Israël, Édom est annexé par David (1010-970). L'occupation se poursuit sous Salomon (970-931), malgré une révolte, et après la scission d'Israël en deux royaumes, Samarie au nord, Juda au sud. Josaphat (870-848), roi de Juda, s'allie d'ailleurs avec Joram (852-841), roi de Samarie, pour monter une expédition contre Moab (autre ennemi héréditaire), avec le concours d'Édomites. Ces derniers finissent par retrouver leur indépendance vers 845. Ils sont de nouveau envahis par Juda, puis retrouvent leur pleine liberté au détriment du roi Achaz (736-716). Conquis par Babylone, ils participent à l'attaque de Juda (597) : « De son temps, Nabuchodonosor, roi de Babylone, fit campagne, et Joiaqim [609-598] lui fut soumis pendant trois ans puis se révolta de nouveau contre lui. Celui-ci envoya sur lui les bandes des Chaldéens [Babyloniens], celles des Araméens, celles des Moabites, celles des Ammonites [d'Ammon], il les envoya sur Juda pour le détruire », rapporte le second livre des Rois (2 R 24, 1-2). Ce méfait vaut aux Édomites des foudres supplémentaires de la part de prophètes. Pis, ils s'infiltrent en Juda pendant que les Israélites sont en exil à Babylone (587-538).

Après la conquête d'Alexandre le Grand (356-323), les Grecs règnent sur le Proche-Orient. Édom perd son nom d'origine pour la forme grecque « Idumée ». Le territoire a été repoussé vers le nord, sous la pression des Nabatéens (tribu nomade venue d'Arabie), et a mordu sur l'ancien Juda.

En 164 av. J.-C., les Maccabées, juifs qui ont redonné une indépendance à leur peuple, ont encore des soucis avec les Iduméens. Mais l'un d'eux, Jean Hyrcan (134-104) conquiert l'Idumée et l'intègre à la Judée. Cette situation se prolongera jusqu'à l'occupation romaine, en 63 av. J.-C. De cette Idumée au passé plus que millénaire vient Antipater (« à la place du père »), père d'Hérode le Grand, qui sera le « roi des juifs » (40-4 av. J.-C.).

➡ *Ammon, Araméen, David, El, Exil, Hérode, Isaac, Israël, Jacob, Juda, Judée, Maccabées (Livres des), Moab, Osée, Patriarche, Rébecca, Salomon, Saül, Sémite*

ÉGLISE ⊕

Le nom commun « église » désigne l'édifice dans lequel, dès le IIIe siècle, les chrétiens ont commencé à célébrer l'eucharistie (messe). L'expansion de ces églises ne fut possible qu'après l'arrêt des persécutions romaines contre les chrétiens, en 313. Apparurent d'abord les basiliques, calquées sur l'architecture civile romaine. Puis chaque région, pays ou empire, adopta ses propres critères stylistiques, les grands courants communs restant le roman (Xe-XIIe siècle), le gothique apparu au XIIe siècle et présent dans les anciennes cathédrales (église d'un évêque), ou encore le baroque (XVIe-XVIIIe siècle). Cependant, chaque église suit, peu ou prou, le même plan : en forme de croix rappelant celle de Jésus, elle est tournée vers Jérusalem, la Ville sainte où il fut crucifié et où il doit revenir (parousie) au jour du Jugement dernier. Précédée d'un parvis, elle comprend un porche où l'on peut s'abriter, un narthex (vestibule) par où l'on entre. On débouche alors sur la nef réservée aux fidèles et bordée de chapelles ; plus loin, elle s'élargit à droite et à gauche pour former le transept qui confère à l'église la forme de la croix. Ensuite se dresse le domaine du clergé : le chœur où repose l'autel et où est célébrée la liturgie ; derrière se trouve l'abside, extrémité circulaire de l'église. Le tout est entretenu par le bedeau, un laïc appointé et chargé aussi de l'ordre des cérémonies qui se déroulent dans l'église (son équivalent dans le judaïsme est le *chamach*).

Au faîte de l'église se trouvent les cloches qui remplissent un rôle important, au point qu'elles sont baptisées d'un nom depuis le VIIIe siècle, par aspersion et consécration avec du saint chrême. Les cloches des églises annoncent en effet l'appel à la prière pour les grandes cérémonies : messe, baptême, mariage… L'idée en reviendrait à saint Paulin de Nole (vers 353-431). Le carillon, apparu en Occident au Moyen Âge, est composé de trois à huit cloches. Le glas (« sonnerie de trompette » en latin), au tintement lent et grave, correspond à l'enterrement, tandis que le tocsin, à la sonnerie répétée et prolongée, signale une guerre ou un incendie. L'angélus est sonné midi et soir, et invite le fidèle à réciter la salutation de l'ange (*angelus* en latin) à Marie : *Je vous salue Marie*.

➡ *Église chrétienne, Eucharistie, Évêque, Messe, Prière*

PETIT LEXIQUE DES STYLES

BAROQUE. Le mot « baroque » a sans doute pour origine le portugais *barroco*, qui signifie « perle irrégulière ». En effet, l'art baroque, en vigueur de la fin du XVIe siècle à la fin du XVIIIe siècle, étonna, voire choqua par son aspect foisonnant. Par extension, l'adjectif « baroque » a fini par désigner ce qui est confus, extravagant, décoré à l'excès – il a aussi qualifié la musique classique du XVIIe siècle. Le baroque est pourtant un style à part entière. Il prend naissance en Italie, plus précisément à Rome, cœur du monde catholique, et ce dans la lignée du concile de Trente (1545-1563), réuni pour lutter contre l'avance protestante. En effet, afin de réagir contre l'austérité marquant les lieux de culte réformés, il s'agit de créer un art, tant civil que religieux, tout en courbures et en décorations chargées. Le baroque finit par gagner l'Europe, de la France à la Russie, avec un succès variable.

GOTHIQUE. Au milieu du XIIe siècle, en Île-de-France, apparaît dans les églises un style architectural nouveau, qui tranche avec les critères de l'art en vigueur (qui sera appelé « roman » au XIXe siècle). La basilique de Saint-Denis, dont la façade fut achevée en 1140, en est le premier (et splendide) exemple. Cet art nouveau se caractérise par l'apparition de la rosace, de l'arc brisé, l'utilisation nouvelle de la voûte d'ogive, de la lumière et des volumes, et par d'autres éléments encore. Servi par des artisans anonymes et de grands noms de l'histoire de l'art, il va trouver sa pleine expression dans l'édification des cathédrales d'Europe. Concernant tous les domaines artistiques, de la sculpture au mobilier en passant par les vitraux, il règne jusqu'au début du XVIe siècle, passant par des stades successifs d'évolution, le dernier (1350-1500) étant dit « flamboyant » en raison de sa décoration luxuriante. À la Renaissance, il est abandonné et reçoit le terme dévalorisant de « gothique », allusion à son côté jugé « barbare ». Il ne trouve sa reconnaissance qu'à la fin du XVIIIe siècle, et surtout au siècle suivant sous l'impulsion des romantiques, dont Victor Hugo qui, avec son roman *Notre-Dame de Paris*, alimente ce courant qui favorise la restauration de nombreux chefs-d'œuvre gothiques, dont la Sainte-Chapelle à Paris (XIVe siècle).

ROMAN. Au XIXe siècle, des archéologues qualifient de « roman » un art qui, du Xe siècle à la fin du XIIe siècle et à travers des expressions régionales, a marqué l'Europe chrétienne, tant en architecture qu'en peinture, sculpture, mobilier, vitrail, textile, décoration, et jusque dans les enluminures. Il était désigné auparavant sous le terme général « gothique », en référence à son successeur, l'art gothique, apparu au milieu du XIIe siècle. Le terme « roman » est choisi pour le mettre en rapport avec l'évolution de la langue – le roman, langue d'où vient le français, était issu du latin comme l'art roman était un héritage romain. Si l'on trouve, en effet, des rappels de l'architecture antique, les œuvres romanes possèdent une identité propre, ne serait-ce que l'utilisation, nouvelle en architecture religieuse, de la voûte, qui fait de cet art le premier grand style occidental. Il est représenté par de multiples témoignages, églises et abbayes par exemple (Cluny), en France, en Méditerranée ou encore au-delà de la Manche et du Rhin. Des chercheurs avancent que son remplacement par le gothique ne signa pas un déclin, mais que celui-ci pourrait être l'un des courants qui le traversaient dans les dernières décennies de son évolution. Son âge d'or se situe d'ailleurs de la fin du XIe siècle à la fin du siècle suivant.

BASILIQUE

Les Romains rendaient la justice, se réunissaient et commerçaient dans un édifice de forme rectangulaire qui, en raison de son importance, était appelé *basilica* (« royal »). Reprenant les principes de l'architecture profane des Romains, l'Église s'inspira de ce plan « basilical » et royal pour construire ses églises – il ne cessera d'être appliqué au fil des siècles. À partir du XVIe siècle, Rome accorda le titre honorifique de basilique à des églises importantes en raison de leur rôle dans la promotion de la foi. Ces églises, réparties dans le monde entier, concernent au premier chef les sept basiliques majeures (situées à Rome, dont Saint-Pierre). Elles sont ensuite actives dans le cadre de pèlerinages (à Marie par exemple), de saints majeurs ou de dévotions importantes et populaires (au Sacré-Cœur de Jésus par exemple). Chaque basilique possède un signe particulier : la présence d'un pavillon (parasol) de couleur rouge et jaune, placé (souvent replié) à l'entrée du chœur.

ÉGLISE CHRÉTIENNE ✝

Dans le christianisme, le nom propre « Église » correspond aujourd'hui à une organisation à part de la société civile tout en étant inscrite dans le monde, et dont le fonctionnement est assuré par une hiérarchie. Elle est, par son étymologie, une « assemblée » (*ecclesia* en latin). Mais Jésus n'avait pas pour projet de fonder pareille institution. Il souhaitait sceller une nouvelle Alliance avec Dieu, en appelant tous les hommes à y entrer. Pourtant, après sa crucifixion, sa résurrection et son ascension, vers l'an 30 de notre ère, cette « assemblée » est formée au jour de la Pentecôte et assurée par les premiers disciples de Jésus – bientôt appelés « chrétiens ». Son message est d'abord destiné aux juifs, puis s'étend à tous les païens, comme l'a demandé Jésus : « De toutes les nations faites des disciples », rapporte l'évangile de Matthieu (28, 19). L'apôtre Pierre en est d'abord le responsable, mais, grand évangélisateur, il est assez vite remplacé par Jacques, « frère de Jésus ». L'Église reçoit aussi le renfort d'un ancien persécuteur de chrétiens, Paul, qui, inlassable voyageur, contribue à lui donner sa dimension universelle.

L'Église prend ensuite un double visage qui se scinde en deux en 1054, lors d'un grand schisme : en Occident, les catholiques ; en Orient, les orthodoxes. Puis, après l'apparition de la Réforme protestante, dans la première moitié du XVIe siècle, d'autres Églises se constituent. Parallèlement, des Églises locales ont franchi les siècles en se démarquant de ces trois grandes familles. Pour les catholiques, les orthodoxes et certains protestants (luthériens et anglicans par exemple), une Église n'est considérée comme telle que si elle est dirigée par un évêque, successeur des apôtres et veillant sur une région (diocèse) : ainsi, les patriarches orthodoxes et les papes catholiques (le premier de tous les évêques).

➡ *Actes des apôtres, Apôtre, Catholique, Christianisme, Évangile, Jacques le Mineur, Orthodoxe, Paul, Pentecôte, Pierre, Protestant, Réforme*

EL ✡

El était un dieu suprême des mythologies sémitiques du Proche-Orient, où il figure, par exemple, dans les exploits de son fils Baal. À Ougarit, cité du nord de la Syrie, florissante du XIVe au XIIIe siècle av. J.-C., El est le père des dieux et des humains, ainsi que l'époux d'Athirat, la mère de nombreux dieux. Les mythes d'Ougarit le présente comme le maître du soir et du matin résidant quelque part à l'horizon, au-delà des mers. Il a pour fils un héros du nom de Kéret, un roi humain et donc mortel, qui, après avoir quitté Ougarit, regnera sur Édom, avec l'aide de son divin père. Or, Édom était un royaume voisin de Canaan, le pays promis par Dieu à Abraham, que les Hébreux conquièrent vers 1200 av. J.-C., et où nous retrouvons El.

Cette large présence du grand dieu explique sa mention dans la Bible, qui a repris son nom pour qualifier le Dieu unique, en l'accolant à d'autres noms, comme El Shaddaï (« Dieu des montagnes »), El Roï (« Dieu de vision »), El Berit (« Dieu de l'Alliance »), El Olam (« Dieu d'éternité »), El Qannah (« Dieu jaloux), El Elyon (« le Très-Haut »). El anime également la fin du nom des anges (Gabriel, Raphaël...), de certains prophètes (Samuel, Ézéchiel...), et même de démons, comme Samaël (« venin de Dieu »), associé à la terrible Lilith. Nous le retrouvons dans l'Emmanuel (« Dieu avec nous »), personnage central dont le prophète Isaïe annonce la naissance vers 736 av. J.-C., et à partir duquel se dessinera la figure prestigieuse du Messie. À partir d'El, l'hébreu a créé Élohim (pluriel majestueux d'El), Nom de Dieu très fréquent dans la Bible. On retrouve enfin El dans le « Allah » des musulmans.

➡ *Allah, Ange, Baal, Bible, Canaan, Démon, Dieu, Édom, Élohim, Gabriel, Hébreu, Lilith, Messie, Prophète, Sémite*

ÉLÉPHANT, L' ☪

L'Éléphant (al-Fil), est la 105e sourate du Coran ; elle est composée de cinq versets. Il y est question des « hommes de l'Éléphant » qui pourraient être des agresseurs lancés contre La Mecque et comptant, dans leurs rangs, quelques-uns de ces animaux. Cette attaque, qui fut un échec, aurait eu lieu l'année traditionnelle de la naissance de Mahomet, en 570. La sourate précise que Dieu déjoua leur ruse avec des oiseaux qui les bombardèrent de pierres, au point de les rendre méconnaissables.

➡ *Coran, Mahomet, Mecque (La)*

ÉLIE ✡ ✝ ☪

Élie (Éliyyah en hébreu, « Mon dieu est Yahvé ») et son successeur Élisée sont deux prophètes parmi les plus populaires du judaïsme. Mais, contrairement aux douze prophètes présents dans la Bible, ils n'ont pas laissé d'écrit, aucun ouvrage ne leur étant attribué, même en partie. Leurs épopées sont racontées dans le premier (17-22) et le second livre des Rois (chapitre 1). Elles se déroulent en Samarie, royaume israélite du Nord, au IXe siècle av. J.-C., sous le règne de deux rois impies, Omri (885-874) et son fils Achab (874-853). Dieu appelle Élie à prophétiser dans ce pays où son culte est menacé par les baals, ces divinités étrangères venues de Phénicie, patrie d'origine de Jézabel, épouse d'Omri. Car, en Juda, l'autre royaume israélite, les rois Asa (911-870) et son fils Josaphat (870-848) sont, selon la Bible, résolus à lutter contre ces divinités.

C'est à Jézabel, reine impie, qu'Élie s'oppose particulièrement, Dieu le rendant capable de miracles pour signifier sa puissance et sa bonté. Par exemple, alors qu'Élie loge chez une veuve, il redonne vie à son fils. Plus tard, il fait rassembler sur le mont Carmel (de l'hébreu *karmèl*, « verger ») tous les prêtres et (faux) prophètes de Jézabel dévolus aux baals : celui qui parviendra à allumer le feu du sacrifice en invoquant son dieu aura montré que celui-ci est le seul Dieu. Élie y parvient et ordonne que les idolâtres soient égorgés. Samarie, débarrassée de ses idoles, et qui pâtit d'une sècheresse envoyée par Dieu pour la punir, voit de nouveau la pluie abreuver le sol. Jézabel, furieuse, commande d'assassiner Élie, qui trouve refuge dans le désert du Sinaï : là, Yahvé (Dieu) s'adresse à lui, comme il le fit jadis avec Moïse sur le mont Sinaï, mais sans apparaître sous la forme d'un cataclysme (orage, éclairs...). Pendant ce temps, Achab réussit, pour agrandir son palais, à s'accaparer une vigne, Jézabel ayant fait tuer son propriétaire, Nabot. Malgré son repentir et une forme de remords, la sentence de Dieu, qui a écouté les reproches d'Élie, est terrible. Achab meurt lors d'une bataille contre le royaume de Damas, son fils Ochozias reste paralysé à la suite d'un accident, et Jézabel finit assassinée, son corps dévoré par les chiens. Puis, alors qu'il se trouve au bord du Jourdain, en face de Jéricho, avec son disciple Élisée, Élie est enlevé vivant au ciel et conduit directement au côté de Dieu. Élisée ramasse son manteau, symbole de la relève, car ce prophète reçoit à son tour l'Esprit de Dieu.

Israël, par cette ascension exempte de l'épreuve de la mort, s'est mis à espérer le retour d'Élie à la fin des temps, qui verra l'intervention de Dieu pour dominer le monde. La Haggadah (littérature) et la Halakhah (pan juridique du judaïsme) ont ensuite magnifié la figure d'Élie, que nous retrouvons associée à plusieurs rites juifs, comme la circoncision. En outre, il est celui qui doit préparer l'arrivée du Messie. Ainsi, au temps de Jésus, considéré par ses disciples comme le Messie (*Christos* en grec), certains voyaient le « nouvel Élie » en Jean le Baptiste. Jésus lui-même rencontre Élie, ainsi que Moïse, lors de la Transfiguration.

Dans le Coran, Élie (Ilyas en arabe) compte parmi les justes envoyés par Dieu, au même titre que Moïse et Jésus, souligne la sourate *Les Troupeaux* (6, 85). « Paix sur Élie », clame une autre sourate, *Ceux qui sont placés en rang* (37, 130).

➡ *Ascension, Baal, Circoncision, Élisée, Esprit saint, Haggadah, Halakhah, Idole, Jean le Baptiste, Jézabel, Messie, Prophète, Rois (Livres des), Samarie, Transfiguration, Yahvé*

ÉLISÉE ✡ ✝ ☪

Comme Élie, son maître, Élisée (Élicha en hébreu, « Dieu a aidé »), l'un des plus grands prophètes du judaïsme, n'a pas laissé d'écrit dans la Bible, et son histoire est rapportée dans les livres des Rois.

Son action se situe aussi au IXe siècle av. J.-C. et dans le royaume israélite du Nord, la Samarie. Investi comme Élie par l'Esprit de Dieu, rendu également capable de miracles par Dieu (la Bible en rapporte plus que pour Élie), il guérit par exemple Naamân, général araméen (le royaume de Damas, grand ennemi des Israélites) victime de la lèpre et qui se convertira par la suite au judaïsme. Il parvient à ramener à la vie le fils d'une habitante de Shunem, ville du sud de la Galilée. Nous le retrouvons purifiant une source polluée de Jéricho, ou encore multipliant des pains pour nourrir cent affamés.

Alors qu'Élisée sent sa fin proche, Joas (798-783), roi de Samarie, vient lui rendre hommage et, malgré son impiété dénoncée par la Bible, déplore sa perte. Mais la Samarie, en dépit des semonces de ces prophètes et de leurs successeurs, tous ardents défenseurs de la foi au Dieu unique d'Israël, n'écoute pas. Dieu la châtie en 722 av. J.-C. en envoyant l'Assyrie l'envahir, la ravager et en exiler la population.

Élisée a laissé surtout l'image d'un grand thaumaturge (auteur de miracles). Et on ne peut s'empêcher de rapprocher l'épisode de la multiplication des pains de celle réalisée par Jésus et rapportée dans les évangiles du Second Testament. Luc est cependant le seul à évoquer un miracle d'Élisée, la guérison de Naamân.

Enfin, de même qu'Élie, Élisée (Alyasa en arabe) est considéré par le Coran comme un juste, par exemple dans la sourate *Les Troupeaux* (6, 86). Il compte même parmi les meilleurs avec Ismaël et Dhoul al-Kifl, précise la sourate *Çad* (38, 48).

➡ *Dhoul al-Kifl, Élie, Ismaël, Pain, Prophète, Samarie*

ÉLOHIM ✡

« Élohim » est en hébreu la forme plurielle et majestueuse d'Éloah, formé à partir d'El, le dieu suprême des panthéons sémitiques du Proche-Orient antique.

Dans la Bible, c'est le nom donné à Dieu avant que celui-ci ne prononce, lors de l'épisode du Buisson ardent, le célèbre tétragramme YHWH, rendu par la prononciation « Yahvé ». Mais on le retrouve aussi plus de deux mille cinq cents fois dans la Bible, notamment dans le récit de la Création (trente-cinq fois).

➡ *Bible, Buisson ardent, Création, Dieu, El, Job, Moïse, Yahvé, YHWH*

ÉLOUL ✡

Éloul (août-septembre) est le 12e mois du calendrier religieux et le 6e mois du calendrier civil. Il s'affirme comme la préparation spirituelle au Nouvel An (Roch ha-Chanah) qui se déroule le mois suivant (tichri). C'est donc un temps de préparation, de repentir. Dans la Bible, le livre de Néhémie mentionne que, vers 445 av. J.-C., après le retour de l'Exil, les remparts de Jérusalem furent achevés (en cinquante-deux jours), un 25 éloul. Le premier livre des Maccabées (14, 27), qui ne figure pas dans la Bible hébraïque, mentionne, quant à lui, le 18 éloul de l'an 140 av. J.-C., où fut glorifié Simon Maccabée, qui reprit la Palestine.

➡ *Exil, Maccabées (Livres des), Néhémie, Roch ha-Chanah, Tichri*

EMMAÜS ✝

Emmaüs est le nom d'une localité située à 12 km de Jérusalem, et rendue célèbre par l'évangile de Luc (24, 13-35). Au lendemain de la crucifixion de Jésus, ses disciples, découragés par la mort de celui qu'ils pensaient être le Messie, s'éparpillent après avoir partagé une vie d'errance et de prédication pendant les quelque deux ans et demi de son ministère. La plupart rentrent chez eux. Parmi ces derniers, deux hommes se résignent à regagner Emmaüs, l'un d'eux s'appelant Cléophas. Jésus apparaît, les escorte et s'entretient avec eux, mais sans qu'ils le reconnaissent. Cléophas confie sa peine : Jésus a été crucifié trois jours auparavant et les autorités religieuses de Jérusalem auraient dû empêcher la mort de ce « prophète puissant en œuvres et en paroles ». Certes, des femmes ont trouvé son tombeau vide, mais personne, à leur connaissance, ne l'a vu ressuscité. Jésus, toujours incognito, leur indique que le sacrifice de ce Messie est expliqué dans les Écritures (la Bible). Le soir venant à tomber, les deux hommes l'invitent à se joindre à leur repas dans une auberge. À table, il rompt, bénit et partage le pain de telle manière qu'ils reconnaissent aussitôt la fraction du pain dans l'eucharistie, et donc leur maître. Mais Jésus disparaît à leurs yeux. Cléophas et son ami retournent à Jérusalem retrouver les apôtres qui leur confirment la Résurrection.

➡ *Apôtre, Eucharistie, Jérusalem, Jésus, Messie, Ministère, Pain, Prophète, Résurrection*

ENCENS ✡ ✝ ☪

L'encens (du latin *incensum*, « ce qui a été allumé », « ce qui a brûlé ») est une résine odorante. Support de méditation et de prière, il symbolise, par la fumée qu'il dégage, une proximité avec la divinité ou l'esprit supérieur. Le véritable encens, appelé aussi « oliban » (du latin *oleum Libani*, « huile du Liban »), est extrait d'arbres et d'arbustes dont on incise l'écorce et qui appartiennent au genre botanique *Boswellia*. Résistants à la sècheresse, ils se déclinent en espèces, dont l'arbre à encens proprement dit, que l'on trouve dans la péninsule Arabique et en Afrique de l'Est. C'est ce végétal qui, objet de nombreuses légendes, nous intéresse particulièrement. Dans l'Antiquité, il fut en effet au centre d'un intense et juteux trafic au moins dès le VIIIe siècle av. J.-C. La « route de l'Encens », en activité jusqu'au Ier siècle apr. J.-C., époque à laquelle elle fut supplantée par le transport maritime, partait de la région de production, le sud de la péninsule Arabique, l'« Arabie heureuse » des Romains, parcourait 2 560 km durant soixante-deux à soixante-six jours pour rejoindre Pétra (Jordanie) et le royaume des Nabatéens, puis Gaza (ville de l'ancienne Philistie). Sur le parcours, outre les Nabatéens, d'autres royaumes s'enrichirent, comme celui de Saba (au Yémen actuel), ainsi que des villes caravanières, telle La Mecque.

Apprécié dnas l'Égypte antique, l'encens était aussi utilisé au Proche-Orient, et se trouve donc lié plus ou moins étroitement aux trois religions monothéistes. Israël en fit usage dans le temple de Jérusalem et se le procurait surtout auprès du royaume de Saba, rendu célèbre par la reine qui rendit visite au roi Salomon (Xe siècle av. J.-C.). Présent dès l'Exode, auprès des Hébreux, l'encens (*qetoret* en hébreu) se présentait sous deux formes : pur ou associé à d'autres ingrédients (aromates, cannelle, styrax, myrrhe ou encore onyx). Autant de matières alors précieuses qui en augmentaient le prix déjà élevé. Il accompagnait des offrandes, brûlait matin et soir sur l'autel des Encens, dans le Saint *(hékhal)*, la partie la plus proche du Saint des saints *(debir)*, cœur du Temple où se dressait l'arche d'Alliance. Le grand prêtre ne brûlait l'encens dans le *debir* qu'une fois par an, pour Yom Kippour. Mais après la destruction du Temple, en 70 apr. J.-C., l'usage religieux de l'encens, réservé aux prêtres, fut interdit aux particuliers par le Talmud. En dehors de cet aspect liturgique, la Bible cite souvent l'encens : « L'huile et le parfum mettent le cœur en joie, et la douceur de l'amitié, plus que la complaisance en soi-même », dit le livre des Proverbes (27, 9). Pour le fiancé du Cantique des cantiques, sa fiancée est pareille « à la montagne de la myrrhe, à la colline de l'encens ».

À l'époque de Jésus, l'encens est toujours précieux, à l'image de ces mages qui viennent lui en offrir, avec les deux autres produits de luxe, l'or et la myrrhe (une gomme aromatique). Le christianisme recourt également à sa symbolique. Dans une église, son parfum caractéristique s'élève lors de diverses occasions, comme la messe, pour représenter la prière montant vers le ciel. Pourtant, l'encens ne fut accepté qu'au IVe siècle environ. Sans doute parce qu'il rappelait le judaïsme, religion de Jésus dont les chrétiens s'étaient démarqués. En outre, lors des périodes de persécutions romaines, les chrétiens se voyaient contraints de renier leur foi et d'épouser les divinités polythéistes, apostasie marquée par une offrande d'encens – ils étaient appelés *turificati*, « qui offrent de l'encens » aux faux dieux, synonyme d'idolâtres. L'arrêt définitif de ces persécutions, en 313, contribua certainement à faire entrer ce produit dans la liturgie.

Enfin, l'encens, dont l'Arabie est donc un producteur ancien, n'entre pas dans les rituels musulmans. Mais il fait encore partie de certaines traditions, notamment au Yémen, où il protège les maisons contre les démons. Dans ce pays, en Éthiopie et en Somalie, il est considéré comme un don de Dieu.

➡ *Apostasie, Arabie, Avodah, Coré, Exode, Mages (Rois), Mecque (La), Messe, Philistin, Prêtre, Saba, Saint des saints, Talmud, Temple, Yom Kippour*

ENFANCE, ÉVANGILES DE L' ✠

Toute « biographie » de Jésus étant une entreprise plus que risquée, son enfance échappe d'autant plus aux repères chronologiques. Dans l'Antiquité, il n'existait pas d'état civil ni d'acte de naissance en vigueur aujourd'hui, et il était d'usage de fixer les âges en fonction des règnes des souverains. À cette carence s'ajoute la place que l'enfant occupait à l'époque de Jésus : elle était minime, tant dans la famille que dans la société, entre autres raisons, à cause de la mortalité infantile, importante, qui empêchait de trop s'y attacher. Enfin, et cette raison est essentielle, les évangiles n'ont pas été composés pour raconter la vie de Jésus mais pour glorifier son image et son message. Matthieu (1-2) et Luc (1-2) sont les seuls à présenter un « évangile de l'enfance », textes différents et conçus séparément.

Matthieu commence par la généalogie de Jésus. Celui-ci naît à Bethléem, la ville du roi David dont Jésus est le descendant par Joseph, où les Mages lui rendent visite. Le roi Hérode le Grand, reconnu roi des juifs par les Romains, apprenant la naissance d'un autre « roi des juifs », ordonne d'assassiner tous les enfants de moins de deux ans, à Bethléem et dans ses environs (massacre des Innocents). Les parents de Jésus doivent fuir avec lui en Égypte, puis, à la mort d'Hérode, ils gagnent Nazareth, en Galilée.

Luc, plus prolixe, débute par les deux Annonciations (Jean le Baptiste et Jésus). Viennent ensuite la naissance et la circoncision (signe d'appartenance au peuple juif) de Jean, la naissance de Jésus (Nativité), sa circoncision huit jours plus tard et sa présentation au Temple, où le vieillard Syméon et la veuve Anne le saluent. Luc saute douze années. Quand Jésus a douze ans, âge du statut d'adulte, Marie et Joseph se rendent avec lui à Jérusalem pour la Pâque (Pessah). Mais il se perd au milieu des pèlerins. Ses parents le cherchent et le trouvent trois jours plus tard, au Temple, discourant de la Loi (Torah) au milieu de scribes, « stupéfaits de son intelligence et de ses réponses ». « Ne saviez-vous pas que je dois être dans la maison de mon Père ? » dit-il à ses parents.

L'enfance de Jésus est également racontée, avec beaucoup plus de détails, dans des textes apocryphes. Par exemple, *La Nativité de Marie,* appelé aussi *Protévangile de Jacques* (sans doute antérieur au IIe siècle), c'est-à-dire le « premier évangile de Jacques », et *Histoire de l'enfance de Jésus* (antérieur au IVe siècle) qui se penche sur la période de ses cinq à douze ans.

➡ *Annonciation, Apocryphe, Bethléem, Circoncision, David, Hérode, Jean le Baptiste, Jésus, Joseph, Juif, Mages (Rois), Marie, Massacre des Innocents, Nativité, Nazareth, Pessah, Romain, Scribe, Temple, Torah*

ENFER ✡ ✝ ☪

À l'origine, la Bible ne parle pas d'un monde où se consumeront ceux qui ont trop péché, mais fait appel à la notion de *shéol*, un univers informe, caractérisé par le vide. Il ne s'agit donc pas du monde inférieur commun à de nombreuses civilisations antiques, où les défunts vivent le plus souvent tourments et ennuis et qui s'oppose aux mondes supérieurs et divins, synonymes d'éternité paisible. Mais le shéol évolua ensuite, pour concerner les méchants et, avec la croyance en la résurrection à partir du IIe siècle av. J.-C., se fit jour l'idée d'une âme survivant à la mort, de pécheurs consumés et de justes récompensés par la vie éternelle auprès de Dieu. Cependant, cette possibilité est avant tout liée, dans le judaïsme, à la fin des temps (eschatologie), avec la perspective du Jugement dernier.

La notion d'enfer (du latin *infernus*, « en bas ») prend naissance dans le Second Testament, à partir de la géhenne, séjour des morts condamnés par Dieu. Les malheureux, coupables de fautes graves et impardonnables, sont voués pour l'éternité au feu dévorant, aux tortures, aux ténèbres et au soufre sous l'œil maléfique du diable et de ses anges. Et, le pire pour l'Église, ils sont privés du bonheur d'être auprès de Dieu dont ils se sont séparés par leurs actions. Même le purgatoire, monde intermédiaire (apparu au Moyen Âge) qui permet de se racheter, n'y peut rien. Depuis ces temps anciens, l'Église chrétienne a beaucoup nuancé son propos. Cependant, tout en refusant de condamner quiconque à l'enfer, elle reste attachée à l'existence de celui-ci. Précisons que le Christ fit un séjour en enfer, mais que ce passage reste avant tout symbolique : le Christ libère, en effet, les morts et ouvre le chemin de la résurrection, permettant à toutes les âmes de monter au ciel, qu'elles soient ou non chrétiennes. Le christianisme reste en principe une religion d'amour et de fraternité, comme l'islam, et non de punition.

Le Coran, qui l'appelle aussi parfois géhenne (*jahennam* en arabe), donne plusieurs noms à l'enfer, lesquels illustrent le sort terrible et épouvantable réservé à ceux qui, en priorité, le méritent : les incrédules et les coupables de mauvaises actions seront plongés dans la fournaise. On découvre ainsi le feu *(al-nâr)*, la brûlure *(al-jâhim)* ou encore le feu qui rôtit *(al-saqar)*. On compte ainsi une centaine de références explicites à l'enfer, qui s'ajoutent à celles contenues dans la Tradition du Prophète (hadith). L'eau chaude, la chaleur insupportable, le fer fondu, le cuivre brûlant et liquide, les outils de torture comme les barres de fer, voire même le froid glacial qui brise tout comme une allumette, sont parmi les châtiments qui touchent pour toujours les incroyants, mais que les musulmans coupables de fautes n'endurent que le temps prévu pour leur peine, avant de rejoindre le paradis. Le Coran insiste en effet sur le fait que tout péché est susceptible d'être pardonné, sauf le polythéisme, comme le souligne la sourate *Les Femmes (al-Nisa)* : « Celui qui associe quoi que ce soit à Dieu commet un crime immense » (4, 48). Enfin, selon un avis orthodoxe, l'enfer n'est pas éternel, au contraire du paradis.

➡ *Diable, Géhenne, Hadith, Jugement dernier, Juste, Paradis, Péché, Purgatoire, Résurrection, Shéol*

ENVOYÉS, LES ☪

Al-Mursalat (Les Envoyés) est la 77e sourate du Coran. Ces « envoyés » semblent être des vents ou des souffles qui doivent intervenir au jour du Jugement, ou « jour de la Décision », quand le malheur qu'ils portent s'abattra sur les menteurs, les pécheurs, tous ceux qui ne se prosternent pas, niant l'œuvre créatrice et le pouvoir d'Allah.

➡ *Allah, Coran, Jugement dernier, Péché*

ÉPHÉSIEN ✝

À Éphèse (Turquie) était établie l'une des plus importantes communautés du début du christianisme. Outre l'apôtre Jean, qui y résida, elle reçut pendant trois ans la visite de l'apôtre Paul qui composa à son attention l'épître aux Éphésiens incluse dans le Second Testament. Cette lettre, rédigée peut-être en 60 – voire après la mort de Paul (vers 67) par un de ses disciples –, se compose de six chapitres destinés non seulement aux fidèles d'Éphèse mais surtout à tous les chrétiens. L'auteur y évoque le salut qui passe par Jésus-Christ, lequel a ouvert la porte du royaume de Dieu aux juifs comme aux païens. Suit ce que l'on appelle une parénèse (du grec *parainesis*, « exhortation »), enseignement à caractère moral. L'accent est mis sur la nécessaire unité des chrétiens, sur la rupture avec les mœurs païennes indispensable à tout engagement dans la voie du Christ, sur le respect d'une « morale domestique » (5, 21-33 à 6, 1-9), dans laquelle, par exemple : « le mari est chef de sa femme, comme le Christ est chef de l'Église » ; « maris, aimez vos femmes comme le Christ a aimé l'Église : il s'est livré pour elle » ; « enfants, obéissez à vos parents ». Toutes ces dispositions ne peuvent que renforcer, procurer « l'armure de Dieu » et « le bouclier de la foi » afin de se prémunir contre les attaques perfides du mal (diable).

➡ *Apôtre, Épître, Païen, Paul, Salut, Testament*

ÉPIPHANIE ✠

L'Épiphanie est la « manifestation » ou « apparition » *(epiphania)* de Dieu en son fils Jésus-Christ. Dans l'Église catholique, elle est célébrée le dimanche suivant le 1er janvier, donc après Noël (25 décembre) qui commémore la naissance de Jésus – depuis le IIIe siècle, les orthodoxes la fêtent le 6 janvier, en même temps que Noël. À partir du Ve-VIe siècle, l'Épiphanie devint aussi la fête des (rois) Mages qui, représentant le monde, vinrent rendre visite à Jésus.

Quant à la fève, elle est un héritage des Saturnales, fêtes romaines qui se déroulaient du 17 au 23 décembre, en l'honneur de Saturne, dieu qui couvrit Rome de bienfaits aux temps mythiques, ou « âge d'or ». Pendant ces journées, marquées par des débordements de joie et des banquets, les esclaves et les maîtres étaient sur le même pied d'égalité, ces derniers pouvant même devenir serviteurs à leur tour. Une coutume consistait, au cours d'un festin, à tirer un roi de la fête à l'aide d'une fève. Elle fut donc reprise par l'Église catholique, les modèles en porcelaine apparaissant à la fin du XIXe siècle. Ces fèves continuent cependant de désigner le roi qui a alors la joie de rencontrer Jésus.

➡ *Jésus, Mages (Rois), Nativité, Noël*

ÉPÎTRE ✠

L'« épître », qui a donné les mots « épistolier » et « épistolaire », est une « lettre envoyée » (*epistula* ou *espitola* en latin) en prose ou en vers, de contenu très variable et qui était en vogue dès l'Antiquité. Si ce genre a été rendu célèbre par des auteurs romains tels que Cicéron (106-43), on en attribue la forme classique au grand poète Horace (65-8). Puis il émailla les littératures occidentale et arabe.

Le christianisme a inséré, dans le Second Testament, deux ensembles rassemblant 21 épîtres écrites à l'intention de communautés chrétiennes. Le premier concerne celles de Paul, ou « épîtres pauliniennes » (Romains, Corinthiens 1 et 2, Galates, Éphésiens, Philippiens, Colossiens, Thessaloniciens 1 et 2, Timothée 1 et 2, Tite, Philémon) ; l'épître aux Hébreux est placée à part et juste après ce corpus. Le second ensemble contient les épîtres dites « catholiques », dans le sens d'« universelles » car elles s'adressent à tous les chrétiens (Jacques, Pierre 1 et 2, Jean 1 à 3, Jude).

➡ *Catholique, Hébreux (Épître aux), Jacques, Jean, Jude, Pierre, Romain, Testament*

ÉPREUVE, L' ☪

Al-Mumtahina (*L'Épreuve*, ou plutôt « la mise à l'épreuve ») est le titre arabe de la 60e sourate du Coran. Il s'agit d'une mise en garde contre toute alliance avec des incrédules qui pourrait éloigner de Dieu. À l'image d'Abraham, le père des croyants, qui rejeta les polythéistes adorateurs des idoles, il faut sans cesse revenir à Dieu, lui remettre sa confiance. Seul Allah, le Seigneur de tout, l'Unique, peut instaurer de l'amitié entre un croyant et un incrédule, car il est le Tout-Puissant, le Miséricordieux. En effet, il encourage la bonté et l'équité à l'égard de ceux qui laissent les musulmans pratiquer leur religion et habiter leurs maisons. Mais la sourate rapporte ces mots qui résonnent encore dans le concert mondial actuel : « Il se peut que Dieu place de l'affection [dans vos cœurs] entre vous et ceux que vous aviez pris pour ennemis. Et Dieu est omnipotent. Dieu est Tout pardon, Miséricordieux. Dieu ne vous interdit pas de vous montrer vertueux et équitables envers ceux qui ne vous combattent pas pour cause de religion, ni vous chassent de vos demeures. Dieu est équitable. Dieu vous interdit seulement de pactiser avec ceux qui vous combattent pour cause de religion, vous chassent de vos demeures ou concourent à votre expulsion » (7-9). La sourate aborde ensuite la reconnaissance des croyantes (femmes).

➡ *Abraham, Allah, Coran, Idole, Miséricorde, Seigneur*

ÉREV ✡

Sachant que, dans le judaïsme, une journée commence au coucher du soleil pour s'achever le lendemain au même moment, l'*érev* (« soir ») est la première soirée d'un jour important, shabbat et fêtes. Les règles à observer diffèrent selon les cas. Rappelant les temps anciens du temple de Jérusalem où le chofar (corne) annonçait le passage à l'*érev*, des sirènes retentissent aujourd'hui.

➡ *Chofar, Jérusalem, Shabbat, Temple*

ÉROUV ✡

Le shabbat et les fêtes sont entourés de règles qui, dans certains cas, ne sont pas faciles à observer. C'est pourquoi a été institué l'*érouv* (« mélange » en hébreu). Il ne s'agit pas d'éviter l'observation de ces règles, mais de les aménager tout en les respectant. Par exemple, pour l'*érouv tavchilin*, si une fête tombe en même temps qu'un shabbat, il est permis de faire à manger pour la fête mais non pour le shabbat. En revanche, si un repas a été préparé avant le vendredi (le shabbat commence le vendredi soir), il peut servir pour les deux occasions. Dans la Michnah, l'ordre Moed comprend un traité, Érouvim, plus spécialement consacré aux objets que l'on peut ou non transporter lors du shabbat.

➡ *Michnah, Moed, Shabbat*

ESCHATOLOGIE ✡ ✝ ☪

L'eschatologie (du grec *eskhatos*, « dernier ») est la partie de la théologie s'intéressant aux « fins dernières » (résurrection, salut, paradis, Jugement dernier, réincarnation…), tant celles de l'homme que celles de l'humanité et du monde. Elle concerne de nombreuses religions, antiques ou encore actives, dont les trois monothéismes.

Le judaïsme s'intéresse surtout au destin ultime des hommes et du monde, plutôt qu'à celui de l'individu. Le christianisme, du moins dans sa forme première, est soucieux du royaume de Dieu, dont l'avènement est imminent, et de l'apocalypse, magnifiée, entre autres écrits, par le livre de Jean qui clôt le Second Testament. Pour l'islam enfin, l'eschatologie tient une place essentielle, en liaison avec la résurrection et le Jugement dernier ; on y retrouve Gog et Magog, l'Antéchrist ou encore Jésus.

➡ *Antéchrist, Apocalypse, Gog et Magog, Jugement dernier, Paradis, Résurrection, Royaume, Salut*

ESDRAS ✡

Dans la Bible, le livre d'Esdras (Ezrah en hébreu, « Dieu aide »), et celui de Néhémie, constitués au IIIe siècle av. J.-C., apportent des informations sur la situation de la communauté juive de Judée, au retour de l'Exil après le décret du Perse Cyrus le Grand (538). Israël, peuple particulier qui n'a plus d'indépendance politique depuis la disparition de la monarchie (587), se rassemble alors autour du Temple et de sa Loi particulière. De 538 à 398, époque incluant l'intervention d'Esdras et de Néhémie, soit entre 445 et 398, le Proche-Orient est assez calme et le pays vit sous domination perse.

Esdras intervient sans doute vers 398, sous l'empereur Artaxerxès II (404-358) dont il est l'un des fonctionnaires. Le livre commence par raconter le retour des exilés qui se sont établis difficilement à Sion (Jérusalem), notamment en raison de l'opposition avec les habitants de Samarie. Ils ont entamé la reconstruction de la ville et celle du Temple, dédicacé en 515, peu avant de célébrer la Pâque. Esdras est mandé depuis Babylone par l'empereur pour apprendre aux Judéens que la Torah est désormais leur code législatif en vigueur. Sa première mesure est de prohiber les unions avec les femmes étrangères (cananéennes, égyptiennes...) afin de conserver la pureté religieuse, tout contrevenant étant expulsé avec les siens. Il fait aussi une lecture de la Torah, que des traducteurs transcrivent en araméen, langue de l'empire, les juifs revenus de l'Exil ne comprenant plus l'hébreu.

➡ *Araméen, Exil, Hébreu, Jérusalem, Judée, Juif, Néhémie, Perse, Samarie, Sion, Temple, Torah*

ESPRIT SAINT ✡ ✝ ☪

Le mot « esprit » n'est pas seulement la part d'un être qui lui permet de réfléchir, de produire des idées et des sentiments. Il est d'abord, au sens étymologique, le « souffle » (*spiritus* en latin), c'est-à-dire une nature vivante, comme la respiration, mais insaisissable car elle échappe aux critères de la perception humaine. Pour les trois religions monothéistes, il est en effet l'expression du pouvoir créateur, de la toute-puissance et de l'omnipotence de Dieu. C'est pourquoi il devient un nom propre qualifié de « saint », ou « de sainteté » ; il rend une personne, un objet ou un lieu « pur » et « sacré » (*sanctus* en latin). Cet état d'exception, qui rend plus proche de Dieu, est la source de la révélation : Dieu, par essence invisible et inconnaissable, se manifeste à un homme en particulier (pour l'élaboration de Livres sacrés par exemple) ou aux hommes lors du Jugement dernier ou de l'apocalypse (qui signifie justement « révélation »).

Dans la Bible, l'Esprit de sainteté (*Rouah ha-qodech* en hébreu) est à l'œuvre dès la Création et la rend fertile, notamment en donnant vie au premier homme, Adam. Il procure force et conviction à des personnages capitaux, comme les patriarches (Abraham, Isaac, Jacob), à des héros tels que Samson, des rois prestigieux comme David et Salomon, et bien sûr des prophètes ; selon le Talmud (IIIe-Ve siècle), ouvrage central du judaïsme, l'Esprit quitta Israël après les derniers prophètes (Aggée, Zacharie et Malachie), à la fin du VIe siècle av. J.-C. Pour la tradition juive ultérieure, il peut cependant investir les justes, juifs d'une piété parfaite et exemplaire.

Dans le Second Testament, l'Esprit saint descend sur Jésus au cours de son baptême administré par Jean le Baptiste et lui permet ensuite de procéder à ses miracles durant son ministère de deux ans et demi environ. Puis, après sa Résurrection et son Ascension au ciel, ses apôtres sont investis par l'Esprit sous la forme de langues de feu, au jour de la Pentecôte, qui marque la naissance de l'Église. Pour les chrétiens des premiers siècles, l'Esprit est déjà le continuateur de Jésus. De ce fait, il est, avec le Père et le Fils, l'une des trois personnes de la Trinité, dont le Credo (« je crois » en latin) fut défini en 381. Ainsi, chaque chrétien reçoit l'Esprit à son baptême, et l'Esprit procure à chacun et à l'Église les charismes, c'est-à-dire les dons spirituels (devenir aussi bien scientifique que sage par exemple).

Dans le Coran, l'Esprit est bien au cœur la Création, dans la conception de Jésus par Marie qui en fut envahie, chez les prophètes qui sont les envoyés de Dieu, mais aussi dans l'*amr*, le commandement de Dieu, comme le rapporte la sourate *Les Abeilles* (2, 97). Celle-ci rappelle aussi que l'Esprit de sainteté a fait descendre le Coran sur Mahomet, « comme une direction », « afin d'affermir les croyants » (16, 102), cette révélation ayant été faite en arabe, précise la sourate *Les Poètes* (26, 193). De même, *La Vache* souligne que Dieu a donné le Livre à Moïse, et que l'Esprit a en outre fortifié Jésus (2, 87 et 253) et qu'il émana de lui (*Les Femmes,* 4, 171). Pour le Coran, il se présenta devant Marie, fille d'Imran, une vierge à qui il insuffla son pouvoir. C'est Gabriel (Djibril) l'archange, qui, pour les commentateurs, apparaît dans la sourate *La Vache* (2, 87) : « Nous avons apporté des preuves incontestables à Jésus, fils de Marie et nous l'avons fortifié par l'Esprit de sainteté [*Ruh al-Qudus*, c'est-à-dire Gabriel]. »

➡ *Amr, Baptême, Charisme, Création, Jugement dernier, Juste, Livre, Marie, Miracle, Prophète, Révélation, Trinité*

ESSÉNIEN ✡

La secte juive des esséniens est fondée dans la première moitié du IIe siècle av. J.-C. par un mystérieux Maître de justice. Les textes découverts à partir de 1947 dans les grottes de Qumrân, site de Judée au nord-ouest de la mer Morte, où les esséniens formaient la communauté (ascétique et masculine) de l'Alliance, et les fouilles archéologiques ont permis de savoir comment ils vivaient – quelque mille cent dépouilles ont été dégagées dans le cimetière attenant. Ces écrits comprennent des livres bibliques, des pseudépigraphes (surtout de styles apocalyptique et eschatologique), ainsi que des textes spécifiques aux esséniens, dont une règle, des hymnes et le *Rouleau de la guerre des fils de la lumière contre les fils des ténèbres*. Discipline, austérité, obéissance, pauvreté sont parmi les conditions de vie de ces mystiques qui se nomment « fils de lumière » et recourent souvent aux bains de purification et autres ablutions. La Torah et les textes sacrés sont, bien sûr, un grand sujet d'étude. Pour les esséniens, Qumrân est le véritable Israël et tous ceux qui ne correspondent pas à leur idéal sont impurs, Romains et clergé du Temple en priorité. Car personne ne trouvent grâce à leurs yeux, même pas les Maccabées des IIe et Ier siècles av. J.-C. À la mort du Maître (vers l'an 110), des esséniens gagnent la région de Damas en Syrie, et celle du lac Maréotis (Égypte), où, suivant une règle plus souple, ils vivent encore à l'aube du christianisme. Pourtant, les évangiles ne font aucune mention de ces groupes, ni de celui de Qumrân. Des chercheurs ont cependant avancé que Jésus aurait été influencé, et peut-être formé, par les esséniens, en se fondant sur des points communs (résurrection, repas communautaires, attente messianique, rite ressemblant au baptême...). Mais cette théorie demeure toujours vivement contestée.

La secte des esséniens, bien qu'à vocation pacifique, prend une part très active à la révolte juive de 66. L'été de l'année suivante, Qumrân est détruite, les manuscrits sont cachés dans les grottes, les esséniens présents massacrés. On retrouve des esséniens en 73, parmi les derniers résistants de la forteresse de Massada, qui préfèrent se suicider plutôt que de se rendre.

En tout cas, les esséniens ne semblent pas avoir été la seule communauté ascétique juive, puisqu'il existait, au Ier siècle, celle des Thérapeutes, près d'Alexandrie, en Égypte.

➨ *Ablution, Apocalypse, Ascèse, Baptême, Eschatologie, Intertestamentaire, Jésus, Maccabées (livres des), Messie, Pseudépigraphe, Qumrân, Résurrection, Secte, Torah*

ESTHER ✡

Ce livre de la Bible est un véritable roman avec ses héros, ses rebondissements, sa forte symbolique. Il fut rédigé après que le roi séleucide Antiochus IV Épiphane (175-163) eut persécuté les juifs qu'il gouvernait, campagne qui eut pour effet de provoquer la révolte juive des Maccabées. La réalité historique, discutable, s'efface au profit de l'objectif premier de ce livre, très populaire dans la Diaspora : Dieu ne peut abandonner son peuple, en dépit des difficultés, en particulier les persécutions qui se sont répétées tout au long de l'Histoire.

À une époque indéterminée, l'empereur de Perse Assuérus répudie sa femme trop indépendante. Il conviendrait donc de trouver une autre épouse. Esther, jeune juive adoptée par son cousin Mardochée, vit à proximité du palais royal. Sa grande beauté lui vaut d'être amenée auprès de l'empereur qui en tombe amoureux et en fait la reine. Elle prévient Assuérus d'un complot, avec l'aide de Mardochée qui, en même temps, est haï par le vizir Hamân, nom perse signifiant « le grand » (transcrit en Aman dans la traduction latine de la Bible, ou Vulgate). Celui-ci, habile et plein d'orgueil, parvient à persuader Assuérus de massacrer tous les sujets juifs. Il a « tiré au sort » *(pour)* le jour, soit le 13 du mois d'adar. Esther et son peuple se réfugient dans la prière et le jeûne. Puis elle réussit à démontrer à son mari la malhonnêteté d'Aman qui finit pendu. Soixante-dix mille ennemis sont tués, avec l'aval d'Assuérus, le jour où les juifs auraient dû être eux-mêmes exterminés.

Esther, grand thème de l'art populaire juif, est ainsi lu au cours de Pourim (« Sorts »), fête qui a son origine dans ce récit magnifique où l'instrument de Dieu est pour une fois une femme.

➡ *Adar, Diaspora, Hamân, Jeûne, Maccabées (Livre des), Pourim, Vulgate*

ÉTERNEL ✡ ✝ ☪

L'éternité est, par définition, une durée qui s'écoule, mais sans début, sans fin et sans repères chronologiques. Elle est en quelque sorte un présent perpétuel. À plus forte raison en religion, où elle concerne tout ce qui ressortit à Dieu et auquel les hommes ne peuvent accéder, comme la perfection et la toute-puissance – ils peuvent cependant l'approcher grâce à la vie éternelle, celle qui intervient après la mort. Ainsi, Dieu est-il l'Éternel (*olam* en hébreu) des juifs, des chrétiens et des musulmans *(al-çamadh)*.

➡ *Juste, Sagesse de Dieu*

ÉTIENNE ✝

Étienne vient du latin *Stephanus*, comme Stéphane, nom issu du grec *stephanos*, qui signifie « couronne ». Il est porté par un personnage important des tout débuts de l'Église chrétienne, sans doute d'origine, ou au moins de culture grecque. Dans le Second Testament, les Actes des apôtres, qui racontent cette période, rapportent son histoire dans les chapitres 6 et 7. Alors que le nombre de disciples ne cesse d'augmenter, le groupe des Douze (apôtres) s'adjoint, pour les assister dans leur tâche évangélique, le service de sept assistants, les premiers « diacres », choisis parce qu'ils sont « de bonne réputation, remplis de l'Esprit et de sagesse » : ce sont Philippe, Prochore, Nicanor, Timon, Parménas et Nicolas. Ils ont à leur tête le septième (archidiacre), Étienne, « homme rempli de foi et de l'Esprit saint ». Outre ce rôle, les diacres remplirent certainement une mission plus importante, puisque les disciples affluent toujours. « Étienne, rempli de grâce et de puissance, opérait de grands prodiges et signes parmi le peuple. » D'une grande érudition, maniant la parole à la perfection, il déroute ses contradicteurs qui, vexés, l'accusent de blasphème auprès du Sanhédrin. Arrêté, il comparaît devant cette grande instance juive, dirigée par le grand prêtre. Le prévenu se lance alors dans une évocation fidèle du Dieu d'Israël dont il résume l'histoire avec les patriarches : Abraham, Isaac et Jacob, Joseph, Moïse, les Hébreux, David et Salomon, le Temple. Mais il conclut : « Nuques raides, oreilles et cœurs incirconcis, toujours vous résistez à l'Esprit saint ! Tels furent vos pères, tels vous êtes ! Lequel des prophètes vos pères n'a-t-il point persécuté ? Ils ont tué ceux qui prédisaient la venue du Juste, celui-là même que maintenant vous venez de trahir et d'assassiner, vous qui avez reçu la Loi par le ministère des anges et ne l'avez pas observée. » Furieux, les membres du Sanhédrin le condamne pour blasphème. Étienne est lapidé : « Et tandis qu'on le lapidait, Étienne faisait cette invocation : "Seigneur Jésus, reçois mon esprit." Puis il fléchit les genoux et dit, dans un grand cri : "Seigneur, ne leur impute pas ce péché." Et en disant cela, il s'endormit. »

L'événement se déroule vers 36, sous les yeux approbateurs de Saül, qui prendra plus tard le nom romain de Paul. Le lieu de l'exécution est quasiment impossible à déterminer. mais une chose est certaine : Étienne est le premier martyr chrétien et inaugure la liste des saints. Les persécutions commencent et ne cesseront officiellement qu'en 313. Elles touchent aussi les six autres diacres, qui connaissent le martyre.

➡ *Apôtre, Caïphe, Diacre, Église chrétienne, Esprit saint, Martyr, Patriarche, Paul, Saint, Sanhédrin*

ÉTOILE, L' ☪

Avec ses 62 versets, *L'Étoile (al-Najm)*, la 53e sourate du Coran, est un magnifique hymne à la révélation du Livre sacré de l'islam. Mahomet, suivant la révélation du Coran par l'ange Gabriel (Djibril), résiste aux influences des hommes et ne peut plus se laisser abuser par les déesses, source d'idolâtrie, encore honorées autour de La Mecque, al-Lât, al-Uzza et Manât. Il ne s'agit que de noms sans pouvoir, adorés par ceux qui ne croient pas aux anges et à la vie future, alors que Dieu décide, voit, connaît et crée tout, à commencer par l'existence. Détenteur de l'unique pureté, tout lui revient, lui appartient et c'est en fonction des actes et des pensées qu'il récompense les croyants et châtie les autres. La véritable richesse est dans l'adoration à Dieu, dans la foi et la soumission à sa Parole.

➡ *Gabriel, Idole, Kaaba, Lât (al-), Livre, Mecque (La), Miraj, Révélation, Versets sataniques*

ÉTOILE DE DAVID ✡

L'étoile de David, ou plutôt le « bouclier de David » *(Magen David)*, consiste en deux triangles équilatéraux entrecroisés pour former six branches. Mais, si elle fut adoptée au XIXe siècle par les communautés juives du monde comme leur signe distinctif, à l'instar de la croix des chrétiens, puis par les sionistes (promoteurs de la création d'un État juif en Palestine) en 1897, elle remonte à un passé très lointain. En effet, elle date au moins de l'âge du bronze où elle était commune à de nombreux peuples. Le judaïsme la reprit à partir du VIIe siècle av. J.-C., époque où elle figure sur un sceau juif, sans lui accorder une place de choix. Ainsi, on la retrouve parfois associée à la svastika, motif encore plus ancien et partagé par nombre de civilisations (des Basques aux Chinois) – les nazis l'inversèrent pour donner la croix gammée. Il semble que l'étoile, que l'on retrouve au fronton de la synagogue de Capharnaüm (IIIe siècle av. J.-C. environ), avait une forte connotation mystique, voire magique, comme le confirme son autre nom, « sceau de Salomon », sachant que, pour la Bible, Dieu appose le sceau suprême. Ce sceau symbolisait les quatre éléments (feu, eau, air, terre), mais aussi le ciel avec le Soleil et les planètes. De fait, il figure au Moyen Âge sur des amulettes juives inspirées de la kabbale (mystique juive).

C'est de cette étoile que les nazis s'inspirèrent pour créer la sinistre étoile jaune que les juifs des pays occupés étaient contraints d'arborer sur leurs vêtements. Ce signe distinctif s'inspirait directement de la rouelle, pièce de tissu circulaire que les juifs devaient porter depuis le concile de Latran IV de 1215 (« Les juifs des deux sexes porteront quelque marque sur leurs habits qui les distinguera des chrétiens. »), notamment en France sous le roi Louis IX (1226-1270).

Le nom *Magen David* apparut tardivement, après le VIe siècle de notre ère, et l'étoile finit par s'imposer progressivement au sein des communautés juives en tant que figure religieuse. Elle orne aujourd'hui les frontons des synagogues, le drapeau blanc et bleu de l'État d'Israël et sert d'emblème à la Magen David Adom (« rouge »), les secours d'urgence du pays, équivalent de la Croix-Rouge.

➡ *Amulette, Capharnaüm, Concile, David, Judaïsme, Kabbale, Mystique, Salomon, Sionisme, Synagogue*

EUCHARISTIE ✝

Au cours de son dernier repas, la Cène, Jésus sait que sa fin terrestre est imminente. Réuni avec les apôtres, il tient à leur laisser un rite qui, après sa mort, permettra de ressentir sa présence. Les évangiles synoptiques (Matthieu, Marc, Luc) du Second Testament relatent les circonstances de ce que l'Église appellera « eucharistie » (du grec *eukharistia*, « action de grâces »). La première épître aux Corinthiens (11, 23-26) de Paul a laissé le plus ancien témoignage (vers 56) concernant l'institution de l'eucharistie.

En cette veille de Pâque juive (Pessah), Jésus prend le pain azyme qui est l'un des attributs sacrés. Cet aliment, qui constitue aussi la base de l'alimentation, est partagé entre les apôtres : « Ceci est mon corps, donné pour vous ; faites cela en mémoire de moi », rapporte Luc (22, 19). Jésus saisit ensuite une coupe du vin, également présent dans le rituel juif, et la fait circuler : « Cette coupe est la nouvelle Alliance en mon sang, versé pour vous », poursuit Luc (22, 20). Nous apprenons, par l'évangile de Jean, que Jésus a déjà annoncé le sens de l'eucharistie lors du miracle de la multiplication des pains : « Ma chair est vraiment une nourriture et mon sang vraiment une boisson. Qui mange ma chair et boit mon sang demeure en moi et moi en lui » (6, 55-56).

Jésus procède ainsi à une Pâque symbolique pour montrer que l'Alliance conclue autrefois entre Dieu et les Hébreux, c'est-à-dire le peuple juif dont il fait partie, est désormais renouvelée par son sacrifice imminent. Il signifie à ses disciples, et aux chrétiens qui les suivront, qu'ils pourront partager le don de son corps pour le salut des hommes.

Par l'eucharistie et le baptême, les deux sacrements fondamentaux du christianisme, les fidèles communient ainsi à la mort et à la résurrection du Christ. Précisons que l'eucharistie est appelée Sainte-Cène par les orthodoxes, et Sainte-Liturgie par les protestants. Dans le calendrier catholique, elle est célébrée par une fête, le deuxième dimanche après la Pentecôte, et instituée par le pape Urbain IV, en 1264 : c'est la Fête-Dieu, ou fête du Saint-Sacrement. Les fidèles font preuve d'une grande ferveur religieuse, notamment par des processions.

➡ *Alliance, Baptême, Cène, Communion, Conversion, Grâce, Messe, Pain, Pessah, Sacrement, Sang, Séder, Vigne*

ÉVANGILE ✞ ☪

Tiré du mot *evaggelion* que les Grecs utilisaient pour évoquer un événement heureux, l'Évangile est la « Bonne Nouvelle » du Royaume, devenu un nom propre étant donné son importance. Car c'est l'annonce de la venue prochaine du royaume de Dieu qui interviendra directement dans le monde. Dans sa prédication, Jésus centre son propos sur l'Évangile. C'est pourquoi, explique-t-il, il est urgent de se convertir, c'est-à-dire de se tourner vers Dieu, de s'en remettre à lui, de ressentir la présence déjà effective du Royaume avant son avènement final.

L'Évangile fut transmis oralement après la mort et la résurrection de Jésus (vers l'an 30), puis consigné par écrit avant de désigner (IIe siècle), au pluriel, les livres rapportant le ministère et le message de Jésus. Quatre de ces ouvrages ont été retenus par le canon (règle) de l'Église pour figurer dans le Second Testament.

Dans le Coran, c'est précisément sous le nom « évangile » (*al-Indjil* en arabe) que Mahomet désigne l'ensemble du Second Testament, sans distinguer les évangiles qui y figurent au début. Moins cité que la Bible, il fait appel aux figures essentielles du christianisme, Jésus et Marie, Jean le Baptiste et son père Zacharie (Zakariya). Mais si l'évangile (au sens coranique) est reconnu comme un produit de la révélation de Dieu, ce qui fait entrer les chrétiens parmi les gens du Livre *(Ahl al-Kitab)*, il est considéré comme une déformation *(tahrîf)* partielle du message original de Jésus.

➡ *Ahl al-Kitab, Coran, Évangiles, Jean le Baptiste, Jésus, Marie, Royaume*

ÉVANGILES ✠

Après la crucifixion et la résurrection de Jésus, vers l'an 30, ses disciples commencent à répandre le cœur de son message, l'Évangile, c'est-à-dire la « Bonne Nouvelle », la venue imminente sur terre du royaume de Dieu. Cette transmission se fait d'abord oralement, puis par des écrits qui, rapportant le ministère et la prédication de Jésus pour certains, sont appelés logiquement évangiles au milieu du IIe siècle. Puis, l'Église chrétienne étant composée de courants divers, la mouvance majoritaire finit par l'emporter. Composée en grande majorité de non-juifs et utilisant le grec, elle écarte progressivement tout ce qu'elle accuse d'hérésie afin de s'imposer définitivement. En même temps se pose la question d'asseoir cette autorité sur des textes considérés comme révélés par Dieu, afin de conforter la doctrine, c'est-à-dire ce qu'il convient d'enseigner. Les Pères de l'Église y contribuent. Et à la fin du IVe siècle, le canon (règle) de l'Église fixe définitivement la liste des 27 livres formant le Second Testament. Cet ensemble commence ainsi par quatre de ces évangiles. Suivent les Actes des apôtres (naissance et début de l'Église), les épîtres (correspondances avec les premières communautés chrétiennes) et l'Apocalypse (ouvrage particulier concernant la fin des temps).

Rédigés entre 65 et 90 environ, et attribués chacun à un auteur, ces quatre évangiles « canoniques » comprennent d'abord ceux de Matthieu, Marc, Luc qui, en raison de points communs (plan, style, récits...) sont qualifiés de « synoptiques » (« vue d'ensemble »). Le quatrième, de l'apôtre Jean, se distingue par son vocabulaire, son plan et un ton général plus théologique. Les évangiles « canoniques » ne sont pas une biographie de Jésus au sens strict. Ils sont un reflet de la foi qui anime l'Église dans la seconde moitié du Ier siècle. Élaborés à partir de la tradition orale, ils ont pour objectif d'éclairer sa prédication en rapportant ses paroles (*logoi*). C'est pourquoi, adressés aux communautés qui voulaient se démarquer du judaïsme dont Jésus et les premiers chrétiens étaient issus, ils montrent Jésus auréolé d'une gloire extraordinaire, ce qui leur confère une dimension avant tout religieuse.

Cette particularité rend donc assez difficile la reconstitution des faits et gestes de Jésus – et impossible une biographie au sens contemporain du mot. D'autant que la durée et les étapes de son ministère diffèrent selon les livres ; les épisodes le concernant, sans lien ente eux, sont quelquefois très courts, voire résumés à quelques mots. En outre, ils furent rédigés à des époques différentes et les communautés auxquelles ils étaient adressés n'étaient pas de même nature, certaines étant par exemple d'origine juive, d'autres de culture grecque.

Enfin, les évangiles que nous connaissons ne sont pas les « originaux ». Comme il était d'usage dans les temps anciens, ils furent copiés et recopiés durant les premiers siècles, les copistes prenant parfois la liberté d'enlever, de changer ou d'ajouter des mots, des phrases et même des passages. Nous possédons ainsi cinq mille documents de dimensions variées, qui, écrits dans des langues différentes dont le grec, ont permis aux exégètes (spécialistes de l'écriture sainte) de reconstituer ces originaux. Ces chercheurs ont pu par exemple étudier les plus anciens : le fragment le plus ancien date du début du IIe siècle, et l'évangile presque complet le plus ancien, celui de Jean, remonte aux années 170.

À côté de ces quatre Livres sacrés, il faut compter sur les évangiles qui, parfois contemporains de ces derniers, n'ont pas été retenus par le canon chrétien, et qui sont dits « apocryphes » (« cachés » en grec). Les informations qu'ils apportent sont souvent précieuses et leur influence sur la tradition chrétienne est importante. Citons par exemple Les *Actes* (faits et gestes) *de l'apôtre Thomas*, dont l'original daterait de la seconde moitié du Ier siècle. Ce livre rapporte cent quarante *logoi* de Jésus considérées comme très proches de celles qu'il aurait pu prononcer. *La Nativité de Marie* ou *Protévangile de Jacques*, rédigé peut-être avant le IIe siècle, est centré sur la mère de Jésus, Marie, dont il a contribué à répandre le culte.

Les évangiles canoniques restent la source écrite essentielle de la foi chrétienne.

➡ *Actes des apôtres, Apocalypse, Apocryphe, Canon, Église, Épître, Évangile, Évangéliste, Hérésie, Jacques, Jean, Jésus, Marie, Synoptique, Testament, Thomas*

ÉVANGÉLISTE ✠

Les quatre évangiles du Second Testament sont attribués chacun à un auteur. Le premier, et le plus commenté, revient à Matthieu (de l'hébreu Mattatiya, « don de Dieu »), l'un des apôtres de Jésus. Celui-ci le rencontre à Capharnaüm. Matthieu, qui s'appelle alors Lévi, est un publicain, un collecteur d'impôts, et tient un bureau de douanes. Dès que Jésus lui demande de le suivre, il se lève et l'accompagne, quittant toute sa vie passée. Il sera présent jusqu'à la Résurrection. Après la Pentecôte, qui marque la naissance de l'Église, il a pour tâche d'annoncer l'Évangile en Palestine. C'est pourquoi il écrit son livre en araméen, la langue de l'époque. Selon les traditions, son destin diffère, mais elles en font quasiment toutes un martyr.

Le deuxième évangile est attribué à Marc (« marteau »), un disciple de Pierre qui l'entoure d'affection – il porte le nom de Jean dans les Actes des apôtres. Après la Pentecôte, il accompagne Paul et son cousin Barnabé (« fils de la consolation », Barnabas en grec) dans leurs missions. De retour à Jérusalem, et après s'être brouillé avec Paul qui lui a reproché son départ, il va évangéliser l'île de Chypre avec Barnabé, lequel y connaît le martyre vers 60. Après un passage à Rome avec Pierre, Marc aurait converti Alexandrie (Égypte), l'un des patriarcats du christianisme naissant, et en serait devenu le premier patriarche. Ses reliques (supposées) furent transférées au IXe siècle à Venise, qui en fit son saint protecteur.

Luc (nom souvent relié au latin *lux*, « lumière »), le troisième évangéliste, est un médecin grec de Syrie. On lui attribue aussi les Actes des apôtres, cinquième livre du Second Testament. Collaborateur de Paul, il n'a pas, comme ce dernier, suivi le ministère de Jésus. Mais témoin, voire acteur des missions des apôtres, il en consigne le déroulement qui constitue les

Actes. La légende lui attribue l'évangélisation de pays aussi différents que la Gaule, la Macédoine ou l'Égypte, ainsi que le martyre.

Le quatrième évangéliste est Jean.

Chacun des évangélistes sera associé à un animal, principe des Quatre Vivants en rapport direct avec la Bible et le Second Testament.

➡ *Apôtre, Capharnaüm, Évangiles, Jean, Patriarche, Paul, Pentecôte, Pierre, Publicain, Quatre Vivants*

ÈVE ✠

La Genèse, le premier livre de la Bible, raconte que, au sixième jour de la Création, Dieu façonne les bêtes (*behémoth* en hébreu), puis le premier homme, Adam. Mais que peut faire Adam avec des créatures qui ne lui sont pas semblables ? Dieu l'endort, extrait une de ses côtes, referme la plaie et sculpte la première femme dans la côte. Adam, en s'éveillant, s'écrie : « C'est la chair de ma chair ! » Le couple, le premier de l'humanité, est installé au paradis terrestre et vit un amour parfait. Mais ils commettent le premier péché. Dieu les chassent du paradis. La femme, qui a reçu pour nom Ève, de l'hébreu *hawwa*, « la vivante », devient la mère de tous les vivants – mot repris dans le Coran, qui ne la cite pas sous son nom d'Ève. Elle engendre alors deux fils. Mais l'un d'eux, Caïn, assassine son frère Abel et, maudit par Dieu, disparaît dans les contrées lointaines. Le couple, pour peupler la Terre, doit donc concevoir d'autres enfants : ainsi naîtra Seth, d'où descendront Mathusalem et Noé, ancêtres de l'humanité.

➡ *Abel, Adam, Behémoth, Caïn, Création, Dieu, Genèse, Mathusalem, Noé, Paradis, Péché*

ÉVÊQUE

L'épiscope (du grec *episkopos*, « surveillant », « intendant » en grec) était, au Ier siècle, le responsable de la communauté chrétienne de Jérusalem. Le premier fut Jacques, « frère de Jésus », ou Jacques le Mineur. L'apôtre Paul en fait mention dans la première épître à Timothée (3, 1-7), où il évoque une « noble fonction », une personne « irréprochable, mari d'une seule femme », sobre, « détaché de l'argent », capable d'exercer son autorité sur sa propre maison comme sur l'Église. Puis ce titre, qui prévoyait l'autorité sur les presbytres (du grec *presbuteros*, « ancien », d'où viendra le mot « prêtre »), en vint à s'appliquer à tout représentant local d'une Église, c'est-à-dire l'évêque.

Le mot « évêque » vient en effet du latin *episcopus*, lui-même issu du grec *episkopos*, étymologie correspondant à son rôle éminent dans l'Église catholique, chez les orthodoxes et dans les Églises protestantes qui ont conservé cette fonction.

L'évêque est considéré comme le successeur des apôtres de Jésus. Dans l'Église catholique, il s'agit d'un prêtre désigné par le pape (qui est le premier évêque). Il reçoit le sacrement dit « épiscopal » de la part d'autres évêques : par l'imposition des mains sur sa tête, ils lui transmettent l'Esprit saint qui l'accompagnera dans sa mission. Dès lors, il peut à son tour donner des sacrements – ordination de prêtres et confirmation par exemple. Il est assisté de deux fonctions (masculines) : le diacre et le prêtre. Pour discuter des questions importantes, les évêques d'une région se réunissent en « synode » (échelle régionale), en conférence (échelle nationale), en concile (échelle mondiale). Enfin, l'évêque se reconnaît au violet de ses habits, couleur qui symbolise le calme, état nécessaire pour apporter la paix dans les cœurs. Pour l'aider dans ses tâches, il est entouré de prêtres appelés « chanoines » (du latin *canonicus*, « soumis à une règle ») qui sont attachés au service d'un diocèse. Ils forment ainsi un « chapitre » ou « collège ». Ils peuvent aussi se charger d'une église qui n'est pas cathédrale : celle-ci prend alors le nom de « collégiale ».

Enfin, tout pays catholique est divisé en régions, les « diocèses », placés chacun sous l'autorité spirituelle et ecclésiastique d'un évêque. Celui-ci, pour signifier sa fonction, occupe un « fauteuil » (*cathedra* en latin), dit aussi « trône », situé dans l'église principale de son diocèse, près de laquelle il réside en général. Cette église est appelée « cathédrale ». Cette prééminence explique le soin particulier dont furent entourés ces chefs-d'œuvre d'architecture. Le principe de la cathédrale existe depuis les premiers siècles du christianisme, mais ce mot ne concerne que les Églises qui ont conservé la hiérarchie épiscopale (évêques), l'âge d'or de ces édifices magnifiques se situant au XIIIe siècle.

➡ *Apôtre, Concile, Diacre, Esprit saint, Jacques le Mineur, Jésus, Ordination, Pape, Prêtre, Sacrement*

EXCOMMUNICATION ✡ ✝ ☪

L'excommunication est, au sens littéral, l'exclusion de la communion (communauté) des juifs, des chrétiens ou des musulmans. Elle ne peut être prononcée que pour des fautes graves, et, selon les religions, prend des aspects distincts. Le repentir, obligatoire, ne lève pas pour autant la sanction, qui peut être temporaire ou définitive. Citons, par exemple, le *karet* juif (« retranchement » de la communauté), ou la condamnation à mort que l'islam prévoit (en principe) aux cas prouvés d'apostasie (pour des adultes mâles en bonne santé) sous ses formes différentes : renoncement à la foi et combat contre les musulmans, blasphème contre le Coran, adoration d'idoles et donc polythéisme.

➡ *Anathème (Loi de l'), Apostasie, Blasphème, Communion, Idole, Repentir*

EXIL ✡

En 722 av. J.-C., la terrifiante Assyrie balaie Samarie, le royaume israélite du Nord né de la scission d'Israël deux cents ans auparavant. Cet empire en exile la population et implante des étrangers aux mœurs religieuses différentes – les futurs Samaritains. Mais l'hébreu *galout* (« exil ») s'applique surtout à celui qui, en deux vagues (597 et surtout 587), frappe Juda, le royaume du Sud conquis par Babylone – qui a vaincu son vieux rival assyrien. Dans la Bible, les prophètes Jérémie et Ézéchiel décrivent le déroulement et les conséquences de cette déportation, dont la destruction du Premier Temple et de sa ville sainte, Jérusalem. Comme le livre des Rois, ils y voient la punition de Dieu pour l'infidélité de son peuple. Les empires du Proche-Orient antique avaient pour principe d'imposer leurs mœurs et leurs croyances aux vaincus. Aussi se posa la difficile survivance du judaïsme en terre babylonienne. Au vu des écrits bibliques, il semble que la communauté israélite fut d'abord découragée, à l'image des Lamentations de Jérémie. Mais elle finit par se comporter en « petit reste », pour reprendre la formule célèbre de prophètes du VIIIe siècle (Amos, Osée et Isaïe), donc antérieurs aux événements. À partir de cette graine va croître le peuple du retour. Il se soude autour de la foi au Dieu unique, des œuvres prophétiques et de la parole des prêtres exilés. C'est au creuset du *galout* que l'on forme les recueils de prophètes et les livres historiques de la Bible, que l'on constitue la Torah (Pentateuque).

Mais en 538, le Perse Cyrus le Grand (un juste), qui a soumis Babylone, autorise par décret les peuples exilés à rejoindre leurs terres. Les Israélites commencent à rentrer à Jérusalem, d'abord timidement, ensuite sur un rythme plus soutenu en dépit d'une économie sinistrée et de la dépendance de la Judée à l'égard de Samarie, toutes deux provinces perses. Les livres d'Esdras et de Néhémie relatent abondamment les difficultés de ce retour en Terre promise, véritable renaissance du peuple d'Israël.

Au IIe siècle apr. J.-C. apparut le terme hébreu *rech galouta* (« chef de l'exil », traduit par exilarque) pour qualifier les grands dignitaires qui, nécessairement descendants du roi David, représentaient les communautés juives implantées en Babylonie depuis l'Exil – l'équivalent en Palestine était le *nassi*. De cette région, riche en érudits, devait émerger le Talmud dit « de Babylone » (achevé vers 500). Le pouvoir de l'exilarque comprenait une police, la collecte d'impôts particuliers aux juifs, une justice civile et religieuse.

Enfin, le terme *galout* finit par s'étendre à toute la « Dispersion » (Diaspora) juive, consécutive aux méfaits de l'Histoire et objet d'un intense désir de retour (ou *aliya*, « montée ») à Sion (c'est-à-dire Israël).

➡ *Aliya, Amos, Assyrie, Babylone, Diaspora, Esdras, Ézéchiel, Isaïe, Israël, Jérémie, Jérusalem, Juda, Judée, Juste, Nassi, Néhémie, Osée, Samarie, Samaritain, Talmud, Torah*

EXODE ✡

Deuxième livre de la Torah, l'Exode raconte le « départ » (*exodos* en grec) des Hébreux d'Égypte sous la conduite de Moïse. Soumis à l'esclavage par Pharaon qui ignore tous les hauts faits de leur ancêtre Joseph, quatre cents ans auparavant, les Hébreux continuent pourtant de se multiplier. Pharaon décrète alors la mort de tous leurs nouveau-nés mâles. Afin de le sauver, la mère du petit Moïse le dépose dans une corbeille qu'elle abandonne aux eaux du Nil. L'enfant est recueilli par la fille de Pharaon et élevé à la Cour. Mais un jour, Moïse tue un contremaître égyptien qui maltraitait un Hébreu. Il se sauve, trouve refuge dans le désert de Madiân (à l'est de la péninsule du Sinaï), auprès d'un prêtre, Jethro (« le reste » en hébreu), dont il épouse la fille Çiporra. Puis, lors de l'épisode du Buisson ardent, Dieu lui confie la mission de libérer son peuple. Pharaon ne cède qu'après la dixième des plaies que Moïse, rendu capable de miracles, a fait descendre sur l'Égypte. Parvenus au bord de la mer Rouge (en fait la mer des Roseaux, vaste étendue marécageuse qui reliait alors la Méditerranée), les Hébreux sont poursuivis par les troupes de Pharaon, qui a changé d'avis. Moïse brandit son bâton et les eaux s'écartent, laissant passer son peuple à pied sec tandis qu'elles se referment sur les soldats, les « forces du mal ». Dans le Sinaï débute alors un long séjour. Les Hébreux commencent par se lamenter, ils ont soif, et Moïse fait jaillir l'eau d'un rocher à l'aide de son bâton. Puis ils ont faim, et Dieu fait venir chaque matin la manne, un repas au goût de mystère qui montre combien il veille sur son peuple. C'est ainsi que la colonne est attaquée par le peuple des Amalécites (pillards du désert) qu'il plonge dans la défaite. Parvenus au pied du mont Sinaï, les Hébreux voient Moïse monter au sommet où, dans une théophanie magnifique, il reçoit de Dieu le Décalogue et d'autres lois. L'Alliance de Dieu avec Israël est scellée. Malgré cela, inquiets de la longue absence de Moïse, ils s'élèvent un Veau d'or qu'ils vénèrent – représentation de Yahvé qui, pourtant, a interdit toute image de lui. Décidé à les exterminer, Dieu n'y renonce que devant le plaidoyer de Moïse. Et, pour accompagner les Hébreux, il commande la construction de sa maison, la tente de la Réunion (Tabernacle) contenant l'arche d'Alliance qui abrite les Tables de la Loi. En même temps, pour les guider vers la Terre promise, Canaan, il apparaît sous la forme d'une nuée (signe de sa protection et, par nature, impossible à décrire). L'Exode, commencé un an auparavant, va se poursuivre encore trente-neuf ans, période racontée dans les Nombres, quatrième livre de la Torah.

Le judaïsme évoque bien sûr abondamment l'Exode, colonne vertébrale de son identité, source d'Israël et du monde juif. On le retrouve dans ses prières (*Qiddouch*, *Chema* par exemple), lors des fêtes (Chavouot, Soukkot, shabbat, Pessah…) et dans de nombreuses mentions de la Bible.

➡ *Alliance, Arche, Buisson ardent, Canaan, Chavouot, Chema, Décalogue, Hébreu, Joseph, Manne, Moïse, Nombres, Pessah, Plaies d'Égypte (Dix), Qiddouch, Shabbat, Sinaï, Soukkot, Tabernacle, Théophanie, Torah, Veau d'or, Yahvé*

EXORCISME ✡ ✝ ☪

L'exorcisme est l'action par laquelle on prête serment (en grec *exorkizien*, de *orkos*, « serment »), ou plus précisément on « abandonne », on « adjure ». En religion, ce mot est lié à l'expulsion de démons ayant pris possession d'un corps, en tête desquels figure le diable (ou Satan). Si la Bible, et à sa suite le Talmud, condamne toute forme de magie et de sorcellerie, et n'évoque pas de telles pratiques antidémoniaques, nous en trouvons cependant un exemple dans la tradition juive, avec le dibbouk, démon particulièrement craint, qui, dès le XVIe siècle, fit l'objet de séances d'exorcisme.

Pour le christianisme, la chasse aux démons constitue une grande part des miracles de Jésus rapportés par les évangiles du Second Testament, et les apôtres reçurent de lui le pouvoir d'exorciser. L'Église, où le diable occupa une place des plus importantes au Moyen Âge, est aujourd'hui très prudente en la matière. Elle n'exclut pas pour autant la possibilité d'une possession démoniaque. Le baptême, qui fait entrer dans l'Église, est ainsi un exorcisme « ordinaire » dans la mesure où il purifie la personne (enfant ou adulte) qui le reçoit. Les exorcismes « extraordinaires », prières adressées à Dieu et adjurations au démon de quitter le corps, sont du ressort d'un clerc spécialement désigné (en principe) dans chaque diocèse par l'évêque.

Enfin, le Coran met constamment en garde contre les djinns, dont Iblis qui tenta Adam et Ève, mais sans se référer à aucune pratique exorciste : les croyants doivent les combattre en s'en remettant à Allah, à sa protection. Dieu le rappelle : sans sa volonté, ces créatures maléfiques n'ont aucun pouvoir sur les hommes qui lui sont fidèles ; c'est lui qui les envoie à ceux qui le méritent. En revanche, ils peuvent investir ceux qui ne croient pas. On trouve cependant des récits d'expulsion de démons dans la tradition populaire, voire dans certains faits et gestes attribués au prophète Mahomet.

➡ *Apôtre, Baptême, Démon, Diable, Dibbouk, Djinn, Iblis, Miracle, Satan, Talmud*

EXPIATION ✡ ✝ ☪

L'expiation signifie, au sens étymologique, se rendre « pieux » (*pius* en latin), c'est-à-dire reconnaître ses fautes (péchés) envers Dieu ou envers autrui, et les réparer afin de s'amender devant Dieu et d'apaiser sa colère. Elle exige donc au préalable le repentir.

Dans le judaïsme, cette démarche trouve son point d'orgue avec Yom Kippour, jour des Expiations (*kapparot* en hébreu) où chaque juif reconnaît personnellement et collectivement ses fautes, et qui donnait lieu autrefois, dans le désert près de Jérusalem, au lâcher d'un bouc « émissaire » chargé des fautes d'Israël.

Pour le christianisme, l'expiation, plus théologique, se vit dans la foi au Christ : Jésus, par son sacrifice sur la croix, tel l'agneau de Pâques, a donné sa vie pour le salut des hommes qui, par sa mort, se découvrent pécheurs et pardonnés.

Le jeûne, forme de pénitence commune aux trois religions monothéistes, qui permet de se purifier devant Dieu, est illustré chez les musulmans par le grand jeûne du ramadan. En islam, le terme *tawaba* consiste à regretter la faute, à se faire pardonner par Dieu par des actes de repentir – la générosité (*sadaqa*), les prières, le jeûne... – mais aussi à chercher le pardon de ceux qui ont été offensés. Tout péché peut être pardonné, sauf l'associationnisme (*shirk*), c'est-à-dire l'association d'une divinité au Dieu unique. Il faut pour cela avoir confiance et espoir en Dieu.

➡ *Agneau, Bouc émissaire, Conversion, Jeûne, Miséricorde, Péché, Ramadan, Réconciliation, Rédemption, Repentir, Salut, Yom Kippour*

EXTRÊME-ONCTION ✝

L'extrême-onction est l'un des sept sacrements catholiques. Elle consiste à appliquer de l'huile sainte sur le front du malade. Elle est souvent donnée en même temps que le « viatique », qui est le sacrement de l'eucharistie administré aux mourants, afin de leur ouvrir le « chemin » (*via* en latin) vers Jésus-Christ dont ils partagent ainsi la mort (qu'il affronta seul) tout en offrant leur vie à Dieu.

➡ *Eucharistie, Huile sainte, Onction, Sacrement*

ÉZÉCHIEL ✡

Dans la Bible, le livre du prophète Ézéchiel (en hébreu Yehezqel, « Dieu réconforte ») se distingue par un style d'une expressivité confinant parfois à la violence. Les allégories, les images, les symbolismes forts, des propos d'une crudité parfois surprenante en font un prophète particulièrement inspiré sur le plan littéraire, au point que des chercheurs se sont demandé s'il n'avait pas utilisé quelque substance hallucinogène pour parvenir à ces visions. Ézéchiel est ainsi considéré comme le pionnier de la littérature apocalyptique.

Ézéchiel intervient dans le drame qui va secouer Juda au début du VIe siècle av. J.-C. Juda est alors le seul des deux royaumes de l'ancien Israël encore indépendant. L'autre royaume, Samarie, a disparu en 722, sous les coups de l'Assyrie. En 597, l'Empire babylonien menace une première fois Juda et sa capitale Jérusalem, exilant une partie de la population. Ézéchiel fait partie de ces premiers exilés à Babylone, ville où il transmet ses oracles jusqu'en 570 environ. Depuis cet exil, il a d'abord la vision fantastique d'un char de feu : Dieu déclare qu'il va délaisser sa maison, le temple de Jérusalem, et le charge de transmettre sa Parole. De fait, Dieu abandonne le Temple souillé par des idoles étrangères, pour ce qui est désormais le véritable Israël, le noyau des exilés. Jérusalem, ville impie, doit être punie : la capitale de Juda tombe en 587, sous les coups de Babylone qui procède au second exil. Ézéchiel, à qui cette chute est apparue en vision, devient muet jusqu'à ce que la catastrophe soit connue à Babylone où, retrouvant la parole, il exhorte les Israélites découragés par ce drame. La conversion (retour vers Dieu) est le gage de la survie d'Israël, au contraire de ces rois et de leur politique, de ces prêtres et de ces faux prophètes qui ont précipité l'invasion et la ruine de Samarie puis celle de Juda. Mais l'exil n'est pas seulement imputable à une faute collective.

En effet, Ézéchiel introduit alors une notion nouvelle de la responsabilité, dans le sillage du prophète Jérémie. Comme ce dernier, il reprend un proverbe célèbre : « Qu'avez-vous à répéter ce proverbe au pays d'Israël : Les pères ont mangé des raisins verts et les dents des fils ont été agacées ? Par ma vie, oracle du Seigneur Yahvé, vous n'aurez plus à répéter ce proverbe en Israël. Voici : toutes les vies sont à moi, aussi bien la vie du père que celle du fils, elles sont à moi. Celui qui a péché, c'est lui qui mourra » (18, 2-4). L'homme est ainsi responsable collectivement, mais aussi individuellement. Désormais, Dieu le punira, ou lui pardonnera et le récompensera en fonction de sa conduite. Dieu s'affirme aussi comme le guide de son peuple qui, tels des « ossements desséchés auquel l'Esprit redonnera vie », retrouvera un jour le chemin de sa terre, pour une Alliance éternelle. Enfin, Ézéchiel décrit cet Israël idéal, conception utopique d'un pays possédant les frontières du royaume glorieux de David (le plus grand roi qu'ait connu Israël), et dont le cœur sera un nouveau Temple où régnera la pureté conforme à la Loi.

Ézéchiel n'a pas vécu le retour de ses compatriotes en terre d'Israël, à partir de 538. Mais par sa foi et ses mots, il a contribué à ce que, au creuset de l'exil, les Israélites résistent à l'assimilation culturelle et religieuse des vaincus par les vainqueurs, phénomène alors habituel. De cette résistance alimentée par le prophète se dégage aussi une force encore d'actualité : Israël est un peuple différent des autres car il a été choisi par Dieu.

➡ *Alliance, Apocalypse, Babylone, David, Exil, Jérémie, Jérusalem, Juda, Peuple élu, Temple*

F

FACTIONS, LES

Les Factions (al-Ahzab), titre de la 33e sourate du Coran, désigne les tribus arabes de La Mecque qui combattirent Mahomet et auxquelles se rallièrent les juifs de Médine. Pour Dieu, les actions commises par erreur peuvent être pardonnées, mais non les préméditations dont ces frères se sont rendus coupable. Car l'alliance que Dieu a scellée avec les prophètes (Noé, Abraham, Moïse et Jésus) appelle l'unité de tous les croyants dont les victoires, difficiles, sont favorisées par le plan divin. Malheur aux couards et aux hypocrites, qui, un jour, s'allient à Dieu et le renient le lendemain pour mieux se sauver. La sourate rappelle ensuite les comportements que tout croyant, homme ou femme, doit respecter : piété, aumône, charité, sincérité, prière, jeûne... Il faut suivre Mahomet non comme un enfant suit son père, mais comme le prophète de Dieu, son envoyé, son avertisseur. Après une évocation du voile *(hidjab)* concernant les épouses du Prophète, et du *jilbab*, habit ample et large de toutes les musulmanes, la sourate s'achève sur la condamnation des incrédules et des polythéistes.

➡ *Abraham, Aumône, Charité, Jésus, Jeûne, Mahomet, Mecque (La), Médine, Moïse, Noé, Prière, Prophète, Voile*

FAQÎR

Ce mot renvoie à la situation matérielle misérable d'une personne ; il inspire souvent la pitié et la désolation. C'est oublier qu'il trouve sa signification dans le Coran, précisément dans la sourate *Muhammad* (47, 38) : « Dieu est celui qui se suffit à lui-même et vous êtes pauvres [*fuqura* en arabe]. » Le *faqr* (la « pauvreté », le « dénuement »), qui n'est pas la misère, est ainsi la condition du soufi, le mystique musulman, qui, détaché des choses matérielles, peut mener sa quête spirituelle de Dieu et ressentir au mieux sa présence – cet état, qui peut être aussi matériel, est à rapprocher de la kénose chrétienne (du grec *kenosis*, « vide », « dépouillé »). Ascète et « pauvre » (*faqîr*, qui a donné le mot « fakir »), le soufi parvient d'autant mieux à communiquer avec Dieu au cours du *dhikr*, la prière personnelle où il l'invoque. Le *faqîr* est aussi appelé « derviche », mot d'origine persane.

➡ *Derviche, Dhikr, Mystique, Philippien, Soufisme*

FARD ☪

Tout musulman remplit un certain nombre d'« obligations » (*fard* en arabe) voulues par Dieu. Pour le fidèle, elles complètent les règles prévues par la loi humaine. Il en va ainsi de la prière, du jeûne, du djihad (effort envers Dieu et l'islam) ou de l'aumône, laquelle prend deux formes illustrant les deux acceptions du *fard* : la *zakat* est une « obligation personnelle » *(fard al-ayan)* tandis que la *sadaqa*, don volontaire, est considérée comme une bonne action, *fard al-kifaya*. Celle-ci est une obligation qui ne s'impose pas à tous les musulmans : il suffit qu'un individu ou un groupe la remplisse pour que tous les autres membres de la communauté en soient dispensés, telle « la prière funéraire » *(Salatû el-janâza)*.

➡ *Aumône, Djihad, Jeûne, Sadaqa, Zakat*

FATIHA, AL- ☪

Al-Fatiha (« ouverture » ou « liminaire ») est le titre de la 1re sourate du Coran, qui s'ouvre donc par ces versets profonds et splendides, qui condensent l'essence de ce Livre sacré de l'islam :

« Au Nom de Dieu :
le Miséricordieux,
le Tout-Miséricordieux.
Louange à Dieu,
Seigneur des mondes :
le Miséricordieux,
le Tout-Miséricordieux,

Celui à qui appartient le jour du Jugement dernier.
C'est toi que nous adorons,
c'est toi
dont nous implorons le secours.
Dirige-nous dans le chemin droit :
le chemin de ceux que tu as comblés de bienfaits ;
non pas ceux qui ont encouru ta colère,
ni ceux qui s'égarent. »

Cette 1re sourate est appelée aussi la « Mère du Livre » *(Omm al-Kitab)* en raison de son importance. Selon certains savants coranistes, la *Basmallah*, qui correspond aux premiers versets, « Au nom de Dieu *[bismi Allah]*, le Miséricordieux, le Tout-Miséricordieux », en est extraite. *Al- Fatiha* est invoquée dans les prières quotidiennes *(salat)*, spontanées *(dua)*, mystiques *(dhikr)* ou lors de cérémonies et autres circonstances importantes. Elle fait partie des quelques passages du Coran que tout fidèle se doit d'apprendre par cœur et se conclut par la formule *amin (amen)*.

➡ *Amen, Basmallah, Coran, Dhikr, Livre, Salat, Versets sataniques*

FATIMA ☪

De sa première femme Khadidja, Mahomet eut six enfants : les trois garçons moururent en bas âge, tandis que ses filles, hormis Fatima qui épousa Ali ibn Abî Tâlib, cousin du Prophète, moururent après leur mariage sans laisser de descendance. En dépit de l'absence d'informations précises, Fatima, par ce mariage et par ses deux fils, Hassan et Hussein, deviendra une grande figure du chiisme, qui voit en Ali son précurseur (le quatrième calife « bien-guidé », *Rachidoun*) et ses fils, des acteurs majeurs. Mais elle est tout autant vénérée par l'ensemble des musulmans, Mahomet l'ayant reconnue comme un personnage exemplaire de l'islam. La sourate 33 *(Les Factions)* comprend ce verset : « Ô vous, les gens de la Famille *[Ahl al-Bayt]* ! Dieu veut seulement éloigner de vous la souillure et vous purifier totalement » (33). À ce verset s'ajoute un hadith, dans lequel Mahomet prend ces mêmes « gens » sous son manteau. Outre Mahomet, la Famille comprend Ali, Fatima, Hassan et Hussein, auxquels est donc conférée une dignité supérieure.

De magnifiques traditions entourent Fatima, et son culte, reposant notamment sur sa sainteté et son qualificatif fréquent d'*al-Zahra* (« la Resplendissante », « la Lumineuse »), a accentué son aura au fil des siècles. Des chercheurs, chrétiens il est vrai, rapprochent son culte important de celui qui entoure la Vierge Marie. Fatima mourut peu après Mahomet, dont elle était très proche, en 632 ou en 633, et fut enterrée à Médine. La dynastie chiite des Fatimides d'Égypte (909-1171) se prétendait issue de Fatima.

➡ *Ali, Chérif, Chiisme, Hassan, Hussein, Khadidja, Mahomet, Médine*

FATWA ☪

La *fatwa* est un « avis » transmis par un érudit, grand connaisseur de la charia. Ce savant, ou *mufti* (jurisconsulte), peut être un ayatollah (dans le chiisme), un qadi (« juge ») ou tout autre grand représentant religieux du pays concerné. La décision juridique qu'il prend peut porter sur un point de religion ou sur tel ou tel acte contraire à celle-ci. Mais une fatwa n'est pas un oukase, c'est-à-dire une mesure imposée par une seule personne. Elle doit être émise après une demande (officielle ou individuelle), faire l'objet d'une discussion et d'une argumentation. En effet, prolongement des législations fondamentales que sont le Coran et les hadith, la fatwa sert toujours à adapter le monde musulman au monde contemporain, en conformité avec les principes essentiels de l'islam, et dans des domaines aussi variés que la médecine, l'économie ou la vie sociale. La fatwa est, dans son fondement et sa réalité, bien différente de certaines fatwas (très minoritaires), qui, pour des raisons politiques, religieuses et morales, ont été prononcées contre des individus, jusqu'à les condamner à mort.

➡ *Charia, Chiisme, Coran, Hadith, Qadi*

FAWATIH ☪

Le Coran comprend 114 sourates. Vingt-neuf d'entre elles sont inaugurées, ou titrées, par des « lettres d'ouverture » ou « liminaires » *(al-huruf al-fawatih)*, appelées aussi « lettres séparées » *(al-huruf al-muqattaat)*. La signification de ces lettres arabes, ou *fawatih*, est encore mystérieuse ; elles confèrent aux sourates qu'elles introduisent une grande valeur mystique. Seules ou groupées par deux ou par cinq, elles sont présentes dans les sourates suivantes (avec leur transcription française) :

– *alif, lam, mim* (A, L, M) : sourates 2 *(La Vache)*, 3 *(La Famille d'Imran)*, 29 *(L'Araignée)*, 30 *(Les Romains)*, 31 *(Luqman)*, 32 *(La Prosternation)* ;

– *alif, lam, mim, çad* (A, L, M, S) : sourate 7 *(Al-Araf)* ;

– *alif, lam, ra* (A, L, R) : sourates 10 *(Jonas)*, 11 *(Houd)*, 12 *(Joseph)*, 14 *(Abraham)*, 15 *(al-Hijr)* ;

– *alif, lam, mim, ra* (A, L, M, R) : sourate 13 *(Le Tonnerre)* ;

– *kaf, ha, ya, aïn, çad* (K, H, I, A, S) : sourate 19 *(Marie)* ;

– *ta, ha* (T, H) : sourate 20 *(Ta Ha)* ;

– *ta, sin, mim* (T, S, M) : sourates 26 *(Les Poètes)*, 28 *(Le Récit)* ;

– *ta, sin* (T, S) : sourate 27 *(Les Fourmis)* ;

– *ya, sin* (Y, S) : sourate 36 *(Ya Sin)* ;

– *çad* (S) : sourate 38 *(Çad)* ;

– *ha, mim* (H, M) : sourates 40 *(Celui qui pardonne)*, 41 *(Les Versets clairement exposés)*, 43 *(L'Ornement)*, 44 *(La Fumée)*, 45 *(Celle qui est agenouillée)*, 46 *(al-Ahqaf)* ;

– *ha, mim, aïn, sin, qaf* (H, M, A, S, Q) : sourate 42 *(La Délibération)* ;

– *qaf* (Q) : sourate 50 *(Qaf)* ;

– *noun* (N) : sourate 68 *(Le Calame)*.

➡ *Abraham, Ahqaf (Al-), Alif, Araf (Al-), Çad, Calame, Coran, Hijr (al-) , Houd, Imran (la famille d'), Jonas, Joseph, Luqman, Marie, Qaf, Ta Ha, Vache*

FER, LE ☪

Dans *Le Fer (al-Hadid)*, 57e sourate du Coran, Dieu est d'emblée le seul roi du ciel et de la Terre, il est le Créateur, « le premier et le dernier », c'est-à-dire l'alpha et l'oméga (première et dernière lettres de l'alphabet grec). Dieu est le début et le commencement de toute chose. C'est pourquoi il faut se garder des illusions engendrées par le monde matériel car, ici-bas, l'existence « n'est qu'une jouissance éphémère et trompeuse » comparée aux perspectives éternelles ouvertes par Dieu et annoncées par les prophètes, ses messagers. Parmi ces derniers, il y eut d'abord Noé et Abraham, ferments du judaïsme, mais la plupart des croyants ont perverti leur message. Puis vint Jésus, à qui Dieu donna l'Évangile, tandis que ses disciples reçurent « la mansuétude, la compassion et la vie monastique », cette dernière étant suscitée par Dieu mais non prescrite : encore une fois, l'Évangile a été perverti. Le Coran contient ainsi la véritable foi.

➡ *Abraham, Alpha et oméga, Création, Évangile, Jésus, Monachisme, Noé, Prophète*

FIAT LUX ✠

Dans la Bible, le livre de la Genèse (1, 3) rapporte : « Dieu dit : "Que la lumière soit" [*fiat lux* en latin] et la lumière fut. » Cette parole créatrice, que la foi place à la source du monde, a été reprise dans un sens plus large, entre autres par la philosophie : le *fiat* (« que cela soit fait ») est la révélation lumineuse d'un obscur mystère ; c'est notamment le mot attribué à Marie, après l'Annonciation.

➡ *Annonciation, Foi, Genèse, Lumière, Marie*

FIGUIER, LE ☪

Le Figuier (al-Tin), titre de la 95e sourate du Coran, est, avec l'olivier, l'un des arbres mythiques de Méditerranée, et très cultivés au Proche-Orient. La Bible et le Second Testament y font souvent allusion. Ici, le figuier et l'olivier inaugurent cette sourate, aux côtés du mont Sinaï et de La Mecque, comme pour montrer la continuité de l'œuvre divine depuis la Création jusqu'à la naissance de l'islam, le Sinaï semblant faire allusion au judaïsme. En effet, si Dieu a créé l'homme parfait puis l'a « renvoyé au plus bas des degrés », c'est parce qu'il est le juste par excellence, celui qui rend la justice sans faille.

➡ *Création, Juste, Mecque (La), Oliviers (Jardin des), Sinaï*

FILIOQUE ✠

La querelle du *Filioque* (« et du Fils » en latin), relative à la Trinité, fut l'une des grandes pommes de discorde entre Église d'Occident et Église d'Orient ; elle devait conduire à leur séparation (schisme) en l'an 1054.

Aux conciles de Nicée I (325) et de Constantinople I (381), les deux Églises aboutirent à une définition commune du Credo (base de la foi) : « Je crois dans le Saint-Esprit qui procède du Père. » À partir du Ve-VIe siècle, le *Filioque*, qui affirme que le Saint-Esprit procède du Père « et du Fils », est ajouté et validé lors de conciles (Espagne, Germanie, France, Italie). Il gagne ensuite une grande partie de l'Europe, dont l'empire de Charlemagne, roi des Francs (768-814). Mais cette diffusion conduit à des malentendus provoqués par des incompréhensions de théologie et de formulation dans les différentes langues. Les Orientaux (orthodoxes), pour qui tout l'Esprit saint procède du Père « par » le Fils, et pour qui tout vient de Dieu, finissent par considérer cet ajout comme une hérésie. En 867, Photius (Photios en grec, vers 810-vers 895), patriarche de Constantinople depuis neuf ans, rompt avec Rome. Destitué, condamné par le concile de Constantinople IV (869-870), il retrouve finalement son poste. Mais son intransigeance lui vaut d'être banni. Quand le *Filioque* achève de se généraliser au XIe siècle, la rupture, due à d'autres causes complexes, est consommée. Le désaccord reste d'actualité mais s'est beaucoup atténué, notamment grâce aux travaux œcuméniques (dialogues entre les Églises chrétiennes).

➡ *Concile, Credo, Église, Esprit saint, Fils, Hérésie, Œcuménisme, Orthodoxe, Père, Trinité*

FILS ✝

La filiation divine de Jésus est le fondement même du christianisme, une différence essentielle avec l'islam et, bien sûr, avec le judaïsme.

Dieu entretient avec les hommes une liaison paternelle, qui, dans la Bible, est appliquée à Israël son peuple, donc à tous les juifs, mais surtout aux justes et au Messie auquel il a donné l'onction. Jésus, dans le Second Testament qui reprend le principe de cette filiation, ne se montre pas amateur de titres qui, semble-t-il, ne peuvent refléter son ministère et son message. Ainsi, il n'apprécie pas particulièrement celui de Messie (*Christos* en grec) que lui donneront en fait les premières communautés chrétiennes. En revanche, il présente souvent Dieu comme son Père, et il entretient avec lui une relation filiale très affectueuse, en l'invoquant sous le nom *Abba* (« père »). Il demande aussi à ses disciples d'invoquer Dieu comme Père car ils sont également ses fils.

Jésus se qualifie de « Fils de l'homme ». Cette expression, utilisée par les prophètes, dont Daniel, l'associe à la venue des derniers temps, pour décrire une sorte d'archétype de l'homme proche de Dieu. De fait, par ces mots, Jésus entend signifier son rapport direct à Dieu auprès duquel il siégera lors du Jugement dernier, ainsi que la part d'homme qui est en lui et qui le contraindra à affronter la douleur et la crucifixion, à l'égal de tout humain. Il le proclame d'ailleurs dans les évangiles.

➡ *Christ, Crucifixion, Daniel, Évangiles, Jésus, Jugement dernier, Juste, Messie, Onction, Prophète, Testament*

ABBA

« Père » en araméen, utilisé par respect lorsqu'il s'agit de Dieu, et par un enfant pour « papa ».

FIQH ☪

Le *fiqh* est le « savoir » en arabe, plus précisément la science juridique, qui fut traitée dans les écoles appropriées, et dont il subsiste les quatre *madhahib* des sunnites et l'école jafarite des chiites. Il s'est élaboré au fil du temps, à partir de la *charia* (la loi) et sous la forme de jurisprudences. Celui qui maîtrise et applique les données contenues dans le *fiqh* est le *faqih*. Il est longuement formé au Coran et aux hadith, ainsi qu'à toutes les subtilités existant entre les courants de l'islam.

➡ *Chiisme, Coran, Hadith, Ijma, Jafarite, Madhahib, Ouléma, Sunnisme*

FOI ✡ ✝ ☪

La foi en Dieu échappe à toute tentative de description. Ce mouvement intérieur, résultat d'un appel (vocation) de Dieu, est bien trop personnel et complexe selon celle ou celui qui l'accueille. Car la foi n'est pas une prise de possession brutale, mais un don de Dieu. Comme l'indique l'étymologie latine de ce mot, *fides* (« confiance » ou « croyance »), avoir la foi, c'est s'en remettre à Dieu en toute confiance, croire en sa toute-puissance, son amour, sa miséricorde, ses commandements aussi.

Mais la foi ne possède pas qu'une dimension individuelle. Certes, elle s'entretient par la prière et la pratique des liturgies et règles spécifiques à chacune des trois religions monothéistes. Cependant, elle a aussi une dimension collective et, de ce fait, doit être partagée avec des coreligionnaires : c'est ce qu'on appelle la « profession de foi », récitée à l'occasion de certains offices et de certains rites. L'*Alénou* et le *Chema* juifs, le *Credo* récité au cours de la messe (catholique), la *chahadah* de l'islam (« foi » se dit *imân* en arabe) sont des exemples majeurs de professions de foi.

➧ *Alénou, Chahadah, Chema, Credo, Kafir*

PETIT LEXIQUE DE LA FOI

INCRÉDULE. C'est celui qui ne croit pas, qui doute en matière religieuse. L'incrédule est donc synonyme d'incroyant.

MÉCRÉANT. C'est celui qui croit mal ou pas du tout, et qui refuse donc la religion considérée comme vraie. Le christianisme employait autrefois ce mot pour qualifier surtout les musulmans, les païens et les athées.

PIÉTÉ. Les Romains voyaient dans la *pietas* un sentiment de devoir, notamment envers les dieux et la patrie, mais aussi une affection respectueuse entre parents et enfants. En religion, la piété, mot qui en est issu, fait appel à ces mêmes comportements. Elle signifie l'attachement à Dieu et aux pratiques qui l'expriment (prière, pèlerinage...). L'impie est au contraire celui qui témoigne du mépris à l'égard d'une religion, en refusant de remplir les devoirs qui en découlent, sens du latin *impius*.

FOURMIS, LES ☪

Les Fourmis (al-Naml) est le titre de la 27e sourate du Coran, car ces insectes en sont l'un des acteurs. La fourmi, assimilée à la terre et à la poussière, est louée par de nombreuses religions et croyances pour sa persévérance, son labeur (bouddhisme tibétain) ou encore son honnêteté (le Talmud, l'un des piliers littéraires du judaïsme), autant de qualités dont devraient se souvenir les paresseux et les imprévoyants. Car si Dieu a choisi les figures éminentes que furent Moïse, David et Salomon, il peut aveugler l'incrédule ou celui qui doute pour brouiller leur lucidité et les rendre insensibles à ses signes. La fourmi, elle, est croyante et ne souhaite que se réfugier dans sa demeure pour échapper aux regards des non-croyants. Nous trouvons aussi un développement sur la reine de Saba et sa relation avec le roi Salomon, ainsi que l'évocation de Lot, neveu d'Abraham, sauvé par Dieu de la ruine de Sodome et Gomorrhe.

➡ *Çalih, David, Djinn, Fawatih, Lot, Moïse, Saba, Salomon, Sodome et Gomorrhe, Talmud*

FRAUDEURS, LES ☪

Les Fraudeurs (al-Mustaffifin) est la 83e sourate du Coran. En dehors de son contenu, cette sourate se distingue par la période de sa révélation : pour l'exégèse (étude des écrits saints), elle contient les derniers versets donnés à Mahomet (1-6). Les fraudeurs sont les tricheurs, les escrocs, tous ces libertins promis à la fournaise de l'enfer. Le livre le *Sijiin* contient la liste de tous ces damnés. En revanche, l'*Illiyoun* dresse celle des purs, des justes, des élus de Dieu qui, privés de vin sur Terre, pourront se régaler d'un « vin rare *[rahiq]*, cacheté par un cachet de musc [...] et mélangé à l'eau du Tasnim », source du paradis réservée aux proches de Dieu. Ils pourront regarder les impies soumis aux tortures qu'ils méritent.

➡ *Enfer, Juste, Mahomet, Paradis, Révélation, Vigne*

FUMÉE, LA ☪

La 44e sourate du Coran, *La Fumée (al-Dukhan)*, débute par l'évocation de la nuit où descendit le « Livre clair » (Coran), c'est-à-dire, selon la tradition musulmane, la 17e nuit du mois de ramadan. La fumée est, quant à elle, « bien visible » et elle « enveloppera les hommes » au jour du Jugement dernier, c'est-à-dire ceux qui ont douté des messagers de Dieu et les ont raillés. À cette date, toute l'humanité sera convoquée, les uns iront faire bouillir leurs entrailles dans le métal fondu des enfers, les autres seront reçus aux jardins (paradis) pour y retrouver les houris (femmes merveilleuses).

➨ *Coran, Enfer, Fawatih, Géhenne, Houri, Jugement dernier, Paradis, Ramadan*

FUTUWWA ☪

Le mot arabe *futuwwa* (« jeunesse ») s'applique, dès Mahomet, à un élan du cœur, un état de bonté et de noblesse qui poussait autrefois les jeunes hommes qui le recherchaient à se mettre au service de l'islam pour le défendre, au service des opprimés et des faibles pour les protéger. On trouvait de tels personnages parmi les soufis (mystiques de l'islam), mais aussi auprès de politiques, comme les Abbassides (deuxième dynastie de l'islam, 750-1258), et surtout durant les croisades où ils faisaient l'admiration des croisés et des musulmans. Cette recherche des vertus mises en pratique a incité les Occidentaux à comparer le *futuwwa* à une forme de chevalerie, bien qu'il n'ait pas eu les caractéristiques de telles organisations. Le terme *futuwwa* s'étendit ensuite à la force et à la virilité, sens qu'il conserve de nos jours, notamment en Iran dans des spectacles où les combats sont auréolés d'une dimension religieuse.

➨ *Croisade, Islam, Mahomet, Musulman, Soufisme, Vertu*

G

GABRIEL ✡ ✝ ☪

Gabriel (« homme de Dieu »), ange très important pour les trois religions monothéistes, est en général placé juste après Michel (Mikael en hébreu) dans la hiérarchie céleste.

Dans la Bible, il donne le sens de ses visions à Daniel, dont le livre (IIe siècle av. J.-C.) est à la source de la littérature apocalyptique. Pour le Talmud, Gabriel est l'un des transmetteurs de la *bat qol* (« écho »), c'est-à-dire la Voix céleste transmettant les ordres de Dieu. Pour la tradition juive, il est l'un des trois anges qui rendent visite à Abraham, et il sauve Lot, neveu de ce dernier, avant que le feu et le soufre ravagent Sodome. Maître des chérubins dans le ciel, il doit revenir à la fin des temps pour lutter contre le Léviathan, une bête monstrueuse.

Dans le Second Testament, c'est Gabriel qui annonce à Zacharie la naissance de son fils Jean le Baptiste, le précurseur de Jésus. Puis, annonce fondamentale du christianisme, il apparaît à Marie pour lui apprendre la venue au monde de Jésus. Dans la liturgie chrétienne, on le retrouve notamment dans l'*Angélus*, signalé par la cloche du même nom, une prière récitée trois fois par jour, matin, midi et soir ; il est composé de trois versets suivis chacun d'un *Ave Maria* et se termine par une oraison dédiée à la Vierge, à qui l'ange Gabriel annonça la naissance de son fils, d'où le mot *angelus*. Tout est centré sur Jésus, en qui « le Verbe [Dieu] s'est fait chair ».

Pour l'islam, Gabriel (Djibril en arabe, ou encore « Notre Seigneur Gabriel », Sidna Djibril) est une créature céleste capitale, citée nommément trois fois dans le Coran qui y fait cependant allusion à plusieurs reprises. Il est y appelé « l'Esprit » *(al-Ruh)*, « l'Esprit saint » *(Ruh al-Qudus)* ou « l'Esprit fidèle » *(al-Ruh al-amîn)*. C'est lui qui, annonçant la « descente » du Coran sur Mahomet, transmet à ce dernier les paroles de Dieu qui seront ensuite consignées par écrit puis données aux hommes. Ce rôle capital est davantage développé dans les hadith, ainsi que dans la Sîra, la vie du Prophète.

➡ *Annonciation, Apocalypse, Coran, Daniel, Décret, Esprit saint, Jean le Baptiste, Jésus, Léviathan, Michel, Sîra, Talmud, Verbe*

GALATES ✠

Écrite vers l'an 57, l'épître aux Galates s'adresse aux habitants de la Galatie, province romaine d'Asie Mineure, que l'auteur, l'apôtre Paul, a convertis à l'Évangile. Ce texte est important car il marque la volonté de Paul de rompre avec les rites du judaïsme. Il rappelle que, juif lui-même, il fut un persécuteur de chrétiens et un pratiquant acharné des traditions juives. Aussi sa conversion fut-elle accueillie favorablement par les communautés chrétiennes de Palestine. Mais il s'est opposé à ceux qui, dans l'Église, voulaient imposer la circoncision (signe identitaire des juifs) aux païens (non-juifs) dont l'évangélisation était de son ressort. Les Galates subissant l'influence des juifs convertis, qui voudraient que le salut passe par la circoncision, Paul les exhorte en rappelant que chacun sera sauvé par la liberté qu'accorde la foi en Jésus-Christ. Pour Paul, celle-ci dépasse en effet la simple pratique de la Loi juive (Torah), qui n'a été qu'une étape dans le dessein de Dieu. Le Christ n'en a-t-il pas dénoncé les règles nombreuses et contraignantes, montrant ainsi que l'homme doit vivre selon la foi et non d'après des préceptes ? Il l'a ainsi libéré, lui permettant d'exercer pleinement la charité envers autrui.

➡ *Abraham, Charité, Circoncision, Épître, Évangile, Paul, Torah*

GALILÉE ✡ ✠

Le nom Galilée vient de l'hébreu *gâlil*, qui signifie « cercle », et, par extension, « arrondissement » ou « district ». Située au nord de la Palestine, elle s'étend à l'ouest du Jourdain et du lac de Gennésareth, ou mer de Galilée. Bordée au nord par la Phénicie (Liban) où elle y est montagneuse et parsemée, au sud, de points moins élevés, dont le mont Thabor.

Après la conquête de Canaan (vers 1200 av. J.-C.), le territoire est réparti entre les douze tribus composant Israël. La Galilée est ainsi partagée entre celles de Nephtali (« qui a combattu »), Zabulon (nom évoquant la notion de cadeau, ou de demeure) et, pour une moindre part, Issachar (« fils du salaire »), parce qu'il naquit de Léa, que sa sœur Rachel autorisa à s'unir à leur mari commun Jacob, en échange de mandragore, plante réputée aphrodisiaque. Mais l'implantation des Israélites y est encore plus difficile que dans le reste de Canaan, comme en témoigne Débora, seule femme à compter parmi les Juges, héros qui sauvèrent Israël (vers 1200-1050). Les Cananéens de cette région ne se laissèrent pas assimiler aussi facilement. Cette réticence est signalée sous le règne de Salomon (970-931) et au temps du royaume israélite du Nord, Samarie (931-722), qui englobe les Galiléens. Le prophète Isaïe, qui prononça les oracles de Dieu de 740 à 700 environ, écrit même : « Comme le passé a humilié le pays de Zabulon et le pays de Nephtali, l'avenir glorifiera le chemin de la mer, au-delà du Jourdain, le district des nations [*gâlil ha-goïm*, c'est-à-dire le « district des *goïm* », les gentils, ou non-juifs] » (8, 23). À la chute de Samarie (722), la plupart des Israélites sont exilés par les Assyriens, et remplacés par des populations non juives, ce qui crée des tensions avec les quelques Israélites restés sur place, et qui ont bien du mal à s'y maintenir. De sorte que la Galilée reste une terre de passage, composite et ouverte aux influences étrangères, même sous la dynastie juive des Maccabées, qui restaurent une certaine indépendance de la Palestine.

En 63 av. J.-C., les Romains, déjà présents, font main basse sur l'ancien Israël, dont Hérode le Grand (40-4 av. J.-C.) devient le roi par faveur de l'occupant. La Galilée n'a cédé qu'au prix de luttes acharnées. À la mort d'Hérode, elle échoie à l'un de ses fils, Hérode Antipas, qui la gouvernera jusqu'en 39 de notre ère. C'est lui qui, sur les rives de la mer de Galilée, fait construire Tibériade, une ville en l'honneur de l'empereur Tibère. À l'époque de Jésus, la Galilée est plus vaste qu'autrefois, puisqu'elle s'étend jusqu'à Gennésareth. Parmi les localités figurent Nazareth, Capharnaüm, Sepphoris, Cana, Magdala ou Bethsaïde. Autant de noms associés au ministère de Jésus, qui y mènera une grande partie de sa mission, au point qu'il est appelé aussi « le Galiléen ». C'est dans cette province, le long du Jourdain, qu'il reçoit le baptême de Jean le Baptiste. C'est aussi sur les routes et au bord du lac qu'il recrute ses premiers disciples, dont les apôtres galiléens Pierre, Jean, André et Jacques le Majeur. Il peut compter aussi sur des femmes, dont Marie de Magdala. Il procède là à son premier miracle, celui des noces de Cana, et décide de s'installer à Capharnaüm. La Galilée est également le cadre d'événements majeurs de son ministère, comme le discours sur la Montagne et, à l'approche de sa Passion, la Transfiguration (rencontre merveilleuse avec Moïse et le prophète Élie).

➡ *Cana, Débora, Gentil, Hérode, Juges (Livre des), Maccabées (Livres des), Marie de Magdala, Montagne (Discours sur la), Nazareth, Tibériade, Transfiguration*

GAMALIEL ✡ ✝

Le Sanhédrin, grande instance juive disparue en l'an 425, avait a sa tête un président, le *nassi* (« prince » ou « chef » en hébreu, *nesiim* au pluriel). Ce poste fut occupé par plusieurs Gamaliel, forme grecque de l'hébreu Gamliel signifiant sans doute « Dieu est ma récompense ».

Le premier, Gamaliel l'Ancien, ou Gamaliel Ier, est le petit-fils d'Hillel (vers 70 av. J.-C.-10 apr. J.C.), un prestigieux *nassi*. Digne héritier de ce grand-père, Gamaliel l'Ancien est le premier de la lignée des Gamaliel à recevoir le titre honorifique de Rabban (« notre maître »), plus collectif que Rabbi (« mon maître »). Il est d'ailleurs le maître de Saül, qui se fera appeler Paul après sa conversion au message de Jésus. Il vit en effet dans la première moitié du Ier siècle. Les Actes des apôtres (5, 17-42) du Second Testament racontent que les apôtres de Jésus, arrêtés par les gardes du Temple, sont jetés dans une prison d'où ils s'échappent grâce à un ange. Retrouvés en train d'enseigner sur le parvis du Temple, ils sont conduits devant le Sanhédrin, mais « sans violence, car ils [les gardes] craignaient le peuple, qui aurait pu les lapider ». Le grand prêtre, qui leur reproche de répandre l'Évangile malgré l'interdiction, est prêt à les faire exécuter. Mais Gamaliel, « docteur de la Loi respecté de tout le peuple », fait sortir les apôtres et déclare aux membres du Sanhédrin : « Hommes d'Israël, prenez bien garde à ce que vous allez faire [...] ne vous occupez pas de ces gens-là, laissez-les. Car si leur propos ou leur œuvre vient des hommes, il se détruira de lui-même ; mais si vraiment il vient de Dieu, vous n'arriverez pas à les détruire. Ne risquez pas de vous trouver en guerre contre Dieu. » Les apôtres sont flagellés et relâchés. Plus tard, l'apôtre Paul, toujours dans les Actes, déclarera aux juifs de Jérusalem : « C'est aux pieds de Gamaliel que j'ai été formé à l'exacte observance de la Loi de nos pères » (22, 3). Gamaliel Ier restera, pour la tradition talmudique, l'un des plus illustres docteurs de la Loi et un homme juste, à l'image de la charité qu'il voulait égale pour les juifs et les gentils (non-juifs).

Siméon ben Gamaliel Ier, son fils, poursuit l'œuvre religieuse de son père. Il participe activement à la révolte juive de 66, qui – à Jérusalem investie par les zélotes extrémistes auxquels il s'oppose – aboutit à la destruction du Temple en 70. Siméon ben Gamaliel II, ou Gamaliel de Yavneh (Jamnia, centre des *tannaïm*), fils du précédent, reprend en main le Sanhédrin et en consolide l'autorité ; il laissera de nombreuses réflexions qui figurent dans la Michnah (transcription de la Loi orale opérée par les *tannaïm*), dont il donne les principales clés à celui qui en assure la mise en forme et la compilation finales. C'est son propre fils et successeur, Yehoudah ha-Nassi (vers 135-220), qui forme des *amoraïm*, artisans du Talmud. Selon la tradition, Yehoudah serait né le jour de la mort de l'un des plus prestigieux *tannaïm* : Rabbi Aqiva, à qui est attribué l'*Avinou*, fut exécuté à la fin de la révolte de Bar-Kokhba qu'il avait proclamé « Roi-Messie ».

Le dernier des Gamaliel du Sanhédrin est Gamaliel VI (370-425), après qui l'assemblée disparaît.

➨ *Actes des apôtres, Amora, Avinou, Bar-Kokhba, Michnah, Nassi, Paul, Pharisien, Sanhédrin, Talmud, Tanna, Zélote*

GAON ✡

Le tire de *gaon* (« éminence » en hébreu, *geonim* au pluriel) était donné aux présidents des académies du Talmud installées à Sura et à Pumpédita, en Babylonie.

De la fin du VIe siècle au milieu du XIe siècle, les connaissances et la sagesse des *geonim* débordèrent les frontières babyloniennes et rayonnèrent dans toute la Diaspora. En effet, les juifs reconnurent en eux l'autorité supérieure en matière d'enseignement mais aussi de décisions – les *responsa*, réponses aux questions des diverses communautés dispersées. L'un des plus prestigieux reste Saadiah Gaon (882-942), qui, outre un dictionnaire d'hébreu, édita la littérature rabbinique et la pensée juive du Moyen Âge.

Il exista aussi des *geonim* en Palestine, de la fin du IXe siècle au début du XIIe siècle, mais la prééminence revenait aux Babyloniens. À partir du XIIe siècle, donc après la fin des *geonim* proprement dits, le titre se répandit en Syrie, en Égypte et finit par être appliqué de manière honorifique à des maîtres, tel Élie ben Salomon Zalman (1720-1798), *gaon* de Vilna (ou Vilnius, capitale de la Lituanie). Ce grand savant du Talmud est connu aussi pour s'être opposé au mouvement récent de l'Haskalah (« intelligence »), école de pensée (intelectuelle) juive des Lumières, caractérisée, entre autres, par une ouverture sur le monde non juif et qui conduira à l'Émancipation des juifs à la fin du XVIIIe siècle – la figure de proue en est Moïse Mendelssohn (1729-1786). Zalman s'oppose également au hassidisme, courant mystique apparu en Podolie vers 1750 avant de s'étendre en Lituanie.

➡ *Diaspora, Hassidisme, Responsa, Talmud*

GÉDÉON ✡

Gédéon est l'un des héros majeurs du livre des Juges qui, dans la Bible, rapporte les exploits de douze personnages qui délivrèrent Israël de grands périls, de 1200 à 1040 environ. Issu de la tribu de Manassé, il est appelé par Dieu pour sauver les Israélites, devenus sédentaires et soumis aux raids destructeurs de peuples farouches, dont les Madiânites. Ces pillards nomades vivent au pays de Madiân, à l'est de la péninsule du Sinaï, donc au contact d'Israël. Lorsque l'ange de Dieu l'avertit de sa mission, il est d'abord hésitant. Puis il ne résiste pas à cet appel divin, par nature sans comparaison. Il commence par détruire les symboles des ennemis de Dieu : le pieu sacré, dédié à Astarté, puis, craignant ce dieu puissant du Proche-Orient, il s'en prend de nuit à l'autel de Baal, d'où son surnom de Yerubaal (« Que Baal se défende tout seul »). Ensuite, après que Dieu l'a rassuré sur sa toute-puissance en faisant tomber la rosée deux jours de suite au petit matin, Gédéon mobilise une armée de trois cents hommes et, de nuit, fond sur le camp des Madiânites. Aidés de Dieu, les Israélites sèment la terreur chez l'ennemi, dont les chefs,

Oreb (« corbeau ») et Zéeb (« loup »), sont tués sans pitié. Fort de cet exploit, Gédéon pourrait accepter d'être roi, la monarchie étant le régime capable de stabiliser Israël, partagé en tribus. Mais il refuse, arguant du fait que seul Dieu est roi. Il meurt dans l'anonymat. Ce refus trouve cependant un écho : parmi ses soixante-dix fils, Abimélek (« mon Père est roi ») fait assassiner ses frères. Lors de son couronnement, le seul ayant survécu, Yotam (« Dieu est parfait »), met en garde les Israélites. Abimélek persiste et, trois ans plus tard, est assassiné lors d'une révolte. Non, Israël n'est pas prêt à avoir des rois. Cette opportunité ne sera possible qu'avec Saül (1030-1010) le premier d'entre eux, et, surtout, avec David (1010-970).

➡ *Astarté, Baal, David, Débora, Juges (Livre des), Samson, Saül*

GÉHENNE ✡ ✝ ☪

La géhenne est le séjour des morts condamnés par Dieu, l'enfer où ils subissent brasier, tourments et tortures éternels. Ce mot trouve son origine dans la Bible : en Juda, royaume israélite du Sud, le roi Achaz (736-716), impie envers le Dieu unique d'Israël et cherchant la faveur des baals, les divinités étrangères, fit sacrifier son enfant premier-né. De telles pratiques, sans doute héritées des Phéniciens, se déroulaient au sud de Jérusalem, au fond de la vallée de Gê-Hinnom (c'est-à-dire du Cédron, qui coule au pied de la ville), dans un quartier appelé Tophèt. Gê-Hinnom fut transcrit en grec par *geena*, qui donna le latin *gehenna*, d'où vient « géhenne ».

Jusqu'aux abords de l'ère chrétienne, le judaïsme n'entrevit la mort que dans le shéol, un monde profond où régnait le néant. Puis, au Ier siècle av. J.-C., se fit jour la notion d'une résurrection, mais aussi d'une condamnation des impies par Dieu, dans un lieu qui devait porter le nom de cette vallée terrifiante, symbole du mal et de l'horreur. Cette conception d'un monde infernal est présente dans des écrits apocryphes juifs (non retenus dans la Bible hébraïque), comme le *Livre d'Hénoch*. Avec les travaux et les réflexions des rabbins, le Talmud considère que le défunt, après une sorte de purgatoire d'un an, voit son âme rejoindre le paradis s'il est un juste, la géhenne s'il est un impie – celle-ci, pour certains talmudistes, doit disparaître avec le monde instauré par le Messie.

L'existence de la géhenne fut reprise par les évangiles synoptiques (Matthieu, Marc, Luc) et l'épître de Jacques du Second Testament. Elle devient alors le lieu où sévit le feu éternel, l'enfer réservé aux maudits, aux créatures célestes déchues, aux grands pécheurs et aux impies, tous malmenés par le diable et par ses anges.

La géhenne (*jahennam* en arabe) est abondamment citée par le Coran qui l'assimile à l'enfer. Le gardien en est Malik, cité une seule fois dans une sourate (*L'Ornement*, 43, 77). C'est le châtiment du brasier, le feu ardent (*saqar*), la fournaise où iront brûler les incrédules et tous les blasphémateurs. La 101e sourate composée de 11 versets, *Celle qui fracasse,* est l'heure du Jugement, qui promet aussi cet « abîme » (*hawiya*) à « celui dont les œuvres seront légères ». L'homme n'étant qu'un « avertisseur », si le paradis est pour celui qui a craint de « comparaître devant son Seigneur », les autres auront la fournaise pour refuge, rapporte la 79e sourate (*Ceux qui arrachent*). Une tradition du Prophète rapporte que l'enfer sera vidé de ses habitants et voué à l'extinction, contrairement au paradis, qui restera éternel.

La géhenne, mot quelque peu abandonné, a désigné, au Moyen Âge, une forme de torture infligée aux criminels ; par extension, il s'applique à toute autre douleur insupportable.

➡ *Apocryphe, Baal, Diable, Enfer, Évangiles, Jacques, Messie, Moloch, Paradis, Phénicie, Shéol, Talmud*

GEMILOUT ✡

Ce mot désigne les actes de bonté (*gemilout hasadim*) – comme la charité, le prêt sans intérêt, l'hospitalité ou le soutien aux personnes endeuillées –, qui sont parties intégrantes du judaïsme et indissociables de la Torah et de la pratique religieuse.

➡ *Charité, Judaïsme, Torah*

GENÈSE ✡

La Genèse, dont le rôle est considérable pour l'histoire de l'humanité, raconte ce qui advint « au commencement », ses deux premiers mots et le titre (*Beréchit*) que lui donne la Bible hébraïque – elle fait aussi l'objet de deux midrach ultérieurs. Sa portée, au-delà des convictions de chacun, est avant tout philosophique et religieuse.

Le livre de la Genèse ouvre la Torah, et donc la Bible. Il est le fruit de la réflexion des milieux juifs pieux qui, au retour de l'exil à Babylone, à partir de 538 av. J.-C., s'interrogèrent sur la survivance du judaïsme et d'Israël, et sur le rôle que Dieu avait tenu dans cette pérennité pourtant si fragile, notamment en anéantissant les empires qui avaient menacé l'existence de son peuple.

Maître de l'univers pesant sur le sort de toutes les nations, Yahvé avait nécessairement une dimension encore supérieure, celle de créateur, c'est-à-dire de seul acteur dans la création du monde. Il fallait rassembler des traditions de diverses provenances afin de reconstituer l'« origine » (*genesis* en grec et en latin) de tout. Les chapitres 1 à 11 rapportent la Création, dont celle du premier homme Adam et de la première femme Ève, l'apparition du péché, le meurtre d'Abel par son frère Caïn, le Déluge que Noé affronte dans son arche, les débuts très difficiles de l'humanité (la tour de Babel), puis une interminable généalogie (dont Hénoch et Mathusalem) qui mène aux patriarches. La formidable épopée de ces derniers (12-50), les grands ancêtres, vante la foi et la conduite exemplaire d'Abraham, de son fils Isaac et du fils de ce dernier, Jacob (ou Israël). La Genèse se termine sur l'aventure de Joseph, fils de Jacob et père de douze fils, fondateurs des douze tribus d'Israël. Tous ces éléments fondamentaux seront repris par le christianisme et pris en compte par l'islam.

➨ *Abel, Abraham, Adam, Babel, Caïn, Création, Déluge, Ève, Exil, Hénoch, Isaac, Jacob, Joseph, Mathusalem, Midrach, Noé, Patriarche, Péché, Torah*

GENIZAH ✡

La genizah est la pièce d'une synagogue où l'on garde des *tefillin* (phylactères), des *mezouzot* (étuis contenant des extraits de la Torah) abîmés et des manuscrits, tous ces éléments étant sacrés. La genizah peut aussi être simplement un meuble ou un caveau. Ce mot dérive de l'hébreu *genoz*, qui signifie « conserver » ou « cacher ».

En 1896, dans la banlieue du Caire, ville charnière entre les juifs du Proche-Orient et ceux d'Afrique du Nord et d'Europe, ont été découverts d'inestimables manuscrits hébraïques dans la genizah d'une ancienne synagogue caraïte, certains de ces documents datant du VIe ou VIIe siècle. Rabbin et grand érudit d'origine roumaine, Solomon Schechter (1847-1915), qui étudia à Vienne et à Berlin avant de devenir professeur à la prestigieuse université anglaise de Cambridge, put ainsi décrypter cent quarante mille fragments (aujourd'hui conservés en Angleterre), parmi lesquels il reconnut un extrait de la version hébraïque originale du Siracide (Ecclésiastique, livre inséré dans la Bible latine), connu jusque-là seulement par des traductions. Les autres fragments, soit soixante mille pièces, sont conservés en Russie (Saint-Pétersbourg) et aux États-Unis – où Solomon Schechter fonda le judaïsme conservateur étasunien.

Le trésor de la genizah du Caire comprend aussi des *responsa* (« réponses ») des *geonim* (sages) aux difficultés rencontrées par les juifs de la Diaspora. On y trouve également des écrits en yiddish, ou encore des passages du Talmud – plus précisément de celui de Jérusalem (ou de Palestine), qui constitue, avec les documents de Qumrân, l'une des deux découvertes fondamentales pour la connaissance historique et religieuse du judaïsme ancien.

➜ *Caraïte, Judaïsme, Mezouzah, Qumrân, Responsa, Siracide, Talmud, Tefillin, Yiddish*

GENTIL ✡

Le mot « gentil » dérive du latin *gentiles*, mot employé par la Vulgate, la traduction latine de la Bible, pour désigner ceux qui appartiennent aux « nations » *(gentes)* autres qu'Israël. En effet, pour le judaïsme, le gentil est une personne qui n'est pas née d'une mère juive ou n'est pas prosélyte (convertie). Il y est appelé aussi *goy* (« nation », qu'il s'agisse d'Israël ou d'une autre), *nohri* (« étranger ») ou encore *arel* (« qui n'est pas circoncis »).

Le gentil est considéré comme païen (*akoum*), s'il ne respecte pas les lois noachides, c'est-à-dire les « commandements des fils de Noé [Noah en hébreu] », qui, en Israël, en font un « étranger résidant » *(guer tochav)* bénéficiant de l'aide et de l'assistance des juifs ; la charité, pilier des trois religions monothéistes, s'applique néanmoins à tous les gentils. Au nombre de sept, ces lois obligent à fonder un tribunal et interdisent le blasphème, l'idolâtrie, la déviance sexuelle, le meurtre, le vol, la consommation du membre d'un animal vivant.

En contrepartie, les gentils pourront accéder aux places réservées dans « le monde à venir » *(olam haba)*, apparu après l'avènement du Messie. Mais ils n'ont pas le droit de célébrer le shabbat et d'étudier la Torah. Les chrétiens – même s'ils croient en la Trinité que quelques érudits juifs ont assimilée à de l'idolâtrie – et les musulmans peuvent ainsi être *guer tochav*.

Il existait, devant le temple de Jérusalem, un parvis des Gentils, où tous les non-juifs étaient admis, mais ils n'avaient pas le droit, sous peine de mort, de pénétrer dans l'enceinte sacrée.

➡ *Charité, Idole, Israël, Judaïsme, Messie, Noé, Païen, Prosélyte, Shabbat, Torah, Trinité, Vulgate*

GÉNUFLEXION ✡ ✝ ☪

La génuflexion, acte de poser un ou deux genoux à terre, est, depuis les temps anciens et encore de nos jours, un signe de respect envers une autorité supérieure (empereurs, grands clercs et rois par exemple).

Dans la tradition catholique, elle signifie le respect de Dieu, en particulier devant le tabernacle (petit meuble contenant les hosties de l'eucharistie) et lorsque l'hostie est exposée (Saint-Sacrement).

En islam, où le genou symbolise la force, la prière se fait agenouillé, comme le stipule la 45e sourate titrée précisément *Celle qui est agenouillée (al-Jathiya)* : « Tu verras chaque communauté agenouillée [...] devant son Livre » (45, 28).

Dans le judaïsme, la bénédiction est la *berakah* (pluriel *berakhot*), mot signifiant « genou », qui rappelle que l'on pliait le genou pendant la prière. La Bible témoigne de cette ancienne pratique, notamment chez le prophète Isaïe (45, 23), dans les Psaumes (95, 6), le livre de Daniel (6, 11) et le second livre des Chroniques (6, 13). Mais agenouillement et prosternation ont été abandonnés par la plupart des juifs, au profit d'une simple inclinaison.

Ils ne subsistent, dans la liturgie juive à la synagogue, que chez certaines communautés, pour les fêtes de Roch ha-Chanah (Nouvel An) et Yom Kippour (fête des Expiations). En récitant l'*Alénou*, action de grâces essentielle, la personne se met à genoux en touchant le sol de la tête et se relève les pieds joints.

➡ *Alénou, Eucharistie, Hostie, Roch ha-Chanah, Tabernacle, Yom Kippour*

GEZÉRAH ✡

La *gezérah* (*gezérot* au pluriel) est un « décret » (en hébreu) destiné à préserver la Torah des influences non juives. Au cours du temps, la tradition rabbinique a promulgué un certain nombre de *gezérot*. Ce mot, cependant, s'applique aussi à des décisions prises par Dieu sans qu'il en explique la raison. Sur le plan historique, le *gezérah* concerne également l'interdiction du culte juif lors des périodes de persécution, ou encore la conversion forcée des juifs au christianisme – comme dans le cas des marranes (en Espagne et au Portugal) –, qui peut devenir la cause de massacres et de pillages (pogrom).

➡ *Conversion, Décret, Marrane, Pogrom, Torah*

GLOIRE DE DIEU ✡ ✝ ☪

Pour les religions monothéistes, la gloire (du latin *gloria*, « renommée ») n'est pas le fruit d'un acte de courage ou d'une célébrité quelconque, telle celle d'un chef militaire. La Gloire (nom propre) de Dieu est sa majesté, sa puissance, sa sainteté, sa force créatrice. Juifs, chrétiens et musulmans la célèbrent par des louanges. Dans la Bible, le livre du prophète Ézéchiel débute par un récit stupéfiant, où la Gloire (*Kabod* en hébreu) est portée par un char de feu ; cette description est à l'origine du trône de Gloire sur lequel Dieu, entouré d'anges, se tient au ciel. La Gloire biblique se manifeste notamment par les miracles ou par les théophanies (apparitions de Dieu à des hommes) et agit pareillement dans le Second Testament, où elle concerne aussi la présence de Jésus après sa Résurrection. Le *Gloria*, chanté à la messe du dimanche, est une glorification de Dieu. La doxologie est, dans la liturgie chrétienne, une « parole de gloire », une prière solennelle à la gloire de Dieu. Le Second Testament en fournit trois exemples, dans les épîtres aux Romains (16, 25-27) et aux Éphésiens (3, 20) de Paul, et dans l'épître de Jude (24-25).

En islam, la « glorification » (*tasbîh* en arabe) de Dieu est logiquement associée, dans le Coran, à la louange (*tahmîd*). « Louange à Dieu », proclame par exemple, et déjà, *al-Fatiha*, la 1re sourate (chapitre).

➡ *Ézéchiel, Fatiha (Al-), Hékhalot, Messe, Miracle, Séraphin, Théophanie*

GNOSTICISME ✠

Le gnosticisme désigne des courants spirituels et religieux jugés hérétiques par l'Église. Ils se développèrent principalement du IIe au IVe siècle (plus de soixante sectes différentes sont recensées) et persistèrent jusqu'au milieu du Moyen Âge. Le judaïsme et l'islam furent aussi concernés. Le gnosticisme repose sur un principe ancien : seule la connaissance (*gnôsis* en grec) permettrait d'accéder à la révélation (vérités cachées de Dieu) qui libère l'homme, et non la foi. En outre, la Création ne fut pas l'œuvre de Dieu mais celle d'un esprit malin ; seules les âmes, réceptacles de la lumière et siège de la connaissance, des hommes qui possèdent la *gnôsis* échapperont à ce désastre. Les gnostiques ont produit ou inspiré de nombreux livres apocryphes, c'est-à-dire non retenus dans le Second Testament. Ils ont en outre influencé d'autres hérésies, comme le marcionisme, pour ne prendre que cet exemple. Citons aussi l'ébionisme (de l'hébreu *ebion*, « pauvre »), apparu vers 70, donc très tôt. Il s'agissait de judéo-chrétiens, c'est-à-dire d'adeptes de Jésus qui avaient embrassé la foi chrétienne mais qui continuaient à pratiquer la Torah, la Loi écrite de Dieu et cœur du judaïsme. Leur mode de vie strict, qui leur valut ce surnom, a été rapproché de celui des esséniens, juifs prônant la rigueur au temps de Jésus. Les ébionites considéraient que Jésus n'avait été qu'un homme comme les autres, né de Marie, une femme qui n'était pas vierge. Étant parvenu au rang de prophète grâce à ses incontestables qualités, Jésus avait gagné pour les mêmes raisons celui de Fils de Dieu. Quant à être le Messie, ce n'était pas certain.

➡ *Apocryphe, Création, Essénien, Foi, Hérésie, Marcionisme, Mani, Révélation, Torah*

GOG ET MAGOG ✡ ✝ ☪

Gog, roi du pays de Magog, est un personnage maléfique apparu dans la littérature apocalyptique juive. Le prophète Ézéchiel (VIe siècle av. J.-C.), dans son livre, consacre presque deux chapitres (38 à 39, 20) aux agissements de ce roi des puissances du mal. Mais, après avoir terrorisé, détruit, semé le désordre, Gog et ses sbires sont vaincus, terrassés, submergés par le feu de Dieu.

Dans le Second Testament, Gog est mentionné dans l'Apocalypse de Jean (20, 7-8), au côté de Magog, devenu un personnage à part entière. Tous deux, dévoués à Satan, représentent les païens qui, à la fin des temps, combattront l'Église. Mais ils seront dévorés par le feu du ciel et leur maître, le tentateur, finira dans le soufre et le brasier de l'enfer éternel.

La 18e sourate du Coran, *La Caverne* (94-97), se fait l'écho de cette tradition. Gog (Yadjouj) et Magog (Madjouj) sont des peuples terrifiants, les acteurs du chaos. Dhou al-Qarnaïm (souvent identifié à Alexandre le Grand, IVe siècle av. J.-C.) parvient à les enfermer jusqu'à la fin des temps à l'intérieur d'un rempart de fer. Mais, pour la 21e sourate, *Les Prophètes* (21, 96), toute cité détruite par Dieu ne pourra être de nouveau habitée que lorsque ces deux peuples auront trouvé la brèche qui leur permettra de s'échapper.

➡ *Apocalypse, Caverne (La), Enfer, Ézéchiel, Païen, Prophète, Satan*

GOLEM ✡

Le mot hébreu *golem* signifie « sans forme ». La Bible latine, dans le verset 16 du psaume 139, l'a traduit par « mon embryon » : « Mon embryon, tes yeux le voyaient ; sur ton livre, ils sont tous inscrits les jours qui ont été fixés, et chacun d'eux y figure. » Ce terme a pris ensuite des significations différentes : un « idiot » pour la Michnah, une « matière informe » pour la kabbale (mystique juive insistant sur la valeur symbolique de l'alphabet sacré), ou encore l'état primordial d'Adam avant qu'il ne soit créé, pour le Talmud. Dans le *Séfer Yetsirah* (*Livre de la Création*, IIIe-VIe siècle), ouvrage qui a beaucoup influencé la kabbale, l'assemblage des lettres de l'alphabet hébraïque peut donner vie au golem. À cela s'ajouta aussi le pouvoir créateur du tétragramme de Dieu (YHWH) et du mot « vérité » *(emet)*. Au Moyen Âge, le golem devint un serviteur à forme humaine, façonné à partir d'argile ou de terre, et au son d'incantations. Cela explique les nombreuses légendes où de grands personnages du judaïsme (le plus connu étant le Maharal de Prague, 1512-1609) furent aidés d'un golem, lequel pouvait parfois devenir maléfique, obligeant son créateur à le détruire.

➡ *Création, Kabbale, Michnah, Mystique, Psaume, Séfer Yetsirah, Sefirot, Talmud, YHWH*

GOLGOTHA ✡ ✝

Condamné à la crucifixion, Jésus est conduit au-delà des remparts de Jérusalem, les Romains ayant pour principe de procéder aux exécutions en dehors des villes, pour que les suppliciés soient vus de tous. Il arrive ainsi à une petite colline pelée, réservée aux crucifiés, le Golgotha (« lieu du crâne » en araméen), traduit par *calvarium* en latin (de *calva*, « crâne »), qui a donné le mot « calvaire ». La basilique du Saint-Sépulcre se dresse sur l'endroit supposé de ce Golgotha, mais quelques chercheurs pensent qu'il pourrait s'agir d'une autre hauteur.

Quant au calvaire, ce mot désigne, dans le christianisme, les représentations de la crucifixion de Jésus, ainsi que les croix qui se dressent dans les campagnes, notamment pour rappeler les souffrances du Christ sur la croix.

➡ *Crucifixion, Jérusalem, Jésus, Romain*

GOLIATH ✡

Goliath est le géant que David affronte et terrasse dans le premier livre de Samuel, ouvrage de la Bible.

À la fin du XIe siècle av. J.-C., Israël, sorti de l'époque des Juges, est dirigé par son premier roi, Saül. Mais cet homme a déplu à Dieu qui le destitue et demande au prophète Samuel de donner l'onction royale à celui qu'il a élu. C'est le jeune David, fils de Jessé et originaire de Bethléem. Dans la Bible, le chapitre 16 du premier livre de Samuel donne deux versions différentes de cette onction. Dans la première, Samuel se rend directement à Bethléem. Dans la seconde, David, au charme ravageur, devient écuyer de Saül qui, délaissé par l'Esprit de Dieu, est tourmenté par un esprit mauvais que David chasse en chantant accompagné de sa cithare. Mais il existe une troisième tradition, la plus célèbre, celle du chapitre 17, qui raconte le combat que se livrent les Israélites et les Philistins, qui comptent parmi de leurs ennemis les plus redoutables, dans la vallée du Térébinthe (le wadi es-Sant, au sud-ouest de Jérusalem).

Chacun des deux camps se tient sur une montagne, prêt à en découdre, quand un géant de près de 3 m s'avance devant les Israélites. C'est Goliath, le champion des Philistins, impressionnant avec son armure de 57 kg et ses armes de fer. Il défie un Israélite en combat singulier : le peuple du vainqueur sera le maître du peuple du vaincu ! Personne n'ose affronter ce guerrier redoutable. Mais David, envoyé par son père pour porter des provisions à ses frères qui vont combattre, s'exclame : « Qu'est-ce que cc Philistin incirconcis pour qu'il ait lancé un défi aux troupes du Dieu vivant ? » Saül, mis au courant, le fait venir et David déclare vouloir relever le défi. Certain que ce tout jeune homme sera massacré, il lui prête ses habits de guerre. Casqué et couvert d'une cuirasse, David « prit son bâton en main, il se choisit dans le torrent cinq pierres bien lisses et les mit dans son sac de berger, sa giberne, puis, la fronde à la main, il s'avança vers le Philistin. » Goliath se moque de son âge : « Suis-je un chien pour que tu viennes contre moi avec des bâtons ? [...] Viens vers moi, que je donne ta chair aux oiseaux du ciel et aux bêtes des champs ! » David réplique : « Tu marches contre moi avec épée, lance et cimeterre, mais moi, je marche contre toi au nom de Yahvé Sabaot [nom guerrier de Dieu], le Dieu d'Israël. » Il arme sa fronde et la pierre vient se fixer dans le front du géant. Alors, s'emparant de son épée, il le décapite. Les Philistins s'enfuient, poursuivis par les Israélites jusque dans leur pays (l'actuelle bande de Gaza). David, introduit aussitôt à la Cour, est promis à Mérab, fille de Saül, comme le prévoyait la promesse faite au vainqueur. Mais il épouse Mikal, autre fille de Saül et cadette de la première. Il se lie aussi d'une très forte amitié avec Jonathan, fils de Saül. Mais celui-ci, bientôt rongé par la jalousie, cherchera à l'éliminer. Dieu le punira de mort et David deviendra roi.

Le Coran, qui célèbre aussi la mémoire de David, mentionne également Goliath (Jâlût en arabe) dans la sourate *La Vache* (2, 249-251) pour conclure : « Si Dieu ne repoussait pas certains hommes [Goliath et les Philistins] par d'autres, la Terre serait corrompue. Mais Dieu est celui qui dispense la grâce aux mondes. »

➡ *Bethléem, Bible, Circoncision, Coran, David, Israël, Israélite, Jérusalem, Jessé, Juges (Livre des), Onction, Philistin, Prophète, Rois (Livres des), Sabaot, Samuel, Saül, Vache, Yahvé*

GRÂCE ✡ ✝ ☪

En religion, la grâce n'est pas un avantage accordé à quelqu'un, ni le charme d'un corps évoluant en faisant valoir ses formes. C'est littéralement « l'aide de Dieu » (*gratia* en latin) qui, par son amour, accorde ses bienfaits. Juifs et chrétiens la recherchent par les actions de grâces, des louanges à la puissance et à la bonté de Dieu. Ces actions peuvent avoir lieu avant un repas par exemple (*Birkat ha-mazon* juif ou *Bénédicité* chrétien). Le judaïsme se distingue, dans la recherche des grâces, par des bénédictions *(berakhot)* qui lui sont particulières. Pour les catholiques, la grâce est appelée également par des chants *(Deo gratias* par exemple, « merci à Dieu », pour ses bienfaits) ou des prières liturgiques, comme le *Benedictus* (au cours de l'office des laudes) et le *Magnificat* (vêpres). Cependant, cette quête est essentiellement l'eucharistie (« action de grâces » en grec), où la grâce de Dieu se manifeste par son Fils Jésus-Christ.

Pour l'islam, la grâce *(fadl)* est également un don gratuit de Dieu, mais qui n'implique pas une quête particulière. Elle œuvre en permettant au musulman de suivre le bon chemin indiqué par Dieu, mais elle peut aussi le protéger ou se concrétiser par des biens matériels. Elle n'appartient qu'à Dieu, qui la dispense à qui il veut : aller au paradis est une grâce par exemple, mais ce n'est pas une réponse et une rétribution mécaniques aux bonnes œuvres accomplies dans ce bas-monde. Pour les croyants, la pratique des Piliers de l'islam permet de rechercher la grâce.

➡ *Bénédicité, Bénédiction, Birkat ha-Mazon, Eucharistie, Heures, Piliers (Les Cinq), Ramadan*

GRANDE ASSEMBLÉE ✡

La Grande Assemblée (*Knesset ha-Gédolah* en hébreu), ou Grande Synagogue, œuvra, à Jérusalem, de la période perse (peut-être Vᵉ siècle) au IIᵉ siècle av. J.-C. Cette assemblée, composée de religieux, aurait servi de relais avec l'époque prophétique. En effet, les derniers prophètes, Aggée, Zacharie et Malachie, en auraient fait partie, avancent les écrits talmudiques.

La Grande Assemblée correspond donc à la restauration en Israël du Dieu unique après l'exil de Babylone, période capitale au cours de laquelle les juifs fortifient les supports de leur foi, ce qui leur permettra de résister aux influences des autres cultures, grecque et romaine notamment, et ce jusqu'à notre époque. Elle aurait fixé de nombreuses règles liturgiques, dont certaines figurent dans le Talmud, par exemple sur le shabbat (jour de repos hebdomadaire) et Pourim (fête des Sorts). Elle aurait en outre participé aux décisions du canon biblique (livres d'Ézéchiel, de Daniel, d'Esther). Elle serait aussi à l'origine des attributs essentiels que sont la *mezouzah* (étui contenant des extraits de textes sacrés) et les *tefillin* (phylactères). Pour certains chercheurs, par son rôle législatif, judiciaire et pédagogique, elle préfigurerait le Sanhédrin, la grande institution juive au temps de Jésus.

➡ *Aggée, Daniel, Esther, Exil, Ézéchiel, Malachie, Mezouzah, Pourim, Sanhédrin, Shabbat, Talmud, Tefillin, Zacharie*

GROUPES, LES ☪

Les Groupes (al-Zumar), 39ᵉ sourate du Coran, débute par la gloire de Dieu, l'Unique, le Tout-Puissant, le Dominateur qui condamne l'ingratitude et apprécie la reconnaissance qui lui est rendue, notamment par la pratique d'un « culte pur ». Il faut craindre sa puissance et sa colère tout en ayant foi en sa miséricorde et en ses promesses. Au jour de la Résurrection, le paradis sera pour les vrais croyants aux cœurs illuminés par sa volonté, qui y retrouveront les anges réunis autour du trône de Dieu. Le feu de la géhenne (enfer) reviendra aux incrédules, aux railleurs de Dieu, aux orgueilleux et aux cœurs endurcis qui y récolteront le fruit de leurs injustices.

➡ *Culte pur (Le), Enfer, Géhenne, Gloire, Paradis, Résurrection*

H

HABAQUQ ✡

Le prophète Habaquq, ou Habacuc (nom que l'on rapproche du mot « basilic », la plante), a laissé dans la Bible un court recueil (trois chapitres). On s'accorde à penser qu'il a vécu au tournant des VIIe et VIe siècles av. J.-C., époque marquée au Proche-Orient par la menace grandissante de Babylone, vainqueur de l'Assyrie en 606. Habaquq serait ainsi à peu près contemporain de Jérémie. Il fut sans doute membre du clergé de Jérusalem, c'est-à-dire un lévite, et son souvenir devait être vivace puisque, dans le livre de Daniel (IIe siècle av. J.-C.), il est transporté par un ange et rejoint Daniel à Babylone (14, 33-39).

Devant le péril des Babyloniens (appelés ici Chaldéens, nom de la dynastie qui a redonné vigueur à l'empire dès 625), Habaquq débute son livre en annonçant que Dieu a rendu puissant cet envahisseur, « ce peuple farouche et fougueux », « terrible et redoutable » dont les « chevaux sont plus rapides que panthères, plus mordants que loups du soir ». À Habaquq inquiet, Dieu répond : « Voici qu'il succombe, celui dont l'âme n'est pas droite, mais le juste vivra par sa fidélité » De fait, en 587, le royaume de Juda et sa capitale Jérusalem tombent sous les coups de Babylone, qui en exile la population. La foi, martyrisée en ces temps obscurs, sera pourtant revivifiée par les justes. Car « le juste vivra par sa fidélité » (2, 4), formule centrale du judaïsme. Ainsi, Habaquq conclut par ce texte, sorte de psaume de lamentations : « Yahvé mon Seigneur est ma force, il rend mes pieds pareils à ceux des biches, sur les cimes il porte mes pas. »

➡ *Babylone, Daniel (Livre de), Exil, Jérémie, Jérusalem, Juda, Juste*

HAD GADYA ✡

Chant populaire, surtout auprès des enfants, que l'on a coutume d'entonner à la fin du Séder (déroulement) de Pessah (Pâque). Écrit en araméen, il est accompagné de musiques diverses, la plupart très gaies. L'origine de cette œuvre est très ancienne, mais l'époque, l'auteur et l'origine restent imprécis. Composée de 10 strophes, elle est interprétée par certains comme une allégorie historique d'Israël qui, soumis et persécuté par des empires, voit ces derniers soumis à leur tour par d'autres, la toute-puissance revenant à Dieu qui terrasse le plus redoutable, l'ange de la Mort.

En voici le déroulé : un homme achète « un seul chevreau » *(had gadya)* que mange un chat (Assyrie, Babylone), mordu à son tour par un chien (la Perse de Cyrus le Grand), lequel est frappé à coups de bâton (la Grèce d'Alexandre le Grand). Celui-ci est mis au feu (les Romains) que l'eau (les Barbares) éteint. Le bœuf (l'islam) boit l'eau avant d'être abattu par le boucher (les croisades), que tue l'ange de la Mort.

➡ *Assyrie, Babylone, Croisade, Islam, Israël, Perse, Pessah, Romain*

HADITH ☪

Le mot *hadith* (« récits » ou « propos » en arabe) s'appliqua d'abord aux paroles authentiques du prophète Mahomet, avant de concerner aussi ses actions, ainsi que son avis concernant des propos et des actes dont il fut le témoin. Les hadith se rapportent davantage à la tradition et sont d'ailleurs rassemblés sous le nom propre « Tradition ». Excepté une catégorie particulière, ils ne sont pas tous le produit de la révélation (paroles données par Dieu), celle-ci étant contenue dans le Coran, première autorité dans l'islam.

Coran et hadith se complètent cependant, les seconds apportant des éclaircissements et des commentaires sur des points contenus dans le premier. Par ailleurs, ils ont, d'une part, fourni la matière de la *charia* (loi de l'islam), ils contiennent, d'autre part, les actes et les paroles du Prophète – c'est-à-dire la Sunna, définition religieuse et usuelle (par l'usage) de la conduite individuelle et collective en islam.

Après la mort de Mahomet (632), le Coran était la seule source ayant autorité. Puis, avec l'expansion de l'islam, apparut la nécessité de répondre aux besoins de communautés d'origines différentes, en s'appuyant sur des paroles et des actes du Prophète. Il fallut d'abord les recueillir auprès de témoins, ses fidèles compagnons et les premiers califes (successeurs), puis par le biais d'une « chaîne de transmission » *(isnad)*. Un collecteur ou « traditionaliste » *(mouhadith)* était ainsi chargé de collecter les récits d'un témoin et, après vérification, de les consigner dans un recueil. L'islam aboutit alors à une grande quantité de hadith de genres et de contenus très variés : eschatologie (matière relative à la fin des temps), contenu de la foi, politique et domaine social, coutumes... Depuis, leur étude, tant religieuse qu'historique pour en déterminer la véracité, n'a pas cessé.

Il existe trois catégories de hadith, du plus authentique au plus discutable : les *qudsi* (« saint ») sont les seuls contenant des paroles transmises par Dieu ; viennent ensuite les hadith traditionnels ou « nobles » *(sharif)* : *sahih* (« le plus authentique »), *hasan* (« bon »), *da'if* (« faible »), *maudu'a* (« forgé de toutes pièces »).

Dans le sunnisme, les plus prestigieux recueils de hadith sont les six *sahih* (« authentiques »). Nous trouvons notamment le plus célèbre, celui d'Al-Bukhari (810-870), né dans le Boukhara (actuel Ouzbékistan), qui s'appuya sur quelque 2 750 traditions rassemblées au cours de ses voyages. Originaire du Khorasan, en Iran, Muslim ibn al-Hajjaj (vers 816-875) a produit également un hadith « authentique » très prisé.

Il existe d'autres collections de hadith reconnues, élaborées aussi au IXe siècle : celles d'Abou Dawoud (817-889), d'Al-Tirmidhi (824-892), d'Ibn Maja (824-887) et d'Al-Nasa'i (830-915), etc. Citons enfin les recueils de deux figures ayant donné leurs noms à des écoles juridiques *(madhahib)*, Malik ibn Anas (vers 710-795, malikisme), et Ahmad ibn Hanbal (780-855, hanbalisme), auteur du *Musnad* (« Appuyé »).

Pour les chiites, le hadith est une « nouvelle » *(khabar)* parvenue non pas par la chaîne de transmission remontant aux compagnons du Prophète, mais par Ali, gendre et cousin de ce dernier, et par les imams chiites.

➨ *Ali, Charia, Chiisme, Coran, Hanbalisme, Imam, Madhahib, Malikisme, Ouléma, Révélation, Sunna, Sunnisme*

HADJ ☪

Hadj désigne le grand pèlerinage à La Mecque, au cours duquel la communauté musulmane (oumma) atteint le sommet de sa cohésion. Dans cette impressionnante métaphore de la résurrection, tout le monde est égal. Ce Pilier de l'islam, qui réunit les musulmans autour d'Allah, le Dieu unique, puise dans l'histoire d'Abraham, de son fils Ismaël (ancêtre des Arabes) et de sa mère Agar. Tout adulte, femme ou homme, se doit de l'accomplir au moins une fois dans sa vie. Pour cela, il faut être sain de corps et d'esprit, et pouvoir financer une telle entreprise. Mais une dérogation sous forme d'offrande ou par procuration permet de remplacer une présence « physique », si celle-ci est impossible. Il existe en fait deux pèlerinages.

Le Hadj se déroule les deux premières semaines du mois de dhou al-hijjah (« mois du Pèlerinage »). Il se déroule à La Mecque, à la Grande Mosquée en particulier, et dans ses environs. Il réunit plus d'un million de musulmans à chaque édition. Le pèlerin s'y prépare par des abutions pour se purifier et parvenir à l'*ihram*, état de consécration à Dieu, et doit s'y présenter avec des vêtements blancs, couleur de pureté, des sandales (humilité), et la tête nue pour ajouter encore au dépouillement. Tous les musulmans présents sont alors égaux devant Allah, quelle que soit leur position sociale. Ils respectent aussi le *haram*, « interdit » de nature diverse. Le Hadj reprend les pratiques instituées par Mahomet qui l'inaugura en 632, et dont la plupart étaient en vigueur avant l'islam. Ainsi, il commence par les sept (chiffre de la totalité, comme les sept jours de la Création) circumambulations *(tawaf)* autour de la Kaaba de La Mecque, dont le pèlerin embrasse la Pierre noire. Puis, chacun prie à la « station d'Abraham » *(Maqam Ibrahim)* où une pierre porte l'empreinte d'un pied qui serait celui d'Abraham. Ensuite, on s'abreuve à la source de Zemzem qui permit à Agar de sauver Ismaël prêt de mourir de soif dans le désert. Les pèlerins courent (ou marchent) sept fois entre les collines proches de Safa et de Marwah, pour rappeler qu'Agar erra à la recherche de cette eau. Le 9 a lieu la station à la plaine d'Arafat, à 25 km environ de La Mecque, où les pèlerins se consacrent à Dieu dans une demande de pardon collective, massive et très impressionnante. Le lendemain, ils se rendent à Mina, où ils lapident trois fois les trois colonnes symbolisant Iblis, appelé aussi « Satan le lapidé », qui tenta de séduire Abraham. Toujours le 10 et à Mina, a lieu l'aïd al-Adha. Cette fête du Sacrifice, effectuée aussi par tous les musulmans dans le monde, commémore le sacrifice d'Abraham, le père des croyants et le premier musulman puisque l'origine du pèlerinage lui est attribuée. Après une autre *tawaf* autour de la Kaaba, le Hadj s'achève le 12. Mais certains peuvent poursuivre par d'autres pratiques et prières, ou en se rendant à Médine, autre ville sainte de l'islam.

À côté du Hadj, il existe le pèlerinage mineur (*omra*, « visiter ») qui peut-être effectué à n'importe quel moment de l'année, les dix derniers jours du mois de ramadan étant recommandés. La différence consiste à raccourcir et à simplifier les rites.

➡ *Ablution, Aïd al-Adha, Agar, Allah, Arabie, Arafat, Circumambulation, Dhou al-hijjah, Haram, Iblis, Ihram, Ismaël, Kaaba, Mecque (La), Omra, Oumma, Pierre noire, Piliers (Les Cinq)*

HAFIZ ☪

Ce mot dérive du verbe arabe *hafaza*, qui veut dire à la fois « protéger » et « mémoriser ». Le *hafiz* est ainsi celui qui a appris par cœur le Coran, et qui peut le réciter de la première à la dernière sourate.

➡ *Coran*

HAFTARAH ✡

Ce mot hébreu signifiant « conclusion » désigne le moment où, à la synagogue, aux offices du matin (Chaharith), au shabbat ou lors de fêtes, il est prévu, après la lecture de la Torah, de réciter des passages des prophètes de la Bible hébraïque. Le contenu de la *Haftarah* diffère selon ces rendez-vous, le principe étant d'y inclure quelques passages prophétiques sur un cycle annuel. Un jeune garçon faisant sa bar-mitsva (cérémonie célébrant la majorité religieuse) connaît l'honneur de lire la *Haftarah* pour la première fois.

➡ *Bar-mitsva, Chaharith, Maariv, Office, Prophète, Shabbat, Synagogue, Torah*

HAGGADAH ✡

La Haggadah (« narration » en hébreu) est un ensemble littéraire portant sur des domaines divers : morale, folklore, théologie, histoire, philosophie, éthique, fictions... Élaborée par les autorités rabbiniques, elle se démarque de la Halakhah, autre composition des rabbins, car elle ne contient pas de prescriptions purement juridiques. Produite par des écoles différentes, elle est importante par la qualité de son contenu, mais aussi par la place qu'elle prend dans le Midrach, où elle est très présente, et dans les deux Talmuds : un tiers dans celui de Babylone, un sixième dans celui de Palestine. Commentant les textes de la Bible, avant tout la Torah, s'appuyant aussi sur les grands faits et héros de l'histoire juive, les rabbins ont élaboré une série de textes dont certains ont un caractère légendaire. D'autres fois, ils ont usé de paraboles pour mieux transmettre une réflexion très théologique. On trouve aussi des développements sur les anges et les démons qui ont largement contribué à façonner la tradition populaire en ce domaine, allant jusqu'à influencer la kabbale (mystique juive insistant sur le caractère symbolique de l'alphabet sacré). La Haggadah désigne aussi un texte lu au Séder (déroulement) de Pessah (Pâque).

➡ *Halakhah, Kabbale, Midrach, Mystique, Pessah, Rabbin, Séder, Talmud, Torah*

HAGIOGRAPHE ✡ ✝ ☪

Ce mot possède deux sens. En premier, il s'agit, d'après l'étymologie grecque, de tout écrit *(graphein)* sacré *(hagios)*. Ainsi, dans la Bible hébraïque, la troisième partie (Ketouvim) porte le titre d'« Écrits » ou « Hagiographes ». Cet ensemble regroupe en effet les Psaumes, grandes prières du judaïsme, les livres relevant du courant de Sagesse (réputé en Israël), les Proverbes par lesquels l'homme est enjoint de pratiquer la Torah, des textes que l'on pourrait dire plus philosophiques (Siracide et Qohélet), et des ouvrages plus historiques (Esdras-Néhémie, Chroniques, Tobie, Esther, Judith). Nous trouvons aussi le splendide livre de Job, intense réflexion sur le bien et le mal : ce malheureux frappé par Dieu en dépit de sa foi exemplaire force ce dernier à un dialogue magnifique avant de retrouver santé, fortune et bonheur. À ce monument fait écho celui de l'amour, sujet du chef-d'œuvre que reste le Cantique des cantiques.

Le second sens du mot « hagiographe » est l'extension du premier. Il désigne l'auteur d'une vie de saint, les premières hagiographies chrétiennes remontant, par exemple, au IVe siècle. Par extension, le mot s'applique à toute louange excessive d'un personnage.

→ *Bible, Cantique des cantiques, Job, Ketouvim, Psaume, Sagesse (Littérature et courant de), Saint*

HAKEL ✡

Ce mot, qui signifie « assemble », a désigné un rite inspiré par ce passage du Deutéronome (31, 12) : « Assemble *[hakel]* le peuple, hommes, femmes, enfants, l'étranger qui est dans tes portes, pour qu'ils entendent, qu'ils apprennent à craindre Yahvé votre Dieu et qu'ils gardent, pour les mettre en pratique, toutes les paroles de cette Loi [Torah]. » À l'époque du temple de Jérusalem, ce rite consistait à se rassembler au cours de la fête de Soukkot (en rapport avec l'Exode), à raison d'une fois tous les sept ans, pendant la *chémitah* (année sabbatique).

Nous trouvons trace d'un rassemblement assez proche, dans le livre de Néhémie (7, 72 à 78, 1 à 8) où, en 398 av. J.-C., Esdras fait une lecture publique de la Torah, symbole de celle effectuée à la fin de l'Exode des Hébreux : « Or quand arriva le septième mois [tichri] [...] tout le peuple se rassembla comme un seul homme sur la place située devant la porte des Eaux. Ils dirent au scribe Esdras d'apporter le livre de la Loi de Moïse, que Yahvé avait prescrite à Israël. Alors le prêtre Esdras apporta la Loi devant l'assemblée, qui se composait des hommes, des femmes et de tous ceux qui avaient l'âge de raison. [...] Il lut dans le livre, depuis l'aube jusqu'à midi [...] : tout le peuple tendait l'oreille au livre de la Loi. [...] Alors Esdras bénit Yahvé, le grand Dieu ; tout le peuple, mains levées, répondit : "*Amen ! Amen*", puis ils s'inclinèrent et se prosternèrent devant Yahvé, le visage contre terre. » Puis le peuple se fabriqua des huttes pour la fête.

→ *Deutéronome, Esdras, Exode, Néhémie, Soukkot, Sabbatique, Tichri, Torah*

HAKHAM ✡

Les juifs séfarades (originaires du bassin méditerranéen) appellent *hakham* (« sage » en hébreu) le rabbin d'une communauté. Ce titre trouve son origine dans la Bible qui évoque, à de nombreuses reprises, des personnages réputés pour leur sagesse *(hokmah)*. Au Ier-IIe siècle, à l'époque des *nassi*, présidents du Sanhédrin (grande instance juive), et lors de la constitution de la Michnah, il désigna ensuite un responsable juif en Israël et dans la Diaspora.

➡ *Bible, Michnah, Nassi, Rabbin, Sagesse (Littérature et courant de), Sanhédrin, Séfarade*

HALAKHAH ✡

La Halakhah (mot hébreu extrait de la racine *halakh*, « cheminer », « aller »), est le pan juridique du judaïsme, au contraire de la Haggadah qui en est l'aspect théologique, moral et plus spécialement littéraire. Elle est scrupuleusement appliquée par le judaïsme orthodoxe, et respectée par les autres familles qui, comme le judaïsme réformé, l'estiment parfois trop rigide et contraignante. Elle comprend les commandements de Dieu *(mitsvot)* et ceux institués par les rabbins. Les mesures qu'elle contient sont issues de la jurisprudence et constituent l'autorité supérieure en matière de décision. Elle présente aussi des aspects répondant à des besoins spécifiques aux époques successives, comme les *minhagim* (coutumes locales), les *responsa* (« réponses ») et les *taqqanot* (ordonnances). Composée à partir du Ier siècle apr. J.-C. par les *tannaïm*, sages qui constituèrent la Michnah, elle fut poursuivie au temps du Talmud par les *amoraïm* (de l'an 200 environ à la fin du Ve siècle) puis durant tout le Moyen Âge. Depuis, elle n'a cessé de s'enrichir, de s'adapter ; toujours vivante, elle continue d'évoluer au rythme des *responsa* et autres mesures. Fruit d'une longue élaboration, la Halakhah est donc « le chemin à suivre », autant à l'égard des autres que de Dieu auquel tout juif doit obéissance. Ce guide de conduite, élaboré au fil du temps et des évolutions à partir du cœur de la foi que constitue la Torah. concerne tous les comportements de l'existence, régit les relations de toutes natures et bien sûr la pratique religieuse.

➡ *Amora, Commandement, Haggadah, Michnah, Michneh Torah, Midrach, Minhag, Miqveh, Mitsvot, Responsa, Séfer Hassidim, Talmud, Tanna, Taqqanah, Torah*

HALAL ☪

Le mot arabe *halal* désigne ce qui est « selon la loi », c'est-à-dire permis. Son contraire est *haram* (« ce qui est interdit »).

Le *halal* englobe en particulier les règles alimentaires, à l'instar de la cacherout juive : par exemple, tout animal ayant été tué selon l'abattage rituel est dit « halal », nom donné aussi aux boucheries où se fournissent les musulmans. L'abattage se fait en égorgeant l'animal, pour interrompre au plus vite les connections nerveuses (afin de respecter sa souffrance) et le vider de son sang. Il n'est pas obligatoirement effectué en direction *(qibla)* de La Mecque.

Les interdits alimentaires concernent les omnivores (le porc, le sanglier) et les anthropophages. Les autres mesures ne sont pas des interdits mais des désapprobations. Elles touchent les carnivores, donc les animaux qui se nourrissent d'autres animaux (rapaces, charognards, chiens...). En revanche, tous les herbivores peuvent être consommés, même le chameau, animal inséparable du paysage arabe et des déserts – sa consommation est, en revanche, interdite dans la Bible.

➡ *Cacher, Chehitah, Haram*

HALLAH ✡

Il s'agit du fragment que l'on retire, après le pétrissage d'une pâte à pain confectionnée uniquement avec les cinq céréales autorisées (avoine, blé, épeautre, orge, seigle), et que l'on jette au feu. Autrefois, la *hallah* (« gâteau de pain ») était offerte aux prêtres du temple de Jérusalem. Elle est aujourd'hui prélevée chaque fois que l'on prépare une pâte.

Elle trouve son origine dans un passage du livre des Nombres (15, 18-21) : « Parle aux Israélites, tu leur diras : Quand vous serez entrés dans le pays où je vous conduis [Canaan], vous devrez faire un prélèvement pour Yahvé lorsque vous mangerez du pain de ce pays. Comme prémices de vos huches, vous prélèverez un gâteau : vous ferez ce prélèvement comme celui que l'on fait sur l'aire. Vous donnerez à Yahvé un prélèvement sur le meilleur de vos huches. Ceci concerne vos descendants. » L'ordre Zeraïm de la Michnah comprend un traité, Hallah, qui explique toutes les règles concernant la pratique ancienne.

➡ *Michnah, Nombres (Livre des), Pain, Prémices, Temple, Zeraïm*

HALLEL ✡

Le *Hallel* est une « louange » de Dieu, extraite du livre des Psaumes et intégrée lors des offices et des fêtes du calendrier juif, dont Pessah (la Pâque) et Soukkot (commémoration de l'Exode). Il concerne trois formes d'actions de grâces. Le grand *Hallel* correspond au psaume 136, où Dieu, le Créateur qui « a fait les grands luminaires », à l'amour éternel, a permis l'exode des Hébreux.

Le *Hallel* en tant que tel comprend les psaumes 113 à 118, dont cinq, comme le précédent, débutent par l'exclamation *Alléliua* (« Louez Yahvé »). Il comprend une version abrégée.

➡ *Alléliua, Exode, Grâce, Office, Pessah, Psaume, Soukkot*

HALOUQQAH ✡

Quand les juifs purent revenir de l'exil de Babylone, à partir de 538 av. J.-C., ils se lancèrent dans la reconstruction, difficile, de Jérusalem. Ils se chargèrent aussi de redresser le Temple, détruit par les Babyloniens cinquante ans auparavant.

Ce Second Temple reçut sa dédicace en 515. Cette époque, capitale pour le judaïsme, fut aussi l'occasion pour la Diaspora d'apporter une aide financière à ces vastes chantiers. Ainsi fut instituée la *halouqqah* (« répartition » en hébreu), qui, malgré les aléas de l'Histoire, continua d'affluer en Palestine, contribuant à préserver les implantations et les écoles juives. Elle est toujours pratiquée, essentiellement par les juifs orthodoxes, afin de soutenir certaines institutions religieuses d'Israël.

➡ *Exil, Jérusalem, Judaïsme, Palestine, Temple*

HAMÂN ✡ ☪

Hamân est le vizir du roi perse Assuérus : dans le livre d'Esther de la Bible, il complote auprès du souverain pour faire assassiner tous les juifs de l'empire – l'action se situe à une époque indéterminée. Mais la reine Esther, juive elle-même, déjoue ses plans et parvient à convaincre Assuérus de la malhonnêteté de Hamân, qui est pendu. Ce récit est à l'origine de Pourim, la fête juive des Sorts.

Hamân est cité à trois reprises dans la sourate *Le Récit* (28, 6, 8, 38) du Coran, pour insister sur le sort réservé à ceux qui s'attaquent aux croyants, ceux-ci comprenant les juifs. Ces versets situent Hamân (ministre de Pharaon) à l'époque de Moïse, ce qui ne correspond donc pas à la Bible. De même dans la sourate *L'Araignée* (29, 39) et dans *Celui qui pardonne* (40, 24,36).

➡ *Araignée (L'), Esther, Pourim, Récit, Vulgate*

HAMETS ✡

Hamets est le « levain » (en hébreu). En souvenir de l'Exode, quand les Hébreux n'eurent pas le temps de faire lever leur pain avant de partir en toute hâte, son utilisation comme sa possession sont interdites à la fête de Pessah (la Pâque). Cette mesure concerne tout produit fait à partir de farine et autres composants contenant du levain, comme la bière. Le pain est ainsi remplacé par l'azyme.

➡ *Azyme, Exode, Pain, Pessah*

HAMICHAH ✡

À l'époque du Second Temple (515-70), au 15e *(hamichah assar)* jour du mois d'av, les jeunes filles habillées de blanc (pureté et virginité) dansaient dans les vignes avec les jeunes hommes qui pouvaient ainsi choisir leur promise. Cette joyeuse tradition puisait son origine dans une fête religieuse. Elle a laissé place aujourd'hui à une journée exempte de toute tristesse et de pénitence (comme le jeûne). Les supplications *(tahananounin)* sont supprimées le jour et la veille des offices.

➡ *Av, Temple*

HANAFISME ☪

École juridique *(madhahib)* sunnite se réclamant du théologien Abou Hanifa (697-767), l'hanafisme a repris le principe de l'avis personnel dans l'élaboration des lois. En clair, le droit repose sur le Coran et les hadith. Mais si une question ne peut avoir de réponse, il est possible de recourir à la réflexion personnelle. Cette forme de jurisprudence, source d'adaptations, a fourni la base des législations de trois grandes dynasties de l'islam : les Abbassides (750-1258), les Seldjoukides (1038-1194) et les Ottomans (1281-1924). Abou Hanifa étant mort en prison, à Bagdad, l'hanafisme fut en fait fondé par ses disciples qui avaient rassemblé ses réflexions, dont le juriste Abou Yousouf (vers 745-798) et Muhammad al-Shaybâni (vers 750-805).

➡ *Chafiisme, Charia, Coran, Hadith, Hanbalisme, Madhahib, Malikisme, Moujtahid, Sunnisme*

HANBALISME ☪

Théologien et juriste, Ahmad ibn Hanbal (780-855), d'où vient le mot « hanbalisme », est considéré comme un puriste en matière de droit musulman. L'école juridique *(madhahib)* sunnite, fondée par ses fils et ses disciples, a repris les principes de sa pensée. Le droit étant établi uniquement sur le Coran et les hadith, on ne peut recourir à l'interprétation et à l'avis personnels. En cela, l'hanbalisme va à l'encontre de l'hanafisme.

➡ *Chafiisme, Charia, Coran, Djamâ'a, Hadith, Hanafisme, Madhahib, Malikisme, Moujtahid, Sunnisme*

HANIF ☪

Le *hanif*, mot arabe d'origine incertaine, est celui qui, avant l'islam, croyait au Dieu unique sans pour autant appartenir au judaïsme et au christianisme. Au pluriel, les *hounafa*, monothéistes à la foi pure, refusent les idoles et le paganisme. Dans le Coran, où le mot *hanif* est cité douze fois, ils sont les vrais croyants, à l'image d'Abraham (concerné huit fois) et de Mahomet, lequel est qualifié ainsi deux fois. L'islam est la religion vraie *(al-din al-hanif)*.

➡ *Abraham, Foi, Idole, Mahomet, Païen*

HANOUKKAH ✡

La fête d'Hanoukkah (« inauguration », « dédicace »), ou fête des Lumières, débute le 25 du mois de kislev et dure huit jours. Elle évoque la famille des Maccabées, qui restaura le pouvoir juif sur la Judée, jusque-là gouvernée par les Séleucides, de culture grecque. Parmi ces derniers, le roi Antiochus IV Épiphane (175-163) profane le temple de Jérusalem, la maison de Dieu, en le dédiant à des dieux païens auxquels il offre des sacrifices (167) ; une attitude résolument destinée à faire disparaître le judaïsme. Une révolte juive éclate, conduite par le prêtre Mattathias, dont le fils Judas, dit le Maccabée, reprend Jérusalem en 165. Le Temple redevient celui de Dieu, retrouve la *menorah* (candélabre à sept branches) et connaît une nouvelle dédicace. D'après la tradition talmudique, les juifs, en le purifiant, eurent besoin d'huile sainte. En attendant de s'en procurer, ils trouvèrent une quantité juste suffisante pour brûler une journée dans le candélabre, mais elle se consomme pendant huit jours. C'est pourquoi, à Hanoukkah, qui célèbre cette restauration du Temple, on allume huit lumières (lampes ou bougies), une par jour. Ce rituel signifie que la foi ne peut jamais s'éteindre.

La fête est aussi l'occasion de réjouissances et de jeux qu'apprécient les enfants, lesquels reçoivent des cadeaux.

➡ *Kislev, Maccabées (Livre des), Menorah, Talmud, Temple*

HAQQAFOT ✡

À la synagogue, notamment à la fête de Soukkot (qui commémore l'Exode), mais aussi en d'autres occasions, il est d'usage de faire des « tournées » (*haqqafot* en hébreu) autour de la *bimah*, la tribune. Ces circumambulations sont des processions rappelant l'épisode de Jéricho, quand, raconte le livre de Josué, les prêtres, sonnant de la trompe, firent sept fois le tour des murailles de la ville, qui s'écroulèrent au septième tour. Dans la liturgie, elles se rapportent au chiffre sept, qui évoque un cycle complet, la perfection, la Création par exemple.

➡ *Circumambulation, Jéricho, Josué, Soukkot*

HARAM ☪

Haram est « ce qui est interdit », c'est-à-dire défendu, mais aussi ce qui est « sacré » - son contraire est *halal*. Ce mot s'applique aux aliments prohibés, ainsi qu'aux périmètres *(haramaym)* de plusieurs kilomètres entourant La Mecque et Médine, deux villes sacrées *(haraman)*. Ces périmètres sont interdits d'accès aux non-musulmans qui, selon certains avis, peuvent quand même les visiter, mais non y résider.

De leur côté, les musulmans n'ont pas le droit d'y pratiquer certaines activités (comme la chasse, excepté celle des bêtes dangereuses) et, bien sûr, ils ne doivent pas y blasphémer ou mal se comporter. De même, à Jérusalem, troisième ville sacrée, l'esplanade du Temple, où se dressent le Dôme du Rocher et la mosquée al-Aqsa, est *haram*. Enfin, le sens profond de ce mot a connu un prolongement, le harem, c'est-à-dire la partie d'une demeure réservée aux femmes et interdite aux visiteurs, notamment dans les palais des sultans.

➨ *Dôme du Rocher, Fard, Fiqh, Halal, Jérusalem, Mecque (La), Médine*

HAROUT ☪

Les écrits sacrés des trois religions monothéistes condamnent sans réserve la magie, associée aux démons. Mais elle reste cependant ancrée depuis toujours dans les mentalités et les cultures des juifs, chrétiens et musulmans. Par exemple, en l'absence de connaissances médicales approfondies, elle servit à traiter des maladies imputées à des possessions démoniaques, et les miracles anciens sont souvent des formes d'exorcisme.

La magie est ainsi évoquée (et prohibée) plusieurs fois dans le Coran, notamment dans la deuxième sourate, *La Vache* : deux anges déchus, Harout et Marout, enseignent la magie qui a été transmise aux habitants de Babil (Babel, c'est-à-dire Babylone). Cependant, et à l'inverse de la plupart des créatures démoniaques, ils avertissent que cette transmission n'est qu'une tentation, qu'il faut avoir foi en Dieu sans lequel les démons n'ont aucun pouvoir. Ils se montrent donc proches du repentir.

➨ *Ange, Babel, Babylone, Démon, Exorcisme, Miracle, Repentir*

HASKAMAH ✡

Encore en vigueur aujourd'hui, la *haskamah*, principe ancien, est une « autorisation » donnée par une instance rabbinique et figurant au début de l'ouvrage imprimé auquel elle a été accordée. Cette caution religieuse est donc l'équivalent de l'imprimatur catholique. Les livres concernés sont essentiellement des textes anciens corrigés et des études menées par des rabbins.

➡ *Imprimatur, Rabbin*

HASSAN ☪

Hassan (625-670), fils d'Ali et de Fatima, donc petit-fils de Mahomet, est une figure du chiisme, famille de l'islam fondée sur la foi en Ali et ses descendants. Après l'assassinat de son père (661), il lui succède en tant que cinquième calife. Aussitôt, Mu'âwiya, calife et fondateur de la dynastie des Omeyyades (660-750), rival d'Ali et de ses successeurs au califat, songe à le combattre. Mais Hassan négocie et obtient d'abandonner le califat en échange d'une sécurité financière, pour lui et pour son frère cadet Hussein. Il n'exerce le pouvoir que six mois et s'installe à Médine où il meurt dans des circonstances mystérieuses (670). Il est le deuxième imam pour les chiites.

Reprenant le flambeau, Hussein, après la mort de Mu'âwiya (680), refuse l'autorité califale du fils de celui-ci, Yazîd Ier. Il est tué à la bataille de Kerbela (Irak), en 680.

➡ *Ali, Calife, Chiisme, Duodécimain, Fatima, Hussein, Imam, Kerbela, Mahomet, Mu'âwiya*

HASSIDISME ✡

Le mot hassidisme (de l'hébreu *hassid*, « dévot », « pieux ») s'applique à deux spécificités du judaïsme.

La première concerne un mouvement mystique né en Allemagne, centré sur la prière et l'amour de Dieu. Fondé entre 1150 et 1250 par la grande famille des Kalonymides, originaires d'Italie et établis en Allemagne vers la fin du IXe siècle, il a marqué le judaïsme achkénaze et laissé de grands textes comme le *Séfer Hassidim*. Le second hassidisme est apparu en Ukraine autour de 1750. Il fut créé à partir des enseignements d'Israël ben Éliézer (1700-1760) appelé par ses disciples Baal Chem Tov (« Maître du Bon Nom », c'est-à-dire celui de Dieu), personnage légendaire qui insistait notamment sur la *devéqout* (« adhésion ») mystique avec Dieu. Il trouve sa source à partir de la seconde moitié du XVIe siècle, quand les juifs ukrainiens furent appauvris par les persécutions. À ces grandes difficultés matérielles s'ajouta un trouble spirituel : certains, refusant la tradition du judaïsme, se convertirent au christianisme ou à l'islam, entraînant de nombreux coreligionnaires. Le hassidisme émergea donc dans un contexte particulier. En appelant à des changements de liturgie (introduction de la danse, par exemple), à revivifier la pratique religieuse (recherche de la joie et de l'extase dans la prière), en créant ses propres communautés et synagogues (*shtibel*, « petite chambre » en yiddish), le hassidisme rencontra l'opposition de certains rabbins et, bien que respectueux des fondements du judaïsme, finit même par faire l'objet d'un *hérem* (anathème ou excommunication) dans certaines régions. Au début du XVIIIe siècle, il se répandit en Pologne et se ramifia aussi en familles, dont la plus célèbre est sans doute celle des Loubavitch. Réconcilié avec les instances rabbiniques pour maintenir la cohésion du monde juif, il gagna ensuite l'Europe et les États-Unis à partir de 1870, époque marquée aussi par des persécutions, dont les sinistres pogroms. Effacé de l'Europe pendant la Shoah, il est très vivant aujourd'hui, surtout en Israël et à New York (quartier de Brooklyn).

Le hassidisme, représentant majeur de l'orthodoxie juive, a conservé le yiddish. Les *hassidim* sont toujours sous l'autorité spirituelle d'un maître, le *rebbe* (« rabbin » en yiddish), intermédiaire de Dieu, qui aide à atteindre la *devéqout* – ce maître avait autrefois le titre de *tsaddiq* (« juste »). Ils se reconnaissent à leurs vêtements noirs et ancestraux : portant de longues barbes, les tempes ornées de *péot* (papillotes), les hommes arborent un chapeau noir à large bord, et parfois, les jours de fête, le fameux *shtreimel*, une toque de fourrure.

➡ *Achkénaze, Anathème (Lois de l'), Devéqout, Judaïsme, Juste, Loubavitch, Mystique, Orthodoxe, Pogrom, Séfer Hassidim, Tsaddiq, Yiddish*

HAVDALAH ✡

À la fin du shabbat et des fêtes juives, il est d'usage de marquer une « séparation » (*havdalah* en hébreu) entre le temps sacré qui vient de se dérouler et le temps profane dans lequel on retourne. La *Havdalah* est donc une cérémonie particulièrement symbolique, pratiquée à la maison ou à la synagogue lors de l'office du soir (Maariv). Pratiquée en entier ou en partie selon les célébrations, elle se compose, dans sa version complète, de quatre bénédictions. D'abord le vin (ou une autre boisson), dont la Bible attribue l'origine à Noé, la vigne faisant partie des fruits offerts par Dieu. Viennent ensuite les épices, dont on respire les effluves tout en les bénissant car elles fouettent l'âme et le corps. Puis ce sont des bougies, composées de deux mèches au minimum, leur lumière revenant après avoir été absente durant le shabbat. Enfin, c'est la Havdalah proprement dite, où les fidèles louent l'Éternel, Dieu qui seul peut vraiment séparer deux éléments, comme le shabbat et les six autres jours de la semaine.

➡ *Maariv, Noé, Shabbat, Vigne*

HÉBREU ✡

L'hébreu est la langue sacrée du judaïsme et la langue officielle de l'État d'Israël depuis la création de celui-ci en 1948. Il appartient au groupe des langues sémitiques (de Sem, fils de Noé), et sa forme primitive remonte aux habitants de Canaan, avant l'installation des Hébreux qui l'adoptèrent. Il y eut d'abord l'hébreu biblique qui, après le retour de l'Exil (538 av. J.-C.), subit la marque de l'araméen, alors langue véhiculaire du Proche-Orient. Puis l'hébreu s'est enrichi d'un vocabulaire plus large tout en se simplifiant sur le plan phonétique, évolution perceptible notamment dans les grands écrits juifs comme la Michnah ou les œuvres de la mystique juive, qui attribuent à ses lettres des pouvoirs, par exemple le *Séfer Yetsirah* qui influença la kabbale. Après une période de repli, durant laquelle il était pratiqué surtout par les érudits et le clergé, il servit, au XVIIIe siècle, à des publications autres que religieuses, puis vécut une renaissance sous l'égide d'Éliézer ben Yehoudah (1858-1922) : dans son dictionnaire en 17 volumes, le *Thesaurus*, achevé par sa famille et des linguistes en 1959, il fit la synthèse historique de la langue issue des multiples influences en Diaspora, offrant le fondement de l'hébreu d'aujourd'hui.

➡ *Araméen, Canaan, Diaspora, Israël, Kabbale, Michnah, Mystique, Séfer Yetsirah, Sémite*

HÉBREUX ✡

L'histoire continue des Hébreux débute avec le patriarche Abraham, vers le XVIIIe siècle av. J.-C., et s'achève en 135 apr. J.-C., après la révolte juive de Bar-Kokhba contre les Romains et la disparition de toute forme d'État juif. La Bible, pour qui les Hébreux descendent de Sem, petit-fils de Noé, rapporte cette histoire, depuis les patriarches et la Terre promise (Canaan) jusqu'aux Maccabées (IIe-Ier siècle). Ainsi, Abraham est le premier à recevoir l'adjectif « hébreu » dans le livre de la Genèse (14, 13). Puis son petit-fils Jacob et ses douze fils, dont Joseph, s'installent en Égypte. Leurs descendants demeurent quatre cents ans dans le delta du Nil, mais, un jour, un pharaon les réduit à l'esclavage. Ils sont libérés par l'un des leurs, Moïse, et, après l'Exode de quarante ans dans le désert, conquièrent Canaan dont ils adoptent la langue, qui deviendra précisément l'hébreu – il est d'usage de les appeler alors Israélites. Après deux siècles d'implantation difficile, marquée par l'intervention des Juges, les Hébreux fondent le royaume d'Israël, avec David et Salomon (Xe siècle av. J.-C.), qui se scinde ensuite en deux. Le reste (chutes des royaumes de Samarie et de Juda, exil à Babylone et retour à Jérusalem, tutelles perse et grecque, Maccabées, puis tutelle romaine) est largement développé dans la Bible.

Les chercheurs s'interrogent toujours pour savoir d'où viennent ces Hébreux et qui ils furent précisément. S'appuyant sur des textes autres que la Bible et sur les découvertes archéologiques, ils ont abouti à des conclusions différentes. Les Hébreux pourraient être des descendants des Hyksos qui, arrivés en Égypte au XVIIIe siècle av. J.-C., en auraient été chassés vers 1550 av. J.-C. Une autre thèse, plus admise que la précédente, les fait descendre des Apirous, nomades pillards qui, rendus serviles en Égypte, auraient envahi Canaan au XIVe siècle av. J.-C. Quant au nom « juifs » donné aux Hébreux après le retour de l'Exil (VIe siècle av. J.-C.), il ne s'imposera qu'à l'ère chrétienne, les premiers chrétiens parlant encore d'Hébreux, comme en atteste, par exemple, l'épître aux Hébreux de Paul, dans le Second Testament.

➨ *Abraham, Bar-Kokhba, Canaan, David, Exil, Exode, Hébreu, Israël, Joseph, Juda, Juges (Livre des), Maccabées (Livre des), Moïse, Patriarche, Salomon, Samarie, Sémite*

HÉBREUX, ÉPÎTRE AUX ✝

L'épître aux Hébreux a été écrite dans les années 80 par un auteur demeuré inconnu. De même, on ne sait où elle fut rédigée et à quelle communauté elle était adressée. Elle suit, dans le classement du Second Testament, les épîtres de Paul dont elle est proche par son enseignement, mais elle s'en différencie par son style et son vocabulaire qui évoquent un écrivain de culture grecque. Tout est centré sur Jésus qui, à la suite des grands acteurs d'Israël (l'auteur connaît très bien la Bible), à la foi exemplaire, a parachevé le dessein de Dieu. Il est le grand prêtre, supérieur à Moïse, et, en tant qu'humain, s'est sacrifié pour le salut des hommes. La nature de ce sacrifice, qui scelle la nouvelle Alliance avec Dieu, et le culte rendu au Christ montrent ainsi que la foi chrétienne se démarque totalement de la foi juive. Celle-ci représente l'ancienne Alliance, marquée par les sacrifices d'animaux comme l'holocauste (par le feu).

➨ *Alliance, Holocauste, Sacrifice, Salut*

HÉBRON ✡ ✝ ☪

La ville d'Hébron (le « lieu de l'Alliance »), à 40 km au sud de Jérusalem, est l'objet de négociations difficiles entre Palestiniens et État d'Israël, en raison de sa position (en Cisjordanie) et surtout de son caractère sacré. C'est en effet à Hébron, au « chêne de Mambré », que Dieu se manifesta au patriarche Abraham, qui devint le père des croyants, juifs, chrétiens et musulmans. Abraham y repose ainsi que sa femme Sarah, son fils Isaac et sa femme Rébecca, son petit-fils Jacob et sa femme Léah. Hébron est ainsi un lieu saint : à la grotte de Makpéla se trouve le « tombeau des patriarches » et des matriarches – le tombeau de Rachel, épouse préférée de Jacob, se trouverait à l'entrée de Bethléem. C'est aussi à Hébron que David se fit sacrer roi et que son fils Absalom tenta de lui ravir sa couronne (pour son malheur). Les musulmans appellent Hébron al-Khalil (« l'Ami »), qualificatif donné à Abraham (Ibrahim) dont le tombeau s'appelle Haram al-Khalil en arabe.

➡ *Abraham, Alliance, Haram, Isaac, Israël, Jacob, Léah, Matriarche, Palestine, Patriarche, Rachel, Rébecca, Sarah*

HECHVAN ✡

Hechvan, ou marechvan (octobre-novembre) est le 2e mois du calendrier religieux et le 8e mois du calendrier civil. Il est évoqué, sous un autre nom *(bûl)*, dans le premier livre des Rois (6, 37-38), à propos du temple de Salomon : « En la quatrième année, au mois de ziv [iyyar], les fondations du Temple furent posées ; en la onzième année, au mois de bûl – c'est le 8e mois –, le Temple fut achevé selon tout son plan et toute son ordonnance. Salomon le construisit en sept ans. »

➡ *Iyyar, Rois (Livres des)*

HEDJAZ ☪

Le Hedjaz (*hidjaz* en arabe, « barrière ») est le berceau de l'islam. Cette région montagneuse abrite en effet les deux grandes villes saintes, La Mecque et Médine. Situé sur des axes d'échanges, qui ont favorisé l'essor de cités, il borde la mer Rouge sur près de 1 000 km, depuis Akaba, au nord, jusqu'à La Mecque, au sud, Médine se trouvant à l'intérieur des terres. Le Hedjaz reste pourtant marqué par la rudesse de son climat et de ses paysages, où l'on rencontre cependant des oasis dont on récolte les dattes, et où étaient installées des tribus sédentaires avant même Mahomet (vers 570-632).

Après la naissance de l'islam, le Hedjaz fut d'abord sous l'autorité des quatre premiers califes (632-661), les successeurs de Mahomet dits « bien-guidés » *(Rachidoun)*. Puis, au fil des dynasties musulmanes, il fut placé sous la tutelle des chérifs hachémites, c'est-à-dire les descendants du Prophète.

En 1916, alors que le Hedjaz est englobé dans le vaste Empire ottoman, Hussein ibn Ali, chérif de La Mecque, donne le signal de la révolte, encouragé par le colonel Lawrence : il en fait un royaume indépendant. Mais, en 1926, Ibn Séoud s'en empare lors de sa conquête de l'Arabie, qui devient, en 1932, le royaume d'Arabie Saoudite. Cette année-là, Hussein accède au trône de la Jordanie, tout nouvellement créée.

➡ *Calife, Chérif, Islam, Mecque (La), Médine*

HÉGIRE ☪

L'arabe *al-hijra* (« émigration ») a donné le mot « Hégire », qui désigne le départ de Mahomet pour Médine, en l'an 622.

Quittant La Mecque sous la pression et les persécutions de ses compatriotes païens, de la tribu des Quraïch, il prend la route avec ses proches compagnons, dont Abou Bakr, son beau-père et son futur successeur (calife). Il se réfugie à Médine (Yathrib à l'époque). Dans cette ville, il continue de recevoir la révélation du Coran. Ce changement géographique coïncide surtout avec l'évolution de la mission de Mahomet : principalement religieuse à La Mecque, elle prend une dimension plus politique et militaire à Médine, inaugurant ainsi la naissance de l'État musulman et les conquêtes de l'islam.

C'est pourquoi, sous le deuxième calife, Omar (634-644), lorsqu'il fut décidé de choisir la date ouvrant l'ère de l'islam, celle de l'Hégire s'imposa au détriment de la date de naissance de Mahomet, qui reste une estimation (vers 570). La date de l'Hégire est en tout cas précise, contrairement à celle de la Nativité de Jésus qui, inaugurant l'ère chrétienne, fut calculée avec une marge d'erreur de quatre à six ans.

Le calendrier dit « hégirien » repose sur le cycle de la lune et se trouve donc en décalage avec le calendrier grégorien (cycle solaire), en vigueur dans la plupart des pays du monde. C'est pourquoi l'Hégire correspond à juillet 622 dans le calendrier hégirien, et à septembre 622 dans le grégorien.

➡ *Abou Bakr, Calife, Coran, Lune (La), Mecque (La), Médine, Nativité, Omar, Quraïch*

HÉKHALOT ✡

Les *Hékhalot* (« palais » en hébreu), ensemble d'ouvrages composés du IIIe au VIIe siècle, constituent les premiers écrits de la mystique juive, certains sont des traités de magie et d'autres, des explications de théologie. On y trouve notamment la « mystique de la Merkabah [« char »] », référence à la vision extraordinaire d'Ézéchiel au début de son livre, alors qu'il reçoit sa vocation de prophète : il voit un char où trône la Gloire de Dieu. Il s'agit, en effet, d'atteindre les palais du ciel pour rencontrer le Char divin. Ainsi est décrite l'ascension de Rabbi Aqiva, grand *tanna* à qui est attribué l'*Avinou*, l'une des prières fondamentales du judaïsme – il fut exécuté à la fin de la révolte juive de Bar-Kokhba (132-135).

➡ *Ascension, Avinou, Bar-Kokhba, Ézéchiel, Gloire, Mystique, Tanna*

HÉNOCH ✡ ✝ ☪

Hénoch (Hanock en hébreu, « inauguration », « dédicace ») est le septième patriarche avant le Déluge (Gn 5, 17-24), qui, avant d'être « enlevé » au ciel, comme plus tard le prophète Élie, « marcha avec Dieu ». La tradition ultérieure dira qu'il a pu ainsi être initié aux mystères célestes et divins. Ce que décrit le *Livre d'Hénoch*, pseudépigraphe non biblique attribué à un personnage illustre et rédigé en hébreu pendant les deux siècles précédant l'ère chrétienne, mais dont on ne possède qu'une version en éthiopien. Cet ouvrage s'inscrit dans la tradition apocalyptique juive dont Hénoch est l'une des figures majeures.

On trouve également mention d'Hénoch dans le Siracide, livre de sagesse de la Bible : « Personne sur terre ne fut créé l'égal d'Hénoch, c'est lui qui fut enlevé de terre » (49, 14).

Hénoch est repris par le Second Testament. Dans sa généalogie de Jésus, l'évangéliste Luc se réfère à lui (3, 37) pour remonter jusqu'à Adam. Et l'épître aux Hébreux avance : « Par la foi, Hénoch fut enlevé, en sorte qu'il ne vit pas la mort, et on ne le trouva plus, parce que Dieu l'avait enlevé. Avant son enlèvement, en effet, il lui est rendu témoignage qu'il avait plu à Dieu » (11,5). Dans le Coran, Hénoch a été souvent assimilé à Idris, un juste (croyant exemplaire).

➡ *Adam, Apocalypse, Ascension, Idris, Juste, Mathusalem, Patriarche, Pseudépigraphe, Sagesse (Littérature et courant de), Siracide*

HÉRÉSIE ✡ ✝ ☪

L'hérésie est littéralement un « choix particulier » (*hairesis* en grec). Dans le langage courant, elle correspond à une idéologie contraire au sens établi et jugé conforme à la raison. Mais dans son sens premier, et religieux, c'est la remise en cause ou l'opposition aux éléments centraux et officiels d'une foi. Pour les religions monothéistes, il s'agit en priorité de la négation de l'unicité de Dieu.

Pour le judaïsme, toute hérésie est la croyance contraire à l'existence de Dieu, à la révélation de la Torah à Moïse par Dieu (dont elle est la Loi écrite), à la réalité de la prophétie, ou encore à la venue du Messie. Mais elle peut aussi concerner un pratiquant laxiste ou infidèle envers les règles et les fondements juifs, surtout lorsqu'il avance des idées hétérodoxes, c'est-à-dire qui ne sont pas du ressort de la tradition et de la doctrine : c'est l'apicorète. Ce mot vient du grec *apikoros*, nom que les rabbins donnaient aux adeptes d'Épicure (341-270), philosophe grec qui, dans son jardin d'Athènes, enseignait sa conception du bonheur et de la paix de l'homme reposant sur les plaisirs.

Dans le christianisme, Simon le Magicien qui, dans les Actes des apôtres, se confronte aux apôtres Philippe et Pierre, est souvent vu comme l'initiateur de toutes les hérésies. Historiquement, l'Église fut d'abord composée de courants, d'où émergea l'avis majoritaire. Pour s'imposer définitivement, il dut affronter très tôt des doctrines différentes, voire opposées, ce qui contraignit l'Église à définir ses articles de foi, notamment la Trinité, au IVe siècle. Irénée de Lyon, Père de l'Église, s'est par exemple rendu célèbre par son ouvrage *Contre les hérésies*, écrit vers 180, et dans lequel apparaît Simon le Magicien. Parmi ces hérésies, citons l'arianisme, le docétisme, le gnosticisme, le manichéisme, le monophysisme, le nestorianisme... Ainsi, le concile de Nicée I (325) statuait sur l'arianisme : « Nous croyons en un seul Dieu, Père tout-puissant, Créateur de toutes choses visibles et invisibles ; et en un seul Seigneur Jésus-Christ, Fils unique de Dieu, engendré du Père, c'est-à-dire de la substance du Père. Dieu de Dieu, lumière de lumière, vrai Dieu de vrai Dieu ; engendré et non fait, consubstantiel au Père ; par qui toutes choses ont été faites au ciel et en la terre. Qui, pour nous autres hommes et pour notre salut, est descendu des cieux, s'est incarné et s'est fait homme ; a souffert, est ressuscité le troisième jour, est monté aux cieux et viendra juger les vivants et les morts. Nous croyons aussi au Saint-Esprit. Quant à ceux qui disent : “Il y a eu un temps où il n'était pas ; et il n'était pas avant d'être engendré, et il a été tiré du néant” ; ou qui prétendent que le Fils de Dieu est d'une autre hypostase, ou d'une autre substance, ou muable, ou altérable, la sainte Église catholique et apostolique leur dit anathème. »

L'hérésie méritait l'excommunication, souvent le bannissement, en tout cas la destruction des écrits incriminés. Quant au premier condamné à mort pour ce chef d'accusation, il suit de près la reconnaissance officielle du christianisme grâce à l'empereur Constantin Ier le Grand (313), et surtout son accès au statut de religion d'État par Théodose Ier le Grand (379-395). L'Église peut dès lors affirmer davantage encore sa discipline. On s'accorde à penser que la première exécution fut celle de Priscillien (vers 340-385), à Trèves (Allemagne), en compagnie de six disciples, dont une femme. Cet évêque d'Ávila, en Espagne, fonda le priscillianisme, proche du manichéisme mais dont on sait peu de chose, qui fut définitivement éradiqué à partir du concile de Braga (563). Au XIIIe siècle, la terrible Inquisition fut plus spécialement chargée de combattre les hérésies, en particulier le catharisme, et appliqua fréquemment les sentences de mort. Il exista aussi les bégards et les béguines qui, promoteurs du libre-esprit moderniste, furent condamnés au concile de Vienne (1311). Quant à la Réforme protestante, née au XVIe siècle, elle fut aussi considérée comme une hérésie, mais qui aboutit cette fois à un schisme au sein du christianisme d'Occident.

Enfin, en islam, toute personne est reconnue hérétique (*zindiq* en arabe) quand elle commet une déviation *(ilhad)* par rapport à la révélation du Coran, mais aussi à la Tradition (hadith et Sunna).

➡ *Anathème (Lois de l'), Arianisme, Concile, Credo, Docétisme, Doctrine, Donatisme, Dogme, Excommunication, Foi, Gnosticisme, Inquisition, Mani, Marcionisme, Monophysisme, Montanisme, Nestorianisme, Pélagianisme, Pierre, Réforme, Schisme*

INDEX

L'index (« indicateur ») est le doigt qui montre une direction, la partie d'un livre renvoyant aux mots ou thèmes cités. Mais le mot latin *index* signifie aussi « liste ». Ainsi, l'*Index librorum prohibitorum* (« Catalogue des livres interdits ») recensait les ouvrages qui, aux yeux de l'Église catholique, bafouaient la morale et la foi, raison pour laquelle on en défendait l'achat et la lecture aux fidèles. Les hérésies, dont l'arianisme, firent bien entendu l'objet d'interdictions, mais le premier *Index* institué paraît à Rome en 1559 afin de réagir contre la propagation de la Réforme protestante. Il est suivi, après le concile de Trente, achevé en 1563, de la création de la Congrégation de l'Index. Celle-ci est supprimée en 1917, mais l'*Index* est maintenu jusqu'à sa dernière parution en 1948. Le concile Vatican II (1962-1965), écoutant les critiques au sein même de l'Église, reconnaissant l'injustice du Catalogue, conscient de l'urgence de s'inscrire dans les pensées et les recherches modernes, proclame la liberté de penser et de croire : il est à l'initiative de la suppression, en 1966, de l'Index par le pape Paul VI. En quelque quatre siècles, plusieurs milliers d'ouvrages ont été écartés par ce principe de censure que de nombreux catholiques ont assimilé aux pratiques des régimes totalitaires.

HÉRODE ✡✝

Hérode le Grand, roi de Judée dont le nom vient du grec *hèrôs* (« noble » ou « demi-dieu »), fut promu au titre de « roi des juifs » par les Romains. Son règne (40-4), qu'il rend prospère grâce au commerce, est marqué par de grandes constructions, la création de villes en Palestine, comme Césarée qu'il dédie à César. Il procède aussi à l'aménagement de Sébaste (Samarie). Surtout, en l'an 15, il agrandit et embellit le Second temple de Jérusalem : cette construction disparaîtra à la révolte juive, en 70 apr. J.-C., et il ne subsiste aujourd'hui que le mur Occidental (dit « des Lamentations » par les chrétiens). Il laisse surtout l'image d'un tyran, d'un homme épris de puissance qui n'hésite pas à faire tuer sa femme Mariamme, qu'il pense adultère, et leurs deux fils. C'est pourquoi, méprisé par les Romains qui voient en lui un courtisan zélé (mais efficace), il est aussi détesté, malgré ses tentatives de séduction, par les Grecs et les juifs. Pour ces derniers, ce monarque est un étranger puisque son père était d'Idumée (ancien Édom) et que sa mère était arabe. Il est le valet de Rome, et sa volonté de lui plaire en embellissant le Temple ne peut cacher ses dépenses outrancières et les constructions idolâtriques qui se dressent dans la Ville sainte. C'est sans doute dans les deux dernières années de son règne que naît Jésus, comme le laissent supposer les évangiles de l'enfance du Second Testament, avec la visite des Mages et le massacre des Innocents.

Le testament d'Hérode prévoit que son royaume de Palestine sera partagé entre trois de ses fils, qui dépendront du légat romain de Syrie. La Galilée et la Pérée reviennent à Hérode Antipas, que Jésus traite de « renard », rapporte Luc (13, 32) ; rusé et cherchant à plaire aux Romains et aux juifs, il fera décapiter Jean le Baptiste. Le nom d'Antipas est une déformation d'Antipater, son grand-père paternel, qui signifie justement « à la place du père ». Mais il est destitué en 39 par les Romains et exilé à Saint-Bertrand-de-Comminges, en Gaule. Hérode Philippe (« ami des chevaux » en grec) est responsable jusqu'en 34 des territoires du Nord. Hérode Archélaüs (« chef du peuple ») reçoit la Samarie, l'Idumée et la Judée : trop violent, il est déposé par Rome en l'an 6 et exilé à Vienne, en Gaule. Il est remplacé par un préfet romain, qui garde aussi un œil vigilant sur ses deux frères. Ponce Pilate occupe cette fonction au temps de Jésus, qu'il fera crucifier.

➡ *Crucifixion, Enfance (Évangiles de l'), Jean le Baptiste, Jésus, Mages (Rois), Massacre des Innocents, Palestine, Ponce Pilate, Romain, Samarie, Temple*

HEURES ✠

Respectant l'invitation de Jésus à la prière, et pour que clercs, religieux, moines et laïcs puissent la vivre au quotidien, l'Église catholique a institué l'office divin, c'est-à-dire les prières jalonnant les grands moments d'une journée. Ainsi sont nées les « heures » qui reprennent le rythme des jours de l'Empire romain, encore en vigueur dans le calendrier religieux juif (shabbat par exemple). Ainsi, la journée commence au coucher du soleil et s'achève le lendemain au même moment. Le déroulement des heures était contenu dans un livre, le Bréviaire (du latin *breviarium*, « abrégé », « sommaire »). Sur proposition du concile Vatican II (1962-1965), le pape Paul VI l'a réformé en 1971 et intitulé *Prière du temps présent*, procédant aussi à des aménagements.

Les heures comportent toutes une hymne, un psaume et un passage lu de la Bible, une prière. Cet office divin comprend généralement, dans l'ordre, une prière d'ouverture, une hymne (chant de prière inspiré de la Bible et à la gloire de Dieu), un psaume, un cantique (chant de la Bible ou du Second Testament), une lecture de la Bible et/ou du Second Testament, une prière d'intercession. Le Lectionnaire, de son côté, recense les lectures (lectio en latin) de chaque jour : Bible et Second Testament, Pères de l'Église (grands personnages ayant marqué le début du christianisme par leur vie et leur œuvre)...

Dans l'ordre traditionnel, le Livre des heures comprend sept offices diurnes, le sept étant le chiffre de la perfection, de l'harmonie, de la plénitude, de la totalité, comme les sept jours de la Création. Ce sont, dans l'ordre : laudes (aurore) ; tierce (troisième heure du jour), sexte (sixième), none (neuvième) ; suivent les vêpres (tombée du jour) et les complies (coucher du soleil) ; et prime (lever du soleil), qui n'est plus très appliquée. À ces heures s'ajoute une heure nocturne : les matines. Mais les trois grands moments restent vigiles, et surtout laudes et vêpres.

Autrefois récitées au lever du jour, les matines sont essentiellement pratiquées en milieu monastique. Appelées aussi vigiles (du latin *vigilia*, les quatre divisions, ou veilles, de la nuit chez les Romains), elles se déroulent en principe dans le mystère de la nuit, avant le lever du soleil. Elles comprennent la lecture d'une « légende », un commentaire des Pères de l'Église, la récitation de psaumes et d'extraits de la Sainte Écriture. Dieu est loué pour la clarté qui va naître, notamment par des répons (refrain chanté entre chaque verset d'un psaume chanté). Les fidèles remettent entre ses mains le sort, les malheurs, les fautes et la fragilité des hommes.

Les laudes, la prière du matin, sont la « louange » (*laus* en latin, pluriel *laudes*) de la lumière naissante qui s'apparente au Christ ressuscité (comme la lumière de l'aube) après être mort aux prémices du crépuscule (lumière déclinante).

Les vêpres, célébrées le soir (*vesper* en latin), quand le jour baisse, rendent grâces à la journée qui vient de s'écouler et à ce qu'elle a permis ou non d'entreprendre. Elles remettent aussi à Dieu la nuit qui va venir et le jour suivant, dans sa miséricorde. Elles se concluent par un *Magnificat*, chant d'espérance où Marie, apprenant qu'elle est la mère de Jésus, loue Dieu par ces mots : « Mon âme exalte le Seigneur » *(« Magnificat anima mea, Dominum »).*

Les complies, dernière prière de la journée, célèbrent le coucher du soleil, c'est-à-dire l'« accomplissement » ou « achèvement » (*complementum* en latin) du jour. Alors que la nuit va s'installer, plongeant le monde dans l'obscurité et le silence, on s'en remet avec confiance au pouvoir de Dieu, sentiment exprimé par des psaumes et le *Salve Regina (« Salut, Reine »).* Par ce chant solennel, entonné à la fin des complies, on confie son sommeil à la Sainte Vierge, le modèle de sainteté qui enfanta Jésus, « fruit béni de ses entrailles ».

À côté de ces « grandes heures », les « petites heures » sont une référence à la division ancienne des jours romains qui commençaient à 6 heures, ainsi qu'à l'omniprésence de Dieu dans le quotidien. Chacune possède une symbolique. Tierce, entre 8 heures et 10 heures, rappelle que l'Esprit saint descendit sur les apôtres au jour de la Pentecôte à « la troisième heure du jour », rapportent les Actes des apôtres. Entre 11 heures et 13 heures, sexte marque le zénith, la pause de la journée ; on se souvient aussi que le soleil est l'image du Christ éclairant le monde – Jésus fut crucifié à la sixième heure (où les ténèbres recouvrirent la Terre). Suivant le déjeuner, none intervient lorsque le soleil a amorcé son déclin, rappelant la fragile condition de l'homme. Jésus expira à cet instant sur la croix, puis on lui perça le flanc d'une lance pour vérifier sa mort.

Il ne faut pas confondre none et la neuvaine, qui consiste à répéter pendant neuf jours des prières ou des actes de piété, le but étant d'accéder à une grâce particulière.

➡ *Cantique, Crucifixion, Hymne, Jésus, Légende, Lumière, Marie, Matines, Office, Pentecôte, Père de l'Église, Psaume*

HÈVRAH QADDICHA ✡

Pour le judaïsme, comme pour les deux autres religions monothéistes, l'enterrement des morts est un devoir sacré, et même une *mitsvah* (commandement). C'est ainsi qu'a été instituée, il y a très longtemps, la « Confrérie sainte » *(Hévrah qaddicha)*, chargée d'accompagner les mourants et de veiller au déroulement des obsèques qui, selon la règle, doivent avoir lieu le jour même du décès (toilette du mort, rituels de préparation...). Les membres qui la composent, généralement bénévoles, s'occupent aussi de charité et d'entraide au sein de leur communauté.

➡ *Charité, Commandement, Mitsvot*

HIJR, AL- ☪

Al Hijr est le nom d'une localité au nord de Médine, sur la route de la Syrie. Nous trouvons mention des « hommes d'Hijr » dans la 15e sourate du Coran, intitulée justement *al-Hijr* (15, 30). Dieu y rappelle son pouvoir de détruire les villes d'incrédules, les hommes ne pouvant s'opposer à une telle puissance. Les prophètes, jusqu'à Mahomet, n'ont recueilli que des moqueries. C'est oublier que Dieu, créateur de toute chose, distribue nature et richesse selon ses plans. N'a-t-il pas créé l'homme à partir « d'une argile » avant de lui donner vie par son Esprit, et tiré les djinns (êtres invisibles) du feu ? Comme les hommes, il existe de bons et de mauvais djinns, ceux qui font le bien et ceux qui font le mal. Qu'il s'agisse d'un homme ou d'un djinn, celui qui fait le mal est appelé *shaytan* (« satan » en arabe). Seul Iblis (Satan, le diable) refusa de se soumettre et de se prosterner devant Dieu. Maudit par Dieu, il décida de pervertir les hommes. La sourate rappelle ainsi les anges rendant visite à Abraham et évoquant le sort terrible qui attend Sodome, ville pécheresse par excellence. Ils vont aussi rencontrer son neveu Lot, qui réside dans cette cité, pour l'enjoindre de la quitter. Dieu anéantit Sodome, de même qu'une certaine Al-Aïka, tout aussi injuste (contraire de juste, croyant fidèle et sincère). Il faut donc clamer ce qu'ordonne Dieu et s'écarter des idolâtres (les polythéistes).

➡ *Abraham, Diable, Djinn, Esprit, Fawatih, Iblis, Idole, Juste, Lot, Médine, Sodome et Gomorrhe, Satan*

HIRA ☪

Non loin de La Mecque, le Jabal al-Nour (« montagne de la Lumière ») cache à son sommet la caverne d'Hira. C'est dans cette grotte que, selon la tradition, Mahomet reçut la première révélation du Coran. Le Prophète, qui habitait tout près, aimait s'y retirer pour méditer, parfois pendant un mois. Assez grande pour se tenir debout, prier et dormir allongé, elle est en direction *(qibla)* de la Kaaba, sanctuaire de La Mecque.

➜ *Caverne (La), Coran, Kaaba, Mahomet, Mecque (La), Révélation*

HIRAM ✡

La Bible décrit de quelle manière Salomon, roi d'Israël (970-931), mène le chantier du temple de Jérusalem, la maison de Dieu. Il obtient du bois – dont le cèdre, imputrescible – auprès d'Hiram, abréviation d'Ahiram (« mon frère est haut »), roi de Tyr (Phénicie), avec lequel son père David entretenait déjà de très bonnes relations. L'édifice devant être splendide, il confie la décoration à des artisans de talent. L'un d'eux se nomme également Hiram et vient aussi de Tyr. Le premier livre des Rois raconte le travail superbe de ce bronzier (1 R 7, 13-47) : « C'était le fils d'une veuve de la tribu de Nephtali [donc une Israélite], mais son père était Tyrien, ouvrier en bronze. Il était plein d'habileté, d'adresse et de savoir pour exécuter tout travail de bronze. [...] Il coula les deux [hautes] colonnes de bronze. [...] Il fit deux chapiteaux coulés en bronze destinés au sommet des colonnes. [...] Il fit deux treillis pour couvrir les deux tores des chapiteaux. » Après les avoir décorés de 400 grenades et de 400 fleurs, il les dressa « devant le vestibule du sanctuaire ; il dressa la colonne de droite et lui donna pour nom : Yakîn [« que Dieu s'affermisse »] ; il dressa la colonne de gauche et lui donna pour nom : Boaz [« force »] ». Puis, il réalise une vaste « mer en métal fondu » ornée de coloquintes, le tout reposant sur douze bœufs et un châssis décoré de lions, de taureaux, de chérubins. Hiram réalise ensuite dix bassins, les vases à cendres (pour l'holocauste), les pelles, les bols rituels. Et, pour couler toutes ces œuvres, « c'est dans la plaine du Jourdain qu'il les coula en pleine terre ».

Au XVIIIe siècle, le « mythe d'Hiram » commença à se répandre en Europe occidentale. Il raconte le sort que subit Hiram après avoir livré son travail. Il s'est en effet entouré d'ouvriers. Mais lorsque le chantier est achevé, trois d'entre eux, un maçon, un charpentier et un mineur, veulent connaître le secret de son talent. Il refuse de le révéler, même sous la menace. Alors le maçon brandit sa règle et le frappe à la gorge (symbole du souffle de la vie). Le charpentier prend son équerre et le frappe au cœur (siège des sentiments). Le mineur saisit son marteau et lui fend le crâne (siège de l'esprit). Comprenant l'horreur de leur geste et n'ayant pas obtenu la révélation du secret, ils enterrent Hiram sur le lieu même du crime. Le « mythe d'Hiram » est tout simplement le mythe essentiel de la franc-maçonnerie, dont les temples présentent les deux colonnes Yakîn et Boaz, en souvenir de leur auteur.

➡ *Chérubin, Phénicie, Salomon, Temple*

HOCHANOT ✡

Les *hochanot* sont des *piyyoutim* (poèmes), prières récitées à la fête de Soukkot (qui commémore l'Exode), tandis que les fidèles, tenant les quatre « espèces » (palme de dattier, saule, myrte, cédrat), procèdent aux circumambulations *(haqqafot)*, processions consistant à tourner autour de la *bimah* (« tribune ») de la synagogue. Elles commencent par l'invocation *hochana* (« nous te [Dieu] supplions ») qui désigne ainsi les branches de saule que l'on frappe ensuite sur le sol de la synagogue lors du Hochana Rabba, le septième jour de Soukkot.

➡ *Circumambulation, Haqqafot, Piyyout, Soukkot*

HOLOCAUSTE ✡

L'holocauste était, au temps du temple de Jérusalem, le sacrifice rituel d'Israël, c'est pourquoi ce mot ne peut pas être appliqué à la Shoah, génocide des juifs pendant la Seconde Guerre mondiale, la confusion étant source de malentendus. Dans la Bible, ce rituel est évoqué à de multiples reprises, et, dans le Lévitique, Dieu le transmet à Moïse. Il consiste, selon son étymologie grecque, à ce qu'un animal soit brûlé *(kautos)* en entier *(holos)*. Sur le plan spirituel, la fumée représente la prière adressée au Dieu créateur ; seule la peau revient aux prêtres tandis que le sang est répandu au pied de l'autel des holocaustes installé dans l'enceinte du Temple. Il ne s'agit donc pas d'un repas offert aux hommes mais à Dieu, à l'image des parties comestibles qui sont préparées comme pour un repas. Sur le plan symbolique, il s'agit d'offrir son propre corps, selon la valeur que la Bible accorde à chaque partie du corps humain : le sang (siège de la vie), les reins (fécondité et désirs), le cœur (intelligence, mémoire), les intestins (émotions), etc.

L'holocauste était pratiqué jour après jour par le prêtre au nom du peuple : des agneaux de moins d'un an brûlaient entièrement et en permanence. Le feu ne devait jamais s'éteindre, car il symbolisait la pérennité de cette prière, d'où l'appellation de « sacrifice perpétuel ». Au temps de Jésus, et jusqu'à la destruction du Temple, en 70, il n'avait plus lieu que le matin et le soir. Mais un fidèle pouvait recourir à l'holocauste pour des occasions particulières – fêtes, demandes spécifiques ou guérisons par exemple. Il offrait, en fonction de ses finances, de jeunes quadrupèdes mâles parfaitement constitués (taureaux, agneaux, béliers, chevreaux) s'il était riche, ou des volatiles (pigeons, colombes, tourterelles) s'il ne l'était pas. Ainsi, à l'époque de Jésus, la Pâque (Pessah) attirait plus de 100 000 fidèles à Jérusalem et nécessitait 18 000 agneaux.

➡ *Agneau, Lévitique, Pessah, Prêtre, Qodachim, Sang, Shoah, Temple*

HOMME, L' ☪

La 76e sourate du Coran est intitulée *L'Homme (al-Insân)* : celui-ci a été créé par Dieu, à partir d'une semence, pour être mis à l'épreuve. Dieu lui a procuré les facultés de « voir et d'entendre », ce qui correspond à la perfection si l'on compare ces facultés à celles des autres animaux. En tant qu'être voulu par Dieu, l'homme ne peut s'attribuer d'acte créateur. Il est trop inconstant, empressé. C'est pourquoi Dieu, qui voit et sait tout, lui enjoint de le louer, de le prier lorsque le soleil va apparaître et quand il se couche. La véritable direction, celle de la foi, aura pour récompense le jardin (paradis) où coulent des fleuves comme le Salsabil ; les heureux élus s'y régaleront d'une boisson où percera le goût du gingembre. Aux autres, incrédules (non-croyants) et hérétiques (contre la foi), seront réservés les tourments de l'enfer.

➡ *Djinn, Enfer, Mahomet, Paradis, Piliers (Les Cinq), Révélation, Soufisme, Satan, Tentation*

HOUD ☪

Houd est le nom d'un prophète qui fut envoyé aux Arabes avant la naissance de l'islam, donc avant la révélation du Coran à Mahomet (610-632). Ainsi, dans la 11e sourate (chapitre), intitulée justement *Houd* (11, 50-60), celui-ci est envoyé vers ses frères les 'Ad (ou Adéens), pour les exhorter à adorer Dieu, le dieu unique, qui, en retour, les comblera de son pouvoir créateur. Mais les 'Ad refusent sa prophétie et préfèrent continuer d'adorer des idoles, comme leurs ancêtres, rapporte par ailleurs la sourate *Al-'Araf* (7, 63-70). Dieu les effacera de la surface de la Terre. Houd et les justes sont sauvés, les Adéens sont maudits jusqu'au jour de la résurrection. La sourate rapporte ensuite la situation similaire opposant le prophète Çalih et les Thamoud.

➡ *Ad, 'Araf (Al-), Çalih, Fawatih, Idole, Prophète, Résurrection, Thamoud*

HOURI ☪

La Vache, 2e sourate du Coran, avertit que les musulmans sincères, qui « croient et qui font le bien [...] posséderont des jardins où coulent les ruisseaux. [...] Ils trouveront là des épouses pures, et là, ils demeureront immortels » (2, 25). Ces femmes, dont les « grands yeux » ne fixent que leurs époux, sont les houris des jardins merveilleux d'Éden : « Celles qui ont de grands yeux et dont les regards sont chastes se tiendront auprès d'eux, semblables au blanc caché de l'œuf » (27, 48-49). La 55e sourate, *Le Miséricordieux*, évoque des vierges « que ni homme ni djinn n'a jamais touchées avant eux », des beautés douces « semblables au rubis et au corail », qui restent « sous leurs tentes ». *Celle qui est inéluctable* (56) précise que ces femmes sont promises aux croyants accédant au paradis, en « récompense de leurs œuvres » : « C'est nous, en vérité, qui avons créé les houris d'une façon parfaite. Nous les avons faites vierges, aimantes et d'égale jeunesse pour les gens de la droite », ces derniers représentant les justes qui iront au paradis, par opposition aux « gens de la gauche » (35-38).

Une thèse récente, fondée sur une étude linguistique poussée, affirme que les houris, ainsi que les éphèbes du paradis, sont en réalité une allégorie de fruits et de raisins, cette confusion s'expliquant par une mauvaise lecture des signes arabes. Elle est bien entendu largement discutée.

➡ *Coran, Éden, Juste, Miséricorde, Musulman, Paradis*

HUNAÏN ☪

L'Immunité, 9e sourate du Coran, évoque (9, 25-26) la protection de Dieu sur les musulmans qui, peu après la prise de La Mecque (630), livrèrent la bataille d'Hunaïn, vallée située à l'est de celle-ci. D'abord remplis d'orgueil par leur supériorité numérique, ils sont pris de panique et battent en retraite en voyant leurs ennemis se précipiter sur eux dans un étroit défilé. Il s'agit d'une coalition d'Arabes nomades, les Thaqif et les Hawâzin. C'est alors qu'Allah fait « descendre sa *Sakina* [présence, sérénité] » et des armées invisibles : Mahomet exhorte ses troupes qui remportent la victoire. Celle-ci acheva de convaincre les Arabes du désert d'embrasser l'islam.

➡ *Islam, Mecque (La), Sakina*

HUSSEIN ☪

Hussein ou Husayn (626-680) est le deuxième fils de Fatima et d'Ali, et par conséquent le petit-fils de Mahomet.

Lorsque meurt Ali (661), quatrième calife, son rival Mu'âwiya, fondateur de la dynastie omeyyade (660-750), se proclame calife. Quand Mu'âwiya disparaît à son tour (680) et que son fils Yazîd Ier (680-683) lui succède, Hussein refuse l'autorité de ce nouveau souverain et dénonce son usurpation. Depuis la mort de son frère aîné Hassan (670), il est déjà le chef de file des Alides (partisans d'Ali) et revendique la dignité suprême de calife en vertu de la légitimité que lui autorise son ascendance. À La Mecque, il croit aux informations lui assurant le soutien des habitants de Koufa (Irak) où il se rend, malgré les conseils avisés d'amis (dont beaucoup étaient parmi les grands compagnons du Prophète). À Kerbela (Irak), non loin de l'Euphrate, il est encerclé pendant des jours par des milliers de soldats omeyyades et, délaissé par les gens de Koufa, il meurt au combat, le 10 mouharram 61 (10 octobre 680). Sa suite, ses partisans et sa famille sont tués (excepté deux de ses fils emportés en captivité qui furent élevés par Yazîd, dont Ali Zayn al-Abidin, mort en 713, qui sera le quatrième imam du chiisme).

Quand, en Perse (Iran), la dynastie des Séfévides (1501-1732) entame son règne en instaurant le chiisme duodécimain comme religion d'État, le culte d'Hussein, qui existait dès les Bouyides (maîtres de l'Irak et de la Perse, 932-1062), est institutionnalisé et connaît un essor spectaculaire, tandis que le pays maintient une cohésion religieuse, culturelle et territoriale qui a perduré jusqu'à nos jours.

Pour les chiites, Hussein, troisième imam après Ali et Hassan, et grand martyr, n'aurait jamais dû être abandonné – les sunnites (partisans de la Sunna) voient seulement dans cette disparition tragique la mort d'un descendant direct du Prophète. Les chiites commémorent le martyre d'Hussein avant et pendant la fête d'Achoura, le 10 mouharram, période marquée par les représentations de sa Passion, les *taziya*, apparues au XVIIIe siècle et magnifiées sous la dynastie iranienne des Qadjar (1794-1925). On peut y voir processions, reconstitutions de la bataille, pénitences, vengeances contre les coupables… De son côté, Kerbela est devenue un lieu important de pèlerinage.

➡ *Achoura, Ali, Calife, Duodécimain, Fatima, Hassan, Imam, Kerbela, Mahomet, Martyr, Mouharram, Mu'âwiya*

HYMNE ✡ ✝

Chacun connaît l'hymne, mot masculin venant du grec *humnos* qui évoque la notion de chant. De fait, il s'agissait, dans l'Antiquité grecque, de textes poétiques vantant les dieux ou des héros, et déclamés en musique. Il se généralisa ensuite pour s'appliquer à la louange, teintée de lyrisme, d'une personne ou de la nature par exemple, et aussi d'un pays (hymne national).

Dans la tradition juive, puis chrétienne, ce mot devient féminin : il s'agit certes d'un chant, mais surtout d'une prière à la gloire de Dieu, sans demande particulière, juste pour célébrer sa puissance, sa gloire, son amour, sa miséricorde. La Bible, dans les psaumes par exemple, abonde en hymnes, dont nous trouvons encore l'empreinte dans le judaïsme. Dans la liturgie chrétienne, notamment l'office divin catholique (les heures ou prières de la journée), les hymnes puisent dans le Second Testament (comme les épîtres de Paul) ainsi que dans un fonds réuni par des auteurs des premiers siècles et des musiciens de tous les temps.

➡ *Cantique, Épître, Heures, Office, Prière, Psaume*

HYPOCRITES, LES ☪

Dans la 63e sourate du Coran, intitulée *Les Hypocrites (al-Munafiqun)*, ces derniers désignent des habitants de Médine. Tout en se disant proches de Mahomet, et donc musulmans, ils étaient au fond des incrédules, donc des ennemis car rangés du côté des païens. Leurs complots et leurs trahisons sont d'ailleurs évoqués dans de nombreux passages du Coran. Sur le plan historique, à la bataille d'Uhud (625), leur chef rallia le camp des Quraïch, la propre tribu de Mahomet contre lequel elle combattait, pour ne citer que cet exemple. Cette trahison contribua à la défaite des musulmans, qui devaient ensuite prendre leur revanche, notamment en s'emparant de La Mecque (630).

➡ *Hégire, Mahomet, Mecque (La), Médine, Quraïch*

I

IBLIS ☪

Iblis est le nom propre d'un djinn (être invisible) ayant choisi le mal, donc d'un « satan » (*chaytân* en arabe). Il est le démon principal de l'islam, appelé aussi « Satan le lapidé » *(al-chaytân al-marjdoun)* – sa lapidation symbolique est d'ailleurs pratiquée pendant le Hadj, le pélerinage à La Mecque.

Dans la sourate *La Caverne* (18, 50), le Coran rapporte qu'Iblis faisait partie des djinns, génies plutôt maléfiques, et qu'il refusa de se prosterner devant Adam, le premier homme. Il rappelle que Dieu l'a créé à partir du feu (*Al-Araf*, 7, 12 ; *Çad*, 38, 76), alors qu'il a créé Adam à partir d'une argile. Parce qu'il s'enorgueillit et ne veut pas s'incliner devant la majesté de Dieu, il est au nombre des incrédules (*La Vache*, 2, 34). Dans la 15e sourate, *al-Hijr* (15, 31-42), Dieu le maudit jusqu'au jour du Jugement, et le démon promet de posséder les hommes. Mais Dieu lui rappelle qu'il n'aura aucun pouvoir sur les croyants, simplement sur ceux qu'il aura égarés.

➡ *Adam, Démon, Diable, Djinn, Hadj, Jugement dernier, Satan*

ICÔNE ✝

L'icône (du grec *eikonion*, « petite image », « ressemblance ») désigne une peinture religieuse sur tout type de support, le bois étant celui retenu aujourd'hui. Elle se limite à la représentation de Jésus, de la Vierge Marie, sa mère, et des saints. Nous en trouvons l'origine aux premiers temps du christianisme, mais son art fut développé par le monde monastique. L'icône est une spécificité du monde orthodoxe. Elle a d'ailleurs donné le mot « iconostase », du grec *eikonostasion*, « poser debout une icône ».

À l'origine, il désignait, et désigne toujours, une icône posée sur un support devant le chœur. Au tournant du XVe siècle, en Russie, il s'élargit à une cloison, héritière d'une forme plus ancienne de clôture en pierre ou en bois, dont elle reprit le principe des trois portes : celle du centre (royale ou sainte) est réservée au prêtre, celles qui l'encadrent aux officiants de rang inférieur (le diacre entre à droite). L'iconostase, à haute valeur spirituelle, gagna ensuite les mondes grec et slave. Dans les Églises d'Orient (orthodoxes et catholiques orientaux), elle sépare donc la nef du sanctuaire. Souvent superbe et magnifiquement ouvragée, elle est percée de ces trois portes et décorée d'icônes représentant des thèmes majeurs.

En 726, l'empereur d'Orient Léon III l'Isaurien (717-741) fait remplacer par des croix toutes les images de Jésus, de la Vierge Marie et des saints, assimilées à de l'idolâtrie et au blasphème. Ces représentations sont détruites. Débute alors une vive opposition entre les partisans de ces destructions, les iconoclastes (« briseurs d'images »), et les artistes d'icônes, les iconodoules ou iconodules (« adorateurs d'images »). C'est ce que l'on appela la Querelle des images. Cette crise, complexe, entraîne la condamnation des iconoclastes pour hérésie au concile de Nicée II (787), qui fixe les règles de l'art de l'icône. Mais deux empereurs d'Orient, Léon V l'Arménien (813-820) et Théophile (829-842), retournent à l'iconoclasme. La querelle prend fin en 843 : l'impératrice Théodora rétablit définitivement l'art des images. Après 1054, date du schisme entre Église d'Orient et Église d'Occident (catholiques), l'art évolue très différemment au sein de ces deux pôles chrétiens. Si l'art byzantin, très actif pendant plusieurs siècles, produit toujours des icônes, l'art occidental va prendre des visages différents qui s'inscrivent dans une continuité. Mais les icônes, à haute valeur spirituelle, sont aussi fabriquées par des catholiques, notamment en milieu monastique.

➡ *Blasphème, Diacre, Église, Hérésie, Idole, Orthodoxe*

IDOLE ✡ ✝ ☪

L'idole est une « image » (*idolum* en latin) sacralisée. Il s'agit de sculptures ou de peintures, souvent de formes animales, représentant des divinités antiques, des personnes ou des objets auxquels on voue un culte (ou idolâtrie).

Pour les juifs, les chrétiens et les musulmans, Dieu étant unique et saint, il commande de n'être représenté par aucune image. Les Livres sacrés et les traditions abondent en semonces contre toute forme d'idolâtrie, qui correspond à des démonstrations du culte polythéiste. Le Veau d'or, que construisent les Hébreux dans le désert, en est l'un des exemples les plus célèbres. Les prophètes d'Israël, Jésus lui-même et le prophète Mahomet dans le Coran préviennent contre les risques qu'encourent les suppôts d'idoles, soit le châtiment de Dieu (destruction et enfer par exemple). C'est pourquoi Dieu ne doit pas être représenté dans les arts juif et musulman. L'art chrétien n'a pas toujours respecté ce commandement.

➡ *Commandement, Décalogue, Démon, Lât (Al-), Païen, Veau d'or*

IDRIS ☪

Idris pourrait être le nom donné, dans le Coran, à Hénoch (ou Énoch), père de Mathusalem. « Mentionne Idris dans le Livre ; ce fut un juste et un prophète ; nous l'avons élevé à une place sublime », dit la sourate *Marie* (19, 56). Idris est cité une seconde fois dans la sourate 21 (85-86), *Les Prophètes*, qui le fait entrer « au nombre des justes ».

➡ *Coran, Hénoch, Juste, Livre, Marie, Mathusalem*

IHRAM ☪

Ihram est, dans le sens général, la « consécration », c'est-à-dire l'état par lequel on peut se présenter devant Dieu.Il consiste à se purifier par des ablutions et à faire part de l'intention *(niyah)* qui la motive. Ce peut être par exemple la prière quotidienne *(salat)* ou le Hadj, où ce mot désigne aussi le vêtement blanc (couleur de pureté) porté par le pèlerin. Celui-ci peut alors pénétrer dans les Lieux saints où il devra respecter le *haram* (la sacralité). Il porte ainsi une ou deux larges étoffes blanches, sans coutures (*izar* pour le linge recouvrant le bas du corps, *rida* pour le linge recouvrant l'épaule gauche, la droite étant dégagée). La femme a le visage et les mains découverts.

➡ *Ablution, Hadj, Haram, Niyah, Salat*

IJMA ☪

En islam, l'*ijma* est le « consensus », plus précisément l'avis unanime d'érudits sur ce qui est faux en matière de droit *(fiqh)*. Cette disposition repose sur un hadith : la communauté (oumma) des musulmans ne peut pas être d'accord sur une erreur. Elle visa, dans le passé, à établir une barrière entre ce qui était bien, c'est-à-dire conforme à Dieu, et ce qui était mal (erreurs d'interprétation ou abus de toutes sortes dus aux cultures locales).

➡ *Fiqh, Hadith, Oumma*

IJTIHAD ☪

Présent dès la naissance de l'islam, l'*ijtihad* est un « effort » personnel mis au service de la communauté (oumma) qui, de son côté, doit le garantir. Il s'agissait de statuer sur une situation ou un cas qui ne sont pas traités dans le Coran et la Sunna, et en conformité avec ceux-ci. Celui qui en avait l'autorité était le *moujtahid* (« savant »), fondateur d'une des écoles juridiques sunnites *(madahib)*.

Sous l'effet d'une surproduction d'avis théologiques et canoniques, il fut décidé à un moment de l'histoire musulmane, de « fermer la porte à l'*ijtihad* », selon la formule qui fit fortune. Cependant, les savants appartenant aux écoles classiques ont toujours continué l'*ijtihad*, mais dans le cadre de leurs écoles respectives.

Aujourd'hui, l'*ijtihad*, dans le monde musulman, cherche des voies nouvelles qui répondent aux exigences de la modernité.

➡ *Charia, Madahib, Moujtahid, Oumma, Qadi, Sunna*

IMAM ☪

L'imam est « celui qui marche devant ». Dans le sunnisme, c'est la personne qui dirige la prière communautaire, notamment celle du vendredi. Selon son importance, une mosquée peut avoir un ou plusieurs imams. Cette charge, considérée comme un honneur, demande une compétence en matière religieuse et rituelle, mais il arrive qu'elle soit assurée par de simples fidèles. « Imam » fut aussi le titre donné aux premiers califes (VIIe siècle), successeurs directs de Mahomet et chefs de la communauté musulmane (oumma), ainsi qu'à de grands théologiens et juristes du passé.

Il en va tout autrement pour le chiisme, qui se démarque ainsi du sunnisme. Les chiites considèrent l'imam, leur chef, comme ayant une fonction bien plus éminente. Descendant du Prophète, unique imam à son époque, il joue le rôle d'intermédiaire entre Dieu et les hommes, et son pouvoir est très étendu, allant jusqu'à des connaissances surnaturelles. Incontestable en matière religieuse, considéré comme saint, il possède une autorité presque équivalente au Prophète, ce que n'acceptent pas les sunnites pour qui prédominent le Coran (relevé par Dieu) ou encore la Sunna, la voie à suivre comme le fit Mahomet. Le courant duodécimain (« douzième »), majoritaire dans le chiisme, et en vigueur en Iran par exemple, possède ainsi douze imams historiques, descendants du premier d'entre eux, Ali (mort en 661), gendre et cousin de Mahomet. La succession se poursuivit jusqu'au IXe siècle. Le douzième, Muhammad al-Mahdi al-Muntazar, fut occulté aux yeux des hommes en 874, à l'âge de quatre ou cinq ans, d'où son nom « imam caché » : dissimulé à l'humanité, il exerce son pouvoir en secret et silencieusement, transmettant sa parole aux imams « visibles » ; il doit revenir au jour du Jugement dernier, à la fin des temps, sous la forme du Mahdi (« l'Attendu »).

➡ *Ali, Calife, Chiisme, Duodécimain, Ismaélien, Mahdi, Ouléma, Oumma, Sunnisme*

IMMACULÉE CONCEPTION ✝

Contrairement à ce que l'on croit souvent, l'expression « Immaculée Conception » ne désigne pas Marie, vierge enfantant Jésus, mais Marie exempte de péché (sans tache, immaculée) dès avant sa naissance. Dieu l'ayant choisie pour porter son Fils, comme le proclame l'Annonciation, elle se devait d'être pure. Cette croyance, très ancienne puisqu'on en trouve des traces à partir du Ve siècle, devint un dogme de l'Église catholique, proclamé *ex cathedra* par le pape Pie IX en 1854.

➡ *Annonciation, Dogme, Fils, Infaillibilité, Marie*

IMMUNITÉ, L' ☪

L'Immunité (al-Tawba), 9e sourate du Coran, est celle que Dieu accorde aux polythéistes qui se sont repentis ou qui ont conclu un pacte avec des musulmans, lequel doit être respecté par les deux parties. Les autres seront combattus. Dieu, le Miséricordieux par excellence, accorde son pardon aux idolâtres qui respectent ses prières et pratiquent l'aumône – sacrée en islam. Ils deviennent alors des frères des croyants. Mais s'ils trahissent leur engagement, ils doivent être aussi combattus, avec l'aide de Dieu et de sa *Sakina* (Présence) – la sourate rappelle la bataille d'Hunaïn qui opposa les troupes de Mahomet (victorieux) aux polythéistes de La Mecque en 630. L'entrée de la mosquée est interdite aux incrédules, avec lesquels il ne faut pas se lier. Quant aux juifs et aux chrétiens, ils se sont trompés en divinisant un homme tel Jésus ; cependant, ils croient aussi au Dieu unique, bien que des moines chrétiens soient plus portés sur l'argent que sur « le chemin de Dieu ». La sourate évoque ensuite le calendrier musulman de douze mois, dont quatre sont sacrés (comme ramadan), puis le devoir de tout musulman : se battre pour sa foi. En revanche, toute paresse, à la guerre comme dans la pratique religieuse et la cohésion de la communauté, est fortement condamnée – la fraternité entre croyants est une notion capitale en islam. Et toute personne qui attaque Dieu et son prophète Mahomet, tous les hypocrites et les incrédules (dont certains Bédouins et les habitants de Médine) doivent s'attendre à un châtiment exemplaire : le feu éternel de la géhenne (l'enfer). Les vrais musulmans, eux, iront goûter les délices du paradis.

➡ *Aumône, Bédouin, Djihad, Géhenne, Hunaïn, Idole, Monachisme, Paradis, Sakina*

IMPRIMATUR ✝

« Qu'il soit imprimé » : c'est par cette formule, *imprimatur* en latin, que l'Église catholique, par l'intermédiaire d'un évêque ou d'un représentant de celui-ci, donne son aval pour la publication d'un livre qui, après étude, ne s'est pas montré contraire à son message. Cette mention, qui figure en général au début de l'ouvrage, est capitale lorsque l'auteur est un religieux (qui doit obtenir l'autorisation de ses supérieurs), et si le sujet traité est important pour le dogme et la morale. Dans le judaïsme, l'équivalent est la *haskamah* (« autorisation »).

➡ *Dogme, Église chrétienne, Évêque, Haskamah*

IMRAN, LA FAMILLE DE

La Famille d'Imran (al-'Imran), 3e sourate du Coran, est composée de 200 versets d'une impressionnante richesse. D'emblée, elle précise que le Coran est descendu sur le prophète Mahomet et les hommes afin de parachever la « direction » indiquée par la Torah juive transmise à Moïse et par l'Évangile chrétien (Jésus), les deux Livres déjà révélés. Ainsi naîtra une communauté soudée autour des véritables desseins de Dieu, ferme dans ses principes et leur application (prière, charité, aumône, fraternité...). La sourate rappelle le châtiment réservé aux incrédules (enfer), la protection de Dieu sur les croyants (promis au paradis), l'omnipotence et l'omniscience de Dieu, le Créateur, le sage. Nous y trouvons aussi une descendance ininterrompue, comprenant Adam, premier homme créé par Dieu, Noé, héros du Déluge, la famille d'Abraham, père de tous les croyants (dont juifs et chrétiens, les gens du Livre, *Ahl al-Kitab*), mais aussi le premier musulman (soumis à Dieu) et, enfin la famille de 'Imran. Ce nom est la prononciation arabe d'Amran (Amram), que la Bible (et d'autres textes juifs qui n'y figurent pas) présente comme le père de Moïse, d'Aaron et de leur sœur Myriam. Puis, pour montrer la continuité entre judaïsme et christianisme, Marie, mère de Jésus, est dite de la famille de 'Imran.

➡ *Aaron, Abraham, Adam, Ahl al-Kitab, Évangile, Fawatih, Jésus, Livre, Marie, Moïse, Musulman, Myriam, Noé, Sagesse de Dieu, Torah*

INCARNATION

Pour la foi chrétienne, l'incarnation est la manifestation de Dieu qui, pour s'exprimer, s'est fait homme par l'Esprit saint en la personne de son Fils, Jésus-Christ. Celui-ci est la deuxième personne de la Trinité. Jésus fut donc homme et Dieu. Jean le proclame au début, célèbre, de son évangile (1,

1-18) : « Au commencement était le Verbe et le Verbe était avec Dieu et le Verbe était Dieu. [...] Le Verbe était la lumière véritable, qui éclaire tout homme ; il venait dans le monde. [...] Et le Verbe s'est fait chair et il a habité parmi nous, et nous avons contemplé sa gloire, gloire qu'il tient de son Père comme Fils unique, plein de grâce et de vérité. » Ce point fondamental de la foi fut mis à mal par des hérésies, comme l'arianisme et le docétisme, amenant les Églises à définir le dogme de la Trinité aux conciles de Nicée I (325) et de Constantinople I (381).

➡ *Arianisme, Concile, Docétisme, Dogme, Esprit saint, Fils, Hérésie, Jésus, Lumière, Trinité, Verbe*

INCHALLAH ☪

Dans le Coran, la formule arabe « Si Dieu le veut » (*In cha' allah*, francisée en Inchallah) figure d'abord dans la grande et superbe sourate 18, *La Caverne*, après l'évocation de la légende des Sept Dormants : « Ne dis jamais, à propos d'une chose : "Je la ferai sûrement demain", sans ajouter : "Si Dieu le veut !" » Parmi d'autres formules du Coran évoquant aussi le pouvoir de Dieu sur toute chose et sur tout être qui ne peut décider sans se soumettre à lui, elle est sans doute la plus connue. Elle est mentionnée dans d'autres sourates, notamment à propos des grands personnages d'Israël, ce qui en souligne l'importance, tels Joseph (12, 99) et Moïse (18, 69 et 28, 27), Abraham soumis au sacrifice de son fils Isaac (37, 102). Ce « Si Dieu le veut » apparaît aussi à plusieurs reprises dans le Second Testament.

➡ *Abraham, Allah, Caverne (La), Coran, Islam, Jacob, Joseph, Moïse, Sept Dormants, Testament*

INDULGENCE ✝

Le mot « indulgence » (du latin *indulgentia*, « bonté », « bienveillance ») est une forme de rachat, empruntée au droit romain. Celle-ci remonte à l'édit de l'empereur Constantin le Grand qui, en 313, mit un terme définitif aux persécutions romaines contre les chrétiens. Elle permit alors de régler en partie l'épineuse question des *lapsi* (« ceux qui sont tombés » en latin), ces chrétiens qui, pour sauver leur vie, avaient dû renier leur foi et embrasser le polythéisme. Au XIe siècle, pour l'Église catholique, l'indulgence consistait, aux yeux du canon (règle), en la « remise de peine consécutive au péché » que les papes entourèrent de règles. Qu'elle fut plénière (totale et accordée par le pape) ou partielle, elle n'avait alors qu'une dimension temporelle, c'est-à-dire qu'elle relevait de la seule l'Église, tandis que l'absolution est toujours du ressort de Dieu. Elle correspondait en effet à la suppression des pénitences publiques suivant le pardon des péchés – jeûnes, pèlerinages, prières, mortifications, etc. Avec le temps vint s'ajouter une dimension spirituelle, conformément au dogme de la communion des saints, les vivants communiant avec les saints qui participent eux-mêmes aux mérites du Christ mort pour le salut des hommes. Souhaitant se « racheter » et œuvrer au bien de tous, durant sa vie et même après sa mort pour mieux affronter le purgatoire, le pécheur pardonné en vint à acheter ces indulgences, ce qui donna lieu à un véritable commerce et à des abus contre lesquels s'indigna Martin Luther (1483-1546), artisan de la Réforme protestante.

Dans le sillage du concile Vatican II (1962-1965), le pape Paul VI a réformé les indulgences qui, plénières (accordées notamment lors des jubilés), partielles ou ponctuelles, reposent avant tout sur la volonté de convertir son cœur à l'amour de Dieu. Tous les fidèles étant liés par la communion des saints, la conversion des uns peut aider les autres.

➡ *Catholique, Communion, Concile, Conversion, Croisade, Église, Jubilé, Pape, Péché, Purgatoire, Réforme, Saint, Salut*

INFAILLIBILITÉ ✝

L'infaillibilité (« échapper à l'erreur »), apparue dès le IIe siècle, s'applique avant tout à l'Église qui, fondée par Jésus, a reçu de lui le pouvoir d'enseigner sa parole : « Tout pouvoir m'a été donné au ciel et sur la terre. Allez donc, de toutes les nations faites des disciples, les baptisant au nom du Père et du Fils et du Saint Esprit, et leur apprenant à observer tout ce que je vous ai prescrit. Et voici que je suis avec vous pour toujours jusqu'à la fin du monde », conclut l'évangile de Matthieu (28, 18-20). « Qui vous écoute m'écoute, qui vous rejette me rejette, et qui me rejette rejette Celui qui m'a envoyé », ajoute Luc (10, 16). L'Église, assistée de l'Esprit saint, a ainsi la capacité de prendre des décisions de doctrine en matière de foi et de morale. Mais si l'ensemble des Églises chrétiennes s'accorde sur le fait que l'Esprit saint transmis à l'Église garantit l'infaillibilité de celle-ci, certaines de ces Églises sont cependant en désaccord concernant l'infaillibilité pontificale qui, élaborée au fil de l'Histoire, est proclamée le 18 juillet 1870 au concile Vatican I, par la constitution *Pastor aeternus* (« Pasteur éternel ») approuvée par 553 voix contre 2. Le pape Pie IX, très populaire, qui a rassemblé derrière lui une grande partie des catholiques, voit alors son autorité renforcée avec la proclamation de ce dogme, entre autres grâce à l'action des ultramontains (qui plaçaient l'autorité du pape au-dessus de celle des Églises nationales). Néanmoins, des religieux, notamment des libéraux comme Lacordaire, et des fidèles s'inquiètent d'une centralisation excessive du pouvoir. Certains se séparent même de Rome.

L'infaillibilité pontificale considère que le pape, en s'exprimant *ex cathedra*, ne peut pas se tromper. Cette expression est utilisée dans une circonstance précise mais très rare : le pape, investi de cette infaillibilité, expose une doctrine afin de défendre la foi dans le cadre d'un magistère (enseignement) extraordinaire. Il procède à cette définition depuis (*ex*) son siège (*cathedra* en latin transcrit du grec, d'où vient le mot « cathédrale »). L'infaillibilité reste un sujet délicat et controversé au sein des catholiques, même si, depuis le concile Vatican I, le seul dogme « infaillible » n'a été prononcé qu'en 1950 (Assomption de la Vierge). Mais elle requiert l'adhésion des fidèles parce que le pape, dans une telle déclaration, s'exprime comme le docteur de l'Église universelle et dans des conditions définies.

Les orthodoxes rejettent l'infaillibilité pontificale, comme ils ne reconnaissent pas les conciles suivant le schisme d'avec Rome (1054) et les dogmes qui en découlent. Martin Luther (1483-1546), initiateur de la Réforme protestante, rejeta aussi l'infaillibilité, les Écrits saints représentant selon lui la seule autorité.

➡ *Assomption, Concile, Doctrine, Dogme, Église, Esprit saint, Pape, Réforme*

INQUISITION ✝

Cette institution proprement catholique a laissé une trace profonde dans la mémoire collective. Elle renvoie pourtant au début du christianisme. Dès le IIe siècle, l'Église chrétienne est en effet confrontée à des courants de pensée mettant en cause les dogmes (vérités de la foi) et appelés « hérésies » (« choix particulier » en grec). Elle a dû pour cela préciser et définir son Credo (« je crois ») lors des premiers conciles. Ces luttes furent certes religieuses, mais elles entraînèrent aussi des violences, comme les guerres menées par des rois européens ayant épousé l'arianisme. Sur le plan individuel, les évêques catholiques furent ensuite requis pour des enquêtes destinées à débusquer toute tentative hérétique et autres attaques contre l'Église. Ce combat atteint son paroxysme avec le pape Innocent III (1198-1216). Il craint que les hérésies, comme le catharisme qui remporte un certain succès, ne menacent l'ordre religieux, duquel dépend l'équilibre des sociétés tant le pouvoir politique – et donc la communauté civile – est lié à l'Église. Les enquêtes ecclésiastiques sont transformées en tribunaux d'exception avec la création, par le pape Grégoire IX (1231), de l'Inquisition (du latin *inquisito*, « enquête »). Cette institution est bientôt confiée aux Dominicains et aux Franciscains, ordres religieux créés au début du XIIIe siècle. Tout suspect peut désormais être « soumis à la question », pour le faire avouer. Cet interrogatoire, autorisé par Innocent IV en 1252, est le plus souvent une véritable torture, augmentant la désapprobation populaire déjà sensible. Suspectés de sorcellerie, d'adoration de Satan ou coupables d'avoir un point de vue différent, les condamnés connaissent la prison, le fouet, la confiscation de leurs biens qui permet à certains inquisiteurs de s'enrichir. La peine peut aller jusqu'au bûcher, qu'allume le bras séculier, c'est-à-dire civil. Les abus concernent aussi les juifs : certains, accusés de crimes invraisemblables, sont torturés avant de finir brûlés vifs. Au XIVe siècle, l'Inquisition, devant la colère que suscitent ses excès, ralentit ses activités. En 1542, le pape Paul III se résout à réformer l'Inquisition qui devient la Congrégation (administration de la Curie, gouvernement de l'Église catholique) du Saint-Office (du latin *officium*, « travail », « service », « devoir »), dite aussi « de la Suprême-Inquisition » : cette instance servira désormais à lutter contre les protestants en terre catholique européenne. L'Inquisition ne disparaît qu'au XVIIIe siècle en France. Le Saint-Office a été repris pour désigner, sans rapports étroits, une autre congrégation chargée de préserver la foi et la morale tout en réfléchissant aux questions des sociétés contemporaines. Cet organisme est aujourd'hui appelé Congrégation pour la doctrine de la foi. De son côté, l'Espagne ne supprima l'Inquisition qu'en 1834. Auparavant, en 1478, les Rois Catholiques, avec l'aval de Sixte IV, avaient fondé une Inquisition indépendante de Rome, appelée aussi « Saint-Office », et en avaient confié les rênes au bourreau Tomas de Torquemada (1483-1498). Il en résulta l'expulsion des juifs en 1492, ainsi que celle des juifs du Portugal, alors sous domination espagnole. Les maures suivirent en 1569. En 2004, des historiens, après des recherches effectuées à la demande du Vatican, ont recensé 125 000 procès dans ce pays, entre le XIIIe et le XVIIIe siècle, dont un pour cent conduisirent à des peines capitales. En Europe, la moitié des 100 000 femmes accusées de sorcellerie moururent sur le bûcher, une centaine seulement de ces condamnations à mort étant de la responsabilité directe de l'Inquisition.

➡ *Credo, Dogme, Hérésie, Satan*

AUTODAFÉ

« Acte de foi » (*auto da fe* en portugais) auquel étaient contraintes, au temps de l'Inquisition, les personnes condamnées au bûcher, notamment pour hérésie, afin de racheter leurs fautes supposées. L'origine portugaise de ce nom vient de ce que cette pratique, souvent très cruelle, se concentra dans la péninsule Ibérique et en Amérique du Sud. Le dernier exemple date de la fin du XVIIIe siècle. « Autodafé » a pris par la suite un sens plus large et s'est appliqué aux grands bûchers sur lesquels on brûlait des livres jugés indésirables, les nazis s'étant par exemple appliqués à faire disparaître tout ce qu'ils qualifiaient de « culture décadente ».

INRI ♁

Afin de prévenir les populations et de susciter la crainte, la crucifixion romaine prévoyait de placer au sommet de la croix, juste au-dessus de la tête du condamné, un écriteau portant le motif de la condamnation. Dans le cas de Jésus, ce *titulus* (« inscription » en latin) est rédigé en trois langues, pour que l'avertissement soit compris de tous ceux qui résident à Jérusalem. Il s'agit de l'araméen, langue de Palestine, du latin des soldats romains et du grec très en usage dans cette région, notamment grâce au commerce. La tradition a retenu les initiales INRI de la phrase latine : « *Iesu Nazaretius Rex Iudeorum* » (« Jésus le Nazaréen, roi des juifs »).

➡ *Araméen, Crucifixion, Jésus, Palestine*

INTERDICTION, L' ☪

Dans *L'Interdiction (al-Tahrîm)*, 66e sourate du Coran, Mahomet confie à l'une de ses épouses un secret, qu'elle divulgue à une amie. Dieu, pour montrer qu'il voit et sait tout, l'avertit. Les deux femmes doivent donc s'amender de cette erreur, se repentir, en retournant vers Dieu. Car il est interdit de se liguer contre le Prophète, dont le maître reste Dieu, soutenu par les anges (au premier chef Gabriel, Djibril en arabe) et les justes (croyants sincères). Sinon, elles risquent d'être répudiées et remplacées par des croyantes, déjà mariées ou vierges. Que chacun se souvienne par exemple de la femme de Lot, neveu d'Abraham, qui désobéit en quittant Sodome ravagée par le soufre : elle fut changée en statue de sel. En revanche, Marie, mère de Jésus, investie de l'Esprit de Dieu, « était au nombre de ceux qui craignent Dieu ».

➡ *Ange, Esprit saint, Fawatih, Gabriel, Juste, Lot, Marie, Sodome et Gomorrhe*

INTERTESTAMENTAIRE ✚

Ce mot, d'origine protestante, s'applique aux textes qui, bien que bénéficiant pour certains d'une audience importante en leur temps, n'ont pas été retenus dans la Bible hébraïque par le canon (règle) juif. Rédigés pendant les deux siècles précédant l'ère chrétienne, donc entre la Bible et le Second Testament, ils contiennent notamment des récits apocalyptiques et les manuscrits de la communauté essénienne de Qumrân. Les Écrits intertestamentaires sont plutôt appelés « pseudépigraphes » ou « apocryphes » de l'Ancien Testament par les catholiques.

➡ *Apocryphe, Bible, Canon, Essénien, Pseudépigraphe, Qumrân, Septante, Testament*

ISAAC ✡ ✝ ☪

Isaac est le fils d'Abraham et le père de Jacob. Tous trois sont les grands ancêtres (patriarches) d'Israël, dont le cycle est raconté dans la Genèse, le premier livre de la Bible. Isaac est le fils d'Abraham et de son épouse Sarah, restée longtemps stérile, mais que Dieu a rendue féconde afin de réaliser la promesse faite à Abraham : une descendance et une terre sur laquelle ils sont installés (Canaan). Or, Dieu lui ordonne de lui sacrifier cet enfant, épisode, ou *aqédah*, au cours duquel le jeune garçon est finalement échangé contre un bélier par la volonté divine.

Mais auparavant, Abraham a conçu un autre fils, Ismaël, avec Agar, la servante de sa femme. Craignant que les deux enfants ne soient contraints de partager cette Terre promise, Sarah convainc Abraham de chasser Agar et son fils. Il s'y résout malgré lui et Ismaël, protégé par Dieu, donnera naissance au peuple arabe. Isaac grandit et, après la mort de Sarah, est poussé par son père à épouser une parente afin de garantir la lignée. Il se rend donc en Mésopotamie, à Harân (d'où est venu Abraham), et rencontre Rébecca dont il tombe aussitôt amoureux. Après la mort d'Abraham, le couple, rentré en Canaan, conçoit des jumeaux, Jacob et Ésaü, qui se disputent déjà dans le ventre maternel. C'est finalement Jacob qui obtiendra la bénédiction de son père, et qui recevra le nom d'Israël. Isaac meurt à cent soixante-quinze ans et est enterré à Hébron.

Le Second Testament évoque à plusieurs reprises le « Dieu d'Abraham, d'Isaac et de Jacob ». Matthieu et Luc citent Isaac comme aïeul de Jésus. Et pour Paul, dans son épître aux Galates, Isaac reste « le fils de la promesse » (4, 23).

Pour le Coran, Isaac (Ishaq) est certes le frère cadet d'Ismaël, mais aussi celui par lequel se prolonge la succession d'Abraham. Dans la 2e sourate, *La Vache* (2, 133), il est qualifié de prophète et de juste (croyant exemplaire). Comme Abraham, Ismaël, Jacob et leurs successeurs, il n'était ni juif ni chrétien, mais soumis à Dieu (sens du mot « musulman »).

➡ *Abraham, Agar, Aqédah, Canaan, Genèse, Hébron, Ismaël, Jacob, Musulman, Rébecca*

ISAÏE ✡ ✝

Les écrits d'Isaïe forment le premier livre du recueil des Prophètes et le plus long de la Bible (66 chapitres).

Isaïe, qui s'inscrit dans la lignée d'Amos et d'Osée, intervient dans le royaume de Juda, directement auprès de trois rois, ce qui lui confère aussi une dimension politique : Yotam (740-736), Achaz (736-716) et Ézéchias (716-687). De 740 à 700 environ, il va s'attacher à ramener ce royaume de pécheurs sur le chemin de la conversion et de l'Alliance, afin de lui éviter d'être englouti. Il reçoit sa vocation de prophète lors d'une scène intense et d'une profonde spiritualité (chapitre 6). Le Dieu, trois fois saint, lui apparaît dans le Temple, dans toute sa Gloire (majesté) et sur un trône qui en souligne la majesté suprême. La bouche purifiée pour transmettre la Parole de Dieu, ses fautes pardonnées (tout homme est forcément fautif devant Dieu), Isaïe poursuit une mission ardue, dénonçant le mensonge et l'iniquité sociale, appelant à rejoindre Dieu qui aime son peuple comme un vigneron aime sa vigne. À Achaz, roi particulièrement impie puisqu'il sacrifie son fils pour se concilier les faveurs des idoles étrangères, il prédit la naissance du Messie. L'Histoire lui donne ensuite raison : la Samarie, royaume frère du Nord, est écrasée en 722 par les troupes assyriennes, et Juda, gouvernée par Ézéchias – qui s'attaque aux sanctuaires idolâtres – ne doit son salut qu'à la protection de Dieu sur Jérusalem, ville sacrée que le prophète promet à un avenir sans pareil. Isaïe, mort à une date inconnue, sera relayé par des prophètes qui, comme lui, ne cesseront d'avertir le peuple : Dieu, maître de l'Univers, présent dans le Temple, ne peut donner sa confiance et sa protection que si l'on respecte ses règles et que l'on établit la justice.

Après les chapitres 1-39, nous trouvons, d'après l'exégèse moderne, le livre de la Consolation (40-55), daté de la fin du VIe siècle av. J.-C., encore appelé Deutéro-Isaïe (« deuxième » Isaïe). Ce personnage (anonyme) fait partie de ces Israélites qui, dès 538, prennent le chemin du retour à Jérusalem, l'empereur perse Cyrus le Grand ayant mis fin à l'exil de Babylone. Malgré les difficultés, il ne cesse d'encourager, de combattre les pessimistes et les sceptiques qui ont tout abandonné pour rejoindre Dieu en Terre promise. Pour le Deutéro-Isaïe, cette période marque le commencement de la renaissance d'Israël, et Jérusalem lui inspire des oracles splendides.

Le livre d'Isaïe se poursuit avec l'un des sommets de la Bible, les Chants du Serviteur (42, 49, 50, 52-53), un personnage également anonyme. Mais des chercheurs voient dans le Deutéro-Isaïe et ce Serviteur une seule et même personne qui, en raison des problèmes de la réinstallation à Jérusalem, est ensuite victime d'une persécution, puis exécuté après un procès. Par ses oracles, il montre qu'il s'est sacrifié volontairement pour le salut de son peuple.

Enfin, les chapitres 56 à 66 du livre d'Isaïe, plus récents (IVe siècle), forment le Trito-Isaïe (« troisième ») ; ils sont voués à la glorification de Jérusalem et s'achèvent sur un discours eschatologique (relatif à la fin des temps).

Les évangiles laissent entendre que Jésus connaissait bien le livre d'Isaïe. Ainsi, à la synagogue de Nazareth, le jour du shabbat, il prend ce livre qu'on lui tend et tombe sur le passage concernant l'oint de Dieu porteur de la « nouvelle » aux hommes (61, 1-2) : « Aujourd'hui s'accomplit à vos oreilles ce passage de l'Écriture », dit-il (Lc 4, 16-22). Il a aussi répété plusieurs fois qu'il serait le « Serviteur souffrant ». Les Chants du Serviteur sont ainsi une annonce de la Passion.

➡ *Alliance, Amos, Exil, Gloire, Jérusalem, Juda, Juste, Messie, Osée, Passion, Prophète, Salut, Samarie, Shabbat, Temple, Vigne*

ISLAM ☪

Le mot « islam » désigne, d'une part, la troisième religion monothéiste, d'autre part, l'ensemble des pays du monde où cette religion s'est implantée et où elle est pratiquée. En arabe, il signifie la « soumission de plein gré à Dieu [Allah] » où plutôt le fait de « s'en remettre à Dieu ». Il ne s'agit pas d'une dépendance servile à l'égard d'une puissance supérieure, mais de la confiance (origine du mot « foi ») totale en Dieu, le Créateur, le Miséricordieux. Le croyant est ainsi le *muslim* (musulman), celui qui « se confie », « se soumet ». Il forme avec ses coreligionnaires une communauté (oumma).

En tant que religion, l'islam, né en Arabie, repose sur un Livre (*kitab* en arabe, écrit révélé par Dieu), le Coran, transmis à Mahomet (vers 570-632) et qui constitue la source de tout musulman, quelle que soit son obédience. Messager *(rassoul)* de Dieu, Mahomet est le Prophète (nom commun qui devient propre) qui dut affronter le polythéisme pratiqué par les Arabes. À côté du Coran se trouvent les dispositions venant du Prophète et contenues dans les hadith et la Sunna. Profondément humain, dans la mesure où la quête du bien-agir est permanente, ainsi que celle de la pureté obtenue notamment par les ablutions, l'islam est aussi régi par une loi sacrée, ou *charia*. Concernant la pratique, il s'appuie sur Cinq Piliers : la *chahadah* (profession de foi qui fait entrer dans l'islam), la *salat* (prières quotidiennes), la *zakat* (aumône), le *saum* (le jeûne) de ramadan, le Hadj (pèlerinage à La Mecque). Enfin, un calendrier établit les différentes fêtes majeures de l'islam, dont le ramadan est sans doute la plus connue des Occidentaux.

Le contenu de la foi musulmane est l'unicité de Dieu, la révélation de Dieu dans des Livres (Torah juive, Évangile chrétien, Coran), la mission des prophètes, la perspective du Jugement dernier, le « pouvoir » *(al-qadar)* de Dieu qui entend, voit et sait tout.

Sur le plan géographique, l'islam se répartit entre deux courants principaux. Le premier, très majoritaire, est le sunnisme, qui repose sur la Sunna, d'où son nom. Le second est le chiisme, de *chi'at Ali* (le « parti d'Ali »), parce qu'il se fonde sur la vénération d'Ali, cousin et gendre du Prophète, et de ses descendants, tous ces personnages formant une successions d'imams sacrés. À ces deux courants s'ajoutent des groupes très minoritaires comme les khâridjites.

➡ *Ahl al-Kitab, Allah, Chahadah, Charia, Chiisme, Coran, Foi, Hadith, Hadj, Khâridjite, Livre, Miséricorde, Musulman, Prédestination, Ramadan, Saum, Sunna, Sunnisme, Zakat*

ISMAËL ✡ ☪

Ismaël (« Dieu écoute », Ismaïl en arabe) est l'ancêtre des Arabes, tandis que son frère Isaac est l'un des patriarches (grands ancêtres) d'Israël, et donc du monde juif.

L'histoire d'Ismaël est relatée dans la Genèse (16 à 21, 21), le premier livre de la Bible. Dieu a promis à Abraham une terre (Canaan) et une descendance. Mais Sarah, épouse d'Abraham, est stérile et recommande à son mari de s'unir (il a quatre-vingt-six ans) à sa servante Agar afin d'avoir l'enfant tant désiré. Ainsi naît Ismaël. Or, Sarah est rendue féconde par Dieu et met Isaac au monde : elle s'arrange pour convaincre Abraham de chasser Agar et son fils pour que seul Isaac hérite de la Terre promise par Dieu. La mère et l'enfant errent dans le désert, au sud de Canaan, avec le pain et l'eau donnés par Abraham. Bientôt, la soif les torture. Agar installe Ismaël sous un buisson, refusant de le voir mourir. Dieu, alerté par ses pleurs et ses cris, envoie un ange annoncer à la pauvre femme que son fils formera « une grande nation ». Elle voit alors un puits surgir, remplit une outre et tous deux s'abreuvent. « Dieu fut avec lui, il grandit et demeura au désert, et il devint un tireur d'arc. Il demeura au désert de Parân [au nord de la péninsule du Sinaï], et sa mère lui choisit une femme du pays d'Égypte », conclut la Genèse.

Le Coran mentionne bien sûr Ismaël qui, avec Abraham, sont « les assises de la Maison [de Dieu] », énonce la 2e sourate *La Vache* (2, 127). Il est, comme son père et son frère Isaac, un des premiers à se soumettre, ou plutôt à s'en remettre, à Dieu (sens du mot « musulman »). Il ne fait pas pour autant l'objet d'une préférence de la part de Dieu. Il est certes parmi les prophètes (envoyés de Dieu) et les justes (croyants exemplaires), mais Dieu les considère tous sur le même pied d'égalité. Enfin, Ismaël « ordonna à sa famille la prière et l'aumône » (sourate *Marie*, 19, 55), deux des Piliers de l'islam.

➨ *Abraham, Agar, Canaan, Genèse, Hadj, Isaac, Juste, Piliers (Les Cinq), Prophète, Sarah*

ISMAÉLIEN ☪

L'ismaïlisme (*ismaïliyya* en arabe) est un courant ésotérique du chiisme, né d'une rupture avec les duodécimains, en 765. Comme tous les chiites, les ismaéliens croient aux imams sacrés, descendants (Alides) du premier d'entre eux, Ali (mort en 661), gendre et cousin du prophète Mahomet.

Mais ils se distinguent des duodécimains, qui vénèrent douze imams (d'où leur nom), en ce qu'ils privilégient seulement cinq de ces figures centrales, auxquelles s'en ajoutent deux qui leur sont propres, soit sept au total. C'est pourquoi les ismaéliens sont appelés aussi septimains (*sab'iya* en arabe).

Comme les duodécimains, les ismaéliens affirment l'existence d'un « imam caché », c'est-à-dire occulté aux yeux des humains. Pour eux, il s'agit du septième, qui fut suivi d'autres « imams cachés », et donc invisibles, qui, comme lui, exercent leur pouvoir en secret. La chaîne de transmission des sept imams est la suivante : Ali et son fils Hussein, Ali Zayn al-Abidin (fils d'Hussein, mort en 713), Muhammad al-Baqir (733), Jafar al-Sadiq (765). Le fils de ce dernier, Ismaïl ibn Jafar (762), mourut avant son père, qui en avait fait son successeur, et fut à l'origine d'un mouvement portant son nom, l'ismaélisme. Son fils, et septième imam, Muhammad ibn Ismaïl, doit revenir sur terre pour établir la justice de Dieu. Persécutés par les sunnites, longtemps extrémistes (*ghulat*), les ismaéliens existent toujours, mais sous une forme moins radicale. Pour certains d'entre eux, l'Agha Khan en est l'héritier, puisque la succession ne s'est jamais interrompue. Il s'agit des nizaris, ou néo-ismaïliens, dont l'origine remonte au XIe siècle.

Nizâr est le fils aîné d'Al-Mustandir, calife (1036-1096) et souverain de la dynastie des Fatimides (909-1171), qui règne sur l'Égypte et s'affirme de tendance ismaïlienne. Étant donné son droit d'aînesse, il a le droit de prétendre au califat. Il peut d'ailleurs s'appuyer sur des partisans. L'un d'eux, Hasan Sabbah, a déjà gagné le nord-ouest de l'Iran, où il a investi la forteresse d'Alamut, non loin de la mer Caspienne – une place forte en altitude, sur les montagnes de l'Elbourz. Mais en 1094, Nizâr est écarté au profit de son cadet, Al-Mustali, qui succède à son père. La révolte des nizaris est en marche. Ils se réfugient en Iran et en Syrie. Hasan i-Sabbâh fonde un État nizari dont l'indépendance durera trois siècles. Les séditieux, qui se réclament d'un islam pur et de la vérité en matière religieuse, utilisent leurs poignards courbes pour tuer tous ceux qui ne correspondent pas à leur idéal, en priorité les sunnites et les croisés chrétiens, les témoignages faisant état d'une peur indicible dans la région. En Syrie se distingue Rachid al-Din Sinan (mort en 1193), qui sévit depuis sa forteresse de Maysaf, et dont le surnom « Vieux de la montagne » *(cheikh al-jabal)*, est véhiculé par les croisés.

Les nizaris étaient surnommés par les sunnites les *hashishiyya* ou *hashshashin*, en arabe. Ce mot peut signifier « gardiens » (de la foi) ou « fumeurs de haschich ». Cette dernière étymologie, probable, a donné le nom français « assassin ». On les soupçonnait en effet de consommer du chanvre avant de partir au combat. Et Marco Polo (vers 1254-1324), par son *Livre des merveilles du monde*, contribua à répandre cette réputation en Occident. Il y raconte comment Hasan i-Sabbâh aurait drogué de jeunes hommes pour leur faire croire qu'ils entraient dans le jardin merveilleux où ils rencontraient les houris, ces femmes que le Coran promet aux justes après leur mort. Ils en ressortaient ragaillardis, certains d'avoir séjourné dans une amorce du paradis.

La secte des nizaris devait se prolonger sous d'autres formes, sans attributs aussi violents. Au XIXe siècle, les dignitaires nizaris sortirent de la clandestinité et se donnèrent pour souverain l'Agha Khan et ses descendants, dont le représentant actuel est le quarante-neuvième imam.

➡ *Ali, Calife, Chiisme, Croisade, Duodécimain, Houri, Imam, Juste, Sunnisme*

ISRA ☪

Isra est le « voyage nocturne » du prophète Mahomet. D'après des traditions, l'ange Gabriel (Djibril) le guide depuis la Kaaba (sanctuaire) de La Mecque jusqu'à l'esplanade de Jérusalem, où se dressait autrefois le Temple. Selon une légende, non authentifiée par la tradition musulmane, il aurait monté un cheval fabuleux (Bouraq) pour accéder au ciel, ascension *(miraj)* lui permettant de rencontrer la *Sakina* (Présence divine). Après avoir prié avec Abraham, Moïse, Jésus (les trois prophètes postérieurs reconnus par le Coran), il rejoint la Kaaba sur sa monture. La date de cet événement est imprécise. Certains musulmans le célèbrent parfois le 27 du mois de *rajab*.

La 17e sourate du Coran est intitulée justement *Le Voyage nocturne*. *Al-Isra* désigne en fait la première partie du périple, de La Mecque à Jérusalem (17, 1). Le temple est « la mosquée très éloignée ». La sourate se penche sur la nature de l'homme, « toujours pressé », jugement d'une grande modernité... Nous y trouvons aussi les thèmes majeurs de l'islam, si fréquents dans le Coran (paradis et enfer, croyance et incrédulité, justice et charité, piété et vigilance envers les démons...). Dans le verset 15, il est précisé que Dieu ne châtie pas un peuple tant que celui-ci n'a pas reçu un prophète (messager). Les non-croyants (non-musulmans) qui n'en sont pas avertis ne sont pas concernés par le châtiment.

➡ *Abraham, Gabriel, Jérusalem, Jésus, Kaaba, Miraj, Moïse, Sakina, Temple*

ISRAËL ✡ ✝ ☪

Pour le judaïsme, le christianisme et l'islam, le premier homme à croire au Dieu unique est Abraham, considéré comme le père des croyants. Il est ainsi le premier des grands ancêtres (patriarches) d'Israël, l'un des plus vieux pays du monde. Tout ce qui concerne l'antique Israël et sa religion est contenu dans la Bible. La première constatation qui vient à l'esprit, devant l'histoire trois fois millénaire, est la permanence et la force inouïe du Dieu d'Israël, Yahvé, qui, d'abord divinité principale d'un polythéisme avéré, a fini par être l'affirmation du monothéisme absolu, dont les chrétiens et les musulmans sont les héritiers.

Dans le premier livre, la Genèse, Dieu appelle en effet Abraham : il lui annonce qu'il engendrera un grand peuple et le fait venir sur la terre qu'il lui a promis (Canaan). Ces événements, selon les historiens, se situent au début du IIe millénaire av. J.-C. C'est sur ce sol que naissent les deux fils d'Abraham, Ismaël (ancêtre des Arabes) et Isaac, à qui est transmise la promesse. Isaac conçoit Jacob qui reçoit sa bénédiction, laquelle le fait son héritier aux yeux de Dieu. Un jour, Jacob se bat avec un ange mystérieux qui le blesse à la hanche sans pour autant le terrasser, puis lui donne le nom « Israël » (« fort contre Dieu »). De Jacob naissent douze fils, dont Joseph, qui s'installent en Égypte où leur descendance prospère pendant quatre cents ans, en formant douze tribus : ce sont les Hébreux. Mais un pharaon les réduit en esclavage, et ils ne doivent leur libération qu'à l'un des leurs, Moïse, à qui Dieu a confié cette mission. Commence alors l'Exode de quarante ans dans le désert, où Dieu noue une Alliance avec ces Hébreux, qui deviennent son « peuple élu » (ou plutôt choisi). En contrepartie, ils doivent obéir à la Torah, la Loi écrite de Dieu que celui-ci a donnée à Moïse, et dont le Décalogue est le cœur.

Après la mort de Moïse, la conquête de Canaan, longue et difficile, est menée par l'un de ses proches, Josué (nommé par Dieu), et les douze tribus s'installent en Terre promise. Suit une période incertaine de deux siècles environ, où les tribus subissent des invasions dont les débarrassent les Juges de la Bible (héros d'exploits épiques à signification religieuse). Enfin, vers 1050, elles se rassemblent autour d'un pouvoir fort : la monarchie. Au premier roi, Saül, succède le plus grand qu'ait connu Israël, David (1010-970) ; à Salomon, son fils (970-931), revient de bâtir le Premier temple de Jérusalem, capitale du royaume. Mais en 931, un schisme scinde celui-ci en deux nations qui vont suivre des destins à la fois parallèles et liés : au nord, la Samarie, avec dix des douze tribus ; au sud, Juda, avec les deux autres, dont celle de David, et Jérusalem pour capitale.

Qu'en est-il de la religion ? Elle est défendue par les prophètes qui exhortent rois et Israélites à ne pas céder aux baals, dieux étrangers, et à retourner vers Dieu, au risque de subir sa colère. Mais ils ne sont pas assez écoutés et Dieu abat son châtiment. La Samarie tombe en 722 sous les coups de l'Assyrie et ses habitants sont exilés. En 597 et 587, c'est au tour de Juda d'être conquis, par Babylone cette fois, qui ravage le pays et exile aussi la population. L'Empire babylonien est ensuite soumis par le Perse Cyrus le Grand qui, en 538, permet à tous les exilés de retrouver leurs patries respectives. Jérusalem et le Temple sont rebâtis, mais avec difficulté, et la voix des guides que furent les prophètes s'est tue. En 331, le Grec Alexandre le Grand s'empare du Proche-Orient. À sa mort (323), son empire est partagé entre deux branches : les Lagides d'Égypte et les Séleucides d'Antioche (alors en Syrie), ces derniers finissant par l'emporter (198). Jérusalem, éprouvée par les combats, et la Judée connaissent une période de calme relatif, car le roi séleucide Antiochus IV Épiphane (175-163) profane le Temple, motivant la révolte juive des Maccabées, qui restaurent une certaine indépendance en Judée. Mais les Romains, déjà présents, les chassent du pouvoir en 63. En 40, Hérode le Grand monte sur le trône. C'est durant ce Ier siècle précédant l'ère chrétienne qu'ont été rédigés les derniers textes de la Bible. Au siècle suivant, Jésus entamera son ministère.

Les juifs, dont il est, sont alors répartis entre la Palestine et la Diaspora. Celle-ci s'accroît encore après la destruction par les Romains de Jérusalem et du Temple en 70. Puis des sages vont donner naissance aux deux sources fondamentales du judaïsme, la Michnah, née de commentaires oraux de la Torah, et à sa suite les deux Talmuds. Les juifs de la Diaspora ne cesseront d'espérer « monter » *(aliya)* vers la terre des ancêtres (Erets Israël) où ont cependant toujours vécu des juifs. Après bien des vicissitudes, des persécutions, les croisades chrétiennes par exemple, ce souhait se fait plus ardent avec l'émergence du sionisme, à la fin du XIXe siècle. Mais il faut attendre la Shoah (1942-1945), extermination des juifs par les nazis, pour que les consciences occidentales se réveillent. En 1948, l'ONU décrète la fondation de l'État d'Israël où affluent des survivants. Ils y trouvent les Palestiniens qui revendiquent aussi la légitimité d'un territoire occupé depuis des siècles. Le conflit est malheureusement toujours d'actualité.

➡ *Abraham, Canaan, David, Exil, Exode, Isaac, Ismaël, Jacob, Jérusalem, Josué, Juda, Judée, Maccabées (Livre des), Michnah, Moïse, prophète, Samarie, Talmud, Temple, Torah*

ISRAÉLITE

Le nom « Israélite » est attribué aux habitants du royaume d'Israël, de la conquête de la Terre promise par Josué (vers 1200 av. J.-C.) jusqu'au retour de l'Exil (à partir de 538 av. J.-C.). Il ne doit pas être confondu avec « Israélien », nom des habitants de l'actuel État d'Israël.

IYYAR ✡

Iyyar (avril-mai) est le 8e mois du calendrier religieux et le 2e mois du calendrier civil. Nom cananéen traduit par « splendeur » dans le Talmud, il apparaît dans le premier livre des Rois (6, 37) à propos du temple de Salomon : « En la quatrième année, au mois de ziv [iyyar], les fondations du Temple furent posées. » En raison de ce sens, ce mois est celui de la « splendeur des fleurs ». Durant iyyar se déroule le Lag ba-Omer (le 18), le 33e des 49 jours d'Omer, période de tristesse et de recueillement à laquelle met fin Chavouot (Pentecôte). Le 5 est fêtée l'indépendance d'Israël.

➡ *Chavouot, Omer, Salomon, Talmud, Temple*

J

JACOB ✡ ✝ ☪

Le livre de la Genèse (25-34) développe largement la vie de Jacob, troisième patriarche, très souvent cité par les prophètes. Rébecca, épouse d'Isaac, accouche de 2 jumeaux : « Le premier sortit : il était roux et tout entier comme un manteau de poils ; on l'appela Ésaü. Ensuite sortit son frère et sa main tenait le talon d'Ésaü ; on l'appela Jacob. Isaac avait soixante ans à leur naissance » (25, 25-26). Ce talon (*aqev* en hébreu) aurait donné le nom Ya'aqov (Jacob), ou bien celui-ci signifierait simplement « que Dieu protège » en raison du destin exceptionnel de ce patriarche.

Les deux enfants se battent déjà dans le ventre de Rébecca. L'aîné, Ésaü, qui, par ce statut a droit à l'héritage (la promesse de Yahvé d'un grand pays), « devint un habile chasseur, courant la steppe, Jacob était un homme tranquille, demeurant sous les tentes [agriculteur au sud de Canaan]. Isaac préférait Ésaü car le gibier était à son goût, mais Rébecca préférait Jacob [de même que Dieu]. » Mais Jacob, profitant de ce que son père ne voit presque plus, vole à son frère ce droit d'aînesse, contre un plat de lentilles d'après une version, grâce à un subterfuge de Rébecca d'après une autre. Au final, Isaac le bénit. Ésaü cherche alors à se venger, forçant Jacob à s'enfuir à Harân, en Mésopotamie, d'où sont venus son grand-père Abraham et sa mère.

Une nuit, Jacob voit en rêve Dieu qui l'assure de sa protection et lui promet : « La terre sur laquelle tu es couché [Canaan], je la donne à toi et à ta descendance. » Pour marquer ce songe, il place une stèle et donne à ce lieu le nom de Béthel (« maison de Dieu ») – futur grand sanctuaire d'Israël. Arrivé chez Laban, un parent, il tombe amoureux de la fille cadette de celui-ci, Rachel, aperçue à la margelle d'un puits. Mais, respectant la coutume, il épouse d'abord l'aînée, Léah, puis Rachel, toutes deux lui offrant de s'unir aussi à leurs servantes respectives. Ainsi, Léa lui donne six fils (Ruben, Siméon, Lévi, Juda, Issachar et Zabulon) et une fille (Dina), et sa servante Zilpa deux fils (Gad et Asher). Rachel, un temps rendue stérile par Dieu, conçoit Joseph, et sa servante Bilha deux fils (Dan et Nephtali).

Jacob, désormais riche éleveur, décide de rentrer en Canaan et de mettre un terme à la querelle qui l'oppose à Ésaü. En chemin, il s'écarte de sa famille et de ses troupeaux, et s'arrête pour la nuit. Soudain « quelqu'un [Dieu] lutta avec lui jusqu'au lever de l'aurore », le blessant à la hanche sans pour autant le maîtriser. Jacob est alors appelé d'un autre nom : Israël (qui se résume par « fort contre Dieu »). Il retrouve les siens, puis se sépare d'Ésaü après avoir partagé avec lui les terres. Une dernière épreuve l'attend : Rachel, l'épouse qu'il aime, meurt à Éphrata (Bethléem) en donnant naissance à Benjamin. Après l'aventure de Joseph en Égypte, Jacob le rejoint dans ce pays et, au crépuscule de sa vie, bénit ses douze fils, d'où naîtront les douze tribus d'Israël. Il se fait enterrer « près de ses pères, dans la grotte qui est dans le champ d'Éphrôn le Hittite, dans la grotte du champ de Makpéla [Hébron], en face de Mambré, au pays de Canaan » (Gn 49, 29-33).

La figure prestigieuse de Jacob est bien entendu reprise par les évangiles du Second Testament. Jean (4, 1-42) situe la rencontre de Jésus et d'une Samaritaine « à Sychar, près de la terre que Jacob avait donnée à son fils Joseph. Là se trouvait le puits de Jacob ». Matthieu place Jacob parmi les ancêtres de Jésus (1, 2), lequel déclare, en saluant la foi exemplaire d'un centurion romain : « Eh bien ! je vous dis que beaucoup viendront du levant et du couchant prendre place au festin avec Abraham, Isaac et Jacob dans le royaume des Cieux » (8, 5-13). À propos de la résurrection des morts, Marc (12, 18-27) rapporte, comme Matthieu et Luc, ces propos de Jésus : « Quant au fait que les morts ressuscitent, n'avez-vous pas lu dans le Livre de Moïse, au passage du Buisson, comment Dieu lui a dit : " Je suis le Dieu d'Abraham, le Dieu d'Isaac et le Dieu de Jacob ? " Il n'est pas un Dieu de morts, mais de vivants. Vous êtes grandement dans l'erreur ! » Enfin, chez Luc, qui situe aussi Jacob dans la généalogie de Jésus, l'ange Gabriel, au cours de l'Annonciation à Marie, a ces paroles : « Il [Jésus] régnera sur la maison de Jacob pour les siècles et son règne n'aura pas de fin. »

Dans le Coran, Jacob (Yacoub, appelé aussi Israël) était, comme les autres patriarches, un prophète et un juste de la vraie « Religion », le judaïsme et le christianisme n'ayant fait que s'attribuer sa figure prestigieuse. Il le dit à ses fils quand il est proche de la mort : « Qu'allez-vous adorer après moi ? Ils dirent : Nous adorons ton Dieu, le Dieu de tes pères : Abraham, Ismaël et Isaac – Dieu unique ! – et nous nous soumettons à lui » (*La Vache*, 2, 132). Dieu n'accorde pas de préférence à tel ou tel prophète. Jacob, comme Jésus et d'autres, fut « inspiré » par Dieu (*Les Femmes*, 4, 163) et dirigé par lui qui annonça sa naissance. La sourate 12, consacrée à son fils Joseph, l'évoque évidemment à de nombreuses reprises. Enfin, concernant Jésus, la sourate 19 (*Marie)* rapporte à propos de Jean le Baptiste : « Il [Zacharie] héritera de moi ; il héritera de la famille de Jacob » (6).

➡ *Abraham, Annonciation, Buisson ardent, Canaan, Édom, Gabriel, Genèse, Hébron, Isaac, Ismaël, Israël, Jean le Baptiste, Jésus, Joseph, Marie, Moïse, Patriarche, Prophète, Rachel, Rébecca, Résurrection, Royaume, Samaritain*

JACQUES, ÉPÎTRE DE ✝

L'épître de Jacques est la première des épîtres du Second Testament. Les chercheurs pensent qu'elle était adressée aux juifs convertis, « aux douze tribus de la Dispersion » de l'Empire romain, comme le dit d'emblée l'auteur, et particulièrement à l'Église de Jérusalem. Jacob appelle à l'utilisation spirituelle de l'épreuve, à la mise en pratique de la Parole de Dieu, au respect des pauvres, à la charité indissociable de la foi qui se manifeste en actes (les œuvres), à la tempérance et à la sagesse, à la paix et à la patience. Autant de qualités menant à la condition de « bienheureux » (reprise du discours sur la Montagne de Jésus), dans l'attente de « l'Avènement du Seigneur » et du Jugement dernier. « Celui qui ramène un pécheur de son égarement sauvera son âme de la mort et couvrira une multitude de péchés », conclut-il.

On attribue en général cette épître à Jacques le Mineur.

➡ *Charité, Conversion, Église, Épître, Jacques le Mineur, Jugement dernier, Montagne (Discours sur la), Sagesse de Dieu, Verbe*

JACQUES LE MAJEUR ✠

Jacques le Majeur, appelé ainsi pour le distinguer de Jacques le Mineur, devenu apôtre après lui, est le fils de Zébédée (« cadeau de Dieu ») avec son frère Jean, l'apôtre et l'évangéliste. Tous deux sont en effet appelés par Jésus juste après Pierre et André, et forment avec ces derniers le groupe des quatre premiers disciples, les plus proches du maître et les quatre premiers cités dans les évangiles. Jacques est ainsi présent à des moments clés du ministère de Jésus : résurrection de la fille de Jaïre, Transfiguration, jardin des Oliviers. À Jésus, selon Marc (10, 35-40), les deux frères demandent s'ils pourront « siéger, l'un à sa droite et l'autre à sa gauche, dans sa gloire. Jésus leur dit : "Vous ne savez pas ce que vous demandez. Pouvez-vous boire la coupe que je vais boire et être baptisés du baptême dont je vais être baptisé ?" Ils lui dirent : "Nous le pouvons." Jésus leur dit : "La coupe que je vais boire, vous la boirez, et le baptême dont je vais être baptisé, vous en serez baptisés ; quant à siéger à ma droite ou à ma gauche, il ne m'appartient pas de l'accorder, mais c'est pour ceux à qui cela a été destiné." »

Dans les Actes des apôtres, Jacques, un des acteurs de l'Église, périt en 44, « par le glaive » et sur ordre d'Hérode Antipas. D'après une tradition alimentée par des textes apocryphes comme les *Actes de Jacques* et *La Passion de Jacques le Majeur*, il aurait auparavant évangélisé l'Espagne, serait revenu en Palestine où, une fois mort, ses disciples auraient enlevé son corps. Ils l'auraient transporté jusqu'en Galice, où, depuis le Xe siècle, sa tombe (présumée), découverte au siècle précédent, est l'objet d'un important pèlerinage à Saint-Jacques-de-Compostelle. Chaque année, des dizaines de milliers de pèlerins (ou jacquets) se rendent sur les lieux par les nombreux *caminos* (« chemins ») partant des pays d'Europe. Jacques fut aussi le saint emblématique de la Reconquista, la « reconquête » chrétienne de l'Espagne commencée en 722 et qui s'acheva en 1492, année où furent chassés les derniers musulmans du pays.

➡ *Actes des apôtres, Apocryphe, Apôtre, Disciple, Gloire, Hérode, Jacques le Mineur, Jaïre, Jean, Jésus, Martyr, Ministère, Oliviers (Jardin des), Résurrection, Transfiguration*

JACQUES LE MINEUR ✝

Jacques le Mineur, appelé ainsi pour le distinguer de Jacques le Majeur, est l'une des trois « colonnes » de l'Église tout juste née, selon Paul dans son épître aux Galates (2, 9). Ce « frère de Jésus » remplace en effet Pierre, en 44, à la tête de la communauté des apôtres et participe activement au concile de Jérusalem, qu'il préside (vers 48-49). Cette assemblée est importante puisqu'il y est décidé de rompre avec une partie des rites juifs, comme la circoncision. On prête en outre à Jacques la paternité de l'épître éponyme, adressée aux juifs convertis de Jérusalem. Puis, pour l'historien juif Flavius Josèphe, Jacques aurait subi le martyre en 62 : « Il [Anan, le grand prêtre] réunit un sanhédrin, traduisit devant lui Jacques, frère de Jésus appelé le Christ, et certains autres, en les accusant d'avoir transgressé la loi, et il les fit lapider », écrit l'auteur dans *Les Antiquités juives* (XX, 9).

On s'interroge encore pour savoir si Jésus eut des frères et des sœurs, liens de parenté évoqués plusieurs fois dans le Second Testament. Matthieu présente par exemple « Jacques, Joseph, Simon et Jude » (13, 55). Marc présente Jésus comme « le frère de Jacques, de Joset [Joseph], de Jude et de Simon » (6, 3), et parle même de sœurs. Les protestants adhèrent à cette thèse, tandis que les catholiques la réfutent, s'appuyant, entre autres, sur l'impossibilité pour l'araméen (langue de Jésus et de l'évangile de Marc) de distinguer entre frères, amis ou cousins, relations toutes rendues par le même mot *ach*. Les orthodoxes pensent que Jésus aurait pu avoir des demi-frères.

Selon une tradition, Anne aurait d'abord épousé Joachim, dont elle eut Marie, puis un certain Clopas, avec qui elle conçut Marie Jacobé. Alphée épousa cette dernière et eut quatre fils : Jacques (le Mineur), Joseph (ou Justus), Simon (le Zélote) et Jude. Il existe aussi des ouvrages gnostiques portant le nom de Jacques, « frère du Seigneur » (une apocalypse et un « livre secret »). Le livre apocryphe *La Nativité de Marie*, appelé aussi *Protévangile de Jacques* (sans doute du IIe siècle), c'est-à-dire le « premier évangile de Jacques » – où l'auteur se dit le « frère » de Jésus –, rapporte, quant à lui, la vie de Marie et l'enfance de Jésus. Il a beaucoup contribué à la naissance du culte de Marie.

➡ *Anne, Concile, Église, Galates (Épître aux), Gnosticisme, Jacques (Épître de), Jacques le Majeur, Josèphe (Flavius), Marie-Madeleine, Pierre, Sanhédrin, Simon le Zélote*

JAFARITES ☪

Les jafarites sont les tenants de la Jafariya, l'école juridique du chiisme ; l'autre famille de l'islam, le sunnisme, très majoritaire, se réfère à ses propres écoles *(madhahib)*, au nombre de quatre. La Jafariya porte le nom de Ja'far al-Sâdiq (699-765), mort à Médine. Pour les chiites duodécimains (« douzième »), qui forment le courant principal du chiisme, il est le sixième des douze grands imams (VIIe-IXe siècle), et le cinquième pour les ismaéliens, ou septimainiens (« septième »). Les imams sont les descendants et successeurs d'Ali, gendre et cousin du Prophète, dont les chiites se réclament les partisans. On doit à Ja'far al-Sâdiq d'avoir posé les jalons législatifs de l'islam non seulement pour le chiisme, mais aussi pour le sunnisme, puisqu'il fut le maître des initiateurs de deux écoles juridiques sunnites, le malikisme (Malik ibn Anas) et l'hanafisme (Abou Hanifa).

➡ *Chafiisme, Chiisme, Duodécimain, Hanafisme, Hanbalisme, Imam, Ismaélien, Madhahib, Malikisme, Sunnisme*

JAÏRE ✝

Ce nom (version grecque de l'hébreu Yaïr, « Dieu rayonne ») est celui d'un habitant de Capharnaüm, que Marc (5, 36) et Luc (8, 49) présentent comme le « chef de la synagogue », donc un notable, car cette responsabilité était à la fois religieuse et sociale. Ces deux évangélistes et Matthieu racontent le miracle dont va bénéficier sa fille. Jésus, en effet, se trouve à Capharnaüm lorsque Jaïre s'adresse à lui : « Ma petite fille est à toute extrémité, viens lui imposer les mains pour qu'elle soit sauvée et qu'elle vive », rapporte Marc (5, 23). Mais ils apprennent en route que l'enfant est morte. « Pourquoi déranges-tu encore le Maître ? » reprochent des gens au malheureux père. « Mais Jésus, qui avait surpris la parole qu'on venait de prononcer, dit au chef de synagogue : "Sois sans crainte, aie seulement la foi." Et il ne laissa personne l'accompagner, si ce n'est Pierre, Jacques et Jean, le frère de Jacques. Ils arrivent à la maison du chef de synagogue et il aperçoit du tumulte, des gens qui pleuraient et poussaient de grandes clameurs. Étant entré, il leur dit : "Pourquoi ce tumulte et ces pleurs ? L'enfant n'est pas morte, mais elle dort." Et ils se moquaient de lui. Mais les ayant tous mis dehors, il prend avec lui le père et la mère de l'enfant, ainsi que ceux qui l'accompagnaient, et il pénètre là où était l'enfant. Et prenant la main de l'enfant, il lui dit : "*Talitha koum*" [en araméen], ce qui se traduit : "Fillette, je te le dis, lève-toi !" Aussitôt la fillette se leva et elle marchait, car elle avait douze ans. Et ils furent saisis aussitôt d'une grande stupeur », raconte encore Marc (5, 36-42). « Mais il leur prescrivit [aux parents] de ne dire à personne ce qui s'était passé », ajoute Luc (8, 56), tandis que Matthieu précise : « Le bruit s'en répandit dans toute cette contrée » (9, 26).

Ce miracle, qui se situe au cours de la période faste du ministère de Jésus, lorsque des foules considérables l'entouraient à Capharnaüm, laisse donc supposer que celui-ci avait le pouvoir de ressusciter, même si la fille de Jaïre est plongée dans une sorte de catalepsie. Mais ce pouvoir, il l'exprimera clairement à l'approche de sa Passion, lorsqu'il ressuscitera son ami Lazare.

➡ *Araméen, Capharnaüm, Lazare, Miracle, Passion, Résurrection, Synagogue*

JEAN ✠

Jean (dérivé du grec Iôannes, issu de l'hébreu Yohanân, « Dieu a fait grâce ») est l'un des acteurs majeurs des évangiles et des premiers pas des apôtres de Jésus, une des trois « colonnes » de l'Église, affirme Paul dans l'épître aux Galates (2, 9), les deux autres étant Pierre et Jacques le Mineur.

Jean est, avec Jacques le Majeur, l'un des fils de Zébédée (« cadeau de Dieu »), pêcheur plutôt aisé de Bethsaïde, sur le lac de Tibériade. D'après l'évangéliste Marc, Jésus, lorsqu'il institue le groupe des douze apôtres, leur donne « le nom de Boanergès, c'est-à-dire "fils du tonnerre" » (3, 17). Dans l'évangile qui porte son nom, Jean se présente comme « le disciple que Jésus aimait », sous-entendant ainsi des liens étroits. Jean est en effet l'un des quatre plus proches apôtres, avec Jacques, Pierre et son frère André avant eux. D'abord disciples de Jean le Baptiste, ces jeunes pêcheurs suivent Jésus qui, depuis la rive du lac, les a appelés à devenir « pêcheurs d'hommes ». À en juger par sa présence fréquente dans les récits évangéliques, souvent associé à Pierre, il a certainement joué un rôle important durant le ministère de Jésus. Nous le trouvons présent lors de miracles, à la Transfiguration, au jardin des Oliviers, après la Résurrection, autant de moments essentiels. Selon lui, Jésus lui désigne le traître Judas lors de la Cène (13, 26) ; Jean assiste également à la crucifixion, où Jésus lui confie sa mère Marie (14, 31-37) ; avec Pierre, il est le premier à constater que Jésus n'est plus dans son tombeau (20, 1-10) ; mais il est le seul à montrer que le premier témoin de la résurrection est une femme, Marie de Magdala (20, 11-18). Enfin, Matthieu rapporte que Salomé, la mère de Jean et une fidèle disciple de Jésus, était aussi présente au Golgotha, le lieu de la crucifixion. Ce que confirme Marc, qui la situe aussi parmi les femmes venues embaumer le corps de Jésus avec des aromates, le surlendemain de la crucifixion. Dans les Actes des apôtres, Jean et Pierre, parce qu'ils continuent de convertir des juifs malgré l'interdiction, comparaissent devant le Sanhédrin, dont le président, Gamaliel l'Ancien, obtient de les relâcher. Puis ils partent annoncer l'Évangile en Samarie, au nord de la Palestine.

Le Second Testament laisse ensuite place à d'autres sources, notamment des écrits apocryphes, comme les *Actes de Jean* (ouvrage grec du IIe siècle), très bel ensemble relatant le travail et la mort de Jean en Asie Mineure. Car, contrairement à la plupart des autres apôtres, Jean n'aurait pas subi le martyre. Après 70, date de la fin tragique de la révolte juive matée par les Romains, il serait parti en Asie Mineure. On le retrouve d'abord à Éphèse (en Turquie). Tout en prenant la tête de la communauté chrétienne fondée par Paul, il écrit alors son évangile et les trois épîtres catholiques qui lui sont attribuées. Puis, vers 95, sous le règne de l'empereur Domitien, Jean est exilé sur l'île de Patmos, en Grèce, où il aurait composé l'Apocalypse, le dernier livre du Second Testament. De retour à Éphèse, il aurait fini ses jours sous le règne de l'empereur Trajan (98-117), donc à un âge très avancé, surtout pour l'époque.

Les ouvrages attribués à Jean continuent d'alimenter les débats, des chercheurs essayant toujours de lui en retirer la paternité, d'autres tentant de la confirmer. Quoi qu'il en soit, l'évangile de Jean est un texte d'une beauté envoûtante, secrète, et d'une grande spiritualité, à l'image des célèbres premiers mots : « Au commencement était le Verbe et le Verbe était avec Dieu et le Verbe était Dieu. » Il se distingue des trois synoptiques (Matthieu, Marc, Luc) par son contenu plus théologique. Il raconte le ministère, le premier miracle à Cana, l'essentiel de l'action de Jésus et situe d'autres miracles en Judée et à Jérusalem. Puis vient le dernier repas (Cène) avant lequel Jésus lave les pieds de ses disciples, par humilité, et au cours duquel il leur fait ses adieux. L'ensemble s'achève sur ces mots, qui donnent à réfléchir : « Il y a encore bien d'autres choses qu'a faites Jésus. Si on les mettait par écrit une à une, je pense que le monde lui-même ne suffirait pas à contenir les livres qu'on en écrirait. »

Quant aux trois épîtres catholiques, la première s'apparente plus à un programme afin d'être « en communion » avec Dieu qui est la Lumière dans laquelle il faut marcher, le Père dont il faut être l'enfant surveillant les « antichrist », pratiquant la charité, recherchant les profondeurs de la foi. Les deux autres épîtres, très courtes, se présentent comme de vraies lettres adressées par un « ancien », chef d'une communauté.

➡ *Antéchrist, Apocalypse, Apocryphe, Cana, Cène, Crucifixion, Épître, Éphésien, Évangéliste, Évangiles, Jacques le Majeur, Jean le Baptiste, Jésus, Judas, Iscariote, Marie de Magdala, Matthieu, Oliviers (Jardin des), Pierre, Résurrection, Tibériade, Transfiguration, Verbe*

JEAN LE BAPTISTE ✞ ☪

La naissance miraculeuse de Jean, cousin et précurseur de Jésus, est annoncée par l'évangéliste Luc dans son «évangile de l'enfance» (1, 6-25). Zacharie (de Zekharyah, « Dieu se souvient » en hébreu), prêtre du temple de Jérusalem, et son épouse Élisabeth, tous deux âgés, n'ont pas d'enfant car celle-ci est stérile – une malédiction dans la Bible où la stérilité touche uniquement les femmes ! Un jour, Zacharie est désigné pour une tâche émérite et unique dans la vie d'un prêtre : brûler l'encens à l'entrée du Saint des saints du Temple. Soudain, l'ange Gabriel lui apparaît et lui annonce la naissance d'un fils : « Tu l'appelleras du nom de Jean. » Un fils qui « sera grand devant le Seigneur ; il ne boira ni vin ni boisson forte ; il sera rempli d'Esprit saint dès le sein de sa mère » ; « Il marchera devant lui avec l'esprit et la puissance d'Élie [grand prophète du IXe siècle av. J.-C.], pour ramener le cœur des pères vers les enfants et les rebelles à la prudence des justes, préparant au Seigneur un peuple bien disposé. » Jean doit préparer la venue du Messie, en l'occurrence Jésus. Alors qu'elle est enceinte, Élisabeth reçoit sa cousine Marie, qui lui apprend qu'elle va enfanter Jésus, lequel naîtra six mois après Jean. Luc résume ainsi les premières années de Jean : « L'enfant grandissait et son esprit se fortifiait. Et il demeurait dans les déserts jusqu'au jour de sa manifestation à Israël » (1, 80).

Jean le Baptiste réapparaît dans le désert. Il y vit en ascète et baptise dans le Jourdain, appelant à la pénitence. Ce rite marque la conversion des cœurs en vue de l'imminence des derniers temps, de l'arrivée du Messie et du Jugement qui concernera vivants et morts. Jean est un *nazir*, un « voué à Dieu » pendant une période (voire définitivement) durant laquelle, selon la Bible, il doit se garder de rentrer en contact avec tout ce qui est impur, dont les aliments, et éviter de boire des préparations fermentées, et bien sûr du vin. Pour Marc, il était « vêtu d'une peau de chameau [maintenue à la taille par une ceinture de cuir] et mangeait des sauterelles et du miel sauvage » (1, 6). Cette description correspond aux tenues des prophètes d'Israël, et plus particulièrement à celle d'Élie donnée dans le premier livre des Rois (1, 8). Élie ayant été enlevé au ciel par un char et des chevaux de feu, pour rejoindre Dieu, selon le second livre des Rois (2, 11), le judaïsme se mit à espérer en son retour qui devait intervenir au jour du Jugement. « Voici que je vais vous envoyer Élie le prophète, avant que n'arrive le Jour de Yahvé, grand et redoutable », écrit par exemple le prophète Malachie (3, 23), vers 500 av. J.-C. Jean est ainsi considéré par certains de ses contemporains comme le nouvel Élie.

La proximité des esséniens de Qumrân, qui utilisaient aussi l'eau pour une sorte de baptême, a fait penser que Jean aurait pu faire partie de cette secte – théorie à l'origine d'une polémique toujours vivace, car elle suppose aussi que Jésus aurait pu être essénien. On s'accorde, à reconnaître que Jésus est d'abord un disciple de Jean, qui a annoncé sa venue : « Pour moi, je vous baptise avec de l'eau, mais vient le plus fort que moi, et je ne suis pas digne de délier la courroie de ses sandales ; lui vous baptisera [aussi et surtout] dans l'Esprit saint et le feu », rapporte Luc (3, 16-17).

C'est parmi les disciples de Jean que Jésus recrute ses quatre premiers fidèles : Jean et Jacques (le Majeur), Pierre et André. Puis, le Baptiste est arrêté par Hérode Antipas, et Jésus entame son propre ministère. Marc (6, 17-29) et Matthieu (14, 3-12), relayés plus tard par l'historien juif Flavius Josèphe dans ses *Antiquités juives*, relatent la suite de cette arrestation. Antipas a épousé Hérodiade, femme de son frère Philippe et étrangère (Nabatéenne). Jean, déjà remarqué pour son attitude entière, dénonce cette union et le clame. Il est enfermé, sans doute dans la forteresse de Machéronte (non loin de la mer Morte) où il est décapité, en 29 ou en 30. Conformément à sa promesse, Antipas donne ensuite sa tête à la fille d'Hérodiade, sur un plateau – Richard Strauss en a fait l'opéra *Salomé*. Jésus, mis au courant, en est affecté, d'autant que, depuis sa prison, Jean lui a fait savoir qu'il commençait à douter de sa mission de Messie. Car l'influence de Jean reste grande et semble avoir continué après la crucifixion de Jésus, quelques mois plus tard. Dans les Actes des apôtres (19, 1-7), Paul s'entretiendra avec quelques-uns de ses disciples, à Éphèse (Turquie), vers l'an 50. Les mandéens, qui existent toujours, s'inscrivent dans cette filiation.

Les musulmans rangent Jean (Yahya) parmi les prophètes. Dans le Coran, Zacharie (Zakariya), son père, adresse à Dieu une prière exemplaire, comme le stipule la sourate *Les Prophètes* (21, 89-90). La sourate 19, *Marie* (2-15), rapporte cette invocation, le mutisme de trois jours dont est frappé Zacharie (comme dans Luc qui prolonge ce temps), la naissance de Jean qui reçoit sagesse, tendresse et pureté. Éléments repris dans la sourate 3 (35-41), *La Famille de 'Imran*, où Marie, fille de ce dernier, est confiée à Zacharie, dans le Temple – récit conforme aux livres apocryphes sur Marie ; Jean « déclarera véridique un Verbe émanant de Dieu ». Jean et Zacharie font partie des justes, avec Élie et Jésus, dit la sourate *Les Troupeaux* (6, 85).

➡ *Actes des apôtres, André, Annonciation, Ascèse, Baptême, Conversion, Élie, Encens, Enfance (Évangiles de l'), Esprit saint, Essénien, Gabriel, Hérode, 'Imran (La Famille de), Jacques le Majeur, Jean, Jésus, Josèphe (Flavius), Jourdain, Jugement dernier, Juste, Mandéen, Marie, Messie, Nazir, Paul, Pierre, Prophète, Sagesse de Dieu, Seigneur, Verbe, Vigne*

JÉHOVAH ✡ ✝ ☪

Selon certains avis, le nom « Jéhovah » est une pure invention linguistique (un barbarisme). Selon d'autres avis, minoritaires et s'appuyant sur une explication complexe du Nom divin, il s'agirait du contraire.

Mais la thèse du barbarisme reste plus que largement admise. En effet, à partir du IIIe siècle av. J.-C. environ, pour éviter d'avoir à prononcer le très sacré Yahvé, Nom de Dieu issu du tétragramme YHWH, il fut décidé de le remplacer par Adonaï (« Mes Seigneurs »), et aussi par Élohim (« Dieu »). Les copistes ultérieurs, pour signifier qu'il fallait désormais lire « Adonaï », notèrent sous le YHWH les voyelles de ce nom, soit, en hébreu, E (pour le A), O et A, qui, à la suite d'une lecture particulière, furent interprétées par « jé-ho-vah ». De cette erreur de lecture est donc né le nom « Jéhovah », repris par un mouvement, souvent jugé sectaire, apparu dès 1831 aux États-Unis, les Témoins de Jéhovah, courant d'inspiration millénariste.

➡ *Adonaï, Création, Élohim, Genèse, Millénarisme, Sang, Seigneur, Tétragramme, Trinité, Yahvé, YHWH*

JÉRÉMIE ✡

Jérémie (en hébreu Yirmeyahou, « Yah [Dieu] élève » ou « Yah [Dieu] s'ouvre »), seul prophète, avec Osée, sur lequel nous possédions des informations biographiques, a laissé un livre d'une puissance extraordinaire. Sa sensibilité extrême, sa foi qui lui procure une force morale hors du commun, sa mission de laquelle il ne déviera jamais pendant ces trente années précédant l'Exil, tout cela en fait l'un des personnages les plus fascinants et attachants de la Bible. Originaire d'Anatot, au nord-est de Jérusalem, il est appelé à devenir prophète vers 627 av. J.-C., au temps de Josias (640-609), roi de Juda. Il écrit : « Avant même de te former au ventre maternel, je [Dieu] t'ai connu » (1, 5) – au sens religieux du mot « connaissance ». Jérémie n'aura de cesse d'intervenir auprès des souverains, et son destin va se fondre dans celui d'Israël...

À Joiaqim (609-598), successeur de Josias, mis en place par les Égyptiens qui contrôlent Juda, il reproche sa politique étrangère, l'iniquité de son pouvoir, et sa faiblesse devant les idoles tandis qu'il va hypocritement célébrer Yahvé. Il brise devant lui une cruche, afin de montrer le châtiment que Dieu réserve à son peuple infidèle : « Je vais briser ce peuple et cette ville comme on brise le vase du potier, qui ne peut plus être réparé » (19, 11). Jérusalem et les Judéens risquant la ruine, le prophète subit une vive répression, échappe de peu à une tentative de meurtre, puis est mis au carcan, mais sans cesser de prononcer ses oracles défavorables au monarque et à son royaume. Excédé, Joiaqim fait brûler les rouleaux contenant ces oracles. Or, ces documents ont été consignés par Baruch, secrétaire de Jérémie qui les reconstitue aussitôt ! Menacé d'être arrêté, le prophète parvient à s'enfuir et dicte de nouveau à Baruch les textes détruits. Mais en 597, sous le roi Joiakîn (598-597), Babylone ravage Juda, le Temple et exile la haute société judéenne. Jérémie, resté dans son pays, annonce alors que l'avenir d'Israël est désormais représenté par ces exilés – dont fait partie Ézéchiel – qui devront s'établir à Babylone et y consolider leur foi malgré l'épreuve. Car, soixante-dix ans plus tard, ils retrouveront le sol d'Israël, par la volonté de Dieu. Mais cette épreuve est aussi la sienne. Il est seul, célibataire, n'a pas d'enfant, souffre, comme Juda... Suis-je à la hauteur de ma mission ? se demande Jérémie qui, envahi par le doute, cède pourtant devant le pouvoir de conviction de Dieu et s'engage à poursuivre.

Il persiste à situer le cœur d'Israël parmi les exilés, à appeler à la soumission à Babylone qu'il symbolise par un joug à bestiaux, s'attirant un surcroît de haine, les injures, les brimades, le mépris... Lorsque Juda se rebelle sous Sédécias (597-587) et tombe en 587, la plupart des Judéens partent pour Babylone. Le roi et ses fils sont égorgés, tandis que Jérémie – après les Lamentations qui lui sont attribuées – est conduit par des Judéens en Égypte. Il a pourtant fustigé une quelconque alliance avec cette nation que les prophètes ont toujours présentée comme l'archétype de l'idolâtrie. Il meurt à une date inconnue, loin de Babylone et du renouveau d'Israël qu'il a tant magnifié. Il a aussi, dans le livre de la Consolation (chapitres 30 et 31), introduit une notion nouvelle de la responsabilité, que reprendra bientôt Ézéchiel : « En ces jours-là on ne dira plus : "Les pères ont mangé des raisins verts, et les dents des fils sont agacées." Mais chacun mourra pour sa propre faute. Tout homme qui aura mangé des raisins verts, ses propres dents seront agacées » (31, 29-30). Le peuple s'est rendu coupable collectivement et individuellement. Le péché ne portera plus seulement sur les descendants des coupables, mais sur celui qui en est l'auteur. La figure prestigieuse de Jérémie sera reprise par l'évangéliste Matthieu.

➡ *Babylone, Baruch, Connaissance, Exil, Ézéchiel, Josias, Juda, Lamentations*

JÉRICHO ✡ ✝

Cette ville, située à une dizaine de kilomètres au nord-ouest de la mer Morte, s'étend près de l'actuelle Er-Rihâ. Elle fait l'objet d'un récit célèbre dans le livre de Josué (chapitre 6).

Jéricho se trouve sur la route des Hébreux conduits par Josué lors de la conquête de Canaan, la Terre promise. Sur le plan historique, Jéricho existait depuis quelque six mille ans, ce qui en fait l'une des plus anciennes villes du monde. Mais l'archéologie a montré que, au temps de l'arrivée des Hébreux (vers le XIIIe siècle av. J.-C.), elle était déserte depuis des siècles. Sa prise, et surtout la manière dont elle tombe, possède donc une portée religieuse. S le peuple élu respecte son Dieu, il lui est possible de vaincre.

Deux espions vont étudier les défenses de Jéricho et trouvent refuge chez une prostituée, Rahab, qui a eu vent des exploits de ce peuple redoutable, protégé par son Dieu qui lui a permis de traverser à pied sec la mer Rouge et de s'emparer de la région située de l'autre côté du Jourdain. Contre son silence, ils promettent de l'épargner lorsque la ville tombera, puis viennent faire leur rapport à Josué. Après avoir traversé le Jourdain, les Hébreux ne se lancent pas à l'assaut. Pendant sept jours, sept prêtres, qui marchent devant l'arche d'Alliance contenant les Tables de la Loi transmises par Dieu à Moïse, font le tour de la ville en sonnant de la trompe. Au septième jour, ils font de même et le peuple pousse un formidable cri de guerre. Le rempart s'écroule et la population est massacrée, excepté Rahab qui rejoint Israël. Jéricho est maudite à jamais.

À l'époque de Jésus, Jéricho a été reconstruite, tout près de l'ancien site, par le sanguinaire Hérode le Grand qui en a fait sa résidence d'hiver. Il s'agit d'une ville riche. Jésus s'y rend sans doute à plusieurs reprises, et les évangiles synoptiques (Matthieu, Marc, Luc) y situent des miracles, la guérison d'un aveugle (Lc 18, 35-43 et Mc 10, 46-52), ou de deux aveugles (Mt 20, 29-34). À Jéricho, Jésus rencontre aussi Zachée, un publicain (collecteur d'impôts, jugé impur et détesté) et l'accueille dans le Royaume (Lc 19, 1-10). Enfin, c'est sur la route de Jérusalem à Jéricho que s'inscrit l'action de la célèbre parabole du Bon Samaritain (Lc 10, 29-37).

➡ *Chofar, Hérode, Josué, Jourdain, Peuple élu, Publicain, Samaritain, Synoptique*

JÉRUSALEM ✡ ✝ ☪

Jérusalem (Yeruchalayim en hébreu) est le grand trait d'union entre les trois religions monothéistes, qui chacune en exalte la sainteté. Mais elle est aussi, et pour cette raison, une source de conflits depuis des siècles.

Cette ville juchée à 700-800 m d'altitude, apparue sans doute dès le IIIe millénaire av. J.-C., est fortifiée par les Jébuséens, avant que, selon la Bible, David ne la leur ravisse vers l'an 1000 av. J.-C. Il en fait la capitale de son royaume, y apporte l'arche d'Alliance et la lègue à son fils Salomon qui la développe et y fait bâtir la maison de Yahvé : le Temple. En 931, Israël se scinde en deux territoires, et Jérusalem n'est plus que la capitale du petit royaume du Sud, Juda. Rescapée de l'invasion assyrienne qui balaie la Samarie (royaume du Nord), la ville est enlevée et ravagée par Babylone en 587 ; le Temple est détruit et la population connaît l'Exil. En 538, le Perse Cyrus le Grand permet aux Israélites de retrouver leur terre : les difficultés président à la reconstruction du Temple, consacré en 515, et de Jérusalem, devenue la capitale de la province perse de Judée. Le judaïsme, loin de s'éteindre, rayonne depuis la ville et son sanctuaire où affluent aussi les pèlerins venus de la Diaspora pour les fêtes annuelles. Jérusalem est ensuite la capitale de la famille juive des Maccabées (IIe-Ier siècle), avant que les Romains ne s'emparent de la Palestine (63).

Au début du Ier siècle de notre ère, à l'époque de Jésus, Jérusalem règne sur la province de Judée, sous l'autorité d'un préfet romain. Hérode le Grand (40-4), « roi des juifs », y a mené de grands travaux. La cité, entourée d'une muraille percée de portes, abrite cent mille habitants environ et s'est dotée de superbes bâtiments dont le palais d'Hérode, de villas élégantes édifiées par les grands prêtres et du Temple, restauré et considérablement agrandi par Hérode. Les Romains surveillent les milliers de pèlerins depuis la forteresse d'Antonia dominant le Temple. Mais, lors de la révolte juive (66-70), Jérusalem et ce Second Temple sont détruits par les armées de Titus. Quand, en 130, l'empereur Hadrien décide d'établir une ville romaine sur le mont du Temple, les juifs se révoltent à nouveau, sous la conduite de Bar-Kokhba : cinq ans plus tard, la ville est encore détruite puis rebâtie pour devenir la romaine Aelia Capitolia, interdite aux juifs. Elle ne retrouve son nom que sous l'empereur Constantin, qui met fin aux persécutions contre les chrétiens en 313. Désormais intégrée à l'Empire byzantin, elle est ouverte aux juifs, mais aussi aux pèlerins chrétiens qui cherchent à s'imposer.

En 638, le calife Omar conquiert Jérusalem, inaugurant la présence arabe sous les dynasties des Omeyyades (660-750), des Abbassides (750-969) et des Fatimides (969-1071). Lorsque, en 1071, les Seldjoukides turcs prennent la ville, ils persécutent juifs et chrétiens, motivant les croisades (1096-1270). Prise en 1099, Jérusalem devient la capitale d'un royaume chrétien jusqu'en 1187 année où Saladin, fondateur des Ayyoubides, bat les armées chrétiennes près du lac de Tibériade. Tombée sous la tutelle des Mamelouks d'Égypte (1260-1517), puis de l'Empire ottoman (1517-1917), Jérusalem est ensuite soumise à la protection britannique sur la Palestine. Ce mandat ne prend fin qu'en 1948, avec la création de l'État d'Israël. Jérusalem, partagée avec le royaume hachémite de Jordanie (partie est ou vieille ville) où se trouve le mont des Oliviers, est pourtant considérée comme capitale d'Israël, en vertu d'un décret du Parlement, la Knesset (1949 et 1980). Elle est réunifiée par les Israéliens en 1967, lors de la guerre des Six Jours - beaucoup de pays ne reconnaissent toujours pas cette annexion. La situation de Jérusalem, où siège la Knesset, où résident juifs, musulmans et chrétiens, est toujours un sujet épineux de négociations entre Israël et l'Autorité palestinienne, sous le regard concerné des Églises chrétiennes.

La Bible chante abondamment Jérusalem, appelée aussi « Sion ». Les Psaumes, les prophètes — dont Ézéchiel (40-48) — et d'autres ouvrages en clament la grandeur et la dimension religieuse, allant parfois jusqu'à en idéaliser la configuration. Citons les Lamentations, insérées dans le livre du prophète Jérémie, évocation aussi magnifique que poignante de la Ville sainte martyrisée après la ruine de 587. Et le Trito-Isaïe, recueil contenu dans le livre d'Isaïe, splendide appel à une Jérusalem glorifiée où convergeront tous les pays et les juifs de la Diaspora, avant que n'adviennent les derniers temps. Pour les juifs, Jérusalem reste la Ville sainte du judaïsme, la ville de David et de ses descendants (dont le Messie), la terre du Premier et du Second Temple, ce dernier n'ayant laissé que le mur ouest, dit « des Lamentations ». Elle est aussi célébrée par le Talmud et la Michnah, écrits fondamentaux du judaïsme. Chaque juif se doit d'y « monter » *(aliya)* à l'occasion des fêtes de pèlerinage, et les prières doivent être prononcées en direction du mur, quel que soit le lieu où l'on se trouve. La réunification de Jérusalem en 1967 est célébrée par une fête annuelle, le 28 iyyar.

Les évangiles rapportent que, au cours de son ministère, Jésus se rend plusieurs fois à Jérusalem, pour les fêtes annuelles - enfant, il a été présenté au Temple, comme le veut la coutume. Ils retentissent aussi de ses appels : « Jérusalem, Jérusalem, toi qui tues les prophètes et lapides ceux qui te sont envoyés » (Mt 23, 27 et Lc 13, 34). La dernière visite de Jésus à la ville sainte s'achèvera par sa crucifixion. Après avoir séjourné à Béthanie, auprès de Lazare — qu'il a ressuscité — et de ses sœurs, il y fait une entrée « messianique », juché sur un âne, tandis qu'une foule jonche son parcours de rameaux en proclamant : « Béni soit celui qui vient au nom du Seigneur ! » (Mc 11, 1-11 et Lc 19, 28-38.) Il a déjà annoncé qu'il terminerait ici sa vie terrestre : « Il ne convient pas qu'un prophète périsse hors de Jérusalem » (Lc 13, 33). Mais un jour y régnera « l'abomination de la désolation » (Mt 24, 15 et Mc 13, 14), référence au prophète Daniel évoquant la fin des temps. Chez Luc (19, 41-44), en effet, Jésus se lamente sur Jérusalem : « Ils [tes ennemis] t'écraseront sur le sol, toi et tes enfants au milieu de toi, et ils ne laisseront pas en toi pierre sur pierre, parce que tu n'as pas reconnu le temps où tu fus visitée ! » — car elle est promise à la destruction (21, 5-36). Pour les chrétiens, Jérusalem est la ville de la Passion et de la Résurrection ; c'est à Jérusalem que naquit l'Église après la Pentecôte, que se réunit le premier concile. Les chrétiens y sont toujours présents par les églises, surtout la basilique du Saint-Sépulcre, lieu confié à plusieurs Églises : inaugurée par Constantin en 313, remaniée jusqu'au XIXe siècle, elle marque l'emplacement du calvaire (Golgotha) et du tombeau de Joseph d'Arimathie, où fut inhumé le Christ. En principe, depuis l'origine de cette construction, toutes les églises sont orientées vers Jérusalem.

Selon des auteurs, Mahomet demanda d'abord que les prières soient dirigées *(qibla)* vers Jérusalem, puis, à partir de 624, après la rupture avec les juifs de Médine, vers la Kaaba de La Mecque. Mais d'après la biographie du Prophète et la 2e sourate du Coran, *La Vache*, il a toujours souhaité que ce soit vers La Mecque : « Tourne donc ta face dans la direction de la Mosquée sacrée » (2, 144). Pour le Coran, Jérusalem (al-Qouds, « la Sainte ») est la troisième ville sainte de l'islam, après La Mecque et Médine. Elle fut le siège du temple de Salomon et reste liée aux prophètes juifs célébrés par l'islam. Mais, surtout, elle est le cadre du *Voyage nocturne (isra)* de Mahomet, titre de la sourate 17, et de sa montée au ciel *(miraj)*. Cette ascension se déroula sur le parvis du Temple, alors détruit. Sur cette « esplanade des mosquées », la mosquée al-Aqsa (« la Lointaine »), véritable trésor architectural, est une référence au temple de Salomon. Commencée vers 660 par Mu'âwiya, fondateur de la dynastie des Omeyyades, et poursuivie jusqu'au XIe siècle, elle fait face au Dôme du Rocher (691) d'où Mahomet réalisa le *miraj*.

➡ *Aliya, Arche, Bar-Kokhba, Calife, Concile, Croisade, Crucifixion, David, Dôme du Rocher, Exil, Golgotha, Hérode, Isra, Israël, Jésus, Juda, Judée, Kaaba, Lamentations, Maccabées (Livre des), Messie, Miraj, Oliviers (Jardin des), Omar, Passion, Pentecôte, Ponce Pilate, Qibla, Rameaux, Résurrection, Romain, Sion, Temple*

JESSÉ ✡ ✝

Jessé est présenté dans la Bible comme étant originaire de Bethléem et le père de plusieurs enfants. L'un d'eux lui assure une gloire éternelle : David, le plus grand roi du judaïsme, qui régna sur Israël au tout début du Ier millénaire av. J.-C. Il est ainsi présenté comme le « fils de Jessé » dans certains livres, dans des psaumes, ainsi que dans le Second Testament où des évangiles en font un aïeul de Jésus.

En effet, dans l'antique Israël, le prophète Isaïe (VIIIe siècle av. J.-C.) annonça la naissance du Messie, qui surgirait du tronc de Jessé à partir d'un rameau. Jésus étant considéré par les premiers chrétiens comme le Messie (*Christos* en grec), dans le sens de Sauveur des hommes, il est logique de rencontrer une telle généalogie. Celle-ci fut représentée dès le XIe siècle par un « arbre de Jessé » où, au milieu des ancêtres du Christ, figurent sa mère Marie (le rameau), lui-même (fleur) et Jessé (souche). L'art n'a cessé de s'emparer de ce thème majeur du christianisme.

➡ *Christ, David, Jésus, Marie, Messie*

JÉSUS ✡ ✝ ☪

Depuis les travaux d'auteurs comme les Allemands David Friedrich Strauss (1808-1874) et Rudolf Bultmann (1884-1976), ou le Français Ernest Renan (1823-1892), le portrait de Jésus n'est plus le seul fait des quatre évangiles du Second Testament, de la théologie, du dogme et de la foi. Les recherches historiques, l'archéologie et l'étude des textes ont permis aussi non de constituer une biographie de Jésus, tâche presque impossible, mais de mieux connaître l'homme et de dresser les grandes étapes de son ministère, le tout s'inscrivant dans une époque précise.

Pour ce qui concerne les sources littéraires, les mentions des historiens romains ultérieurs étant rares et floues, et celles de l'historien juif Flavius Josèphe étant sujettes à caution, elles se résument aux évangiles. Cependant, la découverte et l'analyse des évangiles apocryphes (non retenus dans le Second Testament) et des rouleaux de Qumrân ont permis d'apporter des compléments importants sur la religion juive de l'époque. Il convient de souligner d'emblée que, par exemple, la conception virginale et la Résurrection sont du ressort de la foi chrétienne, non de l'Histoire. De même l'origine divine dont se réclame Jésus et qu'affirment les évangiles.

Le nom « Jésus » est une transcription du grec Iesous, de l'hébreu Yeshouah (« Dieu sauve »). De son enfance, évoquée dans les évangiles éponymes, nous savons juste que Jésus naît à Bethléem, en Judée, région de Palestine sous domination romaine (pendant le règne de l'empereur Auguste) depuis l'an 63 avant l'ère chrétienne et gouvernée par Hérode le Grand. Mais s'il vient au monde pendant le règne de l'empereur Auguste, il naît en fait six ans environ avant la date officielle, fixée dans la première moitié du VIe siècle. La langue de ses parents, Joseph (descendant du roi David) et Marie, est l'araméen – qui côtoie le latin et le grec, dans une moinde mesure. Quand il commence sa prédication, à trente-deux ou trente-quatre ans, la Palestine est partagée en provinces, la Judée et la Samarie étant dirigées par le préfet romain Ponce Pilate. Nazareth, où il a passé ses jeunes années, est en Galilée, gouvernée par Hérode Antipas. L'ancien Israël n'existe donc plus, et les juifs, forts d'une histoire nationale plus que millénaire traversée par la gloire, le déclin, l'exil puis un sursaut de révolte (les Maccabées), sont dans l'attente d'un libérateur, le Messie.

Jésus est un juif fréquentant la synagogue, formé à une foi très ancienne, aux écrits sacrés – dont la Torah – qu'il connaît bien. Le judaïsme est alors partagé en courants : sadducéens, pharisiens, esséniens. Jésus prend conscience que la religion prônée par les instances religieuses de Jérusalem, aux règles de purification très contraignantes, exclut bon nombre de juifs, dont les plus humbles, et les éloigne ainsi de l'Alliance conclue il y a bien longtemps par l'intermédiaire de Moïse. En outre, les prophètes d'Israël ne sont plus là depuis cinq siècles pour redonner vie à la Parole du Dieu unique. Il décide alors de raviver l'Alliance (Testament). Son message, fait d'amour et de paix, adressé aux juif et aux non-juifs ; son enseignement de la résurrection des morts (partagé avec les pharisiens) ; sa conception de la Torah et du shabbat, jour sacré, vont lui attirer de nombreux adeptes mais aussi des ennemis.

En l'an 28, date la plus vraisemblable, Jésus reçoit le baptême de Jean le Baptiste, au bord du Jourdain, fleuve emblématique. Quand le Baptiste est mis en prison par Hérode Antipas, Jésus commence son propre ministère et ses premiers disciples le rejoignent : Simon (Pierre) et André, Jean et Jacques (le Majeur). Pendant deux ans et demi, il va sillonner la Palestine, surtout la Galilée. Après avoir surmonté les tentations du démon dans le désert, il change de l'eau en vin à Cana, signant le premier des miracles qui vont concourir à sa popularité. À Capharnaüm, où il s'est installé, il étonne à la synagogue par son assurance en matière d'Écriture sainte. Dans cette ville, dans les villages et les campagnes, les auditeurs sont gagnés par sa grande autorité qui en fait un maître (rabbi) : elle ne lui vient pas de la Torah, comme les scribes, mais de lui-même. De plus, il n'hésite pas à procéder à des guérisons en plein shabbat alors qu'il est interdit de travailler ; il se fait comprendre en utilisant des paraboles. Son message, tout en étant dans la lignée des prophètes et du Baptiste qui prônaient la confiance en Dieu et non en la politique, s'écarte des rites de pureté et se concentre sur l'accession de tous au royaume de Dieu imminent, y compris les plus humbles écartés par la religion officielle – non-juifs, malades, impurs comme les prostituées et les publicains (collecteurs d'impôts).

Jésus s'en explique dans son discours sur la Montagne, où il prononce ses Béatitudes.

Les disciples, dont des femmes, se sont multipliés, séduits par la perspective du salut général. Aussi, à Jérusalem, les prêtres du Temple, inquiets de son audience, sapent son action et réussissent à éclaircir les rangs des disciples. Après quelques mois, Jésus n'est plus entouré que de quelques partisans, dont les plus proches forment le groupe des Douze, les apôtres. La décapitation du Baptiste ajoute à son isolement et à son doute, mais il en profite aussi pour peaufiner son enseignement auprès des plus fidèles apôtres qui assistent à sa Transfiguration (apparition de Jésus resplendissant, en compagnie de Moïse et du prophète Élie). Il sait également que, pour transformer sa mission en succès, il doit se rendre à Jérusalem, se confronter aux instances religieuses du Temple et au Sanhédrin, le conseil juif dirigé par le grand prêtre. Peu avant la Pâque (Pessah) de l'an 30, il fait une entrée triomphale dans la Ville sainte (Rameaux), certain d'arriver au terme de sa vie terrestre car il vient de ressusciter Lazare. Ce miracle a décidé le grand prêtre Caïphe à le supprimer, décision qui se précipite quand Jésus chasse les marchands du Temple. Tout doit avoir lieu avant la Pâque qui, cette année-là, tombe en même temps que le shabbat (du vendredi soir au samedi soir). Pour les évangiles, Judas Iscariote, l'un des Douze, trahit Jésus qui entame alors sa Passion : la Cène, son dernier repas, ses doutes au jardin des Oliviers le jeudi soir, les reniements de Pierre, le jugement, le fouet et la crucifixion le vendredi matin, sa mise au tombeau de Joseph d'Arimathie en fin d'après-midi… Puis a lieu la Résurrection, dont le premier témoin est une femme, Marie de Magdala, le dimanche matin. Les disciples, un temps dispersés, comme ceux d'Emmaüs, se regroupent autour de Pierre. À la Pentecôte, l'Esprit saint descend sur les apôtres, événement marquant la naissance de l'Église qui se propage bientôt en Palestine, puis dans les possessions romaines. À Antioche (aujourd'hui Antakya en Turquie), les fidèles du Christ sont appelés chrétiens, comme le rapportent les Actes des apôtres (11, 26). L'Église, dont Jean et Pierre, remplacés à Jérusalem par Jacques le Mineur, « frère de Jésus », sont les grands acteurs, connaît très vite ses premiers martyrs. Paul, ancien persécuteur de chrétiens converti à la nouvelle foi, apporte dynamisme et fondements théologiques. La suite relève de l'Histoire construite par les hommes.

Pour le Coran, Jésus (Issa) est né de Marie (*Marie*, 19, 16-35), vierge gagnée par l'Esprit de Dieu (*Les Prophètes*, 21, 91) et fille de 'Imran (*L'Interdiction*, 66, 12), à laquelle les anges ont annoncé sa naissance, celle du Messie (titre qui revêt dans le Coran diverses symboliques). Il sera un Signe pour les hommes (*Les Croyants*, 23, 50). Jésus, appelé aussi « fils de Marie » *(ibn Maryam)*, ou encore « Verbe de Dieu » et « esprit de Dieu », est présenté comme un véritable prophète *(nabi)* (*La Famille de 'Imran*, 3, 49), à l'égal d'Abraham, de Moïse et de Mahomet (*La Vache*, 2, 253), un être choisi par Dieu au même titre qu'Adam (3, 33), un juste (*Les Troupeaux*, 6, 85). Dieu le rend capable de miracles (3, 49), lui procurant son souffle (Esprit) et son pouvoir créateur. Il fait partie de ceux qui siégeront auprès de Dieu et reviendront au jour du Jugement dernier (3, 55). Il est « l'annonce de l'Heure » (*L'Ornement*, 43, 51), qui s'en prendra aux « incrédules » (5, 110-118 ; *La Royauté*, 67, 27), notamment aux gens du Livre, juifs et chrétiens, qui ont trahi son message (*Les Femmes*, 4, 159 et 171-172 ; 5, 77-78). En effet, contrairement à ce qu'affirmeront les dogmes chrétiens, Dieu étant « Unique, Impénétrable » (*Le Culte pur*, 112), il n'existe pas de Trinité, on ne peut dire « Trois » (4, 171) ; ni : « Le Messie est fils de Dieu » (*L'Immunité*, 9, 30-31), car Dieu peut « anéantir le Messie » (5, 17), qui n'est qu'un prophète (5, 75) ; « Dieu interdit le Paradis à quiconque attribue des associés à Dieu » (5, 72). Jésus ne fut pas le fils de Dieu : « Je ne suis qu'un mortel semblable à vous, Il m'est seulement révélé que votre Dieu est un Dieu unique. Allez droit vers lui et demandez-lui pardon » (*Les Versets clairement exposés*, 41, 6). Jésus est aussi, point fondamental, le messager de l'Évangile, l'un des trois Livres révélés par Dieu, après Moïse et la Torah juive, avant Mahomet et le Coran (2, 87 ; 5, 45 ; 57, 27). De fait, il recevra de Dieu le « Livre, la Sagesse, la Torah et l'Évangile » (3, 45-47). Dans le Coran, enfin, Jésus ne serait pas mort sur la croix, n'aurait pas été tué par les juifs, mais aurait été enlevé par Dieu (4, 157-159 ; 5, 110).

Pour la Tradition, Jésus revivra parmi les hommes, aura une descendance et sera enterré à Médine, auprès de Mahomet et des deux premiers califes (dits « bien-guidés », ou *Rachidoun*). Jésus est donc le messager *(rassoul)* de Dieu, l'un de ses plus prestigieux envoyés. Mais parmi ces derniers, on ne peut accorder de prééminence : « Nous n'avons de préférence pour aucun d'entre eux ; nous sommes soumis [islam] à Dieu » (2, 136).

➡ *Alliance, Annonciation, Apôtre, Baptême, Béatitudes, Bethléem, Caïphe, Cana, Capharnaüm, Cène, Déicide, Église, Emmaüs, Enfance (Évangiles de l'), Esprit saint, Essénien, Évangile, Évangiles, Hérode, 'Imran (La Famille de), Jacques le Majeur, Jean, Jean le Baptiste, Jérusalem, Joseph, Joseph d'Arimathie, Josèphe (Flavius),Judas Iscariote, Judée, Jugement dernier, Juste, Lazare, Livre, Marie, Marie de Magdala, Messie, Montagne (Discours sur la), Nativité, Nazareth, Oliviers (Jardin des), Parabole, Passion, Pentecôte, Pessah, Pharisien, Pierre, Ponce Pilate, Procès de Jésus, Prophète, Qumrân, Rameaux, Résurrection, Révélation, Royaume, Shabbat, Sadducéen, Salut, Sanhédrin, Scribe, Semaine sainte, Temple, Torah, Transfiguration, Trinité, Verbe, Zélote*

JÉSUITE

En 1528, l'université de Paris, haut lieu de l'enseignement en Europe, accueille un Basque espagnol, Ignace de Loyola (1491-1556), venu perfectionner son savoir. Il y rencontre François-Xavier (1506-1552) et Pierre Favre qui, avec d'autres amis, l'accompagnent le 15 août 1534 à Montmartre, dans une chapelle marquant, suppose-t-on, le lieu du martyre de saint Denis, premier évêque de Paris (vers 250). Ils jurent alors fidélité au pape, et instaurent la Compagnie de Jésus (Jésuites), bientôt organisée. Loyola, personnage profondément spirituel et très soucieux d'enseignement, et ses compagnons mènent des missions en Europe et jusqu'en Asie (où mourra François-Xavier), afin de fonder des communautés. À partir de 1548, les Jésuites, recrutés parmi de beaux esprits, créent aussi des écoles qui concourent à répandre une culture et un enseignement de qualité. Tout en étant présents auprès des pouvoirs royaux, ils s'occupent des plus pauvres et des déshérités. Ils laissent aussi de magnifiques témoignages architecturaux, comme l'église du Gesù, à Rome (1568), ou Saint-Paul-Saint-Louis, à Paris (XVIIe siècle). Très engagés dans la réaction contre le protestantisme, ils sont également (et en général) favorables à l'épanouissement des cultures autochtones des régions évangélisées. Tout cela, et d'autres raisons, leur attirent des inimitiés violentes : la Compagnie est dissoute au Portugal (1759), en France (1763), puis interdite (1773) par le pape Clément XIV qui a dû céder à des pressions. En 1814, elle est rétablie par Pie VII. Elle a laissé de grands esprits dans la plupart des domaines, dont l'humaniste et scientifique Pierre Teilhard de Chardin (1881-1955). Les Jésuites sont aujourd'hui présents dans presque tous les pays.

PAROUSIE

La parousie est la « présence » (*parousia* en grec) du Christ à la fin des temps. Il reviendra pour instaurer le royaume de Dieu après le jugement de tous les hommes, vivants et morts.

JEÛNE ✡ ✝ ☪

Le jeûne est la privation totale ou partielle de nourriture, accompagnée ou non d'autres privations, notamment sexuelles. Il existe depuis l'Antiquité où des ascètes s'y livraient pour se purifier, au sens physique et spirituel. Dans le judaïsme, le christianisme et l'islam, le jeûne est bien sûr lié au Dieu unique. Le croyant, en jeûnant, fait pénitence devant Dieu afin d'obtenir le pardon de ses fautes, mais aussi pour signifier son adhésion totale à tel ou tel pan fondamental de la foi.

Dans le calendrier juif, le jeûne (*taanit* en hébreu) est surtout représenté par Yom Kippour (jour des Expiations) et Pourim (les Sorts), mais il existe d'autres jeûnes liés aux grandes tragédies qui jalonnent l'histoire du judaïsme et de sa terre, Israël, comme la destruction du Premier temple de Jérusalem en 587 av. J.-C.

Le christianisme pratiqua le jeûne (exceptionnel chez les protestants) depuis l'origine, à l'image de Jésus qui jeûna quarante jours dans le désert pour échapper aux tentations du diable. Le calendrier catholique n'a conservé que deux jours de jeûne effectif : le mercredi des Cendres, qui ouvre les quarante jours maigres du Carême, rappelle que l'homme n'est que poussière devant Dieu et son Fils Jésus ; et le vendredi saint, qui commémore le sacrifice de Jésus, crucifié ce jour-là.

Enfin, en islam, le jeûne, ou privation *(saum)*, qui se déroule au mois de ramadan (au cours duquel le Coran fut révélé à Mahomet), est inscrit totalement dans l'appartenance à la communauté musulmane, puisqu'il est l'un des Cinq Piliers de cette religion.

➡ *Achoura, Cendres (Mercredi des), Expiation, Péché, Piliers (Les Cinq), Pourim, Ramadan, Repentir, Saum, Temple, Vendredi saint, Yom Kippour*

JÉZABEL ✡

La reine Jézabel (nom contenant la notion de domination) est la fille d'Ittobaal, roi de Sidon et de Tyr, en Phénicie. Dans la Bible, les livres des Rois la décrivent comme une femme particulièrement impie, à laquelle s'affronte le prophète Élie. Elle épouse Achab, roi de Samarie (871-853), également très impie puisqu'il voue un culte à Baal, dieu païen ennemi de Yahvé, le Dieu unique d'Israël. De leur union naîtront deux fils et une fille, Athalie, tout aussi mauvaise. Jézabel accueille à sa table des prêtres de Baal, qu'Élie tue, purifiant ainsi Israël. Elle décide alors de faire assassiner le prophète, qui réussit à lui échapper.

La reine s'illustre ensuite, avec son mari, en convoitant la vigne d'un nommé Nabot afin d'agrandir le palais royal : devant le refus de vendre du propriétaire, elle le fait accuser faussement d'outrage royal, et Nabot est lapidé. Achab accapare la vigne, mais essuie la colère d'Élie, revenu en Samarie : « Ainsi parle Yahvé : "Tu as assassiné, et de plus tu usurpes !" C'est pourquoi, ainsi parle Yahvé : "À l'endroit même où les chiens ont lapé le sang de Nabot, les chiens laperont ton sang à toi aussi." [...] Voici que je vais faire venir sur toi le malheur : je balayerai ta race, j'exterminerai les mâles de la famille d'Achab, liés ou libres en Israël. [...] Contre Jézabel aussi Yahvé a prononcé une parole : "Les chiens dévoreront Jézabel dans le champ [fertile] de Yizréel [« Dieu sème »]" » (1 R 21, 17-24). La malédiction est en marche. Après la mort d'Achab à la guerre contre les Araméens (Damas), Ochozias monte sur le trône pour deux ans (853-852) seulement, car il est terrassé par une paralysie fatale. Il laisse place à son frère Joram (852-841), moins impie, qui se confronte au successeur d'Élie, le prophète Élisée. Joram, blessé au combat contre les Araméens, va se soigner dans sa propriété, laquelle se trouve dans la ville d'Yizréel : là, il tombe, le cœur transpercé par la flèche d'un de ses officiers, Jéhu. Celui-ci fait jeter le cadavre dans la vigne de Nabot, puis va trouver Jézabel : « Deux ou trois eunuques se penchèrent vers lui. Il dit : "Jetez-la en bas." Ils la jetèrent en bas, son sang éclaboussa le mur et les chevaux, et Jéhu lui passa sur le corps. [Plus tard] On alla pour l'ensevelir, mais on ne trouva d'elle que le crâne, les pieds et les mains. On revint en informer Jéhu, qui dit : “C’est la parole de Yahvé, qu’il a prononcée par le ministère de son serviteur Élie”. » (2 R 9, 30-37). Jéhu prend le pouvoir et inaugure une dynastie qui disparaîtra à son tour.

➡ *Alaq (Al-), Araméen, Armagêdon, Athalie, Baal, Élie, Élisée, Phénicie, Samarie, Sang, Yahvé*

JOB ✡ ✝ ☪

Le nom « Job » (en hébreu Iyyov, de sens imprécis) désigne un personnage devenu emblématique de la misère (« pauvre comme Job »), source d’inspiration de nombreux artistes. Mais c’est oublier que son origine se trouve dans un livre de la Bible, un pur chef-d’œuvre de poésie, daté du milieu du ve siècle avant notre ère. Cet ouvrage poignant touche par sa dimension humaine et par les réflexions qu’il suscite. Il se présente sous la forme de dialogues dans lesquels s’insère un récit en prose.

Job est un homme riche, un propriétaire installé quelque part en Orient. Son couple et ses enfants le comblent de bonheur. Il est présenté comme un croyant d’une sincérité exemplaire, un juste, et sa religion importe peu car ce qu’il va traverser est universel. En effet, Dieu (qui n’est pas appelé Yahvé, mais de noms archaïques) parle de son cas à Satan, maître du mensonge, qui le persuade de mettre la foi de Job à l’épreuve. Ce dernier perd tout : fortune, enfants, santé, équilibre mental. Touché par une lèpre, Job reste pourtant un juste, estimant que ces malheurs, comme les bonheurs, viennent de Dieu. Quatre amis tiennent alors à lui démontrer qu’il a forcément commis une faute. Amer, il refuse cette idée ; la discussion s’envenime. Si le bonheur touche des méchants, pourquoi en est-il privé ? Perce l’injustice : Job s’adresse à Dieu qui répond – fait unique dans la Bible. Suit un véritable face-à-face à l’issue duquel Dieu, reconnaissant de la droiture et de la fidélité totale de Job, même dans les pires moments, le comble de bienfaits. Job meurt heureux et aimé d’une grande famille.

Le livre est donc une réflexion sur le destin de l’homme, l’existence et les succès (provisoires) du mal, l’innocence injustement punie, la condition du juste souffrant, la part de Dieu dans ces malheurs. Mais il ne donne pas de clé, d'explication. Peu importe les mots : chacun doit trouver Dieu par la foi, la confiance et, parfois, la rébellion.

Le livre de Job est une annonce de la notion de l'au-delà développée dans le Second Testament qui y prévoit de possibles rétributions, plus grandioses que celles, matérielles, obtenues par Job de son vivant. Le Coran évoque aussi les souffrances de Job (Ayyoub), prophète (4, 163), descendant de Noé qui fut récompensé (6, 84), la miséricorde d'Allah (21, 83-84) bénéficiant à cet « excellent serviteur ! » car « Il était plein de repentir ! » (38, 41-44).

➡ *Allah, Behémoth, Foi, Juste, Léviathan, Satan, Yahvé*

JOËL ✡ ✝

Joël n'a laissé aucune indication biographique dans le livre (très court) de la Bible qui porte son nom. Cet ouvrage fut sans doute rédigé dans la première moitié du IVe siècle av. J.-C., alors que la Palestine était sous domination perse. C'est ce que semble indiquer ses oracles qui portent exclusivement sur la Judée et ses évocations du Temple reconstruit.

Ce prophète, dont le nom est la traduction grecque de l'hébreu Yoel (« Yahvé est Dieu »), est l'un des grands représentants du style apocalyptique, surtout dans la seconde partie du livre. Le « jour de Yahvé », annoncé déjà par Amos, est symbolisé par une invasion de sauterelles destructrices pareilles à une armée terrifiante : « Devant lui la terre frémit, les cieux tremblent ! le soleil et la lune s'assombrissent, les étoiles perdent leur éclat ! [...] car il est grand le Jour de Yahvé, très redoutable – et qui peut l'affronter ? » (2, 10-11). Joël fait un « appel à la pénitence » valable pour tous ; ainsi, Dieu pardonnera, prodiguera son Esprit. Puis viendra le Jugement des peuples, juifs et non juifs, y compris des persécuteurs d'Israël, tous rassemblés non loin de Jérusalem, plus précisément dans la vallée de Josaphat (« Dieu juge »), que les judéo-chrétiens (secte des tous débuts du christianisme) situeront comme le lieu du Jugement. Les Actes des apôtres du Second Testament, alors que les apôtres viennent de recevoir l'Esprit saint au jour de la Pentecôte, font référence à Joël dans la bouche de Pierre qui reprend les propos du prophète : « Je répandrai de mon Esprit sur toute chair. Alors vos fils et vos filles prophétiseront, vos jeunes gens auront des visions et vos vieillards des songes » (Ac 2, 17).

➡ *Actes des apôtres, Amos, Apocalypse, Judée, Judéo-chrétien, Jugement dernier, Pentecôte, Pierre, Prophète, Temple, Yahvé*

JONAS ✡ ✝ ☪

Le livre de Jonas (Yonah en hébreu, « colombe »), est lu au cours de Yom Kippour, fête du pardon et du repentir. Inclus dans les prophètes de la Bible hébraïque, il est contemporain de celui de Ruth (sans doute IVe siècle av. J.-C.) et répond au même objectif : la nécessité d'ouvrir le judaïsme aux non-juifs, même à ceux qui furent les ennemis d'autrefois. Une ouverture souhaitable, voire salutaire. Dieu, en tant que créateur et maître du monde dans son entier, peut accorder sa miséricorde aux juifs et à Israël, mais aussi aux autres nations.

Cet ouvrage très court est un véritable conte non dénué d'humour, où les repères historiques importent peu. À Ninive, capitale de la cruelle Assyrie qui ravagea Samarie (722), les habitants (Ninivites) font preuve d'une méchanceté qui mériterait le châtiment divin. Mais Dieu garde sa colère et ordonne à Jonas de les convaincre de s'amender. Celui-ci, peu enclin à être ainsi son prophète, part du port de Joppé (Jaffa), prend un navire et vogue à l'opposé, vers l'Espagne ! En mer, une violente tempête apeure l'équipage qui le précipite à l'eau, Jonas ayant donné les raisons de sa fuite. Ainsi, Dieu apaisera peut-être son humeur et calmera les éléments. Ce dernier fait alors intervenir un gros poisson (il n'est pas question de la célèbre « baleine »), qui avale Jonas et le rejette trois jours plus tard à Joppé. Résigné, le prophète remplit sa mission qui le stupéfie : les cent vingt mille Ninivites se repentent et se convertissent, échappant à la mort. Il se repose ensuite à l'ombre d'un petit arbre (ricin) que Dieu fait mourir, car Jonas, soumis dès lors à l'ardeur du soleil, doit d'abord, selon la parole que Dieu lui transmet, s'occuper du salut des hommes avant de se lamenter sur le sort d'une plante…

Dans le Second testament, l'évangile de Matthieu rapporte « le signe de Jonas » (12, 38-42) – présent aussi chez Luc (11, 29-32). Jésus déclare : « De même que Jonas fut dans le ventre du monstre marin durant trois jour et trois nuits, de même le Fils de l'homme sera dans le sein de la terre durant trois jours et trois nuits. » Puis les Ninivites repentis se « dresseront lors du Jugement [dernier] ». Pour les premiers chrétiens, dès le IIIe siècle, le séjour de Jonas dans le ventre du gros poisson était l'annonce, dans la Bible, de la mort et de la résurrection de Jésus après son séjour au tombeau.

La sourate 10 du Coran est consacrée à Jonas (Yunus, ou encore Dhou-al-Noun, « homme au poisson »). « Le Coran n'a pas été inventé par un autre que Dieu mais il est la confirmation de ce qui existait avant lui », prévient-elle (37). Elle aborde aussi l'omnipotence d'Allah, son pouvoir créateur et rédempteur. Tout croyant doit s'en remettre totalement à lui. « Conforme-toi à ce qui t'est révélé. Sois patient, jusqu'à ce que Dieu juge. Il est le meilleur des juges ! » conclut le dernier verset (109).

➡ *Allah, Assyrie, Conversion, Création, Fawatih, Fils, Jugement dernier, Prophète, Résurrection, Révélation, Salut, Yom Kippour*

JOSEPH, PATRIARCHE ✡ ✝ ☪

Le nom «Joseph» (Yoseph en hébreu, « Dieu ajoute ») concerne treize personnages de la Bible et du Second Testament, mais l'un d'entre eux a un rôle essentiel : le patriarche.

Dans la Bible, l'épopée de Joseph marque la fin du livre de la Genèse (37-50) et aussi l'histoire des patriarches. Jacob, son père, lui voue une grande affection car il est le fils de Rachel, l'épouse qu'il aimait le plus. Ses frères, dévorés par la jalousie, le cèdent à des marchands itinérants pour vingt sicles d'argent (monnaie) et mentent à Jacob, prétendant qu'il a été déchiqueté par une bête sauvage. Mais Joseph est respectueux de la Torah, et donc protégé par Yahvé. Devenu esclave en Égypte, il le prouve en refusant de commettre un adultère et en repoussant les avances de la femme de son maître : vexée, elle parvient à le faire jeter en prison pour tentative de viol. Joseph se concilie la faveur de ses gardiens et, réussit à décrypter les songes de deux autres prisonniers, qui ont fait partie de l'entourage de Pharaon. Il les avertit de ce qui les attend. Le premier, échanson, retrouve en effet son rang, et le second, panetier, est pendu. Deux années passent et Pharaon, mis au courant de ces prémonitions par l'échanson, convoque Joseph pour qu'il interprète aussi ses rêves. Il apprend que l'Égypte va connaître sept ans de bonnes récoltes (symbolisées par sept vaches grasses), puis sept années de disette (vaches maigres). Joseph conseille de constituer des réserves durant la période d'abondance. Ravi, Pharaon le fait vizir (Premier ministre) et le met au travail. Quand la famine s'abat dans et autour de l'Égypte, des étrangers viennent en masse pour acheter du grain. Parmi eux, dix des onze frères de Joseph envoyés par leur père, auprès duquel est resté le plus jeune, Benjamin. Après une série de chassés-croisés, les frères tombent dans les bras de Joseph et s'implantent en Égypte, avec Jacob. Chacun de ces douze hommes porte le nom d'une tribu fondatrice d'Israël. Leur descendance vit dans la prospérité et se multiplie pendant quatre siècles, jusqu'à ce qu'un pharaon, qui « n'avait pas connu Joseph », fasse de ces Hébreux des esclaves. Moïse sera chargé par Dieu de libérer son peuple.

À travers ce récit magnifique et structuré, mais aux repères historiques plus que flous, il s'agit de montrer que le respect de la Loi et la sagesse née de la foi sont les conditions pour surmonter les problèmes et les tentations, en Israël comme ailleurs. Joseph s'affirme aussi comme « l'ancêtre » d'Israël. Par exemple, le prophète Amos (VIIIe siècle av. J.-C.) prévient qu'un « reste de Joseph » survivra de l'exil. Il existe également des textes apocryphes juifs sur ce personnage. La figure de Joseph est reconnue aussi par les Actes des apôtres du Second Testament, dans la bouche du diacre Étienne, premier martyr chrétien (7, 9-16). De son côté, le Coran consacre la splendide sourate 12 à Joseph (Yusuf) et son destin exemplaire.

➡ *Apocryphe, Étienne, Fawatih, Genèse, Hébreux, Israël, Jacob, Moïse, Patriarche, Sagesse (Littérature et courant de), Torah*

JOSEPH ✝

Joseph (de l'hébreu Yoseph, « Dieu ajoute »), époux de Marie, est mentionné seulement dans les évangiles de l'Enfance (Matthieu et Luc). Après l'Annonciation, par laquelle Marie sait qu'elle va donner naissance à Jésus, il apprend que sa fiancée est enceinte. Les rapports sexuels étant inconcevables avant le mariage, il décide de la répudier, mais un ange le persuade d'y renoncer. Joseph épouse Marie et accepte d'élever ce fils qui apportera le salut à Israël. Matthieu le fait ainsi descendre de David, car le Messie, ou Christos en grec (en l'occurrence Jésus), se devait de remonter jusqu'à ce roi prestigieux d'Israël. De plus, il est dit originaire de Bethléem, la ville de David, où se déroule la Nativité de Jésus. Pour la tradition, Jésus est ainsi descendant de David par son adoption, et conçu par l'Esprit saint, confirmation de sa nature divine. Joseph, qui exerçait peut-être le métier de charpentier, mais qui était en tout cas un artisan travaillant sur l'un des nombreux chantiers de l'époque, est, quant à lui, présenté comme un juste.

Le calendrier des fêtes chrétiennes inclut Joseph dès le IXe siècle, mais son culte, apparu en Orient au Ve siècle, prit de l'ampleur à partir du XVe siècle, au XVIIe siècle – marqué par un grand retour à la spiritualité – et au XIXe siècle. Il est d'ailleurs le patron de l'Église universelle depuis 1870. Cette dévotion ne provient pas des évangiles, mais d'écrits apocryphes (non retenus par le canon, ou règle, chrétien). Ces ouvrages détaillent davantage sa vie, en particulier *La Nativité de Marie*, ou *Protévangile de Jacques*, et l'*Évangile de l'Enfance du Pseudo-Matthieu*.

➨ *Annonciation, Apocryphe, Bethléem, David, Enfance (Évangiles de l'), Esprit saint, Jésus, Juste, Marie, Messie, Nativité, Salut*

JOSEPH D'ARIMATHIE ✡ ✝

Les évangiles du Second Testament rapportent que, de la cité côtière d'Arimathie, l'ancienne Rama du prophète Samuel (et actuelle Rentis), est originaire un homme appelé Joseph, membre du Sanhédrin, le grand conseil juif au temps des Romains. Joseph est décrit par l'évangéliste Jean comme un « disciple de Jésus, mais en secret par peur des juifs [plus précisément les dignitaires du Sanhédrin] » (19, 38). Car il « n'avait pas donné son assentiment au dessein ni à l'acte des autres », précise Luc (23, 51).

Alors que Jésus vient d'être crucifié, les autorités religieuses de Jérusalem décide que, en vertu de la Torah, aucun cadavre ne peut rester sur la croix. Car, en ce vendredi, le shabbat et la Pâque, qui coïncident ce jour-là, doivent débuter au coucher du soleil. Joseph d'Arimathie, décidé à récupérer le corps de Jésus, se rend auprès du préfet romain Ponce Pilate qui a seul le pouvoir de donner la dépouille d'un condamné. Notons au passage que personne dans le cercle familial de Jésus ne fait cette requête, pas même ses frères (ou cousins), ce qui semble étrange. Pour Marc, « Pilate s'étonna qu'il fût déjà mort et, ayant fait appeler le centurion, il lui demanda s'il était mort depuis longtemps » (15, 44). Après confirmation de la nouvelle, il accepte.

Joseph possède un tombeau neuf creusé dans le rocher, comme il était de coutume chez les gens aisés. Le lieu est proche du Golgotha, où Jésus a été crucifié, et à l'intérieur d'un jardin. Jésus est donc descendu de la croix, enveloppé dans un *sindon*, c'est-à-dire un linceul (du latin *linteum*, « toile de lin ») garni d'aromates (myrrhe, aloès...) ; son visage est recouvert d'un linge *(sudarium)* destiné à absorber la transpiration du défunt – pour Jean, des bandelettes *(othonia)* serrent son corps mais elles correspondent plus à des rites égyptiens que juifs. Joseph, peut-être accompagné d'un autre disciple, Nicodème (selon Jean), le dépose ensuite dans la sépulture, sans doute sur une banquette de pierre. Une roue de pierre est roulée pour en fermer l'accès. À l'extérieur se tiennent des femmes qui observent « où on l'a mis », prêtes à revenir après le shabbat pour apporter d'autres aromates et du parfum. Parmi elles se trouve Marie de Magdala qui, le dimanche matin, est le premier témoin de la Résurrection. Les apôtres Pierre et Jean ne découvrent bientôt que les *othonia* (ou plutôt le linceul) et le *sudarium* gisant à terre. Le tombeau est vide.

D'après une légende celtique, Joseph d'Arimathie gagna la Gaule avec Lazare et Marie-Madeleine. On le retrouve en Angleterre où, vers l'an 63, il a transporté le Saint Graal, objet mystérieux qui, dans cette légende, consiste en deux fioles contenant la sueur et le sang du Christ. Joseph bâtit la première église du pays, à Glastonbury, dans le Somerset. La veille de Noël, il plante sur le site son bâton qui, aussitôt se change en aubépine, arbre toujours honoré.

Quant au *sudarium* (« mouchoir » pour essuyer la sueur en latin), il a donné le mot « suaire », de même signification. Et puisqu'il n'est plus cité après la résurrection de Jésus, une intense vénération continue d'entourer ce linge. Dès le début du christianisme, et particulièrement au Moyen Âge, il rejoignit les saintes reliques, au côté de la couronne d'épines, des clous ou encore des morceaux de la croix. Il circula ainsi de nombreux suaires, mais l'un d'eux a connu un destin particulier. Son histoire reste un mystère jusqu'à son acquisition en 1357 par un Français, le seigneur de Charny, puis son transfert à la cathédrale de Turin en 1578. Il ne s'agit pas du suaire proprement dit (le *sudarium* donc) mais du linceul qui aurait enveloppé le Christ. Mesurant 1,10 m sur 4,30 m, soit un peu grand pour un homme de l'époque de Jésus, il est montré à certaines dates. Mais il n'a cessé d'avoir ses partisans et ses détracteurs, chacun essayant de prouver qui son authenticité, qui son imposture. Pour les premiers, les preuves résident dans la photographie en négatif prise en 1898 et révélant la silhouette d'un homme portant les traces de sévices semblables à ceux subis par Jésus (flagellation, clous...). À cela s'ajoute la présence de sang humain. Les seconds s'en remettent à des analyses au carbone 14 faites dans les années 1980 et prouvant que le linge, en lin, date de 1260 à 1390 au maximum. Le débat sur le suaire de Turin n'est toujours pas clos.

➡ *Crucifixion, Dimanche, Golgotha, Jésus, Marie de Magdala, Marie-Madeleine, Nicodème, Ponce Pilate, Résurrection, Shabbat, Sanhédrin, Torah*

JOSÈPHE, FLAVIUS ✡

Formé aux Écritures saintes et issu d'un milieu de prêtres, Flavius Josèphe (37-vers100), fils de Mathias, naît à Jérusalem. D'abord acteur de la révolte juive de 66, au cours de laquelle il échappe à la mort dans la forteresse de Josapata, assiégée par les Romains, il se rallie ensuite à ces derniers et assiste, en tant qu'interprète de Titus, à la destruction de Jérusalem et du Temple en 70. Il consacre le reste de sa vie à l'écriture d'ouvrages historiques. *La Guerre des Juifs* relate l'histoire juive de la dynastie hasmonéenne (Maccabées) jusqu'à la chute de Jérusalem, en 70 ; la dernière partie de cette somme est sujette à caution, en raison du rôle que Josèphe a lui-même tenu dans la rébellion puis auprès des Romains. Véritable plaidoyer en faveur de son peuple, *Les Antiquités juives* (histoire des juifs, de la création du monde à 66) apportent de précieuses informations ; dans le livre XVIII (chapitre 3, 3), Josèphe consacre à Jésus un passage appelé *Testimonium* (« témoignage ») *Flavianum*.

« Vers le même temps vint Jésus, homme sage, si toutefois il faut l'appeler un homme. Car il était un faiseur de miracles et le maître des hommes qui reçoivent avec joie la vérité. Et il attira à lui beaucoup de Juifs et beaucoup de Grecs [de polythéistes]. C'était le Christ. Et lorsque, sur la dénonciation de nos premiers citoyens, Pilate l'eut condamné à la crucifixion, ceux qui l'avaient d'abord chéri ne cessèrent pas de le faire, car il leur apparut trois jours après avoir ressuscité, alors que les prophètes divins avaient annoncé cela et mille autres merveilles à son sujet. Et le groupe appelé, d'après lui, celui des Chrétiens n'a pas encore disparu » (traduction Julien Weill, sous la direction de Theodor Reinach, 1900).

Mais de l'avis des chercheurs, cet écrit, important puisqu'il est le seul témoignage (non chrétien) de cette époque, aurait été ajouté ultérieurement, en partie ou en entier. Controversé déjà de son vivant, en raison de ses choix politiques, Flavius Josèphe a cependant apporté des éclairages sur l'histoire juive et romaine, que corroborent d'autres sources écrites et l'archéologie.

➡ *Jérusalem, Jésus, Maccabées (livre des), Temple, Zélote*

JOSIAS ✡

Ce 16e roi de Juda, royaume israélite du Sud, mérite une attention particulière. Josias (de l'hébreu Yochiyya, « Yah[vé] guérit » ou « soutient ») règne de 640 à 609, alors que la Samarie, royaume du Nord, a été conquise par l'Assyrie, en 722. Parvenu sur le trône à huit ans, il succède à son père Amon (642-640) et à son grand-père Manassé (687-642), deux rois dont la Bible dénonce l'impiété et l'infidélité à Dieu. À partir de 630 environ, Josias assure le gouvernement et doit, sans doute, affronter une administration et une Cour en déliquescence, héritage paternel. Mais au contraire de ses deux prédécesseurs, la Bible le range parmi les rares souverains ayant fait « ce qui plaît à Yahvé », avec Josaphat (870-848) et Ézéchias (716-687). Dès qu'il prend les rênes du pouvoir, il fait supprimer tout ce qui, en Juda et même en Samarie, a trait aux idoles, dont Ashéra (Astarté). La paix régnant sur la région, il fait restaurer le temple de Jérusalem dès 620. À cette occasion, le grand prêtre Hilqiyyahou (« ma part est Dieu »), qui supervise le chantier, découvre un document très précieux. Il s'agit d'un « livre de la Loi de Yahvé », sans doute apporté par des prêtres ayant fui Samarie en 722, et qui a échappé à Manassé, résolu à détruire tout ce qui se rapportait au culte de Yahvé. Josias prend connaissance de ses diverses dispositions portant aussi bien sur l'aspect social que sur le culte ou le calendrier, pour appuyer la réforme religieuse qu'il entreprend. De l'avis général, ces lois, que Josias lit en public, constituent la forme première du Deutéronome (deuxième livre de la Bible). On y trouve d'ailleurs la plus ancienne version du Décalogue. Mais Josias est tué à Megiddo, lors d'une bataille contre le pharaon Neko, et ses successeurs ne poursuivront pas sa réforme.

➡ *Astarté, Baal, Chroniques (Livre des), Décalogue, Deutéronome, Idole, Juda, Moloch, Samarie, Temple*

JOSUÉ ✡

Le livre de Josué (en hébreu Yehochoua, « Dieu sauve ») n'est pas une reconstitution historique de la conquête de Canaan par les Hébreux (vers 1200 av. J.-C.), mais un ouvrage à forte connotation religieuse incluant des circonstances de cette conquête. Il fut d'ailleurs terminé vers le début du Ve siècle av. J.-C., c'est-à-dire après le retour de l'Exil, afin d'insister sur la fidélité en Dieu et sur l'Alliance, conditions de toute victoire. En même temps, la loi de l'anathème, évoquée dans ces pages magnifiques, a aussi une portée symbolique : purifier la terre des idoles étrangères au fort pouvoir de contamination. La possession de Canaan fut en fait longue et ardue, comme le laisse entendre le livre des Juges, Israël n'étant un pays vraiment stable que deux siècles plus tard, sous le roi David.

Josué, présenté comme le principal adjoint de Moïse qui vient de mourir, a été choisi par celui-ci pour continuer sa mission : conduire les Hébreux en Terre promise, périple qui sera marqué par l'omniprésence du Dieu protecteur. Les Hébreux franchissent le Jourdain et mettent le siège devant Jéricho (exploit anachronique puisque cette ville était désertée depuis des siècles), dont les murailles s'écroulent sous l'effet des trompettes et des cris. Devant Aï (en ruines à l'époque), un soldat hébreu s'est emparé d'une partie du butin réservé à Dieu, comme le prévoit l'anathème. La cité, pourtant facile à prendre, humilie les Hébreux. Elle ne cède que lorsque le coupable meurt par lapidation. Après une succession de victoires, Canaan appartient aux Hébreux que Josué met en garde à Sichem (de l'hébreu *shekèm*, « épaule », « nuque »), antique sanctuaire : toute trahison de la Loi (Torah) et de l'Alliance méritera l'exil ! Il meurt à cent dix ans.

Dans le Second Testament, Jésus est présenté comme celui qui « sauvera son peuple de ses péchés » (Matthieu 1, 21), parcourant la Palestine pour apporter le salut, le royaume de Dieu étant la Terre promise du nouvel Israël.

➡ *Alliance, Anathème (Loi de l'), Canaan, Exil, Hébreux, Jéricho, Jourdain, Juges (Livre des), Palestine, Royaume, Salut, Torah*

JOURDAIN ✡ ✝ ☪

Long de 360 km, le Jourdain est le « descendeur » (Yarden en hébreu) que les Arabes appellent Ech-Cheria (« abreuvoir ») : il naît au Liban, au mont Hermon, reçoit d'autres sources et pénètre dans le lac de Tibériade, à moins 210 m du niveau de la mer, pour suivre la plus profonde dépression du monde ; il est ensuite renforcé par le généreux Yarmouk, suit un itinéraire très sinueux et se jette dans la mer Morte (à moins 392 m).

Le Jourdain est le grand fleuve de la Bible et du Second Testament. Il ne tient pas cette renommée de son potentiel commercial, car il n'est quasiment pas navigable. En fait, depuis la guerre des Six Jours (1967), il constitue la frontière actuelle avec la Jordanie et séparait la Syrie d'Israël jusqu'à l'annexion du plateau du Golan par ce pays (1981). Aux temps bibliques et à l'époque de Jésus, ce fleuve se franchissait à gué, surtout au nord, et moins souvent au sud, et permettait ainsi aux envahisseurs de pénétrer en Israël, puis, à l'époque romaine, aux voyageurs de gagner les provinces de Palestine dont il marquait la limite orientale. Face à l'épineuse question de l'eau au Proche-Orient, le Jourdain est devenu un enjeu économique entre Israël, qui en tire une grande part de ses besoins, et les pays voisins.

Le Jourdain, grand pourvoyeur d'eau, est donc avant tout un fleuve au puissant symbole. Dans la Torah, la merveilleuse Terre promise (Canaan) est ce pays qui s'étend « au-delà du Jourdain ». Dans le livre qui porte son nom, Josué, après les quarante ans de l'Exode, le franchit en effet, accompagné de son peuple et des prêtres portant l'arche d'Alliance (3, 1-18). Dès qu'il y a pénétré (vers 1200 av. J.-C.), la conquête peut commencer.

C'est à proximité du Jourdain que le prophète Élie (IXe siècle av. J.-C.) monte au ciel, et que son disciple et successeur Élisée guérit un lépreux qui va s'y baigner. Il n'est donc pas étonnant que Jean le Baptiste choisisse le Jourdain pour y baptiser ses disciples et Jésus lui-même. Le fleuve devient alors le passage vers le royaume de Dieu, et Jean annonce la venue de Jésus (Lc 3, 16-17) qui « baptisera [aussi] dans l'Esprit et le feu ».

➡ *Arche, Baptême, Canaan, Eau, Élie, Exode, Jean le Baptiste, Jésus, Josué, Royaume, Tibériade, Torah*

JUBILÉ ✡ ✝

Dans le judaïsme, l'année jubilaire avait lieu tous les cinquante ans, et non tous les sept ans (année sabbatique). Le chiffre sept est très symbolique et fréquent dans la Bible : les sept branches du chandelier rituel *(menorah)*, la Création en sept jours... expriment un pouvoir réel, l'harmonie, la perfection, la plénitude. L'année jubilaire achevait une période de sept fois sept ans, soit quarante-neuf ans. Elle était annoncée par la sonnerie d'un « cor » (*yobel* en hébreu, d'où vient le latin *jubilaeus*, et le français « jubilé »). Le Lévitique (chapitre 25) précise : « Le septième mois, le dixième jour du mois tu feras retentir l'appel de la trompe ; le jour des Expiations [Yom Kippour] vous sonnerez de la trompe [chofar] dans tout le pays. Vous déclarerez sainte cette cinquantième année et proclamerez l'affranchissement de tous les habitants du pays. Ce sera pour vous un jubilé : chacun de vous rentrera dans son patrimoine, chacun de vous retournera dans son clan. [...] vous ne sèmerez pas, vous ne moissonnerez pas les épis qui n'auront pas été mis en gerbe, vous ne vendangerez pas les ceps qui auront poussé librement. » Étaient de rigueur l'honnêteté en affaires, la solidarité entre juifs, la rémission des fautes et des dettes, la terre en jachère ou encore les transactions soumises à des règles précises. Le jubilé fut abandonné, les juifs, dont la majorité résidait au sein de la Diaspora, n'étant pas tous présents en Israël.

L'Église a repris le principe de l'année jubilaire dès 1300, sous le pape Boniface VIII, qui institua l'Année sainte. À l'origine, elle devait avoir lieu chaque première année de siècle ; ensuite, et devant le succès rencontré, le délai passa à cinquante ans, puis, en 1470, sous le pape Paul II, à vingt-cinq ans. L'engouement tient notamment au fait que les pèlerins bénéficiaient d'une indulgence plénière (pardon de tous les péchés) s'ils passaient la Porte sainte de la basilique Saint-Pierre qui, normalement fermée, était ouverte toute l'année. Cette décision fut prise en 1499 par le pape Alexandre VI. Malgré les soubresauts de l'Histoire, ou des drames comme celui de l'Année sainte de 1450, qui vit la mort de deux cents personnes piétinées, ce grand rendez-vous continue de susciter l'affluence. Ainsi il réunit jusqu'à deux cent mille fidèles en 1575, dans le sillage de la Contre-Réforme (1545-1563), qui avait redonné de la vigueur à l'Église catholique.

Aujourd'hui, l'Année sainte garde sa fonction essentielle : stimuler la foi des catholiques. Les pèlerins venant à Rome à cette occasion se voient accorder l'indulgence plénière, mais celle-ci, depuis Pie XII, s'étend aussi au monde entier, sans obligation de se rendre dans la capitale italienne. Le pape peut, en outre, décider des jubilés extraordinaires, en raison d'événements capitaux, comme Jean-Paul II en 1983, pour le 1 950e anniversaire de la Passion de Jésus. Le jubilé, ou Année sainte, « ordinaire » de 2000 fut l'occasion pour l'Église de reconnaître ses erreurs passées et d'aborder le IIIe millénaire. Enfin, le mot « jubilé » s'est étendu à des célébrations nationales ou locales, religieuses ou civiles.

➡ *Chofar, Diaspora, Indulgence, Passion, Sabbatique (Année), Yom Kippour*

JUDA ✡

Dans le livre de la Genèse, Juda (transcription grecque de l'hébreu Yehoudah, « Dieu soit loué ») est l'un des douze fils du patriarche Jacob. Sentant sa fin proche, celui-ci convoque ses douze garçons et les bénit, leur accordant chacun un destin particulier. À Juda, il déclare : « Juda est un jeune lion ; de la proie, mon fils, tu es remonté ; il s'est accroupi, s'est couché comme un lion, comme une lionne : qui le ferait lever ? Le sceptre ne s'éloignera pas de Juda, ni le bâton de chef d'entre ses pieds, jusqu'à ce que le tribut lui soit apporté et que les peuples lui obéissent » (49, 9-11). Chaque fils donnera naissance à l'une des tribus fondatrices d'Israël et le lion restera le symbole de Juda et de ses descendants, dont le roi David

(1010-970) et les successeurs de sa lignée – Salomon en orna son palais et son trône, et ce fauve figurait sur des synagogues.

La tribu de Juda fait l'objet d'un magnifique récit dans la Genèse (38) : Juda a eu trois fils de sa femme Shua (« noble ») : Er (« vigilant »), Onân (sans doute « le fort ») et Shéla (« demande »). L'aîné, Er, meurt sans avoir eu d'enfant de son épouse Tamar (« palmier »). En vertu de la loi du lévirat – inscrite dans le Deutéronome (25, 5) –, Juda commande à Onân : « Va vers la femme de ton frère, remplis avec elle ton devoir de beau-frère et assure une postérité à ton frère. » Mais Onân ne veut pas assurer cette postérité : à chaque rapport avec Tamar, il laisse tomber sa semence et Dieu le fait mourir. Pour finir, Tamar, utilisant la ruse, parvient à avoir des jumeaux de Juda, Péreç (« brèche ») et Zérah (« éclat »), ancêtres des deux clans de la tribu.

Quand, en 931 av. J.-C., Israël se scinde en deux royaumes, au nord (Samarie) se concentrent dix de ces tribus, et au sud les deux autres, Juda et Benjamin. Ce royaume du Sud sera ainsi appelé « Juda ». Si ce territoire, où s'étendent désert et montagnes, est moins riche et moins puissant que son pays frère du Nord, il a pour capitale Jérusalem, la Ville sainte, où se dresse le Temple. De plus, et au contraire de la Samarie, il est gouverné sans interruption par dix-neuf rois de la dynastie de David, grâce à la protection de Dieu. Les livres des Rois, qui racontent la monarchie des deux royaumes, les considèrent globalement d'un œil moins réprobateur que les rois de Samarie. De ces souverains émergent les figures d'Ézéchias (716-687) et de Josias (640-609) loués, avec circonspection, pour leurs réformes. Lorsque Samarie tombe sous les coups de l'Assyrie (722), Juda, qui n'a pas une grande importance économique ni stratégique, poursuit son existence jusqu'à sa conquête par Babylone (597-587) et l'exil de ses habitants. À partir du retour de Babylone, en 538, grâce aux Perses, Juda est repeuplé par les exilés et, bien qu'amputée d'une partie de ses territoires, devient une province perse, la Judée, qui représente désormais la survivance du judaïsme.

➡ *David, Diaspora, Exil, Genèse, Jacob, Jérusalem, Josias, Judée, Lévirat, Rois (Livre des), Salomon, Samarie, Temple*

JUDAÏSME ✡

Le judaïsme désigne à la fois une religion spécifique et l'appartenance à une culture et à une communauté. Celle-ci, présente en Israël, la terre des ancêtres, et en Diaspora, est constituée à son tour de familles soudées autour d'un même respect pour les Livres sacrés. Pour être juif, il faut nécessairement être né de mère juive ou s'être converti, la circoncision étant le signe de cette appartenance. Le judaïsme se compose de familles qui, nées au cours de l'Histoire, se distinguent par des différences culturelles, liturgiques, linguistiques et jusqu'au mode de vie. Ces spécificités proviennent d'origines géographiques distinctes : les Achkénazes, majoritaires, ont pour berceau l'Europe centrale et de l'Est, tandis que les Séfarades sont issus du bassin méditerranéen. Elles peuvent être aussi la conséquence d'une conception particulière des textes sacrés. Né au XVIIIe siècle, celui des Lumières marqué par l'Émancipation, c'est-à-dire le début d'une reconnaissance des droits des juifs, le judaïsme réformé, dont le pionnier est Israël Jacobson (1768-1828), les adapte avec souplesse aux évolutions de la modernité. Le judaïsme orthodoxe, apparu en 1795 en réaction au précédent, a pour grandes figures Moïse Sofer (1762-1839) et son fils Abraham Sofer (1815-1871). Il se réclame uniquement de la stricte observance de la tradition ; le qualificatif « traditionaliste » serait donc plus adapté. Inséré entre ces deux pôles, le judaïsme conservateur, né sous l'impulsion du rabbin Zacharias Frankel (1801-1875), reste également attaché aux traditions tout en s'inscrivant avec circonspection et discernement dans la modernité.

Le judaïsme a pu persister sur sa terre d'origine, Erets Israël, de l'instauration de la royauté au XIe siècle av. J.-C. jusqu'au Ier siècle apr. J.-C., grâce notamment à l'action des prophètes, et souvent au prix de souffrances, comme l'Exil, la destruction du Premier Temple (587 av. J.-C.) et celle du Second (70 apr. J.-C.). Après la disparition de ce dernier, qui accentua la dispersion des juifs dans le monde, l'Histoire fut une longue succession de persécutions, de mesures discriminatoires fréquemment évoquées par les chercheurs. Malgré l'Émancipation, l'antijudaïsme est encore vivace au début du XXe siècle et aboutit à l'horreur absolue : la Shoah. Depuis, l'État d'Israël, fondé en 1948, accueille de nouveau les

« enfants de la Promesse » faite par Dieu au patriarche Abraham, et le regard du monde porté sur les juifs a largement changé. De même, les juifs, soudés par une même reconnaissance, renforcent leur cohésion par leur attachement profond à Israël, où certains continuent de s'installer (c'est l'*aliya*, la « montée »).

➡ *Abraham, Aliya, Achkénaze, Circoncision, Déicide, Diaspora, Exil, Gentil, Hébreux, Israël, Prosélyte, Séfarade, Shoah, Sion, Temple*

JUDAS ISCARIOTE ✝

Dans la Bible, le nom « Judas » (qui inclut la notion de louange) est utilisé pour désigner les personnages autres que le grand Juda, fils du patriarche Jacob. On trouve ainsi Judas, de la famille des Maccabées (167-63), qui prit la tête de la révolte après la mort de son père. Le Second Testament, de son côté, cite un Judas parmi les disciples de Jésus, mais accorde une place particulière à un autre Judas, le trésorier du groupe des Douze. Cet apôtre, Judas Iscariote, est présenté par les évangiles comme celui qui trahit Jésus et le livre à la police du Temple, contre trente sicles d'argent, soit le tarif pour acheter un esclave (Mt 26, 14-15). Le clergé de Jérusalem a en effet décidé d'éliminer Jésus qui non content de prôner une nouvelle Alliance, et même de ressusciter Lazare, s'en est pris au Temple dont il a chassé les marchands. Mais il faut l'arrêter discrètement, et avant la Pâque (Pessah). Le jeudi soir, veille de ce jour sacré, a lieu la Cène où Jésus, qui a déjà parlé de trahison aux apôtres, s'adresse au félon sans le désigner. Jean rapporte l'épisode : « [Jésus dit :] "En vérité, en vérité, je vous le dis *[Amen]*, l'un de vous me livrera." [...] Celui-ci [Jean], se penchant alors vers la poitrine de Jésus, lui dit : "Seigneur, qui est-ce ?" Jésus répond : "C'est celui à qui je donnerai la bouchée que je vais tremper." Trempant alors la bouchée, il la prend et la donne à Judas, fils de Simon Iscariote. Après la bouchée, alors Satan entra en lui. Jésus lui dit donc : "Ce que tu fais, fais-le vite." [...] Aussitôt la bouchée prise, il sortit ; il faisait nuit » (13, 21-30). Judas court au Temple, puis se rend avec les gardes au jardin des Oliviers. Il embrasse Jésus, qui est aussitôt emporté. Judas restituera les sicles puis se pendra (Mt 27, 5).

Pour expliquer cette trahison, une thèse avance que Judas aurait fait partie des zélotes, juifs extrémistes et violents, et que, reprochant à Jésus son attitude trop pacifique, il l'aurait livré. Elle s'appuie pour cela sur l'étymologique du mot « Iscariote », qui pourrait venir du latin *sicarii*, c'est-à-dire les sicaires. Cités par l'historien Flavius Josèphe et apparus dans la mouvance des zélotes, ces derniers poignardaient les Romains à l'aide d'un poignard recourbé, le *sica*, d'où leur nom. Mais zélotes et sicaires haïssaient les Romains et les autorités religieuses de Jérusalem. Dans ces conditions, il est improbable que Judas ait négocié avec les grands prêtres. Il n'avait qu'à poignarder Jésus, selon le mode opératoire de ces juifs extrémistes. Une autre thèse fait provenir « Iscariote » de « homme de Kyriat ou Carioth », village d'origine de Judas et de son père Simon, au sud de la Judée. Elle n'apporte rien de plus, ce village n'ayant même pas été localisé avec précision.

Quelle que soit l'explication, la trahison de Judas reste un mystère – elle a alimenté aussi l'odieuse accusation de déicide portée contre les juifs et, surtout, celle qui en faisait des hommes vénaux. Judas, fidèle apôtre, se serait retourné contre Jésus presque du jour au lendemain. Était-il attiré par l'argent ? Or, nous savons que les évangiles ont emprunté des éléments de la Bible, et les trente sicles d'argent sont une référence directe au prophète Zacharie (520-518), qui a parlé de cette somme destinée à acheter la vie du Juste, le fidèle par excellence de Dieu. Aurait-il été possédé par Satan, comme l'avancent Jean et Luc d'un point de vue théologique ? Aucune théorie ne s'impose vraiment, mais la figure de Judas a servi d'exemple à la prédication chrétienne : celui du disciple qui, au contraire de Pierre, ne regrette pas sa faute et n'obtient aucun pardon.

Toutefois, en 2006, un document est venu troubler ces analyses. Découvert dans les années 1970 en Égypte, et après de rocambolesques épisodes, cet *Évangile de Judas* paraît enfin cette année-là, après avoir été restauré. Dans son ouvrage *Contre les hérésies*, rédigé vers 180, ce qui montre l'ancienneté de ce texte, le Père de l'Église Irénée de Lyon affirme qu'il a été rédigé par les caïnites. Pour cette secte gnostique, le Dieu de la Bible, accusé de multiples défauts, avait pris la place du Dieu véritable et inconnaissable.

C'est pourquoi les caïnites vénéraient les figures dénoncées par la Bible, au premier rang desquelles Caïn (d'où leur nom), frère et assassin d'Abel. Judas s'inscrivait donc dans cette perspective. Comme Caïn, il avait détenu la véritable connaissance et la vérité. C'est pourquoi son évangile apocryphe (non reconnu par l'Église) affirme que Jésus lui a demandé de le trahir, afin qu'il puisse souffrir pour le salut des hommes.

➡ *Apôtre, Caïn, Cène, Déicide, gnosticisme, Jésus, Josèphe (Flavius),Juda, Judée, Oliviers (Jardin des), Pessah, Pierre, Satan, Zélote*

JUDE, ÉPÎTRE DE ✠

Dans le Second Testament, l'épître de Jude, écrite sans doute dans les années 70-80, est la septième et dernière des épîtres catholiques. Très courte (un chapitre), elle est attribuée en général à Jude, « frère de Jacques », auteur de l'épître homonyme et « frère de Jésus ». On y trouve la citation d'un des plus grands textes apocryphes (non reconnus par l'Église), le *Livre d'Hénoch*.

« À vous miséricorde et paix et charité en abondance », prévient l'auteur, qui avertit son correspondant contre les impies qui « travestissent en débauche la grâce de notre Dieu et renient notre seul Maître et Seigneur Jésus Christ ». Au jour du Jugement dernier, les « incrédules », les pervers et les blasphémateurs seront punis sous l'œil des anges, comme le furent Sodome et Gomorrhe. Les références à la Bible sont explicites : on y retrouve Caïn, ou encore Balaam, le prophète qui aide à la conquête de Canaan dans le livre des Nombres. Seules la foi, la miséricorde et la charité reçues du Seigneur sont les gages d'une vie éternelle. Seul Dieu peut « vous garder de la chute et vous présenter devant sa gloire ».

Enfin, il ne faut sans doute pas confondre l'auteur de cette épître avec Jude, que les évangélistes Matthieu et Marc appellent Thaddée. Membre du groupe des Douze, les plus proches disciples de Jésus, cet apôtre serait parti avec Simon le Zélote pour évangéliser l'Afrique et le Proche-Orient, où il connut le martyre.

➡ *Apocryphe, Caïn, Épître, Foi, Gloire de Dieu, Hénoch, Jugement dernier, Nombres (Livre des), Sodome et Gomorrhe, Simon le Zélote*

JUDÉE ✡ ✝

En 538 av. J.-C., l'empereur perse Cyrus le Grand autorise les Israélites à retourner dans leur pays, plus précisément autour de Jérusalem, dans un territoire correspondant à l'ancien royaume de Juda amputé de territoires : c'est la Judée (Yehoud, « pays de Juda »), d'où vient le mot « juif ». D'emblée, la reconstruction du Temple et de la ville se heurte à une opposition, notamment des Samaritains qui vivent au nord de la Judée, province de l'Empire perse incluse dans une satrapie (division administrative), la Transeuphratène. Puis la Judée se rend sans se battre à Alexandre le Grand (332 av. J.-C.) qui fond sur l'Égypte. Lors du partage de l'empire de ce dernier entre ses officiers, elle tombe dans l'escarcelle de la dynastie des Lagides (Égypte), puis revient aux Séleucides (Syrie) en 200. À partir de 167, la famille juive des Maccabées conduit une révolte qui aboutit à l'indépendance. Celle-ci ne cesse qu'en 63, avec la prise de Jérusalem par les Romains, qui intègrent la Judée dans leur empire. Hérode le Grand, en faveur auprès de Rome et habile politique, obtient de devenir le « roi des juifs » et règne (37-4) sur l'ensemble de la Palestine (dont la Judée). C'est sous son règne que naît Jésus, entre 4 et 6 avant notre ère.

Après la mort d'Hérode, la Judée est gouvernée par un de ses fils, Archélaüs (« chef du peuple »). Après l'éviction de ce dernier en l'an 6 de notre ère, elle devient province romaine sous l'autorité d'un préfet romain. Ponce Pilate assume ces fonctions de 26 à 36, c'est-à-dire à l'époque du ministère de Jésus. La Judée, agitée par des révoltes juives, est matée par les Romains qui saccagent Jérusalem et détruisent le Temple (70). Elle tombe ensuite sous la coupe de l'Empire byzantin, des Arabes, des chrétiens durant les croisades, des Ottomans et enfin des Britanniques. Elle est annexée en 1948, après la fondation de l'État d'Israël, à la Jordanie, et occupée par l'armée israélienne après la guerre des Six Jours (1967). Elle reste un enjeu de taille dans les négociations entre Palestiniens et Israéliens.

➡ *Croisade, Hérode, Israël, Jérusalem, Jésus, Juda, Maccabées (Livre des), Ponce Pilate, Romain, Samaritain, Temple*

JUIF

Ce mot provient du latin *judaeus*, « habitants de Judée ». Il est appliqué aux Israélites revenus de l'Exil à partir de 538 av. J.-C. et venus s'installer en Judée, alors province perse. Plutôt que le terme « juif », apparu en fait assez tardivement et qui correspond à un statut essentiellement religieux, des historiens préfèrent celui de « Judéens », qui coïncide précisément à l'époque suivant l'Exil jusqu'au temps de Jésus, sur les plans géographique, politique, juridique et religieux.

JUDÉO-CHRÉTIEN ✡ ✝

Les historiens utilisent le mot « judéo-chrétien » pour désigner la communauté chrétienne de Palestine, d'origine juive, parlant araméen, continuant à pratiquer la Loi (Torah) juive, tout en reconnaissant Jésus comme Messie et Fils de Dieu. Le concile dit « de Jérusalem » (Actes des apôtres, 15), réuni vers 48, essaya de trouver un accord entre ces judéo-chrétiens et les chrétiens qui, même d'origine juive, vivaient dans la culture grecque et ne pratiquaient pas (ou plus) la Loi juive. Cet accord permit l'essor des missions de Paul auprès des païens. Mais les judéo-chrétiens restés en Palestine continuèrent à y respecter la Loi. Ils n'étaient pas vraiment séparés de leurs coreligionnaires jusqu'à la destruction du Temple (en 70) et l'instauration du judaïsme rabbinique défini à Yavneh (Jamnia, centre des *tannaïm*). Alors, en raison de leur croyance en Jésus comme Messie, et peut-être pour s'être désolidarisés des révoltés de 66, ils furent marginalisés, puis écartés officiellement des synagogues. Ils n'en continuèrent pas moins de vivre en Palestine où ils furent aussi marginalisés de plus en plus par rapport à l'Église majoritaire qui, désormais, parlait grec et se composait presque totalement de chrétiens d'origine païenne. Ils ont cependant laissé des ouvrages qui ont été recueillis parmi les apocryphes (non reconnus par le canon, ou règle, de l'Église). Les judéo-chrétiens ont influencé les Églises de Syrie et de Mésopotamie, dont la langue demeurait l'araméen. Ils ont disparu vers le IVe siècle.

➡ *Apocryphe, Araméen, Concile, Gamaliel, Mani, Messie, Païen, Palestine, Paul, Pierre, Rabbin, Synagogue, Tanna, Torah*

JUDITH ✡

Le livre de Judith (« la juive » en hébreu), intégré à la traduction de la Septante (version grecque de la Bible), puis à la Bible latine, ne fait pas partie de la Bible hébraïque. Il fut écrit à la même époque que celui d'Esther, c'est-à-dire aux IIe-Ier siècles av. J.-C. Le message est clair : le respect total de la Torah et la fidélité en Dieu sont les conditions de la victoire d'Israël contre ses ennemis et les dangers qui la menacent. Car la brutalité et les armées les plus redoutables ne peuvent pas combattre la Loi, les prières et le jeûne. La foi de Judith en est l'illustration.

Le général assyrien Holopherne est chargé de soumettre les pays indisciplinés à l'ouest de l'empire. En Judée, il tombe sur le peuple pieux d'Israël, qui trouve sa force en Dieu ; il se heurte en particulier à la forteresse imprenable de Béthulie qui défend la route vers Jérusalem. Il met le siège, s'empare des points d'eau pour faire mourir les juifs de soif, mais Béthulie résiste, certaine que Dieu donnera un signe. C'est alors que Judith, une veuve très riche et d'une grande beauté, remarquable par sa piété, se faufile dans la nuit jusqu'au camp assyrien, avec sa servante. Elle charme Holopherne et prétend lui indiquer le chemin permettant de s'emparer de la forteresse. Car, affirme-t-elle, les assiégés sont prêts à violer la Torah et se priveront ainsi de la protection de Dieu. Puis, après un plantureux banquet au cours duquel il s'enivre, Holopherne reste seul avec Judith qui, profitant de son état, le décapite. Elle cache la tête dans son panier, et, toujours avec sa servante, passe sans difficulté les sentinelles rendues confiantes par ses allées et venues. Les habitants de Béthulie exultent : l'ennemi s'enfuit, laissant son camp au pillage. Jérusalem célèbre cette victoire. Judith, restée veuve, disparaît à cent cinq ans, entourée de la vénération générale.

➡ *Assyrie, Esther, Foi, Jérusalem, Septante, Torah*

JUGEMENT DERNIER ✡ ✝ ☪

Le Jugement dernier relève du domaine de l'eschatologie, c'est-à-dire ce qui se rapporte à la fin des temps, celle-ci n'étant pas précisée. La notion de jugement divin, présente dans de nombreuses religions, a pris une tournure particulière et progressive dans le judaïsme, puis s'est prolongée dans le christianisme et l'islam. Elle est liée non à un dieu supérieur à ceux d'un panthéon plus ou moins riche, mais au Dieu unique d'Israël, le Seigneur et le juge par excellence de tout ce qui vit et compose l'univers. Le premier à en amorcer l'énoncé est Amos (début du VIIIe siècle av. J.-C.), prophète de la Bible, sous la forme du « jour de Yahvé » (5, 18-20), qui « sera ténèbres, et non lumières » pour les vivants impies. L'avertissement, relayé aux deux siècles suivants par les prophètes Isaïe, Sophonie, Ézéchiel ou encore Abdias et Malachie (vers 520), trouve son point d'orgue dans le livre de Joël (V^e^-IVe siècle). Il s'intensifie dans celui de Daniel (en 164), ouvrage où percent les prémices de l'Apocalypse et qui, en même temps qu'apparaît dans le judaïsme la notion de résurrection, l'étend non plus seulement aux vivants, mais aussi à tous les défunts. Dans le judaïsme, la Michnah, tradition orale de la Torah, précise aujourd'hui que ce jugement intervient quatre fois par an, surtout à Roch ha-Shanah (Nouvel An) et à Yom Kippour (jour des Expiations ou Grand Pardon). Le Second Testament, à travers Jésus et son précurseur Jean le Baptiste, précise les termes du Jugement dernier : à la fin des temps, échéance bien entendu indéterminée, Jésus le Messie reviendra (parousie). Selon les évangiles synoptiques (Matthieu, Marc, Luc), ce dernier a annoncé que Dieu surprendra bientôt les hommes, récompensera les bons en leur accordant l'éternité à ses côtés, dans son Royaume, et punira les méchants, qui seront voués aux flammes perpétuelles. Jésus, le Fils de l'homme, siégera alors près de lui, auréolé de sa gloire. Le christianisme est encore imprégné de ce jour fulgurant.

En islam, le Jugement dernier est une constante du Coran, où il est évoqué quelque cent fois. D'emblée, dans la 1re sourate, *al-Fatiha* (1, 4), Dieu est « Celui à qui appartient le jour du Jugement dernier ». Le musulman, par définition soumis à Allah (mais non esclave), doit craindre la sentence dans l'attente de la résurrection : « Le jour où Dieu vous appellera, vous lui répondrez en le louant et vous penserez n'être restés que peu de temps dans vos tombes », stipule *Le Voyage nocturne* (*al-Isra*, 17, 52). Dans *La Duperie réciproque* (64, 9-10) : « Le Jour où il vous rassemblera [le *hashr*] pour le jour de la Réunion, sera le jour de la Duperie réciproque. » Dieu récompensera les croyants sincères et leurs « œuvres bonnes » (les *hasanat*) en leur offrant les « Jardins où coulent les ruisseaux » (paradis) pour y connaître la félicité éternelle. Les autres, incrédules et hypocrites qui n'ont pas cru à ses signes, seront les « hôtes du feu », dans la géhenne (enfer) éternelle. « Ils y demeureront immortels : quelle détestable fin ! » *Celle qui est inéluctable*, c'est-à-dire l'heure *(al-saa)* du Jugement, fait penser à l'avertissement de Jésus qui répartira les bons à sa droite et les autres à sa gauche (Mt 25, 33). À droite, les compagnons élus trouveront le Jardin du délice et la compagnie des belles houris. À gauche, les autres, les « négateurs égarés », « seront exposés à un souffle brûlant », à un séjour dans l'eau bouillante. « Ceci est la Vérité absolue », conclut cette superbe 56e sourate.

➡ *Amos, Apocalypse, Daniel, Ézéchiel, Fatiha (Al-), Fils, Géhenne, Houri, Isra, Joël, Résurrection, Royaume*

JUGES, LIVRE DES ✡

Le livre des Juges, achevé au Ve siècle av. J.-C., se situe entre Josué et l'instauration du premier roi, Saül, soit de 1200 à 1040 environ. Il s'agit d'une période agitée, la conquête de Josué n'ayant pas permis de soumettre tous les Cananéens. Les Juges comprennent onze hommes et une femme, le chiffre douze, symbolique, rappelant celui des douze tribus à l'origine d'Israël, issues des douze fils du patriarche Jacob. Car ces héros sont les représentants d'Israël dans son entier. Ils sont l'objet d'exploits magnifiques, provenant de contes épiques et populaires, dans lesquels il faut moins lire une volonté historique qu'une signification religieuse. En effet, si l'on cumule leurs aventures, elles s'étalent sur quatre siècles. Il ne s'agit pas de magistrats au sens législatif, mais de sauveurs, de « chefs » – l'hébreu *chofet*, traduit par « juge », vient de *chafat*, qui signifie « juger » et aussi « régner ». Chaque aventure suit le même plan : les Israélites trahissent l'Alliance, Dieu les punit par le bras d'un oppresseur ; ils se repentent et, grâce à Dieu, sont délivrés par un juge. Les plus fameux juges sont Gédéon et ses fils, la courageuse Débora, Jephté et le célèbre Samson, l'avant-dernier. Le dernier est Samuel, mais il fait l'objet des livres portant son nom – la tradition rabbinique lui attribue d'ailleurs aussi le livre des Juges.

➡ *Débora, Gédéon, Jacob, Josué, Samson, Samuel, Saü*

JULIEN L'APOSTAT ✠

Cet empereur montre que le christianisme, même sorti de la clandestinité en 313 grâce à Constantin Ier le Grand et à ses successeurs, ne fit pas l'unanimité au sein de l'Empire romain. Il doit d'ailleurs ce qualificatif d'« apostat » à cette même religion.

Né en 331 à Constantinople, Julien est exilé vers six ans au fin fond de la Cappadoce (Turquie), après le massacre de sa famille ordonné par ses propres cousins, fils de son oncle, Constantin lui-même. Bien que baptisé et éduqué dans le christianisme, il préfère nettement la littérature et la culture grecques, donc païennes aux yeux de l'Église. De retour à Constantinople par faveur de l'empereur Constance II (347), l'un de ses cousins et principal artisan de l'assassinat des siens, il intensifie ses études et épouse secrètement le paganisme et ses mystères, notamment ceux d'Éleusis, lors d'un séjour en Grèce. Puis, Constance II le fait venir à Milan (Italie) et l'associe au pouvoir. En Gaule, dont il est le préfet, Julien s'illustre par ses victoires militaires qui le conduisent, lui l'homme épris de culture, de l'autre côté du Rhin. Et, à Lutèce (Paris), ses troupes le proclament « auguste » (empereur) en 360, charge qu'il finit par accepter. Constance II n'a pas le temps de lui barrer la route, car il meurt en novembre 361 après l'avoir désigné, dit-on, comme héritier. À Constantinople, Julien, qui règne seul sur tout l'empire, en Occident comme en Orient, rompt d'emblée avec l'emphase et le despotisme de ses prédécesseurs pour afficher l'humanisme des premiers empereurs, inauguré par Auguste au tournant de l'ère chrétienne. Libéral et tolérant, il purge l'administration de ses excès, supprime les privilèges des clercs chrétiens, prend des mesures d'allègement fiscal, malgré des besoins importants en fonds dus aux frais militaires. Sur le plan religieux, il s'affirme le « fils du Soleil » inspiré par les dieux et rétablit les cultes païens. Il élargit cette autorisation au christianisme, ce qui permet aux évêques, chassés par Constance II qui avait épousé l'arianisme (une hérésie), de revenir dans leurs villes respectives. Mais au fur et à mesure de son règne, Julien marque une opposition croissante au christianisme, qu'il fustige dans l'un de ses écrits, *Adversus christianos*, tandis qu'il renvoie les chrétiens de l'administration et de l'enseignement. En fait, il veut restaurer le paganisme, même s'il l'adapte aux structures chrétiennes. Mais Julien meurt en juin 363, des suites de ses blessures après une bataille contre les Perses. Le christianisme menacé peut souffler et devient religion d'État sous l'empereur Théodose Ier le Grand (379-395). Quant à l'œuvre religieuse et politique de Julien, dernier représentant d'un paganisme finissant, elle disparaît avec ce personnage atypique, touchant et étonnant.

➡ *Apostasie, Arianisme, Mystère, Païen*

JUSTE ✡ ✝ ☪

Dieu, unique et tout-puissant, est le seul détenteur de la justice et le seul capable de rendre l'homme juste et droit, soit équitable et animé de l'amour pour Dieu et pour autrui. Personne ne peut atteindre ni la justice ni la sagesse divines en œuvre depuis la Création, même s'il fait preuve d'une charité inégalée. Dieu, seul véritable juste, apporte ainsi le salut.

La Bible et le Second Testament se font l'écho de cette justice omniprésente – il exista par exemple un *Livre du Juste* (disparu) qui servit de matière, avec d'autres, aux livres de Samuel et de Josué. On y explique pourquoi des innocents souffrent (comme le Serviteur du prophète Isaïe) et pourquoi des coupables échappent à toute sanction, voire s'enrichissent. Si les Psaumes, grandes prières, exaltent la justice, Job, affligé de malheurs malgré sa foi exemplaire, en fait l'amer constat, lui le juste (*tsaddiq* en hébreu) puni par Dieu pour des fautes qu'il n'a pas commises. Il en fait reproche à Dieu qui lui rappelle l'imperfection humaine. Mais Dieu peut aussi se montrer juste (miséricordieux) dans la mesure où l'homme ne peut obéir sans faiblir aux lois qu'il a édictées. Ainsi restaure-t-il Job dans une condition plus favorable que la précédente. Dieu se montre par ailleurs patient : envers les Hébreux, grâce aux plaidoyers de Moïse (lors du sacrilège du Veau d'or par exemple) ; envers Israël, malgré ses manquements à l'Alliance, comparés à ceux d'une épouse infidèle par le prophète Osée. Mais il est également un juge rendant la justice : quand il fait venir le Déluge, il ne laisse que Noé, le seul juste sur terre, et son arche abritant sa famille et les animaux. Ensuite, quand Abraham, dans la Genèse, lui demande d'épargner Sodome et Gomorrhe, il reconnaît qu'il ne peut frapper des justes et des pécheurs en même temps. Même s'il n'y a qu'un juste, il le sauvera. Cet unique juste est Lot, neveu d'Abraham, qui s'échappe de Sodome. Dieu applique alors sa sentence. Bien plus tard, il punit Israël et ses rois qui n'ont pas écouté les prophètes transmettant sa Parole. Il détruit les grands empires, Assyrie et Babylone, après s'en être servi pour châtier son peuple. Il reconnaît ensuite comme juste l'empereur perse Cyrus le Grand, qui permet aux Israélites de retrouver leur pays en 538 av. J.-C., après l'exil de Babylone. En effet, dans le judaïsme, le juste est aussi celui qui œuvre pour le salut des juifs, car la Bible est rattrapée par l'Histoire : les persécutions contre les juifs et la Shoah ont posé beaucoup de questions quant au pouvoir de la justice de Dieu. Pour la Shoah, certains juifs avancent que Dieu aurait utilisé le nazisme et Hitler pour jeter à la face du monde la fin d'une ère barbare, les juifs étant sacrifiés pour le règne de la justice et de la paix. Dès 1953, Israël a déclaré justes parmi les nations les non-juifs qui, prenant des risques, parvinrent à sauver des juifs durant cette épreuve – ils sont aujourd'hui presque 22 000. À Jérusalem, une allée dite « des Justes », menant au Mémorial de la Shoah, est plantée d'arbres célébrant leur mémoire. Enfin, le Talmud de Babylone (écrit central du judaïsme, achevé vers 500 apr. J.-C.) évoque les *lamed-vav tsaddiqim* (les « trente-six justes » ; *lamed vavnik* en yiddish) présents à chaque génération. Ils bénéficient tous les jours de la *Chekhinah* (Présence de Dieu), ne se connaissent pas et vivent discrètement. Leur action bénéfique sur le monde se fait dans le secret, grâce à leurs mérites. En outre, de nombreuses traditions concernant les justes émaillent la kabbale et animent le hassidisme, dont le fondateur, le Baal Chem Tov (XVIIIe siècle), aurait connu ceux de son temps. Parmi les *tsaddiqim* pourrait se trouver le Messie.

Le christianisme considère que Dieu, par sa grâce (aide) et par l'Esprit saint, peut faire d'un homme ordinaire, ou d'un pécheur, un juste participant à sa sainteté – c'est la justification qui peut conduire à l'état de saint. Le fidèle ne devient pas juste seulement par une obéissance aux lois, mais par sa foi en Jésus-Christ, le Sauveur de l'humanité, en partageant sa vie, sa mort et sa Résurrection. Tous ses actes et ses mérites sont néanmoins étroitement liés à la foi. Selon Paul, dans l'épître aux Romains, les règles n'ont pas d'ascendant sur la foi, comme le montre Abraham, un juste qui, à son époque, ne connaissait pas la Loi (Torah). S'appuyant aussi sur Paul,

Martin Luther (1483-1546), promoteur de la Réforme protestante, avança que seule la foi pouvait « justifier » (rendre juste). L'Église catholique, depuis le concile Vatican II (1962-1965), a mené des réformes sur son fonctionnement, pour dénoncer avec plus de force les injustices sévissant dans le monde. Car la justice fait partie des vertus cardinales.

La justice est également une vertu clé de l'islam, où la religion guide la conduite des affaires humaines. « Mon Seigneur a ordonné la justice » et « C'est lui qui choisit les saints », rappelle le Coran (*al-'Araf*, 7, 29 et 196), qui insiste aussi sur les punitions en cas d'injustices. Avec les pauvres, les repentis, les non-musulmans pacifiques (*L'Épreuve*, 60, 8), les parents, les voyageurs... : « Soyez équitables ! Dieu aime ceux qui sont équitables ! » (*Les Appartements privés*, 49, 9.) Le juste est celui qui, sincèrement, « croit en Dieu [...] s'acquitte de la prière [...] fait l'aumône », se révèle patient en toute circonstance, tient ses promesses (*La Vache*, 2, 177). Jésus reconnaît en Dieu « le Puissant, le Juste » ; et Dieu dit : « Voilà le Jour où la sincérité des justes leur [aux hommes] sera profitable : ils demeureront, à tout jamais immortels, au milieu de Jardins où coulent les ruisseaux » (*La Table servie*, 5, 116-119). Les croyants fidèles et sincères *(hanif)*, « qui repoussent le mal pour le bien : voilà ceux qui posséderont la demeure finale, les jardins d'Éden. Ils y entreront avec ceux qui ont été justes, ainsi que leurs pères, leurs épouses et leurs enfants. Les anges entreront auprès d'eux, par toutes les portes » (*Le Tonnerre*, 13, 19-24). Abraham (qualifié aussi de *hanif*), Jacob, Jésus et d'autres comptent parmi les justes du Coran. Mais Dieu, le Puissant et le Juste, est celui qui sait tout, « le Témoin de toute chose » (*La Discussion*, 58, 6). Il reste le Juge suprême, le Détenteur de toute science, c'est-à-dire *al-Hakim* (le Sage), l'un de ses noms – *hakim* désigne aussi les bienfaits qu'il prodigue aux hommes, ici-bas ou dans l'autre monde. Il ne peut se montrer « injuste envers ses serviteurs » (*Le Butin*, 8, 51), ceux qui se confient à lui. « Dieu est celui qui revient sans cesse vers le pécheur repentant » (*La Lumière*, 24, 10). Il peut pardonner. Dieu est alors le Miséricordieux.

➡ *Alliance, Aumône, Charité, Création, Esprit saint, Foi, Grâce, Hanif, Hassidisme, Jugement dernier, Kabbale, Lot, Messie, Miséricorde, Paraclet, Péché, Prophète, Résurrection, Sagesse de Dieu, Saint, Salut, Shoah, Sodome et Gomorrhe, Tsaddiq, Veau d'or, Vertu*

K

KAABA ☪

La Kaaba est littéralement un « cube » de pierre, mais surtout la « Maison de Dieu » *(Baït Allah)*. Mesurant 15 m de hauteur sur environ 12 m de côté et pourvue de portes, elle se dresse au centre de la Grande Mosquée de La Mecque, la première des villes saintes de l'islam, en Arabie Saoudite. C'est dans sa direction *(qibla)* que sont adressées les prières de tous les musulmans du monde. Elle est aussi l'élément central du grand pèlerinage annuel de La Mecque (Hadj), et particulièrement sa Pierre noire au caractère hautement sacré, que les pèlerins embrassent avec ferveur. La Kaaba est drapée dans une étoffe noire *(kiswa)*, changée après chaque Hadj, où des calligraphies du Coran sont brodées au fil d'or. Elle fait l'objet, ainsi que ses environs, du *haram* (interdit), les non-musulmans n'ayant pas le droit de pénétrer dans cette zone sainte.

La tradition musulmane avance que la Kaaba aurait été édifiée successivement par Adam, le premier homme créé par Dieu, et par son fils Seth, suivis d'Abraham (le premier musulman) et de son fils Ismaël (ancêtre des Arabes), et enfin des descendants de Noé (le héros du Déluge). Sur le plan historique, elle existait avant la naissance de l'islam (VIIe siècle). La Mecque, ville commerçante sur la route des caravanes, possédait déjà un sanctuaire de forme cubique, d'où ce nom « Kaaba » qui lui fut donné. Les Quraïch, tribu principale de La Mecque, le consacraient à des divinités païennes vénérées par des pèlerins. Dans le Coran, la sourate *La Table servie* (5, 97) précise que la Kaaba fut instituée par Dieu, et *L'Étoile* (53, 19) mentionne les divinités al-Lât (fécondité), Manât (bonheur), al-Uzza (divinité des Quraïch). Il existait aussi Hubal, dieu de la lune vénéré en Arabie et venu de Syrie, qui possédait une statue d'envergure à la Kaaba.

Mahomet (vers 570-632), quraïch lui-même et fondateur de l'islam, s'opposa rudement à ces cultes polythéistes, et le Coran, que Dieu lui révéla, retentit de nombreuses menaces contre l'adoration de telles idoles. La sourate *La Table servie* (5, 97) précise encore que, lorsque La Mecque fut prise par les musulmans (630), elles furent toutes renversées – certaines sources font état de trois cent soixante idoles.

Les successeurs (califes) de Mahomet à la tête de l'islam, Omar (634-644) et Othman (644-656), aménagèrent le vaste périmètre dégagé autour de la Kaaba afin de permettre aux pèlerins d'en faire le tour (circumambulation) pendant le Hadj. Éprouvée par le temps et des accidents, dont un incendie qui la ravagea (684), la Kaaba fut rebâtie et a très peu changé de visage depuis la fin du VIIIe siècle.

➡ *Calife, Circumambulation, Hadj, Haram, Idole, Lât (Al-), Mecque (La), Pierre noire, Qibla, Quraïch*

KABBALE ✡

Aujourd'hui, le mot « kabbale » désigne l'ensemble de la mystique juive insistant sur la valeur symbolique de l'alphabet qui apparut au XIIIe siècle. Mais il s'appliquait auparavant aux traditions du judaïsme, notamment aux écrits prophétiques et hagiographiques. Le courant mystique est très ancien puisque ses premières traces remontent à l'époque du Second temple de Jérusalem, consacré en 515 avant notre ère et détruit en 70 apr. J.-C. Le livre du prophète Ézéchiel, par exemple, est à la source du Char divin repris dans les *Hékhaloth* (ensemble d'ouvrages mystiques des IIIe-VIIe siècles). Il exista aussi des formes de mysticisme pendant la période de rédaction de la Michnah. On en trouve aussi lors de l'élaboration du Talmud (IIe-Ve siècle), avec le *Séfer Yetsirah* (*Livre de la Création*, IIIe-VIe siècle). La mystique présida également à la naissance du hassidisme (XIIe siècle), marqué par le *Séfer Hassidim* (« Livre des dévots »). Au début du XIIIe siècle, donc, en Catalogne (Gérone) et dans le midi de la France, émerge un courant de « tradition » (*qabbalah* en hébreu) au sein de la mystique juive. C'est ainsi que commence à circuler un écrit fondamental, le *Séfer ha-Bahir (Livre de la clarté)*, dans lequel est exposée la théorie des *sefirot* (les émanations du monde divin), principe essentiel de ce courant de la kabbale. Puis, à la fin du XIIIe siècle, un autre ouvrage capital se propage, le *Séfer ha-Zohar (Livre de la Splendeur)*. En 1492, l'expulsion des juifs d'Espagne, grand centre de kabbale, met un terme à celle-ci. Cependant, elle devait perdurer dans des courants comme l'école d'Isaac Luria en Palestine (1534-1572), qui trouva des prolongements au XVIIe siècle ; puis dans le « second » hassidisme, apparu vers 1750, initié par Israël ben Éliézer (ou Baal Chem Tov, 1700-1760), et toujours très vivant aujourd'hui.

Comprendre les ressorts de la Création, approcher le Dieu vivant et créateur par la prière et la connaissance, ressentir sa Présence *(Shekinah)*, réfléchir aux voies et aux outils permettant de relier l'homme à Dieu, comme les *sefirot* et les lettres de l'alphabet hébreu, et bien d'autres principes... tout cela doit permettre d'approcher au plus près le monde divin, voire d'y pénétrer, et ainsi de saisir la vérité et la pureté de la foi. Sur le plan pratique, la kabbale utilisa diverses applications magiques : amulettes, utilisation de nombres et de lettres, création de golems et lutte contre le dibbouk (démon).

De nos jours, des organismes prétendent initier des néophytes à la kabbale, en peu de temps. Ces initiatives, le plus souvent lucratives, s'inscrivent dans la mouvance à succès du « développement personnel ». À l'issue de ces sessions et du suivi, les candidats, à la recherche de repères, pensent avoir assimilé les ressorts de cette mystique qui, pourtant, exige une longue initiation dont les véritables kabbalistes rappellent la nécessité impérieuse.

➡ *Bahir (Séfer ha-), Dibbouk, Ézéchiel, Golem, Hassidisme, Hékhaloth, Michnah, Mystique, Séfer Hassidim, Séfer Yetsirah, Sefirot, Talmud, Zohar (Séfer ha-)*

KAFIR ☪

Le *kafir* est, en arabe, l'incrédule, l'athée, celui qui ne croit pas en Dieu. Étymologiquement, le verbe *kafara* signifie « voiler », « cacher ». Dans le Coran, qu'il révéla à Mahomet (vers 570-632), Dieu est l'ennemi des incrédules *(kafiroun)* contre lesquels sa colère est grande. L'incrédulité, au sens religieux transmis par le Coran, est un péché très grave. Elle concerne les personnes qui, n'ayant pas la foi, au mieux affichent de l'indifférence, au pire se moquent volontairement et consciemment des signes, de la science, de la sagesse ou encore des envoyés (prophètes) de Dieu : c'est le *koufr*, « incroyance », négation de Dieu. Elle touche aussi les infidèles (ou mécréants), les non-musulmans qui, par conséquent, n'ont pas la véritable foi, l'islam, ou ceux qui se sont trompés de religion. Mais la pire des fautes est l'apostasie *(ridda)*, c'est-à-dire le reniement de la foi musulmane. Dans tous les cas, ces impies (négation d'une religion) méritent le feu éternel de la géhenne (enfer). « À vous [les incrédules] votre religion, à moi ma Religion », clame Dieu dans la 109e sourate, justement intitulée *Les Incrédules* (six versets).

➡ *Apostasie, Athéisme, Foi, Géhenne, Péché*

KALAM ☪

Le *kalam* (« parole » en arabe) correspond à l'apologétique (défense d'une religion) – la théologie (discipline relative à Dieu) se dit d'ailleurs *ilm al-kalam* (« science de la parole »). *Ilm* est, en arabe, la « science », la « connaissance ». Dans le Coran, où elle est un thème récurrent, elle n'a de valeur que si elle est révélée par Dieu, qui le rappelle à de nombreuses reprises. Très actif dans les tout premiers siècles de l'islam, le *kalam* a pour but d'apporter la contradiction aux incrédules, aux autres croyants (juifs et chrétiens), voire à un courant dissident de l'islam, en démontant l'apologie qu'ils font de leur propre religion et en apportant la preuve que le Coran fut bien révélé par Dieu à Mahomet (de 610 à 632), ou encore l'authenticité du message et des actions de Mahomet. Notons qu'il ne faut pas confondre *kalam* et *qalam* (« plume »), qui est le titre de la 68e sourate du Coran, *Al-Qalam* (« Le Calame »).

➡ *Mutaziliste*

KASABA ☪

Les musulmans étant sans cesse à la recherche de la perfection dans tous leurs comportements, ainsi que le prescrit Dieu, ils accumulent de leur vivant les bienfaits qui leur permettront d'accéder au paradis. Il faut pour cela « acquérir » (*kasaba* en arabe) ce bien par des actions – il en va de même pour le mal, dont les effets sont contraires et peuvent conduire en enfer. Tout est comptabilisé et noté par Dieu qui en tiendra compte pour récompenser, châtier ou pardonner dans la vie future.

➡ *Enfer, Paradis, Vertu*

KAVVANAH ✡

Toute prière, pour être efficace et reçue par Dieu, exige une concentration que le judaïsme appelle la *kavvanah* (« voie », « direction »). Dieu, en effet, demande la mobilisation totale du cœur, de l'âme et de l'être tout entier, ce qui rend inefficace une prière si on la récite machinalement – pour le *Chema* par exemple, les juifs se concentrent en fermant les yeux quand ils récitent le premier verset. Cette voie a été étudiée par la mystique juive afin de pouvoir, grâce à la prière et à ses mots, pénétrer, voire transformer le monde divin. Certains juifs appliquent aussi la *kavvanah* à l'ensemble des commandements *(mitsvot)* du judaïsme, lesquels exigeraient donc une même concentration.

➡ *Chema, Kabbale, Mitsvot, Mystique, Prière*

KELAL ✡

Le monde juif se désigne par l'expression *Kelal Israël* (« toute la communauté d'Israël ») afin de montrer que tous les juifs, quelle que soit leur appartenance, leurs fautes et leur piété, font partie d'une même famille, celle du peuple élu.

➡ *Israël, Peuple élu*

KERBELA ☪

Située en Irak, à 100 km au sud-ouest de Bagdad, non loin de l'Euphrate, Kerbela (ou Kerbala) est une ville sacrée du chiisme, deuxième famille de l'islam après le sunnisme, largement majoritaire. Les chiites se réclament d'Ali, gendre et cousin du prophète Mahomet dont il fut l'un des successeurs (calife), et qui mourut assassiné en 661. Ils croient aussi aux descendants d'Ali, c'est-à-dire aux imams historiques qui se succédèrent jusqu'au IXe siècle.

Kerbela se trouve sur la route des pèlerins qui se rendent à La Mecque et à Nadjaf (Irak) où est inhumé Ali. Elle est vénérée car c'est en ce lieu qu'Hussein (626-680), fils d'Ali et de Fatima, trouva la mort. Après la disparition de son père, il refusa l'autorité du calife, en tant que chef des Alides (descendants d'Ali). Il mourut lors d'un combat à Kerbela, le 10 mouharram 61 (10 octobre 680), et fut enterré sur place. C'est ainsi que sa tombe (Qabr al-Hussein) devint un lieu de pèlerinage dès les années 680. Elle est aujourd'hui située dans une immense cour dont les murs sont couverts de la transcription en lettres blanches sur fond bleu de la totalité du Coran. Impressionnant sous sa coupole, le cercueil, nappé d'argent, est éclairé par des lampes.

Avant et pendant le 10 mouharram (qui marque la fête d'Achoura, jour de bienfaits à venir), les chiites fêtent le martyre d'Hussein. Sa Passion est relatée dans les *taziya*, une forme de théâtre, art quasiment absent par ailleurs en islam.

➡ *Achoura, Ali, Chiisme, Duodécimain, Hussein, Imam, Mouharram, Nadjaf, Sunnisme*

KÉTER ✡

Dans la tradition du judaïsme, les anges tressaient une « couronne » *(kéter)* au Dieu créateur. Le mot *kéter* a été aussi employé dans un sens plus large, comme l'étude de la Torah (Loi), qui représente le couronnement de la foi. Autre exemple, le *Séfer Torah* est une copie sur parchemin de la Torah conservée dans l'arche de la synagogue : ce parchemin est fixé à deux cylindres parfois coiffés d'une couronne ornementale, appelée précisément *kéter*. Ce nom est aussi donné à la *sefirah* la plus importante parmi les *sefirot* (dix émanations ou degrés du monde divin).

➡ *Ange, Séfer Torah, Sefirot, Synagogue, Torah*

KETOUVIM ✡

Ketouvim (« écrits ») est le titre de la troisième partie de la Bible hébraïque, après la Torah et les Prophètes (Neviim). Cet ensemble, appelé aussi « Hagiographes » (« écrits saints »), comprend des textes aussi fondamentaux que différents par leur style et leur contenu : les Psaumes ; le livre de Job ; les Proverbes ; les Cinq Rouleaux (Ruth, Cantique des cantiques, Qohélet ou Ecclésiaste, Lamentations ou Ékhah, Esther) ; les livres de Daniel (essentiel dans l'élaboration littéraire du style apocalyptique), d'Esdras et de Néhémie (relatifs au retour des juifs de l'Exil après 538 av. J.-C.) ; et les livres des Chroniques (historique).

➡ *Apocalypse, Bible, Hagiographe, Neviim, Rouleaux (Les Cinq), Torah*

KHADIDJA ☪

Khadidja fut la première femme (et l'unique de son vivant) de Mahomet (vers 570-632). Riche marchande de La Mecque et veuve, elle l'engagea d'abord à son service, peut-être pour convoyer ses caravanes. Obtenant sa confiance, puis son amour, Mahomet accepta sa proposition de l'épouser, malgré la différence d'âge (on parle de quarante ans pour elle, ce qui paraît excessif, vingt-cinq à trente ans pour lui). Khadidja lui donna plusieurs enfants (six selon l'opinion courante, ce qui paraît difficile pour une quadragénaire), dont Fatima, qui épousa ensuite Ali, cousin de Mahomet. Elle mourut en 619, après avoir soutenu sans faillir Mahomet dans sa prédication.

➡ *Ali, Fatima, Mahomet, Mecque (La)*

KHÂRIDJITE ☪

Les khâridjites forment un courant très minoritaire, mais leur rôle historique est important et plonge dans les premiers temps de l'islam.

En 632, quand Mahomet meurt, la communauté des musulmans est placée sous l'autorité de ses successeurs (califes). Parmi ces derniers figure le quatrième, Ali, gendre et cousin de Mahomet. Durant son califat (656-661), il s'oppose à un rival, Mu'âwiya, notamment à la bataille de Siffin. Celle-ci n'est pas conclue par les armes, mais par un arbitrage religieux, ce que refusent certains partisans d'Ali, qui le quittent : ce sont les « sortants » (khâridjites, de *kharidja*, « sortir »). Pourtant Ali leur permet de rester dans la communauté et de s'exprimer librement. Mais ils excommunient ceux qui le soutiennent et refusent son autorité. Car, en acceptant cet arbitrage, religieux mais humain, Ali s'est placé en rupture avec la volonté de Dieu, seul à pouvoir décider. Ils sont vaincus par Ali à la bataille de Nahrawan (658), qui laisse peu de survivants. Cependant, dénonçant une forme d'aristocratie née du califat, ils ne cesseront ensuite de prôner l'égalité sociale et religieuse, et de se révolter ou de soutenir des rébellions contre des oppresseurs. Continuant d'excommunier tout opposant, ils n'hésitent pas à prendre les armes.

Les khâridjites sont aujourd'hui disséminés au sein du monde musulman, surtout au Maghreb et au sultanat d'Oman où ils forment la mouvance des ibadites, dont la création est attribuée à Ibn Ibâd, en 684. Les khâridjites fustigent l'incroyance *(koufr)* et tout incrédule *(kafir)*. Ils réservent à tous les non-khâridjites les feux éternels de la géhenne (enfer) et prônent la violence pour renverser les régimes sunnites et chiites (les deux principales familles de l'islam), qu'ils considèrent comme impies. Ce rejet explique les assassinats qui jalonnent leur histoire.

➡ *Ali, Calife, Chiisme, Excommunication, Kafir, Mu'âwiya, Sunnisme*

KIPPA ✡

Le couvre-chef permet de distinguer un juif d'un gentil (non-juif). Le plus courant est la kippa (« coupole », « calotte » en hébreu ; *yarmulke* ou *kappelé* en yiddish). Les *hassidim* portent le *shtreimel* (ou *spodik*, *kolpik*), une toque de fourrure, ou un chapeau noir à large bord. « Sur la tête il lui mit le turban, et sur le devant du turban la fleur d'or ; c'est le signe de sainte consécration tel que Yahvé le prescrivit à Moïse. [...] Moïse fit alors approcher les fils d'Aaron, qu'il revêtit de tuniques, auxquels il passa des ceintures et fixa des calottes, comme Yahvé l'avait ordonné à Moïse. » C'est ainsi que le Lévitique (8, 9 et 13) évoque une coiffe ornant la tête du grand prêtre (Aaron) et des prêtres. La Bible mentionne en effet à plusieurs reprises l'existence de tels couvre-chefs. Dans le temple de Jérusalem, les grands prêtres avaient recours à cette pratique, commune dans d'autres civilisations proche-orientales, qui montre que la Présence divine *(Shekinah)* est en permanence au-dessus de l'homme. Mais se couvrir la tête, signe de piété masculine, s'imposa durant les siècles avec l'usage et fit même l'objet de vifs débats.

Il est prévu que cet attribut ne quitte pas la tête durant la prière, l'office à la synagogue, le shabbat et les bénédictions de repas. Pour la femme, la pudeur recommande de couvrir ses cheveux (symbole de l'intimité pour de nombreuses croyances) quand elle est mariée : il peut s'agir d'un simple fichu, d'un foulard, d'un chapeau, voire (minoritaire) d'une perruque dans les communautés orthodoxes. Toutefois, les femmes juives, dans leur immense majorité, découvrent aujourd'hui leur chevelure.

➡ *Gentil, Hassidisme, Judaïsme, Lévitique, Shekinah, Synagogue, Yiddish*

KISLEV ✡

Kislev (novembre-décembre) est le 3e mois du calendrier religieux et le 9e mois du calendrier civil. Dans la Bible, il est lié au retour de l'exil de Babylone, amorcé en 538 av. J.-C. Ainsi, dans le livre du prophète Zacharie (7, 1), un jeûne est fixé (vers 518-520) pour commémorer la prise de Jérusalem par Babylone en 587. Dans le livre de Néhémie (1, 1), celui-ci apprend au mois de kislev, vers 445, dans quel état difficile se trouvent Jérusalem et la Judée. Hanoukkah, qui commémore les Maccabées, débute le 25.

➡ *Babylone, Exil, Hanoukkah, Maccabées (Livre des), Néhémie, Zacharie*

KOL NIDRÉ ✡

À l'office du soir (Maariv) de Yom Kippour, le *hazzan* (chantre) de la synagogue, entonne un chant très ancien, d'une beauté envoûtante. C'est le *Kol Nidré* (« tous les vœux ») qui annule (devant Dieu) les vœux, promesses et autres décisions religieuses, pris depuis le dernier Yom Kippour, mais sans sincérité, voire sous la contrainte. La nuit qui suit, placée sous le signe du *Kol Nidré*, prépare à la reconnaissance des péchés, personnels et collectifs, énoncés lors de Kippour.

➡ *Expiation, Maariv, Péché, Yom Kippour*

L

LAÏC ✡ ✝ ☪

Le mot « laïc » vient du grec *laicos*, signifiant « qui appartient au peuple ». Il s'applique à toute personne, croyante ou non, c'est-à-dire ceux qui se sont engagés au service d'une religion. Ainsi, la plupart des pays sont laïcs : les règles et le gouvernement n'y obéissent pas à des lois religieuses.

Dans le monde juif, les communautés, réparties dans la Diaspora, sont soumises au régime de leur nation d'appartenance. En Israël, démocratie parlementaire, les partis laïcs s'opposent aux partis très religieux qui souhaiteraient que le judaïsme prenne une place prépondérante dans le fonctionnement politique.

Le christianisme, implanté dans le monde entier, a imprégné les cultures, mais ne préside plus aux destinées des nations. Cependant, les laïcs tiennent un rôle majeur dans l'enseignement du catéchisme (formation), par exemple, l'entretien des lieux de culte, ou encore l'assistance aux officiants (prêtre, pasteur, pope...). Nous les retrouvons aussi au sein d'organismes humanitaires tel le Secours catholique.

En islam sunnite, la notion de clergé n'existant pas, la laïcité n'a pas lieu d'être, excepté dans quelques pays, dont la Turquie, ainsi que l'Irak, malgré ses difficultés. Dieu, qui s'est exprimé dans le Coran, le Livre sacré, crée et commande tout, et l'homme ne peut se substituer à lui. es lois venant du Coran et de la Tradition (hadith et Sunna) sont-elles le socle de tout pays musulman, le pouvoir politique et la religion ne faisant qu'un. Cette réalité n'empêche aucunement la modernité. Dans le chiisme iranien (duodécimain), la hiérarchie religieuse, qui peut être apparentée à un clergé, est partie prenante des affaires nationales.

➡ *Chiisme, Christianisme, Clerc, Église chrétienne, Islam, Judaïsme, Prêtre, Sunnisme*

LAMENTATIONS ✡

Tout voyageur se rendant à Jérusalem est frappé par le spectacle qui se déroule devant le mur occidental *(kotel maarabi)* de l'ancien Temple. Ces pierres sont saintes, car, pour le Midrach, elles sont le siège de la Présence de Dieu *(Shekinah)* et l'ensemble ne peut être détruit – quoiqu'il semble que ce site ne soit un lieu saint que depuis le XVIe siècle. Cet unique vestige intact du Temple (détruit par les Romains en 70) est, selon la tradition, situé tout près de l'endroit où se dressait le *debir* (le Saint des saints). C'est devant ces pierres aux proportions impressionnantes que les juifs, regroupés par sexe sur une vaste place, viennent prier, se recueillir, suivre des offices, évoquer la disparition du Temple et l'Exil – ce qui explique le surnom chrétien « mur des Lamentations ».

Le titre « Lamentations » est justement appliqué à un splendide texte attribué à Jérémie. Mais les chercheurs ont découvert qu'il n'était pas de la main de ce prophète, bien que celui-ci ait été plongé dans le drame évoqué. Il s'agit en effet de cinq chants, dont le troisième est proche du style de Jérémie, composés avant et après la chute de Jérusalem et l'exil des Israélites en 587 av. J.-C. Quatre rédigés en vers commençant par une lettre de l'alphabet hébraïque, principe littéraire de la Bible que nous retrouvons dans le *livre de la Sagesse*. Le cinquième, quant à lui, compte 22 vers (nombre des lettres de l'alphabet). Le titre « Lamentations » est la traduction de *qinot*, « élégies » en hébreu, sous-entendu « funèbres » tant le deuil de l'auteur est profond. La Ville sainte est en ruine, le peuple exilé, le Temple abattu, l'Alliance avec Dieu compromise, voire brisée... Classées parmi les livres prophétiques dans la Bible latine, juste après le livre de Jérémie, les Lamentations figurent parmi les Ketouvim, troisième partie de la Bible hébraïque, sous le titre Ékhah correspondant à leur premier mot (« Comme »). Cet ouvrage, qui fait partie des Cinq Rouleaux, est récité à la fête du 9e jour du mois d'av.

➡ *Av, Chekhinah, Exil, Jérémie, Ketouvim, Midrach, Rouleaux (Les Cinq), Sagesse, Temple*

LÂT, AL- ☪

Manât, al-Uzza et al-Lât sont les « trois divinités » *(al-gharâniq)* préislamiques majeures de la péninsule Arabique, dont le Coran dénonce le culte idolâtrique. Plusieurs sourates les appellent « filles d'Allah » *(banât Allâh)*. Les Arabes les adoraient sous la forme de bétyles, pierres dressées, et d'arbres sacrés *(samurât)*. Toutes trois furent réunies au Vᵉ siècle dans la Kaaba de La Mecque et liées aux Quraïch, tribu de Mahomet.

Al-Lât (« la Déesse »), tenue pour le double féminin d'Allah et la mère des dieux, ou une autre émanation d'Astarté, était vénérée à Palmyre (Syrie), au Hedjaz (Arabie), berceau de l'islam. Son sanctuaire se trouvait à Ta'if, où, figurée par une pierre carrée et blanche – pour la distinguer de la Pierre noire de la Kaaba –, elle était la maîtresse de la fertilité et de la fécondité, et, pour certaines tribus, de la guerre.

Manât, ou Manah, l'une des plus anciennes déesses, porte un nom d'origine sémitique dont la racine inclut la notion de comptage et de répartition. Car elle est sans doute une émanation d'Ishtar, forme ancienne de la déesse Astarté présente dans la Bible. Par exemple, des historiens identifient Manât à la déesse Méni (« destin, fortune ou partage »), mentionnée par le prophète Isaïe. Manât était en tout cas vénérée près de Yathrib (Médine), ainsi que dans la région de La Mecque où son adoration suivait et complétait le culte de la Kaaba. Ses représentations seront détruites en 629 par une petite troupe de musulmans conduits, dit-on, par Ali, cousin et gendre du Prophète. Ses sanctuaires seront abattus aussi par les musulmans.

Al-Uzza (« la Forte », « la Puissante ») était vénérée à La Mecque et, de ce fait, constituait la déesse principale. Dans son sanctuaire se trouvaient même les trois arbres (acacias) sacrés, ce qui souligne encore son importance. Présidant aussi à la fertilité et à la fécondité, elle recevait des sacrifices et transmettait des oracles. Ses idoles seront également détruites.

Le Coran cite cinq autres divinités préislamiques. La 71ᵉ sourate intitulée *Noé (Nouh)*, signale : « Ils ont tramé une immense ruse et ils ont dit : "N'abandonnez jamais vos divinités : n'abandonnez ni Wadd, ni Sûwa, ni Yaghût, ni Ya'ûq, ni Nasr !" Ceux-ci ont pourtant égaré un grand nombre d'hommes » (71, 22-24).

Ya'ûq, honorée près de Sanaa, était adorée au Yémen par les tribus Hamdan et Khawlan, ainsi que par les Himyarites, dernier royaume préislamique, qui s'acheva au VIᵉ siècle.

Présente autour de La Mecque, Sûwa possédait son sanctuaire à Ruhât, près de Médine. Elle était vénérée par la tribu nomade Hudhayl et aussi par les Hamdanides.

Originaire d'Arabie centrale, Nasr, représentée sous la forme d'un aigle – la signification de son nom –, fut adoptée par les Himyarites du Yémen. D'abord adoré au nord du Yémen, puis à Djedda où fut déménagé son sanctuaire, Yaghut (« Porte secours »), figuré par un lion, était le patron des artisans.

Enfin, Wadd, dont le nom signifie « amour » ou « amitié », possédait un sanctuaire à Dûmat al-Jandal, en Arabie, sur la route de la Syrie et de l'Irak. Il semble avoir joué un rôle paternel auprès des autres dieux. Sa statue, de forme humaine, fut détruite par Khâlid ibn al-Walîd (mort en 642), un des compagnons du Prophète.

➡ *Astarté, Idole, Kaaba, Mahomet, Mecque (La), Quraïch, Sémits, Versets sataniques*

LAZARE ✝

Alors que la Passion approche, Jésus se rend à Jérusalem et au Temple. Dans la soirée, il va se reposer à Béthanie, bourgade située de l'autre côté du mont des Oliviers, à 5 km de la ville, et plus précisément, rapporte l'évangéliste Jean (11, 1-44), chez des disciples très proches (il parle de véritable amour), Lazare (de l'hébreu Éléazar, « Dieu a secouru ») et ses deux sœurs, Marthe (« maîtresse » en araméen) et sa cadette Marie dite « de Béthanie ».

Un peu plus tard, Jésus manque d'être lapidé au Temple et s'en va au-delà du Jourdain. Un message l'avertit alors que Lazare est souffrant. Mais il ne part que deux jours après, et à Béthanie, il apprend que son ami est décédé et mis au tombeau depuis quatre jours. Marthe lui reproche ce retard, et Jésus répond : « Ton frère ressuscitera. » Ce retour ne se fera pas à la fin des temps (Jugement dernier) : « Je suis la Résurrection », dit-il. Marthe, comprenant qu'il peut vaincre la mort et donner la vie, déclare : « Tu es le Christ, le Fils de Dieu. » Jésus, très ému en voyant Marie à ses pieds, en train de pleurer, tout comme l'assistance, ne peut s'empêcher de penser aussi à ses propres souffrances, qui approchent. La pierre ronde qui garde l'entrée du tombeau de Lazare se met à rouler. Sur ordre de Jésus, Lazare sort, « les pieds et les mains attachées, le visage enveloppé d'un suaire ». Ce miracle, première véritable résurrection selon Jean, vient aux oreilles des autorités juives de Jérusalem, qui se décident à éliminer Jésus, avant la Pâque (Pessah) très proche...

À la faveur de la tradition, Lazare devint le saint des lépreux, dont les parties corporelles atteintes par la maladie étaient bandées, et que l'on concentrait autrefois dans une ladrerie (ou un lazaret), déformation du nom « Lazare ». À Paris, la lèpre, déjà présente en Europe, se répandit au XIe siècle, rapportée par les croisés de leurs périples au Proche-Orient. Il fallut alors installer des ladreries. L'une d'elles, le prieuré Saint-Lazare (X[e] arrondissement), vit le jour au XIIe siècle ; mais, abîmé par la guerre de Cent Ans, et la maladie ayant reculé, il fut confié en 1632 à saint Vincent de Paul pour y installer la Congrégation de la Mission qu'il avait fondée en 1625, composée de prêtres de la Mission, ou Lazaristes. Les prêtres de cet ordre, formés au sein d'un séminaire, étaient ensuite chargés d'assurer des missions, c'est-à-dire l'évangélisation de pays encore non catholiques, ou, au sein de pays catholiques, de conforter la foi des populations, tout cela dans un souci permanent de charité, le grand combat de saint Vincent de Paul. Les lazaristes existent toujours et rayonnent dans le monde entier.

➡ *Christ, Jésus, Jugement dernier, Marie de Béthanie, Marie-Madeleine, Marthe, Miracle, Oliviers (Jardin des), Passion, Pessah, Résurrection, Royaume*

LÉAH ✡

Dans la Genèse, Léah (de l'hébreu *léah*,« vache ») est la fille de Laban (« le blanc ») qui, résidant en Mésopotamie, accueille son parent Jacob. Celui-ci, amoureux de Rachel, sœur de Léah, promet de servir Laban pendant sept ans afin d'épouser sa fille cadette. Mais, la nuit des noces, c'est Léah qui, profitant de l'obscurité, se glisse dans sa tente. Au matin, Jacob comprend qu'il a été joué et s'incline : en tant qu'aînée, et en vertu de la tradition, Léah a le droit d'être mariée la première. À l'issue de la semaine de noces, et conformément à la promesse de Laban, Jacob obtient enfin d'épouser Rachel ; en contrepartie, il doit travailler encore sept ans pour son beau-père.

Dieu, dans sa miséricorde, rend fertile Léah, la moins aimée, et stérile Rachel, l'adorée de Jacob. Léah donne ainsi naissance à six fils (Ruben, Siméon, Lévi, Juda, Issachar, Zabulon) et à une fille (Dina). Rachel, de son côté, incapable d'enfanter, propose à Jacob de s'unir à sa servante Bilha, comme Abraham s'était uni à Agar : ainsi naissent deux garçons (Dan et Nephtali). Léah fait de même avec sa servante Zilpa, qui enfante Gad et Asher. Dieu décide alors de rendre Rachel féconde : Joseph voit le jour. Lorsqu'il retourne en Canaan, Terre promise, Jacob emmène ses deux épouses et ses enfants. Rachel meurt en donnant naissance à Benjamin. De tous ces fils descendront les douze tribus fondatrices d'Israël. À sa mort, Léah est enterrée à Hébron.

➡ *Abraham, Agar, Genèse, Hébron, Isaac, Israël, Jacob, Joseph, Matriarche, Patriarche, Rachel, Rébecca, Sarah*

LÉGENDE ✠

Les matines étaient l'occasion de lire le passage d'une vie de saint, extrait à valeur d'exemple. Cette habitude, très ancienne, prit logiquement le nom de légende (du latin *legenda*, « ce qui doit être lu »). Pour cela, on puisait dans de nombreux récits qui, élaborés au fil du temps, avaient été constitués non pour établir des biographies au sens pur du terme, mais des « vies » célébrant la sainteté des sujets, pour la plupart martyrs. Nous trouvons donc des miracles, des tortures n'infligeant aucune souffrance, des sévices d'une cruauté infinie, des apparitions de Jésus dans le corps d'animaux ou d'êtres humains... Tous ces éléments narratifs, qui peuvent étonner aujourd'hui, naquirent d'une tradition surtout orale qui, au Moyen Âge, restait le principal véhicule de la connaissance, l'imprimerie n'apparaissant en Europe qu'au XVe siècle. Ces récits furent le ferment de grandes ferveurs populaires. Des saints tels que Christophe (Christophoros, le « porteur de Christ ») bénéficièrent d'un culte considérable alors que leur existence reste plus qu'hypothétique. Les légendes des matines puisèrent dans le *Martyrologe*, mais le recueil le plus célèbre et le plus époustouflant est *La Légende dorée* (XIIIe siècle) de Jacques de Voragine. De nos jours, le choix des légendes est bien entendu plus conforme à un souci d'authenticité.

➡ *Heures, Martyr, Miracle, Saint*

LÉVIATHAN ✡

La figure de Baal, un des grands dieux du Proche-Orient antique, inspira le prophète Isaïe qui, dans la Bible, écrit à propos du jour du Jugement : « Yahvé châtiera avec son épée dure, grande et forte, Léviathan, le serpent fuyard, Léviathan, le serpent tortueux, il tuera le dragon qui habite la mer » (27, 1). Nous trouvons Léviathan (*liwyatan* en hébreu) dans les Psaumes : « Toi [Dieu] qui fendis la mer par ta puissance, qui brisas les têtes des monstres sur les eaux ; toi qui fracassas les têtes de Léviathan [les pires ennemis d'Israël] » (74, 14) se réfère au passage de la mer Rouge dont Moïse fend les eaux pour laisser passer les Hébreux. Léviathan est cité par Job, ce juste qui, durement éprouvé par Dieu, maudit le jour de sa naissance : « Que la maudissent ceux qui maudissent les jours et sont prêts à réveiller Léviathan ! » (3, 8.) Puis, dans le face-à-face entre cet homme et Dieu (exceptionnel dans la Bible), après avoir évoqué une autre créature, Behémoth, Dieu a ces mots qui font penser au crocodile du Nil : « Et Léviathan, le pêches-tu à l'hameçon, avec une corde comprimes-tu sa langue ? Fais-tu passer un jonc dans ses naseaux, avec un croc perces-tu sa mâchoire ? Est-ce lui qui te suppliera longuement, te parlera d'un ton timide ? S'engagera-t-il par contrat envers toi, pour devenir ton serviteur à vie ? T'amusera-t-il comme un passereau, l'attacheras-tu pour la joie de tes filles ? Sera-t-il mis en vente par des associés, puis débité entre marchands ? Cribleras-tu sa peau de dards, le harponneras-tu à la tête comme un poisson ? Pose seulement la main sur lui au souvenir de la lutte, tu ne recommenceras plus ! » (40, 25-32.) Dieu rappelle ainsi son pouvoir de Créateur contre lequel nul ne peut lutter, pas même le pire des monstres. Car, précise le psaume 104 : « Voici la grande mer aux vastes bras, et là le remuement sans nombre des animaux petits et grands, là des navires se promènent et Léviathan que tu formas pour t'en rire. »

La tradition biblique et la littérature hébraïque se sont emparées de Léviathan, personnification du désordre et du mal, comme la Bête de l'Apocalypse – il figure sous le nom « Dragon » dans la Septante, traduction grecque de la Bible. Pourvu de sept têtes, il a des yeux qui éclairent les profondeurs, une haleine qui fait bouillir la mer, une odeur épouvantable qui couvre les parfums du jardin d'Éden, empêchant toute vie. D'après des légendes, il sera tué par l'ange Gabriel, ou bien il s'entre-déchirera avec Behémoth dans un combat mortel. Mais, réveillé, il replongera le monde dans le chaos, le tohu-bohu d'avant la Création, ce chaos des origines où sévissaient des monstres comme Rahab (« impétueux ») et le dragon Téhôm (« abîme primordial ») que vainquit Dieu. Dans des écrits apocalyptiques juifs, comme le *Livre d'Hénoch*, Léviathan et Behémoth, nés le 5e jour de la Création, seront servis aux justes lors du repas messianique (au retour du Messie).

➡ *Apocalypse, Baal, Behémoth, Bête, Création, El, Jugement dernier, Juste, Messie, Septante, Tohu-bohu*

LÉVIRAT ✡

Dans le livre de la Bible qui porte son nom, Ruth épouse Booz (forme grecque de l'hébreu Boaz, « en lui réside la force ») qui, de toute façon, avait un droit sur elle en tant que proche parent de son mari défunt. Nous trouvons une situation proche dans le livre de la Genèse : Ônân doit se marier avec la femme de son frère Er, décédé, afin de lui donner une descendance, mais il préfère répandre sa semence sur le sol et Dieu le fait mourir. Ce droit est celui du lévirat (hébreu, *yavem*, latin *levir*, « beau-frère »). Il repose sur un passage du Deutéronome (25, 5-10) : « Si des frères demeurent ensemble et que l'un d'eux vienne à mourir sans enfant, la femme du défunt ne se mariera pas au-dehors avec un homme d'une famille étrangère. Son beau-frère viendra à elle, il exercera son lévirat en la prenant pour épouse et le premier-né qu'elle enfantera relèvera le nom de son frère défunt ; ainsi son nom ne sera pas effacé d'Israël. » Et, pour celui qui refuse : « Celle à qui il doit le lévirat s'approchera de lui en présence des anciens, lui ôtera sa sandale du pied [rite appelé *halitsa*, de l'hébreu *halats*, « déchausser »], lui crachera au visage [ou plutôt au sol] et prononcera ces paroles : "Ainsi fait-on à l'homme qui ne relève pas la maison de son frère", et sa maison sera ainsi appelée en Israël : "Maison du déchaussé". »

Les termes du lévirat furent intégrés dans le Nachim, troisième ordre de la Michnah et détaillés dans le traité Yevamot du Talmud. Aujourd'hui, le judaïsme réformé et le judaïsme conservateur ont abandonné le lévirat. Quant à la *halitsa*, qui permet à la femme de se libérer de son obligation parentale et de pouvoir se remarier, elle est assimilée à un divorce par les orthodoxes. Cependant, pour les juifs d'aujourd'hui, tout beau-frère doit assistance à une belle-sœur devenue veuve.

➡ *Deutéronome, Judaïsme, Michnah, Nachim, Orthodoxe, Ruth, Talmud*

LÉVITE ✡

Selon la Bible, les Lévites descendent de la tribu de Lévi (« adjoint » en hébreu), née du troisième fils du patriarche Jacob. Moïse et son frère Aaron, premier grand prêtre, en étaient membres. Ainsi, dans la Torah (ou Pentateuque, les cinq premiers livres de la Bible), les lévites étaient chargés de transporter l'arche d'Alliance durant l'Exode. Mais à l'époque du Temple, ils n'appartenaient pas à la prêtrise et, contrairement aux prêtres qu'ils assistaient, ils ne faisaient pas de sacrifices. Car la fonction de prêtre *(cohen* ; pluriel, *cohanim)* était réservée aux seuls descendants directs d'Aaron. En revanche, les lévites touchaient aussi une dîme (impôt dû par les juifs au Temple), la *Ma'asser Richon* (la première dîme). Ils remplissaient diverses fonctions, comme l'entretien, la préparation des animaux prévus pour le sacrifice, la musique (un privilège), le gardiennage – on en comptait 6 900 à l'époque de Jésus, répartis en classes. À la synagogue, le lévite assiste toujours le prêtre *(cohen)* ; il récite la Torah après lui.

➡ *Aaron, Dîme, Jacob, Lévitique (Livre du), Pentateuque, Prêtre, Torah*

LÉVITIQUE, LIVRE DU ✡

Le Lévitique, troisième livre de la Torah (ou Pentateuque, les cinq premiers livres de la Bible), est précisément le texte des « prêtres » (*levitikos* en grec), et son contenu fut aussi valorisé par la tradition rabbinique. Il fait référence non aux lévites, mais aux prêtres qu'ils assistaient et qui, à l'époque où ce livre fut achevé, c'est-à-dire après le retour de l'Exil et la consécration du Temple (515 av. J.-C.), détenaient le sacerdoce.

Le Lévitique se présente ainsi comme une suite de lois (censées avoir été pratiquées par les Hébreux durant l'Exode). Ces règles portent d'abord sur la manière dont les prêtres doivent conduire le rituel des sacrifices (partie I), dont l'holocauste, et sur leur investiture (partie II). Yahvé peut aussi se voir offrir de la nourriture, pour le remercier des moissons. Le Lévitique poursuit (partie III) par les « règles relatives au pur et à l'impur » : animaux, femmes ayant accouché, maladies comme la lèpre (une malédiction de Dieu selon la Bible), « impuretés sexuelles » et expiation par l'intermédiaire du célèbre « bouc émissaire ». Enfin, chacun doit pouvoir tendre à la sainteté, statut nécessaire pour approcher la pureté de Dieu. Le code de Sainteté (17-19), inséré au début de la loi de Sainteté (partie IV), contient ainsi des dispositions fondamentales, dont le célèbre « Tu aimeras ton prochain comme toi-même », c'est-à-dire aussi bien les juifs que les non-juifs. Cette dernière partie évoque également la codification des grandes fêtes : shabbat, Pâque (Pessah), Semaines (Chavouot), Tentes (Soukkot), Expiations (Yom Kippour), année sabbatique ou celle du jubilé…

➡ *Bouc émissaire, Chavouot, Exil, Holocauste, Jubilé, Lévite, Pessah, Sacrifice, Shabbat, Soukkot, Torah, Yom Kippour*

LILITH ✡

La figure de Lilith trouve sa source dans la mythologie mésopotamienne, plus précisément auprès de deux démones redoutables, la louve Lilîtu, qui séduit les hommes dans leur sommeil, et Ardat-lilî, la vierge qui cherche à égarer les hommes et qui dévore les jeunes enfants.

Dans la Bible, Lilith est citée par le prophète Isaïe (34, 14), afin d'illustrer le châtiment que Dieu fera tomber sur Édom, ennemi récurrent d'Israël : « Ses torrents se changent en poix, sa poussière en soufre, son pays devient de la poix brûlante. Nuit et jour il ne s'éteint pas, éternellement s'élève sa fumée, d'âge en âge il sera desséché, toujours et à jamais, personne n'y passera. Ce sera le domaine du pélican et du hérisson, la chouette et le corbeau l'habiteront ; Yahvé y tendra le cordeau du chaos et le niveau du vide. De nobles, il n'y en a plus pour proclamer la royauté, c'en est fini de tous ses princes. Dans ses bastions croîtront les ronces, dans ses forteresses, l'ortie et l'épine ; ce sera une tanière de chacals, un enclos pour les autruches. Les chats sauvages rencontreront les hyènes, le satyre appellera le satyre, là encore se tapira Lilith, elle trouvera le repos. »

Lilith est en fait très présente dans la tradition : le Talmud (achevé à la fin du Ve siècle), l'*Alphabet de Ben Sira*, qui date sans doute des Xe-XIe siècles et fut très populaire au Moyen Âge, ou encore le *Zohar*, ouvrage de la kabbale écrit pour l'essentiel entre 1270 et 1300.

Lilith apparaît comme la première femme d'Adam. Dieu les créa tous deux à partir de la terre, conformément au passage de la Création dans le livre de la Genèse : « Dieu créa l'homme à son image, à l'image de Dieu il le créa, homme et femme il les créa » (1, 27). Égale de l'homme, Lilith refuse de faire l'amour « en dessous », en vertu de ce principe d'égalité, se révolte et s'en va. Envoyés par Dieu, trois anges, dits « de la médecine », Sanvi, Sansanvi et Samangelaf, tentent en vain de la convaincre de revenir. Persistant dans son refus, Lilith est bannie du paradis et s'enfonce dans le monde des démons. Dieu unit alors Adam à une autre femme tirée de sa côte (Gn 2, 22), selon la seconde version de la Création. Elle recevra le nom d'Ève, la mère de tous les vivants.

Lilith, nom souvent rapproché de l'hébreu *laïlah* (« nuit ») et de l'assyrien *lulti* (« lascivité »), est soit la mère des démons et la femme de Samaël (« venin de Dieu »), roi des anges déchus, soit la compagne d'Asmodée, surnommé « le pire des démons » dans le livre de Tobie. Décrite avec une longue chevelure rousse (couleur d'Édom), belle et séductrice, indépendante et sensuelle, elle sort la nuit pour plonger ses victimes dans d'intenses luxures – elle est associée à la Lune noire. Elle suscite chez les hommes des rêves érotiques, puis conçoit ses démons à partir de la semence échappée dans leur sommeil. Aux mères, elle ravit les nouveau-nés dont elle boit le sang avant de les dévorer. Mais Lilith ne touche pas aux enfants portant des amulettes où sont inscrits les noms des trois anges de la médecine, car elle a promis à ces derniers d'épargner tous ceux qu'ils protégeraient, notamment les mères venant d'accoucher. « Adam, Ève, hors d'ici Lilith » est-il par exemple écrit.

➡ *Adam, Amulette, Ange, Asmodée, Création, Démon, Édom, Ève, Kabbale, Talmud, Tobie, Zohar (Séfer ha-)*

LITURGIE ✡ ✝ ☪

La liturgie est, d'après son origine latine *(liturgia)*, un « service public ». En religion, ce service est celui du culte, c'est-à-dire les cérémonies rendant hommage à une divinité. Juifs, chrétiens et musulmans possèdent ainsi leurs propres liturgies. Mais celles-ci diffèrent au sein d'une même religion en fonction des courants qui la composent ainsi que des coutumes locales et des langues (hébreu, arabe, latin, langues nationales ou anciennes...). Ainsi, Achkénazes et Séfarades, les deux grandes familles du judaïsme, ne célèbrent pas toujours les fêtes de manière identique. Chez les chrétiens, catholiques, orthodoxes et protestants ont chacun leur liturgie et leur façon de célébrer l'eucharistie (messe) ; de très anciennes Églises, comme celle d'Éthiopie, pratiquent encore des rituels plus que millénaires. En islam, la prière quotidienne *(salat)* connaît également quelques variantes en fonction des communautés.

➡ *Achkénaze, Eucharistie, Messe, Office, Salat, Séfarade*

LIVRE ✡ ✝ ☪

Avant d'utiliser la moelle de papyrus transformée en lamelles, puis le parchemin d'origine animale et, enfin, le papier, le support de l'écriture était le *liber*, pellicule insérée entre l'écorce et le bois d'un arbre. C'est de ce mot latin que vient « livre ».

Le Livre devient un nom propre, avec une majuscule, quand il se rapporte aux écrits saints (*ta biblia* en grec d'où vient « bible »), c'est-à-dire inspirés directement par Dieu. Il en va ainsi de la Bible hébraïque, surtout de la Torah ; des deux Testaments chrétiens, particulièrement des évangiles, qui rapportent la mission et le ministère de Jésus ; enfin, du Coran, révélé par Dieu à Mahomet. `C'est pourquoi, dans le texte coranique, ces trois religions sont celles des « gens du Livre » *(ahl al-Kitab).*

➡ *Ahl al-Kitab, Bible, Coran, Évangiles, Tanakh, Testament*

LOT ✡ ✝ ☪

Les différents épisodes jalonnant l'histoire de Lot ont beaucoup inspiré les artistes, peintres et sculpteurs en particulier. Ces aventures sont racontées dans la Genèse, le premier livre de la Bible. Lot est le fils d'Harân, frère d'Abraham – premier ancêtre des juifs et premier croyant en Dieu, père des juifs, des chrétiens et des musulmans. Quittant la Mésopotamie, Lot suit Abraham jusqu'en Canaan, la Terre promise par Dieu. Ils s'y installent ensemble et vivent de l'élevage. Un jour, après que leurs bergers se sont disputés une place, ils décident de se séparer, pour éviter toute discorde familiale. Lot s'établit dans la vallée verdoyante du Jourdain, à Sodome. Mais il est capturé avec d'autres par des rois étrangers décidés à s'emparer de cette ville qui fait partie d'une sorte de confédération. Il est délivré par Abraham et retourne à Sodome, laquelle connaîtra un terrible sort.

Dans cette cité, les hommes se livrent à des débauches sexuelles. Dieu, qui ne peut approuver de telles mœurs, décide donc de l'anéantir, ainsi que Gomorrhe sa voisine, tout aussi pécheresse. Abraham intervient alors auprès de Dieu : il existe peut-être des justes (croyants exemplaires), voire un seul, à Sodome, qui, de ce fait, doivent échapper au châtiment. En effet, elle n'abrite qu'un seul juste, Lot, que des anges avertissent du désastre. Il les accueille chez lui, affichant le sens de l'hospitalité si important pour tout croyant - juif, chrétien ou musulman. Mis au courant de leur présence, les habitants mâles, du plus âgé au plus jeune, réclament qu'ils leur soient donnés afin d'assouvir leurs penchants. Lot refuse et, pour éviter la malédiction divine qui va s'abattre, il s'échappe de la nuit, accompagné de sa femme, de ses deux filles et des anges. Au moment de partir, ceux-ci leur recommandent de ne pas regarder en arrière : ce geste signifierait le regret de la richesse matérielle, alors que la véritable richesse est dans la foi. Au matin, un déluge de feu et de soufre anéantit Sodome et Gomorrhe. Ignorant la consigne, l'épouse de Lot, nostalgique de leur confort passé, tourne la tête : elle se change aussitôt en statue de sel et forme ainsi l'une des concrétions de sel qui caractérisent la mer Morte, ou « mer de sel ».

Lot et ses filles gagnent la montagne. Puis, ressentant une pulsion sexuelle et le besoin d'avoir une descendance, ces dernières décident d'abuser de leur père. Une nuit, elles l'enivrent de vin et, tandis qu'il est inconscient, elles s'accouplent à lui. Bientôt enceintes, elles vont donner naissance à deux peuples qui, pour la Bible, seront forcément détestables puisque issus d'une union incestueuse : Ammon et Moab. Quand, des siècles plus tard (fin du IIe millénaire av. J.-C.), Israël commencera à exister, ces pays voisins, séparés de lui par la mer Morte (dont le symbole est décrit précédemment), seront parmi ses pires ennemis.

Issu donc de l'histoire du judaïsme, Lot a été repris, avec toute sa symbolique, par le Second Testament (écrits saints du christianisme). Le Coran, dans lequel il est appelé Loût en arabe, le considère comme un prophète. Mais il n'est pas fait allusion à une quelconque relation incestueuse avec ses filles, laquelle est bien sûr condamnable. Car, selon le Coran, les prophètes sont préservés par Dieu de ce genre de faute.

➡ *Abraham, Ammon, Canaan, Genèse, Jourdain, Moab, Prophète, Sodome et Gomorrhe*

LOUBAVITCH ✡

En Russie, Chnéour Zalman de Lyadi (1745-1813) fonde une branche au sein du hassidisme (courant mystique du judaïsme), le Habad. Depuis, ce mouvement a pris le nom « Loubavitch », village biélorusse où le maître de Chnéour Zalman, Dov Baer (1710-1772), s'était installé. Le terme Habad est l'acronyme (mot formé de syllabes d'autres mots) de *hokhmah, binah, daat* (« sagesse », « discernement », « connaissance »). Dans la kabbale, il s'agit de trois *sefirot* majeures (les émanations divines) qui aident à dépasser la simple émotion religieuse pour atteindre la plénitude, car ces *sefirot* permettent de puiser dans l'homme la part que Dieu a mise de lui-même, puisqu'il le créa à son image. Depuis le XIXe siècle, le Habad s'est à son tour réparti en familles, celle descendant de Dov Baer restant la plus importante.

➡ *Hassidisme, Kabbale, Sefirot*

LUMIÈRE ✡ ✝ ☪

Dans les trois religions monothéistes, la lumière, comme pour de nombreuses croyances, est une source de vie d'origine divine. Par exemple, les offices juifs, chrétiens et musulmans sont fixés en fonction des différents moments de la journée, de l'apparition du soleil, où Dieu est loué pour lui avoir donné naissance, à son coucher, où l'on prie pour que le jour suivant soit propice.

Le judaïsme possède ainsi la *menorah*, chandelier à sept branches, objet rituel très important, que l'on retrouve notamment à Hanoukkah (fête des Lumières), dans une version à huit ou neuf branches symbolisant la foi qui ne s'éteint jamais.

Dans le Second Testament, Livre sacré du christianisme, Jésus est qualifié de « Lumière du monde » pour signifier sa nature divine. Dans les églises, sa lumière et sa présence sont symbolisées par les cierges.

Enfin, en islam, plusieurs sourates du Coran évoquent la lumière présente *(Le Soleil, L'Aube, La Clarté du jour...)*. La plus connue est la 24e sourate, intitulée justement *La Lumière (al-Nûr)* : « Dieu est la lumière des cieux et de la Terre » (35), il éclaire le monde en général, les croyants (musulmans) en particulier, car il « guide, vers sa lumière, qui il veut ». Il est ainsi présent dans les mosquées où les prières l'invoquent à « l'aube et au crépuscule » (36). Dans *La Table servie* (5, 44-46), la Torah et l'Évangile de Jésus (Second Testament) sont considérés comme des lumières et des « directions » car ils furent révélés par Dieu lui-même. En effet, pour les commentateurs, la lumière de Dieu est la vérité de la révélation au Prophète.

➡ *Aube (L'), Clarté du jour (La), Église, Évangile, Hanoukkah, Heures, Menorah, Nuit (La), Office, Révélation, Soleil (Le), Torah*

LUNE, LA ☪

Le Coran consacre au satellite de la Terre son 54e chapitre, intitulé *La Lune (al-Qamar)*. Celle-ci se fendra quand tombera le « Décret immuable » de Dieu, le Jugement de tous les hommes à la fin des temps. Les incrédules constateront leur erreur, et les musulmans goûteront aux plaisirs des délicieux jardins (paradis).

La Lune est en outre un astre très présent en islam. Comme dans de nombreuses civilisations antiques, et comme une partie du calendrier juif, le calendrier musulman est fixé sur le cycle lunaire, celui-ci déterminant ainsi la date des fêtes et autres rendez-vous religieux. Par exemple, la nouvelle lune signe le début et la fin du jeûne du ramadan, et le premier quartier est aussi déterminant pour le Hadj (pèlerinage à La Mecque) ou encore pour l'aïd al-Adha (fête du Sacrifice).

Nous trouvons aussi le croissant de lune *(hilal)*, repris par l'art musulman et qui, devenu le symbole de l'Empire ottoman, orne le drapeau de pays musulmans. De même que l'Étoile de David en Israël et dans le monde juif, il s'est étendu à d'autres domaines, comme le Croissant-Rouge musulman, équivalent de la Croix-Rouge.

Ce croissant n'a aucun rapport avec le Croissant fertile, appellation donnée par les historiens et les géographes à une région, effectivement très verte. Compris entre l'Égypte et l'Iran, il englobe principalement la Palestine, le Liban, le littoral et une partie de la Syrie, enfin l'ancienne Mésopotamie (Irak) baignée par le Tigre et l'Euphrate.

➡ *Aïd al-Adha, Décret (Le), Étoile de David, Hadj, Luqman, Paradis, Ramadan*

LUQMAN ☪

Luqman est un personnage auquel Dieu prodigue sa sagesse. Son nom a été donné à la 31e sourate du Coran qui en fait mention (31, 12). En retour de ce don, Luqman enseigne à son fils le monothéisme et le met en garde contre le danger du polythéisme. Mais ce développement s'adresse en réalité à tous les hommes qui doivent choisir entre être musulman ou non croyant. La soumission, ou plutôt le fait de s'en remettre à Dieu (sens du mot « musulman ») ne peut que s'imposer, car Dieu est le maître du jour et de la nuit, de la Lune et du Soleil. Il est la Lumière.

➡ *Clarté du jour (La), Fawatih, Lumière, Lune (La), Nuit (La), Sagesse de Dieu, Soleil (Le)*

M

MAAMADOT ✡

Les *maamadot* sont des prières non obligatoires, instaurées dès l'époque de la Michnah. Elles furent créées en souvenir des habitants de Judée qui, devant assurer un service *(maamad)* au temple de Jérusalem lors des fêtes et ne pouvant s'y rendre en raison d'un *numerus clausus*, observaient un jeûne afin que les sacrifices faits au sanctuaire soient bénéfiques.

➡ *Jeûne, Michnah, Temple*

MAARIV ✡

Maariv, office du « soir » (*érev* en hébreu ; on dit aussi *arvit* ou *maariv*) dans la pratique juive, est célébré en principe au crépuscule. Ensuite, Dieu protège les fidèles durant la nuit. Selon la tradition, le patriarche Jacob en serait l'initiateur, comme le souligne la Genèse (28, 11) : « Il arriva d'aventure en un certain lieu et il y passa la nuit, car le soleil s'était couché. Il prit une des pierres du lieu, la mit sous sa tête et dormit en ce lieu. » À Maariv, on récite en semaine des prières *(Barekhou, Chema, Amidah, Alénou, Qaddich)* et des bénédictions. Pour le shabbat et les fêtes sont ajoutés d'autres textes. Par exemple, les *maaravot* sont des *piyyoutim* (poèmes liturgiques) récités, dans le rite achkénaze, avant les bénédictions qui précèdent et suivent le *Chema*, à Maariv, la veille de fêtes et de shabbats spéciaux.

➡ *Alénou, Amidah, Barekhou, Bénédiction, Chema, Prière, Qaddich*

MACCABÉES, LIVRES DES ✡

Les deux livres des Maccabées furent écrits en hébreu sans doute au début du Ier siècle av. J.-C., mais ont été transmis en grec et n'ont pas été retenus par la

Bible hébraïque qui les considéra comme apocryphes – les Maccabées sont cependant évoqués à la fête d'Hanoukkah. Le nom « Maccabées » est celui d'une famille qui se révolta contre les Séleucides, dynastie issue de l'empire d'Alexandre le Grand et maîtresse de la Palestine depuis l'an 200 av. J.-C.

Le premier livre commence au début du règne du roi Antiochus IV Épiphane (175-163) qui commet deux erreurs lourdes de conséquence. D'abord, il met à la tête du temple de Jérusalem un grand prêtre qui ne vient pas de la lignée sacerdotale détentrice de ce poste, qui se transmet de père en fils ; des combats fratricides s'ensuivent, opposant les tenants de la culture juive et les partisans de l'influence grecque. Ensuite, pour remplir ses caisses, Antiochus procède au pillage du Temple et en fait un sanctuaire de Zeus en 167. Devant une telle profanation, un prêtre, Mattathias, dirige la révolte avant de disparaître presque aussitôt. Son fils Judas, dit le Maccabée (mot venant peut-être de l'hébreu *maqqabah*, « marteau »), reprend le flambeau et s'empare du Temple. Ses frères Jonathan (160-143) et Simon (143-134) achèvent de reprendre non seulement la Judée, mais la Palestine. Pour la première fois depuis 587, les juifs bénéficient d'une indépendance politique. Jean Hyrcan (134-104), fils de Simon (assassiné), fonde la dynastie des Hasmonéens, du nom d'Hasmoné, un ancêtre : il s'agit d'une véritable théocratie où le roi est aussi le grand prêtre. Les Maccabées règnent jusqu'en 63, date de la prise de contrôle par les Romains qui installent Hérode le Grand sur le trône de Judée en 37.

Le second livre des Maccabées se consacre aux racines de la révolte et aux années 180 à 161 ; il a une visée plus religieuse qu'historique, insistant sur la notion de martyrs, à l'image du prêtre Éléazar préférant mourir sous la roue que de trahir sa foi. Les Maccabées appartiennent ainsi à la littérature de « persécution », au côté des livres de Daniel, d'Esther, de Judith et de Tobie.

➧ *Apocryphe, Dionysos, Hanoukkah, Hérode, Judas Iscariote, Judée, Palestine, Romain, Temple*

MADHAHIB ☪

Ce terme arabe désigne les courants et les tendances qui, aux VIIIe et IXe siècles, interprétèrent la charia à partir du Coran et des traditions (hadith). Son singulier *madhab* signifie « direction », « orientation », « tendance ». En effet, dans la religion musulmane, le droit repose sur une interprétation des textes, qui détermine les comportements individuels et collectifs, en cherchant toujours l'intention de l'écrit sacré.

Dans le sunnisme, famille largement majoritaire de l'islam, quatre écoles se sont distinguées et affirmées comme des institutions : le chafiisme, l'hanafisme, le malikisme et l'hanbalisme, chacune exerçant son autorité sur telle ou telle région (par exemple, les chafiites sont majoritaires en Indonésie, les malikites au Maghreb, les hanafites en Turquie, tandis que l'hanbalisme, école rigoriste, est la législation officielle de l'Arabie Saoudite). Ils sont appelés *moujtahiddin* (savants), et la tradition les considère comme les fondateurs, qui ont fourni le cœur juridique de la charia. Dans le chiisme, les duodécimains (présents surtout en Iran), courant principal, ont fondé l'école jafarite.

Aujourd'hui, ces courants sont divisés chacun en plusieurs sous-courants. L'appartenance à un seul d'entre eux devient de moins en moins pensable sous la pression des voix qui s'élèvent pour prôner un renouveau dans l'*ijtihad* (réflexions sur des point qui ne sont pas dans le Coran et la Sunna).

➡ *Chafiisme, Charia, Chiisme, Duodécimain, Fiqh, Hanafisme, Hanbalisme, Ijtihad, Jafarite, Malikisme, Moujtahid, Sunna, Sunnisme*

MADRASA ☪

La madrasa est un « lieu d'étude » – on dit medersa au Maghreb (Afrique du Nord). Spécifique au monde sunnite, développée à partir du Xe et surtout du XIe siècle, la madrasa est un centre d'études juridiques et théologiques qui complètent ainsi la formation assurée par les mosquées, auxquelles elle est souvent accolée. Les madrasas furent parfois installées dans des édifices splendides, dont il reste des témoignages (Le Caire, Fès...).

➡ *Mosquée, Ouléma, Sunnisme*

MAGES, ROIS ✝

Chacun connaît la fête de l'Épiphanie (janvier) où l'on célèbre les Rois mages qui, guidés par une étoile, rendirent visite à Jésus nouveau-né. Mais il est nécessaire de rappeler que ces personnages sont avant tout nés de la tradition populaire.

Dans le Second Testament, écrits sacrés du christianisme, l'évangile de Matthieu cite simplement des mages (sans en préciser le nombre) venus d'Orient, c'est-à-dire tout territoire en dehors de la Palestine. Symbolisant donc le monde païen, ils viennent saluer Jésus – il est utile de souligner que, dans le judaïsme ancien, le mot « mage » ne désignait pas des sorciers et autres prestidigitateurs, mais de grands esprits non juifs, prêtres ou savants. Ils suivent en effet une étoile, astre qui, pour de nombreuses civilisations de l'Antiquité, présageait la naissance d'illustres personnages. Parvenus devant Jésus, ils lui offrent les trois produits les plus précieux de l'époque : l'or, l'encens et la myrrhe (gomme-résine extraite de l'arbre *Commiphora myrrha*). Le récit de Matthieu les concernant s'arrête là.

En réalité, ce sont les écrits apocryphes (non retenus dans le Second Testament) et la ferveur populaire qui fournirent la matière des légendes entourant ces visiteurs. Ils devinrent trois (nombre égal aux présents offerts), puis rois. On leur attribua des couleurs de peau différentes et des prénoms afin d'insister encore sur le symbole d'une reconnaissance universelle de Jésus, le Sauveur des hommes : Gaspard est jeune et blanc (Europe), Balthazar, mûr et noir (Afrique), Melchior, âgé et asiatique.

Enfin, nombre de chercheurs voient dans ces mages une empreinte des prêtres de Perse, dont l'origine date au moins de l'empereur Cyrus le Grand (VIe siècle av. J.-C.) et qui étaient justement appelés « mages », mot issu du vieux perse *magu* (« prêtre »). Ils faisaient partie du clergé de la religion perse, le mazdéisme, adopté par la dynastie perse des Sassanides (226-651 apr. J.-C.), sous sa forme réformée, le zoroastrisme.

➡ *Encens, Enfance (Évangiles de l'), Matthieu, Nativité, Païen, Palestine, Zoroastrisme*

MAHDI ☪

En arabe, le mot *mahdi* signifie « bien dirigé », sous-entendu par Dieu. Le Mahdi doit venir avant la fin des temps, au jour du Jugement dernier, pour instaurer la justice, la paix et l'amour, voulus par Dieu. Il a pour mission de restaurer la foi de l'islam, dont il est le garant et le dépositaire par Dieu, dans toute sa plénitude et sa vérité, purifiant ainsi tous les croyants des mauvaises influences (humaines) accumulées depuis la fondation de l'islam (VIIe siècle). Son intervention s'oppose à celle, démoniaque, de Dajjal, « l'imposteur », « le faux Messie » *(al-masîh al-dajjal)* toujours prêt à perdre les hommes. Le Mahdi apparaîtra en même temps que le véritable Messie (Jésus), d'où son nom d'al-Mahdi al Muntadhar (« Mahdi l'Attendu »).

Cette croyance, très sensible par exemple dans le Maghreb, a émergé dès les premiers temps de l'islam. Elle n'est pourtant pas attestée par le canon (règle) musulman – le Coran, Livre sacré de l'islam, n'en fait pas mention. Elle s'est pourtant développée au sein des deux familles de l'islam, les sunnites et les chiites, et de nombreux personnages historiques ont affirmé de leur vivant être le Mahdi. Dans le chiisme, le courant principal des duodécimains (Iran) associe le Mahdi à l'« imam caché », le 12e imam, disparu au IXe siècle, et le courant des ismaéliens au 7e (765).

➡ *Antéchrist, Christ, Duodécimain, Imam, Ismaélien, Messie, Millénarisme*

MAHOMET ☪

Mahomet est la francisation de l'arabe Muhammad (« le Louangé » en arabe). Ni divinisé ni personnage légendaire, Mahomet fut un être humain bien vivant qui reçut de Dieu la révélation de son ultime volonté. En cela, il fut le messager *(rassoul)*, l'envoyé de Dieu qui, par lui, paracheva l'Alliance qu'il avait conclue avec les hommes par l'intermédiaire des prophètes. Les plus importants de ces hommes sont : Abraham (le premier à croire au Dieu unique) ; Moïse, qui reçut la Torah juive ; et Jésus, qui transmit l'Évangile de Dieu, fondement du christianisme. Mahomet, appelé « le Prophète », mot qui prit valeur de nom propre, scelle ainsi définitivement la religion au Dieu unique par l'islam, dont il est le fondateur. Les grandes étapes de sa vie, essentiellement la seconde partie (610-632) qui débute par la révélation du Coran, peuvent être reconstituées à partir de ce Livre sacré, des traditions relatives à ses propos et actions (hadith et Sunna), ainsi qu'à partir du *Sira* (biographie datant du VIIIe siècle).

Né vers 570 à La Mecque (Arabie), Abû Ibrâhîm Muhammad ibn Abd Allâh ibn Abd al-Muttalib ibn Hachim appartient au clan des Banou Hachim de la tribu des Quraïch, prédominante dans cette ville commerçante. Comme son nom l'indique, il est le fils *(ibn)* d'Abd Allâh (vers 554-570), qui meurt peu avant ou peu après sa naissance.

Vers six ans, l'enfant a la douleur de perdre sa mère Amina. Il est alors élevé par son grand-père Abd al-Muttalib, et, après la disparition de celui-ci, deux ans plus tard, par son oncle Abou Tâlib, commerçant mecquois. À l'âge de vingt-cinq ans environ, il épouse une riche veuve, Khadidja, une femme qui, bien que plus âgée, lui donne plusieurs enfants, dont sa fille Fatima qui épousera Ali, fils d'Abou Tâlib et donc son cousin. Le Coran contient des passages de la Bible juive et du Second Testament chrétien (surtout les évangiles), mais on ne connaît à Mahomet aucun contact avéré avec les juifs et les chrétiens vivant alors en Arabie. En outre, il ne sait (sans doute) ni lire ni écrire, ce qui en fait un « analphabète » *('ommy)*. À La Mecque, d'ailleurs, l'écrasante majorité des habitants, sinon la quasi-totalité, est idolâtre et Mahomet n'aurait quitté la ville pour voyager qu'à deux reprises. En revanche, il sort souvent de La Mecque pour aller se recueillir et se reposer dans une grotte (Hira). C'est là qu'un jour de 610 (mois de ramadan), l'ange Djibril (Gabriel) lui apparaît et commence à lui dicter le Coran en langue arabe. La première personne à se convertir, dit-on, est Khadidja, qui meurt en 619.

Mahomet commence par condamner les idoles que des pèlerins viennent vénérer à la Kaaba, sanctuaire de La Mecque. En 622, sa position lui attire trop d'inimitiés, et il est contraint de fuir à Yathrib (Médine), au nord, avec des compagnons, dont Arqam, l'un des premiers à l'avoir rejoint : c'est l'Hégire, qui marque la naissance effective de l'islam. Car si la prédication de Mahomet a été jusque-là essentiellement religieuse, à Yathrib, où la révélation se poursuit, elle prend les accents de la conquête, du *djihad*. Il crée un État, rassemble d'autres musulmans, religion et politique étant étroitement liées. En mars 624, ses troupes remportent la bataille de Badr, au sud-ouest de Médine, puis, en 627, une victoire importante à la bataille du « Fossé » (al-Khandaq). Deux ans plus tard, en vertu d'une trêve conclue à al-Hudaybiyya avec les Mecquois, les musulmans peuvent pendant trois jours effectuer un premier pèlerinage à La Mecque, vidée de ses habitants. Enfin, en janvier 630, Abou Sufyân, chef des Quraïch, s'étant rallié à l'islam, Mahomet entre en vainqueur à La Mecque, sans véritable combat. Les idoles sont détruites, les Mecquois se convertissent, la Kaaba est interdite aux non-musulmans en tant que résidence définitive d'Allah. Mahomet y conduit un ultime pèlerinage, dit de « l'Adieu », dont il fixe le déroulement (c'est le Hadj). Nous sommes en 632 : malade, il rentre à Médine où il meurt. Un successeur (calife) est nommé, en la personne d'Abou Bakr, père de sa seconde épouse, Aïcha. En 652, sous le (troisième) calife Othman, le Coran adopte sa version définitive. Il sera le support à partir duquel sera codifiée la langue arabe, ce qui lui donne une importance supplémentaire.

Pour l'islam, quiconque offense Mahomet, l'élu de Dieu, blasphème le Coran et Dieu lui-même. Le Prophète, à qui sont attribués des dizaines de noms plus prestigieux les uns que les autres, comme al-Nour (« le Lumineux »), est l'objet d'une vénération et d'un respect permanent, entre autres à Médine, deuxième ville sainte après La Mecque, et avant Jérusalem où Mahomet se rendit lors de son Voyage nocturne (*isra*).

➡ *Abou Bakr, Abou Lahab, Aïcha, Ali, Arabie, Calife, Coran, Hadj, Hanif, Hégire, Hira, Idole, Isra, Kaaba, Khadidja, Mecque (La), Médine, Miraj, Mouled en-Nabi, Othman, Quraïch, Révélation, Sîra*

MAHZOR ✡

Comme toute religion, le judaïsme possède un calendrier de fêtes qui suit un « cycle » (*mahzor* en hébreu) annuel. L'origine du *Mahzor* remonte au Moyen Âge, d'abord chez les Achkénazes : il se présentait sous la forme de manuscrits richement enluminés, recensant toutes les prières et les textes du cycle de fêtes, dans lesquels étaient notamment reproduits des *piyyoutim* (poèmes). Puis, en Italie, au XVe siècle, le Mahzor fut augmenté des prières des offices quotidiens, tandis que, plus petit et moins luxueux, plus pratique d'utilisation, il commençait à se généraliser. Il existe aujourd'hui un ou deux *Mahzorim* en fonction des traditions communautaires.

➡ *Achkénaze, Hassidisme, Piyyout, Séfarade*

MALACHIE ✡

Malachie (en hébreu Malakhi, « mon messager », sous-entendu de Dieu) est le dernier prophète de la Bible. Il intervient après la consécration du Second Temple (515 av. J.-C.) et, sans doute, quelques années avant les missions de Néhémie et d'Esdras (445-398). Le livre de Malachie insiste sur la liturgie, le culte, le sacerdoce et les règles du judaïsme comme celle du mariage. Mais il se distingue par deux aspects importants. Il est le premier à mentionner le rôle eschatologique du prophète Élie (IXe siècle), messager devançant le « jour de Yahvé », proclamé par les prophètes depuis Amos (VIIIe siècle) : « Il ramènera le cœur des pères vers leurs fils et le cœur des fils vers leurs pères, de peur que je ne vienne frapper le pays d'anathème », conclut l'ouvrage (3, 24). Cette annonce sera reprise par le Second Testament, où Jean le Baptiste et Jésus sont parfois vus comme le nouvel Élie. Enfin, le livre de Malachie marque la fin des prophètes d'Israël. La Haggadah lui associe Aggée et Zacharie comme derniers prophètes.

➡ *Aggée, Amos, Élie, Eschatologie, Haggadah, Jésus, Liturgie, Transfiguration, Zacharie*

MALIKISME ☪

Portant le nom du juriste Malik ibn Anas (vers 710-795), qui fut formé par un compagnon de Mahomet (vers 570-632), le malikisme, l'une des quatre écoles juridiques *(madhahib)* sunnites de l'islam, tient compte de la Tradition (hadith) mais a introduit la notion d'opinion personnelle et de coutumes (issues de Médine) dans l'élaboration du droit. Malik ibn Anas, surnommé l'« imam de Médine », où il passa sans doute toute sa vie, a laissé le plus ancien code juridique de l'islam, al-Mouwatta (le « Chemin aplani »).

➡ *Chafiisme, Charia, Hadith, Hanafisme, Hanbalisme, Madhahib, Mahomet, Médine, Moujtahid, Sunnisme*

MAMMON ✡ ✝

Mammon est un mot d'origine araméenne synonyme d'argent, de bien matériel, avec un sous-entendu péjoratif. La Bible ne le mentionne qu'une fois, dans un passage du Siracide (Ecclésiastique) consacré aux richesses : « Bienheureux le riche qui se garde sans tache et qui ne court pas après l'or [traduction grecque de Mammon] » (31, 8). Cet écrit était aussi en usage auprès de la communauté des esséniens de Qumrân et figurera, plus tard, dans de nombreux écrits rabbiniques : targums (traductions araméennes de la Bible), Talmuds de Babylone et de Palestine (prolongements de la Michnah).

Le Second Testament le reprend sous le nom propre « Argent ». On peut lire, sous la plume de l'évangéliste Luc (chapitre 16) : « Le malhonnête Argent » (9 et 11), et, rapportée par Matthieu, cette formule célèbre (13) que clame aussi Jésus dans le discours sur la Montagne, et où Mammon devient presque une divinité : « Vous ne pouvez servir Dieu et l'Argent » (6, 24).

➡ *Araméen, Essénien, Montagne (Discours sur la), Qumrân, Siracide, Talmud, Targum*

MANDÉISME ✝

Jean le Baptiste est à l'origine d'une secte gnostique, minoritaire, le mandéisme, qui trouve ses racines aux origines du christianisme et atteste donc d'une ancienneté étonnante. Apparus sans doute en Palestine, les mandéens utilisent une langue dérivée de l'araméen et vivent principalement en Irak, dans la région de Bassora – la guerre qui sévit dans ce pays depuis 2002 a augmenté leur précarité. Source d'inspiration du christianisme pour les uns, ou marqués à jamais par cette religion pour les autres, les mandéens (*mandayya* dans leur langue), furent appelés « chrétiens de saint Jean » au XVIIe siècle, époque de leur découverte. Leur nom est parfois relié à la connaissance *(manda)*, ce qui les rattache aux premières sectes gnostiques primitives. Mais ils sont surtout les *nasôrayya* (« nazaréens »). Ce nom ne désigne pas les habitants de Nazareth, la ville de Jésus, mais les « observants ». Ils sont également, et principalement, les *sabaya* (« baptistes »), c'est-à-dire les adeptes du baptême tel que l'enseignait Jean le Baptiste et qui se trouve inscrit au cœur de leur foi. Le mandéisme a produit une intéressante littérature, pour l'essentiel du VIIIe siècle, dont le principal ouvrage est le *Ginzâ* (« Trésor »), ou *Sidrâ Rabba* (« Grand Livre »), qui contient des propos de Jean le Baptiste et le récit de son baptême. Celui-ci fut plus précisément baptisé par Manda d'Ayyé (« connaissance de vie »), le messager céleste, le sauveur du dieu de lumière qui s'oppose au monde des ténèbres. Le mandéisme, qui se présente donc comme une religion dualiste, n'est pas sans rappeler le manichéisme. Mais il s'en démarque volontairement, comme il rejette Jésus – qui n'était pas le vrai prophète, de même que le judaïsme et ses propres faux prophètes (Abraham et Moïse), et l'islam en la personne de Mahomet. Le seul véritable prophète reste Jean le Baptiste.

➡ *Baptême, Gnosticisme, Jean le Baptiste, Mani, Nazareth, Prophète*

MANI ✡ ✝

Mani (216-vers 275), créateur d'une religion originale, le manichéisme, est révélateur du syncrétisme du début de notre ère. Nous y retrouvons en effet, et entre autres, l'empreinte du judaïsme et du christianisme, mais aussi du gnosticisme et des judéo-chrétiens (juifs ayant épousé le christianisme mais continuant à pratiquer certains rites du judaïsme).

Né sans doute en Babylonie, Mani est élevé, à partir de quatre ans, au sein d'une communauté judéo-chrétienne et masculine, que son père Patiq a rejointe : ce sont les elkhaïsites, qui portent le nom de leur fondateur, Elkasaï (dont l'existence n'est pas attestée). Selon la tradition, durant son séjour au sein de cette secte centrée sur le baptême (les elkhaïsites sont appelés aussi *mughtasila*, « ceux qui se lavent » en arabe), il a des visions et des révélations qui le convainquent d'avoir été choisi pour remplir une mission. En 240, désapprouvé par les elkhaïsites, il est exclu et mène alors son propre ministère. Avec son père et quelques compagnons, Mani, qui possède un jumeau céleste, al-Tawn, affirme être le dernier prophète, le Sceau qui vient parachever la révélation de Dieu. En cela, il s'inscrit dans le sillage des prophètes précédents : Adam, Noé, Hénoch, Zarathoustra (promoteur du zoroastrisme), Bouddha, Jésus. Il affirme même être le Paraclet, c'est-à-dire l'Esprit saint.

Parcourant les routes de l'Empire perse, il entraîne de plus en plus de disciples, attirés par son message fondé sur deux mondes, le bien (royaume de lumière) et le mal (royaume des ténèbres). Car il faut se délivrer du mal pour accéder au salut, grâce à l'ascèse, à des rites particuliers (jeûnes, prières...) et à la spiritualité. Prônant donc une religion à caractère universel, Mani trouve un appui politique auprès de l'empereur perse Shabuhr Ier (241-272) dont la mort signe sa perte. Il meurt en prison.

Dès lors, le manichéisme, qui s'est répandu en Orient et en Occident, est combattu. Il est persécuté en Babylonie par l'autorité perse et, en 302, par l'empereur romain Dioclétien (284-305), les manichéens étant assimilés aux Perses, ennemis de Rome. En Afrique du Nord, où des manichéens se sont réfugiés, saint Augustin (354-430), Père de l'Église, épouse d'abord le manichéisme avant de se convertir au christianisme et de devenir l'un des adversaires les plus résolus de Mani et de sa doctrine. En Égypte, Cyrille d'Alexandrie (376-444) en est également un farouche ennemi. Et dans son *Histoire de l'Église*, Eusèbe de Césarée (vers 265-vers 340), autre Père de l'Église, montre même tout son mépris en jouant sur le nom de Mani et sur le mot « folie » (*mania* en grec). Le manichéisme, jugé hérétique, servira à désigner les hérésies en général – dont le catharisme qui s'en serait inspiré.

Les manichéens réussirent à se maintenir en Orient, notamment en Asie centrale, où ils furent actifs du VIIIe au XIe siècle, et en Chine, jusqu'au XIVe siècle. Leur croyance reposait sur une série d'écrits, dont un *Évangile* attribué à Mani lui-même.

➡ *Alaouite, Baptême, Esprit saint, Gnosticisme, Hénoch, Hérésie, Judéo-chrétien, Paraclet, Révélation, Secte, Syncrétisme, Zoroastrisme*

MANNE ✡

Quand les Hébreux entament leur exode, sous la conduite de Moïse, ils se mettent à regretter les nourritures de l'Égypte car le désert ne peut leur fournir assez à manger et à boire. Dieu leur envoie alors chaque jour une nourriture providentielle, la manne, qui les accompagne jusqu'à l'arrivée en Canaan, la Terre promise, soit pendant quarante ans. Là, ils pourront désormais vivre et manger grâce à leur travail de la terre.

La manne tombe la nuit en même temps que la rosée et se présente sous la forme de grains blancs, une sorte de résine. En la découvrant pour la première fois, les Hébreux s'exclament : « Qu'est-ce que c'est ? » (*man hû* en hébreu), d'où vient le mot « manne ». Des chercheurs ont avancé qu'il pourrait s'agir du *Tamarix mannifera*, un tamaris dont la résine, pilée et transformée en galettes, est encore consommée par les Bédouins du Sinaï, bien plus boisé à l'époque de Moïse.

La manne (*mann* en arabe, « don ») est citée trois fois dans le Coran, en association avec le mot « caille » *(salwâ)*.

➡ *Canaan, Exode, Hébreux, Moïse, Sinaï*

MARABOUT ☪

Le mot « marabout » s'applique à un personnage saint, à son descendant et, par extension, à toute réalité matérielle qui le concerne. Il est issu de l'arabe *murabit*, qui désignait le membre d'une confrérie installée dans un *ribat*, édifice communautaire fortifié. Le mausolée *(zaouïa)* qui abrite la dépouille du marabout est un lieu de dévotion, où l'on vient obtenir sa grâce *(baraka)*. Cette forme de culte est plus particulière au Maghreb (Afrique du Nord).

➡ *Baraka, Ribat, Saint, Zaouïa*

MARCIONISME ✝

Originaire de l'actuelle Turquie, Marcion (vers 85-vers 160) gagne Rome vers 140. Partant des écrits de Paul, notamment les épîtres aux Romains et aux Galates, selon lesquelles le christianisme devait rompre avec les rites du judaïsme, il en tire des conclusions radicales. Pour Marcion, en effet, le Dieu de la Bible hébraïque (l'Ancien, ou Premier, Testament pour les chrétiens) est nécessairement mauvais et prescripteur de lois outrancières contenues dans la Torah (sa Loi écrite, première partie de la Bible). Méchant, vindicatif et justicier, il est donc inférieur à celui du Second (Nouveau) Testament, qui, tout amour, miséricorde et compassion, s'est révélé en son Fils Jésus-Christ. Marcion, partant de sa logique, élimine du Second Testament tout ce qui se réfère à l'Ancien, et dans ce dernier, pointe ce qui sert son propos. Poussant donc la pensée de Paul à l'extrême, quitte à la simplifier, il fonde une Église. Mais, pour l'Église officielle, ces deux Testaments s'inscrivent dans une continuité – position toujours centrale dans la foi chrétienne. Condamné pour hérésie, Marcion est chassé de Rome en 144. Néanmoins, sa pensée rassemblera de nombreux fidèles en Orient jusqu'au Ve siècle, certains existant encore au XVIe siècle.

➡ *Galates (Épître aux), Hérésie, Paul, Romain, Testament, Torah*

MARIE ✝ ☪

Marie était un prénom fréquent en Palestine à l'époque de Jésus. Le Second Testament en cite plusieurs, dont Marie de Magdala et Marie de Béthanie, sœur de Lazare. La plus célèbre, et la plus éminente, est la mère de Jésus. Pourtant, hormis l'Annonciation et la Nativité, elle est très peu présente : au miracle des noces de Cana, à la fin de la Passion, au pied de la croix et au début des Actes des apôtres. La popularité dont elle fait l'objet, particulièrement depuis le Moyen Âge, est surtout due aux textes apocryphes (non retenus par l'Église), *La Nativité de Marie*, appelé aussi *Protévangile de Jacques* (sans doute du IIe siècle), où l'on découvre sa naissance et son enfance, le nom de ses parents (Joachim et Anne). Mais chez les catholiques et les orthodoxes, et dans une moindre mesure chez les protestants, le culte qui lui est rendu vient avant tout des évangiles. Quand l'ange Gabriel lui annonce la naissance de Jésus, il la dit « comblée de grâce » ; Marie répond par une foi profonde et exemplaire.

Son enfant étant défini par l'Église comme le « Fils de Dieu », le concile d'Éphèse (431) proclama déjà Marie « Mère de Dieu » (*Theotokos* en grec), traduction en vigueur dans le christianisme orthodoxe. Et au concile de Chalcédoine (451), elle devint « Vierge à jamais ». Alors qu'il souffre sur la croix, Jésus la confie à Jean, qui rapporte : « Voici ton fils [...] voici ta mère » (Jn 19, 25-27). Marie est ainsi devenue la mère des chrétiens, statut confirmé au concile Vatican II (1962-1965) qui en a fait la « Mère de l'Église ». C'est pourquoi sa vénération (et non adoration, ou latrie, réservée à Dieu) est supérieure à celle que l'on rend aux autres saints. Ceux-ci faisant l'objet d'un culte appelé dulie (du grec *doulos*, « serviteur »), celui de Marie est dit hyperdulie, c'est-à-dire « au-dessus » de la dulie.

Marie est appelée également Panagia (« toute sainte »), ou encore Notre Dame, marque de respect et de primauté qui remonte au Moyen Âge où il était d'usage de désigner les nobles par Dame ou Madame, Monsieur ou Sieur (de Seigneur), voire Monseigneur (princes royaux). Le prénom « Marie » (Maria en grec) vient d'ailleurs de l'hébreu Miryam qui, parmi les possibles étymologies, est une « voyante » ou une « dame ». Il reste que « notre » a une dimension collective, et « dame » celle d'une « maîtresse » (*domina* en latin, d'où viennent « dame » et « madame »).

Marie est l'objet d'un dogme catholique célèbre : l'Immaculée Conception, ainsi que de prières particulières. La plus courante, *Je vous salue Marie (Ave Maria)*, est très ancienne puisqu'on en trouve un avant-goût au VIIe siècle. Elle reprend les mots exacts de l'Annonciation, puis ceux de la Visitation rapportés par l'évangéliste Luc et se termine par la formule fixée au concile de Trente (1545-1563), qui en adopta la forme définitive : « Sainte Marie, mère de Dieu, priez pour nous, pauvres pécheurs, maintenant et à l'heure de notre mort. *Amen.* » Nous trouvons aussi le *Salve Regina* (« Salut, Reine »), qui s'en remet à son immense bonté et à sa douceur, elle qui porta Jésus, « fruit béni de ses entrailles ». Il est chanté à la fin des complies, l'office du coucher du soleil dans le livre des Heures. Son origine semble remonter au XIe siècle et sa généralisation à deux siècles plus tard, par l'intermédiaire d'ordres monastiques. Le *Stabat mater* (« Debout, mère » en latin), quant à lui, est le titre et les premiers mots d'une prière apparue sans doute au XIIIe siècle chez les Franciscains – car souvent attribuée à l'un d'eux, Jacopone da Todi (vers 1230-1306). Elle célèbre la présence de Marie en larmes au pied de la croix sur laquelle son fils souffre. La crucifixion inspira en outre une représentation fréquente de l'art, surtout sculpté : la *pietà* (« pitié » en italien), ou Vierge de pitié, Notre Dame de pitié, inspirée du passage de l'évangile de Jean. Marie est en effet représentée assise, portant dans ses bras le corps de son fils que l'on a descendu de la croix, et pleurant sur sa mort.

Tout ceci explique que Marie soit très présente dans le calendrier chrétien. Par exemple, l'Assomption (fêtée le 15 août) célèbre son élévation au ciel à sa mort pour rejoindre directement son fils, sans l'épreuve du tombeau. Enfin, l'Église reconnaît plusieurs apparitions de Marie.

En islam, la 19e sourate du Coran, composée de 98 versets, est consacrée à Marie *(Maryam)* considérée par les musulmans comme une sainte majeure et par certains théologiens comme une prophétesse. Une autre sourate (3) la concerne également puisqu'elle porte le titre *La Famille de 'Imran*, nom arabe de son père – on y retrouve Jean le Baptiste et son père Zacharie. Les chercheurs pensent que les détails rapportés dans le Coran proviennent en grande partie des écrits apocryphes chrétiens mentionnés plus haut. Marie est aussi présentée parfois comme la sœur d'Aaron, formule symbolique qui l'apparente à Moïse et à son frère, dont la sœur était Miryam (au sens où elle lui ressemble par la douceur de son caractère). Mais elle reste la mère de Jésus, et non la mère de Dieu, l'islam ne croyant pas à la divinité de Jésus.

➡ *Actes des apôtres, Apocryphe, Annonciation, Assomption, Cana, Heures, Immaculée Conception, 'Imran (La Famille de), Jésus, Nativité, Passion, Pentecôte, Vierge*

MARIE DE BÉTHANIE ✝

Sœur de Lazare et de Marthe, Marie vit avec eux dans le village de Béthanie, près de Jérusalem. Dans les évangiles, cette famille témoigne une profonde affection à Jésus qui, de son côté, aime séjourner dans la maison de disciples aussi fidèles. Marie, la plus émotive, écoute ses enseignements avec une concentration impressionnante, qui en fait un modèle de contemplation : « Marthe, elle, était absorbée par les multiples soins du service. Intervenant, elle dit : "Seigneur, cela ne te fait rien que ma sœur me laisse servir toute seule ? Dis-lui donc de m'aider." Mais le Seigneur lui répondit : "Marthe, Marthe, tu te soucies et t'agites pour beaucoup de choses ; pourtant il en faut peu, une seule même. C'est Marie qui a choisi la meilleure part ; elle ne lui sera pas enlevée." », rapporte Luc (10, 40-42).

Plus tard, et alors que sa Passion approche, Jésus revient à Béthanie où il va ressusciter Lazare. Dans son évangile, Jean (11, 1-44) rapporte cet épisode central, ainsi que l'attitude de Marie : « Beaucoup d'entre les Juifs étaient venus auprès de Marthe et de Marie pour les consoler au sujet de leur frère. Quand Marthe apprit que Jésus arrivait, elle alla à sa rencontre, tandis que Marie restait assise à la maison. [...] [Marthe] s'en alla appeler sa sœur Marie, lui disant en secret : "Le Maître est là et il t'appelle." Celle-ci, à cette nouvelle, se leva bien vite et alla vers lui. [...] Quand les Juifs qui étaient avec Marie dans la maison et la consolaient la virent se lever bien vite et sortir, ils la suivirent, pensant qu'elle allait au tombeau pour y pleurer. Arrivée là où était Jésus, Marie, en le voyant, tomba à ses pieds et lui dit : "Seigneur, si tu avais été ici, mon frère ne serait pas mort !" Lorsqu'il la vit pleurer, et pleurer aussi les Juifs qui l'avaient accompagnée, Jésus frémit en son esprit et se troubla [puis ressuscita Lazare]. »

« Marie était celle qui oignit le Seigneur de parfum et lui essuya les pieds avec ses cheveux », précise Jean (11, 2), qui poursuit : « Six jours avant la Pâque, Jésus vint à Béthanie, où était Lazare, que Jésus avait ressuscité d'entre les morts. On lui fit là un repas. Marthe servait. Lazare était l'un des convives. Alors Marie, prenant une livre d'un parfum de nard pur, de grand prix, oignit les pieds de Jésus et les essuya avec ses cheveux ; et la maison s'emplit de la senteur du parfum.

« Mais Judas l'Iscariote, l'un des disciples, celui qui allait le livrer, dit : "Pourquoi ce parfum n'a-t-il pas été vendu trois cents deniers qu'on aurait donnés à des pauvres ?" [...] Jésus dit alors : "Laisse-la : c'est pour le jour de ma sépulture qu'elle devait garder ce parfum. Les pauvres, en effet, vous les aurez toujours avec vous ; mais moi, vous ne m'aurez pas toujours." » (Jn 12, 1-7).

Cet événement est raconté aussi par Matthieu (26, 6) et par Marc (14, 3-9), mais sans que soit citée nommément Marie. Il devait concourir à forger l'histoire d'une sainte construite par la tradition : Marie-Madeleine.

➜ *Judas Iscariote, Lazare, Marie de Magdala, Marie-Madeleine, Marthe, Onction*

MARIE DE MAGDALA ✝

Magdala (de l'hébreu *migdal*, « tour ») est une ville établie sur la rive ouest du lac de Tibériade, en Galilée. C'est de là que vient Marie de Magdala, ou

Marie la Magdaléenne (Lc 8, 2), la femme la plus citée dans les évangiles, l'une des disciples de Jésus, et à coup sûr la plus proche. Tout d'abord, Jésus la délivre de sept démons (Lc 8, 2 et Mc 16, 9), sous-entendu d'une maladie grave. Dès lors, elle le suit durant son ministère et sa Passion. Pourtant, selon Matthieu (27, 55-56), elle ne s'approche pas de la croix, tandis que Jean la décrit au pied de celle-ci, avec Marie, la mère de Jésus.

Marie de Magdala est ensuite l'élément clé de la Résurrection. Elle voit Jésus placé dans son tombeau le vendredi soir et y revient le dimanche matin pour l'embaumer, en compagnie d'autres femmes - ce sont les myrophores (« porteuses de parfum »). Mais elles découvrent le tombeau vide. Les apôtres Pierre et Jean (qui le rapporte, 20, 1-18) viennent le constater et repartent chez eux. Marie, seule et éplorée d'avoir perdu le corps de son Maître, aperçoit un homme, qu'elle prend pour le jardinier des lieux et qui lui demande pour quelle raison elle sanglote : « Seigneur, si c'est toi qui l'as emporté, dis-moi où tu l'as mis. » L'inconnu dit simplement « Marie », et celle-ci reconnaît aussitôt Jésus ressuscité. Elle se jette à ses pieds et l'appelle *Rabbouni*, diminutif de *Rabbi* (« Maître »), ce qui sous-entend des rapports affectueux. Jésus lui montre son attachement et sa confiance : « Ne me touche pas [*Noli me tangere* en latin, grand thème de l'art sacré], car je ne suis pas encore monté vers le Père. Mais va trouver mes frères et dis-leur : je monte vers mon Père et votre Père, vers mon Dieu et votre Dieu. » Marie annonce l'événement aux disciples. Le premier témoin de la Résurrection est donc une femme. Pour une tradition très ancienne, Marie de Magdala serait en fait la célèbre Marie-Madeleine.

➡ *Démon, Dimanche, Jésus, Marie-Madeleine, Passion, Rabbin, Résurrection, Seigneur, Tibériade, Vendredi saint.*

MARIE-MADELEINE ✝

Cette sainte, patronne des femmes, des filles repenties, des parfumeurs ou encore des gantiers, est un magnifique produit de la tradition, qui explique ces patronages différents. Elle associe en fait trois femmes présentes dans les évangiles : Marie de Magdala ; une prostituée qui verse du parfum sur les pieds de Jésus puis les essuie avec ses cheveux (récit rapporté par Luc en 7, 36-50) ; Marie de Béthanie (sœur de Lazare) qui fait de même. Pour l'Église catholique, et depuis la position officielle du pape Grégoire Ier le Grand (540-604), ces trois femmes sont distinctes et ne forment en aucun cas le personnage de Marie-Madeleine, dont le nom est dérivé de « la Magdaléenne », c'est-à-dire de Magdala. Ce qui n'a pas empêché cette sainte de jouir très tôt d'un culte populaire en Orient puis en Occident (IXe siècle) – notamment à Vézelay dès le XIe siècle, où une basilique lui est consacrée – et d'être au cœur d'une histoire extraordinaire. Légende pour les uns, héroïne de faits fondés sur une réalité pour les autres, elle continue de fasciner et d'intriguer. On a même supposé que, très proche de Jésus, elle aurait été son épouse et la mère de ses enfants. Un texte apocryphe (non retenu par l'Église), l'*Évangile de Marie*, composé dans la seconde moitié du IIe siècle, en Égypte ou au Proche-Orient, se situe par exemple entre la résurrection de Jésus et son Ascension. Durant cette période, Jésus s'entretient avec ses disciples et, surtout, avec Marie-Madeleine à laquelle il communique l'essence mystérieuse de son enseignement. D'autres apocryphes accordent une place plus ou moins centrale à Marie-Madeleine, son rôle étant plus développé dans les textes gnostiques. Dans la *Correspondance de Tibère* (début du IVe siècle), elle parvient à lever les réticences de cet empereur concernant Jésus. Dans l'*Évangile de Philippe*, texte d'origine gnostique daté en général de la fin du IVe siècle, Jésus l'embrasse sur la bouche, ce baiser étant souvent analysé comme la fusion entre le maître et son initiée, celle qu'il préfère parmi tous ses compagnons.

Marie-Madeleine, donc, forme, avec d'autres femmes, le groupe dit des « myrophores » (« porteuses de parfums ») : ce sont elles qui, le dimanche matin, apportent les parfums pour embaumer le corps de Jésus, enseveli depuis le vendredi soir dans le tombeau de Joseph d'Arimathie. Ces femmes sont les deux demi-sœurs de Marie, mère de Jésus : Marie Salomé (mère des apôtres Jean et Jacques le Majeur) et Marie Jacobé (mère de Jacques le Mineur, de Joseph, ou Justus, de Simon le Zélote et de Jude). Après avoir été le premier témoin de la résurrection de Jésus, et avoir averti Pierre et Jean que le tombeau est vide, Marie-Madeleine va jusqu'à Rome se plaindre de l'exécution de son mari auprès de Tibère. L'empereur, en apprenant la nouvelle, aurait fait arrêter Ponce Pilate, qui croupira en prison. Revenue en Palestine, et après avoir joué un rôle dans l'Église dirigée par Pierre, elle est bientôt chassée de Jérusalem en raison des persécutions. Et pour s'assurer qu'elle ne survivra pas, on la met dans une petite barque, sans voile, sans rame et sans gouvernail. Dépourvue de boisson et de nourriture, elle y prend place avec Lazare et leur intendant Maximin, Marie Salomé et Marie Jacobé accompagnées de leur servante Sarah – d'autres saints auraient embarqué aussi. Mais cet étrange équipage est protégé par Dieu. Tous ces saints débarquent en Camargue, près des Saintes-Maries-de-la-Mer, c'est-à-dire en Provence, qu'ils vont évangéliser (ce qui est historiquement impossible). Lazare œuvre à Marseille. Marie-Madeleine l'y rejoint, puis retrouve Maximin à Aix-en-Provence. Mais elle éprouve bientôt le besoin de se retirer dans la solitude. Elle trouve la grotte dite « de la Sainte-Baume » (du provençal *baumo*, « grotte »), où, après trente années de recueillement, son corps est transporté au ciel par des anges, pendant que son âme se change en colombe. Quant aux deux autres Marie et à Sarah (patronne des Gitans), elles sont toutes trois vénérées aux Saintes-Maries-de-la-Mer.

➡ *Église chrétienne, Gnosticisme, Jésus, Joseph d'Arimathie, Lazare, Marie de Béthanie, Marie de Magdala, Ponce Pilate, Résurrection, Sept Dormants*

MAROR ✡

Les *merorim* (*maror* au singulier) sont les cinq « herbes amères » que mangèrent les Hébreux durant le repas de Pessah (Pâque), avant de se mettre en route pour la Terre promise (Canaan). Dans la Bible, le livre de l'Exode (12, 8) dit en effet : « Cette nuit-là, on mangera la chair rôtie au feu ; on la mangera avec des azymes et des herbes amères. » Un rite qui devait se perpétuer de génération en génération, et qui est toujours observé au cours du Séder (déroulement) de Pessah, en souvenir de la dure condition de l'esclavage des Hébreux en Égypte. En général, on les mange d'abord adoucies par d'autres aliments, puis telles quelles, pour mieux s'imprégner de l'amertume de la servitude d'autrefois. Les herbes utilisées sont la laitue, le chèvrefeuille, la chicorée, l'endive, le persil ou le radis, le raifort.

➡ *Azyme, Exode, Pessah, Séder*

MARRANE ✡

Marrane (*marrano* en espagnol, *marrão* en portugais) signifie « porc » ! Ce nom péjoratif fut donné aux juifs d'Espagne et du Portugal qui, dès la fin du XIVe siècle, furent contraints d'embrasser massivement le catholicisme. Cependant, même baptisés, certains d'entre eux continuèrent de pratiquer en secret leur religion, d'où leur autre appellation « crypto-juifs » (« juifs cachés »). Il leur fallait échapper aux griffes de l'Inquisition espagnole, créée en 1481 (1536 au Portugal). Ces *conversos* (« convertis ») furent expulsés de la péninsule Ibérique à partir de 1492 jusqu'au XVIIIe siècle et trouvèrent refuge sur d'autres continents. Les juifs baptisés, restés dans la péninsule Ibérique, ne furent pas pour autant considérés comme des citoyens à part entière et se virent amputés de certains droits. Les inquisiteurs n'hésitaient pas à recourir à la torture pour faire avouer les personnes suspectes de « judaïser » (pratiquer) ou de faire des prosélytes (convertis). Les « coupables » perdaient ainsi leurs biens quand ce n'était pas la vie en finissant sur le bûcher. Pourtant, nombreux furent ceux qui, secrètement, conservèrent leur foi juive, dont de grands écrivains. Quant à l'éparpillement des marranes, notamment en terres musulmanes et protestantes (Hollande par exemple), il contribua à l'établissement de nouvelles communautés en Diaspora.

➡ *Baptême, Conversion, Diaspora, Foi, Judaïsme, Prosélyte*

MARTHE ✝

Sœur de Marie de Béthanie et de Lazare, Marthe est une femme de caractère, comme l'indique l'origine araméenne de ce nom : « maîtresse ». Pour l'évangéliste Luc, ces deux jeunes femmes ont des personnalités très différentes : si Marthe est carrée, n'hésitant pas à interpeller Jésus pour que sa sœur l'aide au ménage (10, 40), la seconde est douce, mesurée, très attentive au message de Jésus. Celui-ci balaie d'un propos cet attachement au concret et loue plutôt Marie qui « a choisi la meilleure part », c'est-à-dire le royaume de Dieu. Et tandis que Marie versait du parfum sur Jésus, « Marthe servait » à table, écrit l'évangéliste Jean (12, 2).

À l'approche de la Passion, alors que leur frère Lazare est mort depuis quatre jours et enterré, Jésus en est averti et se rend à Béthanie, village situé près de Jérusalem : « Quand Marthe apprit que Jésus arrivait, elle alla à sa rencontre, tandis que Marie restait assise à la maison. Marthe dit à Jésus : "Seigneur, si tu avais été ici, mon frère ne serait pas mort. Mais maintenant encore, je sais que tout ce que tu demanderas à Dieu, Dieu te l'accordera." Jésus lui dit : "Ton frère ressuscitera." "Je sais, dit Marthe, qu'il ressuscitera à la résurrection, au dernier jour." Jésus lui dit : "Je suis la résurrection. Qui croit en moi, même s'il meurt, vivra ; et quiconque vit et croit en moi ne mourra jamais. Le crois-tu ?" Elle lui dit : "Oui, Seigneur, je crois que tu es le Christ, le Fils de Dieu, qui vient dans le monde." Ayant dit cela, elle s'en alla appeler sa sœur Marie », raconte encore Jean (11, 20-28). Devant le tombeau de Lazare, Jésus commande d'en enlever la pierre qui bouche l'entrée : « Marthe, la sœur du mort, lui dit : "Seigneur, il sent déjà : c'est le quatrième jour." Jésus lui dit : "Ne t'ai-je pas dit que si tu crois, tu verras la gloire de Dieu ?" » (11, 39-40). Et Lazare sort du tombeau, ressuscité.

Comme sa sœur Marie, qui se confond avec la figure de Marie-Madeleine, Marthe verra son portrait amplifié par la tradition. Après la résurrection de Jésus, toutes deux et Lazare embarquent, avec leurs domestiques Marcelle et Suzanne, leur intendant Maximin, et ils voguent vers la Provence. Après s'être séparés, chacun mènera sa mission. Marthe proclame l'Évangile à Aix et en Avignon. Puis elle s'installe à Tarascon où sévit la tarasque, un dragon terrifiant, aux allures de poisson. Tapie dans le Rhône, elle fait chavirer les navires et déchiquette quiconque se trouve à sa portée. Marthe parvient à l'immobiliser en l'aspergeant d'eau bénite et en récitant des prières. Et la tarasque est abattue. Après avoir converti les Tarasconnais, Marthe meurt en 81, donc quelque cinquante ans après la crucifixion de Jésus.

➨ *Lazare, Marie de Béthanie, Marie-Madeleine, Royaume*

MARTYR ✡ ✝ ☪

Le martyr est, étymologiquement, un « témoin » (*martus, marturos*, en grec). Il a donné sa vie pour défendre sa foi quand elle était attaquée ou persécutée, refusant toujours de se convertir. Chacun des trois monothéismes déplore des martyrs, lesquels furent le produit de calculs humains et politiques.

Le judaïsme, particulièrement persécuté pendant des siècles, a connu le summum de l'horreur avec la Shoah, orchestrée par les nazis durant la Seconde Guerre mondiale, drame à l'origine du « devoir de mémoire » inscrit dans la conscience mondiale. Le calendrier juif donne plusieurs rendez-vous associés aux heures noires, comme Pourim (fête des Sorts) ; les Achkénazes, l'une des deux grandes branches du judaïsme, adressent une prière spéciale aux martyrs morts pour « la sanctification du Nom » de Dieu *(qiddouch ha-chem)* : c'est l'*Av ha-rahamim* (« Père miséricordieux »).

Le christianisme, quant à lui, fut persécuté par les Romains jusqu'en 313, année où l'empereur Constantin publia un édit mettant fin aux persécutions et permettant à cette religion de sortir de la clandestinité. Les premiers saints chrétiens furent des martyrs, dont la liste est contenue dans un *Martyrologe*. Le christianisme compta ensuite d'autres martyrs, morts aussi pour leurs convictions chrétiennes, notamment au cours de missions d'évangélisation en terres non chrétiennes.

L'islam compte aussi ses martyrs (*shahid* en arabe), qui, en vertu du principe du *djihad* (« effort »), accéderont au paradis après être morts au combat contre les ennemis de l'islam, comme le souligne le Coran. L'un des martyrs les plus emblématiques est Hussein, petit-fils de Mahomet, mort à la bataille de Kerbela (680), en Irak.

➡ *Conversion, Djihad, Foi, Kerbela, Marrane, Saint, Shoah*

MASORAH ✡

Du VIIe au Xe siècle, en Babylonie et en Palestine, œuvrèrent les « maîtres de la Massore » *(baale ah-massoret)*, francisation de Masorah (« tradition », « transmission »), grands esprits qui contribuèrent à l'évolution de la langue hébraïque. Ces *massoret* mirent au point les règles de lecture et de chant de l'hébreu et de l'araméen composant le texte authentique (le plus ancien) de la Bible, qui fut ainsi préservé. Ensuite qualifié de « massorétique », ce texte, auparavant d'un seul tenant, vit ses mots et ses phrases séparés par des espaces. Il fut ensuite divisé en sections, pourvu de versets et, pour vocaliser les mots, de signes sur les lettres, uniquement des consonnes, principe des langues sémitiques, afin de figurer voyelles et accents. En marge, les *massoret* indiquèrent le mot *(ketiv)* dont la forme ne correspond pas à la façon de le prononcer (correction appelée *querê*, « à lire »), ce qui permit de distinguer les mots s'écrivant de la même manière. Avec le temps s'imposa la Masorah de Palestine (dans laquelle les signes sont indiqués sous les mots), plus précisément de Tibériade, celle d'Aaron ben Asher (milieu du Xe siècle), membre d'une éminente famille de *massoret*. Elle est reproduite sur les bibles hébraïques.

➡ *Araméen, Bible, Hébreu, Tibériade, Torah, Vulgate*

MASSACRE DES INNOCENTS ✝

Le massacre des Innocents est un événement concernant Jésus, et rapporté par le Second Testament, plus précisément par l'évangile de Matthieu (2, 1-23). Hérode le Grand, rois des juifs et de la Palestine (40-4), reçoit à Jérusalem des mages (étrangers) qui lui demandent : « Où est le roi des Juifs [Jésus] qui vient de naître ? [...] nous sommes venus lui rendre hommage. » Certain qu'un tel roi pourrait lui porter ombrage, Hérode apprend que la naissance a eu lieu à Bethléem, à 9 km de là, et que les prophètes d'Israël y ont situé la naissance du Sauveur des juifs, le Messie (*Christos* en grec). Il convoque les mages et leur donne la mission de revenir avec le maximum d'informations concernant l'enfant. Mais ils ne reviennent pas. Furieux, Hérode décrète l'assassinat de tous les enfants de moins de deux ans, à Bethléem et dans ses environs. Joseph, averti par un ange, se réfugie avec Marie et Jésus en Égypte. Puis, à la mort d'Hérode, ils s'installent à Nazareth, en Galilée.

➡ *Bethléem, Hérode, Mages (Rois), Nazareth*

MATHUSALEM ✡

Dans le langage courant, le nom Mathusalem est utilisé pour désigner une personne très âgée. Son origine est à puiser dans la Genèse ; Mathusalem, descendant d'Adam, fils d'Hénoch et grand-père de Noé, est l'homme qui a vécu le plus longtemps, soit neuf cent soixante-neuf ans (5, 25-27). Cette durée est bien entendu improbable, mais les récits bibliques des débuts de l'humanité – comme d'autres textes antiques – attribuèrent de telles longévités à des personnages (patriarches) dont ils voulaient vanter les mérites. Cette longévité va aussi de pair avec un monde où le péché est encore peu présent. Après le Déluge, elle se réduira inévitablement avec le temps et avec la multiplication des fautes commises par les hommes, dont l'épisode de la tour de Babel est l'exemple le plus frappant…

➡ *Adam, Babel, Déluge, Hénoch, Idris, Noé, Patriarche, Péché*

MATRIARCHE ✡

Les matriarches sont appelées ainsi en référence aux patriarches, leurs époux. Ce sont, dans l'ordre chronologique, Sarah (épouse d'Abraham), Rébecca (épouse d'Isaac), Rachel et Léah, toutes deux sœurs et unies à Jacob. Mais ce lien avec les patriarches d'Israël ne signifie pas qu'elles occupent un rôle secondaire, car rappelons que la judéité se transmet par la mère, et non par le père. En effet, dans la Bible, les matriarches sont également élues par Dieu. Elles s'affirment donc comme les femmes juives exemplaires, les mères d'Israël, la source du peuple choisi par Dieu. Chacune d'entre elles, dans la Genèse, le premier livre de la Bible, montre comment elle cherche à imposer le fils correspondant à la promesse de Dieu, quitte à recourir parfois à la duperie, par exemple lorsque Rébecca use d'un subterfuge pour que Jacob, le cadet et son préféré, obtienne le droit d'aînesse au détriment d'Ésaü, l'aîné.

Très vénérées dans la tradition populaire, les matriarches sont mentionnées dans certains rites, dont la prière marquant la naissance d'une fille *(Mi chè-bérakh)*. Suivant la reconnaissance de la condition féminine, elles ont même fini par figurer à l'égal des patriarches dans certaines communautés juives.

➡ *Abraham, Isaac, Jacob, Léah, Rachel, Rébecca, Sarah, Patriarche*

MATSAH ✡

C'est le « pain azyme » (*matsah* en hébreu) que les Hébreux, au moment de quitter l'Égypte, emportèrent avec eux, car ils étaient si pressés qu'ils n'eurent pas le temps de faire lever la pâte. C'est ainsi que, pour Pessah (Pâque), fête célébrant, entre autres événements, la libération d'Égypte, le livre de l'Exode (12, 15-20) – plus tard relayé par la Halakhah (corpus juridique élaboré par les rabbins) – fixe les règles entourant la consommation de la *matsah* : « Pendant sept jours, vous mangerez des azymes. Dès le premier jour, vous ferez disparaître le levain de vos maisons car quiconque, du premier au septième jour, mangera du pain levé [*hamets*], celui-là sera retranché d'Israël. [...] Vous observerez la fête des Azymes, car c'est en ce jour-là que j'ai fait sortir vos armées du pays d'Égypte. Vous observerez ce jour-là dans vos générations, c'est un décret perpétuel. Le premier mois, le soir du quatorzième jour, vous mangerez des azymes jusqu'au soir du vingt et unième jour. »

La *matsah* est faite à partir des céréales autorisées (avoine, blé, épeautre, froment, orge, seigle). Elle représente ainsi la liberté mais aussi l'ancienne servitude, comme le rappelle le Deutéronome (16, 3) : « Tu ne mangeras pas, avec la victime, de pain fermenté ; pendant sept jours tu mangeras avec elle des azymes – un pain de misère – car c'est en toute hâte que tu es sorti du pays d'Égypte : ainsi tu te souviendras, tous les jours de ta vie, du jour où tu sortis du pays d'Égypte. »

➡ *Azyme, Deutéronome, Exode, Halakhah, Hébreux, Pain, Pessah, Séder*

MATTHIAS ✝

Ce nom vient du grec « Mattathias », adaptation de l'hébreu « Mattitya » qui signifie « don de dieu », comme Matthieu, l'évangéliste. Matthias, disciple de Jésus, n'a pas laissé d'écrit. Il apparaît dans les Actes des apôtres à deux reprises. Alors que Judas Iscariote, qui a trahi Jésus, s'est suicidé, les onze autres apôtres abordent la question de son remplacement. Dans la période comprise entre l'Ascension et la Pentecôte, le tirage au sort désigne Matthias, dont la présence dans le Second Testament s'arrête à son intégration au sein du collège des apôtres. En revanche, des textes apocryphes ont perpétué sa mémoire, certains lui étant attribués avant d'être perdus. La tradition le fait naître à Bethléem, dans une famille aisée. Comptant parmi les plus proches compagnons de Jésus, il l'accompagne jusqu'à la Passion. Après la Pentecôte, qui marque la naissance de l'Église, et comme les autres apôtres, il proclame l'Évangile, soit en Éthiopie où il connaît le martyre, soit à Jérusalem même où il est exécuté vers 63.

➡ *Apocryphe, Apôtre, Ascension, Église, Judas Iscariote, Passion, Pentecôte*

MAURE ☪

Les Maures étaient désignés ainsi par les Romains parce qu'ils avaient « la peau sombre » (*mauros* en grec), le latin *maurus* signifiant « africain ». Ces *mauri* (*maurus* au singulier), que Rome domine au Ier siècle, étaient installés à l'ouest du Maghreb (Maroc et Algérie par exemple) ; la Mauritanie, concernée en partie par cette implantation, en tire son nom. Le terme *mauri* s'appliqua ensuite à l'ensemble des populations du Maghreb, les Berbères, qui l'adoptèrent. Islamisés par les Arabes dès le VIIe siècle, tous ces *mauri* suivirent ces derniers en Espagne, dont la conquête commença en 711. Les Européens appelèrent ainsi Maures (*Moros* en espagnol) les Arabes et les Berbères, sans distinction. En 1492, quand l'occupation musulmane s'acheva définitivement, des Arabes restèrent en Espagne, épousant la foi catholique, la plupart en apparence : ce sont les *moriscos* (diminutif de *Moros*), morisques ou maurisques, expulsés définitivement en 1610. L'art maure (ou mauresque) est encore visible en terre espagnole.

En Europe, le terme « Maure » finit par désigner le musulman en général, et l'on trouve encore des traces de cette interprétation. Les musulmans des Philippines sont par exemple les Moros.

➡ *Arabie, Berbère, Conversion, Musulman*

MECQUE, LA ☪

Située dans l'actuelle Arabie Saoudite, La Mecque (Makka en arabe) est la première ville sainte de l'islam. Tout musulman se doit d'y faire le grand pèlerinage (Hadj), l'un des Cinq Piliers de cette religion. Mais La Mecque est aussi et surtout la ville natale de Mahomet, le Prophète, qui reçut là le début de la révélation (donnée par Dieu) du Coran, Livre sacré des musulmans où La Mecque est très présente – par exemple dans la 90e sourate, intitulée *La Cité* (20 versets). Enfin, la prière musulmane est toujours dirigée vers La Mecque *(qibla)*, d'où qu'elle vienne.

Quand Mahomet voit le jour, La Mecque est une cité marchande sur la route des caravanes qui, partant du sud de l'Arabie (Yémen, Éthiopie), convoient des marchandises parfois précieuses, comme l'encens, vers les régions du nord (Palestine, Syrie, Byzance...). Sa tribu, celle des Quraïch, y occupe une place prédominante et s'est enrichie grâce à ce commerce. La religion alors en vigueur est un polythéisme actif. Non loin d'une source sacrée (Zemzem), les pèlerins viennent vénérer des idoles dans un lieu tout aussi sacré, la Kaaba, dont ils font le tour (circumambulation) – autant de rites que nous retrouvons dans le Hadj.

En 610, Mahomet reçoit le début de sa révélation dans une caverne (Hira) proche de la ville. Mais il se heurte bientôt aux habitants, notamment aux Quraïch, et doit fuir au nord, à Médine, en 622 : c'est l'Hégire, qui marque la naissance de l'islam. Commence alors la conquête qui fragilise le commerce mecquois. La ville finit par tomber aux mains des musulmans en 630 ; les idoles sont détruites. Mahomet fixe ensuite les règles du Hadj, qui se déroulera à La Mecque. Éclipsée au profit de Médine comme capitale de l'islam, puis de Damas sous la dynastie des Omeyyades (660-750) et de Bagdad sous celle des Abbassides (750-1258), La Mecque retrouve un rôle de premier plan avec les chérifs (966-1924), descendants de Mahomet. En 1924, elle est intégrée au royaume d'Arabie Saoudite où règnent toujours les Wahhabites. Elle reste cependant un pôle essentiellement religieux, sans importance politique majeure.

➡ *Arabie, Chérif, Circumambulation, Coran, Encens, Hadj, Hedjaz, Hégire, Hira, Idole, Kaaba, Mahomet, Médine, Miraj, Omra, Qibla, Quraïch, Wahhabite*

MÉDINE ☪

Médine est la deuxième ville sainte de l'islam, après La Mecque. Outre son rôle éminent dans la naissance de l'islam, elle est un lieu de recueillement et de pèlerinage. Les musulmans ayant effectué le Hadj (grand pèlerinage à La Mecque) poursuivent souvent celui-ci en venant se recueillir à Médine, où sont enterrés Mahomet lui-même et sa fille Fatima, le premier (Abou

Bakr), le deuxième (Omar) et le troisième (Othamn) calife (ses successeurs), ainsi que d'autres figures éminentes de l'islam.

Vers l'an 570, Mahomet voit le jour à La Mecque (Makka en arabe), ville marchande située dans la région du Hedjaz qui abrite une autre ville commerçante, située à 150 km de la première : Yathrib, où règne aussi le polythéisme. En 610, il reçoit à La Mecque le début de la révélation du Coran, livre venu de Dieu qui a fait de lui son messager, son Prophète. Dès lors, il prêche à ses compatriotes les fondements de la nouvelle religion monothéiste née de cet événement capital. Mais, devant l'opposition des Mecquois, il doit fuir (Hégire) et gagne Yathrib. Cette ville devient désormais *al-madîna an-Nabi* (« la ville du Prophète »), d'où vient le nom « Médine ». Le séjour qu'y fait Mahomet marque aussi la naissance de l'islam et de son premier État, car c'est depuis Médine « la Lumineuse » *(al-Mounawara)* qu'il mène le début de la conquête : La Mecque est prise en 630. C'est aussi à Médine qu'il continue de recevoir la révélation du Coran et qu'il choisit d'établir le cœur de l'islam. Quand Ali, son gendre et cousin devenu le quatrième calife (656), doit lutter contre des rivaux, il s'installe à Koufa (Irak) où il est assassiné (661). Médine, déjà délaissée, l'est encore davantage lorsque Damas devient capitale du califat sous la dynastie des Omeyyades (660-750). À la suite d'une révolte, ces derniers la détruisent en 683. Pour Médine commence une période de décadence. Intégrée, comme le reste de l'Arabie, dans les empires musulmans successifs, elle fait aujourd'hui partie, comme La Mecque, du royaume wahhabite d'Arabie Saoudite, fondé en 1924.

➡ *Calife, Coran, Fatima, Hadj, Hedjaz, Hégire, Mecque (La)*

MENORAH ✡

La *menorah* (« candélabre »), chandelier comprenant le plus souvent sept branches, est indissociable des représentations de l'art juif et des synagogues. Elle était en fonction dans le temple de Jérusalem, où, symbole de la Sagesse de Dieu, elle diffusait en permanence une lumière représentant la Torah donnée par Dieu. Pour la Bible, la *menorah* fut ordonnée par Dieu à Moïse afin d'éclairer le Tabernacle, la tente où il demeurait durant l'Exode. Le livre de l'Exode précise justement : « Tu feras un candélabre d'or pur. [...] Six branches s'en détacheront sur les côtés. [...] La première branche portera trois calices en forme de fleur d'amandier, avec bouton et fleur [...] Le candélabre lui-même portera quatre calices en forme de fleur d'amandier, avec bouton et fleur [...] Les boutons et les branches feront corps avec le candélabre et le tout sera fait d'un bloc d'or pur repoussé. Puis tu feras ses sept lampes. On montera les lampes de telle sorte qu'elles éclairent en avant de lui. Ses mouchettes et ses cendriers seront d'or pur » (25, 31-40).

La *menorah* fut enlevée par les Romains lors de la destruction du Temple en 70 et exhibée en triomphe à Rome. Dans cette ville, l'arc de Titus représente cet objet sacré, que l'État d'Israël a reproduit pour en faire son emblème. Dans les synagogues, une « lumière perpétuelle » *(ner tamid)* rappelle la *menorah* du Temple.

➡ *Exode, Hanoukkah, Sagesse, Synagogue, Tabernacle, Temple, Torah*

MESSE ♱

La messe est la célébration de l'eucharistie instituée par Jésus, c'est-à-dire le partage du pain et du vin, qui symbolisent son corps souffrant sur la croix et son sang versé pour le salut des hommes. Elle invite les chrétiens à partager le repas du Seigneur, selon la formule que Paul emploie dans sa première épître aux Corinthiens (11, 17-34), l'un des livres du Second Testament. Les fidèles peuvent de la sorte participer à la fois au sacrifice, à la mort, puis à la résurrection de Jésus, qui est ainsi présent en chacun.

Les premiers chrétiens avaient déjà coutume de célébrer l'eucharistie au cours de repas fraternels (les agapes). Puis, au IVe siècle, apparut la phrase latine *Ita missa est* (« Allez, l'action est accomplie »), prononcée à la fin des offices, et d'où vient le mot « messe ». De nos jours, pour les catholiques, les orthodoxes, les anglicans et les Églises anciennes d'Orient, seul le sacrement de l'ordination (don de l'Esprit saint) permet à une personne (prêtre, pope...) de célébrer la messe – la concélébration est la célébration de la messe par plusieurs prêtres. Pour les protestants, l'officiant n'étant qu'un intermédiaire, un « pasteur », l'ordination ne peut être un sacrement.

La messe catholique a connu ses derniers changements au concile Vatican II (1962-1965). Elle varie selon les fêtes et les occasions, mais son déroulement s'organise selon quatre temps communs, suivis de la bénédiction finale.

L'accueil prépare le fidèle à recevoir la parole de Dieu en reconnaissant sa condition de pécheur : il débute par le signe de croix suivi d'un chant ou de la lecture d'un écrit saint ; il se poursuit par la prière du *Kyrie* (« Prends pitié »), parfois par le *Confiteor* (« Je confesse ») ou le *Gloria* (« Gloire à Dieu ») et se termine par une prière. En grec, *Kyrie eleison* signifie « Seigneur prends pitié ». Nous retrouvons déjà cette formule dans les psaumes (prières) de la Bible, et l'Église catholique (de langue latine) l'emprunta sans doute dès le IVe ou le Ve siècle au monde orthodoxe (de langue grecque). C'est la seule prière de langue grecque récitée au cours de la messe.

La Parole de Dieu, deuxième célébration, commence par la lecture d'extraits de la Bible et du Second Testament, que l'officiant commente lors d'une homélie (le sermon d'autrefois, abandonné après Vatican II), c'est-à-dire un « entretien familier » (*homelia* en grec). Par son caractère instructif, l'homélie permet d'éclairer le monde à partir de ces écrits saints et de l'Évangile. La Parole de Dieu se poursuit par un chant, un psaume, l'*Alléluia*, et la récitation du Credo (« Je crois en Dieu »), profession de foi chrétienne. La troisième célébration est l'eucharistie. En introduction, le prêtre procède à l'offertoire, synonyme d'oblation. Il commence en effet par « offrir » le pain et le vin. Pour cela, il dispose le pain et le vin, geste par lequel chacun de ces symboles est « offert » (*oblatus* en latin). Puis, après une prière, le prêtre lève le calice contenant l'hostie et enchaîne avec l'épiclèse (du grec *epiklêsis*, « appel » ou « invocation »). Par cette prière, il invoque l'Esprit saint qui, par son intervention puissante sur le pain et le vin, permet de rendre présents (c'est la consécration) le corps et le sang du Christ, conformément aux paroles de Jésus prononcées lors de la Cène, son dernier repas. Le prêtre poursuit en intercédant auprès de Dieu pour les vivants et les morts, et conclut par la Trinité (« au nom du Père, du Fils et du Saint-Esprit »). À l'occasion de l'offertoire, il a prononcé la phrase : « Lave-moi tout entier de mon mal et de ma faute purifie-moi », extrait du psaume 50 (4). Avant Vatican II, qui fit entrer les langues nationales, comme le français, dans la liturgie, il prononçait en latin ces mots venant du psaume 25 (6) : « *Lavabo inter innocentes manus meas* », c'est-à-dire « je lave mes mains en l'innocence ». Ce lavement des mains, ou lavabo, est destiné à symboliser la purification du cœur avant le sacrement de l'eucharistie.

La quatrième célébration est la communion, par laquelle les participants communient au Christ en consommant le pain et le vin consacrés. Elle commence par la récitation en commun du *Notre Père*, de la prière pour la paix dite par le prêtre et du geste de Paix. Le prêtre rompt l'hostie pendant que les fidèles chantent l'*Agnus Dei* (« Agneau de dieu »). Ensuite, chacun peut communier ou non.

Enfin, la messe se termine par une bénédiction et une formule : « Allez dans la paix du Christ. »

La messe fait intervenir deux produits essentiels. Si le vin (sang du Christ) est en général commun et se passe de commentaires, le pain est l'hostie. Les Romains désignaient par le latin *hostia* une « victime offerte », c'est-à-dire un animal sacrifié en l'honneur des dieux. Dès le IVe siècle, les chrétiens reprirent ce terme pour l'appliquer au symbole du corps de Jésus. Le mot « hostie » apparut en français au XIIIe siècle. L'hostie se présente comme un petit disque circulaire, fait, depuis l'origine, de pain azyme (sans levain). Cependant, depuis Vatican II, l'Église catholique peut aussi recourir au pain levé.

Quant aux prières et aux textes lus pendant la messe, ainsi que les actes liturgiques qui les accompagnent, ils sont contenus dans le Missel (*missalis liber*, « livre de messe » en latin). Ce livre recense tous les éléments de la liturgie au jour le jour, pendant une année. Le premier remonte à la fin du Ve siècle, et la dernière révision date du pape Paul VI (1970).

➡ *Alléluia, Azyme, Cène, Communion, Confession, Encens, Eucharistie, Pasteur, Prêtre, Sermon, Trinité*

MESSIE ✡ ✝ ☪

Dans le langage courant, le messie est une personne attendue avec impatience car elle apportera la solution à une question jusque-là sans réponse. Par exemple, un homme politique est attendu comme le messie en cas de crise grave. Cette conception très humaine est pourtant conforme au sens original et religieux de ce mot.

Dans la Bible, il est rapporté que les rois et les prêtres, recevaient onction royale et onction sacerdotale. Pour marquer le caractère sacré de leur mission, ils avaient le front oint d'une huile sainte – de même que les prophètes, envoyés de Dieu. Ainsi, David (vers 1010-970), considéré comme le plus grand roi d'Israël, fut choisi selon le cœur de Dieu et oint. Mais après son règne et celui de son fils Salomon (970-931), Israël se divisa en deux royaumes, tantôt amis, tantôt ennemis : Juda, où régna la dynastie de David, et Samarie. Lorsque, en 736, la Samarie, alliée à Damas (Syrie), menace Juda, le roi Achaz écoute un oracle du prophète Isaïe (7, 10-16) : la lignée de David ne s'éteindra pas car « la jeune fille » accouchera de l'Emmanuel (« Dieu avec nous » en hébreu) qui prolongera l'Alliance avec Dieu. Achaz n'est pas concerné puisque son fils s'appelle Ézéchias. Mais cette annonce, relayée par d'autres prophètes, va se répandre et sonner comme une espérance, surtout aux moments les plus difficiles de l'histoire juive. La figure d'un sauveur d'Israël se dessine, celle d'un « oint » (en hébreu *mashiah*, qui donnera le mot « messie ») de Dieu qui, à la fin des temps, fera régner la paix et le bonheur dans le monde à venir *(olam haba)* ; les hommes, croyant tous au Dieu unique, habiteront un monde parfait et conforme aux désirs divins, dont Israël sera le pôle lumineux. Cet espoir va de pair avec l'apparition dans le judaïsme, à l'époque du Second temple de Jérusalem (de 515 av. J.-C. à 70 apr. J.-C.), des notions de Jugement dernier, de résurrection, de paradis et d'enfer. Par exemple, le livre de Daniel (IIe siècle av. J.-C.), précurseur du style apocalyptique, fait référence au messie sous les traits du Fils de l'homme. Présent dans les livres apocryphes et pseudépigraphes juifs (non retenus dans la Bible), ce personnage sera repris ultérieurement par la kabbale (XIIe- XIIIe siècle), courant mystique, surtout dans le *Séfer ha-Zohar (Le Livre de la Splendeur)*. La croyance messianique permit d'ailleurs au monde juif de résister aux persécutions en conservant l'espoir. Le sionisme (retour des juifs de la Diaspora dans un État d'Israël), formulé dans la seconde moitié du XIXe siècle, a coïncidé avec une forme « terrestre » de messianisme, c'est-à-dire la concrétisation par les juifs eux-mêmes de l'espérance née deux mille ans plus tôt.

Le christianisme a puisé dans le judaïsme jusqu'à l'étymologie du mot « Messie ». Les évangiles du Second Testament, écrits saints du christianisme, donnent les clés de cette origine. À l'époque de Jésus, l'espérance messianique est très sensible, la Palestine étant occupée par les Romains. Mais si certains choisissent la violence pour se libérer, comme les zélotes, Jésus montre une autre voie : celle de la paix et de l'amour de l'autre. C'est pourquoi il apprécie peu d'être appelé « Messie », titre au sens trop guerrier et politique, et préfère celui de « Fils de l'homme », emprunté à Daniel, qui s'applique à un être venu directement de Dieu. De plus, la notion de Messie implique celle de royaume terrestre alors que, pour Jésus, son « royaume n'est pas de ce monde » (Jn 18, 36), comme il le dit au préfet romain Ponce Pilate au cours de son procès. Pourtant, le Second Testament, composé dans la seconde moitié du Iᵉʳ siècle, c'est-à-dire au cours des décennies qui suivirent sa crucifixion, va concourir à structurer cette image de Messie (*Christos* en grec), qui sera reprise par la tradition. D'abord, les évangiles le relient à David par Joseph, son père adoptif, et situent sa naissance à Bethléem, comme David. Il est d'ailleurs utile de rappeler qu'ils reprirent la traduction grecque de la Bible (Septante), qui avait fait de « la jeune fille » citée par le prophète Isaïe une vierge : Jésus est donc né d'une vierge (Marie). Ensuite, Paul et l'Église vont privilégier le titre de « Christ » en s'appuyant sur une phrase prononcée par Jésus, toujours à son procès. À la question du grand prêtre Caïphe qui lui demande s'il est le Messie, ce qui implique une nature trop humaine alors qu'il est fils de Dieu, il répond par « Tu le dis », sous-entendu : « C'est toi qui le dis. » En outre, les Actes des apôtres, qui racontent les débuts de l'Église, parlent d'une communauté de « chrétiens » à Antioche (aujourd'hui en Turquie) : le christianisme est né.

L'islam a repris la croyance au Messie : c'est Jésus dont le deuxième nom, dans le Coran, est al-Masîh (« le Messie »), cité onze fois. Selon les hadith, avant la fin des temps, il tuera le Dajjal (« le faux Messie »), c'est-à-dire l'Antéchrist. Puis il apparaîtra, accompagné du Mahdi, plus précisément al-Mahdi al-Muntadhar (« Mahdi l'Attendu »).

➡ *Antéchrist, Caïphe, Christ, Isaïe, Mahdi, Onction, Parousie, Procès de Jésus, Royaume, Zohar (Séfer ha-)*

MEZOUZAH ✡

La mezouzah (« montant de porte » en hébreu, pluriel *mezouzot*) reprend ce principe énoncé par le Deutéronome de la Bible, cinquième livre de la Torah : « Tu aimeras Yahvé ton Dieu de tout ton cœur, de toute ton âme et de tout ton pouvoir. Que ces paroles que je te dicte aujourd'hui restent dans ton cœur ! Tu les répéteras à tes fils, tu les leur diras aussi bien assis dans ta maison que marchant sur la route, couché aussi bien que debout ; tu les attacheras à ta main comme un signe, sur ton front comme un bandeau [les *teffilin*] ; tu les écriras sur les poteaux de ta maison et sur tes portes » (6, 5-9). Ce passage, intégré à la prière du *Chema*, est recopié et le document placé dans un petit étui, la *mezouzah*, que les juifs orthodoxes touchent en entrant ou en sortant d'une maison. Cet objet sacré, gage de longévité, empêche le péché et rappelle à chaque juif la présence de Dieu. Il remonterait à la lointaine époque de la Grande Assemblée (ou Grande Synagogue), entre les derniers prophètes et le IIe siècle précédant l'ère chrétienne. Les *mezouzot* abîmés ne peuvent être détruits sous peine d'effacer le Nom de Dieu qui y est inscrit. Ils sont conservés dans une *genizah*.

➡ *Chema, Deutéronome, Genizah, Grande Assemblée, Tefillin, Torah*

MICHÉE ✡

Le nom Michée (de l'hébreu Mika, diminutif de Mikayah « qui est comme Dieu ») désigne un prophète du VIIIe siècle av. J.-C., contemporain d'Isaïe dont il soutient l'action. Il proclame ses oracles sous les règnes de trois rois de Juda : Yotam (740-736), Achaz (736-716) et Ézéchias (716-687). Il pourrait aussi être contemporain d'Amos et d'Osée. Dans le livre de la Bible portant son nom, il est un Judéen originaire de Moréshèt, à l'ouest d'Hébron. Comme Isaïe, il fustige les privilégiés de Juda responsables d'injustices, qui méritent la colère de Dieu : « Voici que je projette contre cette engeance un malheur tel que vous n'en pourrez pas retirer votre cœur » (2, 3). Jérusalem devra payer le prix fort : « Sion deviendra une terre de labour, Jérusalem un monceau de décombres, et la hauteur du Temple une hauteur brisée. » (3, 12). Michée annonce aussi la ruine prochaine de Samarie – qui aura lieu en 722 : « Je vais faire de Samarie une ruine dans la campagne, une terre à vignes. Je ferai rouler ses pierres à la vallée, je mettrai à nu ses fondations. Toutes ses statues seront brisées, tous ses salaires dévorés par le feu, toutes ses idoles, je les livrerai à la destruction, car elle les a amassées avec le salaire des prostituées et elles redeviendront salaire de prostituées » (1, 6-7). Ézéchias, sur ses conseils et ceux d'Isaïe, entreprend une réforme qui accorde à Juda une sorte de « sursis » divin. Car Michée rappelle ces trois pans essentiels de la foi réclamés par Dieu : « accomplir la justice, aimer la bonté, [...] marcher avec ton Dieu » (6, 8).

➡ Amos, Isaïe, Jérusalem, Juda, Osée, Samarie, Sion, Temple, Vigne

MICHEL ✡ ✝ ☪

Michel (« qui est comme Dieu »), Mikaël en hébreu, est un ange cité dans la Bible. Il apparaît précisément dans le livre de Daniel où il affronte des forces obscures ; il doit revenir à la fin des temps lors du Jugement dernier, où les bons seront récompensés par la vie éternelle auprès de Dieu, et les méchants châtiés par « l'horreur éternelle » (12, 1). Le christianisme, dans le Second Testament, a repris la figure de Michel, l'un des archanges, comme Gabriel et Raphaël – ces anges occupent le haut de la hiérarchie céleste car ils se tiennent auprès de Dieu. C'est dans l'Apocalypse, dont le livre de Daniel est un précurseur, que cette créature céleste, qui apparaît aux hommes, remplit un rôle époustouflant : au jour de l'Apocalypse (révélation de la puissance de Dieu), il combat le dragon (diable) et ses anges, qui sont bannis du ciel.

Pour la tradition juive, Michel est le prince d'Israël, celui qui se tient près des Hébreux durant l'Exode ; c'est le chef des « armées de Yahvé » apparaissant à Jéricho auprès de Josué pendant la conquête de Canaan (futur Israël). Mais il reste supérieur à Gabriel et à Raphaël car il se déplace d'un bout de la Terre à l'autre d'un simple battement d'ailes. Il est aussi l'ange qui accompagne les morts.

Dans la tradition chrétienne, il pèse l'âme des défunts, ce qui les empêche de rejoindre les enfers quand le bien qu'ils ont fait l'emporte sur le mal. Dès les premiers siècles du christianisme, des églises lui furent dédiées. Saint Michel est aussi la voix essentielle chargée de convaincre Jeanne d'Arc (vers 1412-1431) de libérer la France alors aux mains des Anglais.

Enfin, le Coran, où les anges sont importants, considère qu'être l'ennemi de Gabriel et de Mikaël revient à être celui de Dieu. Mikaël est cité une fois, dans la sourate *La Vache* (2, 98).

➡ *Ange, Apocalypse, Bête, Diable, Gabriel, Jugement dernier, Raphaël, Révélation*

MICHNAH ✡

La Michnah est la première mise par écrit de la tradition orale née de réflexions autour de la Torah, la Loi (écrite) de Dieu et première partie de la Bible.

Dans l'Antiquité, la mémoire fonctionnait avant tout avec des informations transmises oralement, les supports d'écriture étant réservés à une élite, dont les scribes. Il existait des méthodes de mémorisation sophistiquées, qu'utilisaient même de grands esprits sachant lire et écrire. Par exemple, Cicéron (Ier siècle av. J.-C.) recourait à la méthode des *loci* (« lieux »), répandue jusqu'à l'imprimerie en Occident (XVe siècle). Il s'agissait, pour se souvenir, d'associer une idée ou un thème aux parties d'un lieu – temple, maison, ou autres.

Le judaïsme ancien abonde en traditions orales, dont on trouve les traces dans la Bible. Parallèlement à l'élaboration de cette dernière se développa un courant de réflexions et de commentaires centrés sur sa première partie, le cœur de la foi, la Torah – la Loi écrite *(Mikra)* de Dieu. Amorcé trois siècles avant Jésus environ, il finit par devenir une véritable Loi orale, dont on se transmettait le contenu de génération en génération, à force de le « répéter » (*chanah* en hébreu), conformément aux méthodes de mémorisation de cette époque. Ainsi naquit la Michnah, ensemble de *halakhot* (jurisprudences) réuni par les *tannaïm* (sages), comme le grand Rabbi Aqiva (vers 50-135) qui composa l'*Avinou* (prière). Le *tanna* Yehoudah ha-Nassi (vers 135-220), fils de Siméon ben Gamaliel II, mit en forme cet ensemble à la fin de sa vie, son entourage poursuivant son œuvre après sa mort.

La Michnah se compose de soixante-trois traités *(massekhot)* répartis en six ordres *(sedarim)* : Zeraïm, Moed, Nachim, Neziqin, Qodachim, Tohorot.

Massèkhet (singulier de *massekhot*) signifie « réseau » ou « tissu ». Les conclusions des *tannaïm* absentes de la Michnah furent appelées *baraïtot* (« mesures extérieures »), et certaines ont été réunies dans la Tossefta (« ajout ») – elles ont en général moins de légitimité que le contenu strict de la Michnah. Ouvrage fondamental du judaïsme, la Michnah servit ensuite de fondement aux Talmuds dont les traités (dits aussi *massekhot*) furent rassemblés par d'autres sages, les *amoraïm*.

➡ *Amora, Avinou, Bible, Gamaliel, Halakhah, Jésus, Judaïsme, Michneh Torah, Nassi, Talmud, Tanna, Torah, Tossefta*

MICHNEH TORAH ✡

Cet ouvrage du judaïsme, dont le titre signifie « répétition de la Michnah », constitue une remise à jour de cette dernière.

En 1135, ou peut-être 1138, naît à Cordoue, en Espagne, l'un des plus grands esprits du judaïsme : Rabbi Moïse ben Maïmon (dont l'acronyme le fit connaître sous le nom de RaMbaM), ou Moïse Maïmonide, dont l'œuvre, considérable tant par son importance que par son contenu, devait influencer les penseurs juifs jusqu'à aujourd'hui, mais aussi certains chrétiens, dont Thomas d'Aquin. En 1148, sa famille fuit l'Espagne, par suite de l'arrivée au pouvoir des Almohades, dynastie musulmane peu tolérante. Maïmonide, formé à la Bible et au Talmud par son père, réside à Fès au Maroc (1160), en Palestine, puis en Égypte (1165) à Alexandrie, et à Fostat (Le Caire) où il écrit ses œuvres majeures. Médecin à la cour du grand Saladin, penseur, philosophe, astronome, législateur, il maîtrise l'hébreu et l'arabe. C'est dans cette dernière langue, d'ailleurs, qu'il rédige un de ses deux travaux primordiaux, le *Guide des égarés*, somme philosophique composée vers 1190 (*Dalalat al-haraïn* en arabe, *Moreh Nevoukhim* en hébreu). Maïmonide réfléchit à des thèmes religieux – comme la Création, le sens qu'il faut donner aux malheurs de Job, ou encore le bien et le mal –, mais aussi sur la place que la Loi juive doit prendre dans la dimension humaine du monde. Le strict respect de ses ordonnances n'empêche pas de penser, d'innover, de décider, voire d'être scientifique ou politique, la foi en Dieu se nourrissant de la réflexion et de la recherche, et vice versa.

L'autre grande somme de Maïmonide est le *Michneh Torah* écrit en hébreu et achevé vers 1180. Il s'agit d'une actualisation lumineuse de la Michnah qui, compilée mille ans auparavant, était devenue d'un usage quelque peu anachronique. Le *Michneh Torah* est donc un nouveau code réunissant respect d'une tradition et modernité. Composé de quatorze livres, il est toujours l'un des piliers de la Halakhah, guide de conduite du judaïsme. En 1204, Maïmonide meurt en Égypte et son corps est inhumé à Tibériade, en terre d'Israël où il est encore vénéré. On lui doit d'autres textes majeurs comme le *Kitab al-Siraj* (commentaire en arabe de la Michnah) ; le *Séfer ha-mitsvot* (« Livre des commandements »), qui préfigurait le *Michneh Torah* ; des traités de médecine, d'astronomie, de philosophie ; des *responsa* et des épîtres.

Mais revenons à Maïmon, père de Maïmonide, dont le nom, issu de l'arabe, évoque de bons auspices. C'est précisément au Maghreb où il se réfugia, mais aussi en Israël, que les Séfarades et les juifs orientaux fêtent toujours la Mimouna, qui, selon la tradition, célèbre sa mort. À la fin de Pessah (Pâque), on se réunit pour déguster des plats succulents, rendre visite aux morts dans les cimetières, accueillir parents et amis autour d'agapes joyeuses. La Mimouna est en effet l'occasion de remercier Dieu pour les bienfaits et la prospérité de la nature.

➡ *Halakhah, Job, Michnah, Mitsvot, Pessah, Responsa, Séfarade, Talmud, Tibériade, Torah*

MIDRACH ✡

Le Midrach est l'« interprétation », l'« étude », des textes de la Bible, de la Torah en particulier. Au fil des siècles, la pensée rabbinique s'est ainsi attachée à décortiquer et à expliquer chacun des livres bibliques, dans leur ensemble et chapitre par chapitre, verset par verset, voire chaque mot d'un verset. Ce travail d'exégèse (analyse des écrits sacrés), entamé avant l'ère chrétienne, trouve son expression à l'époque des *tannaïm* (Ier-IIe siècle), artisans de la Michnah, où le Midrach produit des réflexions issues de ces livres et concernant aussi bien la Haggadah (littérature) que la Halakhah (code de conduite). Puis, de l'époque des *amoraïm* (IIIe-Ve siècle), artisans du

Talmud, nous sont parvenus des textes fondamentaux portant sur des livres bibliques comme le Lévitique, les Lamentations ou encore le Cantique des cantiques. Après une période de stagnation dans ses commentaires, le Midrach reprit de la vigueur aux XIe-XIIe siècles, puis s'attacha essentiellement à compiler des textes éparpillés et à constituer des anthologies.

➡ *Amora, Haggadah, Halakhah, Michnah, Talmud, Tanna, Torah*

MIHRAB ☪

Dans une mosquée, le mihrab est une niche aménagée dans un mur qui correspond à la *qibla* (direction de La Mecque). Il est surmonté d'une arcade symbolisant le ciel, tandis que l'intérieur représente la caverne du monde. Il accueille l'imam, directeur de la prière collective – du temps de Mahomet (vers 570-632), on utilisait une simple pierre. C'est pourquoi le mihrab est conçu de manière à réfléchir les paroles de l'officiant. Il est présent dans l'architecture depuis longtemps, sans doute dès la fin du VIIe siècle. À gauche se dresse le minbar (chaire). Les exemples de mihrab les plus connus sont ceux du Dôme du Rocher (Jérusalem) bâti en 691, et de la Grande Mosquée de Cordoue (Espagne, Xe siècle).

➡ *Dôme du Rocher, Imam, Lumière, Minbar, Mosquée, Parabole*

MILLÉNARISME ✡ ✝ ☪

Le millénarisme, ou millenium ou chiliasme (du grec *khilioi*, « mille »), est en rapport étroit avec le messianisme – la croyance en la venue du Messie. C'est une croyance eschatologique (relative à la fin des temps) commune à de nombreuses religions et philosophies. Il trouve cependant un écho particulier dans les trois monothéismes, et surtout dans le christianisme : le Christ doit revenir sur Terre et y régner pendant mille ans ; les justes et les saints, dont les martyrs, ressusciteront ; puis viendra le Jugement dernier, où Dieu interviendra et restaurera le paradis terrestre.

La Bible ne contient pas d'allusion appuyée à une telle période, même si l'on trouve ce passage du psaume 90 (89) qui traite de la « fragilité de l'homme » : « Car mille ans sont, à tes yeux, comme le jour d'hier qui passe, comme une veille dans la nuit » (4). Mais nous savons que, dans le judaïsme et parmi les judéo-chrétiens du début de notre ère, circulaient des écrits de style apocalyptique qui permettaient, entre autres, de supporter les persécutions, et dont l'un des plus connus est l'Apocalypse de Jean, qui clôt le Second Testament. C'est précisément dans cet ouvrage que puisa la croyance millénariste. Dans le chapitre 20 (1-15) figurent trois textes condensant ce propos : « Le règne de mille années » (« Il [l'ange] l'enchaîna [le diable] pour mille années » et « Ils [les martyrs] régnèrent avec le Christ mille années ») ; « Le second combat eschatologique » (la victoire contre le mal) ; « Le Jugement des nations » (dont celui des morts). Très fervent jusqu'à l'arrêt des persécutions, en 313, le millénarisme fut ensuite jugé d'un œil moins bienveillant par le christianisme officiel, le concile d'Éphèse (431) condamnant l'énoncé de ce que saint Augustin appelait une « allégorie spirituelle » (*Cité de Dieu*, 20, 7). Il a cependant perduré dans des courants du Moyen Âge, hérétiques ou non, souvent à forte connotation révolutionnaire et qui ne se cachaient pas de vouloir rétablir l'égalité et éradiquer les privilèges. Avec la Réforme (XVIe siècle) apparurent d'autres tendances, comme celle, toujours vivante, des anabaptistes, selon lesquels le baptême ne doit être donné qu'aux adultes qui, conscients, le reçoivent une seconde fois s'ils ont été baptisés enfant (« anabaptisme » signifie « baptisé de nouveau »). Enfin, aux XIX-XXe siècles, les pays pauvres ou colonisés ont connu de tels mouvements, dans un esprit général de libération politique et économique – phénomène que l'on retrouve, par exemple, en Amérique du Sud (opposition aux grands propriétaires terriens du Brésil), où les actions violentes, motivées par l'exploitation des humbles, sont censées précipiter les événements. Parmi les mouvements millénaristes les plus connus, citons l'adventisme (du latin *adventus*, « venue ») étasunien, qui a connu plusieurs schismes depuis sa fondation par William Miller (1782-1849) – dont celui des adventistes du « septième jour » –, et qui compte plusieurs millions de membres dans le monde (la majorité hors des États-Unis).

De son côté, l'islam a repris ce mystère grandiose dans le Coran (« Un seul jour, pour Dieu, est en vérité comme mille ans d'après votre manière de compter », stipule la sourate *Le Pèlerinage* (22, 47), en faisant allusion au psaume cité. Le millénarisme se retrouve aussi dans des croyances comme celle de l'« imam caché » (chez certains chiites).

➡ *Adonaï, Apocalypse, Baptême, Diable, Duodécimain, Imam, Judéo-chrétien, Jugement dernier, Juste, Mahdi, Martyr, Messie, Saint*

MINBAR ☪

Le minbar, apparu dès la fin du VIIe siècle en Syrie (sous la dynastie des Omeyyades), est une chaire à degré, de laquelle un officiant s'adresse aux fidèles – par exemple, l'imam y fait son prêche (discours religieux) du vendredi. Il s'inspire de l'habitude qu'avait le Prophète de parler à ses compagnons depuis un siège à trois marches. Sa décoration, parfois somptueuse, ses dimensions et son aspect varient selon les pays et les dynasties qui s'y succédèrent. Le minbar est situé à droite du mihrab, niche d'où l'imam dirige la prière.

➡ *Imam, Mihrab, Mosquée, Vendredi (prière du)*

MINHAG ✡

Les spécificités culturelles des communautés juives implantées dans des pays différents, par exemple celles des Achkénazes (juifs d'Europe centrale et de l'Est) et des Séfarades (juifs du bassin méditerranéen), ont entraîné la production de « coutumes » *(minhagim)* locales qui, à côté de la Halakhah (code de conduite ayant force de loi religieuse), possèdent un caractère juridique reconnu, parfois supérieur à cette dernière. Les *minhagim* ont été recensées dans des ouvrages du même nom, le plus ancien connu (VIIIe siècle) évoquant les différences entre les juifs de Palestine et ceux de Babylone.

Dans ce domaine des *minhagim*, le mot hébreu *nosah* (ou *nousah*), désigne les différentes « versions » des rites liturgiques apparues au fil du temps, dans les diverses communautés du judaïsme, certaines formes ayant disparu. L'État d'Israël a proposé des unifications de *nosah*.

➡ *Achkénaze, Babylone, Halakhah, Palestine, Séfarade*

MINHAH ✡

À l'époque du temple de Jérusalem, il était de coutume de faire une offrande chaque jour, avant la tombée de la nuit. De ce rite est né le Minhah (« offrande végétale »), l'office de l'après-midi. Pour la tradition rabbinique, qui s'appuie sur le livre de la Genèse (24, 63), le patriarche Isaac, fils d'Abraham, en serait l'initiateur : « Isaac sortit pour se promener dans la campagne, à la tombée du soir, et, levant les yeux, il vit que des chameaux arrivaient. » Rébecca, montant l'un des animaux, fut ensuite son épouse. À Minhah sont récités dans l'ordre l'*Achré*, le *Qaddich*, l'*Amidah*, la *Qedouchah*, l'*Alénou*, et d'autres prières et textes ajoutés en fonction de certains jours (passages de la Torah lors du shabbat par exemple).

➡ *Achré, Alénou, Amidah, Isaac, Office, Qaddich, Qedouchah, Shabbat, Torah*

MINYAN ✡

Dans une synagogue, et aussi dans n'importe quel lieu, la prière collective n'est possible qu'après avoir réuni un « nombre » (*minyan* en hébreu) minimal de dix hommes majeurs, c'est-à-dire ayant fait leur bar-mitsva. Ce chiffre, sans lequel le *minyan* ne peut bénéficier de la *Chekhinah* (Présence divine), s'explique par diverses origines. Il pourrait s'agir des dix justes de Sodome qu'Abraham demanda à Dieu de sauver. Le *minyan* est requis pour des prières essentielles (*Amidah* et *Qedouchah*, *Barekhou*, *Qaddich*...).

➡ *Abraham, Amidah, Barekhou, Bar-mitsva, Chekhinah, Qaddich, Qedouchah, Sodome et Gomorrhe*

MIQVEH ✡

La pureté, commune à de nombreuses religions, est indispensable pour se présenter devant Dieu. L'eau, élément naturel et pur (*tahor* en hébreu) par excellence, symbole de fertilité et de vie, est logiquement associée à Dieu dans le judaïsme. En conséquence, conformément au célèbre adage « un esprit sain dans un corps sain », de soigneuses ablutions sont requises afin de se purifier pour approcher la Sagesse de Dieu, le Créateur. Ainsi, le *miqveh* (« réunion ou étendue d'eau »), bain rituel remontant à l'époque lointaine du temple de Jérusalem, est une véritable institution juive. Contrairement à de nombreux rites de pureté, il a survécu à la destruction de ce sanctuaire, survenue en 70. Il pourrait trouver son origine dans ce passage du Lévitique (11, 36) : « Sources, citernes et étendues d'eau resteront pures. » Ce livre insiste sur la purification des êtres et des objets, particulièrement si l'on devait entrer dans le Temple. Le *miqveh*, surtout en vigueur dans les judaïsmes orthodoxe et conservateur, est indispensable pour un prosélyte (candidat à la conversion), une femme ayant eu ses règles ou sur le point de se marier, les ustensiles de cuisine (métal et verre) fabriqués par un gentil (un non-juif), les juifs eux-mêmes avant le shabbat et le Yom Kippour...

Le pluriel Miqvaot est le titre du sixième traité de l'ordre Tohorot de la Michnah, où sont indiquées les mesures à prendre pour le bain, les dimensions et la description du bassin prévu à cet effet. L'eau doit être de mer, de rivière, de neige ou de glace, de source ou de pluie, et provenir d'un bassin destiné à la recueillir. La quantité doit être suffisante pour permettre l'immersion totale du corps (700 litres environ). Les matériaux autorisés pour le *miqveh*, sont la pierre, la terre, le ciment. Le métal est prohibé.

➡ *Ablution, Eau, Gentil, Judaïsme, Lévitique (Livre du), Michnah, Prosélyte, Sagesse, Shabbat, Temple, Tohorot, Yom Kippour*

MIRACLE ✡ ✝ ☪

Un miracle est une « chose étonnante » (*miraculum* en latin). En rendant tel ou tel humain capable de miracles, notamment des prophètes (ses envoyés), Dieu, créateur et maître du monde, montre son pouvoir, sa toute-puissance et son amour. Il envoie des signes. Pour le non-croyant, le miracle est un phénomène que témoins et bénéficiaires auraient mal interprété, et qui s'expliqueraient par des manifestations naturelles. Mais pour le croyant, il est inscrit au cœur de la foi en tant qu'illustration de l'existence et de l'intervention de Dieu.

La Bible, Livre saint du judaïsme, contient plusieurs cas de miracles : les matriarches, femmes des patriarches, ancêtres d'Israël, sont rendues fertiles par Dieu ; Moïse, chargé par Dieu de libérer son peuple, les Hébreux, utilise son bâton miraculeux, notamment pour écarter les eaux de la mer

Rouge ; Élie et Élisée, prophètes du IXe siècle av. J.-C., sont connus pour leur rôle de thaumaturges (auteurs de miracles)...

Le miracle atteint une dimension particulière dans le Second Testament. Les quatre évangiles qui l'inaugurent rapportent vingt-sept miracles de Jésus, le premier étant l'eau changée en vin à Cana. Son activité de thaumaturge attire les foules, notamment ses nombreuses guérisons. À son époque, la notion de miracle est admise par le judaïsme. La médecine, encore rudimentaire, considère que les maladies sont l'œuvre de démons ayant pris possession de victimes. Celles-ci, rendues impures, sont souvent exclues de la société – particulièrement celles atteintes de lèpre, cette pathologie étant considérée comme une malédiction de Dieu. Par ses guérisons, Jésus exorcise le malade en chassant l'esprit démoniaque. En restituant la vue, l'ouïe ou la locomotion, il permet aussi aux miraculés, juifs ou non juifs, de retrouver leur place dans la société tout en leur rendant la santé. Il fait ainsi œuvre de salut (du latin *salus*, « santé »), conformément à la mission que lui a confiée Dieu. D'autres miracles sont plus particuliers. La résurrection de Lazare, par exemple, par laquelle Jésus montre son pouvoir venu de Dieu, achèvera de convaincre les autorités de l'arrêter et de le condamner. Celui de la multiplication des pains préfigure l'instauration de l'eucharistie au soir de la Cène, son dernier repas. Et la marche sur les eaux du lac de Tibériade est à replacer dans le contexte de la résurrection de Jésus lui-même.

Dans le Coran, le mot « signe » est utilisé à de nombreuses reprises. Mahomet, qui en a reçu la révélation, est certes un prophète, l'envoyé de Dieu, mais c'est avant tout un homme. À ceux qui réclament ces signes qui prouveraient l'authenticité de sa mission, il répond qu'un simple être humain n'est pas capable d'un tel pouvoir, qui revient à Dieu seul, à l'endroit et au moment qu'il aura choisi. L'homme n'est qu'un avertisseur, chargé de prévenir les incrédules qui sont par nature rétifs à tout ce qui pourrait démontrer la puissance divine. C'est parmi eux que Dieu choisit ceux qu'il estime capables d'embrasser la foi. Aussi, si la tradition musulmane attribue parfois des miracles à Mahomet, le véritable prodige réside dans le Coran lui-même, la récitation véritable venue de Dieu.

➡ *Cana, Démon, Élie, Eucharistie, Exorcisme, Foi, Jésus, Manne, Matriarche, Moïse, Pain, Résurrection, Révélation, Salut*

MIRAJ ☪

Le *miraj* est l'ascension au ciel du prophète Mahomet (vers 570-632), à une date qu'il est difficile de préciser. Il se déroule durant le Voyage nocturne *(isra)* de Mahomet. Ces deux récits sont essentiellement le produit de la tradition. Le Coran reste en effet discret et imprécis à ce sujet. Il en est fait quelques allusions au début de la 53e sourate (chapitre), intitulée *L'Étoile* : « Celui qui possède la force s'est tenu en majesté, alors qu'il [Mahomet] se trouvait à l'horizon suprême ; puis il s'approcha et il demeura suspendu », est-il par exemple écrit (53, 6-8).

Une nuit, Mahomet dort près de la Kaaba, sanctuaire de La Mecque, lorsque l'ange Djibril (Gabriel) le réveille. Un cheval ailé (Bouraq) le conduit alors à Jérusalem, escorté de Djibril. Il parvient à l'emplacement du Temple, sanctuaire du judaïsme détruit par les Romains en 70 et dont il ne reste que des ruines. Mahomet monte sur un rocher, qui correspondrait au Saint des saints, partie la plus sacrée du Temple, et où se trouvait la *sakina* (Présence de Dieu). Porté par Djibril, il monte au ciel et entre successivement en contact avec les grands prophètes qui l'ont précédé, et qui s'adressent à lui avec bienveillance : Adam, Issa (Jésus), Jean le Baptiste, Yusuf (Joseph le patriarche), Idris (Hénoch), Haroun (Aaron), Moussa (Moïse), Ibrahim (Abraham). Enfin, il parvient au merveilleux Sidrat al-Muntaha (le « lotus de la limite extrême ») – ce lotus, adapté du *lotos* grec, est en fait le jujubier, arbre épineux dont la mystique musulmane fit le symbole de l'infini. Il y rencontre la Présence divine (*sakina* en arabe) qui fortifiera encore sa mission. Par exemple, Dieu exige de faire cinquante prières par jour, et Mahomet parvient à réduire ce nombre à cinq, les *salat*, l'un des Cinq Piliers de l'islam. Puis il retourne à La Mecque.

À Jérusalem, le Dôme du Rocher, sanctuaire vénéré avec une intense piété, a été bâti en l'honneur du *miraj*.

➡ *Ascension, Dôme du Rocher, Étoile (L'), Gabriel, Isra, Jérusalem*

MIRYAM ✡

Ce prénom hébraïque, qui contient la notion de majesté, est fréquent dans le monde juif. Il s'est transformé en « Marie » par l'intermédiaire du grec. Il s'applique au personnage que la Bible présente comme la sœur d'Aaron et de Moïse (Nb 26, 59). Reprenant le livre de l'Exode, une tradition voit en Miryam celle qui « se posta à distance pour voir ce qui lui [Moïse] adviendrait » (2, 4), après que sa mère (Yochébet) a déposé sur le Nil la corbeille contenant l'enfant. Puis qui convainc la fille de Pharaon de confier le petit à une nourrice (sa propre mère) le temps du sevrage (2, 7-8). C'est elle encore, qui, qualifiée de prophétesse, demande aux Hébreux de remercier Dieu par un chant après que ceux-ci ont, grâce à lui, franchi à pied sec la mer Rouge (15, 20-21). Mais elle commet aussi une faute, rapportée par le livre des Nombres (12, 1) : « Miryam, ainsi qu'Aaron, parla contre Moïse à cause de la femme kushite qu'il avait prise. » Il est presque certain que cette femme est Çiporra, une Madiânite, l'une des sept filles de Jethro, que Moïse épousa après s'être réfugié à Madiân (à l'est de la péninsule du Sinaï) avant l'épisode déterminant du Buisson ardent – l'appellation « Kushite », c'est-à-dire du pays de Kush, au sud de l'Égypte, est sans doute une autre façon de désigner les Madiânites. Pour Miryam et pour Aaron, une telle union avec une « étrangère » est contraire à Israël. Yahvé, constatant que la légitimité de celui qu'il a choisi pour guider le peuple est remise en cause, prévient : « Toute ma maison lui est confiée. Je lui parle face à face » (12, 7-8). Il frappe Miryam d'une lèpre « blanche comme neige » (12, 10) – dans la Bible, la lèpre est considérée comme la pire des maladies, un châtiment divin. La malade doit quitter le camp et ne recouvre la santé qu'au bout de sept jours, grâce aux prières de Moïse. Miryam fait ensuite partie des Hébreux qui, un an après avoir quitté l'Égypte, sont condamnés par Dieu à séjourner trente-neuf ans à l'oasis de Cadès (nord-est de la péninsule du Sinaï). Mais elle meurt en y arrivant. Comme ses frères et cette génération, elle n'entrera pas en Terre promise. Pour certaines traditions, Miryam doit revenir à la fin des temps.

➡ *Aaron, Buisson ardent, Exode, Hébreux, Moïse, Nombres (Livre des), Sinaï*

MISÉRICORDE ✡ ✝ ☪

La miséricorde a peu à voir avec la pitié. Toute personne qui en fait preuve ressent (en latin) le malheur *(miseria)* en son cœur (*cor*, *cordis* au pluriel). En cela, elle souffre avec l'autre, sens du mot « compassion ». Dieu étant, pour les juifs, les chrétiens et les musulmans, l'expression pure de l'amour et de la bonté, tout croyant se tourne vers lui afin de solliciter sa miséricorde, pour obtenir le pardon d'une faute ou son soutien. Aussi est-il tenu, à l'exemple de Dieu, de pratiquer cette qualité envers ses semblables, l'aumône en étant la réalisation la plus concrète. Les relations ainsi instaurées sont d'ordre presque filial. Mais il ne faut pas pour autant oublier que Dieu, créateur et tout-puissant, est aussi la justice parfaite. Il sait quelle faute mérite d'être pardonnée, ou quelle aide apporter. Il sait tout, voit tout et entend tout, particulièrement les prières, comme le *Notre Père* chrétien, les prières quotidiennes de l'islam *(salat)*, et les *tehinot* (« supplications » en hébreu) par lesquelles les juifs appellent individuellement et encore davantage sa miséricorde. Les *tehinot*, qui renforcent les prières, figuraient déjà dans la Bible, notamment dans les Psaumes. Le judaïsme en a produit de nombreuses, de styles et de provenances variées.

Dieu, parmi ses multiples Noms, est d'ailleurs appelé « le Miséricordieux » dans le judaïsme (*al-Rahman*, d'après *rahamin*, la miséricorde), le christianisme et l'islam. Ainsi, dans le Coran, la première des 114 sourates, *al-Fatiha*, condense tout cet ouvrage en quelques versets et commence par : « Au nom de Dieu : le Miséricordieux [*al-Rahman*, « celui qui fait miséricorde »], le Tout-Miséricordieux [*al-Rahim*]. » Ces mots *(basmallah)* introduisent toutes les autres sourates (excepté la 9e) – la 55e est intitulée précisément *Le Miséricordieux*.

➨ *Aumône, Basmallah, Conversion, Fatiha (Al-), Juste, Notre Père, Psaume, Réconciliation, Rédemption, Repentir, Salat*

MITSVOT ✡

Le judaïsme recense dans la Torah, 613 « commandements » (*mitsvot*, pluriel de *mitsvah*) donnés par Dieu. Mais une *mitsvah* désigne aussi tout acte – recommandé notamment par les rabbins – conforme à la religion juive dont il exprime ainsi la dimension morale et législative (Halakhah), et que tout croyant se doit de respecter durant sa vie et en fonction des circonstances. Lors de la bat-mitsva et de la bar-mitsva, filles et garçons, parvenus à leur majorité religieuse, s'engagent à respecter désormais les commandements.

Depuis le IIIe siècle, ces 613 *mitsvot* de la Bible se répartissent en deux catégories attribuées à un certain Rabbi Simlaï – il exista aussi des poèmes liturgiques recensant ces *mitsvot*, les *azharot* (« exhortations » de Dieu), aujourd'hui abandonnés. Le grand Moïse Maïmonide (XIIe siècle), auteur du *Michneh Torah* et du *Séfer ha-mitsvot* (« Livre des commandements »), en a donné une liste exhaustive. On trouve d'abord les 365 commandements positifs (ce qu'il faut faire) correspondant au nombre de jours de l'année solaire (prières ; attributs comme les *tefillin* et les *mezouzot* ; offrandes ; bain de purification, ou *miqveh* ; *chehitah*, ou abattage rituel ; circoncision, etc.). Ensuite viennent les 248 – nombre évoquant celui des membres du corps humain – commandements négatifs, les interdits (danger que constituent les idoles, ce qu'il ne faut pas boire et manger, blasphèmes, règles du mariage, année sabbatique et jubilé, fêtes et leurs obligations...).

➡ *Bar-mitsva, Chehitah, Circoncision, Commandement, Halakhah, Jubilé, Mezouzah, Michnah, Michneh Torah, Miqveh, Tefillin, Torah*

MIZRAH ✡

Mizrah (« est » en hébreu) est, depuis les temps anciens, la direction dans laquelle doit se faire la prière juive, vers Jérusalem et le Temple. Ce point cardinal est matérialisé, dans une synagogue, par le mur qui abrite l'arche sacrée, mais peut n'être aussi que symbolique (le cœur étant tourné vers la Ville sainte).

➡ *Arche, Jérusalem, Synagogue, Temple*

MOAB ✡

Avec les Philistins, les pays d'Édom et d'Ammon, Moab (« venu du père ») fait partie de ces peuples auxquels l'Israël antique ne cessa de se confronter. Pour illustrer cet antagonisme séculaire, la Bible, comme pour Ammon, fait naître Moab du rapport incestueux entre Lot, neveu d'Abraham, et l'une de ses deux filles, après qu'elles l'ont enivré pour abuser de lui. Cette conception est rapportée par la Genèse (19, 36-38), premier livre de la Bible. Moab est d'ailleurs souvent cité avec Ammon comme l'archétype de l'idolâtrie.

Situé à l'est de la mer Morte, ce pays est déjà urbanisé lorsque les Hébreux entrent en Canaan (vers 1200 av. J.-C.), la Terre promise, puis à l'époque des Juges (jusqu'en 1040 av. J.-C. environ), qui atteste les débuts difficiles d'Israël sur cette terre conquise. Selon la Bible, les moabistes ont pour dieu principal Kemosh, surnommé « l'ordure de Moab » dans le livre des Rois (1 R 11, 7), qui dénonce les sacrifices humains faits en son nom. Sur ses vieux jours, le roi Salomon (970-931), pourtant magnifié par les textes bibliques, ira jusqu'à louer cette divinité, dont les lieux de culte ne seront supprimés à Jérusalem et dans ses environs que par le roi Josias (640-609). Mieux que les guerres, qui étaient le plus souvent défavorables aux Moabites, l'idolâtrie et l'influence des dieux étrangers restèrent l'arme efficace contre Israël et son Dieu unique. Mais après une histoire agitée, entre soumission au royaume de Juda, ruines et périodes d'indépendance, Moab ne résistera pas aux assauts de l'Assyrie (722) d'abord. Puis, après avoir échappé à l'invasion de la Palestine et de Juda par Babylone (597-587), il sera intégré aux possessions perses (à partir de 538). Arabes venus du Sud, les Nabatéens, installés dans l'actuelle Jordanie à partir du VIe siècle av. J.-C., finiront par l'annexer.

➡ *Ammon, Astarté, Baal, Belzébuth, Édom, Idole, Josias, Lot, Philistin, Ruth, Sodome et Gomorrhe*

MOED ✡

Deuxième ordre de la Michnah, composé de douze traités classés du plus gros au plus petit, Moed (« temps ») concerne presque exclusivement les fêtes du calendrier juif.

Le premier traité, Shabbat, est celui qui contient le plus de chapitres, ce jour étant fondamental dans le judaïsme. Le deuxième, Érouvim, traite de l'*érouv*, à savoir les aménagements entourant le shabbat. Pesahim, relatif à Pessah (Pâque), parle du Séder (déroulement), du sacrifice de l'agneau et de la *matsah* (pain azyme que l'on doit consommer à cette fête). Cheqalim (« demi-chéqel », la monnaie) aborde la question des troupeaux et de l'impôt dû au temple de Jérusalem. Yoma (« jour ») est consacré à Yom Kippour (jour des Expiations ou Grand Pardon). Soukkah, la « hutte », définit la manière de construire celle-ci et de s'y installer durant Soukkot (fête des Tentes). Betsah (« œuf ») se rapporte au travail et aux comportements autorisés ou non lors des fêtes. Roch ha-Chanah s'intéresse à la fête du même nom, le Nouvel An, dont les règles entourant la sonnerie du chofar (corne) qui l'annonce. Taanit est spécifiquement consacré au « jeûne » observé à l'occasion de jours précis ou en souvenir de catastrophes. Megillah, comme l'indique son nom (« rouleau »), dit comment lire Esther, l'un des Cinq Rouleaux, à l'occasion de Pourim (fête des Sorts). Moed Qatan est surtout consacré aux règles de la septième année (dite sabbatique) et à celles du deuil. Hagigah (« sacrifice ») traite de l'obligation, pour tout juif, de se rendre à Jérusalem pour les trois fêtes de pèlerinage (Pessah, Chavouot, Soukkot), et de s'y présenter pur.

➡ *Agneau, Chavouot, Chofar, Érouv, Esther, Jeûne, Michnah, Pessah, Pourim, Roch ha-Chanah, Rouleaux (Les Cinq), Shabbat, Soukkah, Soukkot, Yom Kippour*

MOÏSE ✡ ✝ ☪

Moïse est le plus grand prophète (envoyé de Dieu) du judaïsme, le christianisme et l'islam reconnaissant aussi sa mission capitale. Il est en effet au cœur de la naissance de la religion juive, dont il est également le législateur. Il est, en outre, l'intercesseur emblématique entre Dieu et les hommes dont il fit partie, comme Jésus – auquel les chrétiens confèrent en plus une nature divine – et Mahomet, qui reste cependant un être humain pour les musulmans. Tous trois ont en commun d'avoir reçu la révélation, c'est-à-dire la Parole donnée directement par Dieu et contenue dans un Livre sacré.

L'histoire de Moïse est racontée dans quatre des cinq livres constituant la Torah, première partie de la Bible : ce sont, dans l'ordre, Exode, Lévitique, Nombres, Deutéronome. Le premier livre de la Torah, la Genèse, s'est terminé sur la fin des patriarches, ancêtres de Moïse qui se sont installés en Égypte et y ont prospéré – dont Joseph, donnant naissance aux Hébreux.

Mais quatre siècles plus tard (vers 1250 av. J.-C.), les pharaons ont oublié ce qu'a apporté ce peuple vivant sur leur terre. L'un d'eux, que l'on identifie en général à Séthi Ier, craignant sans doute que ces Hébreux ne constituent un jour une menace, décide de les réduire en esclavage. Ils sont, par exemple, requis pour fabriquer, sous un soleil ardent, des briques de terre cuite destinées aux chantiers royaux. Pourtant, ils continuent de se multiplier et Pharaon ordonne de tuer tous les premiers-nés. L'un d'eux, Moïse, fils d'Amran, est sauvé par sa mère Yochèbet. Il est placé dans une corbeille de papyrus qui, déposée sur le Nil, suit le cours du fleuve, surveillée par sa sœur Miryam. Découvert par la propre fille de Pharaon (sans doute la princesse Tija), il est élevé à la Cour, sans ignorer ses origines, et devient un haut fonctionnaire chargé de surveiller les chantiers. Pharaon meurt et son fils, que Moïse connaît depuis sa tendre enfance, accède au trône – Ramsès II selon l'hypothèse la plus courante. Au cours d'une visite sur un chantier, Moïse voit un contremaître égyptien maltraiter un Hébreu, donc un frère, et le tue accidentellement. Contraint de fuir, il trouve refuge au pays de Madiân (nord-ouest de l'Arabie), où il est recueilli par un prêtre, Jethro, dont il épouse la fille, Çippora. Devenu berger et nomade, mode de vie alors en vigueur, il fait un jour paître ses bêtes au pied du mont Sinaï, accompagné de ses deux fils, Gershom (« émigré ») et Éliézer (« mon Dieu est secours »). Soudain, il aperçoit un buisson en proie aux flammes, mais qui ne brûle pas. C'est l'épisode du Buisson ardent, où Dieu (Yahvé) lui confie la mission de libérer son peuple. Revenu en Égypte, et aidé de son frère Aaron, Moïse, rendu capable de miracles par Dieu, fait tomber « dix plaies » pour forcer Pharaon à laisser partir les Hébreux. À la dixième, le roi cède, puis revient sur sa décision alors que les Hébreux sont déjà en route et s'apprêtent à franchir la mer Rouge. Les eaux s'écartent pour permettre à ces derniers de passer à pied sec, puis se referment sur les troupes égyptiennes. L'Exode de quarante ans commence : c'est d'abord l'Alliance scellée au Sinaï avec Dieu qui transmet le Décalogue et la Torah à Moïse ; ensuite l'épisode du Veau d'or ; la construction de l'arche d'Alliance ; la manne divine qui nourrit les Hébreux chaque jour... Ils parviennent enfin aux portes de Canaan, la Terre promise par Dieu – le futur Israël. Son frère Aaron et sa sœur Miryam sont morts, et Moïse, qui sent sa fin proche, adresse un long discours à son peuple pour lui faire ses dernières recommandations (Deutéronome). Il s'éteint à son tour, et il est enterré au mont Nébo (ou Pisga pour d'autres sources), à l'est de la mer Morte et face à Jéricho. La conquête de Canaan sera menée par Josué, fidèle compagnon, qui franchit bientôt le Jourdain… Le livre du Deutéronome conclut ainsi le récit de Moïse : « Il ne s'est plus levé en Israël de prophète pareil à Moïse, lui que Yahvé connaissait face à face » (34, 10).

Moïse est en effet la colonne vertébrale du judaïsme, le transmetteur de la Torah, la Parole de Dieu. Mais il ne fut aussi qu'un homme, nécessairement imparfait. C'est pourquoi il commit une faute grave : empoignant un jour son bâton miraculeux afin de faire jaillir l'eau, il frappa deux fois, et non une, sur un rocher, comme s'il doutait de la puissance divine. Dieu décréta alors qu'il n'entrerait pas en Canaan.

Dans les évangiles du Second Testament, qui condensent les principes de la foi chrétienne, Moïse est bien sûr évoqué à plusieurs reprises, notamment lors de la Transfiguration, lorsqu'il apparaît à Jésus, en compagnie d'Élie (grand prophète du IXe siècle av. J.-C.). Mais, rapporte Jean (1-17), « la Loi fut donnée par Moïse ; la grâce et la vérité sont venues par Jésus-Christ ». Le christianisme naissant abandonna très tôt les rites juifs : sauver les hommes ne passait plus par le respect de la Loi juive, mais par Jésus-Christ.

Pour le Coran, livre saint de l'islam, les prophètes antérieurs à Mahomet (vers 570-632) ont préparé sa révélation, laquelle a parachevé le dessein de Dieu pour les hommes. Moïse (Moussa) y est donc loué comme le fils d'Imran (Amran dans la Bible), époux de Sephora (Çippora). Il est largement évoqué dans la 7e sourate (chapitre) *Al-'Araf*, ainsi qu'Aaron, et dans la 28e sourate, *Le Récit*.

L'existence réelle de Moïse et la véracité des circonstances historiques entourant sa mission sont encore régulièrement étudiées. Certes, le récit de la Bible est un mélange d'Histoire et de légendes provenant de sources anciennes et variées. Nous pouvons y débusquer des contradictions, des imprécisions. Mais il reste avant tout un chef-d'œuvre que chacun doit aborder avec respect et selon un angle théologique. Parmi les épisodes identifiés sur le plan historique, citons son sauvetage sur le Nil, emprunté sans doute au mythe de Sargon d'Agadé, roi de Mésopotamie au IIIe millénaire av. J.-C. Concernant la fabrication des briques, nous savons que Ramsès II, pour la construction de la ville de Pi-Ramsès, dans le delta du Nil, se servit de peuples nomades. Et que, dans ce pays, la condition d'esclave ne correspond pas à la terrible servitude dont auraient été victimes les Hébreux, puisque ce personnel servile bénéficiait de certains droits. Enfin, l'éducation d'enfants étrangers à la cour des pharaons n'était pas rare et permettait aux Égyptiens d'installer des hommes formés par eux à la tête de pays qu'ils souhaitaient mieux contrôler. Cela explique peut-être le sens du nom Moïse (Mosheh en hébreu), objet de nombreuses hypothèses : il contient la racine égyptienne *mos* (« fils de »), que l'on retrouve dans « Ramsès » (fils de Râ, dieu du Soleil). Mais le nom « Moïse » n'est rattaché à aucune divinité de l'Égypte antique. Il reste le messager du Dieu unique d'Israël, un illustre prophète loué aussi par les chrétiens et les musulmans.

➡ *Aaron, Buisson ardent, Deutéronome, Exode, Joseph, Josué, Lévitique (Livre du), Livre, Miryam, Nombres (Livre des), Récit (Le), Révélation, Sinaï, Transfiguration, Veau d'or, Verbe*

MOLOCH ✡

Dieu principal du royaume d'Ammon, ennemi récurrent d'Israël, Milkom (« roi ») se voyait offrir des sacrifices d'enfants : « Tu ne livreras pas de tes enfants à faire passer à Molek [autre forme du nom Milkom qui évoque la honte], et tu ne profaneras pas ainsi le nom de ton Dieu. Je suis Yahvé », proclame le livre du Lévitique (18, 21). Lorsque David (1010-970), le grand roi d'Israël, conquit Ammon, « il enleva de la tête de Milkom la couronne qui pesait un talent d'or [34 kg] ; ainsi qu'une pierre précieuse. Celle-ci fut placée sur la tête de David. Il emporta le butin de la ville en énorme quantité » (2 S 12, 30). Mais son fils Salomon (970-931), à la fin de sa vie, se laisse séduire par ce dieu tentateur. Il faudra attendre Josias (640-609), souverain de Juda, royaume israélite du Sud, pour que Jérusalem et ses environs soient débarrassés de ces idoles étrangères. Et, juste après le règne de Josias, le prophète Jérémie dénonce ceux qui, en Juda, cèdent ensuite aux sirènes de la divinité, ennemie du Dieu unique : « Ils ont construit les hauts lieux de Baal dans la vallée de Ben-Hinnom [ou Gê-Hinnom] pour faire passer par le feu leurs fils et leurs filles en l'honneur de Molek – ce que je n'avais point ordonné, ce à quoi je n'avais jamais songé : commettre une telle abomination pour faire pécher Juda ! » (32, 35.)

Milkom, qui fut retranscrit en Moloch en grec et en latin, était répandu au Proche-Orient. Ou, plus exactement, la notion d'un dieu « roi » avait cours par exemple à Ougarit, au nord de la Syrie, et en Mésopotamie. Son empreinte se retrouve, sous la forme d'un sacrifice, jusqu'à Carthage (Tunisie), comptoir fondé par les Phéniciens, qui y importèrent leurs dieux, dont Baal, ou Baal Hamon, associé à la déesse Tanit (« dame »), laquelle portait l'empreinte d'Astarté (ou Ishtar, divinité proche-orientale dénoncée dans la Bible). À ce dieu étaient sacrifiés des enfants qui finissaient aussi brûlés, rituel sanglant appelé *molk*.

➡ *Ammon, Aqédah, Astarté, Baal, Géhenne, Idole, Josias, Juda, Phénicie*

MONACHISME ✝

Le monachisme est ce qui se rapporte à l'existence, à l'organisation et aux institutions des moines et des moniales (du grec *monos*, « solitaire »). Pour ce qui concerne les trois religions monothéistes, il reste spécifiquement chrétien, plus précisément catholique et orthodoxe. En effet, le judaïsme ne prône pas un tel choix de vie, même si on peut en trouver des exemples proches dans son histoire, tel celui des esséniens, qui vivaient à l'époque de Jésus. De même en islam : le Coran reconnaît l'existence du monachisme *(rahbaniyya)* chrétien mais souligne, comme dans la sourate *Le Fer*, que la vie monastique n'a pas été prescrite par Dieu (57, 27). L'islam connaît cependant des formes de solitude et de recherches spirituelles fondées sur l'ascétisme et la perfection intérieure, notamment chez les mystiques (soufis) réunis au sein d'une confrérie *(tariqa)*. Et il a abrité un système de vie communautaire, le *ribat* (« lien ») qui rassemblait des frères guerriers.

Au IIIe siècle de notre ère, des chrétiens décident de rechercher Dieu et d'approfondir leur foi, dans le désert d'Égypte. Ce sont les premiers moines, en quête d'une perfection spirituelle fondée sur le dépouillement total.

Le Second Testament, qui rassemble les écrits saints du christianisme, ne prescrit pourtant pas le choix monastique, même si l'on trouve ce passage des Actes des apôtres (4, 32-35), qui évoque la première communauté chrétienne en ces termes : « Ces croyants n'avait qu'un cœur et qu'une âme. Nul ne disait sien ce qui lui appartenait, mais entre eux tout était commun. Avec beaucoup de puissance, les apôtres rendaient témoignage à la résurrection du Seigneur Jésus, et ils jouissaient tous d'une grande faveur. Aussi parmi eux nul n'était dans le besoin ; car tous ceux qui possédaient des terres ou des maisons les vendaient, apportaient le prix de la vente et le déposaient aux pieds des apôtres. On distribuait alors à chacun suivant ses besoins. » Mais ces croyants des tout premiers siècles ont initié un mode de vie qui, toujours actuel, a contribué à l'économie (défrichement des terres), à la culture (manuscrits, enseignement...), aux arts (architecture, peinture...). Les excès d'un côté, l'abnégation et le courage de l'autre, font partie du bagage de leur histoire, comme de celle des hommes.

Les premiers moines se caractérisent par le renoncement au monde, la chasteté et l'ascèse qui permettent de vivre pleinement l'Évangile. Certains choisissent alors la solitude complète : ce sont les ermites (du grec *erêmitês*, « désert »). Après l'arrêt des persécutions romaines en 313, le christianisme sort de l'ombre et favorise ce choix de vie. Bientôt apparaît aussi une forme communautaire : saint Antoine (251-356) réunit des disciples dans la région de Thèbes, en Haute-Égypte. Il inaugure l'anachorétisme (du grec *anakhôrein* « se retirer »), qui se répand à l'est de la Méditerranée : les anachorètes suivent les conseils d'un père (*abba*, d'où vient « abbé ») et célèbrent ensemble l'eucharistie. En 323, saint Pacôme (286-346) va plus loin en fondant, en Égypte, le cénobitisme (du grec *koinobion*, « vie en commun »), communauté où existent déjà les principes du monachisme d'aujourd'hui : le cloître, dont on a trouvé la préfiguration en Syrie (Ve siècle), la règle, le travail, la prière, la liturgie, l'obéissance, la fraternité, la cellule (du latin *cellula*, « petite chambre »), où vit chaque moine de la communauté. Cette initiative est reprise par des femmes dès 340, mais aussi par des Occidentaux qui viennent visiter ces fondations orientales, tel saint Jérôme (vers 345-420). Turquie, Italie, France, où saint Martin de Tours fonde le premier monastère (Ligugé, 361) : le monachisme se répand en Europe, ainsi qu'en Afrique du Nord, à Hippone (Algérie), avec saint Augustin (354-430). Les moines, qui contribuent largement à l'évangélisation des terres européennes encore païennes (Irlande par exemple), vivent selon des règles variées, mais en 817, il est décidé d'imposer celle de saint Benoît de Nursie (vers 480-547) à tout le monachisme. Ainsi vont naître, outre les Bénédictins, différents ordres (Chartreux, Cisterciens et Trappistes, Franciscains, Dominicains...) issus de cette longue évolution et qui, malgré des siècles agités et des difficultés matérielles, continuent d'évoluer dans le monde actuel.

Le monachisme est aussi très vivant dans le christianisme orthodoxe (séparé de l'Église catholique depuis 1054), où ces ordres n'existent pas. Signalons particulièrement le monastère du mont Athos, ou Sainte Montagne *(Hagion Oros)*, au nord-est de la Grèce, dont un document atteste l'existence dès 885, mais qui est sans doute plus ancien. Les moines orthodoxes ont mené aussi d'intenses recherches spirituelles. C'est ainsi que, la vie monastique étant depuis son origine tournée vers Dieu et Jésus-Christ, apparut aux IIIe et IVe siècles une de ces recherches particulières, destinée à répondre encore davantage au besoin d'une quiétude intérieure obtenue par la prière et le respect d'une liturgie : c'est l'hésychasme, qui permet d'arriver à la « paix » (*hesycha* en grec), intérieure en priant et en invoquant le nom de Jésus. Pour sentir en lui l'énergie divine, l'hésychaste, toujours présent dans le monachisme orthodoxe, fait le vide dans ses pensées et se concentre sur sa respiration, pratique commune à la plupart des formes de méditations, notamment orientales. La Gloire de Dieu, par son Fils, investit alors le priant.

➡ *Conversion, Évangile, Gloire, Immunité (L'), Ribat, Tariqa, Vocation*

COUVENT

Le mot « couvent » désignait à l'origine n'importe quelle réunion (*conventus* en latin, « assemblée »). Aujourd'hui, il désigne le bâtiment qui héberge toute communauté religieuse d'ordres mendiants (Franciscains, Dominicains, Clarisses...), de congrégations (Augustins...) ou d'ordres ne relevant pas spécifiquement du monastère qui, lui, réunit des moniales ou des moines vivant à la campagne. En revanche, le couvent est situé le plus souvent en ville, car les religieux, tout en obéissant à une règle, différente selon les ordres, se doivent d'être tournés vers le monde extérieur, par exemple par l'enseignement - certains couvents abritent encore des pensionnats - ou le travail social. La messe dite « conventuelle » réunit toute la communauté.

PETIT LEXIQUE DES ORDRES

BÉNÉDICTIN. Les Bénédictins forment un ordre monastique catholique obéissant à la règle de saint Benoît de Nursie (vers 480-547). Après une longue période de solitude ou une longue vie d'ermite à Subiaco, puis après avoir formé des disciples, Benoît, homme pieux et réputé, réunit une communauté au mont Cassin, en Campanie (Italie), sur la route de Naples. À cette époque, les règles monastiques sont nombreuses, mais Benoît jette les principes de celle qui portera son nom. Après sa mort, son corps aurait été emporté par des bénédictins de Fleury (Loiret), qui l'inhumèrent dans leur abbaye (toujours en activité), un 11 juillet 703, date à laquelle il est fêté dans le calendrier. La règle de saint Benoît, formée d'un prologue et de 73 chapitres, évoque la discipline, la communauté en tant que véritable famille centrée sur l'autorité de l'abbé, la place essentielle du travail, la prière, les sanctions, la liturgie (heures), les Écrits saints, l'emploi du temps réglé du moine et de la moniale... Des chercheurs hésitent encore à lui en attribuer la paternité, tant son existence est obscure ; de plus, le document le plus ancien est un manuscrit datant du VIIe siècle. Mais cette règle, qui gagna en audience, notamment sous l'action de saint Benoît d'Aniane (vers 750-821), finit par s'imposer en Occident, supplantant les règles existantes. Les Cisterciens (XIIe siècle) et les ordres mendiants, franciscain et dominicain (début XIIIe siècle), apporteront d'autres formes originales de monachisme. Aujourd'hui, le monde bénédictin est rassemblé en une confédération de toutes les congrégations qui le composent.

CHARTREUX. En 1084, saint Bruno (vers 1030-1101), soucieux de plonger dans les racines du monachisme, fonde un ermitage dans le massif de la Grande-Chartreuse, entre Chambéry et Grenoble, fondation bientôt suivie d'autres. À sa suite, Guigues le Chartreux (1090-1137), prieur (supérieur) de la chartreuse, met en forme une règle qui tente de concilier la vie érémitique (l'état d'ermite) et la vie monastique définie par la règle bénédictine. L'ordre est approuvé par le pape en 1133. Les moines (les moniales apparaissent au XIIe siècle), aidés par des convers (moines chargés des tâches matérielles et de l'organisation), mènent une existence de prière, de recueillement, de travail et de solitude, ne se retrouvant que pour les grands rendez-vous collectifs, messe et repas par exemple.

CISTERCIEN. En 1098, un Champenois du nom de Robert (1024-1110), abbé de Molesmes (Côte-d'Or), abbaye bénédictine qu'il a fondée, constate que sa communauté, bénéficiant d'une certaine prospérité, s'est éloignée du fondement de la règle de saint Benoît (pauvreté, chasteté, obéissance, travail, solitude). Il réunit alors quelques moines à Cîteaux, au sud de Molesmes, avec pour principe un retour à la stricte observance de la règle. Ainsi se constitue l'ordre des Cisterciens, marqué par l'austérité et la contemplation. Il connaît un grand essor, avec Cîteaux pour centre (fondée en 1115), notamment sous l'impulsion de Bernard de Fontaine (1090-1153), abbé de Clairvaux. Mais les événements de l'Histoire, dont la guerre de Cent Ans (1337-1453), la commende (bénéfices des monastères qui enrichissent des privilégiés) et des questions agitant l'Église catholique compromettent la vie monastique en général et, l'expansion cistercienne en particulier. Le concile de Trente (1545-1563) répond à ces besoins de changement et favorise la naissance de nouveaux engagements religieux. Dans cet élan, Armand Jean Le Bouthillier de Rancé (1626-1700), filleul de Richelieu, restaure, en 1664, l'abbaye de la Trappe (Orne), fondée en 1140 mais promise à la disparition. Il y applique la règle de l'ordre avec une grande rigueur, suscitant de nombreuses vocations au sein de ce qu'on appelle « Trappes ». En 1791, en pleine Révolution française, les moines sont chassés et trouvent refuge en Suisse, avant de revenir en France d'abord (1798), à la Trappe ensuite (1815). De nos jours, l'ordre cistercien, nombreux et diversifié, comprend ainsi deux courants prédominants, la « stricte observance », issue de la Trappe (les « Trappistes ») et la « commune observance héritière de Cîteaux » (dans la lignée de l'ordre originel).

CLARISSE. L'ordre monastique des Clarisses fut inauguré en 1212 par Claire d'Assise (1194-1253), née Claire di Offreduccio. Cette jeune femme fut convertie par le message de François d'Assise (1181 ou 1182-1226), fondateur des Franciscains dont les Clarisses sont le pendant féminin.

DOMINICAIN. Les Dominicains et les Dominicaines furent fondés par Dominique Guzman (vers 1170-1221), à la même époque que les Franciscains, sans qu'il y eût de communication entre eux. Ces deux ordres, qui rompirent avec certains fastes de l'Église en prônant le dénuement et la rigueur, furent appelés « mendiants ». Cette même Église, consciente qu'il faut donner aux populations une formation religieuse de qualité, notamment pour contrer les cathares qu'elle juge hérétiques, autorise Dominique et ses disciples à prêcher (enseigner et répandre l'Évangile), ce qui était jusque-là réservé aux évêques. D'où le nom de Frères prêcheurs qu'on leur a donné depuis 1217. Si on peut leur reprocher, entre autres, d'avoir pris une part active à l'Inquisition, les Dominicains ont produit les grands théologiens que furent Albert le Grand (1200-1280) et son élève Thomas d'Aquin (1225-1274), et des esprits d'une qualité remarquable, comme Henri Lacordaire (1802-1861), qui restaura l'Ordre en France après sa disparition durant la Révolution. Les Dominicains, répartis dans le monde en « provinces », ont aussi assuré des missions en direction des pays les plus pauvres et n'ont cessé de mener des recherches et d'enseigner dans de nombreux domaines.

FRANCISCAIN. Nom donné à l'ordre religieux fondé par François d'Assise (1181 ou 1182-1226). Après une jeunesse tumultueuse faite de plaisirs et de jeux virils, voire guerriers, François (fils du « Français ») di Bernardone, né à Assise, en Ombrie, se convertit, sans doute en 1204. Fils d'un riche drapier, il abandonne tous ses biens et décide de se vouer à la pauvreté totale et à la pénitence, d'où son surnom « Poverello » (le « petit pauvre »). Devenu frère François, il s'installe dans un petit oratoire, la Portioncule, et attire une poignée de compagnons qui, comme lui, vivent de travail et d'aumônes, sillonnent les routes pour appeler à l'Évangile, à la bonté, à la charité... Bientôt naît le besoin d'une reconnaissance de cette fraternité qui, par le dénuement qu'elle exige, se distingue nettement des mœurs du haut clergé de cette époque, et même des moines vivant dans des abbayes puissantes. En 1210, le pape Innocent III accorde, du bout des lèvres, un premier statut à ces Frères que François dit « mineurs » tant ils sont peu de chose : ils reçoivent la tonsure, mais non le sacrement de l'ordre. La communauté grandit. Après avoir consacré ses jours à la prière, à l'ascèse, à l'évangélisation, à la définition d'une vraie règle approuvée en 1223 (année où il crée la première crèche vivante), François d'Assise meurt le 3 octobre (jour auquel il est fêté dans le calendrier) 1226, laissant un ordre qui a débordé les frontières de l'Italie. Il lègue aussi plusieurs écrits, dont le *Cantique de frère Soleil*, odes au Dieu créateur. L'Ordre franciscain se répartit ensuite en deux tendances : les « Conventuels » (qui voudraient adapter la règle en fonction des circonstances de l'Église) et les « Spirituels » (conformes à la règle originelle). L'ordre des Frères mineurs comprend aujourd'hui trois branches : les Frères mineurs de la régulière observance, les Conventuels et les Capucins.

MONOPHYSISME ✝

Considéré comme une hérésie par l'Église, le monophysisme (du grec *monos*, « unique », et *phusis*, « nature ») ne voyait dans Jésus qu'une nature, en l'occurrence divine, qui avait englobé sa nature humaine. Ce courant fut initié par Eutychès (vers 370-vers 454), moine de Constantinople. Le monophysisme fut condamné au concile de Chalcédoine (451), en même temps que son fondateur, frappé d'exil. Le concile proclama en outre que Jésus ne formait qu'une seule et même personne, mais possédait deux natures, l'une humaine, l'autre divine. Cette condition est qualifiée du terme théologique d'hypostase, c'est-à-dire, d'après sa racine grecque, « ce qui est en dessous », intrinsèque, ce qui est dans l'essence même de l'être. Jésus partage ainsi sa nature divine avec celle du Père et de l'Esprit saint, les deux autres personnes de la Trinité.

Toutefois, le monophysisme fut actif jusqu'au VIIe siècle. Pour convaincre les monophysites de retrouver le chemin de l'orthodoxie fut proposée la voie du monothélisme, c'est-à-dire « une seule volonté » en grec : Jésus ne fut animé que par une volonté divine, ce qui contredisait les conclusions du concile de Chalcédoine. Des voix s'élevèrent contre ce compromis, dont celle de Maxime le Confesseur (vers 580-662), qui soutint l'existence de deux volontés, humaine et divine. Le monothélisme fut condamné pour hérésie au concile de Constantinople III (680-681), qui valida la position de Maxime.

Depuis cette époque, le monophysisme a évolué vers des Églises au propos beaucoup plus nuancé. Répartis en Syrie et au Proche-Orient, les Jacobites en sont aujourd'hui les héritiers lointains. Formant une Église orthodoxe indépendante, ils ont pour fondateur Jacques Baradée (vers 500-578) – nom venant du syriaque *bourd'ono* (« couvert de haillons »), le déguisement qu'il prenait pour échapper aux enquêteurs de l'Empire chrétien d'Orient. En effet, réagissant contre les décisions du concile de

Chalcédoine, il fonda ses propres instances, dont est aussi issue l'Église copte (d'Égypte et d'Éthiopie). Ses adversaires donnèrent le nom « jacobites » aux membres de cette Église, qui le rejettent toujours. En effet, leur Église existait avant Jacques. C'est l'Église d'Antioche, ancienne capitale de Syrie (aujourd'hui en Turquie), visitée vers 37 par l'apôtre Pierre, et où les fidèles de Jésus reçurent pour la première fois le nom de « chrétiens ».

➡ *Christianisme, Concile, Credo, Dogme, Église, Esprit saint, Hérésie, Père, Trinité*

COPTE

Les coptes (du grec *aiguptos*, « égyptiens »), chrétiens d'Égypte (entre quatre et six millions de personnes), forment une Église autonome depuis toujours. Ils pratiquent une liturgie où se marient leur langue, le copte, issu de l'égyptien ancien, et l'arabe. L'Église éthiopienne (quinze millions de fidèles environ) rejoignit, au ve siècle, la mouvance copte d'Égypte. Mais, isolée par l'islam à partir du VIIe siècle, elle finit par développer une liturgie et une théologie propres. De sorte qu'après une longue histoire, elle se sépara de l'Église copte d'Égypte en 1959 et acquit son indépendance. Appelée aussi Église « copte » ou « orthodoxe » d'Éthiopie, elle célèbre en guèze, la langue éthiopienne.

MONT, LE ☪

La 52e sourate du Coran porte le titre *al-Tur (Le Mont)*. Ce mont est le Sinaï, où Moïse reçut la Torah, la Loi de Dieu régissant le judaïsme et que l'islam considère, avec l'Évangile chrétien, comme un Livre (c'est-à-dire révélé par Dieu). Mais le Coran est venu parachever le message divin, c'est pourquoi la sourate fait aussi référence à la « Maison peuplée », La Mecque où Mahomet reçut le début de sa révélation. En effet, dans la lignée du judaïsme et du christianisme, ces versets précisent le châtiment qui attend les incrédules et les impies : la géhenne, l'enfer, la « fournaise ardente ». Les croyants, les enfants de convertis et leur descendance auront, au contraire, accès au paradis, où ils trouveront à manger et à boire à satiété, et où ils auront pour compagnes les houris (femmes merveilleuses).

➡ *Évangile, Houri, Livre, Révélation, Sinaï, Torah*

MONTAGNE, DISCOURS SUR LA ✠

Jésus, qui est juif, connaît bien la Torah, la Loi de sa religion transmise par Moïse sur le mont Sinaï. Aussi, quand il commence à arpenter la Galilée, il prononce un discours sur une montagne (impossible à localiser) afin de transmettre les fondements de son message. Ce discours (ou sermon) a été composé à partir de paroles *(logoi)* de Jésus, de longueurs différentes et dites à des moments différents, pour aboutir à un véritable « programme » ordonné et complet. Il est rapporté par l'évangéliste Matthieu (5-7), dont l'œuvre fut écrite à une époque où les convertis au christianisme se divisaient en deux tendances par rapport à la Loi : d'anciens juifs voulaient la supprimer, les anciens païens l'adapter. Depuis la montagne (mont Sinaï), Jésus (nouveau Moïse) débute par les Béatitudes et enchaîne par la Loi : « N'allez pas croire que je sois venu abolir la Loi ou les Prophètes : je ne suis pas venu abolir, mais accomplir » (5, 17). Il entend par « accomplir » une Loi renouvelée qui, la venue du royaume de Dieu étant proche, a pour fondement l'amour et la volonté dont Dieu entoure l'homme. Il aborde ainsi les grands principes de l'existence : meurtre, adultère, répudiation d'une femme, parjure, vengeance, amour du prochain, aumône, prière – où il insère le *Notre Père* (prière essentielle des chrétiens) –, ou encore l'argent (le célèbre « Vous ne pouvez servir Dieu et l'argent [Mammon] ») : « Vous donc, vous serez parfaits comme votre Père céleste est parfait », dit-il (5, 48). Il ne s'agit pas d'obtenir les faveurs des autres, mais d'atteindre la vraie richesse, qui vient de Dieu, et non des biens matériels. L'assistance, convaincue, trouve dans ces propos une vérité que ne leur enseignaient pas les scribes confits de tradition. Jésus est donc un continuateur et un novateur.

Nous trouvons un autre discours, plus court et raconté par Luc (6, 17-49), qui se situe aussi en Galilée, mais sur un plateau. Il commence également par des Béatitudes et insiste sur le regard que l'on doit avoir avant tout sur soi-même. C'est le fameux : « Qu'as-tu à regarder la paille qui est dans l'œil de ton frère ? Et la poutre qui est dans ton œil à toi, tu ne la remarques pas ! » (6, 41). Mais, pour Jésus, il ne sert à rien de théoriser, il faut mettre tout cela en pratique, conclut-il.

➡ *Aumône, Béatitudes, Charité, Conversion, Galilée, Jésus, Mammon, Notre Père, Païen, Royaume, Scribe, Sinaï, Torah*

MONTANISME ✝

Dans la seconde moitié du IIe siècle, entre 150 et 170 environ, Montanus affirme être l'intermédiaire du Paraclet (l'« avocat » de Dieu, c'est-à-dire l'Esprit saint). Il va jusqu'à prétendre être ce même Paraclet et, s'appuyant sur le Jugement dernier, dont il annonce l'imminence, proclame la nouvelle ère de l'Esprit. Dans cette perspective, qui verra l'avènement d'une nouvelle Jérusalem et du règne millénaire de Jésus, il prône un ascétisme extrême, fait de jeûnes rigoureux et d'une abstinence incontournable. Parti de Phrygie, pays de Montanus, ce « montanisme » se répand dans le reste de l'Asie Mineure et jusqu'en Afrique, où Tertullien (vers 155-225), premier Père latin de l'Église, n'est pas insensible à cette rigueur religieuse. Alertés, les évêques se réunissent en synodes (ou conciles), les premiers enregistrés dans les annales de l'Église. Ce qui montre que l'affaire est grave. La Gaule aussi est touchée. Le pape Zéphyrin (199-217) condamne alors le montanisme qui, devant une forte opposition, disparaît au VIIe siècle.

➡ *Ascète, Concile, Esprit saint, Hérésie, Jeûne, Jugement dernier, Millénarisme, Paraclet*

MOSQUÉE ☪

Le mot « mosquée » est dérivé de l'arabe *masjid*, qui signifie « lieu où l'on se prosterne [devant Dieu] ». C'est donc l'endroit sacré où est rendu le culte à Allah. Les musulmans s'y réunissent non seulement pour prier, mais pour évoquer des affaires courantes, discuter de questions familiales et autres sujets inhérents à toute communauté. Représentant la Kaaba de La Mecque, cœur vivant de l'islam, elle est dirigée (si possible) vers celle-ci *(qibla)*.

Sur le plan architectural, les mosquées sont de styles et de matériaux variés, tant les siècles et les pays ont connu de choix esthétiques différents. Mais elles se reconnaissent toutes (en principe) au minaret (de l'arabe *manara*, « phare »), seul ou multiple, compris dans la mosquée ou situé à côté. C'est depuis cette tour que le muezzin lance l'appel *(adhan)* aux cinq prières quotidiennes *(salat)*. Les premiers minarets datent de la toute fin du VIIe siècle en Syrie. Le style, les matériaux, la forme, les dimensions et les ornements ont également varié selon les pays, leur histoire et leurs traditions. Mais le minaret reste partout le symbole de la prière montant vers Allah, donc le lien avec le ciel, en même temps que la présence de l'islam.

À l'intérieur de la mosquée, une pièce est réservée aux ablutions, qui permettent de se purifier avant de se déchausser et de pénétrer dans la salle de prière, dont le sol est couvert de tapis. La pureté, tant corporelle que spirituelle, est en effet essentielle pour se présenter devant Dieu. Cette salle est pourvue d'un mihrab, niche en abside où se tient l'imam (qui dirige la prière), et en général d'un minbar, chaire d'où l'officiant parle aux fidèles.

La mosquée, véritable centre de vie, comprend également des services (administratifs, sociaux, culturels, religieux...), un centre d'enseignement (la *madrasa*), une partie réservée à l'accueil, en vertu du principe fondamental de charité et de fraternité.

Les prières quotidiennes peuvent se dérouler dans n'importe quelle mosquée, mais la grande prière du vendredi, communautaire, doit avoir lieu dans une mosquée *al-djami* (« du vendredi »), chaque ville n'en comptant qu'une seule. Les autres mosquées sont dites simplement *al-masdjid*.

➡ *Ablution, Adhan, Charité, Imam, Madrasa, Mihrab, Minbar, Muezzin, Qibla, Salat, Vendredi (prière du)*

MOUHARRAM ☪

Mouharram (« le mois sacré » en arabe) est le premier mois du calendrier musulman et l'un des quatre mois sacrés (avec *dhou al-hijjah*, d*hou al-qidah* et *ramadan*). Le premier correspond donc au Nouvel An (*ras al-am*), qui n'est pas marqué par des festivités particulières comme dans les mondes juif et chrétien. Le 10 est célébré l'Achoura. Chez les sunnites, ce jour de jeûne est fêté pour appeler les bienfaits à venir et remercier Dieu d'avoir sauvé Moïse et son peuple, car cet événement se déroula à cette date du calendrier lunaire. Dans le chiisme, on y commémore le martyre d'Hussein, petit-fils de Mahomet et fils d'Ali, dont se réclament les chiites.

➡ *Achoura, Ali, Dhou al-hijjah, Hussein, Jeûne, Ramadan, Sunnisme*

MOUJTAHID ☪

En arabe, le *moujtahid* est « celui qui pratique par l'effort ». Ce rang est donné à ceux qui ont atteint un degré élevé en matière de spiritualité, de droit et de connaissance religieuse, ainsi qu'une grande intelligence des textes sacrés, de la réalité du monde, et qui ont acquis un grand savoir.

➡ *Ijtihad, Imam, Madhahib*

MOULED EN-NABI ☪

Le *mouled en-Nabi* célèbre « la naissance [*mawlid* en arabe] du Prophète [*nabi*] ». Plus simplement appelé *mouled* (*mouloud* au Maghreb), cet anniversaire se déroule le 12 *rabi al-awwal* (« premier printemps » en arabe), 3e mois du calendrier religieux musulman – le mois suivant est le *rabi ath-thâni* (le « second printemps »). Le Prophète faisant naturellement l'objet d'une grande dévotion de la part des musulmans, cette fête est l'occasion de réjouissances extraordinaires qui commencent plusieurs jours avant le *mouled* proprement dit, qui en marque la fin et l'apothéose. Selon les pays et les coutumes, les enfants se régalent de sucreries ; les adultes veillent en priant ; des processions sont organisées et sillonnent les rues ; les mosquées résonnent de piété ; le Coran est chanté...

➡ *Mahomet, Prophète*

MU'ÂWIYA ☪

Fils d'Abou Sufyân, chef des Quraïch, grande tribu de La Mecque à laquelle appartient Mahomet, mais aussi chef du clan le plus riche et le plus influent, les Banou Abd Shams, Mu'âwiya (vers 605-680) compte parmi les compagnons du Prophète, même si son père s'est rallié à l'islam peu avant la prise de La Mecque (630). Il est aussi parent d'Othman, troisième calife (successeur de Mahomet). Mais quand ce dernier est assassiné, en 656, Mu'âwiya, qui a bénéficié de sa protection, exige que le meurtre soit puni. Commence alors la période appelée « grand désordre » *(al-fitna al-kubrâ)*.

Gouverneur de Syrie, Mu'âwiya se heurte au quatrième calife, Ali, pour des raisons complexes. Au final, il refuse de reconnaître l'autorité d'Ali, et tous deux entrent en conflit ouvert. Mort en 661, Ali a pour successeur son fils Hassan, qui renonce au califat. Le titre revient donc à Mu'âwiya qui, depuis sa capitale, Damas, règne désormais sur la première dynastie de l'islam, celle des Omeyyades (660-750), nommée d'après son arrière-grand-père Omeyya. Le « grand désordre » est terminé.

Le monde musulman n'a plus l'Arabie pour épicentre, mais la Syrie. Et le califat n'est plus transmis à des proches du Prophète désignés pour leur mérite. Il prend un caractère héréditaire, dont le premier bénéficiaire est Yazîd Ier (680-683), fils de Mu'âwiya. Les Omeyyades donneront à l'islam sa plus grande extension, avant d'être éliminés par les Abbassides (750-1258). L'un d'eux, Abd al-Rahmân (731-788), fonde en Espagne la dynastie des Omeyyades de Cordoue, ou Marwanides (756-1031).

➡ *Abbas (Al-), Ali, Calife, Hassan, Hussein, Mahomet, Mecque (La), Othman, Quraïch*

MUEZZIN ☪

« Muezzin » est un mot turc venant de l'arabe *mo'adhdhin*, signifiant « qui appelle à la prière ». Cet appel à la prière est l'*adhan*. Naguère encore, en terres d'islam, le muezzin, fonction qui ne requiert aucune distinction particulière, se tenait au sommet des minarets des mosquées, ou près de celles-ci quand elles étaient de faibles dimensions. Cette tâche hautement spirituelle nécessitait un art consommé de la déclamation. Le premier muezzin fut Bilâl ibn Rahâb, esclave venu d'Éthiopie et affranchi par son maître Abou Bakr. Premier Noir musulman, il rejoignit l'islam dès avant l'Hégire (622) et lança l'*adhan* du sommet de la Kaaba alors que Mahomet entrait à La Mecque, en 629.

➡ *Abou Bakr, Adhan, Mahomet, Mosquée, Prière*

MUSULMAN ☪

Le mot « musulman » est inséparable du mot « islam ». Parent du mot arabe *salam* (« paix »), l'islam est la « soumission à Dieu » en vue d'atteindre la plénitude intérieure. En adhérant à l'islam *(taslîm)*, le croyant devient *muslim* (au pluriel *muslimin)*, qui a donné le français « musulman ». Le musulman est donc « celui qui se soumet » à Dieu de son plein gré. Il ne s'agit pas d'une forme de dépendance mais de confiance. Un musulman demande la paix en s'en remettant à Dieu, à son pouvoir créateur, à sa justice, à sa miséricorde, à sa puissance.

Un musulman croit en l'unicité de Dieu et marque son appartenance à l'islam en prononçant la *shahadah* (profession de foi), l'un des Cinq Piliers de cette religion. Il respecte bien sûr les quatre autres Piliers : *salat* (prières quotidiennes), *zakat* (aumône), *saum* (jeûne) de ramadan, Hadj (pèlerinage à La Mecque). Il reconnaît en outre toutes les règles et les préceptes contenus dans le Coran (Livre sacré transmis à Mahomet par Dieu), la Tradition de l'islam (hadith et Sunna pour les sunnites), et la *charia* (loi). Enfin, il est important de souligner qu'un musulman, durant toute sa vie, cherche la perfection dans tous ses comportements, ce qui est convenable *(marouf)*, en conformité avec Dieu, gage de son accès au paradis.

➡ *Charia, Coran, Hadith, Hadj, Islam, Jeûne, Kafir, Mahomet, Piliers (Les Cinq), Salam, Salat, Saum, Ramadan, Shahadah, Sunna, Zakat*

MUTAZILITE ☪

Le mot « mutazilisme » est issu de l'arabe *mutazila* qui signifie « se retirer », « s'écarter » et, par extension, « se séparer ». Il s'applique au premier courant du *kalam*, c'est-à-dire la recherche des preuves concernant les fondements de la foi musulmane afin, notamment, de démonter les arguments de contradicteurs appartenant à d'autres religions. Apparu en effet au VIIIe siècle, le mutazilisme a exercé une profonde influence sur les penseurs religieux de l'islam. Al-Ashari (vers 873-935), par exemple, fut d'abord formé par un maître mutazilite, avant de rompre et de jeter les bases de l'acharisme, école théologique alliant la tradition et la raison, ce qui conduit chacun à être responsable de ses actes. Le mutazilisme remonte au temps des premiers califes, successeurs du prophète Mahomet (vers 570-632).

La doctrine mutazilite se résume en cinq points. Nous trouvons d'abord l'unicité *(al-tawhid)*, concept construit sur la négation de tout attribut, seuls les Noms de Dieu étant reconnus : par exemple, Dieu est le Puissant (nom), mais sans puissance (attribut). Deuxième point, la justice *(adl)* signifie que Dieu n'a pas de pouvoir sur les mutazilites qui sont ainsi libres de manière absolue. Tout ce qui arrive dans ce monde n'est pas voulu par Dieu. En conséquence, au jour du Jugement dernier, il les jugera en fonction de la liberté et de la responsabilité totales qu'ils avaient. Troisième point, le statut intermédiaire : il concerne le musulman licencieux, permissif. Pour les mutazilites, il n'est ni *mou'min* (croyant) ni *kafir* (incroyant), mais *façiq*, intermédiaire entre l'islam et le *koufr* (incroyance). Enfin, les deux derniers points rapprochent les mutazilites des khâridjites, un des courants de l'islam. D'abord, le *façiq*, c'est-à-dire tout musulman qui commet des péchés graves *(al-kaba'ir)*, est voué de manière inéluctable au châtiment éternel de l'enfer. Il faut donc, et c'est le dernier point, ordonner le bien et prohiber le mal. En cela, le mutazilite n'hésita pas à utiliser la violence et la rébellion armée contre tout pouvoir qui n'appliquait pas intégralement et d'une façon infaillible la *charia*. Ainsi un gouverneur qui commettait un péché grave devait être destitué, quitte à recourir aux armes.

Le mutazilisme devient plus que confidentiel à partir du XIe siècle.

➜ *Calife, Charia, Juste, Kafir, Kalam, Khâridjite, Péché*

MYSTÈRE ✝

Dans l'Antiquité gréco-romaine, les *mysteria* étaient des cérémonies secrètes en l'honneur d'une divinité (Dionysos par exemple) et réservées à des initiés qui devaient en conserver la confidentialité, sous peine de châtiments. De ce mot est issu « mystère », qui plonge justement dans le secret même de Dieu. Les mystiques sont ceux qui vont à la quête des mystères de Dieu.

Le mot « mystère » s'applique aussi à un genre particulier d'art théâtral né de la piété chrétienne. Ainsi, aux IXe-Xe siècles, en plein cœur du Moyen Âge, à la faveur de fêtes apparaissent des ébauches théâtrales des évangiles, ces quatre livres du Second Testament qui rapportent le ministère et le message (Évangile) de Jésus. Le premier spectacle en tant que tel, c'est-à-dire joué et structuré par une mise en scène, semble dater de la toute fin du Xe siècle ; puis, cet art théâtral reçoit une première codification au siècle suivant. Ces représentations sont appelées « mystères » en raison de leur unique sujet : le salut, c'est-à-dire l'accession au bonheur, à la paix, à la joie et à l'amour tant individuels que collectifs. Au XIIIe siècle, ces scènes sortent des églises et sont désormais interprétées par des laïcs (non religieux), avant de connaître leur âge d'or aux XVe et XVIe siècles. Passion et Incarnation de Jésus, martyres de saints, miracles sont quelques-uns des thèmes développés parfois sur plusieurs jours, les participants communiant alors totalement avec le Christ et ses témoins (sens du mot « martyr »).

➡ *Communion, Dionysos, Évangile, Incarnation, Martyr, Mystique, Passion, Saint, Salut*

MYSTIQUE ✡ ✝ ☪

Le mysticisme qualifie une relation personnelle et intense avec Dieu. Au sens étymologique, le mot désigne ce qui est « relatif aux mystères » (*mustês* en grec, « initié ») de la divinité. Cette quête est commune à toutes les croyances : les mystères d'Éleusis, en Grèce, étaient, par exemple, l'occasion d'atteindre une extase spirituelle, notamment à l'aide de substances hallucinogènes.

Pour les trois religions monothéistes, la mystique est la recherche de Dieu qui, omniscient et omnipotent, est à la fois proche et lointain. Cet éloignement engendre ainsi des mystères dont Dieu seul possède la clé car ils échappent à la conscience et à la raison humaines. Les mystiques juive (réunie sous le terme général de kabbale), chrétienne (dont certaines recherches monastiques comme celles du mont Athos en Grèce) et musulmane (le soufisme, par exemple) présentent des ressemblances et des différences, et aussi des formes variées à l'intérieur d'une même religion. La prière, le silence, la pratique des vertus et de la bonne conduite voulues par Dieu, la purification intérieure pouvant aller jusqu'aux pénitences, l'exploration de symboles, tout cela a concouru à laisser dans l'histoire des religions des êtres parfois déroutants, mais toujours animés d'une foi aussi profonde qu'exemplaire. Car le mystère reste éternellement une affaire d'initié, sens de l'origine grecque de ce mot.

➡ *Dionysos, Kabbale, Monachisme, Mystère, Soufisme*

N

NACHIM ✡

Nachim, troisième ordre de la Michnah, est consacré à la vie conjugale et aux rapports entre hommes et « femmes » (*nachim* en hébreu). Au sein des sept traités, on trouve les dispositions liées aux vœux en général, et plus spécialement à ceux relatifs à l'union conjugale (Nedarim), au contrat de mariage (Ketoubot), au caractère saint de celui-ci (Qiddouchim, présent aussi dans les deux Talmuds et dans la Tossefta), au divorce (Gittin) et à l'infidélité féminine (Sotah). Des dispositions telles que Nazir, concernant le nazir (personne qui se voue à Dieu) et Yevamot, portant sur la question du lévirat, loi très ancienne stipulant qu'une veuve sans enfant doit épouser le frère de son époux, figurent également dans ces traités.

➡ *Lévirat, Michnah, Nazir, Talmud, Tossefta*

NADJAF ☪

Située en Irak actuel, près de Koufa, où Ali fut assassiné en 661, Nadjaf (ou Najaf) abrite le tombeau de cette figure centrale du chiisme. Les chiites, en effet, se réclament d'Ali et de ses successeurs (Alides) – soit, pour la branche prédominante des duodécimains, douze imams sacrés, dont le dernier fut enlevé aux yeux des hommes au IXe siècle.

La tombe d'Ali fut dissimulée pendant un siècle après sa mort. Au début du Xe siècle, elle fut recouverte d'un édifice rebâti en 979 dans un style plus conforme à la grandeur de ce saint. Autour apparut progressivement une véritable ville, Nadjaf, qui ne cessa de croître afin d'accueillir les pèlerins venus se recueillir devant Ali. Nadjaf est aujourd'hui le grand centre intellectuel des duodécimains, ainsi qu'un des quatre *atabât* (« seuils sacrés ») du chiisme. Les trois autres sont Kerbela, Qom (Iran) où mourut

Fatima (817), sœur du septième imam Ali al-Rîdâ, et Meched, capitale du Khorassan (Iran) où repose justement Ali al-Rîdâ (mort en 818).

➡ *Ali, Chiisme, Duodécimain, Kerbela*

NAHUM ✡

Le livre de Nahum (Nahoum en hébreu, de Nehemiyah « Dieu console ») est un écrit original parmi les prophètes de la Bible. Il ne s'attaque pas aux fautes d'Israël, mais concentre son propos sur l'Assyrie qui vient de détruire Samarie (722 av. J.-C.) et a assujetti le Proche-Orient, dont Juda. Il promet cet empire cruel à l'anéantissement, surtout sa capitale Ninive. La ville sera prise en 612 par les Babyloniens, les Scythes et les Mèdes... La rédaction de ce livre est donc à situer entre ces deux dates, sans doute la seconde moitié du VIIe siècle. Le texte, aux accents poétiques magnifiques, évoque ainsi Dieu sous son nom de guerre, Sabaot.

➡ *Assyrie, Babylone, Juda, Sabaot, Samarie*

NASSI ✡

Le *nassi* (« prince » ou « chef » en hébreu ; pluriel : *nessiim*) présidait le Sanhédrin, instance juive reconnue par les Romains au temps de Jésus. L'un d'eux fut un sage éminent, auteur – comme la plupart des *nessiim* – de lois (Taqqanah) fondamentales pour le judaïsme et contenues dans le Talmud. C'est Hillel (vers 70 av. J.-C.-10 apr. J.-C.), dont le nom signifie « il a loué ». Réputé humble et dit l'Ancien (*zaken* en hébreu) pour illustrer son prestige, il présida le Sanhédrin pendant vingt ans environ, jusqu'à sa mort. Chef des pharisiens, il fut à l'origine d'une école de pensée qui, à partir du IIe siècle de notre ère, imposa une vision plus tolérante de la Bible et de la Torah, au détriment des conceptions moins souples d'une autre école, celle du sage Shammaï (vers 50 av. J.-C.-30 apr. J.-C.). On doit à Hillel des réflexions telles que : « Ne fais pas à autrui ce que tu ne voudrais pas que l'on te fît », ce qui rappelle les mots de Jésus, très bon connaisseur de la tradition juive.

Après Hillel, la présidence du Sanhédrin fut occupée par ses descendants, les Gamaliel, jusqu'à la suppression de l'assemblée, en 425.

L'un de ces *nessiim*, tout aussi éminent, fut Yehoudah ha-Nassi (vers 135-220) ; on lui doit la rédaction des fondements de la Michnah. À son époque, *nassi* a déjà pris le sens de « patriarche ».

Ce titre se rapporte aussi aux chefs des douze tribus d'Israël lors de l'Exode et au cours des premiers temps de la conquête de Canaan par Josué (vers 1200 av. J.-C.) : Moïse les envoie explorer la Terre promise. Le titre prend en outre une dimension plus royale sous la plume d'Ézéchiel, pour qui un *nassi* dirigera la Jérusalem qu'il idéalise : « Et toi, prononce une complainte sur les princes d'Israël » (19, 1). Le *nassi*, figure biblique, était donc auréolé d'un immense prestige dont se servit Bar-Kokhba, qui conduisit la révolte juive au IIe siècle : il s'attribua cette distinction dans des lettres et fit frapper des pièces de monnaie à son effigie et portant la mention « *nassi* d'Israël ».

Enfin, au Moyen Âge, le *nassi* était le responsable d'une communauté juive, tant en Occident qu'en terres d'islam. Aujourd'hui, ce terme est dévolu au président de l'État d'Israël.

➡ *Actes des apôtres, Bar-Kokhba, Exode, Ézéchiel, Gamaliel, Josué, Michnah, Midrach, Moïse, Pharisien, Sanhédrin, Talmud, Taqqanah*

NATHAN ✡

Nathan, présent dans le second livre de Samuel et au début du premier livre des Rois de la Bible, joue un grand rôle auprès du roi David (1010-970) et de son fils (et successeur) Salomon (970-931). Rédigé au IIIe siècle av. J. C., le Siracide, livre du courant de Sagesse présent dans la Bible latine, mais absent de la Bible hébraïque, le range parmi les Pères dont il fait l'éloge, au côté d'Hénoch, d'Isaïe, d'Élie et d'Élisée, des Juges ou encore de Josué.

Le nom de Nathan vient sans doute de *natân-yah* (« Dieu a donné » ou « Dieu a ordonné »), ce qui correspond parfaitement à l'action de ce prophète. On rencontre Nathan lors d'événements cruciaux, tant pour David que pour Israël. David lui annonce qu'il va bâtir à Jérusalem une maison (le Temple) pour y abriter l'arche d'Alliance, logée jusque-là dans une tente. Nathan, transmettant les paroles de Yahvé (Dieu), lui déclare : « Je te donnerai un grand nom comme le nom des plus grands sur la Terre. [...] Yahvé t'annonce qu'il te fera une maison. Et [...] je maintiendrai après toi le lignage issu de tes entrailles et j'affermirai sa royauté. [...] Ma faveur ne lui sera pas retirée comme je l'ai retirée à Saül. [...] Ta maison et ta royauté subsisteront à jamais devant moi, ton trône sera affermi à jamais » (2 S 7, 1-17). En clair, Dieu bâtit une dynastie à David, c'est-à-dire le ciment d'Israël qui, même aux pires moments de son histoire, ne cessera d'espérer en l'intervention d'un libérateur, le Messie, descendant de David.

Plus tard, quand David épouse la belle Bethsabée après avoir fait éliminer son mari, Urie le Hittite, Nathan le prévient : « L'épée ne se détournera plus jamais de ta maison, parce que tu m'as méprisé et que tu as pris la femme d'Urie le Hittite pour qu'elle devienne ta femme » (2 S, 12, 10). David reconnaît sa faute, mais la mort, au lieu de le frapper, atteint l'enfant né de son union avec Bethsabée. Il console celle-ci et, dans leur étreinte, conçoit Salomon auquel Dieu accorde sa préférence. À la fin de la vie de David, Nathan et Bethsabée – qui eut, semble-t-il, beaucoup d'influence sur le roi – conjuguent leurs efforts pour imposer Salomon comme successeur, au détriment des autres fils – il n'est que le quatrième sur onze venus au monde à Jérusalem : « Le prêtre Sadoq [en présence de Nathan] prit dans la tente la corne d'huile et oignit Salomon, on sonna du cor et tout le peuple cria : "Vive le roi Salomon !" », proclame le premier livre des Rois (1, 39). C'est Salomon qui construira le Temple.

➡ *Arche, Bethsabée, David, Élie, Élisée, Hénoch, Isaïe, Jérusalem, Juges (Livre des), Messie, Onction, Prophète, Rois (Livres des), Salomon, Samuel, Saül, Temple*

NATIVITÉ ♁

La Nativité, ou naissance de Jésus à Bethléem, est rapportée sans trop de détails par les évangélistes Matthieu et Luc. Elle est célébrée à Noël, fête fixée par la tradition, car il est impossible de savoir quel jour précisément est né Jésus. Pour l'année, nous disposons de sources historiques qui permettent de l'estimer à 6 avant notre ère, date la plus vraisemblable.

Cette erreur de six ans est due à un moine, Denys le Petit qui, à Rome vers 532, fut chargé de calculer la première année de l'ère chrétienne.

D'une part, Jésus naît sous le règne d'Hérode le Grand, reconnu roi des juifs par les Romains et mort en l'an 4. D'autre part, Luc rapporte que, à la fin d'une grossesse facile, Marie doit suivre Joseph à Bethléem (Judée), dont celui-ci est originaire et où il va se faire recenser. Ce recensement, daté de l'an 6, a été ordonné par l'empereur Auguste et assuré par Quirinius, légat de Syrie dont dépend la Judée. Mais il y a foule ; Marie et Joseph doivent se loger dans une simple salle (la grotte est une tradition ultérieure) où Jésus est déposé dans une mangeoire (ou crèche) pour animaux. C'est alors que Luc fait venir les bergers, avertis par un ange, qui symbolisent les gens modestes, les « tout-petits », chers au cœur de Jésus. Matthieu, de son côté, évoque les Mages, symboles des païens, repris également par la tradition.

Jésus, à peine sorti du ventre de sa mère, fut donc déposé dans une mangeoire pour animaux. La mangeoire se dit aussi « crèche » (du francique *krippia*). Les premiers chrétiens reprirent ce mot pour l'appliquer à des représentations de l'étable où, selon la tradition de Noël qui associe le bœuf et l'âne, Jésus aurait vu le jour. C'est à François d'Assise, fondateur des Franciscains, mort en 1226, que revient l'idée d'une crèche vivante. Il la fit interpréter à Noël 1223, à Greccio (en Ombrie, Italie), au haut d'une montagne ponctuée de grottes.

➡ *Annonciation, Bethléem, Enfance (Évangiles de l'), Jésus, Joseph, Judée, Mages (Rois), Massacre des Innocents, Nazareth, Noël*

NAZARETH ✠

Située en Galilée, donc au nord de la Palestine, à 6 km environ du mont Tabor, Nazareth est souvent citée au côté du nom de Jésus, qui y passe son enfance. C'est à Nazareth que l'ange Gabriel annonce à Marie la naissance de son fils, qui verra cependant le jour à Bethléem. Après avoir fui en Égypte pour échapper au « massacre des Innocents » ordonné par le roi Hérode Ier le Grand (qui régna de 40 à 4), la famille retrouve Nazareth après la mort de ce dernier. De cette enfance, hormis ce qu'en disent les évangiles du même nom, et de cette adolescence, nous ne savons rien, si ce n'est que Jésus et ses parents se rendent à Jérusalem lorsqu'il a douze ans. Nous retrouvons Jésus vers l'an 28, lorsque, quittant Nazareth, il va recevoir le baptême de Jean le Baptiste, sur les bords du Jourdain. Durant son ministère, il choisit de s'établir au nord, à Capharnaüm, au bord du lac de Tibériade. C'est au cours de ses périples qu'il se rend à la synagogue de Nazareth, un jour de shabbat. L'évangéliste Luc (4, 16-30) raconte que, après avoir lu un passage d'Isaïe, « il replia le livre, le rendit au servant et s'assit. Tous dans la synagogue tenaient les yeux fixés sur lui ». Il déclare alors qu'il est l'incarnation de la prophétie d'Isaïe, c'est-à-dire le sauveur, celui qui apporte le salut : « L'Esprit du Seigneur est sur moi, parce qu'il m'a consacré par l'onction, pour porter la bonne nouvelle [Évangile] aux pauvres. Il m'a envoyé annoncer aux captifs la délivrance et aux aveugles le retour à la vue, renvoyer en liberté les opprimés, proclamer une année de grâce du Seigneur ». À l'admiration succède la colère lorsqu'il affirme qu'il ne fera pas ses miracles à Nazareth. Il s'inscrit dans la lignée d'Élie et d'Élisée, deux illustres prophètes d'Israël qui, au IXe siècle av. J.-C., choisirent de les réaliser auprès des gentils (non-juifs). « Entendant cela, tous dans la synagogue furent remplis de fureur. Et, se levant, ils le poussèrent hors de la ville et le menèrent jusqu'à un escarpement de la colline sur laquelle leur ville était bâtie, pour l'en précipiter. Mais lui, passant au milieu d'eux, allait son chemin… »

Dans le Second Testament, Jésus est donc souvent dit « de Nazareth », ou « le Nazaréen », « le Nazôréen ». Ce mot, s'il désigne les habitants de Nazareth, suscite également des commentaires quant à sa signification. En effet, il est souvent rapproché de l'hébreu *nazir* (de *nâzar*, « séparer »), qui désignait des femmes ou des hommes consacrés à Dieu, dont Jean le Baptiste, ou bien de *nasôrayya* (« continuateurs », « fidèles »), utilisé par les mandéens *(mandayya)*, une secte imprégnée de gnosticisme et centrée sur le baptême. La tendance dominante au sein de l'Église primitive, dirigée par Paul, regroupait d'ailleurs les « nazôréens », qui prendront ensuite le nom de chrétiens à Antioche (alors en Syrie). Sans doute parce que ce nom était porté aussi par ces baptistes, dont il fallait se démarquer.

➡ *Annonciation, Baptême, Bethléem, Capharnaüm, Enfance (Évangiles de l'), Gabriel, Gnosticisme, Isaïe, Mandéisme, Massacre des Innocents, Marie, Joseph, Nazir, Shabbat, Tibériade*

NAZIR ✡

Les dispositions concernant le nazir, femme ou homme voué à Dieu pour une période donnée, sont contenues dans le traité du même nom, qui fait partie de l'ordre Nachim de la Michnah. On retrouve ce traité dans les deux Talmuds et dans la Tossefta (textes non intégrés dans la Michnah).

Dans la Bible, le nazir (de l'hébreu *nâzar*, « séparer »), au contraire des lévites et des prêtres, n'était pas obligé d'appartenir à une tribu ou à une classe particulière. Le livre des Nombres (6, 1-21) indique les engagements du nazir : s'abstenir de vin, de boissons fermentées, de tout produit issu du raisin ; ne pas se couper les cheveux, ce qui le faisait reconnaître à sa longue chevelure flottant au vent ; ne pas s'approcher d'un mort, même un parent, car le nazir est pur par sa consécration à Dieu. Si, par malchance, il entrait en contact avec un cadavre, il devait se raser la tête, se purifier et offrir au temple de Jérusalem « deux tourterelles ou deux pigeons » pour un holocauste, recevoir du prêtre un rite d'expiation, prononcer un nouveau vœu. En revanche, pour être libéré de ce vœu, il devait apporter au Temple : « Pour un holocauste, un agneau d'un an, sans défaut ; pour un sacrifice pour le péché, une agnelle d'un an, sans défaut ; pour un sacrifice de communion, un bélier sans défaut ; une corbeille de gâteaux de fleur de farine sans levain, pétris à l'huile, des galettes sans levain frottées d'huile, avec les oblations et libations conjointes. » Le nazir pouvait ensuite raser ses cheveux et les brûler dans le feu du sacrifice. Le naziréat était donc en général temporaire, et plus rarement définitif. Il concerna des prophètes ou des héros, comme Samuel et Samson, qui furent nazirs avant d'être nés et pour toute leur vie.

Dans le Second Testament, Jean le Baptiste, précurseur de Jésus, vit à la manière d'un nazir, ne buvant rien d'enivrant, vêtu d'une tunique en poils de chameau, d'un pagne en peau, se nourrissant de sauterelles et de miel sauvage.

➡ *Agneau, Azyme, Expiation, Holocauste, Jean le Baptiste, Lévite, Michnah, Nachim, Nazareth, Prêtre, Samuel, Samson, Talmud, Temple, Tossefta*

NÉCESSAIRE, LE ☪

Le Nécessaire (al-Ma'oun), titre de la 107e sourate du Coran, désigne l'absolue nécessité de se pencher sur le sort de l'autre, c'est la charité qui, pilier de la foi, est l'un des accès au paradis quand viendra le Jugement dernier. Tout musulman hypocrite sera alors châtié, car Dieu sait tout, jusqu'à la plus intime intention que l'on met dans sa prière.

➡ *Charité, Jugement dernier*

NÉHÉMIE ✡

Dans la Bible, le livre de Néhémie (Nehemiyah en hébreu, « Dieu [Yah] console ») est contemporain de celui d'Esdras (IIIe siècle av. J.-C.). Il rapporte aussi les difficiles conditions du retour de l'Exil, après le décret du Perse Cyrus en 538. Néhémie est sans doute envoyé en Judée vers 445, sous l'empereur Artaxerxès Ier (465-424) dont il est « échanson » à Suse, dit-il. Parvenu à Jérusalem, il prend conscience que la reconstruction du Temple est empêchée par les habitants de Samarie, mais parvient à la mener à bien. La Ville sainte se repeuple et Néhémie prend un certain nombre de mesures sociales, notamment en faveur des plus pauvres. Revenu à Suse, et apprenant des dérives religieuses, il rentre à Jérusalem pour signifier que la Torah doit être respectée.

➡ *Esdras, Exil, Jérusalem, Judée, Samarie, Temple, Torah*

NESTORIANISME ✝

En 431, l'empereur Théodose II convoque le concile d'Éphèse, sur l'initiative du patriarche de Constantinople qu'il a mis à ce poste trois ans plus tôt : Nestorius (vers 380-vers 451). Né en Syrie, ce dernier, soutenu par les évêques d'Antioche (aujourd'hui en Turquie), s'oppose au patriarche d'Alexandrie, Cyrille, et au pape Célestin Ier, sur un point de doctrine. Il postule que Jésus, tout en possédant deux natures (divine et humaine), ce qui est largement accepté, avait deux personnes (divine et humaine) et non une, ce qui, pour Cyrille, va à l'encontre de l'incarnation de Dieu en son Fils. Marie ne peut donc pas être « Mère de Dieu » (*Theotokos* en grec) mais juste mère du Jésus « humain ». D'ailleurs, le Verbe (de Dieu) ne peut avoir de mère. Profitant de ce que les amis de Nestorius sont en retard au concile, Cyrille fait proclamer le *Theotokos* et condamner les thèses de Nestorius comme hérétiques, tandis que celui-ci est frappé d'anathème. Nestorius, démis de ses fonctions, part pour Antioche puis pour l'Égypte. Les copies de ses œuvres sont impitoyablement détruites.

À la fin du Vᵉ siècle, l'Église de Perse (Iran) se rallie cependant à la thèse de Nestorius, opère un schisme, prend le nom « Église d'Orient » et le surnom « nestorienne ». Elle va déborder ses frontières pour se porter jusqu'en Inde et en Chine (VIIᵉ siècle). En net recul dès le XIVᵉ siècle, les nestoriens se divisent au XVᵉ siècle ; beaucoup d'entre eux choisissent l'union avec les catholiques de Rome, formant ainsi des Églises uniates. L'Église d'Orient, aujourd'hui très diminuée, se répartit entre l'Iran, l'Irak, la Syrie, l'Inde ou encore le Kurdistan.

➡ *Anathème (Lois de l'), Concile, Dogme, Fils, Hérésie, Incarnation, Jésus, Marie, Œcuménisme, Prêtre, Schisme, Verbe*

NEVIIM ✡

Neviim (« prophètes ») est le titre donné à la deuxième partie de la Bible hébraïque. Cet ensemble comprend d'abord les prophètes dits « premiers » : ce sont les livres de Josué (conquête de Canaan vers 1200 av. J.-C.), des Juges (période précédant la monarchie), de Samuel (instauration de la royauté avec Saül, puis David, vers 1010 av. J.-C.) et des Rois (histoire de la royauté jusqu'à l'Exil, en 587 av. J.-C.). Bien que leur contenu soit très historique, ils rapportent l'action de prophètes essentiels d'Israël, comme Élie et Élisée, Samuel, Nathan. Nous trouvons ensuite les prophètes dits « postérieurs », c'est-à-dire les prophètes proprement dits. Ils sont répartis en deux sections définies selon la longueur de leurs livres : les « grands prophètes » (Isaïe, Jérémie, Ézéchiel) et les « petits prophètes » (Osée, Joël, Amos, Abdias, Jonas, Michée, Nahum, Habaquq, Sophonie, Aggée, Zacharie, Malachie).

➡ *Bible, David, Nathan, Prophète, Saül*

NEZIQIN ✡

Neziqin (« dommages » en hébreu) est le quatrième ordre de la Michnah. Il contient dix traités dont la majorité concernent des dispositions législatives et judiciaires. Les trois premiers comprennent le mot Babba (« porte »). Le quatrième, Sanhédrin, se rapporte spécifiquement à cette institution juive ancienne. On y trouve aussi un traité (Avodah Zarah) relatif aux idoles, et un autre (Avot ou Abot, les « pères »), très important puisqu'il recense les sentences des sages de la Michnah. La plupart de ces traités sont repris et étoffés dans les deux versions du Talmud et dans la Tossefta (textes que les *tannaïm*, érudits des Ier-IIIe siècles, n'intégrèrent pas dans la Michnah).

➡ *Avodah, Bab, Idole, Michnah, Père, Sanhédrin, Talmud, Tanna, Tossefta*

NICODÈME ✝

Ce nom, dérivé du grec Nikodèmos (« peuple vainqueur »), désigne un pharisien (courant juif au temps de Jésus), cité seulement par l'évangéliste Jean et à trois reprises. Il est membre du Sanhédrin, le grand conseil juif de l'époque. Ce « notable », écrit Jean, vient trouver Jésus dont les miracles l'ont pour le moins sensibilisé. Mais il le fait de nuit, car, comme pour Joseph d'Arimathie, rencontrer cet homme vilipendé par les autorités religieuses pourrait lui attirer des ennuis. Jésus s'emploie alors à lui enseigner (3, 1-21) le royaume de Dieu, le sens du baptême et de l'Esprit saint, le rôle du Fils (de Dieu) dans le salut, la puissance de la foi. Par exemple, « [Nicomède] lui dit : “Rabbi, nous le savons, tu viens de la part de Dieu comme un Maître : personne ne peut faire les signes que tu fais, si Dieu n'est pas avec lui.” Jésus lui répondit : “En vérité, en vérité, je te le dis, à moins de naître d'en haut, nul ne peut voir le royaume de Dieu.” Nicodème lui dit : “Comment un homme peut-il naître, étant vieux ? Peut-il une seconde fois entrer dans le sein de sa mère et naître ?” Jésus répondit : “En vérité, en vérité, je te le dis, à moins de naître d'eau et d'Esprit, nul ne peut entrer dans le royaume de Dieu. Ce qui est né de la chair est chair, ce qui est né de l'Esprit est esprit. Ne t'étonne pas, si je t'ai dit : Il vous fait naître d'en haut. Le vent souffle où il veut et tu entends sa voix, mais tu ne sais pas d'où il vient ni où il va. Ainsi en est-il de quiconque est né de l'Esprit”. »

Plus tard, alors que Jésus est le sujet d'une vive polémique, Nicodème prend un début de position : « "Notre Loi juge-t-elle un homme sans d'abord l'entendre et savoir ce qu'il fait !" Ils lui répondirent : "Es-tu de la Galilée [province de Jésus], toi aussi ? Étudie ! Tu verras que ce n'est pas de la Galilée que surgit le prophète." Et ils s'en allèrent chacun chez soi » (7, 50-53). Il est donc logique de retrouver Nicodème au côté de Joseph d'Arimathie, qui vient de récupérer le corps de Jésus le soir de la crucifixion, et grâce à l'autorisation de Ponce Pilate, le préfet romain de Judée : « Ils vinrent donc et enlevèrent son corps. Nicodème [...] aussi, apportant un mélange de myrrhe et d'aloès, d'environ cent livres. Ils prirent donc le corps de Jésus et le lièrent de linges, avec les aromates, selon le mode de sépulture en usage chez les juifs » (19, 38-40).

Nicodème, dont la tradition dit qu'il fut délesté de ses richesses pour avoir participé à l'inhumation de Jésus, bénéficia ensuite de la protection de Gamaliel l'Ancien, président du Sanhédrin. Au Moyen Âge, il a donné son nom à un livre apocryphe (non reconnu par l'Église chrétienne) : *Évangile de Nicodème*. Cet ouvrage, composé par un érudit au IVe siècle et contenant des éléments plus anciens, porta d'abord le titre évocateur d'*Actes de Pilate.* On y suit en effet le déroulement du procès, la crucifixion et l'enterrement de Jésus, les aventures de Joseph d'Arimathie. Puis, après un débat au Sanhédrin sur la résurrection de Jésus, on assiste à la descente de Jésus aux enfers, récit ajouté au texte original. En effet, divers éléments narratifs furent accolés aux premiers *Actes de Pilate* qui, abondamment traduits à partir du Ve siècle, remportèrent un grand succès en Occident.

➡ *Baptême, Enfer, Esprit saint, Fils, Foi, Gamaliel, Joseph d'Arimathie, Ponce Pilate, Procès de Jésus, Résurrection, Royaume, Salut*

NISAN ✡

Nisan (mars-avril) est le 7e mois du calendrier religieux et le 1er mois du calendrier civil. Ce mot d'origine babylonienne remplaça celui, cananéen, d'Abib (« épis mûrs ») – Tel-Aviv (ou Tel-Abib), où se rendit le prophète Ézéchiel (3, 15), signifie ainsi la « colline des épis ». En effet, pour le livre de l'Exode, « ce mois sera pour vous en tête des autres mois, il sera pour vous le premier mois de l'année » (12, 2), et « c'est en ce mois que tu [Israël] es sorti d'Égypte » (23, 15 et 34, 18). Cela explique l'absence de jeûnes publics et de cérémonies liées à la mort durant ce temps consacré à la commémoration de la sortie d'Égypte. Mentionné aussi dans les livres de Néhémie (2, 1) et d'Esther (3, 7), nisan est logiquement le mois de Pessah (Pâque) entre le 15 et le 22, comme l'annonce le Deutéronome (16, 1) : « Observe le mois d'abib et célèbre une Pâque pour Yahvé ton Dieu, car c'est au mois d'abib que Yahvé ton Dieu, la nuit, t'a fait sortir d'Égypte. » Puis commence la période d'Omer (de cinquante jours) qui s'achève à Chavouot (Pentecôte), au mois de sivan. La Shoah est commémorée aussi en nisan, en général le 27.

➡ *Chavouot, Deutéronome, Esther, Exode, Ézéchiel, Néhémie, Omer, Pessah, Shoah, Sivan*

NOÉ ✡ ✝ ☪

Noé (en hébreu Noah, « repos ») intervient entre la création du monde et les patriarches d'Israël, dont le premier, Abraham, est son descendant. Il descend lui-même de Mathusalem. Dans le livre de la Genèse qui ouvre la Bible, il est présenté comme le seul juste (croyant exemplaire) sur Terre, choisi par Dieu qui, le péché s'étant emparé du monde, a décidé de punir les hommes en ordonnant le Déluge. Noé construit une arche et y rassemble sa famille (soit huit personnes avec lui), ainsi qu'un couple de chaque espèce animale. Le Déluge sévit, éliminant toute trace de vie, puis l'eau se retire ; l'arche se retrouve perchée sur le mont Ararat (Turquie). Dieu fait alors jaillir l'arc-en-ciel pour sceller l'Alliance (la première) avec les hommes qui pourront profiter de la nature, car aucun déluge ne s'abattra plus jamais. Noé, à qui est attribuée la création de la vigne, meurt à neuf cent cinquante ans. Ses fils, Cham, Japhet et Sem peuplent la Terre.

Pour la tradition littéraire juive, Noé reste un juste, même s'il n'a pas plaidé auprès de Dieu pour l'humanité, alors qu'Abraham a demandé à Dieu d'épargner les justes de Sodome. En outre, pendant le Déluge, il aurait nourri par l'unique fenêtre de l'arche le géant Og, accroché au navire – ce qui l'empêcha de se reposer.

Dans le Second Testament, écrits saints du christianisme, les évangiles de Matthieu (24, 37-39) et de Luc (26,30) rappellent le temps de Noé où les hommes mangeaient, buvaient, se mariaient sans se préoccuper de rien d'autre. Jésus demande d'être vigilant, car, rappelle Pierre dans sa première épître (3, 18-20), si les hommes avaient cru pendant que Noé construisait l'arche, ils auraient pu être épargnés ; il est donc nécessaire de se tourner vers Jésus, Fils de Dieu, qui s'adresse à tous et sauve par le baptême.

Le Coran, cœur de l'islam, s'inscrit dans le récit biblique et cite quarante-deux fois Noé (Nouh en arabe), un juste, un prophète, seul rescapé du Déluge *(toufan)* pendant que les incrédules périssaient dans les flots. C'est pourquoi cet homme est très respecté par les musulmans qui voient en lui un *rassoul* (messager de Dieu). Le Coran, qui le considère à l'égal d'Abraham et de Jésus quant à sa mission prophétique, lui consacre même la 71e sourate : Nouh est envoyé par Dieu pour avertir les hommes du châtiment qui va s'abattre. Mais, au lieu de l'écouter, ils s'éloignent encore davantage de la foi. Noé a pourtant insisté, s'exprimant « à voix haute », par « proclamation » et « en secret », pour que tous implorent le pardon de Dieu qui peut apporter tant de bienfaits en retour. Ils ont préféré croire aux idoles, aux richesses matérielles, aux promesses des illusions. Le Déluge les submerge et les précipite dans le feu de l'enfer.

➨ *Alliance, Arche, Babel, Cham, Idole, Juste, Mathusalem, Salut, Sémite, Vigne*

NOËL ✝

Noël, fixé le 25 décembre, célèbre le jour « de naissance » (*natalis* en latin) de Jésus, la Nativité. Les évangiles du Second Testament ne donnant aucune information quant à la date, cette fête à haute valeur religieuse est le produit de la volonté de l'Église d'une part et de la tradition d'autre part.

Les premiers chrétiens fêtaient la venue au monde de Jésus le 6 janvier – date actuelle de l'Épiphanie. En 313, l'empereur Constantin mit un arrêt aux persécutions contre ces derniers, et sortit le christianisme de la clandestinité, tout en recommandant le syncrétisme entre rites anciens et nouveaux. En 353 ou 354, après le concile de Nicée I (325), où fut confirmée la divinité de Jésus, le pape Libère décréta que la Nativité serait célébrée le 25 décembre, tandis que les Églises orientales conservaient le 6 janvier. Noël remplaça ainsi la fête païenne de la « naissance du Soleil » – c'est le solstice d'hiver, à partir duquel les jours rallongent, pendant laquelle, à Rome, on s'offrait des cadeaux. Ce choix permet d'illustrer, entre autres, ces paroles de Jésus rapportées par l'évangile de Jean : « Je suis la lumière [venue de Dieu] du monde. Qui me suit ne marchera pas dans les ténèbres, mais aura la lumière de la vie » (8, 12). Dès lors, Noël, qui se voulait moins la naissance de Jésus que la célébration de la présence de Dieu sur Terre en la personne de son Fils, se répandit très vite dans le monde chrétien. Parallèlement, il s'enrichit de symboles venus de la tradition, qui en font toujours la plus populaire des fêtes chrétiennes.

La grotte, l'âne et le bœuf sont des produits des écrits apocryphes (non reconnus par l'Église) sur la Nativité, repris dans les crèches vivantes mises en scène lors des mystères médiévaux. L'arbre, en général un sapin (vert toute l'année), allégorie de l'arbre du paradis au Moyen Âge, est un emprunt au paganisme germanique, scandinave et celtique. Ainsi que deux plantes sacrées des Gaulois : le gui (immortalité), qui évoque le Buisson ardent, et le houx, dont les feuilles toujours vertes symbolisent l'éternité dans le Christ – le houx cacha, dit-on, Marie, Jésus et Joseph lors du massacre des Innocents, leur permettant d'échapper aux patrouilles lancées par Hérode le Grand. Quant au Père Noël, inspiré de Nicolas, évêque de Myre (Turquie) au IVe siècle, il est une invention purement commerciale, apparue aux États-Unis au XIXe siècle.

Noël est préparé au cours des quatre semaines de l'Avent et suivi du « temps de Noël », qui s'achève le dimanche après l'Épiphanie (6 janvier).

➡ *Apocryphe, Arbre, Avent, Enfance (Évangiles de l'), Épiphanie, Jésus, Joseph, Lumière, Marie, Massacre des Innocents, Nativité*

NOMBRES, LIVRE DES ✡

Quatrième livre du Pentateuque (Torah), les Nombres poursuivent le récit de l'Exode – celui-ci va durer quarante ans, chiffre symbolique exprimant l'attente avant un changement. Dieu ordonne à Moïse de recenser le peuple qui va quitter le désert du Sinaï pour Canaan – seul Dieu a le droit de recensement. Mais les Hébreux se montrent capricieux, et, fatigués de ne manger que la manne divine, regrettent les mets qu'ils dégustaient en Égypte. Moïse parvient à détourner la colère de Dieu auquel il se plaint de ses lourdes responsabilités : avec son frère Aaron, il reçoit l'aide de soixante-dix anciens (dans lesquels des auteurs voient la préfiguration du Sanhédrin, grande instance juive). Mais, âgé, il ne peut pas conduire la conquête de Canaan. La tâche est confiée à l'un de ses proches, Josué, aux talents guerriers, qui dirige une troupe d'éclaireurs. Quarante jours plus tard, ces hommes reviennent au camp des Hébreux. Ils portent une énorme grappe de raisin sur une perche : ils ont vu un pays magnifique, aux vaches repues, aux fruits délicieux, mais il est peuplé de géants et les villes sont très fortifiées. Les Hébreux doutent; certains pensent à revenir en Égypte. Dieu punit cette génération : elle disparaîtra et n'entrera pas en Terre promise, de même que Moïse et Aaron. Seuls Josué, Caleb (« chien »), qui s'est montré fidèle, et la génération suivante auront cette chance. Après avoir erré dans les déserts de Parân et de Çin, les Hébreux atteignent l'oasis de Cadès où ils restent trente-neuf ans. Avant d'entamer la conquête, ils s'emparent d'une partie de la Transjordanie, rencontrent leurs trois futurs royaumes voisins (Édom, Moab, Ammon), qui seront de grands ennemis. Arrivés devant Jéricho, ils sont prêts à traverser le Jourdain. Inquiet, Balaq, roi de Moab, envoie alors un magicien, Balaam, leur apporter la malédiction. Cette histoire, touchante et d'une grande poésie, met en scène un homme très pieux qui prévient Balaq de la victoire inévitable des Hébreux : un grand souverain (David) lui ravira son royaume ! Tout repose sur la fidélité et la foi en Yahvé. Alors qu'il contemple une dernière fois la terre de la Promesse, Moïse adresse ses dernières recommandations dans trois discours transmis par le Deutéronome. La conquête peut commencer ; elle est rapportée par le livre de Josué.

➡ *Ammon, Canaan, David, Deutéronome, Édom, Exode, Hébreux, Jéricho, Josué, Manne, Moab, Moïse, Sanhédrin, Sinaï, Torah, Vache (La)*

NOTRE PÈRE ✝

Le *Notre Père* (*Pater Noster* en latin) est la prière fondamentale du christianisme, car elle évoque Jésus Fils de Dieu et aussi la relation paternelle qui lie Dieu aux chrétiens. En 1966, catholiques, orthodoxes et protestants, qui, jusque-là, récitaient des traductions différentes de la prière, ont abouti à une version « œcuménique » du *Notre Père*.

Selon l'évangile de Matthieu (6, 9-13), Jésus prononce cette prière lors du discours sur la Montagne : « Notre Père qui es dans les cieux, que ton Nom soit sanctifié, que ton Règne vienne, que ta volonté soit faite sur la terre comme au ciel. Donne-nous aujourd'hui notre pain quotidien. Remets-nous nos dettes comme nous-mêmes avons remis à nos débiteurs. Et ne nous soumets pas à la tentation ; mais délivre-nous du Mauvais. » Luc donne une version plus courte (11, 1-4) et la situe dans un contexte indéterminé. Jésus s'inspira en cela du *Qaddich* juif, la notion de Père étant très ancienne dans le judaïsme, notamment dans l'*Avinou Malkenou* (« Notre Père, notre Roi » en hébreu).

➨ *Avinou, Fils, Montagne (Discours sur la), Œcuménisme, Protestant, Qaddich*

NUIT, LA ☪

Insérée entre *Le Soleil* et *La Clarté du jour*, *La Nuit (al-Layl)* est la 92e sourate du Coran. Cette suite, qui correspond en outre à l'ordre de la révélation du Coran à Mahomet, montre combien la nuit, comme notre étoile qui produit jour, lumière et clarté, est une œuvre de Dieu le Créateur. Dieu est aussi la lumière dont doit s'éclairer le croyant : l'aumône sincère lui vaudra l'illumination du paradis, mais l'avare sera jeté dans les ténèbres de l'enfer où rougeoie le brasier éternel.

➨ *Clarté du jour (La), Décret (Le), Géhenne, Lumière, Luqman, Paradis, Révélation, Soleil (Le)*

O

ŒCUMÉNISME

L'œcuménisme est, au sens premier, la « terre habitée », l'« univers » (*oikouménê* en grec), terme emprunté à la Septante (IIIe-IIe siècle), traduction grecque de la Bible. Il est alors spécifique au christianisme qui, déchiré par des séparations (orthodoxes et catholiques en 1054, Réforme protestante au XVIe siècle), tente de retrouver l'unité de tous les chrétiens telle que la voulait Jésus. En raison des relations tendues entre les différentes confessions chrétiennes, cette initiative ne fut possible qu'à partir du milieu du XXe siècle. Dès lors, les Églises protestantes entament un dialogue visant à se rassembler en dépit de leurs différences de vue afin de mieux assurer les missions d'évangélisation. En 1910, elles se réunissent pour cela à Édimbourg, en Écosse. En 1927, à la conférence de Lausanne, est inauguré le terme « œcuménisme », qui va illustrer cette recherche d'unité. Puis est fondé le Conseil œcuménique des Églises (1948), que rejoignent aussitôt les orthodoxes. L'Église catholique, d'abord réticente, prend part au Conseil depuis le concile Vatican II (1962-1965), assemblée où l'œcuménisme fut un sujet important, mais sans en être membre. On assiste par exemple à la levée des excommunications mutuelles que catholiques et orthodoxes avaient prononcées en 1054. Aujourd'hui, le COE, dont le siège se trouve à Genève, rassemble quelque trois cent quarante Églises d'horizons différents. Depuis le Concile, des dialogues ont été noués entre les différentes familles du christianisme et des avancées sont à noter, comme la valeur commune donnée au baptême chrétien administré au nom de la Trinité (au cœur de la foi chrétienne).

Au sens large, l'œcuménisme, par son caractère universel, s'applique justement aux conciles. Il désigne aussi les dialogues interreligieux à l'échelon d'une ville, d'un pays ou de la planète, c'est-à-dire entre religions différentes, notamment entre juifs, chrétiens et musulmans. Ces formidables assemblées fraternelles, trois fois réunies par la croyance commune au Dieu unique et en Abraham, père de tous les croyants, sont le ferment d'un espoir prometteur. Sont aussi concernés le bouddhisme et l'hindouisme.

➡ *Abraham, Catholique, Concile, Église chrétienne, Orthodoxe, Réforme*

OFFICE ✡ ✝ ☪

Le mot « office » vient du latin *officium*, qui englobe plusieurs notions, comme le service rendu, le comportement, l'obéissance ou encore le devoir. Autant de dispositions qui coïncident avec celles que demande la pratique d'une religion. Au sens strict, l'Église catholique a institué l'office divin qui correspond aux différents moments de la journée, ou « heures », marqué chacun par une célébration. Au sens large, l'office peut s'appliquer à tout rendez-vous d'un culte religieux, comme les trois offices des jours ordinaires du judaïsme (Chaharith, Minhah, Maariv), ainsi que, en islam, les prières quotidiennes *(salat)* et celle du vendredi.

Le mot « office » a été étendu à une fonction exercée, à un service, qu'il s'agisse de l'office d'une maison, ou de l'aide apportée à quelqu'un.

➡ *Chaharith, Heures, Maariv, Minhah, Salat, Vendredi (Prière du)*

OLIVIERS, JARDIN DES ✝

Le mont des Oliviers est situé près de Jérusalem : il abrite un immense cimetière juif où, d'après la tradition juive, commencera la résurrection des morts à la fin des temps. Pour le christianisme, le jardin, qui, au temps de Jésus, s'étalait à ses pieds, est le cadre de deux événements de la Passion : l'« agonie » de Jésus et son arrestation.

Tandis que Judas est parti renseigner les autorités du temple de Jérusalem, Jésus quitte le cénacle avec les onze autres apôtres. Ils vont passer cette nuit fraîche d'avril dans un lieu qu'il apprécie : le jardin des Oliviers, ou Gethsémani (*Gat Shemanin* en araméen, « pressoir d'huile »). Cette olivaie, entourée d'un muret, s'étend à l'est de la ville, en dehors des remparts et au pied du mont éponyme (818 m), parallèle au Temple. C'est là que Jésus, appréhendant les souffrances qu'il sait proches et qu'il a annoncées durant la Cène, est saisi d'une irrépressible angoisse (du grec *agônia*, traduit en français par « agonie »). Il demande à Pierre, Jean et Jacques de le suivre à l'écart, pour le soutenir, et de l'attendre pendant qu'il priera son Père (Dieu) pour trouver le courage d'affronter son sort. Il a peur des souffrances, des railleries et des invectives. Accablé, il tombe à genoux : « Éloigne de moi cette coupe », dit-il à Dieu (Mc 14, 36). Mais il est seul et abandonné, les trois apôtres se sont endormis, pour oublier qu'ils vont le perdre. Jésus retourne prier, « sa sueur devint comme de grosses gouttes de sang » (Lc 22, 44), et il puise enfin la force d'assumer la volonté divine. « Voici que celui qui me livre est tout proche » (Mc 14, 42), lance-t-il en réveillant ses compagnons. Judas est revenu et l'embrasse. C'est le signal. On entend des bruits de pas. Les gardes du Temple, portant des torches qui déchirent l'obscurité, se précipitent sur Jésus. Pierre, prenant son épée, tranche l'oreille droite de l'un d'eux, Malchus. Jésus le prévient : « Tous ceux qui prennent le glaive périront par le glaive » (Mt 26, 52-53). Il est emmené vers son destin et la croix.

➡ *Cène, Crucifixion, Figuier (Le), Judas Iscariote, Passion, Pierre*

OMAR ☪

Omar ibn al-Khattâb, deuxième calife (634-644), c'est-à-dire successeur du prophète Mahomet, institue l'Hégire (fuite de Mahomet à Médine, en 622) comme début de l'ère musulmane. C'est lui qui prend pour la première fois le titre de « commandeur des croyants » *(Amir al-Muminin)* pour illustrer le rôle militaire et conquérant du calife. En effet, il entame les conquêtes de l'islam qui atteindront leur plus grande extension sous la dynastie des Omeyyades (660-750), en prenant Jérusalem et la Palestine, l'Égypte, l'Irak, la Syrie… Omar est célébré aussi pour avoir été d'abord l'ennemi puis l'un des plus proches compagnons du Prophète, qu'il rejoignit peu avant l'Hégire – Mahomet épousa sa fille Hafça. Ce statut ainsi que son mérite moral et religieux lui valent de faire partie des quatre califes dits « bien-guidés » *(Rachidoun)*, avec Abou Bakr son prédécesseur, Othman et Ali ses successeurs, qui furent choisis aussi pour ces qualités, au contraire des califes suivants. Omar fut assassiné par un esclave.

➡ *Abou Bakr, Ali, Mahomet, Othman*

OMER ✡

Dans l'ancien Israël, il était d'usage d'offrir une « gerbe » *(omer)* d'orge à Pessah (Pâque), afin de remercier Dieu pour avoir favorisé la nature et les récoltes, exemple de l'origine agraire des grandes fêtes juives : « Quand vous serez entrés dans le pays que je vous donne et quand vous y ferez la moisson, vous apporterez au prêtre la première gerbe de votre moisson », rapporte en effet le Lévitique (23, 10). L'Omer désigne, depuis très longtemps, la période de cinquante jours qui séparent Pessah de Chavouot (fête des Semaines ou Pentecôte), de nisan à sivan (mois du calendrier juif). Car ces deux fêtes sont indissociables pour l'identité juive : si Pessah célèbre la libération des Hébreux de l'esclavage d'Égypte, Chavouot consacre le don de la Torah, cœur du judaïsme. L'Omer s'affirme comme une passerelle reliant ces deux dates essentielles, les juifs respectant un certain nombre de consignes, comme celle de ne pas se couper les cheveux, de ne pas se marier ou de ne pas faire la fête. Cette période est marquée aussi par la tristesse, état qui, selon une source, trouverait son origine dans la mort de milliers de juifs : il s'agit de disciples de Rabbi Aqiva (à qui est attribuée l'*Avinou*, la prière), victimes d'une épidémie, sans doute durant la révolte juive de Bar-Kokhba (132-135) contre les Romains. Le « 33e jour d'Omer » (Lag ba-Omer), le 18 du mois d'iyyar, qui correspondrait à la fin de cette épidémie ou à une victoire de Bar-Kokhba, échappe à la morosité et à ces interdictions.

➡ *Avinou, Bar-Kokhba, Chavouot, Iyyar, Nisan, Pentecôte, Pessah, Sivan, Torah*

OMRA ☪

L'Omra est le « petit pèlerinage » de La Mecque, première ville sainte de l'islam, celle du prophète Mahomet, et qui abrite la Kaaba, sanctuaire d'Allah (Dieu). Au contraire du Hadj, le grand pèlerinage qui se déroule à date fixe (mois de dhou al-hijjah), il est plus simple et peut être fait à n'importe quel moment de l'année. Mais il faut, comme pour le Hadj, se purifier par des ablutions et parvenir à l'*ihram*, état de consécration à Dieu, représenté par des vêtements blancs. Le pèlerin commence par sept circumambulations *(tawaf)* autour de la Kaaba. Puis, après s'être abreuvé à la source de Zemzem, il parcourt sept fois la distance séparant les collines proches de Safa et de Marwah.

➡ *Ablution, Circumambulation, Dhou al-hijjah, Hadj, Ihram, Kaaba, Mecque (La)*

ONCTION ✡ ✝

L'onction est l'action d'oindre, c'est-à-dire de « frotter » ou de « parfumer » (*ungure* en latin) une personne. Dans l'Antiquité, l'huile parfumée, que l'on applique donc par onction, était répandue. Dans le judaïsme et le christianisme, elle a valeur de symbole : Dieu transmet sa puissance et sa bénédiction, en même temps que le parfum exprime la joie d'être investi. Ainsi, dans la première moitié du Ier millénaire av. J.-C., à l'époque du Premier Temple de l'ancien Israël, il était d'usage d'oindre les rois, au moment de leur sacre, et les prophètes en leur appliquant de l'huile parfumée sur la tête, afin de signifier qu'ils étaient consacrés, l'huile symbolisant l'Esprit de Dieu descendant en l'homme. Et la Bible mentionne à de nombreuses reprises l'onction qui consacrait aussi à Dieu les animaux sacrifiés ou encore les autels. Ce rituel divin fut aussi appliqué au oint le plus emblématique, le Messie, dont le mot vient de l'hébreu *mashiah* (« oint »).

Si le judaïsme abandonna ensuite l'onction, le christianisme l'a repris dans les sacrements, sans doute avant le IVe siècle. L'huile pénètre dans le corps, symbolisant Dieu pénétrant en l'homme, tandis que le parfum évoque une puissance invisible comme l'Esprit saint. L'Église catholique utilise une huile sainte dans les sacrements suivants : le baptême où elle sert lors de l'exorcisme « ordinaire », l'onction des malades (et l'extrême-onction), la confirmation et le sacrement de l'ordre (ordination des prêtres). Pour consacrer ces huiles, un jour de la Semaine sainte, l'évêque réunit les prêtres de son diocèse pour célébrer la messe dite « chrismale » (du grec *khrisma*, « huile »). Nous trouvons en particulier le saint chrême, qui, employé par les catholiques et les orthodoxes, se compose d'huile d'olive et de parfum. En raison de son caractère sacré, il est utilisé pour le baptême, la confirmation et le sacrement de l'ordre (ordination des prêtres), qui sont marqués par les dons de l'Esprit saint (symbolisés par le parfum). Il sert aussi à la consécration d'une église, d'une cloche ou d'un autel.

➡ *Baptême, Bénédiction, Confirmation, Consécration, Esprit saint, Eucharistie, Exorcisme, Messie, Sacrement*

ORDINATION ✡ ✝

L'*ordinatio* était, au temps des Romains, un arrangement ou un gouvernement. Ce mot latin a été repris par le vocabulaire religieux pour illustrer la transmission d'une charge spirituelle : l'ordination que l'on retrouve dans le judaïsme et le christianisme.

Dans la Bible, Moïse désigna Josué comme son successeur en lui imposant les mains, lui transmettant ainsi l'autorité spirituelle (Esprit) qu'il tenait de Dieu. Josué entama ensuite la conquête de Canaan, la Terre promise d'où naîtra Israël. L'ordination (*semikha* en hébreu) fut ainsi instituée dans l'ancien Israël, et uniquement sur cette terre, pour ceux qui entraient au Sanhédrin, la grande institution juive apparue dès le IVᵉ siècle av. J.-C. Après la disparition du Sanhédrin, en 425, la *semikhah* resta en usage dans les communautés de la Diaspora qui avaient besoin d'autorités religieuses et législatives, à savoir les rabbins. Dès lors, ceux-ci ne recevaient plus l'imposition des mains mais un « permis d'enseigner » *(hattarat horaah)* qui continua d'être appelé *semikhah*. La tradition s'est perpétuée jusqu'à nos jours.

Dans le christianisme, l'ordination s'inscrit dans la droite ligne de Jésus. En instituant l'eucharistie au soir de la Cène, son dernier repas, il déclara à ses apôtres, ses plus fidèles disciples : « Faites cela en mémoire de moi. » Jésus instaura donc ainsi un autre sacrement, l'ordination, transmise sans interruption de siècle en siècle. L'évêque, successeur des apôtres, a la charge d'administrer l'eucharistie qui permet au fidèle de rencontrer le Christ par l'intermédiaire de son corps (pain) et de son sang (vin). Il a aussi celles d'enseigner et de gouverner un diocèse, division administrative de l'Église. Pour exercer cette fonction, il reçoit l'ordination épiscopale (appelée

« sacre » autrefois). Au cours d'une messe, trois évêques (un principal, deux assistants) lui transmettent le don de l'Esprit saint en lui imposant les mains sur la tête. Puis il reçoit les signes distinctifs de l'épiscopat : anneau, mitre, crosse. Le futur évêque est nécessairement choisi parmi les prêtres qui ont également reçu une ordination dite « presbytérale » (du latin *presbyterium*, d'où vient le mot « prêtre »), l'imposition des mains étant pratiquée par un évêque et les autres prêtres présents. Enfin, l'ordination du diaconat (diacre) est donnée seulement par un évêque. Seuls les catholiques, les orthodoxes et, dans une moindre mesure, les anglicans reconnaissent la valeur sacramentelle de l'ordination. Partant du principe, commun à toutes les Églises chrétiennes, que le baptisé représente le premier sacerdoce, les protestants la réfutent, mais les positions sont variées au sein de la famille protestante. Toutefois, les pasteurs, qui sont des baptisés comme les autres, sont en général ordonnés par imposition des mains, ce geste signifiant simplement l'accès à leur fonction.

➡ *Diacre, Esprit saint, Eucharistie, Évêque, Ordre, Pasteur, Prêtre, Rabbin, Sacrement*

ORDRE

L'ordre est, par son origine latine *(ordo)*, synonyme de clarté, de classement selon des critères précis (thèmes, alphabet, dates…). Il en va de même dans l'Église catholique où un ordo, publication annuelle, remplit deux fonctions : un calendrier liturgique dans lequel sont consignées les manières de célébrer la messe et les offices quotidiens pour chaque jour de l'année ; la liste des clercs, voire des laïcs, et leurs fonctions au sein d'un diocèse.

L'ordre correspond aussi à un rang, à l'image des centurions romains de l'Antiquité. Dans l'Église, c'est un choix délibéré, conscient, la priorité étant donnée à Dieu et à autrui. Il s'agit d'abord de l'ordination, ou sacrement de l'ordre, qui comprend l'épiscopat (évêque), la prêtrise (prêtre) et le diaconat (diacre). C'est ensuite l'ordre religieux qui s'applique aux fondations monastiques les plus anciennes : Bénédictins, Cisterciens, Franciscains, Dominicains, Carmes. Les formes ultérieures de vie monastique ou religieuse sont appelées « compagnie » (comme les Jésuites, 1534) ou « congrégation » (les Lazaristes, 1625).

ORNEMENT, L' ☪

L'Ornement (al-Zukhruf), 43e sourate du Coran, commence par rappeler tous les bienfaits venant de Dieu le Créateur : animaux, eau chargée de limons qui fertilisent le sol... Mais les hommes, ingrats, oublient d'où proviennent ces richesses de la Terre comme ils refusent celles qui jaillissent du ciel où Dieu réside. Ils théorisent, supputent, attribuent des sexes aux anges sans avoir été « témoins de leur création » par Dieu – ils voient dans les anges des filles, raison pour laquelle ils les adorent. Refusant les prophètes (envoyés) qui ont précédé Mahomet, tel Moïse, ils les ont traités de magiciens. Ils ont préféré suivre les mêmes croyances que leurs aînés, se rendant aveugles et sourds, s'écartant de la véritable voie : pour les châtier, Dieu, le Tout-Puissant, a anéanti leurs cités et les a livrés au démon. Mahomet doit les avertir : gare à celui qui rejoint Allah par peur ou par convenance, puis renie son engagement dès que la réalité ou la richesse le rassure. Il ne faut pas non plus adorer un homme divinisé, comme Jésus, qui n'était que le serviteur de Dieu, lequel est le seul que l'on puisse adorer : « Voilà un chemin droit ! » Les factieux et autres pervers iront dans la géhenne (enfer) où, en proie aux supplices éternels, ils imploreront le gardien, Malik (« roi », « prince ») : « Que ton Seigneur nous achève ! » Mais l'éternité les attend dans cet enfer, car la majorité des hommes « détestent » la vérité qu'apporte Dieu.

➡ *Ange, Fawatih, Géhenne, Jésus, Mahomet, Moïse*

ORTHODOXE ✝

Le mot « orthodoxie » signifie, dans son sens premier, « ce qui est conforme à la doctrine », c'est-à-dire au contenu d'une foi religieuse – c'est une « juste opinion » en grec (*orthos* et *doxa*). Le mot « hétérodoxe » englobe par conséquent tout ce qui est en dehors de l'orthodoxie. On parle ainsi de « judaïsme orthodoxe », sans que ce mot ait une quelconque connotation péjorative, laquelle s'applique plutôt à des idéaux politiques.

L'orthodoxie prend un relief particulier au sein du christianisme puisqu'elle rassemble l'une des trois grandes familles, avec les catholiques et les protestants. Elle couvre surtout l'Europe de l'Est, la Grèce, l'Albanie, l'ex-Yougoslavie, la Roumanie et, dans une moindre mesure, l'Égypte et le Proche-Orient. Son origine remonte quasiment aux premiers siècles du christianisme. À sa fondation, dans la seconde moitié du Ier siècle, l'Église chrétienne se répand dans l'Empire romain, maître du monde, c'est-à-dire dans le bassin méditerranéen. Pour s'organiser, elle donne aux cinq grandes communautés le titre de patriarcats, dirigés chacun par un patriarche : Rome, Constantinople (Istanbul, capitale de la Turquie), Antioche (Turquie), Alexandrie (Égypte), Jérusalem. Au fil du temps et des décisions capitales prises lors des conciles, apparaissent des divergences entre le patriarche de Rome (pape) et celui de Constantinople. Les désaccords relèvent de trois domaines : le pouvoir que le pape veut exercer sur tout le monde chrétien en vertu de la dimension universelle *(catholicos)* de Rome ; des questions de dogme (vérités en matière de foi), par exemple le Filioque, c'est-à-dire la place du Fils au sein de la Trinité ; des différences en matière de liturgie et de législation (ordination de prêtres mariés par exemple). Le climat s'envenime et aboutit, en 1054, à la séparation en deux Églises qui s'excommunient mutuellement. L'Église de Constantinople s'affirme alors « orthodoxe ». Les siècles suivants sont marqués surtout par le sac de Constantinople par la quatrième croisade (1202-1204) et l'instauration, pour cinquante-sept ans, d'un royaume latin (catholique) ; cet événement est encore considéré par les orthodoxes comme une trahison. Des tentatives de rapprochement ont lieu en 1274 au concile de Lyon, et en 1439, à celui de Florence, mais sans résultat. Il faut attendre le concile Vatican II (1962-1965) pour que les excommunications mutuelles soient levées.

Les orthodoxes partagent avec les catholiques la valeur donnée aux sept sacrements. Mais ils s'en distinguent en ne reconnaissant que les sept premiers conciles (de Nicée I, en 325, à Nicée II, en 787) – contre vingt et un pour les catholiques. Aucune évolution de doctrine n'ayant été faite depuis ces temps lointains, la liturgie, d'une grande profondeur, puise dans une tradition très ancienne : absence de musique, silence, méditation, icônes... tout participe au mystère de Dieu. Enfin, partant du principe qu'ils sont unis par la foi et l'Esprit saint, les orthodoxes ne sont pas organisés à partir d'une fonction centrale, comme celle du pape. Chaque pays possède son Église dirigée par un patriarche, ce qui explique le rôle politique joué par la plupart d'entre elles, tant elles sont ancrées dans les histoires nationales.

Il existe un patriarche œcuménique de Constantinople, mais sans autorité, ce titre étant principalement honorifique.

➡ *Concile, Doctrine, Dogme, Église chrétienne, Esprit saint, Filioque, Icône, Monachisme, Mystère, Pape, Patriarche*

OSÉE ✡

Le prophète Osée a laissé l'un des deux plus anciens livres de la Bible, avec celui d'Amos. Ses oracles, emprunts de sensibilité et de douleur personnelle, sont prononcés vers 740 av. J.-C. en Samarie, royaume israélite du Nord, que convoite alors l'Assyrie – celle-ci l'envahira en 722. Il vit en effet une peine à deux visages qui, dans son texte, se confondent : Gomer, son épouse, sans doute une de ces prostituées qui se donnaient dans les sanctuaires voués aux dieux étrangers (les baals), le trompe, de même qu'Israël est infidèle à son Dieu en se donnant à ces mêmes divinités. Gomer mérite d'être punie, mais Dieu conseille l'attente : elle se souviendra bientôt de l'amour de naguère et se convertira. Dieu patiente aussi, mais n'hésitera pas à frapper si Israël persiste à adorer les idoles, ses ennemis. Il est aussi un père fâché de la désobéissance de son fils. Israël doit donc abandonner les dieux étrangers, renouer avec la « connaissance » (amour réciproque), comme au temps du Sinaï. En retrouvant ainsi son épouse ou son enfant, Dieu lui accordera son amour et l'Alliance éternels.

➡ *Alliance, Amos, Assyrie, Baal, Connaissance, Idole, Prophète, Samarie*

OTHMAN ☪

Othman ibn Affân est le troisième calife (successeur) du prophète Mahomet, fonction qu'il exerce de 644 à 656. Avec ses deux prédécesseurs, Abou Bakr et Omar, et son successeur Ali, il fait partie des quatre califes dits « bien-guidés » *(Rachidoun)*. Au contraire des suivants, ils furent choisis pour leur mérite moral et religieux ainsi que pour leur relation proche avec le Prophète. C'est sous son califat que le Coran fut compilé pour constituer la version canonique (règle), la Vulgate. Mais il fut assassiné par des musulmans lui reprochant de favoriser un clan, duquel naîtra la dynastie des Omeyyades (660-750) fondée par Mu'âwiya.

➡ *Abou Bakr, Ali, Calife, Mahomet, Mu'âwiya, Omar*

OULÉMA ☪

Le mot « ouléma » vient de l'arabe *'ulama* (pluriel de *'alim* qui signifie « savant » en matière religieuse). Les oulémas sont des lettrés qui ont atteint un haut degré de connaissance de la théologie (étude de la religion, dont le droit musulman) et des textes sacrés, en premier lieu le Coran, Livre saint de l'islam. Peuvent être oulémas : un imam (celui qui conduit la prière dans une mosquée), un mufti (autorité dans le domaine de la *charia*), un *qadi* (juge) ou encore un *faqih* (spécialiste des jurisprudences à partir de la *charia*, ou *fiqh*), un professeur de *madrasa* (université religieuse) ou toute autre personne ayant les compétences requises sans pour autant exercer une fonction religieuse. L'érudition des oulémas leur valut, dans le passé, une grande considération car l'islam, où la religion est inséparable de l'État, eut recours à leur savoir afin d'adapter son expansion aux exigences religieuses. Leur poids devint moins sensible avec l'influence des modes de gouvernements occidentaux, perceptible dès le XIXe siècle. Mais ils sont toujours respectés et jouissent d'une grande autorité.

➡ *Charia, Fiqh, Imam, Madrasa, Qadi*

OUMMA ☪

L'oumma est la « communauté » en général, musulmane en particulier, celle des croyants. Le Coran indique ce que Dieu (Allah) entend par ce terme.

À l'origine, les hommes ne formaient qu'une communauté qui se répartit à son tour en plusieurs autres qui se sont succédé. Dieu aurait pu ne créer qu'une oumma, mais l'humanité passe son temps à se disputer, se battre, s'entre-déchirer.Il envoya donc des prophètes, afin de montrer la vérité (Dieu lui-même) et le chemin à suivre. Ces communautés pouvaient être formées d'hommes, de bêtes ou de djinns (créatures invisibles capables de bien ou de mal, comme les humains). Or, l'humanité refusa d'entendre ces envoyés : Dieu la frappa de malheur, l'égara par des joies éphémères, illusoires. Il plaça en rang ces injustes, qui avaient qualifié de mensonges les « Signes » annoncés par ses messagers. Il les promit au feu de l'enfer, et à leur maître, le démon, sans que leur volonté pût inverser leur sort.

En révélant le Coran à Mahomet, son Prophète, Dieu l'a chargé de transmettre désormais son message clairement, en arabe, afin d'avertir, en tant que témoin, qu'il faudrait à l'avenir former une seule communauté, soumise à Dieu et tournée vers la *qibla* (direction de La Mecque), ce qui distingue les musulmans des autres humains. Il existe cependant, parmi les juifs et les chrétiens, une communauté de croyants sincères et pieux, qui prient Dieu avec tout le respect requis. Les musulmans forment ainsi l'islam, communauté cohérente, soudée, la communauté unique, celle du Dieu qu'il faut adorer et craindre, dont il faut respecter les rites qu'il a institués. Chacune des autres communautés sera convoquée au jour du Jugement de Dieu, et recevra la sentence qu'elle mérite, enfer ou paradis.

➡ *Démon, Djamâ'a, Djinn, Islam, Jugement dernier, Juste, Prophète*

OUVERTURE, L' ☪

Dans *L'Ouverture (al-Sharh)*, 94e sourate du Coran, Dieu (Allah) montre en quelques paroles (huit versets) combien la condition de l'homme est fragile et précaire. En révélant le Coran à Mahomet, il lui a ouvert le cœur, lui faisant prendre conscience que « le bonheur est proche du malheur ». La véritable félicité se recherche en Dieu, vient de lui, la prière *(salat)* étant le chemin à suivre. Le cœur *(qalb)* est important dans le Coran, qui le mentionne cent trente-deux fois, sans compter les termes qui lui sont associés, comme la poitrine *(sadr)*. Cet organe n'est pas seulement fonctionnel, il permet aussi de comprendre et de « voir » de l'intérieur. « N'ont-ils pas des cœurs qui comprennent et des oreilles qui entendent ? Ce ne sont pas leurs yeux qui sont aveugles, mais ce sont leurs cœurs qui sont aveugles dans leurs poitrines », explique *Le Pèlerinage* (22, 46). Et, pour les incrédules, ceux qui ne savent et ne comprennent pas, ou encore les tyrans, Dieu place un sceau sur leur cœur.

➡ *Allah, Mahomet, Révélation, Salat*

P

PAIN ✡ ✝ ☪

Le pain, sous toutes ses formes, constitue depuis toujours la base de l'alimentation pour une bonne part de l'humanité. Il en était bien sûr de même à l'époque d'Israël (Ier millénaire avant notre ère) et de Jésus. Et le pain (*léhem* en hébreu) occupe une place de choix dans les célébrations juives, comme au Séder (déroulement) de Pessah (Pâque). En outre, les repas sont l'objet de bénédictions du pain (*ha-motsi* et *birkat ha-mazon*).

Jésus ne choisit donc pas par hasard le thème du pain. Par exemple, alors que sa Passion est proche, il procède au miracle des pains et des poissons, rapporté par les quatre évangiles du Second Testament, ce qui en souligne l'importance. Dans un lieu désertique où il se trouve avec quelques disciples, il voit une foule approcher. Après lui avoir parlé de sa mission, il constate qu'il est tard et qu'il n'y a pas assez de nourriture. Prenant cinq pains d'orge et un poisson, il les multiplie et nourrit tout le monde. Ce miracle est hautement symbolique : Dieu offrit la manne (le « pain du ciel », selon le livre de l'Exode, 16, 4) aux Hébreux conduits par Moïse, lequel fut l'instrument du salut de son peuple ; de même, Jésus a prouvé qu'il était l'instrument du salut des hommes. Il le montre à nouveau quelques jours plus tard, au cours de la Cène, son dernier repas, la veille de sa crucifixion : au cours d'une Pâque (juive) symbolique, il institue l'eucharistie où il distribue aux apôtres son corps (le pain) et son sang (le vin) qu'il va offrir pour le salut des hommes. En dehors du sacrement eucharistique, les chrétiens récitent aussi avant chaque repas la bénédiction du pain quotidien, ou *Bénédicité*.

Le pain, s'il n'est pas le sujet de rites aussi particuliers, n'en demeure pas moins un aliment très important en islam, car la charité, l'aumône et l'hospitalité sont des devoirs sacrés. Partager son pain ou en offrir une part à un pauvre sont des œuvres reconnues. Et les musulmans bénissent aussi le pain, qui, comme toutes les nourritures, n'existerait pas sans le pouvoir créateur de Dieu.

➡ *Aumône, Azyme, Bénédicité, Birkat ha-mazon, Charité, Eucharistie, Hallah, Hamets, Manne, Matsah, Parabole, Salut*

PAÏEN ✝

Les mots « païen » et « paganisme » trouvent leur origine dans le latin *paganus* (« paysan »). Ils ont été créés par le christianisme à la fin de l'Empire romain, tombé en 476, pour désigner, outre les Romains eux-mêmes, ceux qui continuaient à pratiquer les religions polythéistes en vigueur dans les territoires romains. Ces cultes persistaient en effet essentiellement dans les campagnes, d'où le choix de *paganus*.

Quant à Jésus, il désapprouva que le judaïsme officiel interdît l'intégration des païens et même le contact avec eux, le mot s'entendant dans le sens de « gentil » (non-juif) : tous ceux qui ne faisaient pas partie du peuple choisi par Dieu étaient des pécheurs, en premier lieu les Romains. Jésus se démarqua en ouvrant justement le royaume de Dieu à ces mêmes païens, tel ce centurion de Capharnaüm, ou cet autre, Corneille, rencontré par Pierre. Paul, qui se convertit après avoir rencontré Jésus ressuscité sur la route de Damas, fut ainsi appelé « l'Apôtre des gentils [païens] » parce que ses missions concernèrent presque uniquement les communautés vivant hors de Palestine.

Le paganisme au sens chrétien s'appliqua ensuite à ceux qui, sans être forcément polythéistes, n'appartenaient ni au judaïsme ni au christianisme. Ainsi, au Moyen Âge, l'islam, né au VIIe siècle, fut qualifié de païen, notion bien entendu abandonnée de nos jours, tandis que l'islam qualifiait aussi de païennes les mœurs polythéistes qui existaient en Arabie et à La Mecque avant son avènement.

Pourtant, certaines fêtes des calendriers juif et chrétien ont puisé dans des traditions païennes – comme Noël. Et, dans une moindre mesure, l'islam a conservé la vénération de la Kaaba (le sanctuaire) de La Mecque. Car le paganisme n'était pas ennemi des trois religions monothéistes, mais plutôt une autre forme de spiritualité en communion avec la nature que prodiguait les divinités, multiple pour ces peuples païens, unique pour juifs, chrétiens et musulmans.

Pour le judaïsme et l'islam, il existe un vocabulaire spécifique qui rend mieux compte de la manière dont ces deux grandes religions abordent les autres fois. Pour le judaïsme, tout non-juif est un « gentil », ou plutôt un *nohri* (« étranger »), un « non-circoncis » *(arel)* ou encore un *goy* parce qu'il ne fait pas partie de la « nation » d'Israël. Cela n'exclut pas qu'il puisse être converti (prosélyte) à condition de respecter les lois. Sinon, il est considéré comme *akoum*, c'est-à-dire un adorateur d'idole. L'islam, qui range judaïsme et christianisme parmi les gens du Livre *(ahl al-Kitab)*, voit dans le polythéisme, actif en Arabie avant Mahomet, le *shirk* (« association »), soit la vénération de plusieurs dieux à la place de Dieu ou en même temps que Dieu, ce qui relève d'une véritable « ignorance » *(jahl)*.

➡ *Ahl al-Kitab, Corneille, Gentil, Idole, Kaaba, Noël, Péché, Romain*

PALESTINE ✡ ✝ ☪

La Palestine correspond à peu près à l'ancien royaume d'Israël, ses frontières ayant varié au cours de l'Histoire. Ce nom vient de *Syria Palestina*, utilisé par les Romains en 138, sous l'empereur Hadrien, pour désigner leurs possessions du Proche-Orient. Or, Palestine signifie « pays des Philistins ». Ironie du sort quand on sait que ces Philistins furent parmi les plus farouches ennemis d'Israël, auxquels se confronta, entre autres, le célèbre Samson, l'un des grands héros de la Bible. Ce peuple s'installa à partir du XIIe siècle avant notre ère sur l'actuelle bande de Gaza, ville qui existait déjà à leur époque.

La Palestine est d'abord occupée par les Cananéens au IIIe millénaire av. J.-C., puis, au Ier millénaire av. J.-C., par le royaume d'Israël. Après la disparition définitive de la monarchie israélite, en 587 av. J.-C., le peuple juif est soumis aux Perses, aux Grecs puis aux Romains en 63 av. J.-C. À cette époque, la Palestine, territoire de 20 000 km^2 environ, est morcelée en trois provinces traversées par un fleuve légendaire, le Jourdain. Au sud s'étend la Judée, au sol aride et rocailleux, aux villes saintes, Jérusalem et Hébron ; au centre, la Samarie, pays agricole ; au nord, la Galilée, région verdoyante où niche le lac de Tibériade. Ce sont ces terres que Jésus parcourt pendant les quelque deux ans et demi de son ministère, de 28 à 30 environ.

La Palestine connaît ensuite deux révoltes juives ; la première aboutit, en 70, à la destruction du temple de Jérusalem, la seconde est conduite, de 132 à 135, par Bar-Kokhba (« Fils de l'Étoile »). Après la chute de l'Empire romain d'Occident (476), elle revient à l'empire d'Orient (Byzance), puis aux Persans (614-629) et aux musulmans (à partir de 636), que combattent les croisades chrétiennes commencées en 1096. Reprise par Saladin en 1187, la Palestine passe entre différentes dynasties de l'islam, dont les Mamelouks, avant d'intégrer l'Empire ottoman (1516). Celui-ci, démantelé après la Première Guerre mondiale, laisse place en Palestine au protectorat britannique qui cesse définitivement en 1948, avec la création de l'État d'Israël. Mais cette terre reste un sujet de conflit entre l'État juif et l'Autorité palestinienne, laquelle représente une communauté humaine aux racines très anciennes. Ces relations très sensibles sont aussi déterminées par la présence, en Palestine, des Lieux saints. Jérusalem, mais aussi Hébron par exemple, sont considérées comme sacrées par les trois religions monothéistes.

➡ *Bar-Kokhba, Hébron, Jérusalem, Jourdain, Judée, Philistin, Samarie, Sémite, Sionisme, Tibériade*

PAPE ✝

Le mot hébreu *abba* (« père »), est présent dans le Second Testament, et courant dans le judaïsme. Il a même été repris par le christianisme, notamment dans « abbé », supérieur d'une abbaye, c'est-à-dire d'un monastère majeur. Mais le mot « pape », issu du grec *pappa*, de même signification, ne figure ni dans la Bible ni dans le Second Testament. Dès le Vᵉ siècle, il s'imposa pour désigner, de manière à la fois respectueuse et affectueuse, l'évêque de Rome, successeur de l'apôtre Pierre, fondateur de l'Église romaine. Il se justifia aussi parce que le pape est depuis toujours le patriarche de l'Église catholique de Rome, c'est-à-dire de l'Occident. Cette qualité lui vaut d'être appelé aussi Saint-Père ou Souverain Pontife, d'où vient l'adjectif « pontifical », car il « fait un pont » (*pontifex* en latin) entre Dieu et les hommes.

Le pape est responsable du gouvernement de l'Église catholique romaine. Mais si le mot « catholique » veut dire « universel », le pape n'a pas autorité sur tous les chrétiens, orthodoxes et protestants restant indépendants de Rome. Pour l'aider dans sa tâche, il s'entoure de cardinaux réunis au sein du Sacré Collège, et d'une administration ou « Curie ». Depuis le concile Vatican II (1962-1965), il reçoit aussi les conseils des « synodes » (réunions d'évêques). Pour ce qui concerne la communication avec les catholiques et le clergé, il utilise certains documents (encyclique, bulle, constitution apostolique...). Sur le plan international, le pape est représenté par des diplomates, les « nonces », et par les « légats », envoyés temporaires.

Autrefois, il était habillé de rouge (couleur du pouvoir suprême) jusqu'aux vêtements blancs mis en service par le pape Pie V en 1566, mais le rouge perdure, dans sa cape par exemple. Son autorité pontificale s'exprime, entre autres, dans son infaillibilité ; c'est-à-dire que, dans certaines circonstances, il ne peut se tromper en matière de doctrine puisqu'il est assisté de l'Esprit saint.

À sa mort, un autre pape est désigné par les cardinaux lors d'un « conclave » (*cum clave* [pièce fermée] à clé en latin), mode d'élection existant depuis 1059 et le pape Nicolas II. Avant cette date, il était élu, comme les autres évêques, par les habitants et le clergé de sa ville, Rome. À ce propos, les Romains considéraient leur capitale Rome comme LA « ville » (*urbs* en latin) rayonnant sur « le monde » *(orbis)*. Cela explique la formule *urbi et orbi* : lors de grandes occasions, comme Pâques ou Noël, le pape, évêque de Rome et pasteur universel, adresse sa bénédiction *urbi* (« à la ville », c'est-à-dire aux fidèles de Rome) *et orbi* (« au monde »).

Enfin, le pape gouverne depuis le Vatican, État indépendant qui, niché au cœur de Rome, sur l'une des sept collines dominant la ville, est le plus petit État du monde, avec une superficie de 44 ha, et le moins peuplé (1 000 habitants environ). Le Vatican abrite le Saint-Siège (gouvernement) et fonctionne de manière autonome dans ses décisions et son fonctionnement, ce qui lui garantit une indépendance à l'encontre des pays laïcs. De fait, le Vatican possède une monnaie (lire vaticane), un hymne, des journaux – dont un quotidien *(L'Osservatore romano)*, une radio, un drapeau. Son armée est une garde instituée en 1480 par le pape Sixte IV, composée de cent Suisses catholiques dont l'uniforme n'a quasiment pas changé depuis cette date. Le Vatican a accueilli les deux derniers conciles œcuméniques.

➡ *Bénédiction, Concile, Doctrine, Évêque, Œcuménisme, Patriarche, Pierre*

PÂQUES ✝

Pâques est la fête majeure du calendrier chrétien car elle célèbre la résurrection de Jésus, qui eut lieu un dimanche. Ce mot pluriel concerne aussi les éléments clés de la Passion, commémorés pendant la semaine sainte qui précède.

Il est possible de reconstituer ces derniers jours à partir des évangiles du Second Testament et du calendrier de la Palestine en vigueur à cette époque. Il est utile de préciser que les jours commençaient alors au coucher du soleil pour s'achever le lendemain au même moment, rythme conservé par le shabbat juif par exemple.

Entré quelques jours plus tôt à Jérusalem, Jésus prend son dernier repas (la Cène) un jeudi soir (jeudi saint) et institue l'eucharistie qui permettra à ses disciples de ressentir sa présence après sa mort ; il procède alors à une sorte de repas « pascal », une Pâque (Pessah) symbolique, en prenant du pain et du vin en usage dans le rituel juif. Car il sait que sa fin est imminente. Il est en effet arrêté le soir même au jardin des Oliviers. Moqué, flagellé, il comparaît le vendredi matin devant le préfet romain Ponce Pilate qui a seul le pouvoir de faire exécuter une sentence de mort. Jésus est condamné à la crucifixion (vendredi saint). Mais, au soir de ce vendredi doit commencer le shabbat qui, cette année-là, coïncide avec la Pâque, l'une des grandes fêtes de pèlerinage du calendrier juif – cette concordance a permis de situer ces événements en 30, date la plus plausible. Or, il n'est pas question que des cadavres restent exposés à Jérusalem, la Ville sainte, durant ce jour de grande piété. Aussi Jésus est-il descendu de la croix avant la fin du coucher du soleil, pendant que les juifs préparent le repas pascal. Il est placé dans le tombeau de Joseph d'Arimathie. Le lendemain, samedi, est donc doublement sacré, et il n'est pas question d'en violer la solennité en se rendant sur la tombe d'un défunt. Le dimanche matin, des femmes viennent se recueillir au tombeau de Jésus. Elles le découvrent vide et l'une d'entre elles, Marie de Magdala, est le premier témoin de la Résurrection.

Pâques proprement dit célèbre ainsi la victoire de Jésus sur la mort, et son « passage » (sens du mot Pâque) vers le royaume de Dieu, son Père, auprès duquel il va siéger. L'*Exultet* est ainsi le premier mot latin (« Exultez de joie, les anges du ciel ») d'un chant de prière entonné le soir de Pâques, pour annoncer la résurrection de Jésus et célébrer celui-ci comme la lumière du monde, laquelle est symbolisée par un cierge particulier et dit « pascal ».

➡ *Cène, Cierge, Jeudi saint, Joseph d'Arimathie, Marie de Magdala, Oliviers (Jardin des), Passion, Pessah, Procès de Jésus, Rameaux, Résurrection, Shabbat, Vendredi saint*

PARABOLE ✡ ✝ ☪

La parabole est une « comparaison » (*parabolê* en grec) : il s'agit d'un récit, écrit ou oral, racontant une histoire proche de la réalité destinée à transmettre un enseignement religieux, qu'il est difficile de rendre concrètement. Commune à tout le monde antique, elle est aussi utilisée dans la Bible, sous le mot hébreu *mashal*, qui signifie aussi « énigme », voire « proverbe » : de fait, le livre des Proverbes y recourt. La parabole se retrouve aussi dans les écrits postérieurs du judaïsme, où elle permet d'approcher Dieu sans dévoiler et dire son Nom, qu'il était interdit de prononcer. Mais elle prend un caractère très particulier dans les évangiles du Second Testament, écrits saints du christianisme, qui en rapportent une quarantaine.

Jésus, pour décrire le royaume de Dieu à ses auditeurs, utilise des mots simples et compréhensibles par tous. Éloquent et poète, grand conteur et expert dans cet art verbal, il puise dans les thèmes de la vie courante et ceux de la Bible (agriculture, alimentation, vigne… mais il n'évoque jamais le métier de charpentier). Le Royaume étant par nature invisible, mystérieux, Jésus s'exprime de manière concise, claire et imagée pour mieux imprimer son message dans les mémoires. Ainsi, il compare le Royaume, auquel chacun à droit, au levain qui fait monter le pain, aliment de base. Le Royaume est aussi « le plus grand des trésors », un « trésor qui était caché dans un champ », « un filet qu'on jette en mer ». Il est ce « bon grain » que ne peut étouffer « l'ivraie » (herbacée qui s'en prend aux céréales, dont le blé), c'est-à-dire tout ce qui s'oppose au projet de Dieu, dont Jésus, son Fils, est l'envoyé. Il est donc urgent de se convertir à l'Évangile, la « Bonne Nouvelle », l'avènement proche du Royaume comparé à la moisson et aux vendanges. Jésus recourt aux paraboles pour impliquer plus personnellement ses auditeurs. Par exemple, le péché fait appel à la miséricorde, à l'amour et au pardon : tout pécheur regrettant ses fautes est une pièce de monnaie ou une brebis perdue et retrouvée. C'est aussi ce fils dépensier (prodigue) qui, après avoir dilapidé son héritage, est fêté par son père ; son frère aîné s'en indigne, lui qui a toujours été fidèle. Mais Dieu ne fait pas de distinction entre celui qui est resté et celui qui, un temps, est parti et revenu : « Qui s'élève sera abaissé, mais celui qui s'abaisse sera élevé », rapporte Luc (18, 9-15).

La parabole est également fréquente dans le Coran. On en trouve près de quarante références. Elle est parfois empruntée aux évangiles, comme le Royaume comparé par Jésus au grain de sénevé ((du latin *sinapis*, « graine de moutarde », la moutarde sauvage), le plus petit de tous, mais qui donne des plants d'une hauteur incomparable – récit contenu dans l'évangile de Marc. D'autres sont spécifiques au Coran, comme celle, célèbre, de la 24e sourate, *La Lumière* (24, 35-36) : Dieu est la lumière *(nûr)*, source de tout qui éclaire toute chose ; elle peut être comparée à une niche abritant une lampe contenue dans un verre qui la reflète, telle une étoile scintillante ; cette lampe est installée dans les édifices permis par Dieu et où il est vénéré. Car « Dieu guide, vers sa lumière, qui il veut. Dieu propose aux hommes des paraboles ». Ainsi, si l'on se réfère à ce passage d'une symbolique magnifique, nous trouvons le sens donné au mihrab : cette niche, présente dans la mosquée, abrite l'imam, celui qui conduit la prière.

➡ *Évangile, Évangiles, Lumière, Mihrab, Péché, Proverbes (Livre des), Royaume, Vigne, Ya Sin*

PARACLET ✠ ☪

Ce terme français est spécifique à l'évangéliste et apôtre Jean lorsqu'il parle de l'Esprit saint. Il vient de la traduction latine *(paracletus)* du grec *paraklètos* (« avocat »), mot issu d'un verbe dont la signification est incertaine, et qui contient la notion de consolation, d'encouragement, ou encore d'exhortation. Mais on retrouve le paraclet dans des écrits non chrétiens où il prend le sens plus large de médiateur. De fait, dans la Diaspora juive, un paraclet traduisait à la synagogue les textes hébreux à ceux qui ne les comprenaient pas.

Chez Jean, le Paraclet est donc le transmetteur, l'avocat, le « traducteur » de Dieu (à l'image de Jésus) et l'Esprit saint qu'évoquent déjà plusieurs textes de la Bible. Il peut être aussi l'« Esprit de Vérité » (14, 17), celui qui, après la disparition de Jésus, guidera les disciples dans l'intelligence de la Vérité que Jésus a annoncée. L'annonce de la venue du Paraclet est mentionnée dans les adieux de Jésus à ses disciples : « Le Paraclet, l'Esprit saint, que le Père enverra en mon nom, lui vous enseignera tout et vous rappellera tout ce que je vous ai dit » (14, 26). Dans la première épître de Jean, nous trouvons aussi : « Si quelqu'un vient à pécher, nous avons comme avocat *[paraklêtos]* auprès du Père [Dieu] Jésus Christ, le Juste » (2, 1).

En islam, le mot a été traduit par *faraqlit*. Selon certains auteurs, il s'applique à Mahomet dont la venue est annoncée par Jésus : « Je suis, en vérité, le Prophète de Dieu envoyé vers vous pour [...] vous annoncer la bonne nouvelle d'un Prophète qui viendra après moi et dont le nom sera : "Ahmad". » (61, 6, *Le Rang*). Ahmad, qui ne figure qu'une fois dans le Coran, signifie « le Très Glorieux » (en grec *pereklutos*).

➡ *Apôtre, Esprit saint, Essénien, Évangile, Jean, Jésus, Juste, Mahomet, Mani, Prophète, Rang (Le)*

PARADIS ✡ ✝ ☪

Le mot paradis vient du grec *paradeisos* qui signifie « jardin », « parc ». En prononçant ce mot vient aussitôt l'idée de plénitude, de bonheur parfait, de calme et de sérénité. C'est en effet ce que recherchaient les empereurs de Perse (Iran), maîtres de la Palestine et de ses voisins de 538 à 330 av. J.-C. Ils avaient pour habitude de se reposer avec leur Cour dans de vastes parcs naturels très bien entretenus, peuplés d'animaux et plantés d'arbres – ils sont mentionnés pour la première fois par l'auteur grec Xénophon (vers 430-355). Ces parcs étaient les *pardès*, mot hébreu rendant le persan *pairi-daza* (« parc », « jardin »), et qui fut traduit en grec par *paradeisos*. Lors de la composition définitive du livre de la Genèse, premier livre de la Bible, qui relate la création du monde par Dieu, ils inspirèrent donc le lieu merveilleux qu'est le paradis.

Quand Dieu crée le premier homme (Adam), il l'installe dans un jardin (donc un paradis) situé sur Terre, en Éden, c'est-à-dire en Orient. Ce lieu de félicité est traversé par quatre fleuves, dans lesquels on peut reconnaître le Tigre et l'Euphrate coulant en Mésopotamie (Irak), le « pays entre les deux fleuves ». On y trouve aussi deux arbres : le premier rend immortel (arbre de Vie), le second apporte la connaissance du bien et du mal. Mais cette connaissance ne revient qu'à Dieu, qui interdit à Adam de consommer les fruits de l'arbre. N'est-il pas le seul à connaître et à décider ce qui est bien ou mal ? Puis Dieu crée la première femme (Ève) qui rejoint Adam. Tous deux forment le premier couple de l'humanité, animé d'un amour profond et mutuel ; ils vivent nus, sans ressentir la moindre gêne. Jusqu'au jour de la tentation, laquelle est présente en chaque homme : le serpent (le démon, le mal) la pousse à goûter au fruit défendu de l'arbre sacré qu'elle donne ensuite à Adam. Ils commettent ainsi le premier péché, c'est-à-dire une décision consciente qui s'oppose à la volonté et à l'amour de Dieu. Aussitôt conscients de leur nudité, et mal à l'aise, ils couvrent leur sexe de feuilles de figuier. Le serpent est condamné à ramper éternellement ; Ève et Adam, devenus mortels, sont chassés du paradis et Dieu promet aux hommes et aux femmes l'âpreté du travail, des accouchements difficiles et douloureux... Ils intègrent le monde ordinaire, et le paradis leur est interdit à jamais. Le livre de la Genèse se poursuit par l'histoire de leurs enfants Caïn et Abel, le péché qui se répand dans le monde, entraînant le Déluge... Le paradis ne sera plus terrestre mais céleste et accueillera les justes, les croyants fidèles et sincères.

Le Coran présente des différences avec le récit biblique. Il ne cite pas le lieu de ce paradis. il ne parle pas de la nature de l'arbre ni du serpent. Adam et Ève n'étaient pas nus. Ils ont perdu leurs habits à cause du péché, puis ont essayé de se couvrir avec les feuilles des arbres. Enfin, Satan (Iblis, leur ennemi) leur a promis que cet arbre (un seul) leur procurerait la vie éternelle et les transformerait en anges.

➡ *Arbre, Création, Éden, Houri, Iblis, Péché, Purgatoire*

PAROKHET ✡

Dans le Premier temple de Jérusalem, le Saint des saints *(debir)*, où résidait la Présence de Dieu *(Chekhinah)*, était séparé du Saint *(hékal)*, partie sacrée, par un « voile » *(parokhet)*. Ce rideau remonterait à l'époque des Hébreux qui, dans le désert, construisirent un sanctuaire destiné à les accompagner dans leur périple, le Tabernacle : « Tu feras un rideau de pourpre violette et écarlate, de cramoisi et de fin lin retors, brodé de chérubins [anges]. Tu le mettras sur quatre colonnes d'acacia plaquées d'or, munies de crochets d'or, posées sur quatre socles d'argent. Tu mettras le rideau sous les agrafes, tu introduiras là, derrière le rideau, l'arche du Témoignage, et le rideau marquera pour vous la séparation entre le Saint et le Saint des saints », indique le livre de l'Exode (26, 31-33). Le second livre (historique) des Chroniques rapporte que Salomon, pour le Premier Temple (détruit en 587 av. J.-C.), « fit le Rideau de pourpre violette et écarlate, de cramoisi et de byssus [fil ornemental venant de la sécrétion de mollusques] ; il y appliqua des chérubins » (3, 14) – il s'agissait en fait d'une porte et non d'un voile. Aujourd'hui, dans la plupart des synagogues, un *parokhet* en matières précieuses est placé devant l'arche sainte.

➡ *Ange, Arche, Chekhinah, Chérubin, Chroniques (Livre des), Exode, Saint des saints, Salomon, Tabernacle, Temple*

PASSION ✝

Selon la tradition chrétienne, la Passion (du latin *pati*, « souffrir ») désigne les dernières heures de la vie de Jésus. Elle débute un jeudi soir par la Cène, son dernier repas, par l'agonie et l'arrestation au jardin des Oliviers. Elle se poursuit le vendredi par le procès, la flagellation, la crucifixion, la mort et la mise au tombeau dans la soirée. La Passion s'achève le dimanche matin, avec la découverte du tombeau vide par des femmes, dont Marie de Magdala, premier témoin de la résurrection de Jésus.

➡ *Cène, Crucifixion, Dimanche, Jésus, Marie de Magdala, Oliviers (Jardin des), Procès de Jésus, Résurrection, Vendredi saint*

PASTEUR ✝

La figure du pasteur, ou du berger, est souvent évoquée par Jésus dans les évangiles, pour symboliser sa personne. Dans l'évangile de Jean, il se présente par exemple comme le « Bon Pasteur » (10, 1-21), par lequel les hommes auront accès au royaume de Dieu et au salut. Car Dieu et son Fils, Jésus-Christ, veillent sur les âmes. Jésus conféra ainsi la mission « pastorale » à ses apôtres, à Pierre en particulier, le premier d'entre eux, à qui il confia l'Église.

Les Églises chrétiennes ont donc repris la formule « bon pasteur » pour l'appliquer à leurs propres ministres du culte. Il s'agit du pape (pasteur de l'Église universelle), des évêques et des prêtres par exemple. Dans le protestantisme, où tous les baptisés sont sur un même pied d'égalité devant Dieu, ce ministère est confié justement à un pasteur. Il s'agit d'une femme ou d'un homme pouvant être mariée. Le pasteur, qui a suivi une formation religieuse pointue, a en charge le culte dans le temple, la formation évangélique et l'administration des sacrements (reconnus par les protestants) d'une Église locale, cellule de base de la communauté protestante.

➡ *Berger, Église, Évêque, Pape, Prêtre, Royaume, Salut*

PATRIARCHE ✡ ✝ ☪

Le patriarche est, au sens strict et au sens large, un « chef de famille » (*patriarkhês* en grec, qui peut être traduit aussi par « père de la lignée »). Ce mot est intimement lié à la Bible et, par conséquent, à l'histoire du judaïsme et des juifs. Le livre de la Genèse, qui relate d'abord la création du monde puis les débuts de l'humanité, rapporte ainsi l'existence des premiers patriarches, comme Mathusalem et Noé. Puis il s'intéresse aux cycles de trois figures éminentes et extraordinaires, considérées comme les ancêtres des juifs : Abraham, Isaac et Jacob, les patriarches d'où naîtra le peuple d'Israël, les pères (*avot* en hébreu), modèles de foi et de comportement. Le rôle de leurs épouses, ou matriarches (Sarah, Rébecca, Rachel et sa sœur Léah), est également loué.

Le Second Testament s'inscrit dans ce passé prestigieux. Par exemple, l'évangile de Matthieu voit en Abraham l'ancêtre de Jésus. En outre, à partir du IVe siècle, l'Église chrétienne s'organisa en cinq patriarcats confié chacun à un évêque appelé logiquement « patriarche ». Ces communautés pionnières étaient à Jérusalem, à Constantinople (Istanbul), à Antioche (aujourd'hui en Turquie), à Alexandrie (Égypte) et à Rome (dont le patriarche était donc le pape). De nos jours, le titre de patriarche est honorifique tant en Orient que dans l'Église catholique où il s'applique notamment aux évêques de Venise et de Lisbonne.

Enfin, pour l'islam, Abraham n'était ni juif ni chrétien, mais un prophète, un juste (croyant exemplaire) simplement soumis à Dieu, c'est-à-dire le premier musulman. Il en va de même pour son fils Isaac et pour ses successeurs.

➜ *Abraham, Hébron, Isaac, Jacob, Joseph, Matriarche*

PAUL ♱

Pour certains, Paul est le grand inspirateur de l'Église chrétienne. Pour d'autres, il en jeta les principes mais s'éloigna du message de Jésus, voire en trahit le cœur. Nous connaissons Paul, ainsi que son enseignement, par les Actes des apôtres (de son compagnon Luc) et par ses propres lettres (épîtres), autant d'ouvrages contenus dans le Second Testament.

Personnage complexe, il naît à Tarse (en Turquie actuelle), sous le nom de Saül, celui du premier roi d'Israël. De nationalité romaine, il est juif et pharisien, formé sans doute par Gamaliel l'Ancien, grande figure du judaïsme de cette époque. Au moment où Jésus vient d'être crucifié, vers l'an 30, Saül a une vingtaine d'années. Il sert les autorités juives de Jérusalem qui, désapprouvant la nouvelle voie ouverte par Jésus, en persécutent les adeptes, tout comme les Romains – il ne s'agit en aucun cas du peuple juif dans son entier. Il approuve, et participe sans doute, à la lapidation du premier martyr chrétien, le diacre Étienne, vers 36. L'année suivante, il poursuit sa mission de persécuteur et sillonne les routes quand, sur le chemin de Damas (Syrie), Jésus ressuscité lui apparaît dans une lumière aveuglante et lui demande : « Pourquoi me persécutes-tu ? » Dès lors, Saül se convertit puis, baptisé, il se proclame apôtre, affirmant que Jésus ressuscité lui a conféré ce titre réservé à ses plus proches disciples. Se qualifiant en même temps d'« avorton » (*ektrôma* en grec), il va pourtant témoigner d'un intense pouvoir de conviction. Après une retraite de trois ans, dont on ne sait quasiment rien, il réussit, grâce à l'apôtre Barnabé, à convaincre les apôtres de le compter dans leur collège, c'est-à-dire l'Église – il participera ainsi au premier concile, à Jérusalem, en 48 ou 49, où il affirmera la rupture avec les rites juifs, dont la circoncision. Chargé de répandre l'Évangile auprès des non-juifs, donc hors de Palestine, sur les terres où règnent encore les cultes polythéistes, il sera appelé « l'Apôtre des gentils [non-juifs] ». Pour mieux mener sa tâche, il prend le nom romain « Paul », plus adapté à son auditoire et mieux accueilli. En 44, il entame un formidable périple de quatorze ans. Parfait connaisseur des traditions grecques et hébraïques, éloquent et inlassable voyageur, il parcourt les routes, de l'Asie Mineure à la Grèce, pour y fonder des communautés, la première étant celle de Philippes, en Macédoine. Il entretient avec celles-ci des correspondances, les « épîtres », dans lesquelles il explique ses choix, l'enseignement du Christ Jésus, les ressorts de cette nouvelle foi, l'obligation de rompre avec les rites du judaïsme (comme la circoncision) tout en respectant l'héritage d'Israël. Arrêté à Jérusalem, Paul est transféré à Rome en 60 environ. En tant que citoyen romain, il est décapité, et non crucifié, vers 62 ou 63.

Au final, dès les années 70, les missions et les écrits de Paul vont prendre le dessus sur la première communauté apostolique. « J'ai dépouillé d'autres Églises, recevant d'elles un salaire pour vous servir », déclare-t-il dans la seconde épître aux Corinthiens.

Les épîtres de Paul, attribuées à lui-même ou inspirées de son message, sont en effet insérées dans le Second Testament, car elles furent considérées comme suscitées par l'Esprit saint. Elles contiennent, outre son œuvre de missionnaire, les fondements de la doctrine chrétienne du salut par la foi dans le Christ mort et ressuscité. Il s'agit, dans l'ordre du Second Testament, des épîtres aux Romains (la plus importante), aux Corinthiens (deux épîtres), aux Galates, aux Éphésiens, aux Philippiens, aux Colossiens, aux Thessaloniciens (deux épîtres), à Timothée (deux épîtres), à Tite, à Philémon.

Paul est également au centre d'un livre apocryphe (non retenu par l'Église). Il s'agit des *Actes de Paul*, composés à la fin du IIᵉ siècle. Ce texte retrace le parcours missionnaire de Paul, en compagnie de Thècle (du grec Thecla, « gloire de Dieu »); ensuite, ses relations avec la communauté des Corinthiens; enfin sa fin tragique à Rome, puis sa résurrection. Au final, il donne de Paul une image très élogieuse, quasi christique. Quant à Thècle, jeune fille née dans l'actuelle Konya (Turquie) et convertie par Paul, elle est arrêtée et, protégée contre les tortures, finit par être libérée, les autorités cédant à la pression de la foule. Elle achève sa longue vie en Turquie. Cette sainte, popularisée au IVᵉ siècle par des Pères de l'Église, sera très vénérée en Orient et en Occident.

➡ *Apocryphe, Concile, Doctrine, Évangéliste, Gamaliel, Gentil, Païen, Père de l'Église*

PÉCHÉ ✡ ✝ ☪

Le péché est un choix humain délibéré, qui s'oppose à la volonté de Dieu. Il doit donc être considéré comme une « faute » (*peccatum* en latin, d'où viennent les mots « péché » et « peccadille » ou « petite faute »). Le péché peut prendre la forme d'une pensée ou d'un acte, car Dieu, qui a établi les règles, voit tout, sait tout, entend tout. Il est un père qui châtie et le seul à pouvoir le pardonner, car lui seul peut savoir ce qui est bien et ce qui est mal.

Dans la Bible, Livre sacré du judaïsme, le péché est symbolisé par Adam et Ève, le premier couple de l'humanité, dont la faute est rapportée par le livre de la Genèse : le serpent (le mal) convainc Ève de goûter au fruit défendu de l'arbre de la Connaissance du bien et du mal, malgré l'interdiction de Dieu ; elle en fait goûter à Adam ; ils sont chassés du paradis, et le péché se répand dans le monde. Le péché est donc une transgression consciente et parfois préméditée, qui entraîne la rupture plus ou moins grave de la relation avec Dieu. Son auteur passe à côté du bien (sens du mot hébreu *het*_utilisé dans la Bible), quand sa faute n'est pas volontaire et donc plus grave (*avon*, « iniquité » en hébreu).

Le christianisme, pour qui Jésus intercède auprès de Dieu pour ceux qui ont péché, a considéré deux catégories de péchés. Les premiers sont dits « mortels » (sur le plan spirituel) lorsque le divorce d'avec Dieu est intentionnel. Les seconds sont dits « véniels », car ils peuvent conduire au « pardon » (*venia* en latin). Quant aux péchés « capitaux », ils sont à ranger dans la catégorie des vices. Mais les évangiles du Second Testament rappellent que Dieu est prêt à pardonner si celui qui a fauté se convertit, c'est-à-dire s'il revient vers Dieu, et s'il se repent. La tradition chrétienne a en outre développé la notion de « péché originel », sous l'impulsion de saint Augustin (354-430), et dont le concile de Trente proclama le dogme en 1546. Il s'agit du premier péché, commis par Ève et Adam, que seule la grâce (aide) de Dieu peut effacer par le baptême et la présence du Christ. L'Église catholique considère que Marie, mère de Jésus, fut le premier humain à être délivré du péché originel, puisqu'elle naquit pure, fondement du dogme de l'Immaculée Conception. Par ailleurs, l'Église catholique statua sur une forme particulière de remise des péchés, les « indulgences ».

L'islam ne reconnaît pas le péché des origines commis par Adam et Ève, mais de grandes et de petites fautes, la plus grave étant le *shirk*, qui est « l'association » d'une notion ou d'une divinité à Dieu, et donc la négation de Dieu. Le *koufr* (incroyance) est également fortement condamné. En effet, tout péché est pardonnable par Dieu, sauf ce dernier, à moins que la personne non croyante ait reçu la vérité et la preuve éclatante de Dieu par l'intermédiaire des prophètes. Le Coran le souligne dans certaines sourates comme *Les Abeilles* (*al-Nahl*, 16, 35 et 82), *Le Voyage nocturne* (17, 15), *L'Araignée* (29, 18) et *La Duperie réciproque* (64, 12).

➡ *Abeilles (Les), Expiation, Fard, Grâce, Haram, Immaculée Conception, Indulgence, Marie, Repentir, Vice*

COULPE

Dans un ordre religieux, la coulpe consiste à reconnaître ses fautes envers la règle, et devant l'ensemble de la communauté – le mot vient du latin *culpa* (« faute »). Plus largement, l'expression « battre sa coulpe » revient à se frapper la poitrine (au sens propre) ou la conscience (au sens figuré), le but étant de faire pénitence.

PÉLAGIANISME ✝

Le pélagianisme porte le nom de Pélage (vers 360-432), moine romain, sans doute originaire d'Irlande, qui développa des idées jugées hérétiques par l'Église chrétienne. En Afrique du Nord, il s'opposa à Augustin (354-430) sur deux points fondamentaux : la grâce (aide de Dieu auprès des hommes) et la place qu'elle occupe dans les relations entre Dieu et les hommes. Pour Pélage, en effet, l'homme n'est pas marqué du péché originel (dès sa naissance) – concept que développe et soutient Augustin –, ce qui, dans sa recherche du bien et son combat du mal, n'exige pas forcément le recours à la grâce de Dieu. Responsable de sa propre vie, donc jouissant d'un libre arbitre, il atteint le bien par sa volonté, en puisant dans l'exemple de Jésus, la grâce n'étant plus qu'un soutien possible. Le pélagianisme fut condamné au concile d'Éphèse (431). Il devait cependant inspirer des courants chrétiens fondés sur le libre arbitre.

➡ *Grâce, Péché, Prédestination*

PÈLERIN ✡ ✝ ☪

Le pèlerin est un « voyageur » (*peregrinus* en latin). Pour les croyants, il s'agit d'une quête de la sainteté par le voyage aux Lieux saints, c'est-à-dire aux endroits mêmes où elle s'est exprimée.

À l'époque où le temple de Jérusalem se dressait encore, il existait trois fêtes de pèlerinage à pied *(chaloch regalim)* que tout juif se devait d'effectuer dans l'année, au Temple lui-même : Pessah (Pâque), Chavouot (Pentecôte) et Soukkot (fête des Tentes), liées toutes trois aux origines d'Israël. Après la destruction du Temple en 70, elles persistèrent en Israël et dans la Diaspora juive, mais le pèlerinage en tant que tel à Jérusalem prit les accents du deuil. La montée *(aliya)* à Jérusalem et en terre d'Israël (Erets Israël) reste un acte majeur.

Pour les chrétiens, la Terre sainte est celle de Jésus : en priorité Jérusalem où il fut crucifié, mais aussi les localités jalonnant sa vie et son ministère, comme Bethléem et Nazareth. Pour les catholiques, Rome et Saint-Jacques-de-Compostelle – où la tradition situe la tombe de l'apôtre Jacques le Majeur – sont des destinations majeures. Mais il existe aussi de multiples lieux de vénération associés à des saints, et pour la plus grande part à la Vierge Marie.

En islam, le grand pèlerinage (Hadj) à La Mecque est l'un des Cinq Piliers de la religion – la splendide 22e sourate du Coran est ainsi intitulée *al-Hadj* et constitue un appel au pèlerinage. Il existe aussi une forme abrégée de pèlerinage, l'*omra*. Médine, où mourut le prophète Mahomet, est l'objet d'une importante affluence. En outre, les chiites, deuxième grande famille de l'islam après les sunnites, viennent se recueillir sur les tombes d'Ali à Nadjaf et de son fils Hussein à Kerbela, deux villes situées en Irak. Il existe enfin des sanctuaires nationaux, régionaux et locaux, et d'autres lieux où l'on vient se recueillir sur la tombe de saints (marabouts, *zaouïa*). Ces rites ne sont pas des rites conformes à la *charia*, car le seul pèlerinage reconnu est le Hadj.

➡ *Ali, Aliya, Chavouot, Hadj, Hussein, Jacques le Majeur, Jérusalem, Kerbela, Marie, Nadjaf, Omra, Pessah, Soukkot*

PENTATEUQUE ✡

La Septante (IIIe-IIe siècle), traduction grecque de la Bible faite à Alexandrie (Égypte), intitula « Pentateuque » (« Cinq Rouleaux ») la première partie la Torah. C'est sous ce nom que la Bible latine rassemble donc (dans l'ordre) la Genèse, l'Exode, le Lévitique, les Nombres et le Deutéronome.

➡ *Bible, Deutéronome, Exode, Genèse, Lévitique (Livre du), Nombres (Livre des), Septante, Torah*

PENTECÔTE ✡ ☪

La Pentecôte est d'abord une fête juive (Chavouot), qui commémore le don des Tables de la Loi à Moïse, sur le mont Sinaï, cinquante jours après la sortie d'Égypte (pentecôte vient du grec *pentekostê hêmera*, « 50e jour »). À l'époque de Jésus, Chavouot attirait à Jérusalem de nombreux juifs venus de la Diaspora, ce qui est important dans la symbolique chrétienne.

Selon les Actes des apôtres (chapitres 1 et 2), Jésus, après sa Résurrection, est apparu à ses disciples pendant quarante jours, puis il est monté au ciel

(Ascension) après leur avoir demandé d'être présents à Jérusalem le jour de la Pentecôte. Ce jour-là, ils sont réunis dans une maison quand : « Tout à coup, vint du ciel un bruit tel que celui d'un violent coup de vent. [...] Ils virent apparaître des langues qu'on eût dit de feu ; [...] et il s'en posa une sur chacun d'eux. Tous furent alors emplis de l'Esprit saint. » Ils parlent aussitôt « d'autres langues » (don des langues ou « glossolalie ») et peuvent ainsi s'exprimer dans les langues des étrangers présents pour la fête, qui sont ébahis. Pierre leur fait un discours, et les premières conversions à l'Évangile commencent : trois mille baptêmes sont célébrés (2, 41). La première communauté chrétienne est née ce jour-là, à Jérusalem.

Dans le christianisme, la Pentecôte célèbre donc la descente de l'Esprit saint sur les douze apôtres, et la naissance effective de l'Église instituée par Jésus, cinquante jours après Pâques, qui fête la Résurrection.

➡ *Apôtre, Ascension, Chavouot, Conversion, Église, Esprit saint, Jésus, Pierre, Résurrection, Tables de la Loi*

PÈRE DE L'ÉGLISE ✠

Le titre « Père », apparu au IVe siècle pour désigner les participants aux conciles, est donné, à partir du VIe siècle, à d'illustres penseurs et écrivains des premiers siècles du christianisme, s'exprimant en grec ou en latin, répartis tant en Orient qu'en Occident. Contrairement à celui de docteur de l'Église catholique, il n'est pas décerné par celle-ci, mais reste le produit de la tradition et de l'usage – certains Pères sont cependant aussi docteurs. Combattants acharnés des hérésies, ils ont laissé une œuvre faisant l'objet d'une étude particulière ou « patrologie ». Elle a en effet profondément déterminé les fondements de la foi chrétienne, fournissant aux premiers conciles la matière de réflexions déterminantes.

Les Pères se répartissent en trois époques. Les premiers sont dits « apostoliques », car ils reçurent l'enseignement des apôtres de Jésus eux-mêmes, soit dans la seconde moitié du Ier siècle et au début du siècle suivant. Viennent ensuite les Pères « anciens », des IIe et IIIe siècles, auxquels succèdent les derniers ; la fin de cette dernière époques est en général fixée à la disparition de : en Orient, Jean Damascène (749) ; en Occident, Isidore de Séville (636) – ou, selon certains avis, Jean Scot Érigène (vers 810-870), voire Bernard de Fontaine (1090-1153).

Les Pères de l'Église sont à proprement parler les « grands théologiens », docteurs dont l'enseignement est considéré comme une référence obligatoire pour la théologie ultérieure. En principe, ils devraient être tous reconnus par les Orientaux et les Occidentaux. Mais les Orientaux ne reconnaissent pas toujours les Pères occidentaux (qui écrivent en latin), notamment Augustin (354-430).

Parmi les grands Pères orientaux, citons Athanase d'Alexandrie (295-373), promoteur du monachisme ; Jean, dit « Chrysostome » (« Bouche d'or » ; vers 345-407), en raison de son talent d'orateur, fut un acteur du concile de Constantinople I (381) où le Credo (contenu fondamental de la foi) fut achevé ; de même que Grégoire de Nysse (vers 335-395) par ses réflexions sur la Trinité. Les Pères occidentaux comptent deux figures principales : Ambroise (vers 340-397), évêque de Milan, et Augustin. Mentionnons aussi Jérôme (vers 345-420), auteur de la traduction en latin de la Bible (la Vulgate) qui s'imposa en Occident, ainsi que Grégoire le Grand (vers 540-604), pape et évangélisateur des Barbares.

➡ *Concile, Credo, Docteur, Hérésie*

PESSAH ✡

Dans le livre de l'Exode, Dieu ordonne aux Hébreux de créer une fête qui célébrera leur libération imminente : en effet, alors que la « dixième plaie » s'abat sur l'Égypte, l'ange de la Mort épargne leurs premiers-nés en reconnaissant les linteaux de leurs portes badigeonnés de sang d'agneau. Il ne fait donc que « passer » (*pesah* en hébreu) devant leurs maisons. Pour des linguistes, c'est ce mot qui aurait donné « Pessah » (traduit par « Pâque »).

Pessah, la Pâque juive donc, est issue de deux rites printaniers très anciens d'Israël. Les nomades offraient autrefois un agneau pour que leurs troupeaux soient protégés des rigueurs du désert. Le second rite était pratiqué par les agriculteurs qui, pour saluer le réveil de la nature, offraient les prémices de leur récolte, une gerbe *(omer)* d'orge, en espérant des moissons généreuses. Ces deux rites furent associés à la libération d'Égypte plus tardivement, avant et, avec plus de certitude, après le retour des juifs de l'Exil (VIe siècle av. J.-C.).

Pessah est une des trois fêtes de pèlerinage du calendrier juif. Elle se déroule le 15 nisan (mars-avril) et dure sept jours (huit dans la Diaspora). En raison de ses origines, elle est aussi appelée fête du Printemps (Hag ha-aviv) ou « fête des Azymes » (Hag ha-matsot). Célébrée en famille, organisée autour du Séder (déroulement), elle repose sur l'absence totale de pain au levain *(hamets)*, voire de levain dans la maison, et d'ustensiles en matières poreuses ayant servi en dehors de Pessah – on n'utilise, pour cette raison, que des ustensiles de cuisine en métal ou en verre, après les avoir plongés dans l'eau bouillante ou placés sur un feu. Au cours du repas pascal, le soir du 14 nisan, on mange l'agneau, les herbes amères *(maror)* qui rappellent la servitude en Égypte, le pain azyme *(matsah)* évoquant celui qui ne put lever tant les Hébreux étaient pressés de partir ; on boit aussi le vin, en plusieurs fois. Sur le plan liturgique, on lit des passages des Nombres, du Lévitique, de l'Exode, de Samuel, ou encore du Cantique des cantiques (un des Cinq Rouleaux), et on récite le *Hallel* (psaumes) et l'*Yizkor* (à la mémoire des morts). Enfin, dans l'ordre Moed de la Michnah, dans le Talmud et dans la Tossefta (textes non retenus dans la Michnah), le traité Pesahim est consacré à Pessah et au Séder.

Pour les chrétiens, la Pâque célèbre la résurrection de Jésus qui se sacrifia pour le salut des hommes.

➡ *Agneau, Azyme, Exil, Exode, Hallel, Hamets, Lévitique (Livre du), Maror, Michnah, Moed, Matsah, Nisan, Nombres (Livre des), Omer, Pâques, Pèlerinage, Plaies d'Égypte (Dix), Prémices, Psaume, Rouleaux (Les Cinq), Samuel, Séder, Talmud, Tossefta, Vigne*

PEUPLE ÉLU ✡

Le monde juif est souvent désigné par l'expression « peuple élu ». Au contraire de ce qu'affirment les antijuifs, cette élection ne signifie pas que les juifs se croient supérieurs aux autres. Pour mieux comprendre le sens d'une telle expression, il faut remonter aux patriarches dont l'épopée est racontée dans la Genèse, le premier livre de la Bible. Si Dieu procède à une première alliance avec les hommes après le Déluge, il noue une Alliance particulière (qui devient nom propre) avec le premier patriarche, Abraham, puis avec ses descendants, autant de personnages qu'il choisit délibérément. Les Hébreux, issus de Jacob, petit-fils d'Abraham, voient l'Alliance renouvelée durant l'Exode. Le signe de cette relation intime, fondée sur l'amour, est la Torah transmise par Dieu, qu'Israël devra s'engager à appliquer. Ce Livre saint, dont le Décalogue condense les principes, constitue la particularité du judaïsme et du peuple choisi par Dieu.

➡ *Abraham, Alliance, Bible, Décalogue, Hébreux, Israël, Jacob, Juif, Patriarche, Torah*

PHARISIEN ✡ ✝

À l'époque du Second Temple (de 515 av. J.-C. à 70 apr. J.-C.), le judaïsme fut traversé par des courants, certains disparaissant, d'autres se modifiant. L'historien juif Flavius Josèphe (Ier siècle) mentionne ainsi l'existence, au temps de Jésus, des sadducéens, des esséniens et des zélotes. À ceux-ci s'ajoutent les pharisiens (de l'hébreu *perush*, « séparé ») – qui, selon des chercheurs, pourraient être issus de la Grande Assemblée. Le pharisianisme apparaît au IIe siècle av. J.-C., notamment sous le règne de Jean Hyrcan (134-104), fondateur de la dynastie des Hasmonéens (Maccabées). Les pharisiens, qui comptent des prêtres et en grande majorité des laïcs, viennent de toutes les classes sociales. Enracinés dans le peuple, minoritaires au Sanhédrin (grande instance juive), ils accordent une importance aux rites de pureté et évitent les pécheurs – tous ceux qui ne peuvent pratiquer la Torah sont appelés par eux « peuple du pays » *(am ha-harets)*. Parmi eux, les scribes interprètent et commentent oralement la Torah à laquelle ils apportent ainsi un complément, d'où leur nom « docteurs de la Loi ». On notera que les pharisiens, au contraire des prêtres conservateurs du Temple, acceptaient les idées nouvelles en matière religieuse, par exemple celle de la résurrection des morts, dont l'éventualité apparut au IIe siècle av. J.-C. Soutenant la révolte juive de 70, puis celle de Bar-Kokhba (132-135) contre les Romains, le pharisianisme sera le seul courant juif de l'époque de Jésus à perdurer. Pendant plusieurs siècles, ses travaux au sein d'académies contribueront à enrichir la pensée religieuse juive. Le judaïsme actuel est le fruit de cette évolution.

À propos de Jésus, les évangiles du Second Testament évoquent ses relations tendues avec les pharisiens. Néanmoins, ces derniers n'ont pas de responsabilité dans la Passion. On remarque aussi que, partageant avec lui l'idée de résurrection et l'espoir messianique, ils le convient à leur table ; ils vont même jusqu'à le prévenir qu'Hérode Antipas veut sa perte. En revanche, ils désapprouvent la distance qu'il prend à l'égard des pratiques du shabbat et des purifications. Pour lui, en effet, le salut est offert par Dieu et non par un respect scrupuleux de la Torah. La position des évangiles s'explique peut-être : les pharisiens participèrent à la répression contre les premiers chrétiens. Pourtant, les Actes des apôtres, après avoir rapporté l'emprisonnement d'apôtres, relatent leur libération grâce à Gamaliel l'Ancien, pharisien et *nassi* (président) du Sanhédrin.

➡ *Actes des apôtres, Bar-Kokhba, Essénien, Gamaliel, Grande Assemblée, Hérode, Jésus, Josèphe (Flavius), Maccabées (Livre des), Messie, Nassi, Passion, Résurrection, Sadducéen, Salut, Sanhédrin, Scribe, Shabbat, Torah, Zélote*

PHÉNICIE ✡

Installée sur le territoire du Liban actuel, la Phénicie, peuplée de Sémites, était, aux temps de la Bible, une confédération de villes autonomes régies par des rois et liées par des intérêts communs. Byblos, Sidon ou encore Tyr, entrées dans l'Histoire, ont fourni ces grands navigateurs qui, habiles commerçants, sillonnèrent la Méditerranée où ils devinrent incontournables dès le Xe siècle av. J.-C., allant jusqu'en Espagne – et même jusqu'en Grande-Bretagne, selon certains chercheurs, voire jusqu'au Nouveau Monde pour quelques-uns. Nous leur devons aussi la fondation de Carthage et de Chypre, ainsi que la création, vers la fin du IIe millénaire av. J.-C., d'un alphabet dont s'inspirèrent ensuite les Grecs. La Phénicie entretenait bien sûr des relations marchandes avec ses voisins, la Mésopotamie, le royaume de Damas (Syrie) et Israël, avec qui les rapports semblent avoir été bons, tant commerciaux que politiques. Par exemple, le roi Salomon (970-931) fait venir des cèdres du Liban pour la construction du temple de Jérusalem.

Après son règne intervient la séparation d'Israël en deux royaumes. La Samarie, celui du Nord, prospère grâce au commerce, et Jézabel, princesse phénicienne, épouse le roi juif Achab (874-853). Mais cette reine, à laquelle s'oppose le prophète Élie, représente aussi ce que désavoue la Bible chez les Phéniciens : la Phénicie est en effet la terre des baals, divinités étrangères contre lesquelles se dressèrent les prophètes afin de préserver le culte de Yahvé, le Dieu unique d'Israël.

➨ *Baal, Élie, Jézabel, Prophète, Samarie, Salomon, Sémite, Temple, Yahvé*

PHILÉMON ✠

L'épître à Philémon (« le seul aimé » en grec), contenue dans le Second Testament, est une très courte lettre que Paul envoie vers 61-63 à cet ami de Colosses (Asie Mineure). L'auteur, qui se présente comme « le prisonnier de Jésus-Christ » (les Romains l'ont mis en prison), y salue la foi de Philémon et lui demande de reprendre Onésime, de l'accueillir comme un frère. Cet esclave s'est enfui de chez son maître Philémon et, trouvant refuge auprès de Paul, s'est converti. Au-delà de l'anecdote biographique, Philémon représente l'Église dont l'une des priorités est la fraternité entre les hommes.

➨ *Colossiens (Épître aux), Église, Paul*

PHILIPPE ✠

Philippe, dont le nom vient du grec Philippos (« ami des chevaux »), est l'un des apôtres choisis par Jésus et qui forment le groupe des Douze. Originaire de Bethsaïde, ville sur le lac de Tibériade, comme Pierre et Jean, appelés par Jésus la veille de son propre ralliement, Philippe est donc un disciple de la première heure, ce qui explique qu'il soit cité en cinquième position dans la liste des apôtres, et toujours avec Barthélemy (appelé aussi Nathanaël). Nous retrouvons Philippe lors du miracle de la multiplication des pains : « Levant alors les yeux et voyant qu'une grande foule venait à lui, Jésus dit à Philippe : "Où achèterons-nous des pains pour que mangent ces gens ?" Il disait cela pour le mettre à l'épreuve, car lui-même savait ce qu'il allait faire. Philippe lui répondit : "Deux cents deniers de pain ne suffisent pas pour que chacun en reçoive un petit morceau" », rapporte Jean (6, 5-7). Cet épisode laisse supposer que Philippe était chargé de l'intendance au sein des Douze. Puis il apparaît lors des Rameaux, entrée triomphale de Jésus à Jérusalem, quelques jours avant sa Passion. Lors de la Cène, dernier repas du Maître, il a cette question un peu naïve, toujours dans l'évangile de Jean : « Philippe lui dit : "Seigneur, montre-nous le Père et cela nous suffit." Jésus lui dit : "Voilà si longtemps que je suis avec vous, et tu ne me connais pas, Philippe ? Qui m'a vu a vu le Père. Comment peux-tu dire : 'Montre-nous le Père !' ? Ne crois-tu pas que je suis dans le Père et que le Père est en moi ? Les paroles que je vous dis, je ne les dis pas de moi-même : mais le Père demeurant en moi fait ses œuvres" » (14, 8-10). Enfin, Philippe est parmi les apôtres qui, priant dans le Cénacle, sont ensuite envahis par l'Esprit saint au jour de la Pentecôte, qui marque la naissance de lÉglise. Pour la tradition, il subit le martyre en Asie Mineure.

Le nom « Philippe », d'origine grecque donc, sous-entend que l'apôtre parlait cette langue. Il est aussi celui d'un diacre qui assiste Étienne, dont la mémoire a été transmise par les Actes des apôtres. Juste après la mort d'Étienne, vers 36, il proclame l'Évangile en Samarie. Il se confronte à Simon le Magicien (8, 9-25) qui émerveille la population par ses sortilèges : « Tous, du plus petit au plus grand, s'attachaient à lui. "Cet homme, disait-on, est la Puissance de Dieu, celle qu'on appelle la Grande." [...] Mais quand ils eurent cru à Philippe [...], ils se firent baptiser, hommes et femmes. Simon lui-même crut à son tour ; ayant reçu le baptême, il ne lâchait plus Philippe, et il était dans l'émerveillement à la vue des signes et des grands miracles qui s'opéraient sous ses yeux. » Puis Philippe aperçoit « un eunuque, haut fonctionnaire de Candace, reine d'Éthiopie, et surintendant de tous ses trésors, qui était venu en pèlerinage à Jérusalem ». Après lui avoir expliqué les écrits d'Isaïe que l'Éthiopien lisait sans les comprendre, il le convertit et le baptise (8, 26-40).

➡ *Actes des apôtres, Apôtre, Barthélemy, Cène, Diacre, Esprit saint, Étienne, Hérésie, Jean, Pain, Pentecôte, Père, Pierre, Rameaux, Tibériade*

PHILIPPIENS, ÉPÎTRE AUX ✝

De Philippes, en Macédoine, cité fondée au IVe siècle av. J.-C. et qui doit son nom vers 356 à l'un de ses souverains, Philippe, père d'Alexandre le Grand, il ne reste que des ruines. Elle fut pourtant une colonie romaine où Paul fonda (sans doute) la première communauté chrétienne, en 49 ou 50 de notre ère. Alors qu'il est en prison à Éphèse, en 56-57, il écrit à ces Philippiens une lettre au ton chaleureux. Cette affection est partagée, car ses correspondants lui ont fait parvenir de l'argent par un de ses fidèles compagnons, Épaphrodite (« charmant ») : Paul tient à les en remercier par cette épître contenue dans le Second Testament. Il y rappelle aussi la nécessité absolue de vivre dans « le même amour, une seule âme, un seul sentiment », ceux du Christ. C'est le gage du salut, qui exige aussi le dépouillement, tant intérieur que matériel, à l'image de Paul qui, toujours en quête de la présence de Jésus en lui, a « accepté de tout perdre » : « Lui [Jésus Christ], de condition divine, ne retient pas jalousement le rang qui l'égalait à Dieu. Mais il s'anéantit [*ekenosen* en grec] lui-même, prenant condition d'esclave, et devenant semblable aux hommes. S'étant comporté comme un homme, il s'humilia plus encore, obéissant jusqu'à la mort, et à la mort sur une croix ! », écrit-il (2, 6-8). Cet état d'abaissement (ou kénose, du grec *kenos*, « dépouillement », « vide ») fut, selon la théologie, indispensable à Jésus pour s'incarner en un homme tout en exprimant la puissance venant de Dieu son Père.

➡ *Épître, Faqîr, Incarnation, Jésus, Paul, Salut*

PHILISTIN ✡

Aux XIIIe et XIIe siècles av. J.-C., des peuples, dits « de la Mer », quittent, pour des raisons mystérieuses, les rives de la mer Égée ou de l'Anatolie (Turquie) pour la côte est de la Méditerranée (Égypte et Proche-Orient), où ils cherchent à s'implanter par la force. Ils sont refoulés par deux pharaons, Menephtah et surtout Ramsès III (vers 1175). L'un de ces peuples, les Philistins, que la Bible dit venir de Crète, s'installe sur l'actuelle bande de Gaza et établit une pentapole, c'est-à-dire un ensemble de villes (Ashdod, Ashqelon, Éqrôn, Gat, Gaza) formant une confédération, à une période où, approximativement, les Hébreux gagnent Canaan.

La Bible n'est pas tendre avec ces Philistins, non sémites et ne croyant pas en Yahvé, et les cite parfois de manière anachronique pour souligner leur danger permanent (ainsi Isaac se rendant en Philistie qui n'existera que des siècles plus tard). Le livre des Psaumes et ceux des Prophètes les décrivent comme de redoutables impies. Car, avant et dès les débuts de la monarchie en Israël, ces guerriers, qui maîtrisent le fer auquel les Israélites ne peuvent opposer que des armes en cuivre, sont de terrifiants ennemis. Samson, l'un des Juges, les affronte lors de combats grandioses. Saül, premier roi d'Israël, les combat pour son malheur, et son successeur David est victorieux. Mais les Israélites ne parviendront pas à soumettre ce peuple qui, poursuivant ses incursions, finira par rejoindre l'Empire perse, puis celui d'Alexandre le Grand (IVe siècle av. J.-C.). Mentionnés encore dans le livre des Maccabées, alors qu'ils sont imprégnés de culture grecque, les Philistins seront à l'origine du mot « Palestine ».

➡ *Canaan, David, Isaac, Juges (Livre des), Maccabées (Livre des), Palestine, Psaume, Samson, Saül, Sémite, Yahvé*

PIERRE NOIRE ☪

Insérée dans l'un des angles de la Kaaba, le sanctuaire de La Mecque, la Pierre noire *(al-hadjar al-aswad)* est l'objet d'une intense vénération de la part des pèlerins. Tandis qu'ils effectuent les circumambulations autour de la Kaaba, ils l'embrassent ou lui adressent un signe. Constituée à l'origine d'un seul bloc, celle-ci éclata à la suite d'un incendie en 683. La Pierre noire est formée désormais de trois gros fragments et d'autres plus petits, le tout cerclé d'un anneau d'argent.

Les traditions abondent au sujet de la Pierre noire. Ainsi, elle était blanche mais aurait noirci en absorbant les péchés des pèlerins ou, selon une autre version, ceux des polythéistes qui venaient déjà adorer la Kaaba avant la naissance de l'islam (622). Cette pierre, dont la matière est difficile à identifier (lave ou basalte), reprend le symbolisme antique des pierres, sièges de l'éternité et de la présence divine sur Terre.

➡ *Hadj, Idole, Kaaba, Mecque (La)*

PIERRE ⴲ

Pierre est l'un des plus proches disciples de Jésus, et l'une des « trois colonnes » de l'Église, selon la formule de Paul dans son épître aux Galates (2, 9), avec Jean et Jacques le Mineur. Il s'appelle en réalité Simon, transcription grecque de l'hébreu Shiméôn (« (Dieu) a entendu »). Le qualificatif « pierre » ou « rocher » (*kefa* en araméen, *petra* en latin) lui est donné par Jésus dès leur première rencontre, alors que Pierre s'appelle encore Simon. Le portrait et l'action de cet homme touchant et déterminé, sont rapportés, dans le Second Testament, par les évangiles, puis par les Actes des apôtres.

Simon et son frère André sont d'abord des disciples de Jean le Baptiste, précurseur de Jésus qu'ils ont dû rencontrer auprès de ce maître. Tous deux pêcheurs au lac de Tibériade, ils deviennent disciples de Jésus qui les déclarent désormais « pêcheurs d'hommes ». Ils sont suivis peu après par Jean et son frère Jacques le Majeur. Simon est, selon la décision de Jésus, le premier parmi le groupe des Douze (apôtres), et le Second Testament le cite toujours en premier. D'un caractère fougueux et spontané, il fait preuve parfois de maladresse et de naïveté. Mais il est le premier à proclamer que Jésus est le Christ (Messie), c'est-à-dire celui qui libèrera les hommes. Jésus confie alors cette célèbre phrase : « Tu es Pierre, et sur cette pierre je bâtirai mon Église [...]. Je te donnerai les clefs du royaume des Cieux », rapporte l'évangile de Matthieu (16, 13-18). Au cours de la Cène, alors que la crucifixion de Jésus est imminente, Simon refuse que celui-ci lui lave les pieds (signe d'humilité), et il ne cède que sous la menace d'être écarté. Mais il va montrer aussi de la faiblesse. Après son arrestation au jardin des Oliviers, Jésus est interrogé par les autorités juives de Jérusalem : Simon, pour sauver sa vie, le renie trois fois, comme son maître l'a annoncé. Cependant, il se repent de sa faute, au contraire de Judas ; Jésus lui pardonne et, après sa Résurrection, le confirmera dans sa mission de pasteur.

Nous retrouvons donc Pierre à Jérusalem, au jour de la Pentecôte où il conduit toujours le « collège apostolique ». Il est bientôt emprisonné pour avoir proclamé l'Évangile malgré l'interdiction, puis libéré et remplacé à la tête de l'Église par Jacques (le Mineur), « frère de Jésus ». Sa tâche est de propager la nouvelle foi. Il se rend à Antioche (aujourd'hui en Turquie) où s'établit la plus importante communauté de ces disciples du Christ appelés désormais « chrétiens ». Nous le retrouvons ensuite à Rome, sous le règne de Néron (54-68), alors que sévit la persécution contre ces derniers. Selon la tradition, contenue dans un livre apocryphe (non reconnu par l'Église), *Actes de Pierre*, il s'oppose à un certain Simon le Magicien, qu'il a déjà rencontré en Samarie, après que ce mage a été converti et baptisé par l'apôtre Philippe : « Mais quand Simon vit que l'Esprit saint était donné par l'imposition des mains des apôtres, il leur offrit de l'argent. "Donnez-moi, dit-il, ce pouvoir à moi aussi : que celui à qui j'imposerai les mains reçoive l'Esprit Saint." Pierre lui répliqua : "Périsse ton argent, et toi avec lui, puisque tu as cru acheter le don de Dieu à prix d'argent ! Dans cette affaire il n'y a pour toi ni part ni héritage, car ton cœur n'est pas droit devant Dieu. Repens-toi donc de ton mauvais dessein et prie le Seigneur : peut-être cette pensée de ton cœur te sera-t-elle pardonnée ; car tu es, je le vois, dans l'amertume du fiel et les liens de l'iniquité." Simon répondit : "Intercédez vous-même pour moi auprès du Seigneur, afin que rien ne m'arrive de ce que vous venez de dire" », rapportent les Actes des apôtres (8, 18-24). Dans les *Actes de Pierre*, ce dernier retrouve donc Simon qui subjugue les Romains par ses miracles. Tous deux se livrent à une âpre compétition, dont Pierre sort vainqueur. Simon, comparé à l'ange du diable, finit par mourir. Puis, les *Actes* se penchent sur la fin de Pierre. Craignant pour sa vie, il quitte Rome, lorsque Jésus lui apparaît, pénétrant dans la cité : *« Domine quo vadis ? »* (« Où vas-tu, Seigneur ? ») lui demande-t-il. « Subir une seconde crucifixion », répond Jésus. Pierre retourne volontairement à Rome. Arrêté, il est crucifié, vers l'an 64, mais la tête en bas, par signe d'humilité envers Jésus qui mourut la tête en haut. Pierre est enterré sur place, sur la colline du Vatican. L'archéologie a montré que sa tombe se situait à l'emplacement de la basilique qui porte son nom.

En dehors des *Actes*, mentionnés dès le début du IIIe siècle, Pierre donna son nom à d'autres livres apocryphes, dont *Actes des saints apôtres Pierre et André*, *Évangile de Pierre* (antérieur à la fin du IIe siècle) et *Prédication de Pierre*, ainsi qu'une Apocalypse.

Le Second Testament, quant à lui, contient deux épîtres attribuées à Pierre. La première de ces lettres, très certainement de lui ou bien de l'un de ses proches, fut rédigée à une date imprécise. Elle montre comment les apôtres de Jésus enseignaient aux premiers chrétiens, car elle est adressée aux fidèles de la diaspora chrétienne, c'est-à-dire vivant en dehors de la Palestine. Soumis aux difficultés et aux épreuves dues à leur foi, ils sont réconfortés par Pierre qui les appelle à vivre la sainteté incarnée par le Christ, à modérer leurs passions, à pratiquer la fraternité. Car les chrétiens sont une « race élue », le peuple de Dieu, des hommes libres qui, sauvés par le baptême, se différencient des païens. La seconde épître n'est pas de Pierre puisqu'elle date du début du IIe siècle, mais elle exprime la pensée de cet apôtre majeur, à l'image de la Transfiguration, rapportée par les évangiles, et dont il fut le témoin. L'auteur montre aussi sa bonne connaissance de la Bible, notamment par l'évocation des prophètes. Autant de propos visant à encourager les chrétiens à persévérer dans leur foi, en dépit des persécutions.

Enfin, pour l'Église catholique, le pape, premier des évêques (successeur des apôtres), est considéré comme le successeur de Pierre, lui-même premier évêque de Rome et cofondateur, avec Paul, de l'Église romaine. Dans son ouvrage *Contre les hérésies*, Irénée de Lyon (vers 130-208), Père de l'Église, livra la liste la plus ancienne des évêques romains, soit de 64 à 189. Mais aucun pape ne portera le nom de Pierre.

➡ *André, Apocalypse, Araméen, Cène, Concile, Gamaliel, Hérésie, Jacques le Mineur, Jean le Baptiste, Judas Iscariote, Messie, Oliviers (Jardin des), Pape, Passion, Pentecôte, Philippe, Transfiguration*

PILIERS, LES CINQ ☪

L'islam repose sur cinq Piliers *(arkan)*, produits de la tradition, que tout musulman doit respecter, dans la mesure du possible : la *chahadah*, ou profession de foi (simple prononciation de cette double attestation : « Dieu est unique et Mahomet est son Messager »), qui fait entrer dans l'islam ; la *salat*, qui correspond aux cinq prières quotidiennes ; la *zakat*, qui est l'aumône ; le *saum* (jeûne) de ramadan ; le Hadj (pèlerinage à La Mecque et à la Kaaba). Il existe aussi les Six Piliers de la foi : l'unicité de Dieu, les anges, les Livres révélés, les prophètes, le jour du Jugement dernier, le destin.

➡ *Aumône, Chahadah, Credo, Foi, Hadj, Jeûne, Kaaba, Mecque (La), Salat, Saum, Zakat*

PIYYOUT ✡

Le *piyyout* (du grec *poiêtês*, « poète ») est la poésie chantée du judaïsme. Les *piyyoutim*, produits d'une évolution qui a commencé dès les premiers siècles de l'ère chrétienne, ont ravivé la liturgie et sont intégrés à différents offices. Ce sont, par exemple, les *yotserot* et les *maaravot* du *Chema*, ou encore les *hochanot* de Soukkot. Les thèmes des *piyyoutim*, très nombreux, sont variés.

➡ *Chema, Hochanot, Office, Soukkot, Yotserot*

PLAIES D'ÉGYPTE, DIX ✡

Le livre de l'Exode rapporte comment Moïse est chargé par Dieu de convaincre le pharaon d'Égypte de libérer son peuple, les Hébreux réduits à l'esclavage. Rendu capable de miracles, Moïse va susciter dix fléaux consécutifs, de plus en plus terribles, que la tradition a retenus sous le qualificatif « plaies d'Égypte ». C'est en quelque sorte la lutte entre le bien et le mal. Ces prodiges, dont des chercheurs ont voulu démontrer la base réelle, servent avant tout à montrer la toute-puissance de Dieu. À chacune des plaies, Pharaon accepte de laisser partir les Hébreux, puis, Moïse ayant fait cesser le fléau, il se rétracte. Pour la première plaie, ce sont les eaux du Nil qui se changent en sang, mais les magiciens de Pharaon font de même, prouvant ainsi leur puissance. Et ils reproduisent aussi la deuxième, l'invasion de grenouilles sorties du Nil. Mais ils ne peuvent rien contre la troisième et se soumettent : une nuée de moustiques, nés de la poussière, couvre l'Égypte. Viennent ensuite l'invasion de taons, la peste ravageant le bétail, les Égyptiens et leurs cheptels couverts d'une peste étrange, les ravages de la grêle tombant d'un ciel zébré d'éclairs, une multitude de sauterelles mangeant tout sur leur passage, les ténèbres régnant pendant trois jours. Chaque fois, seuls les Égyptiens sont touchés et les Hébreux, qui vivent au nord du pays, dans le Delta, sont épargnés. Dieu protège donc son peuple et va le prouver avec une force extraordinaire : la dixième et dernière plaie. Une nuit, tous les premiers-nés d'Égypte, humains et animaux, meurent, même le fils de Pharaon. Les Hébreux, en enduisant les linteaux de leurs portes avec du sang d'agneau (origine de Pessah, la Pâque juive), ont été épargnés par l'ange de la Mort. Pharaon cède enfin ; les Hébreux empruntent la route du

Sinaï. Mais il se rétracte, envoie ses meilleures troupes qui les pourchassent et, arrêtées par une nuée (c'est-à-dire Dieu), ne peuvent que les voir traverser à pied sec la mer Rouge, dont les flots se sont écartés. Quand ils se remettent à leur poursuite, les vagues immenses se referment sur eux, engloutissant ce que la Bible considère comme les forces du mal.

➡ *Agneau, Exode, Hébreux, Miracle, Moïse, Pessah, Sang*

POÈTES, LES ☪

Les poètes *(al-shou'ara)* ont imprégné la littérature de l'islam, notamment les soufis (mystiques), dont la poésie est d'une beauté stupéfiante. Dans le Coran, la 26e sourate, qui porte ce titre, se conclut sur l'évocation de ces poètes qui, avant la naissance de l'islam (622), ne remplissaient pas les promesses contenues dans leurs divagations, sauf ceux qui croyaient en Dieu. Auparavant, la sourate développe un long rappel de Moïse.

Moïse, qui a reçu de Dieu la mission de libérer son peuple, les Hébreux, se présente devant Pharaon qu'il connaît depuis sa plus tendre enfance. Le souverain ne manque pas de le rappeler, lui reprochant d'avoir tué un Égyptien et de s'être enfui. Moïse, éduqué à la Cour, sait tout cela. Mais il a commis ce crime quand il était « au nombre des égarés ». Dieu lui a ouvert les yeux, l'âme et le cœur, c'est pourquoi il vient demander à Pharaon de laisser partir son peuple. Celui-ci lui réclame un signe de son pouvoir, et Moïse, investi par Dieu, fait jaillir un dragon de son bâton. Les magiciens royaux, avides de récompense, le défient mais échouent : ils auront la main droite et le pied gauche coupés, et finiront crucifiés. Ils se convertissent aussi à Dieu, reconnaissant sa toute-puissance. Puis les troupes de Pharaon sont englouties par les eaux de la mer Rouge. Cette évocation sert à montrer que tout homme doit tendre vers la Sagesse de Dieu, sa miséricorde, sa justice parfaite. Avant Mahomet, à qui Dieu a révélé le Coran, les hommes n'ont pas écouté ses autres prophètes (envoyés), les traitant de menteurs. Mahomet est le Prophète, celui qui est « digne de foi » car il porte la véritable Parole de Dieu. Celui qui conteste sa légitimité ou le menace, conteste Dieu lui-même, dont il faut craindre l'omniscience et la colère.

➡ *Ad, Çalih, Chou'aïb, Fawatih, Houd, Moïse, Sagesse de Dieu, Thamoud, Verbe*

PONCE PILATE ✡

Ponce Pilate, préfet de Judée, exerce son autorité de 26 à 36 – cette fonction sera celle d'un « procurateur » dix ans plus tard, sous l'empereur Claude. Chargé d'administrer cet ancien royaume de Juda et sa capitale Jérusalem, il est connu pour sa dureté. Nous sommes renseignés sur le personnage par les historiens juifs qui dénoncent un antijudaïsme sans concession, et par les historiens romains qui rapportent sa manière expéditive d'appliquer le « droit de glaive » (exécution d'un condamné à mort). À peine nommé, grâce, dit-on, à Séjan, antijuif notoire et très influent auprès de l'empereur Tibère (14-37), Pilate commence par mater une rébellion. Il est étrange que les Romains, d'ordinaire très prudents dans le choix de leurs représentants dans les provinces impériales, l'aient choisi pour gouverner les juifs difficiles à diriger, voire très rétifs, et même séditieux, à l'image des zélotes. Il est aussi étonnant qu'il ait occupé un tel poste aussi longtemps, alors que de 6 à 64, treize préfets remplissent ce rôle, soit tous les quatre ans. Mais Rome, tenant en priorité au calme et à l'ordre, reconnut peut-être ses talents de chef autoritaire et efficace. Ainsi, au contraire de ses prédécesseurs, il n'hésite pas à commettre deux sacrilèges : promener des aigles impériaux dans Jérusalem et placarder sur le palais d'Hérode le Grand des boucliers portant l'effigie de Tibère, qu'il n'enlève que sur l'ordre de Tibère, averti par une délégation juive. Une autre fois, il prend dans les caisses du Temple de quoi financer ses travaux, puis il écrase la révolte qui s'ensuit. Pourtant, cette efficacité lui sera fatale : en 36, sur le mont Garizim, il massacre des Samaritains. Il est destitué puis exilé en Gaule, peut-être à Vienne, par l'empereur Caligula. D'autres sources prétendent qu'il se serait suicidé, et l'une d'elles, l'*Évangile de Nicodème*, qu'il aurait rejoint le christianisme.

Étant donné toutes ces informations, le portrait de Pilate livré par les évangiles du Second Testament, celui d'un homme hésitant et presque compatissant à l'égard de Jésus qui ne présente pas de danger pour Rome, est assez troublant. De là provient la sinistre accusation de déicide à l'encontre des juifs : ceux-ci seraient les véritables responsables de la mort de Jésus, qui se proclama Fils de Dieu. Ce qui fut une des motivations de leur persécution ne repose donc sur aucun fondement historique et théologique.

Selon le Second Testament, arrêté un jeudi soir au jardin des Oliviers, Jésus est d'abord interrogé par les grands prêtres du Temple. Au petit matin du vendredi, Pilate rejoint le prétoire, l'ancien palais d'Hérode le Grand, où il réside lorsqu'il vient à Jérusalem. Il prend place sur une chaise installée sur le Lithostrotos (« place pavée »), ou Gabbatha en hébreu (Jn 19, 13). Le public se tient devant lui. Le préfet sait que les grands prêtres, dont les privilèges sont combattus par l'action de Jésus, vont tenter de l'influencer pour envoyer cet homme sur la croix, le pire des châtiments romains. Car le motif de cette condamnation doit être politique : il faut prouver que Jésus attente à la sécurité de l'empire. Mais Pilate, interrogeant le prisonnier, ne trouve pas de motif de crucifixion. Jésus affirme bien être le roi des juifs, mais ajoute que son royaume n'est pas terrestre. D'ailleurs, s'il avait eu une prétention guerrière, ses disciples se seraient battus pour empêcher son arrestation ou le libérer. Cherchant à contrarier ce clergé pressant, Pilate propose de le libérer en vertu d'une prétendue coutume, mais la foule, influencée, choisit Barabbas, sans doute un zélote, et réclame la crucifixion pour Jésus. Pilate le fait ensuite flageller, et, pendant ce temps, « [prend] de l'eau et se [lave] les mains en présence de la foule, en disant : Je ne suis pas responsable de ce sang ; à vous de voir ! » (Mt 27, 24-25.) Puis il confirme qu'il n'a rien à lui reprocher de grave : « Voici l'homme *[Ecce homo]* », dit-il. Le clergé le menace alors de le dénoncer à Rome s'il ne plie pas et continue de protéger ce rebelle. Il cède et condamne Jésus à la crucifixion, au Golgotha.

➡ *Barrabas, Crucifixion, Déicide, Ecce homo, Golgotha, Jésus, Judée, Nicodème, Oliviers (Jardin des), Procès de Jésus, Zélote*

POURIM ✡

Dans la Bible, le livre d'Esther raconte comment celle-ci évite à son peuple, les juifs, d'être exterminé par Hamân, Premier ministre du roi Assuérus. Pour fixer la date du massacre, le félon lance des dés et, par l'intermédiaire de deux urnes, « tire au sort » *(pour)* le 13 du mois d'adar, qu'Esther consacre à un jeûne (toujours en vigueur). Son complot ayant échoué, il est arrêté et exécuté. Mardochée, cousin d'Esther, institue une fête le lendemain, le 14, pour marquer le sauvetage providentiel des juifs : la fête de Pourim (les « Sorts » donc), dont les règles sont énoncées par le traité Megillah (« rouleau ») de la Michnah et du Talmud. À cette date, on lit principalement le livre d'Esther, l'un des Cinq Rouleaux sacrés du calendrier juif. Cette fête est aussi une occasion de joie et de cadeaux échangés, comme le stipule le livre d'Esther (9, 21-22) : « Il les conviait donc à faire de ces journées des jours de festins et de liesse, à y échanger mutuellement des portions et à y faire des largesses aux pauvres. » On boit « jusqu'à n'en plus pouvoir » (*ade-lo-yada* en hébreu) afin de distinguer entre Mardochée le béni et Hamân le maudit ; on chante, on mange et on assiste aussi à des spectacles parodiques de Pourim, comme le *purim shpiel* (« pièce de Pourim » en yiddish) où enfants et adultes se déguisent.

➨ *Adar, Esther, Jeûne, Rouleaux (Les Cinq)*

PRÉDESTINATION ✡ ✝ ☪

La prédestination (du latin *praedestinatio*, « choix prédestiné de Dieu ») avance que Dieu a tout prévu et tout décidé du destin de chaque homme, qu'il a tout « réservé d'avance » (verbe *praedestinare*). Il ne s'agit pas de despotisme mais du désir de Dieu, le Créateur éternel, d'entourer l'homme de sa grâce et de son amour. Le christianisme s'inscrit dans cette dimension tout en considérant que l'homme n'est pas soumis au fatalisme et conserve sa liberté d'initiative. Car le salut vient de la miséricorde et de la justice de Dieu par son fils Jésus-Christ.

Le judaïsme, à la suite de la Bible et des réflexions des rabbins, n'adhère en général pas à la prédestination et privilégie la liberté (ou libre arbitre) des hommes dans leurs choix. Cela suppose d'en assumer les conséquences, bonnes ou mauvaises, mais tient compte aussi du fait que Dieu exerce sa providence *(hachgahah)* sur chacun, c'est-à-dire qu'il « pourvoie » *(providere)* à son bonheur.

L'islam proclame la toute-puissance et l'omniscience de Dieu qui s'expriment dans le *qadar* (« pouvoir »), son décret immuable, réalisation de son commandement (*amr*, c'est-à-dire de sa volonté). Mais, en même temps, le Coran énonce que tout homme est responsable de ses comportements :

il agit selon la volonté de Dieu tout en conservant ses choix, sinon il ne pourrait rien faire, et reste confiant en la miséricorde et en l'amour de Dieu. Ces deux notions ont fait l'objet, à la fin du VIIe siècle, de débats entre deux courants : d'un côté, les djabrites (de *djabr*, « nécessité »), partisans de la prédestination absolue ; de l'autre, les qadarites, prônant le libre arbitre de l'homme. Le sunnisme (famille principale de l'islam) se situe entre ces deux courants en reconnaissant à la fois le pouvoir de Dieu sur l'homme et le fait qu'il a créé la liberté en l'homme, le rendant responsable de ses choix.

➨ *Amr, Foi, Grâce, Juste, Salut*

PRÉMICES ✡

Dans l'ancien Israël, il était d'usage d'offrir au temple de Jérusalem les prémices *(bikkourim)* des récoltes afin de remercier Dieu pour le don de la Terre promise. Cette pratique est ainsi à l'origine de plusieurs fêtes juives, dont Chavouot appelée aussi « Prémices ». On présentait ainsi du blé, de l'orge, du raisin et du vin, des olives, de l'huile ou encore des dattes. La Torah mentionne cette obligation à plusieurs reprises. Par exemple, dans le livre de l'Exode, on peut lire : « Tu apporteras à la maison de Yahvé ton Dieu le meilleur des prémices de ton terroir » (23, 19 et 34, 26).

➨ *Chavouot, Exode, Israël, Temple, Torah*

PRÊTRE ✡ ✝ ☪

La fonction de prêtre, c'est-à-dire une femme ou un homme au service d'une divinité, est commune à toutes les religions de l'Antiquité. Nous la trouvons ainsi en Canaan, marqué par les cultes polythéistes, cette terre promise par Dieu aux Hébreux, qui s'y installent vers le XIIIe siècle av. J.-C. En Israël, né de cette implantation, le « prêtre » (*cohen* en hébreu ; *cohanim* au pluriel) est exclusivement masculin. Il sert au temple de Jérusalem, la maison de Dieu bâtie par le roi Salomon au début du Xe siècle av. J.-C. Assistés des lévites, les prêtres sont chargés de présenter les offrandes et les sacrifices (dont ils reçoivent leur part), notamment l'holocauste, et de procéder à certains rituels. C'est pourquoi ils sont tenus à des exigences de pureté. Ils sont sous l'autorité d'un grand prêtre, descendant d'Aaron, frère de Moïse. Après la destruction du Second Temple (en 70), cette fonction éminente se perpétuera jusqu'à nos jours : par exemple, à la synagogue, le *cohen*, qui peut officier avec le rabbin, est le premier à monter *(aliya)* à la *bimah* (estrade) pour la lecture de la Torah. Les juifs du monde entier forment en outre une communauté sainte, en vertu de l'Alliance que Dieu scella avec eux par l'intermédiaire de Moïse : il leur demanda alors de vivre en peuple de prêtres, comme le rapporte le livre de l'Exode (19, 6).

Au début du Ier siècle de notre ère, à l'époque de Jésus, où le Temple est encore debout, les prêtres se répartissent en vingt-quatre groupes qui officient chacun à raison d'une semaine par semestre – soit un total de sept mille deux cents prêtres, dont mille cinq cents à Jérusalem. Il en va ainsi de Zacharie, père de Jean le Baptiste. Mais le seul à pénétrer dans le Saint des saints du Temple au jour de Yom Kippour (fête des Expiations) est toujours le grand prêtre – de 18 à 37, il s'agit de Caïphe. Ce dignitaire est le plus haut représentant de la société juive auprès des Romains, qui occupent la Palestine. Outre la direction du Temple, dont il retire d'importants revenus grâce aux animaux achetés par les fidèles, il préside le Sanhédrin, la grande institution. Pourvu d'une autorité religieuse et politique, il est aussi auréolé d'un prestige considérable. Enfin, pour le culte, mais aussi dans la vie quotidienne, il obéit à des règles de pureté très précises et draconiennes. Il est de plus assisté de trois prêtres chargés des finances et d'un prêtre s'occupant de la sécurité du Temple et disposant d'une garde. Ce sont ces soldats qui arrêtent Jésus au jardin des Oliviers, prélude à la crucifixion. Après la résurrection de Jésus, quand la première Église chrétienne commence à prendre de l'ampleur, les apôtres s'entourent de presbytres (du grec *presbuteros*, « anciens »), c'est-à-dire de personnes capables de diriger avec eux les assemblées et de mener la prière. Le latin ecclésiastique transcrira ce mot en *presbyter*, d'où vient « prêtre ». Aujourd'hui, les catholiques, les orthodoxes et les Églises d'Orient scellent cette fonction par le sacrement de l'ordination – les protestants ordonnent aussi leurs ministres du culte, ou « pasteurs », mais sans accorder à cette cérémonie une valeur sacrée. Le prêtre devient ainsi l'intermédiaire entre Dieu et les hommes. Il peut alors célébrer la messe et administrer à son tour les sacrements. Le prêtre catholique est en charge d'une paroisse et placé sous l'autorité de l'évêque du diocèse dont il fait partie – le mot « curé » vient justement de « charge » (*cura* en latin).

L'islam sunnite, c'est-à-dire reposant sur la Sunna, est largement majoritaire. Il n'a pas de prêtres et donc pas de clergé, contrairement à l'erreur commise par certains commentateurs occidentaux. Il n'existe aucun sacrement tel que l'ordination, car la pratique religieuse musulmane est accessible à tout un chacun, par exemple par les *salat*, prières quotidiennes. Il existe certes des fonctions comme celle de l'imam (directeur de la prière dans une mosquée), du *qadi* (juge) ou du *cheikh* (sage), mais elles correspondent à des connaissances pointues en matière religieuse et en textes sacrés (Coran, hadith...), avec des conditions morales connues de tous. En revanche, le fonctionnement du chiisme duodécimain, prédominant en Iran et parfois assimilé à une forme de clergé, reste une particularité.

➡ *Aaron, Aliya, Caïphe, Canaan, Chiisme, Cohen, Curé, Diacre, Dîme, Duodécimain, Évêque, Holocauste, Imam, Jean le Baptiste, Jésus, Lévite, Onction, Pasteur, Salat, Sunnisme, Torah*

PRESBYTÈRE

Le mot grec *presbutroi* (« ancien ») ayant donné celui de prêtre, le presbytère est l'habitation d'un curé (appelée aussi « cure ») et de ses vicaires (assistants).

PREUVE DÉCISIVE, LA ☪

La 98ᵉ sourate du Coran porte le titre de *La Preuve décisive (al-Bayyina)*, en l'occurrence le Coran lui-même, qui contient les véritables Écritures venues de Dieu et autour desquelles les hommes pourraient former une communauté unie. Malgré cela, les « gens du Livre » *(ahl al-Kitab)*, c'est-à-dire juifs et chrétiens, et ceux qui adorent plusieurs dieux, n'ont pas changé de voie. Ils sont promis à l'enfer, mais les vrais croyants connaîtront la récompense : le paradis.

➡ *Ahl al-Kitab, Livre, Révélation*

PRIÈRE ✡ ✝ ☪

Le mot « prière » vient du pluriel latin *preces*, qui a aussi le sens de « vœu », « souhait », « imprécation ». La prière est, pour le croyant, le moyen de se recueillir, de s'adresser à Dieu, de le louer (action de grâces), de lui communiquer une demande particulière aussi. Inscrite dans les offices religieux et la liturgie, elle peut être solitaire ou collective, Dieu étant le seul à l'exaucer, c'est-à-dire à répondre à cette demande. Juifs, chrétiens et musulmans recourent alors aux traits spécifiques de leur religion et à leurs propres écrits révélés par Dieu (Torah, évangiles, Coran). Cela explique que les prières, tout en appelant le même Dieu unique, soient différentes dans le judaïsme (*Alénou*, *Chema* et *Qaddich* par exemple), le christianisme (*Notre Père*, prière centrale) et l'islam (*salat*, ou prières quotidiennes, et grande prière du vendredi).

Il existe aussi l'oraison (du latin *oratio*, « parole » ou « prière »), une invocation à Dieu, intérieure et silencieuse, qui rend cette forme de prière particulière – elle se pratique notamment dans les monastères chrétiens. L'« orant » (terme qui s'applique cependant à toute autre prière) se concentre sur son cœur et sa foi afin d'accueillir la présence de Dieu et son Esprit.

En islam, par exemple, la *dua* est une « invocation » (en arabe) de Dieu, mais individuelle et qui peut être faite à n'importe quel moment, ce qui la différencie de la prière rituelle quotidienne *(salat)* : elle se fait en silence, à la manière d'une oraison, ou à voix haute, et peut suivre une *salat* pour adresser à Dieu des louanges particulières.

➡ *Alénou, Chema, Notre Père, Office, Qaddich, Salat, Tallit, Tefillin*

LITANIE

En langage chrétien, la litanie est une « prière » (*litaneia* en grec) particulière intervenant à diverses occasions, comme l'ordination d'un prêtre. Chantée ou récitée, elle est adressée à Dieu, à la Vierge Marie ou aux saints, sous la forme de dialogues entre un soliste et les fidèles.

PROCÈS DE JÉSUS ✡ ✝

La manière dont les évangiles du Second Testament présentent le procès de Jésus, particulièrement celui de Jean, est à replacer dans le contexte de leur rédaction (seconde moitié du Ier siècle). À cette époque, les Romains, maîtres du monde, et les autorités juives pourchassent et persécutent les chrétiens, dont ceux de culture grecque présents dans de nombreux pays de l'empire – Saül, l'un de ces persécuteurs, se convertira et prendra le nom de Paul. Il en ressort que les évangiles, pour éviter la colère des Romains, limitèrent le rôle de Ponce Pilate, leur représentant, dont la responsabilité reste pourtant essentielle. Il n'a donc pas existé de « procès juif », argument avancé par ceux qui accusèrent les juifs de déicide pour mieux les persécuter.

En fait, si nous reprenons les évangiles en tenant compte de leurs divergences et de leurs points communs, Jésus, après son arrestation au jardin des Oliviers, est d'abord interrogé par Anne, ancien grand prêtre encore influent, puis par Caïphe, grand prêtre en exercice et président du Sanhédrin, grande instance juive. Ces personnages représentent donc une autorité soucieuse de ses privilèges, comme il en existe partout, et non un peuple entier, pas même l'assemblée du Sanhédrin tout entière. Car n'oublions pas que Jésus comptait des partisans au sein du Sanhédrin, par exemple Joseph d'Arimathie, qui récupérera son corps pour l'ensevelir dans son propre tombeau. Les Romains détestant le désordre, un certain clergé, inquiet de la popularité de Jésus, a décidé de l'éliminer et, auparavant, de connaître ses véritables intentions religieuses. Mais Jésus continue d'affirmer sa mission : il est bien le Messie, le Fils de Dieu qui sera présent au jour du Jugement. Pour ces prêtres, il blasphème en se situant au-dessus de la Torah, et même au-dessus de Moïse. Mais seuls les Romains possèdent le « droit de glaive », c'est-à-dire celui d'exécuter une peine capitale. Pour cela, Jésus doit être jugé en tant que criminel politique par Ponce Pilate, préfet de Judée, qui finira par l'envoyer sur la croix.

➡ *Anne, Blasphème, Caïphe, Déicide, Évangiles, Fils, Jésus, Joseph d'Arimathie, Judas Iscariote, Jugement dernier, Messie, Moïse, Oliviers (Jardin des), Paul, Ponce Pilate, Romain, Sanhédrin, Torah*

PROPHÈTE ✡ ✝ ☪

Le mot « prophète » est issu du grec *prophêtês* (« interprète de la divinité »). Pour les trois monothéismes, il ne s'agit pas d'un devin ou autre prédicateur qui, entré en transe, tiendrait des propos incohérents, envoûtant des adeptes subjugués et soumis. Selon son sens originel, le prophète a été choisi par Dieu pour transmettre sa parole. Il a été « appelé par Dieu », sens du mot « vocation ».

Le prophétisme est d'abord un phénomène particulier et caractéristique du judaïsme, dont la Bible dresse un tableau impressionnant. Au début de la naissance d'Israël, vers les XIIIe-XIIe siècles av. J.-C., Yahvé, le Dieu unique, côtoie des divinités étrangères, comme les baals, qui menacent son culte. Pour que celui-ci s'affirme et prédomine, des prophètes (*nabi* en hébreu) se lèvent et, à cette époque, sont assez proches de ces personnages qui, dans les pays voisins, vivent en bandes, entrent en transe, se dénudent, chantent et dansent. Par exemple, ils n'hésitent pas à se battre contre les prêtres des sanctuaires voués aux idoles. Avec le temps émergent des prophètes plus modérés mais tout aussi déterminés. Directement inspirés par Dieu, ils sont animés d'une spiritualité plus approfondie et choisissent d'entretenir autrement la foi en Yahvé sur une terre menacée par le polythéisme. Ces missions, dans la Bible, s'étalent du IXe siècle à la fin du Ve siècle av. J.-C. Durant cette longue période, leurs oracles, plus souvent chargés de malheur que de bonheur, s'adressent aux Israélites, mais aussi, et surtout, aux rois et aux prêtres chargés de la nation. C'est pourquoi, fidèles aux commandements de Dieu, ils ont une dimension morale (dénonçant le comportement de certains souverains), religieuse, politique (reprochant des alliances par exemple) et sociale (relevant des injustices). Car tout comportement, individuel ou collectif, peut provoquer ou la colère ou la bienveillance de Dieu. Ces vrais prophètes s'opposent alors aux « faux prophètes » – appelés ainsi dans la Bible – qui, au service de la monarchie, ne cherchent qu'à flatter leurs maîtres et la Cour. Parfois suivis par quelques fidèles seulement, les vrais prophètes ont donc eu un rôle déterminant et central dans la survivance et la pérennité du judaïsme, certains allant jusqu'à mettre leur vie en danger pour réaliser leur mission (Jérémie par exemple).

Le premier des grands prophètes de la Bible est Samuel, qui, vers 1040, oint Saül, le premier roi d'Israël. Viennent ensuite Nathan, conseiller de David (1010-970), Élie et Élisée (IXe siècle). À partir du VIIIe siècle, et à la faveur de l'expansion de l'écriture, des prophètes ou leurs disciples commencent à constituer des recueils. Les Neviim, deuxième partie de la Bible hébraïque, comprennent quinze de ces « prophètes écrivains » : les livres les plus volumineux sont ceux d'Isaïe, de Jérémie, d'Ézéchiel ; puis viennent ceux rédigés par Osée (le plus ancien écrit daté de la Bible avec Amos, vers 750), Joël, Amos, Abdias (Obadiah), Jonas, Michée, Nahum (Nahoum), Habaquq (Habacuc), Sophonie, Aggée, Zacharie, Malachie (fin du Ve siècle av. J.-C. environ). La compilation de ces ouvrages fut achevée vers le IVe siècle av. J.-C., époque à laquelle vivait le dernier d'entre eux (Jonas), cette période marquant aussi la fin du courant prophétique. Quant à la Bible latine, elle ajoute, dans sa dernière partie (les livres prophétiques) : les Lamentations, le livre de Baruch et le livre de Daniel. Enfin, le classement, dans les deux bibles, n'obéit pas à une chronologie, et un livre peut ainsi contenir des passages ultérieurs au prophète qui lui a donné son nom (Isaïe par exemple). C'est pourquoi l'étude proprement historique ou biographique de ces textes est ardue, en raison de leur contenu avant tout spirituel et religieux.

À l'époque de Jésus, soit dans la première moitié du Ier siècle de notre ère, la voix des prophètes s'est donc définitivement éteinte. C'est pourquoi les juifs espèrent en leur retour, et en particulier en celui d'Élie, qui fut enlevé vivant au ciel et doit revenir à la fin des temps, quand Dieu dominera le monde. Ainsi, Jean le Baptiste, cousin et précurseur de Jésus, est vu comme le nouvel Élie, notamment par Jésus lui-même (rapporte l'évangéliste Matthieu en 11, 9) : ses vêtements, ses propos tranchés, sa dénonciation des autorités religieuses de Jérusalem, ses appels pressants à la conversion des cœurs en vue de se préparer au jugement de Dieu, tout cela rappelle le grand prophète du IXe siècle av. J.-C. Après la mort du Baptiste, décapité sur l'ordre d'Hérode Antipas, Jésus devient pour certains le nouvel Élie, comme le proclame l'évangéliste Jean (6, 14). Mais il ne peut être Élie ou un prophète : l'autorité qu'il se donne est supérieure à celle de Moïse, lequel remplit une mission plus importante encore que celle des prophètes. Cette affirmation, considérée par le clergé juif de Jérusalem comme un blasphème, poussera celui-ci à convaincre le préfet romain Ponce Pilate de condamner à mort Jésus. Il faut préciser que les évangiles du Second Testament contiennent de nombreuses références aux prophètes de la Bible.

Les prophètes sont également indissociables du Coran qui en distingue deux catégories et leur consacre la 21e sourate *(Les Prophètes, al-Anbiya)*. Le *nabi* est un « avertisseur » *(nadîr)*, c'est-à-dire que Dieu l'a désigné pour transmettre aux hommes son « message » *(balâg)* afin de les ramener dans le droit chemin, et ce depuis l'origine du monde (par exemple Çalih, Chou'aïb, Houd). Mais l'humanité a traité ces messagers de menteurs, voire de fous. Aussi Dieu a-t-il dépêché d'autres nabis, ses « envoyés » *(rassoul)* chargés de transmettre la parole qui leur a été révélée : Abraham, le premier, père des croyants qui l'exprima par sa foi, Moïse et Jésus, dans des écrits révélés (Torah et Évangile), furent les trois précurseurs. Mais Mahomet, pour qui le mot « prophète » devient un nom propre en islam est venu parachever la révélation de Dieu.

➡ *Baal, Grande Assemblée, Hanif, Idole, Mouled en-Nabi, Neviim*

PROPITIATION ✡ ✝ ☪

Dans l'Antiquité, le mot latin *propitius*, traduit par « propitiation », consistait à s'attirer l'attention et les faveurs des dieux en leur offrant des sacrifices afin d'obtenir leur pardon en cas de faute. Autant de pratiques qui ont disparu. Ainsi, dans le temple de Jérusalem, il était d'usage de sacrifier des animaux sur un propitiatoire, notamment lors de Yom Kippour, qui constitue toujours un moment fort du calendrier juif, mais sans immolations animales.

Le christianisme considère que Jésus ne fut pas une victime « propitiatoire » : Dieu n'accorde pas son pardon et son amour en échange d'une victime ; il rend l'homme bon et juste grâce au sacrifice de son Fils, Jésus-Christ.

De leur côté, les musulmans accordent une grande importance symbolique à l'aïd al-Kebir (ou plutôt aïd al-Ahda, « fête du Sacrifice »), mais pour célébrer Abraham.

En conclusion, pour les trois religions monothéistes, la prière et le repentir restent les appels essentiels à la miséricorde de Dieu.

➡ *Aïd al-Ahda, Expiation, Miséricorde, Pâques, Prière, Repentir, Sacrifice, Yom Kippour*

PROSTERNATION, LA ☪

La prosternation *(al-sajda)* est inscrite au cœur de la pratique religieuse, tant juive que chrétienne et musulmane. En islam, elle est d'autant plus sensible qu'elle fait partie du rite entourant chaque prière. La 32e sourate, qui porte ce titre, rappelle ainsi que Dieu est le Créateur, le Maître de toute chose, le Tout-Puissant qui sait tout, voit tout, entend tout, même ce qui est caché. Il a créé l'homme, lui a offert les cinq sens et la chair. C'est pourquoi ceux qui croient en ses signes (sa science parfaite) se prosternent devant lui, pratiquent la prière et l'aumône, et auront accès au paradis. Les autres, injustes et incrédules, connaîtront l'enfer au jour de la Résurrection, dans l'éternité où ils souffriront de ce feu dont ils niaient l'existence.

➡ *Aumône, Création, Fawatih, Salat*

PROVERBES, LIVRE DES ✡

Constitué sans doute au milieu du Ve siècle av. J.-C., le livre des Proverbes appartient à la littérature du courant de Sagesse. Il se compose de trente et un chapitres contenant des éléments d'époques différentes, parfois très anciennes : la Bible hébraïque lui donne en effet le titre *Meshalim* (pluriel de *mashal*), exercices de style très en vogue chez les sages qui, pour montrer leur inventivité, recouraient aux conseils, aux paraboles, aux énigmes et autres démonstrations courtes et concises. La tradition a donc attribué cet ouvrage à ces sages, mais aussi à Salomon, « le » roi sage. Il commence par les conseils éducatifs d'un père à son fils (bons et mauvais amis, insouciance, amour, paresse, respect des parents, argent...). Car, pour atteindre la sagesse, dont le modèle est celle du Dieu créateur, il faut combattre le mal, les « abominations », l'incroyance, la folie (son grand adversaire) et se vouer au bien, à la justice, afin d'en tirer l'énergie bénéfique. Le livre enchaîne sur une suite de quelque six cents proverbes couchés pêle-mêle, les premiers étant attribués à Salomon, les suivants de sages anonymes ou identifiés (Agur et Lemuel, « qui est à Dieu »). Il s'achève sur un poème intitulé « La parfaite maîtresse de maison », où chaque lettre de l'alphabet hébraïque (d'*aleph* à *tav*) correspond à un vers, autre exercice de style présent dans d'autres ouvrages de la Bible, notamment dans le Siracide (51, 13-29) et les Psaumes.

➡ *Hébreu, Parabole, Psaume, Sagesse, Salomon, Siracide*

PSAUME ✡

La destruction de Jérusalem par les Romains, en 70, a eu pour conséquence de faire disparaître les textes liturgiques d'Israël. Mais des prières hébraïques nous sont heureusement parvenues : ce sont les psaumes (*tehillim* en hébreu), splendeurs à la fois littéraire et religieuse, où les poètes ont chanté leur foi, l'âme, les joies et les peines d'Israël. Le psaume était en effet un style très connu dans ce pays, comme le montrent des rouleaux découverts à Qumrân. Il était d'usage de le rythmer à l'aide d'instruments de musique – le mot vient du grec *psalmos*, mélodie jouée sur un instrument à cordes, le psaltérion. Et les lévites en magnifiaient le contenu au cours des services du Temple.

Ce recueil de psaumes (ensemble des psaumes), terminé au IIIe siècle av. J.-C., véritable cœur de la Bible, est centré sur la louange du Dieu créateur et rédempteur, maître de l'Histoire et de son peuple (Israël). Il évoque l'Exil et les persécutions, l'amour de Dieu et la confiance qu'il implique (toujours salvatrice, dit la fin de chaque psaume), la glorieuse Jérusalem où resplendit le Temple... Il est chargé de confidences, de dialogues d'amour entre l'homme et son Dieu. Les thèmes des cent cinquante poèmes qui le composent sont en effet d'une grande variété. Ils sont également d'époques, de provenances et de factures très diverses (soixante-douze sont attribués au roi David, contre deux à Salomon et un à Moïse, plusieurs à des chantres du Temple ; beaucoup n'ont pas d'auteur).

Les psaumes ont toujours une grande importance dans le judaïsme, tant sur le plan liturgique que privé (on peut les réciter chaque jour, pour conjurer tel ou tel mal par exemple). Ils interviennent au cours des grandes fêtes annuelles, Pâque (Pessah), Roch ha-Chanah (Nouvel An) ou Hanoukkah (fête des Lumières), au cours du shabbat et de mariages, lors des prières quotidiennes aussi.

Dans les évangiles, Jésus se réfère souvent aux Psaumes, ce qui montre sa très bonne connaissance des textes sacrés. Ainsi, sur la croix, il reprend, peu avant de rendre son dernier soupir, cette célèbre première phrase du psaume 22 (21), qui relate les souffrances d'un juste persécuté : *« Êli, Êli, Lama Azavtanii »* (« Mon Dieu, mon Dieu, pourquoi m'as-tu abandonné ? »), rapporte Marc (15, 34). Les Psaumes ont toujours une part active dans la liturgie chrétienne où ils sont chantés. Chacun est précédé et suivi d'un petit extrait des Écritures saintes condensant son propos ; c'est l'antienne (du grec *antiphona*, « réponse chantée »).

Dans le Coran, la phrase : « Et nous avions donné des Psaumes à David » (4, 163) laisse entendre que l'islam reconnaît ces psaumes (sous le titre Zabour) comme étant des écrits révélés.

➨ *Coran, Exil, Hanoukkah, Jésus, Juste, Lévite, Liturgie, Pessah, Qumrân, Roch ha-Chanah, Shabbat, Temple*

PSEUDÉPIGRAPHE ✡ ✝

Du IIe siècle av. J.-C. au Ier siècle apr. J.-C., la littérature religieuse juive s'est enrichie d'ouvrages qui n'ont pas été retenus dans la Bible hébraïque et la Bible latine. Ces écrits, appelés « apocryphes » par certains, portaient sur des sujets bibliques, notamment le thème apocalyptique – citons, par exemple, ceux découverts à Qumrân en 1947, parmi lesquels figurait la règle de vie communautaire des esséniens. Tous ces écrits, selon un principe répandu dans la Bible, étaient attribués soit à des personnages illustres, comme le *Livre d'Hénoch* (patriarche d'avant le Déluge), les *Psaumes de Salomon*, l'*Apocalypse de Baruch*, soit des œuvres patronnées par des patriarches ou par des prophètes comme Ézéchiel et Daniel. C'est pourquoi ils furent appelés « pseudépigraphes » (c'est-à-dire « fausse inscription »). Pour les chercheurs, il est presque certain que cette littérature impressionnante par son contenu a inspiré les chrétiens des quatre premiers siècles de notre ère.

D'ailleurs, ces derniers ont aussi produit des pseudépigraphes, dont des évangiles, des Actes (faits et gestes d'apôtres), des récits apocalyptiques et des écrits qui devaient bâtir une grande partie du culte rendu aujourd'hui à la Vierge Marie. Ils ont quasiment tous été composés après les livres du Second Testament ; mais certains le furent peu de temps après ces derniers, voire à la même époque.

➡ *Actes des apôtres, Apocalypse, Apocryphe, Baruch, Bible, Daniel, Essénien, Évangiles, Ézéchiel, Hénoch, Marie, Pierre, Qumrân, Salomon, Testament, Thomas*

PUBLICAIN ✡ ✝

Au temps de Jésus, les publicains, agents des impôts dans la Palestine occupée par les Romains, récoltent les taxes sur les marchandises et tout droit de douane, tant pour Ponce Pilate, préfet de Judée, que pour Hérode Antipas, qui règne sur la Galilée et la Pérée. Leur métier leur attire l'animosité et les rendent impurs et pécheurs aux yeux du judaïsme officiel et de la Loi (Torah). Côtoyer ces hommes aux tarifs parfois prohibitifs est donc préjudiciable. Jésus n'hésite pourtant pas à s'afficher avec deux d'entre eux qui deviennent ses disciples : Zachée, à Jéricho, abandonne une moitié de ses biens (Lc 19, 1-10) ; Matthieu (ou Lévi), à Capharnaüm, quitte ses fonctions lucratives pour le suivre (Mc 2, 13-17) – le premier des quatre évangiles du Second Testament lui est attribué. Enfin, la célèbre parabole du pharisien et du publicain, rapportée par Luc (18, 9-14), montre que la prière d'un pharisien, qui se prévaut d'être un juste et veut démontrer qu'il pratique bien la Loi, est moins louable que celle d'un publicain regrettant ses péchés : « Tout homme qui s'élève sera abaissé, mais celui qui s'abaisse sera élevé. »

➡ *Capharnaüm, Hérode, Jésus, Matthieu, Parabole, Péché, Pharisien, Pilate, Torah*

PURGATOIRE ✝

Le purgatoire est un lieu destiné à purifier (*purgare* en latin) ses fautes.

Héritée du judaïsme, la prière des vivants pour les morts fit partie des rites du christianisme naissant. Ainsi se forma progressivement l'idée d'un lieu intermédiaire entre l'enfer et le paradis, idée qui devait être formalisée aux XIIe-XIIIe siècles. C'est le purgatoire, qui ne figure pas dans le Second Testament : les défunts seraient purifiés des péchés qui n'ont pas été effacés, condition pour l'accès au paradis. Par exemple, les indulgences consistaient à payer pour s'assurer un tel salut ou le garantir aux morts. En 1563, le concile de Trente rendit cette tradition officielle par un décret qui fit désormais entrer le purgatoire dans la doctrine catholique, la prière et la messe étant les moyens d'aider les morts à rejoindre Dieu. Mais il faut plutôt y voir une construction théologique destinée à atténuer la terreur qu'inspirait l'enfer. L'Église, en effet, évoque le feu purificateur, mais ne donne pas de description précise des moyens de purification, laissant à chacun le soin de les imaginer. Car le purgatoire reste une quête du bien. Il est interdit aux plus mauvais, démons et damnés de l'éternité, qui rejoignent l'enfer. Délaissé quelque peu au XXe siècle, le purgatoire en tant que lieu n'est pas reconnu par les protestants, pas plus que par les orthodoxes, qui y voient plutôt un état personnel.

➡ *'Araf (Al-), Barzakh, Concile, Doctrine, Enfer, Indulgence, Paradis, Péché, Rédemption, Repentir*

Q

QADDICH ✡

Clôturant les trois offices quotidiens, le *Qaddich* (« saint » en araméen), prière très ancienne, est la proclamation (en araméen) de la sainteté *(qedouchah)* absolue, de la toute-puissance de Dieu, le Créateur – il est aussi récité à l'occasion d'un deuil et pendant les onze mois qui suivent pour accompagner le défunt. Cette prière fondamentale, dont il existe des versions abrégée et complète en fonction des circonstances, condense le cœur de la foi juive. À la synagogue, elle requiert le *minyan*, c'est-à-dire le nombre minimal de récitants. Elle se prononce debout, en direction de Jérusalem *(mizrah)*.

Le *Qaddich*, tout en louant Dieu, est aussi un appel à l'instauration de son règne : « Qu'il soit magnifié et sanctifié son nom grand dans le siècle, qu'il a créé suivant son bon plaisir ; qu'il fasse régner son règne et germer sa rédemption et qu'il introduise son Messie et qu'il rachète son peuple, en vos vies et en vos jours et dans les jours de toute la maison d'Israël, à l'instant et dans un temps. Et qu'on dise *Amen* ! [...] Que votre prière soit accueillie et que votre supplication soit réalisée, avec la supplication de toute la maison d'Israël, devant notre Père dans le ciel ! » (Traduction de Joseph Bonsirven.) C'est ainsi que Jésus, qui le connaissait en tant que juif, s'en approche lorsqu'il transmet le *Notre Père* (cœur de la foi chrétienne) à ses disciples, lors du discours sur la Montagne.

➡ *Jésus, Messie, Minyan, Mizrah, Montagne (Discours sur la), Notre Père, Office, Qedouchah, Synagogue*

QADI ☪

Le qadi (« juge ») est indissociable de la notion de droit en islam. Si le Coran est un Livre sacré, il contient assez peu de dispositions purement juridiques, celles-ci ressortissant à un droit élaboré à sa suite. Les Omeyyades, première grande dynastie de l'islam (660-750), furent les initiateurs de cette science juridique qui devait prendre forme sous les Abbassides (750-1258), surtout au XIe siècle. Les qadis (ou cadis) étaient alors les dépositaires du pouvoir judiciaire par la volonté du calife (successeur du prophète Mahomet). Aujourd'hui, ils font appliquer des jugements fondés sur le droit musulman (*charia*) tout en tenant compte des coutumes et des spécificités locales.

➡ *Charia, Livre, Ouléma*

QAF ☪

Qaf est la 21e lettre de l'alphabet arabe mais aussi le titre de la 50e sourate du Coran. Celle-ci rappelle que le « glorieux Coran » est descendu sur les hommes qui, jusque-là, avaient refusé d'écouter les prophètes antérieurs, les traitant de menteurs. Il leur suffit pourtant de contempler le firmament et la Terre, et jusqu'à l'homme lui-même, pour constater l'œuvre créatrice de Dieu. Végétation, montagne, nourriture sont parmi les bienfaits qu'il prodigue. Dieu a désormais ôté le voile qui masquait la vue des hommes convertis à son appel. Il reste les incrédules, qui rejoindront la géhenne, cet enfer qui accueille ceux qui lui sont promis par Dieu. Dieu entend, en revanche, les prières de ceux qui, du lever au coucher du soleil et « une partie de la nuit », se prosternent devant lui. Ils rejoindront le paradis non sans avoir auparavant averti, par le Coran, « celui qui redoute » la sanction de Dieu.

➡ *Coran, Fawatih, Prophète, Salat*

QERIAH ✡

La Bible mentionne à de nombreuses reprises des personnages, notamment des prophètes, déchirant leurs vêtements pour signifier l'accablement ou une tristesse intense. La tradition juive, dans la Michnah et le Talmud, a repris ce comportement, pour l'appliquer aux personnes en deuil d'un proche. La *qeriah* est toujours pratiquée dès l'annonce du décès et, dans tous les cas, après la mise en terre.

➡ *Michnah, Prophète, Talmud*

QIBLA ☪

La *qibla* apparaît dans la 2e sourate du Coran, *La Vache* (2, 142-145), où elle désigne la direction de la prière. Cette *qibla* était pour les juifs et les chrétiens l'est, et plus particulièrement Jérusalem, mais le Coran indique que, désormais, les musulmans se tourneront vers la « mosquée sacrée », c'est-à-dire le sanctuaire de La Mecque, la Kaaba. Dans une mosquée, la *qibla* est indiquée par le *mihrab* (niche aménagée dans le mur correspondant).

➡ *Kaaba, Mecque (La), Mihrab, Mosquée, Salat*

QIDDOUCH ✡

Au début du shabbat et des grandes fêtes du calendrier – donc le soir, après le coucher du soleil –, ainsi qu'à la fin de l'office du matin (*Chaharith*), il est d'usage de réciter des bénédictions et des prières, en principe au-dessus d'une coupe de vin (recommandation du Talmud), afin de procéder à la « sanctification » *(qiddouch)* de la journée qui s'annonce. Ce *Qiddouch* reprend la règle énoncée par le livre de l'Exode (20, 8) : « Tu te souviendras du jour du shabbat pour le sanctifier. »

➡ *Bénédiction, Chaharith, Exode, Office, Shabbat, Talmud, Vigne*

QODACHIM ✡

Sixième ordre de la Michnah, le Qodachim (« choses sacrées ») comprend onze traités portant essentiellement sur les sacrifices et ce qu'il convient d'offrir à Dieu. La plupart de ces mesures sont tombées en désuétude depuis la destruction du Second temple de Jérusalem, en 70. Toujours actuel et très important, l'abattage rituel (ou *chehitah*) est abordé dans le premier traité, Zevahim (« sacrifices »), et dans le troisième, Houllin (« profanes »). Le traité Bekhorot s'intéresse aux premiers-nés (traduction de ce mot), qu'ils soient humain ou animal. Nous trouvons aussi des informations sur les mesures foncières entourant le jubilé (traité Arakhin, « valeurs »). Keritot est le traité de l'« excommunication » ; Tamid, celui du « sacrifice perpétuel », l'holocauste pratiqué en permanence dans le Temple. Le traité Middot recense toutes les

« mesures » du Temple qui, pourtant détruit, restera ainsi dans toutes les mémoires.

➡ *Chehitah, Excommunication, Holocauste, Jubilé, Michnah, Temple*

QOHÉLET OU ECCLÉSIASTE ✡

Ce livre de la Bible fait partie du courant de Sagesse. Il fut écrit sans doute vers 250 av. J.-C. par un auteur qui, pour puiser dans l'Histoire la légitimité de son propos, se présente comme un fils de David, père de Salomon (le sage par excellence). Le titre hébraïque de l'ouvrage et sa traduction grecque, d'où vient le mot « ecclésiaste », signifient tous deux « membre de l'*ekklêsia* » (« assemblée »).

Contrairement aux Proverbes et au Siracide (Ecclésiastique), livres également sapientiaux (du courant de Sagesse), Qohélet a une conception désabusée et pessimiste du monde et des hommes, comme le souligne la célèbre phrase introductive : « Vanité des vanités, dit Qohélet ; vanité des vanités, tout est vanité. Quel profit trouve l'homme à toute la peine qu'il prend sous le soleil ? » (1, 2-3). Il ne met pas l'existence de Dieu en question (il ne l'appelle jamais Yahvé), mais souligne le résultat parfois absurde et déroutant de son œuvre : l'humanité tout entière attend une mort inévitable ; toute perspective de salut semble lointaine ; la nature et le travail se répètent jusqu'à lasser ; l'Histoire est un éternel recommencement ; l'avenir reste flou. Autant de considérations qui agitent notre monde actuel : « Toute parole est lassante ! Personne ne peut dire que l'œil n'est pas rassasié de voir, et l'oreille saturée par ce qu'elle a entendu. Ce qui fut, cela sera, ce qui s'est fait se refera, et il n'y a rien de nouveau sous le soleil » (1, 4-9), lance Qohélet. La vie existe parce qu'elle est un cadeau de Dieu, dont le pouvoir sur le monde n'est pas du ressort de l'esprit humain. Tout homme doit donc s'employer à mener son existence en obéissant au destin que Dieu lui a donné, jusqu'à cette mort où « la poussière retourne à la terre comme elle est venue, et le souffle à Dieu qui l'a donné » (12, 7).

➡ *David, Proverbes (Livre des), Sagesse (Littérature et courant de), Salomon, Siracide*

QUATRE VIVANTS ✠

Les Pères de l'Église ont associé à chaque évangéliste des symboles forts, en relation avec le début de leurs livres. Ils se référèrent pour cela à la tradition dite des « Quatre Vivants ». Tout remonte à la Bible et au prophète Ézéchiel (1, 4-14), qui, au début du VIe siècle av. J.-C., nous offre une de ses visions extraordinaires : « Au centre, je discernai quelque chose qui ressemblait à quatre animaux dont voici l'aspect : ils avaient une forme humaine. Ils avaient chacun quatre faces et chacun quatre ailes. Leurs jambes étaient droites et leurs sabots étaient comme des sabots de bœuf, étincelants comme l'éclat de l'airain poli. Sous leurs ailes, il y avait des mains humaines tournées vers les quatre directions, de même que leurs faces et leurs ailes à eux quatre. Leurs ailes étaient jointes l'une à l'autre ; ils ne se tournaient pas en marchant : ils allaient chacun devant soi. Quant à la forme de leurs faces, ils avaient une face d'homme, et tous les quatre avaient une face de lion à droite, et tous les quatre avaient une face de taureau à gauche, et tous les quatre avaient une face d'aigle. Leurs ailes étaient déployées vers le haut ; chacun avait deux ailes se joignant et deux ailes lui couvrant le corps ; et ils allaient chacun devant soi ; ils allaient là où l'esprit les poussait, ils ne se tournaient pas en marchant. »

Ensuite, les Quatre Vivants sont explicitement mentionnés par l'Apocalypse de Jean (4, 1-8) : « J'eus ensuite une vision. Voici, une porte était ouverte au ciel, et la voix que j'avais naguère entendue me parler comme une trompette me dit : Monte ici, que je te montre ce qui doit arriver par la suite. À l'instant, je tombai en extase. Voici, un trône était dressé dans le ciel, et, siégeant sur le trône, Quelqu'un… Celui qui siège est comme une vision de jaspe et de cornaline ; un arc-en-ciel autour du trône est comme une vision d'émeraude. Vingt-quatre sièges entourent le trône, sur lesquels sont assis vingt-quatre Vieillards vêtus de blanc, avec des couronnes d'or sur leurs têtes. Du trône partent des éclairs, des voix et des tonnerres, et sept lampes de feu brûlent devant lui, les sept Esprits de Dieu. Devant le trône, on dirait une mer, transparente autant que du cristal. Au milieu du trône et autour de lui se tiennent quatre Vivants, constellés d'yeux par-devant et par-derrière. Le premier Vivant est comme un lion ; le deuxième Vivant est comme un jeune taureau ; le troisième Vivant a comme un visage d'homme ; le quatrième Vivant est comme un aigle en plein vol. Les quatre Vivants, portant chacun six ailes, sont constellés d'yeux tout autour et en dedans. Ils ne cessent de répéter jour et nuit : "Saint, Saint, Saint, Seigneur, Dieu Maître-de-tout, Il était, Il est et Il vient". »

Dans la première partie de son ouvrage *Contre les hérésies*, Irénée de Lyon (vers 130-vers 208), Père grec de l'Église, est le premier à relier les Quatre Vivants aux quatre évangélistes, passage appelé « l'Évangile tétramorphe » : « "Le premier de ces vivants, est-il dit, est semblable à un lion", ce qui caractérise la puissance, la prééminence et la royauté du Fils de Dieu ; "le deuxième est semblable à un jeune taureau", ce qui manifeste sa fonction de sacrificateur et de prêtre ; "le troisième a un visage pareil à celui d'un homme", ce qui évoque clairement sa venue humaine ; "le quatrième est semblable à un aigle qui vole", ce qui indique le don de l'Esprit volant sur l'Église. Les évangiles seront donc eux aussi en accord avec ces vivants sur lesquels siège le Christ Jésus. »

Au final, Marc est le lion, car le début de son évangile contient ce passage : « Voix de celui qui crie dans le désert : Préparez le chemin du Seigneur. »

Le taureau, ou le bœuf, revient à Luc, qui écrit : « Il y eut aux jours d'Hérode, roi de Judée, un prêtre du nom de Zacharie, de la classe d'Abia, et il avait pour femme une descendante d'Aaron, dont le nom était Élisabeth » (1, 5). Le bovin étant l'animal du sacrifice par excellence, il fut donc attribué à l'évangéliste.

Matthieu est relié à l'homme (parfois ailé). Car il commence par donner la généalogie de Jésus (1, 1-16), et donc par expliquer l'origine humaine du Christ jusqu'à Joseph.

Enfin, Jean hérita de l'aigle, car, dès les premiers mots de son évangile, il évoque le Verbe, c'est-à-dire la Parole créatrice de Dieu, ce qui nous plonge dans le mystère du ciel.

➡ *Apocalypse, Apôtre, Évangéliste, Évangiles, Ézéchiel, Jean, Père de l'Église, Verbe*

QURAÏCH ☪

Mahomet est né traditionnellement en 570, au sein des Banou Hachim, c'est-à-dire les « fils d'Hachim », du nom d'Hachim ibn Abd Manâf, arrière-grand-père du Prophète. Ces Hachimides ou Hachémites formaient un clan (plutôt modeste) au sein de la tribu des Quraïch. Appelés aussi « Qoraychites », ou Banou Quraysh, nom de l'ancêtre dont ils se réclamaient, ces Arabes du Nord rassemblaient en effet des clans plus ou moins influents et formaient une tribu, très puissante en Arabie, qui vivait du commerce. Si l'on en croit la tradition, elle fut rassemblée par Qossavy afin de s'approprier le bénéfice tiré de la Kaaba, sanctuaire de La Mecque, arrachée à des rivaux, les Khuzâ'a. À partir du VIe siècle, époque la plus plausible, les Quraïch régnèrent donc autour de La Mecque et de la Kaaba, où l'on honorait des divinités. Mahomet, après sa révélation, fut en butte à l'hostilité des Quraïch contre lesquels il dut combattre, parvenant finalement à les rallier à l'islam. La Kaaba, dont l'origine remontait désormais à Abraham, commença à devenir le grand lieu de pèlerinage. Les Qoraychites ont fourni ensuite les *Rachidoun* (les quatre premiers califes, dits « bien-guidés »), les dynasties des Omeyyades (660-750) et des Abbassides (750-1258), les Alides (descendants d'Ali), ainsi que de nombreux dignitaires musulmans. Ils restent présents à La Mecque. La 106e sourate du Coran, composée de quatre versets, porte précisément le titre *Les Quraïch* ; elle fut donnée à Mahomet la sixième année après l'Hégire (628), alors que la paix était revenue :

> « À cause du pacte des Quraïch ;
> de leur pacte concernant le voyage d'hiver et celui d'été.
> Qu'ils adorent le Seigneur de cette Maison ;
> il les a nourris ;
> il les a préservés de la famine ;
> il les a délivrés de la peur. »

➡ *Abraham, Arabie, Calife, Coran, Hégire, Islam, Kaaba, Mahomet, Mecque (La), Révélation, Seigneur*

R

RABBIN ✡

Le mot « rabbin » (de l'hébreu *rabbi*, « maître ») était, à l'origine, une marque de respect donnée par les juifs à une personne sage, cultivée et pointue en matière religieuse. Par exemple, Jésus était souvent appelé « Rabbi » par ses disciples. Ainsi, dans la Bible, il est recommandé aux juifs de s'entourer de ces maîtres, parfaits connaisseurs de la Torah et capables d'en faire appliquer les règles. La fonction officielle de rabbin n'apparaît qu'au Ier siècle et concerne les membres du Sanhédrin (grande institution juive), qui la reçoivent par ordination *(semikha)* selon le principe de l'imposition des mains. Cette cérémonie, supprimée au IVe siècle, fut remplacée par un permis d'enseigner. Nous devons ainsi à ces érudits et à leurs successeurs les textes de la législation juive, et la fondation d'écoles, les *yechivot*.

Aujourd'hui, le rabbin, formé au sein de séminaires, est choisi par les membres du consistoire de sa communauté, où l'autorité supérieure est assurée par le grand rabbin. Il est toujours désigné pour sa maîtrise de la Torah, du Talmud, de la liturgie, des lois (notamment alimentaires et conjugales) et pour sa capacité à faire respecter et à organiser le shabbat et les fêtes du calendrier (il n'a pas, au contraire du prêtre catholique, la primeur des pratiques et du culte à la synagogue ; il partage ceux-ci avec le *cohen* et le *hazzan*, le « chantre »). Véritable guide spirituel et religieux de sa communauté, il a aussi une dimension sociale, en intervenant dans les mariages, les enterrements, les querelles entre personnes, en s'occupant de charité, ou encore en rendant visite aux malades et en servant de pont avec les autorités civiles de son pays. Sa fonction, très prenante comme on le voit, et donc inconciliable avec l'exercice d'une profession, fait l'objet, depuis le XIIe siècle, d'un dédommagement financier. Précisons que les femmes occupent cette fonction essentiellement dans le judaïsme réformé, et exceptionnellement au sein du judaïsme conservateur.

➡ *Cacher, Charité, Cohen, Judaïsme, Ordination, Sanhédrin, Séminaire, Sermon, Shabbat, Synagogue, Talmud, Torah, Yechivah*

CONSISTOIRE

Dans le judaïsme, le Consistoire central, instauré par Napoléon Ier en 1808, et qui supervise les consistoires régionaux, est la principale organisation juive de France. Les Églises issues de la Réforme protestante sont également organisées en consistoires.

RACHEL ✡

Dans le livre de la Genèse, Rachel (de l'hébreu Rahél, « brebis mère ») est la fille de Laban (« le blanc »). Jolie, elle est la seconde épouse (et la préférée) du patriarche Jacob, après sa sœur aînée Léah. Jacob, en arrivant chez son parent Laban, en Mésopotamie, la rencontre au bord d'un puits et en tombe aussitôt amoureux. Mais, avant de l'épouser, il doit d'abord se marier avec Léah qui lui donnera six garçons et une fille. Quant à Rachel, Dieu la rend d'abord stérile en raison de la préférence de Jacob, puis fertile. Elle peut ainsi donner naissance à un fils, Joseph, tandis que sa servante Bihla, unie à Jacob comme Agar s'unit à Abraham, accouche de deux garçons (Dan et Nephtali). Quand Jacob quitte Laban avec ses deux femmes et ses enfants, Rachel vole à son père des idoles (les *téraphim*, statuettes en bronze ou en terre cuite dédiées à des divinités domestiques). Laban, furieux, les poursuit, fouille leur camp et, en entrant dans la tente de Rachel, la trouve assise sur le palanquin de son chameau. C'est là qu'elle a caché ces images. Elle prétend que, ayant ses règles, elle ne peut se lever (mais elle finit par les lui rendre). Pour la Bible, en effet, elle ne peut entrer souillée sur la Terre de la promesse, Canaan. Rachel meurt sur la route d'Hébron, à Éphrata (« féconde », identifiée à Bethléem), en mettant au monde Benjamin (de l'hébreu Binyamîn, « fils de la droite [du Sud] »), dernier fils de Jacob. Celui-ci, profondément peiné, enterre Rachel sur place et retrouve son père Isaac à Mambré (Mamré en hébreu). Ses douze fils seront les ancêtres des douze tribus d'Israël.

Rachel compte parmi les matriarches. Sa tombe, localisée par la Genèse à Hébron, pourrait plutôt se situer à Rama (Er-Rama), à 9 km au nord de Jérusalem, et non loin d'un autre site appelé Éphrata, d'où sans doute la confusion. Ainsi, Jérémie (609-587) souligne : « À Rama, une voix se fait entendre, une plainte amère ; c'est Rachel qui pleure ses fils » (31, 15-22). Le prophète évoque Rachel, vivante, pleurant sur les Israélites (donc sur ses enfants) de Samarie déportés par l'Assyrie en 722 av. J.-C. Dans le Second Testament, l'évangile de Matthieu (2, 13-18) reprend ce passage. Alors qu'Hérode le Grand apprend la naissance d'un roi des juifs (Jésus), il procède au massacre des Innocents (tous les enfants juifs de moins de deux ans). Avertis par un ange, les parents de Jésus fuient avec lui en Égypte, jusqu'à la mort d'Hérode : « Alors s'accomplit l'oracle du prophète Jérémie : " Une voix dans Rama s'est fait entendre, pleur et longue plainte : c'est Rachel pleurant ses enfants ; et elle ne veut pas qu'on la console, car ils ne sont plus." » Rappelons que Jésus, dans les évangiles, naît à Bethléem.

À Hébron, les femmes juives qui ont perdu un enfant viennent toujours se recueillir sur la sépulture supposée de Rachel.

➡ *Abraham, Bethléem, Hébron, Idole, Jacob, Jésus, Léah, Massacre des Innocents, Matriarche, Rébecca, Samarie, Sarah*

RAJAB ☪

Le mois de *rajab* (« le vénéré ») est le 7e du calendrier religieux musulman. C'est durant cette période qu'est fêté le Voyage nocturne *(isra)* du prophète Mahomet, qui fit l'aller et retour de La Mecque à Jérusalem sous la conduite de l'ange Djibril (Gabriel).

➡ *Gabriel, Isra, Miraj*

RAK'A ☪

La *rak'a* (« inclination », dans le sens de « s'incliner ») est l'ensemble des mouvements composant un cycle lors des prières musulmanes. Le nombre varie d'une prière à l'autre, de deux à quatre. Une *rak'a* comprend, en principe, d'abord la proclamation *Allahou Akbar* (« Allah est le plus grand ») ; vient ensuite la récitation de la *Fatiha*, première sourate du Coran dont elle condense le contenu, suivie de versets coraniques ; puis s'enchaînent l'inclinaison du buste *(roukou)*, la prosternation *(soujoud)*, la position assise pour réciter le *tassahoud* (salutations à Dieu) et, enfin, la position debout *(joulous)*.

➨ *Allah, Fatiha (Al-), Prière, Salat, Vendredi (prière du)*

RAMADAN ☪

Le ramadan (« mois de la chaleur »), 9e mois du calendrier religieux de l'islam, est aussi l'un des quatre mois sacrés. C'est surtout le mois de jeûne *(saum)*, l'un des Cinq Piliers de l'islam, qui débute à la nouvelle lune. Le calendrier musulman étant lunaire, il est donc en décalage de quelques heures par rapport au calendrier grégorien, en vigueur dans la plupart des pays. C'est pourquoi, en Occident, le ramadan ne tombe jamais au même moment de l'année et fait le tour de celle-ci tous les trente-six ans.

Tout musulman sain d'esprit ayant atteint la puberté, femme ou homme, a l'obligation *(fard)* d'accomplir le ramadan, dont les règles diffèrent selon les écoles juridiques *(madhahib)*.

L'essentiel est, du lever au coucher du soleil, de s'abstenir de boire, de manger, d'avoir des relations sexuelles ou de fumer, tout en continuant à travailler. Après la prière du soir, on mange ; la nuit est souvent festive (sans excès) et une collation *(sahour)* précède le lever du soleil. C'est pourquoi le ramadan donne de la société une image de fête, liée à la nuit.

Il existe cependant des dérogations et des remises. Les enfants le font progressivement, en commençant par une demi-journée. Sont dispensés les personnes très âgées et les malades gravement atteints pour qui le jeûne peut représenter un danger sanitaire. Les femmes enceintes, ayant leurs règles ou allaitantes, les voyageurs et les personnes victimes d'une indisposition pendant la période du ramadan devront rattraper plus tard les jours manqués. En revanche, toute rupture *(al-muftirat)* du ramadan qui n'est pas justifiée doit être compensée par des pratiques différant selon les écoles.

Le mois de ramadan est donc une période de grande unité des musulmans. Il est marqué par des prières spéciales *(tarawih)* comprenant de nombreuses *rak'a* (« inclinations »), et surtout par le Coran, qu'il célèbre. Ainsi, dans les dix derniers jours du mois, souvent le 27, est fêtée la Nuit du Décret, ou Nuit du Destin *(Laylat al-Qadr)*, qui célèbre la descente du Coran, c'est-à-dire le début de sa révélation à Mahomet en 610 : « Le Coran a été révélé durant le mois de ramadan. [...] Quiconque d'entre vous verra la nouvelle lune jeûnera le mois entier », rapporte la deuxième sourate (chapitre), *La Vache* (2, 185). C'est « une nuit bénie », souligne *La Fumée* (44, 3). À la mosquée, cette nuit est l'occasion de réciter plus spécialement ce Livre sacré.

Le ramadan s'achève quand apparaît dans le ciel le nouveau quartier de lune. C'est alors l'aïd al-Fitr (« fête de la Rupture du jeûne »), le 1er du mois de shawwal, qui dure trois jours, festivité qui est aussi l'occasion de pratiquer l'aumône *(zakat)*, autre Pilier de l'islam.

➡ *Aïd al-Fitr, Aumône, Décret (Le), Jeûne, Madhahib, Saum, Zakat*

RAMEAUX ✝

En pénétrant à Jérusalem, quelques jours avant sa Passion, Jésus, juché sur un âne en signe d'humilité, est accueilli par des fidèles qui jalonnent son parcours de palmes – le palmier, planté devant les églises des martyrs, était un arbre sacré des premiers chrétiens. Comme le rapportent les évangélistes Matthieu (21, 9), Marc (11,9) et Jean (12, 13), la foule crie : « *Hosanna !* » en le bénissant et en brandissant ces branches (ou rameaux). Le mot « hosanna » est une référence directe au judaïsme. À Soukkot (fête juive des Tentes, célébrant le séjour des Hébreux dans le désert), le prêtre du temple de Jérusalem demandait à Dieu d'accorder le salut au peuple d'Israël, c'est-à-dire *hoshi'ah na'* en hébreu (« donne le salut »), d'où vient la forme latine *hosanna*.

Si *hosanna* a été conservé dans le judaïsme, il est surtout connu par la liturgie chrétienne qui l'a repris, sans doute dès le Ier siècle de notre ère, et l'a intégré à son vocabulaire. Ainsi, l'événement des Rameaux marque le début de la semaine sainte. Les chrétiens le fêtent le dimanche précédant celui de Pâques. À cette occasion, ils bénissent des branches de buis ou d'olivier par exemple, qui viendront orner leurs maisons. À la messe de ce dimanche-là, ils lisent en entier le récit de la Passion et chantent une hymne intitulée justement *Hosanna*.

➡ *Dimanche, Hymne, Jérusalem, Jésus, Pâques, Passion, Semaine sainte, Soukkot*

RANG, LE ☪

La 61e sourate du Coran est intitulée *Le Rang (al-Saff)*, c'est-à-dire celui (le premier) qu'occupent, dans le cœur de Dieu, l'islam et les musulmans. Elle évoque le mensonge que Dieu, le sage par excellence, ne peut tolérer. Aussi, le cas échéant, il n'hésite pas à égarer davantage encore ceux qui ont dévié du chemin qu'il a tracé. Les croyants doivent, en revanche, rester solidaires, former comme « un édifice scellé avec du plomb ». Le prophète Mahomet, en recevant la révélation du Coran, leur a montré « la Direction ». Et Dieu a apporté son aide aux premiers combattants de l'islam.

➡ *Mahomet, Paraclet, Révélation*

RASSEMBLEMENT, LE ☪

Ce rassemblement *(al-Hashr)* est celui qu'évoque la 59e sourate du Coran, dont c'est le titre. Il s'agit des musulmans qui, à Médine où Mahomet s'est installé après l'Hégire (622), forment les premières troupes inaugurant la conquête de l'islam. Ils chassent les juifs (gens du Livre), qui ont trahi le pacte signé avec le Prophète. Le butin saisi, comme tout autre, ne reviendra pas aux riches. Il appartient à Dieu, à son Prophète (Mahomet) et à son entourage, mais aussi aux plus démunis, aux orphelins, aux expulsés (mesure toujours d'actualité), et même au voyageur (loi sacrée de l'hospitalité musulmane). Quant aux hypocrites, ils doivent prendre garde à la colère de Dieu, le Saint, le Sage, le Tout-Puissant. Il est aussi la paix *(salam)* et personne ne peut lui résister.

➡ *Hégire, Hypocrites (Les), Livre, Mahomet, Sagesse de Dieu, Salam*

RÉBECCA ✡

Le livre de la Genèse raconte comment le patriarche Isaac épouse Rébecca. Abraham, son père, envoie son serviteur Éliézer (« Dieu qui secourt ») à Harân, sa patrie d'origine en Mésopotamie, avec pour mission de trouver une femme à Isaac, son fils, afin d'éviter que celui-ci ne s'unisse à une étrangère de Canaan. Éliézer s'en remet à Dieu pour qu'il l'aide dans sa tâche. Car comment reconnaître la jeune fille ? Dieu le guide alors vers la maison de Bétuel, parent d'Abraham (24, 12-16) : « Yahvé [dit Éliézer], Dieu de mon maître Abraham, sois-moi propice aujourd'hui et montre ta bienveillance pour mon maître Abraham ! Je me tiens près de la source et les filles des gens de la ville sortent pour puiser de l'eau. La jeune fille à qui je dirai : "Incline donc ta cruche, que je boive" et qui répondra : "Bois et j'abreuverai aussi tes chameaux", ce sera celle que tu as destinée à ton serviteur Isaac, et je connaîtrai à cela que tu as montré ta bienveillance pour moi. Il n'avait pas fini de parler que sortait Rébecca, [...] et elle avait sa cruche sur l'épaule. La jeune fille était très belle, elle était vierge, aucun homme ne l'avait approchée. » Rébecca répond à la prévision et, heureuse de ce mariage, annonce son départ à sa famille. En la voyant, Isaac en tombe aussitôt amoureux. Longtemps stérile, elle est rendue féconde par Dieu, sur le tard, et donne naissance à des jumeaux : Jacob, le cadet, et Ésaü, l'aîné, qui se battent déjà dans son ventre. Plus tard, elle s'arrange pour que Jacob dérobe à son frère le droit d'aînesse, ce qui fait de lui l'héritier de la Terre promise. Car « Isaac préférait Ésaü parce que le gibier était à son goût, mais Rébecca préférait Jacob » (25,28). De fait, Jacob, ou Israël, sera le père des douze fondateurs des tribus d'Israël.

Rébecca, rangée parmi les matriarches, sera enterrée à Hébron, dans la grotte de Makpéla (« double ») où reposent déjà Abraham et son épouse Sarah.

➡ *Abraham, Hébron, Isaac, Israël, Jacob, Léah, Matriarche, Rachel, Sarah*

RÉCIT, LE ☪

Le Récit (al-Qasas), titre de la 28e sourate du Coran, est celui de Moïse qui, dérivant sur le Nil sous la surveillance de sa sœur Miryam, est recueilli à la cour de Pharaon. Ayant reçu de Dieu la sagesse et la science, il connaît le destin qui suit (raconté par la Bible) : il tue un Égyptien d'un coup de poing mais Dieu, le Miséricordieux, le pardonne ; il fuit au pays de Madiân où il épouse la fille (Çippora) du berger (Jethro) qui l'a recueilli. Viennent ensuite la rencontre avec Dieu au Buisson ardent, l'affrontement avec Pharaon pour l'amener à libérer son peuple (les Hébreux), qui franchit la mer Rouge dont les eaux se referment sur les soldats égyptiens. Pour le Coran, Moïse est celui qui reçut le Livre (la Torah sur le mont Sinaï) de Dieu « comme un appel à la clairvoyance adressé aux hommes ». Mais, au fil des générations, le message divin a été fourvoyé, et Mahomet a été choisi par Dieu pour être son dernier prophète chargé d'avertir ses semblables, après Moïse et Jésus (à qui fut révélé l'Évangile). La révélation du Coran lui est ainsi donnée à La Mecque, la « mère des cités ».

➡ *Coré, Fawatih, Livre, Mecque (La), Moïse, Miryam, Sagesse de Dieu, Révélation, Torah*

RÉCONCILIATION ✝

La réconciliation est l'un des sept sacrements pratiqués par l'Église catholique, et aussi par les orthodoxes – il est appelé plus précisément « sacrement de pénitence et de réconciliation ». En reconnaissant ses péchés, le fidèle fait ainsi acte de confession auprès d'un prêtre qui a reçu, par son ordination, le pouvoir de remettre les péchés. Cette démarche n'a pas pour but la reconnaissance de fautes aussi futiles que la gourmandise, c'est-à-dire le simple fait de soulager sa conscience. Il s'agit, pour le fidèle, de confier à Dieu les difficultés qui compromettent ou rendent impossible sa relation avec lui. En retour, Dieu accorde son pardon, renoue le lien, montrant ainsi la toute-puissance de la vie.

➡ *Confession, Péché, Rédemption, Repentir, Sacrement*

RÉDEMPTION ✡ ✝ ☪

La rédemption (*geoulah* en hébreu) est le fait de se « racheter » (*redimere* en latin) d'une faute, ce qui fait accéder au salut, au fait d'être sauvé. Chrétiens (pour qui le salut a été apporté par la mort, puis par la résurrection de Jésus-Christ) et juifs en appellent ainsi à la miséricorde de Dieu, par la prière, par exemple. La rédemption ainsi définie n'est pas inscrite dans l'islam, où tout musulman se sait redevable de ses comportements devant Dieu, le Miséricordieux qui sait tout, voit tout, entend tout. Il existe en revanche la *fidiah* (une « compensation »), quand un musulman a failli à une pratique rituelle (pèlerinage et jeûne notamment).

➡ *Miséricorde, Péché, Prédestination, Repentir, Salut*

RÉFORME ✝

Le latin *reformatio* désigne dans son sens premier une métamorphose, et par extension un changement en matière de mœurs. La réforme dont il est issu possède une dimension plus morale et sociale. Pour le christianisme, il s'applique, au début du XVIe siècle, à une rupture profonde au sein de l'Église de Rome. À cette époque, en effet, celle-ci souffre de maux multiples (corruption, népotisme, scandales divers…) qui suscitent la désapprobation. À ce constat s'ajoute le trafic des indulgences (achat de la remise des péchés, provisoire ou entière) qui a pris la dimension d'un marchandage aux tarifs réglementés. Certains s'indignent, par exemple, que le pape Léon X les utilise pour financer la construction de la basilique Saint-Pierre de Rome. Martin Luther (1483-1546), prêtre et docteur en théologie, moine augustin de Wittenberg, en Saxe, est de ceux-là. Pour ce brillant esprit, l'homme peut, par ses actions et sa foi (fondée sur les écrits saints) en la miséricorde divine, obtenir la grâce (aide) de Dieu qui dispense son amour gratuitement, ce qui tranche bien sûr avec les indulgences et la théologie officielle. Selon lui, il est urgent de réagir afin d'apporter les changements attendus et salutaires, notamment un retour à l'Évangile, lequel prône désintéressement et dénuement. « Les indulgences sont vraiment peu de chose en comparaison de la grâce de Dieu et de l'amour de la croix », écrit-il. Le 30 octobre 1517, Luther placarde sur la porte du château de Wittenberg un texte dénonçant les indulgences et réclamant l'ouverture du débat. Après l'échec des discussions, Léon X développe et durcit son propos, condamne les thèses de Luther (1520), qui est excommunié (1521).

C'est le début de la Réforme (ou Réformation) protestante, qui gagne l'Empire allemand. Réfugié auprès de Frédéric de Saxe, Luther se marie (1525), traduit la Bible en allemand, tandis que les réformés ne cessent d'augmenter. En 1530 paraît la *Confession d'Augsbourg*, rédigée par Philipp Melanchthon (1497-1560) d'après les fondements énoncés par Luther, dont il est un grand disciple. Ce document vise à montrer que « luthéranisme » et catholicisme ne sont pas si éloignés, et à rétablir la vérité en matière de théologie, loin des caricatures, d'une part, sur des points essentiels, notamment la Trinité, les Écrits saints comme fondement, d'autre part, en ce qui concerne les différences de vue (ou « abus ») avec les catholiques, comme le célibat. La *Réfutation*, publiée le 3 août par les théologiens catholiques, marque la rupture. Melanchthon, à partir de la réponse de Luther, le 22 septembre, rédige alors une *Apologie de la Confession d'Augsbourg* (1531). Charte du luthéranisme, la *Confession d'Augsbourg*, véritable profession de foi, est bientôt officialisée dans plusieurs États allemands et va inspirer les autres courants de la Réforme (calvinistes, anglicans, méthodistes...). La Réforme gagne en effet l'Europe – notamment l'Angleterre (anglicanisme) ; Strasbourg avec Martin Bucer (1491-1551) ; la Suisse avec Huldrych Zwingli (1484-1531) et le Français Jean Calvin (1509-1564), qui se reposent sur une version modifiée de la *Confession* ; ou encore la Suède avec les frères Petri, Olaf (1493-1552) et Laurent (1499-1573), formés par Melanchthon. Un an avant la mort de Luther à Eisleben, l'Église catholique réagit en convoquant le concile de Trente, qui pose les fondements de la Contre-Réforme (1545-1563). Mais le mouvement protestant a déjà fait vaciller son autorité et l'aura amputée, à la fin du XVIe siècle, d'un tiers de ses territoires catholiques.

Répandu dans le monde entier à la faveur des missions, le protestantisme s'est scindé en de nombreuses Églises apparues au fil des siècles. Les plus importantes sont l'Église luthérienne fondée par Luther, l'Église calviniste (de Calvin) et une forme de protestantisme particulière à l'Angleterre, l'anglicanisme. Nous trouvons ensuite les baptistes, les anabaptistes, les méthodistes, les pentecôtistes (né du baptisme), les adventistes (millénaristes, c'est-à-dire attendant le retour du Christ dans mille ans).

Les protestants se démarquent des catholiques sur des points essentiels : le salut est donné par Dieu (et non par la foi et les œuvres ; les écrits saints restent la Bible et le Second Testament [sont exclus la tradition et les Pères de l'Église catholique]) ; l'eucharistie est une présence symbolique du Christ, et non réelle (par le pain et le vin) ; la prière s'adresse directement à Dieu et n'a pas besoin d'intermédiaires (Vierge et saints catholiques). Ils se distinguent aussi par leur fonctionnement qui repose sur les Églises locales et non sur une hiérarchie, et par le fait que les prêtres (pasteurs) peuvent se marier. Enfin, les protestants ne valident en général que deux des sept sacrements, le baptême et l'eucharistie.

➡ *Bible, Concile, Eucharistie, Foi, Grâce, Indulgence, Luthéranisme, Millénarisme, Miséricorde, Œcuménisme, Pasteur, Sacrement, Salut, Schisme*

PETIT LEXIQUE DE LA RÉFORME

ANGLICANISME. En 1534, en Angleterre, le roi Henri VIII (1491-1547) s'autoproclame chef de l'Église anglaise et rejette l'autorité du Vatican – l'évangélisation de ce pays remonte au IIIe siècle. Il argue pour cela de la mainmise de l'Église catholique sur l'enseignement et les affaires du pays, d'autant que le pape a refusé d'annuler son mariage avec Catherine d'Aragon. Ainsi naît une forme particulière d'Église, dont la nature est empruntée à la Réforme protestante qui vient d'éclater en Allemagne : l'anglicanisme. Toujours séparé de Rome, il est aujourd'hui réparti en deux familles principales : la High Church (haute Église) rejoint sur beaucoup de points le catholicisme, en matière de dogme et de liturgie ; la Low Church (basse Église) est, quant à elle, proche du courant calviniste (protestant). L'Église anglicane a été très active dans l'œcuménisme.

CALVINISME. Le calvinisme désigne le mouvement lancé par Jean Calvin (1509-1564), Français qui épousa la Réforme protestante en 1533. Regroupées en une Alliance réformée mondiale, les Églises calvinistes considèrent que Jésus n'est présent que spirituellement dans l'eucharistie, que la révélation de la foi est un don de Dieu, qui en exprime le sens dans les Écrits saints, la seule source valable. Au contraire de l'Église catholique, l'autorité calviniste part de la base. Des pasteurs et des laïcs sont élus, et vont représenter leurs paroissiens aux assemblées supérieures (synodes), c'est pourquoi les calvinistes sont appelés aussi presbytériens, du fait qu'ils affirment ainsi la prééminence du fidèle et de l'officiant (du *presbyterium*, le « prêtre ») sur la hiérarchie. Comme les luthériens, les calvinistes considèrent que seule la foi peut rendre juste (sens du mot « justification »).

LUTHÉRANISME. Le luthéranisme porte le nom de Martin Luther (1483-1546), l'initiateur de la Réforme qui jeta les bases du protestantisme (aujourd'hui multiforme). Les luthériens ne reconnaissent que deux des sept sacrements catholiques : le baptême et l'eucharistie. En effet, même si certaines Églises luthériennes ont conservé la fonction d'évêque, l'ordination est absente, car le seul chef de l'Église est Jésus-Christ, et sa parole, contenue dans l'Écriture, la seule autorité. Les officiants (pasteurs) n'ont donc pas de raison de recevoir l'Esprit saint ; ils sont de simples intermédiaires du Christ et ne font qu'être les continuateurs des apôtres, disciples les plus proches de Jésus. Les Églises luthériennes, présentes surtout en Europe et en Amérique du Nord, se rencontrent pour la plupart au sein de la Fédération luthérienne mondiale, organe de dialogue et non directorial.

PROTESTANT. Protester est avant tout « déclarer publiquement » (en latin *protestari*, de *testari*, « attester »). Ce verbe s'applique parfaitement à la Réforme qui, au XVIe siècle, fit vaciller l'Europe catholique.

RELIGION ✡ ✝ ☪

Le mot français « religion » possède deux origines latines qui en définissent le rôle et la dimension : *religare* (« relier », « attacher ») et *relegere* (« rassembler »). La religion est donc à la fois ce qui relie des personnes autour d'une même croyance (foi) et du sacré, et ce qui les rassemble au sein d'une communauté (juive, chrétienne, musulmane par exemple). En arabe, le mot *din*, que l'on retrouve dans « Médine », a pour sens « religion ». Le judaïsme utilise aussi ce mot, qui compose *bet din* (« maison de religion ») par exemple.

➡ *Arabe, Bet din, Christianisme, Foi, Hébreu, Islam, Judaïsme*

PETIT LEXIQUE RELIGIEUX

NONNE. Ce mot à connotation populaire, plus guère employé aujourd'hui, servait de synonyme au terme « religieuse » – une nonnette était une jeune religieuse. Il vient du latin *nonna* (« nourrice »), forme féminine de *nonnus*, qui signifie « père nourricier » ou « moine » – dans le sens de nourricier.

OBÉDIENCE. L'obédience est originellement l'obéissance (*obaedientia* en latin) à une puissance supérieure. Il s'est étendu au domaine de l'Église : obéissance à un supérieur ou permission de celui-ci ; obéissance d'une maison religieuse à la maison mère. Il concerne aussi tel ou tel courant de la franc-maçonnerie et, sur un plan plus général, toute adhésion et fidélité à une philosophie, une religion ou une théorie politique.

RELIGIEUX. Une religieuse ou un religieux (prêtre ou non) est une personne qui s'est engagée par des vœux à respecter une règle de vie communautaire, c'est pourquoi les religieux forment le clergé dit « régulier ». Il peut s'agir d'un ordre monastique, d'une compagnie (comme les Jésuites) ou d'une congrégation (Augustins de l'Assomption, ou Assomptionnistes, par exemple).

RÉVÉREND. Quelque peu tombé en désuétude, le mot « révérend » vient du latin *reverendus* (« vénérable », « digne de respect »). Ce titre est encore donné, comme par le passé, aux religieuses (Révérende Mère) et aux religieux (Révérend Père). Mais ceux-ci se font le plus souvent appeler « sœur » ou « père ».

SÉCULARISATION. La sécularisation est le passage du religieux au séculier, c'est-à-dire à ce qui est en dehors de l'Église. Ce mot désigne un religieux vivant selon une règle (un moine bénédictin, par exemple) qui passe au monde extérieur pour y remplir une autre fonction (celle de prêtre, par exemple). Il qualifie aussi le transfert à l'État d'un bien de l'Église. Par extension, il définit ce qui devient profane (non sacré), et toute société fonctionnant sans références ni influences religieuses.

SÉCULIER. Le christianisme désigne par « séculier » ce qui appartient au siècle (*saeculum* en latin), c'est-à-dire ce qui est profane, en dehors de l'Église. Autrefois, lorsque les tribunaux ecclésiastiques ne s'estimaient pas compétents, ils faisaient appel, par exemple au cours de l'Inquisition, à l'État dont les lois étaient habilitées à trancher une affaire et à exécuter un condamné : on parlait alors de s'en remettre au « bras séculier », expression illustrant la puissance temporelle qui ne peut être comparée à la puissance spirituelle. Mais un clerc, un prêtre par exemple, est encore dit « séculier » lorsqu'il n'est pas « régulier » (obéissance à une règle, comme les moines). Le « séculier » peut, par extension, s'appliquer à tout pays où la religion n'est pas la règle du gouvernement.

SPIRITUEL. Le spirituel est ce qui concerne l'esprit (*spiritus* en latin). En matière religieuse, il s'applique à une relation personnelle à la religion ainsi qu'à Dieu et à ses mystères.

TEMPOREL. « Ce qui relève du domaine non spirituel », c'est-à-dire ce qui n'est pas durable, éternel. Le pouvoir politique relève, par exemple, du temporel.

VŒU. Le « vœu » (*votum* en latin) est une démarche volontaire destinée à consacrer quelque chose ou quelqu'un à Dieu. Il ne s'agit pas du vœu ordinaire prononcé par tout un chacun, mais d'une décision par laquelle on s'engage à promettre de réaliser ce que l'on a ainsi promis à Dieu. Le vœu est donc inscrit dans le judaïsme (le *nazir* de l'antique Israël par exemple), le christianisme et l'islam. Les chrétiens marchent sur les pas de Jésus en appliquant son message (fraternité, amour...), mais certains décident, un jour, de se mettre à son service de manière plus entière et solennelle. Ils entrent alors dans l'exigence que représente le respect de la pauvreté, de l'obéissance et de la chasteté. Ce sont les religieux (moines, prêtres...), qui s'engagent à vivre ces trois principes et à se conformer à une règle de vie communautaire.

REPENTIR ✡ ✝ ☪

Le repentir est le regret d'une faute en même temps que la promesse de ne plus la commettre. C'est un sentiment humain ordinaire, mais qui, pour les trois religions monothéistes, prend un relief particulier.

La Bible résonne des appels au repentir (*techouvah* en hébreu), notamment de la part des prophètes, que cette démarche soit motivée par la crainte du châtiment ou par l'amour porté à Dieu. Car le repentir apporte la rédemption et à la conversion (« se tourner ») en vue de se réconcilier avec Dieu ; un juif s'étant éloigné de Dieu et revenant vers lui est appelé *baal techouvah* (« celui qui s'est repenti »). Le judaïsme met cette quête en pratique par des prières (*Avinou* par exemple) ou encore par des jeûnes marquant les pénitences, c'est-à-dire simplement « se repentir » (*paenitere* en latin) de ses fautes. La pénitence a pour but de retrouver le chemin de la foi, donc de Dieu. Il en va ainsi des dix jours de pénitence (*asséreth yemé techouvah*) séparant Roch ha-Chanah de Yom Kippour, fête des Expiations appelé aussi « Grand Pardon »; car, sans repentir, il ne peut exister de pardon (*melihah* ou *selihah*).

Le christianisme et l'islam s'inscrivent dans cette perspective, mais avec leur foi propre. Le sacrement de réconciliation, pratiqué par les catholiques et les orthodoxes, est appelé aussi « pénitence ». Mais la reconnaissance de ses péchés devant Dieu, en vue de demander son pardon (« donner totalement » ou « parfaitement », du latin *par* et *donare*), est commune à tous les chrétiens qui se réconcilient avec Dieu par l'intermédiaire de son fils, Jésus-Christ.

L'islam ne fait pas appel à des intermédiaires. Le Coran répète de nombreuses fois que Dieu, le Miséricordieux, peut pardonner les fautes de tout musulman sincère et fidèle qui se repent, excepté l'incroyance, la faute la plus grave. Car Dieu est Celui qui pardonne (*al-Ghafir*, du verbe *ghafara*, « pardonner »), titre de la 40e sourate. Il se tourne en permanence vers le croyant repenti qui, de son côté, revient vers lui. Dieu efface *(afa)* alors les fautes, même celles dont le croyant n'a pas exprimé le regret. Dieu accorde son pardon à qui il veut, et selon ses choix, rappelle très souvent le Coran.

➧ *Conversion, Expiation, Miséricorde, Réconciliation, Rédemption, Yom Kippour*

RÉPONS ✡ ✝

Le répons (du latin *responsum*, « réponse ») correspond, dans le judaïsme, à des mots ou à des phrases déclamés ou chantés par les fidèles à la synagogue, pendant l'office, répondant ainsi à des interventions de l'officiant. Dans le christianisme, c'est un refrain entonné entre chaque verset d'un psaume chanté. C'est aussi, après la lecture d'un écrit saint, le commentaire qui apporte des éclairages, et donc une réponse, aux fidèles.

➧ *Office, Psaume, Synagogue*

RESPONSA ✡

Quand la Diaspora commença à se heurter aux différences culturelles des pays ayant imprégnés les communautés qui s'y étaient installées, les *geonim* (sages juifs) entamèrent un travail fondamental. Aux questions qui leur étaient posées, ils apportèrent, en effet, des « réponses » (*responsa* en latin) plus ou moins développées selon les sujets. Composés pour les plus anciens dès le VIIe siècle, ces écrits contribuèrent aux communications entre les centres spirituels et les communautés isolées, et entre les spécialistes religieux, donc à l'unité du monde juif. Leur production n'a pas cessé et ils font toujours autorité dans des domaines variés (loi, érudition, morale, éthique, pratiques religieuses ou Halakhah, Shoah, etc.).

➡ *Diaspora, Geonim, Halakhah*

RÉSURRECTION ✡ ✝ ☪

La résurrection est le fait de « se relever » (*resurgere* en latin) d'entre les morts. Un tel pouvoir fut donné, dans l'Antiquité, à de nombreuses divinités (Égypte ancienne, Grèce, Crète), et encore à l'époque contemporaine (religions polythéistes). Dans les trois religions monothéistes, la résurrection prend une dimension particulière puisqu'elle concerne les hommes. À la fin des temps, au jour du Jugement dernier, les morts reviendront pour être jugés par Dieu, avec les vivants. Il est utile de préciser qu'une telle croyance doit être considérée comme un élément fondamental de la foi.

Jusqu'à l'époque des Maccabées (IIe siècle av. J.-C.), la « résurrection » (*tehiyyath ha-métim* en hébreu) n'est pas une préoccupation majeure du judaïsme, qui voit le séjour des morts au shéol, monde que la Bible décrit comme vide, Dieu restant cependant le maître de ce qui vit et meurt. Le prophète Ézéchiel (VIe siècle) a déjà abordé les prémices de la résurrection. Mais elle est précisée pour la première fois dans le livre de Daniel, composé au IIe siècle, où apparaissent les notions de vie éternelle récompensant les uns, et de torture perpétuelle infligée aux autres. Avec les réflexions des rabbins, la résurrection des morts devient un article de foi dans la Michnah (achevée vers 200), c'est-à-dire la première version écrite de la Loi orale. Et elle reste présente au sein de la foi juive : le corps et l'âme (qui continue d'exister après la mort physique) se rejoindront sur Terre après la venue du Messie et les justes connaîtront la vie éternelle *(olam haba)*. Nous la trouvons d'ailleurs intégrée à la liturgie, notamment dans l'*Amidah*, prière centrale des offices, où une bénédiction loue Dieu qui ressuscite les hommes. La résurrection est cependant rejetée par le judaïsme réformé.

Au début du Ier siècle de notre ère, le judaïsme se scinde en courants, dont celui des pharisiens qui partagent avec Jésus la croyance en la résurrection. Celle-ci va devenir le cœur de la foi chrétienne. Par nature, la résurrection de Jésus est un mystère et ne peut donc être décrite. Elle est rapportée par les quatre évangiles et par les Actes des apôtres du Second Testament. Crucifié un vendredi matin, Jésus est transporté dans le tombeau de Joseph d'Arimathie en fin d'après-midi, avant le coucher du soleil. Le dimanche matin, des femmes apportent des aromates pour embaumer son corps. Mais la pierre qui fermait la sépulture a été roulée sur le côté. Avertis, les apôtres Pierre et Jean accourent et constatent que le tombeau est vide. Après leur départ, Marie de Magdala, restée seule, voit Jésus s'avancer. Le premier témoin de la Résurrection est donc une femme. Les disciples sont alors presque tous dispersés, certains de la mort de leur maître. Pierre et Jean, originaires de Galilée, sont, par exemple, prêts à rentrer chez eux pour reprendre leur métier de pêcheur. La suite des événements est difficile à préciser car les livres ne s'accordent pas sur le nombre et la durée des apparitions de Jésus. Mais, en regroupant les informations contenues dans les évangiles, on peut dire que Jésus se montre d'abord à Pierre, ensuite à deux disciples marchant vers Emmaüs, puis au groupe des Douze (apôtres). L'un d'eux, Thomas, apprenant son retour, lance cette célèbre phrase : « Je ne crois que ce que je vois » ; puis, en face de Jésus, constatant les blessures infligées par les clous de la croix, il ne peut que s'écrier : « Mon Seigneur et mon Dieu ! » Ces apparitions, qui se situent surtout à Jérusalem et en Galilée, vont ressouder la communauté que Jésus a confiée à Pierre. De fait, selon l'évangéliste Jean, il est présent sur la rive du lac de Tibériade (Galilée) où se tiennent Jean lui-même, son frère Jacques, et six apôtres dont Pierre. Après avoir rendu une pêche miraculeuse, il accorde à ce dernier le pardon pour son reniement et le confirme responsable de l'Église. Enfin, sur une montagne de Galilée, il s'adresse aux apôtres et leur confie la mission de répandre l'Évangile en tout pays et de faire « des disciples, les baptisant au nom du Père, du Fils et du Saint-Esprit », rapporte Matthieu (28, 18-20) – c'est la Trinité, au nom de laquelle l'Église baptise toujours. Il annonce alors : « Je suis avec vous pour toujours jusqu'à la fin de l'âge. » Selon les Actes des apôtres (qui relatent la naissance et les débuts de l'Église),

Jésus apparaît une dernière fois aux apôtres puis monte au ciel (Ascension), juste avant la Pentecôte, pendant laquelle les conversions commencent. La Pentecôte, qui commémore la naissance de l'Église, a lieu cinquante jours après Pâques, qui célèbre la Résurrection.

En islam, le Coran abonde en références au jour de la Résurrection *(yaoum al-qiyâma)* auquel tous les musulmans doivent se préparer, d'où l'importance extrême accordée aux comportements des vivants. Car seront alors soldés les comptes. Tous les hommes seront rassemblés pour ce jour où la vérité éclatera ; le Jugement sera prononcé, mais à une date qui n'est bien sûr pas précisée – pas plus qu'elle ne l'est dans le judaïsme et le christianisme. « Oui, Dieu a le pouvoir de le [l'homme] ressusciter » parce qu'il a tout créé, précise la 86e sourate, *L'Astre nocturne (al-Tariq)*, c'est-à-dire la planète Vénus. La résurrection *(al-Qiyâma)* est aussi le titre et le thème de la 75e sourate : les hommes demandent justement quand viendra cette date et, le Prophète répond que, lorsqu'elle arrivera, ils seront aveuglés, la Lune disparaîtra et s'unira au Soleil ; personne ne pourra s'échapper ; chacun reviendra vers Dieu, qui aura réuni tout le monde, et répondra de ses actes. Les uns, aux « visages brillants », rejoindront le paradis, les autres (incrédules, hypocrites), les « visages sombres », connaîtront un terrible châtiment.

➡ *Apocalypse, Apôtre, Ascension, Daniel, Jugement dernier, Juste, Maccabées (Livre des), Messie, Piliers (Les Cinq), Shéol, Thomas*

RÉTRIBUTION ✡ ✝ ☪

La rétribution, du latin *retributio*, de *retribuere* (« donner en échange »), est une notion fondamentale des trois religions monothéistes. Elle fait appel à la justice, tant de Dieu que des hommes, lesquels sont responsables de leurs actes. En effet, chacun, en fonction de ses comportements, conformes (amour, charité, aumône…) ou contraires (injustices, iniquités, blasphème…) aux commandements de Dieu, sera récompensé ou châtié, en ce monde et dans le monde à venir.

➡ *Juges (Livre des), Prédestination*

RÉVÉLATION ✡ ✝ ☪

Par la révélation, Dieu, par nature mystérieux, caché et inconnaissable, fait « découvrir » (*revelare* en latin) aux hommes ce qui est caché et secret ; il lève le « voile » (*velum*, d'où vient *revelare*). Il se révèle par des actes (par exemple en créant le monde ou en permettant à des hommes de faire des miracles), par des messagers (les anges) et par des paroles qu'il communique à ceux qu'il a choisis : les prophètes, et, au-dessus de ceux-ci, Moïse, à qui il a transmis la Torah. Pour le christianisme, il s'est de plus révélé en son fils Jésus-Christ, chargé de transmettre l'Évangile, c'est-à-dire « la Bonne Nouvelle » du royaume de Dieu dont l'avènement instaurera un monde nouveau. Cette révélation est contenue dans les évangiles du Second Testament, que l'Église considère comme inspirés par l'Esprit saint. Pour l'islam, le Coran est descendu (du verbe *nazzala*, « faire descendre ») sur les hommes par l'intermédiaire de Mahomet, le Prophète, chargé par Dieu de consigner le parachèvement de sa volonté, l'expression pure de son amour et de sa puissance. Le Coran considère aussi la Torah et l'Évangile comme révélés.

➡ *Coran, Esprit saint, Étoile (L'), Évangile, Royaume, Torah*

RIBAT ☪

Dès sa naissance, au VIIe siècle, l'islam se préoccupe de préserver ses frontières en installant des forts garantissant son intégrité à la fois territoriale et religieuse. Ces établissements étaient des *ribat* (mot qui peut être traduit par « lien »). Le financement, l'approvisionnement et l'aménagement de ces avant-postes, ainsi que l'appartenance à leur garnison, étaient considérés comme un acte pie, en rapport étroit avec le djihad. Le ribat, le plus souvent bâti par des souverains, servait à donner l'alerte, à se défendre, à attaquer et à accueillir les populations venues s'y réfugier. Les occupants, qui alternaient exercices militaires et pratiques religieuses, étaient appelés *al-mourabitoun* (« gens du lien », du ribat), qui, en espagnol, donna Almoravides. Cette dynastie (1056-1147), qui trouve donc son origine dans le ribat, régna sur l'Espagne et l'Afrique du Nord, où ses ancêtres partirent depuis le Ribat al-Fath (« fort de la Victoire »), source du nom Rabat, actuelle capitale du Maroc.

Le ribat ponctua le paysage depuis les limites de l'Afrique Noire jusqu'en Syrie, en passant par le Maghreb. Au XIIe siècle, excepté en Occident où se poursuivait la guerre contre les chrétiens, l'islam mit un frein à ses formidables conquêtes après s'être implanté dans de nombreuses régions. Le ribat fut destiné alors essentiellement à une communauté religieuse à prédominance mystique (soufi), d'abord en Iran (où le ribat est le *khanqa*), puis dans les autres pays (c'est le *tekkiyé* en Turquie et la *zaouïa* au Maghreb). On en trouvait même à l'intérieur des villes.

➡ *Djihad, Marabout, Zaouïa*

RIVALITÉ, LA ☪

La 102e sourate du Coran porte le titre *La Rivalité (al-Takathur)* : les hommes, trop occupés à rivaliser entre eux, ne constateront leur erreur que quand ils mourront. Auparavant dénués de toute certitude (laquelle appartient à Dieu), ils la connaîtront en contemplant les feux de l'enfer et devront répondre de leurs actes.

➡ *Enfer*

ROCH HA-CHANAH ✡

Célébrée le 1er et le 2 du mois de tichri (septembre-octobre), premier mois de l'année religieuse juive, Roch ha-Chanah est la « tête de l'année » (en hébreu) ; cette expression figure dans le livre biblique du prophète Ézéchiel (40, 1), qui ne parle pas de fête mais déclare : « En ce jour même, la main de Yahvé fut sur moi. » De fait, en ce Nouvel An, chaque juif examine sa relation à Dieu, le juge et le juste par excellence. Cette fête est ainsi appelée « jour du Jugement », car elle est suivie de dix jours consacrés à la pénitence jusqu'à Yom Kippour, jour des Expiations. Dans cet esprit, Roch ha-Chanah commémore aussi la création du monde et d'Adam, œuvre du Dieu Créateur. En outre, elle se distingue par le *chofar*, corne de bélier dont la sonnerie en marque le début et, sur le plan spirituel, représente le réveil de la foi et du repentir. Ce rite évoque deux passages de la Bible : dans le livre des Nombres (29, 1), où il est question du « jour des Acclamations »; dans le Lévitique (23, 24), qui signale le « jour de repos, appel en clameur ».

À la synagogue, le blanc, symbole de pureté, domine : rouleaux de la Torah, *parokhet* (voile) de l'Arche sainte, vêtements des officiants (rabbin, chantre ou *hazzan*) et des fidèles. Le *chofar* est présent aux offices, intervenant différemment selon les communautés juives. Par exemple, chez les Séfarades, il retentit trente fois à l'office supplémentaire du matin. Enfin, la liturgie abonde en *piyyoutim* (poèmes) et en prières, comme l'*Avinou*, l'*Amidah* ou l'*Adon Olam*. En écho aux paroles du prophète Michée (7, 19), qui énonce : « Tu jetteras *[tachlikh]* au fond de la mer tous nos péchés », certains juifs orthodoxes perpétuent une tradition ancienne, qui consiste à réciter des textes sacrés, puis à retourner ses poches au-dessus d'une étendue d'eau pour se défaire de ses fautes.

Roch ha-Chanah est développée dans la Michnah et le Talmud, par des traités du même nom (dans l'ordre Moed). À côté de l'aspect purement religieux, elle donne aussi l'occasion de déguster des sucreries annonçant les douceurs (espérées) de l'année qui commence, et les premiers fruits – qui répondent au même souhait.

➡ *Amidah, Arche, Avinou, Chofar, Ézéchiel, Michée, Michnah, Moed, Parokhet, Piyyout, Repentir, Synagogue, Talmud, Tichri, Torah, Yom Kippour*

ROIS, LIVRES DES ✡

Le magnifique ensemble appelé livre des Rois, qui fait suite au livre de Samuel (en deux parties), a été divisé en deux parties par la Septante, traduction grecque de la Bible. Il est fondamental sur le plan historique, puisqu'il contient le passé monarchique d'Israël : la fin du règne de David (1010-970), le schisme en deux royaumes, Juda et Samarie (931), jusqu'au départ pour l'exil à Babylone (587). Des archives royales, comme les annales rassemblées dès l'époque de Salomon, furent utilisées et se combinent à des traditions moins historiques, comme l'épopée (IXe siècle av. J.-C.) des prophètes Élie et Élisée. Ce livre est donc également important sur le plan religieux. L'œuvre de tous ces monarques (sans exception) y est jugée selon ce qui « plut » ou « déplut » à Dieu, c'est-à-dire la fidélité ou l'infidélité à Dieu. Parallèlement, elle est approuvée ou dénoncée dans les écrits des prophètes qui n'ont cessé d'annoncer l'exil en cas de désobéissance – cet ouvrage fut sans doute terminé à la fin du Ve siècle av. J.-C., c'est-à-dire après le retour dudit exil de Babylone (à partir de 538). La monarchie d'Israël semblait en effet entachée dès sa fondation et son premier roi, Saül. Les rois, jugés responsables du châtiment de l'Exil, sont pour la plupart présentés comme des impies, particulièrement Achab et son épouse Jézabel (Samarie), auxquels s'opposent Élie et Élisée, et Athalie (Juda, 841-835), fille de Jézabel. En revanche, deux rois de Juda sont loués pour leurs tentatives de réforme religieuse, Ézéchias (716-687) et surtout Josias (640-609). Enfin, pour signifier qu'Israël ne peut mourir et renaîtra de l'Exil, le livre des Rois se termine sur cet espoir : Joiakîn, avant-dernier roi de Juda, reste captif pendant trente-sept ans avant d'être libéré par Évil-Mérodak, empereur de Babylone.

➡ *Babylone, Bible, David, Élie, Élisée, Exil, Israël, Jézabel, Josias, Juda, Prophète, Salomon, Samarie, Saül, Septante*

ROMAIN ✡ ✝ ☪

Les Romains tiennent une place particulière dans le judaïsme et le christianisme. Ils occupent la Palestine en 63 av. J.-C. et ne l'abandonnent qu'en 476, date de la chute de Rome, capitale de l'Empire romain d'Occident. Ils la laissent aux mains de Byzance, l'empire d'Orient. Entre-temps ont eu lieu la crucifixion de Jésus, vers l'an 30, prononcée par le préfet romain Ponce Pilate ; la destruction du Second temple de Jérusalem, en 70, par les armées de Titus ; la répression de la révolte juive de Bar-Kokhba (132 à 135)... Il est donc logique que les premiers chrétiens aient souhaité s'implanter au cœur de l'empire, c'est-à-dire à Rome.

La communauté chrétienne de Rome est fondée vers 48, soit peu de temps après la mort et la résurrection de Jésus. Elle reçoit la visite de Pierre qui y subit le martyre vers 64, mais aussi de Paul, décapité vers 62 ou 63. Auparavant, en 57 ou 58, ce dernier a adressé une épître aux chrétiens romains, contenue dans le Second Testament. Cette lettre occupe la première place dans l'ordre des épîtres de Paul. L'auteur, qui mène activement ses missions depuis une quinzaine d'années, y condense les traits majeurs de sa pensée et de son enseignement, qui marqueront l'Église. « Le juste [croyant sincère et fidèle] vivra de la foi », au contraire des païens qui récolteront la colère de Dieu. Car Dieu est par excellence le juge dont la justice est parfaite. Il transmet sa grâce (aide) à qui le mérite « en vertu de la rédemption accomplie par le Christ Jésus ». Paul évoque ensuite Abraham (chapitre 4), le grand patriarche du judaïsme, son ancienne religion : ce dernier fut un juste parce qu'il crut en la promesse de Dieu, mais il ne pratiquait pas la Torah, qui fut donnée longtemps après à Moïse ; l'homme n'est donc pas justifié (ne devient pas juste) par la pratique mais par la foi en Dieu et en son fils Jésus-Christ. Seule cette condition permet d'accéder au salut. Croire au Christ, c'est croire en la vie, c'est devenir « enfant de Dieu » bénéficiant de la gloire (puissance et sainteté) de Dieu, c'est exercer la bonne justice envers les autres, mais aussi envers soi-même en prenant garde au péché qui se tapit en chacun. La loi, quelle qu'elle soit, ne peut combattre le péché, au contraire de la foi, car Dieu seul peut pardonner en accordant sa miséricorde. Charité, humilité, amour fraternel doivent conduire les comportements.

Les Romains est aussi le titre de la 30e sourate du Coran. Ils sont simplement évoqués au tout début (versets 2 à 4), où ils sont appelés *al-Rûm*, nom que les Arabes donnaient aux Romains d'Occident et d'où vient le terme *rûmi (roumi)* qui sert toujours à qualifier ce qui vient d'Occident ou n'est pas du pays musulman concerné. Dans cette sourate, il s'agit en fait des Byzantins qui, en Palestine, furent aux prises avec les Persans, lesquels finirent par l'emporter en 614 – rappelons que le Prophète reçut la révélation du Coran de 610 à 622. Puis la Palestine fut conquise par les musulmans en 636. Les versets suivants sont consacrés aux thèmes essentiels du Coran, comme le Jugement, le pouvoir créateur de Dieu et les signes qu'il envoya aux hommes pour leur montrer la voie droite et sûre.

➡ *Abraham, Bar-Kokhba, Fawatih, Foi, Grâce, Juste, Miséricorde, Moïse, Païen, Paul, Péché, Pierre, Rédemption, Salut*

ROULEAUX, LES CINQ ✡

Les Cinq Rouleaux (*megillot* en hébreu ; singulier : *megillah*) désignent cinq livres de la Bible hébraïque lus à la synagogue à des occasions particulières du calendrier juif. Dans l'ordre chronologique, nous trouvons : le Cantique des cantiques (lu à Pessah), le livre de Ruth (à Chavouot), les Lamentations de Jérémie (au 9e jour d'av), Qohélet (à Soukkot), le livre d'Esther (à Pourim).

Mais si tous les *megillot* étaient autrefois copiés effectivement à la main sur des rouleaux de parchemin, ce mode de reproduction ne concerne plus aujourd'hui que le livre d'Esther, qui, par conséquent, reste la seule *megillah* au sens strict – sa récitation est abordée dans le traité Megillah de l'ordre Moed de la Michnah.

➨ *Av, Cantique des cantiques, Chavouot, Esther, Jérémie, Lamentations, Michnah, Moed, Pourim, Pessah, Qohélet, Ruth, Soukkot*

ROYAUME ✡ ✝ ☪

Le royaume de Dieu est un élément essentiel de l'eschatologie (croyance et doctrine portant sur la fin des temps). Dans le judaïsme, les prophètes de la Bible annoncent l'avènement d'un monde nouveau et purifié, mais les Livres saints de cette religion, notamment le Talmud (achevé vers 500), ne donnent pas de précision quant à ce royaume. En revanche, dans la liturgie, l'accent est mis sur la royauté de Dieu qui, un jour, sera instaurée : tout juif s'y soumet et se conforme aux préceptes de la Torah, venue de Dieu.

Le Royaume en tant que tel est annoncé par l'Évangile : dans les évangiles du Second Testament, Jésus proclame à de nombreuses reprises « la Bonne Nouvelle » (*evangelium* en latin), inscrite au cœur de la foi chrétienne : l'arrivée imminente du royaume de Dieu – à une date, bien entendu, indéterminée –, formule très fréquente dans sa bouche. Ce Royaume n'a évidemment rien de terrestre. Il n'est pas pour autant statique mais en mouvement, une réalité correspondant à l'intervention imminente et directe de Dieu, le Créateur, le Tout-Puissant. Cette urgence réclame que chacun se convertisse, c'est-à-dire aille vers Dieu, au risque d'être perdu lorsque viendra le jugement divin. La prière du *Notre Père*, que

Jésus communique lors du discours sur la Montagne, appelle ainsi au règne de Dieu. Un jour, le Fils de l'homme (Jésus) viendra et tous les hommes seront jugés par Dieu.

Le Coran se situe également dans la perspective d'une royauté divine. Parmi les Noms que livre le Coran, Dieu porte celui de « roi » *(malik)*, abondamment cité, afin d'illustrer sa puissance absolue sur tout. Dieu règne sur le Jugement à venir, car il est le Roi du monde auquel chacun doit se soumettre (au sens du mot « musulman », c'est-à-dire « s'en remettre à »). Des sourates telles que *Le Fer* (57), *Le Vendredi* (62) ou *La Duperie réciproque* (64) commencent d'emblée par la reconnaissance de la royauté de Dieu, « le Saint, le Tout-Puissant, le Sage » (62, 1). La 67e sourate porte même le titre *La Royauté (al-Mulk)* et l'on peut y découvrir le pouvoir créateur de Dieu, sa miséricorde, son pardon, sa colère aussi contre les incrédules.

➡ *Évangile, Évangiles, Fils, Jugement dernier, Messie, Montagne (Discours sur la), Notre Père, Parabole*

RUPTURE DU CIEL, LA ☪

La Rupture du ciel (al-Infitâr) est le titre de la 82e sourate du Coran, où, avec la dispersion des étoiles et le retrait des mers, elle annonce le jour du Jugement où chacun (chaque âme) sera comptable de son passé, en bien et en mal. La décision de récompenser ou de punir appartiendra à Dieu seul, le Créateur, dont l'homme a oublié qu'il lui était redevable de son existence.

➡ *Apocalypse, Jugement dernier*

RUTH, LIVRE DE ✡

Le livre de Ruth, deuxième des Cinq Rouleaux sacrés du judaïsme, est lié à la fête de Chavouot (Pentecôte). Il est probablement contemporain du livre de Jonas (IVe siècle av. J.-C.), et, comme lui, porte l'attention sur l'intégration des gentils (non-juifs) au peuple d'Israël.

Il s'agit d'une nouvelle racontant l'histoire d'une veuve, Noémi (« ma gracieuse » en hébreu), qui, fuyant la famine sévissant à Bethléem, gagne le royaume voisin (et souvent ennemi, dans la Bible) de Moab. Elle est accompagnée de ses deux fils qui épousent des Moabites, puis meurent jeunes. Quand Noémi décide de rentrer à Bethléem, Ruth, l'une de ses deux brus, la suit de son plein gré et va glaner des épis dans le champ moissonné de Booz (forme grecque dérivée de l'hébreu Boaz, « en lui réside la force »). Ce dernier, fidèle à la Torah, sait qui est cette femme qui n'a pas hésité à quitter sa terre pour suivre sa belle-mère. Il lui offre un repas et de l'orge. Noémi comprend ensuite que Booz est un parent proche et que, en conséquence, il a le devoir d'épouser Ruth, selon la loi ancienne du lévirat. En véritable femme juive maîtresse des circonstances, elle conseille Ruth qui, de nuit, se glisse près de Booz endormi... Après le mariage naît Obed (« serviteur » en hébreu), père de Jessé, lui-même père de David. D'après ce livre, qui contredit ainsi la Torah, David, le plus prestigieux monarque d'Israël, serait donc le fruit d'une étrangère et d'un juif. Cependant, Ruth, par sa générosité, est l'archétype de la prosélyte.

Dans le Second Testament, l'évangéliste Matthieu reprendra cette ascendance, en faisant de Ruth et de Bethsabée (mère de Salomon) les aïeules de Jésus.

➡ *Bethléem, Bethsabée, Chavouot, Christ, David, Gentil, Jésus, Jonas, Lévirat, Messie, Moab, Pentecôte, Prosélyte, Rouleaux (Les Cinq), Salomon, Torah*

S

SABA ✡ ☪

Le royaume de Saba, dont l'origine remonte au moins au IXe siècle av. J.-C., était établi dans le sud de la péninsule Arabique, au nord de l'actuel Yémen où il était bien implanté. Les Sabéens se rendirent ensuite maîtres de ce Sud arabique au IIIe siècle de notre ère ; ils reçurent les influences du judaïsme (IVe siècle) puis du christianisme. Rongé par des dissensions, des difficultés financières et des invasions, le royaume finit par s'effondrer au VIe siècle.

Les Sabéens furent de grands commerçants, notamment des producteurs d'épices, de pierres précieuses et d'encens. Nous trouvons leur trace jusqu'en Éthiopie (ancienne Abyssinie) où, selon une tradition, la reine de Saba aurait eu une liaison amoureuse avec le roi d'Israël, Salomon (970-931). L'enfant né de cette union serait Ménélik Ier, le premier des souverains de la dynastie d'Éthiopie qui reçurent le nom de *négus nigesti* (« roi des rois »). Elle devait s'éteindre en 1974 avec le dernier négus, Haïlé Sélassié, 225e successeur de Ménélik Ier, dont le titre lui valait encore d'occuper toujours la première place lors des cérémonies internationales réunissant les chefs d'État.

L'Éthiopie ayant pour originalité d'abriter une communauté juive très ancienne, de posséder l'une des plus anciennes Églises chrétiennes (IVe siècle) et d'avoir pratiqué très tôt l'islam, la tradition s'appuie sur le récit de la Bible qui rapporte la visite de la reine de Saba (Shéba en hébreu) à Salomon. Le premier livre des Rois (10, 1-13) relate que, avertie de la renommée de Salomon, elle vient le voir à Jérusalem, avec de l'or, des aromates, des joyaux chargés sur des chameaux. Impressionnée par sa sagesse et par le luxe de la Cour, elle loue la puissance de Dieu (Yahvé) qui a permis tant de choses, offre quantité de cadeaux à Salomon, en reçoit également, puis s'en retourne chez elle.

Le Coran mentionne deux fois la reine de Saba (Bilkis pour la Tradition). Dans la 27e sourate (chapitre), *Les Fourmis* (27, 22-38), Salomon, apprenant qu'elle et son peuple sont égarés par le « satan » (*shaytân* en arabe), lui écrit pour lui rappeler qu'il faut s'en remettre à Dieu seul ; la souveraine répond par un riche présent que Salomon, dont la seule richesse vient de Dieu, refuse. Dans la 34e sourate, intitulée justement *Les Saba* (34, 15-21), Dieu envoie les eaux détruire « les digues ». Il s'agit du barrage de Marîb, la capitale de Saba, qui céda vers 542, après avoir contribué, pendant quatorze siècles, à la prospérité de la cité et du royaume, grâce à un ingénieux système d'irrigation.

➜ *Démon, Encens, Fawatih, Idole, Sabéen, Salomon, Satan*

SABAOT ✡

Dans la Bible, par exemple chez les prophètes Isaïe et Jérémie, ainsi que dans certains Psaumes, le terme hébreu *Sabaot* (« armées ») est ajouté au Nom de Dieu pour souligner la toute-puissance divine. Dieu, souverain absolu, est plus fort que la plus redoutable des armées humaines, la sienne rassemblant les anges, les forces du cosmos, les astres qu'il a créés. *Sabaot* était invoqué quand les difficultés exigeaient d'Israël une intervention militaire.

➜ *Ange, Dieu, Isaïe, Israël, Jérémie, Prophète, Psaume*

SABBATAÏSME ✡

Le sabbataïsme tient son nom de Sabbataï Tsevi (1626-1676), rabbin à Smyrne (Izmir, en Turquie), ville de l'Empire ottoman. Il est le promoteur d'un mouvement juif d'une ampleur mondiale. Initié à la kabbale (mystique juive), entouré de disciples, il pratique une ascèse rigoureuse et entre en transe, alternant les illuminations, les délires, voire les blasphèmes comme prononcer le tétragramme divin YHWH, que l'on ne dit plus depuis des siècles. Chassé de Smyrne, il voyage, avançant, par exemple, que les articles contraignants de la Torah n'auront plus cours. Surtout, il se proclame le Messie, le Sauveur des juifs. Il fonde cette certitude notamment sur sa date de naissance, le 9 av, qui, selon la tradition, coïncide avec celle du

Messie et avec l'instauration de l'ère messianique. En 1665, en proie à une nouvelle crise mystique, il rend visite au rabbin, médecin et kabbaliste Nathan de Gaza (1643-1680) qui, au lieu de le dissuader, le conforte dans sa messianité. Sabbataï Tsevi reçoit même son actif soutien et prophétise la chute imminente du sultan, maître de l'Empire ottoman. Son message se répand d'autant plus qu'il intervient à une époque où l'Europe est soumise à des guerres et des désordres. La Diaspora juive, qui pâtit de cette situation, à l'image des massacres de Russie et de Pologne (1648), espère ainsi en la venue du Messie. Du Proche-Orient à l'Allemagne, Sabbataï Tsevi peut compter sur des dizaines de milliers de partisans qui font scission, excommunient et pourchassent leurs opposants, festoient au lieu de jeûner et autres entorses aux fondements du judaïsme. Arrêté par les Ottomans, Tsevi est enfermé dans la forteresse de Gallipoli en avril 1666 – année où devait intervenir la libération des juifs sous la conduite du Messie. Mis devant le choix d'embrasser l'islam ou de mourir, il opte pour la conversion, ce qui provoque la stupéfaction de ses fidèles et du monde juif en général. Nathan de Gaza avance que, en tant que Messie, il peut aller jusqu'à apostasier sa foi puisque lui seul, par sa sainteté, détient les mystères de sa mission, quitte à être considéré comme un renégat par ses coreligionnaires. Sabbataï Tsevi est exilé en 1673 en Albanie, où il finit ses jours. Le sabbataïsme est ensuite condamné par les autorités rabbiniques dans les territoires où il s'était fortement implanté, comme la Turquie. Ses partisans, ou sabbatéens, réintègrent pour certains leurs communautés juives, alors que d'autres entrent dans la clandestinité. Le sabbataïsme imprimera quand même le judaïsme, notamment dans le domaine de la liberté individuelle face au respect scrupuleux de la Torah prôné par les instances rabbiniques, ainsi que l'identité juive d'une population exilée de sa terre d'origine, Israël. Mais, dans son ensemble, ce mouvement disparaît au milieu du XIXe siècle.

Il existe cependant une exception : les dömneh (« apostat » en turc). Convertis à l'islam tout en pratiquant un judaïsme en secret, ils gagnèrent Salonique (1683) où ils étaient encore actifs en 1924, possédant leurs lieux de culte, vivant séparés des autres populations, niant une grande part de la Torah, interdisant les mariages mixtes (juifs et musulmans). Ils se divisèrent en petites sectes. L'une d'elles s'établit en Turquie, participant à la guerre de 1908 au côté des Jeunes Turcs révolutionnaires. Les dömneh étaient encore quinze mille à la fin du XXe siècle. On les rencontre essentiellement en Turquie, à Istanbul, à Edirne ou encore à Izmir.

➡ *Av, Kabbale, Messie, Torah, YHWH*

SABBATIQUE, ANNÉE ✡

À partir du shabbat (« repos » en hébreu) fut instituée l'année dite « sabbatique » (*chémitah* en hébreu), en vertu du passage qui en fait mention dans le livre du Lévitique (chapitre 25) : « Lorsque vous entrerez au pays que je vous donne [Canaan], la terre chômera un shabbat pour Yahvé. » Si l'on pouvait profiter des produits de la terre et les distribuer aux pauvres en vertu de la charité, le sol restait au repos et ne devait donc pas être cultivé et semé, car tout ce qui en vient et ce qui le compose appartient à Dieu. On ne pouvait ainsi ni moissonner ni vendanger, ces produits étant laissés aux animaux domestiques ou sauvages. Dans l'ordre Zeraïm, le premier de la Michnah, l'année sabbatique est abordée dans le traité Cheviit. Cette tradition devant être pratiquée en terre d'Israël pour avoir tout son sens, elle a disparu avec la dispersion des juifs dans le monde (Diaspora), mais certaines communautés l'ont restaurée dans l'actuel État d'Israël.

Enfin, tous les quarante-neuf ans, au bout de sept années sabbatiques, avait lieu le jubilé, repris par le calendrier catholique.

➡ *Jubilé, Lévitique (Livre du), Michnah, Shabbat, Zeraïm*

SABÉENS ☪

Les Sabéens (ou parfois Çabéens), mentionnés quatre fois dans le Coran, sont comptés parmi les « gens qui ont cru » *(alla-dhîna-amanû)*, c'est-à-dire les peuples croyant en une religion révélée, avec les juifs, les chrétiens et les zoroastriens, et que Dieu distinguera des polythéistes au jour de la Résurrection. Mais ils n'ont aucun rapport avec les Sabéens, habitants du royaume de Saba (Yémen). Leur identité et leur origine restent mystérieuses.

➡ *Résurrection, Saba, Zoroastrisme*

SACREMENT ✝

Le sacrement est un « serment » (*sacramentum* en latin) par lequel une personne s'engage devant Dieu et le Christ.

L'Église catholique et les orthodoxes (mais de manière moins prononcée) valident sept sacrements institués par Jésus – le chiffre sept, fréquent dans la Bible, le Second Testament et d'autres religions, symbolise une totalité, la perfection. Les protestants ne reconnaissent en général que le baptême et l'eucharistie, de même que les anglicans qui, cependant, confèrent aux cinq autres une dimension spirituelle (confirmation, onction des malades, réconciliation ou plutôt pénitence, mariage, ordre ou ordination). En toutes ces occasions, les chrétiens montrent leur foi et s'engagent envers Dieu et Jésus.

Cinq de ces sacrements ne sont administrés qu'une fois. Le baptême marque l'entrée dans l'Église, laquelle est renforcée plus tard par la confirmation. Le mariage, monogame, est indissoluble puisque scellé devant Dieu. Le sacrement d'ordination fait de celle ou de celui qui le reçoit un serviteur de l'Église (évêque, prêtre ou diacre). Enfin, à la fin de sa vie, un chrétien reçoit l'onction des malades. Les deux autres sacrements jalonnent toute l'existence : l'eucharistie, qui permet de rencontrer le Christ en communiant avec son corps et son sang, donnés en sacrifice pour le salut des hommes ; la pénitence, reconnaissance de ses fautes en vue de leur pardon.

➡ *Baptême, Eucharistie, Messe, Onction, Ordination, Réconciliation*

SADAQA ☪

L'aumône est une des valeurs essentielles de l'islam. Elle trouve son aboutissement dans l'un des Cinq Piliers de cette religion, la *zakat*, aumône légale et obligatoire. Elle prend aussi une forme volontaire, la *sadaqa*, mot dérivé de *sidq* qui signifie « sincérité », « droiture » et « vertu ». Tout musulman étant soucieux des comportements motivés par de bonnes intentions, elle a donc une grande valeur.

➡ *Aumône, Fard, Piliers (Les Cinq), Zakat*

SADDUCÉENS ✡

Les sadducéens formaient un courant né au IIe av. J.-C. Ce nom provient peut-être de Sadoq, qui, grand prêtre sous le règne de Salomon (970-931), oint ce dernier en présence du prophète Nathan. Les sadducéens formaient l'une des sectes (mot qui n'a ici rien de péjoratif) mentionnées par l'historien juif Flavius Josèphe (Ier siècle), avec les pharisiens, les esséniens et les zélotes. Majoritaires au Sanhédrin, la grande représentation juive au temps de Jésus, ils présidaient ainsi aux destinées religieuses de la Judée. Contrairement à leurs opposants, les pharisiens, aux racines populaires, ils représentent l'élite sociale, les gros propriétaires fonciers, la haute caste laïque (ou Anciens), le haut clergé. Pour ces raisons, ils ne dédaignent pas de collaborer avec les Romains. Proches des grands prêtres du Temple, ils sont comme eux attachés à leur pouvoir et aux privilèges qui en découlent. Aussi l'ensemble du peuple n'approuve-t-il pas cette attitude. D'autant que, sur le plan religieux, les sadducéens exigent une stricte observance de la Loi (Torah), dont les rites de pureté (par exemple, la vaisselle lors des repas) nécessitent des moyens matériels que ne peuvent pas s'offrir les plus humbles. En outre, et ceci les différencie également des pharisiens, ils refusent tout commentaire écrit ou oral de la Loi. C'est pourquoi, ils rejettent la résurrection des morts, qu'ils cantonnent au monde vide enseigné par le judaïsme, le shéol. Jésus s'oppose inévitablement à ces notables qui seront les moteurs de sa Passion. Mais, trop impliqués politiquement avec les Romains, ils disparaîtront après la destruction du Temple, en 70, par Titus, envoyé de Rome.

➡ *Clerc, Essénien, Jésus, Josèphe (Flavius), Judaïsme, Laïc, Passion, Pharisien, Prêtre, Résurrection, Romain, Salomon, Sanhédrin, Shéol, Temple, Torah, Zélote*

SAGESSE, LITTÉRATURE ET COURANT DE ✡

La littérature de Sagesse, ou « sapientiale » (du latin *sapiens*, « sage »), a imprégné la Bible. Elle se retrouve dans les Psaumes et a produit des chefs-d'œuvre qui ont inspiré le christianisme primitif : le livre des Proverbes (le plus ancien), Qohélet (ou l'Ecclésiaste), le Cantique des cantiques, le Siracide (ou l'Ecclésiastique), le livre de la Sagesse de Salomon. La Bible hébraïque, qui considère ces deux derniers comme apocryphes, inclut aussi le livre de Job.

Le titre « sage » fut donné aux spécialistes éclairés de la Bible, avant et pendant la rédaction de la Michnah, les *tannaïm*, et à ceux du Talmud, les *amoraïm* ; leurs travaux servirent de matière à la Halakhah (écrits juridiques).

➨ *Cantique des cantiques, Halakhah, Job, Michnah, Proverbes (Livre des), Psaume, Qohélet, Sagesse de Dieu, Sagesse de Salomon, Siracide*

SAGESSE DE DIEU ✡ ✝ ☪

La sagesse (*hochmah* en hébreu, *sophia* en grec) est une constante des civilisations. Illustrée par de célèbres proverbes ancestraux, elle suppose, de tout temps, être intelligent, se soucier des autres, être mesuré et donner l'exemple en se conformant aux principes régissant la société.

Le judaïsme lui accorde une importance particulière depuis les temps anciens, au point de la personnifier. « La Sagesse crie au-dehors » ; « Dis à la Sagesse : "Tu es ma sœur !" Donne le nom de parente à l'intelligence », clame le livre des Proverbes (1, 20 et 7, 4). La sagesse doit habiter au quotidien l'être humain, créature de Dieu dont il convient d'épouser la morale et la Sagesse, en œuvre permanente depuis la Création. En cela, elle est un complément de l'enseignement des prophètes qui préconisait d'atteindre la perfection devant Dieu.

Dans le christianisme, Dieu, pour insuffler sa puissance, procure à l'homme des qualités, appelées « sept dons de l'Esprit saint », lesquels sont évoqués lors de la confirmation. On y trouve, entre autres, l'intelligence, la crainte de Dieu, la piété ou encore la sagesse, laquelle permet au croyant de savoir comment vivre selon le chemin tracé par Dieu.

Enfin, pour le Coran, la sagesse *(hikma)* est, comme dans la Bible, l'outil constituant à connaître Dieu et à en respecter les préceptes moraux. Elle est également procurée aux prophètes dont elle éclaire le chemin. D'ailleurs, parmi les nombreux noms donnés à Dieu, on rencontre celui, très cité, d'*al-Hakim* (« le Sage »).

➨ *Confirmation, Connaissance, Création, Esprit de Dieu, Sagesse (Littérature et courant de), Sagesse de Salomon (Livre de la)*

PROVIDENCE

Du latin *providentia*, « prévision », « prévoyance ». En matière religieuse, la providence correspond à la sagesse de Dieu qui voit, sait, connaît et décide tout.

SAGESSE DE SALOMON, LIVRE DE LA ✡

Cet ouvrage du courant de Sagesse, que la tradition chrétienne appelle aussi *Livre de la Sagesse*, ne figure pas dans la Bible hébraïque. Il est patronné par le roi Salomon, sage par excellence. L'auteur anonyme, un juif d'Alexandrie, où vivait une importante communauté juive, en écrivit les trois parties en grec à la toute fin du Ier siècle av. J.-C. Bien que marqué par la culture grecque, il tient à prévenir ses coreligionnaires contre le péché, l'impiété, l'idolâtrie qui l'entourent en Égypte polythéiste. Si, après sa mort, le juste est récompensé par Dieu qui lui accorde l'immortalité, l'impie sera châtié. Il convient donc de rechercher la Sagesse, comme le fit Salomon par la prière, car elle procure le bien, s'impose devant les richesses et les jouissances éphémères, dans la mesure où elle est la grande pourvoyeuse de toute propriété. « J'ai cherché à la prendre pour épouse et je suis devenu amoureux de sa beauté », chante Salomon dans son superbe éloge (8, 2). La Sagesse, qui se trouve donc personnifiée, est aussi une actrice de l'Histoire : n'a-t-elle pas été présente auprès d'Adam, dès la Création, et n'a-t-elle pas aidé les Hébreux à se libérer de l'Égypte, expose la troisième partie ?

➡ *Adam, Création, Hébreux, Idole, Juste, Péché, Sagesse (Littérature et courant de), Sagesse de Dieu, Salomon*

SAINT ✡ ✝ ☪

Le mot « saint » s'applique à une personne, à un lieu ou même à un objet qui, selon les différents sens de son étymologie latine *(sanctus)*, a été « consacré » (voué à Dieu), est « pur », « vénéré ».

Pour le judaïsme, la sainteté, ou plus précisément l'Esprit de sainteté *(Rouah ha-qodech)*, vient de Dieu seul, qui la dispense aux êtres de son choix.

Cet Esprit est aussi à l'œuvre au Jugement dernier. Mais, selon le Talmud, il quitta Israël quand disparurent les derniers prophètes (vers le début du Ve siècle av. J.-C.), ces envoyés de Dieu chargés de transmettre sa parole. Pour la Michnah, le *Rouah ha-quodech* peut être atteint par les *tsadiqqim*, les croyants parfaits (justes) que compte chaque génération. Le judaïsme a connu d'innombrables martyrs, en particulier durant la Seconde Guerre mondiale (Shoah), mais pas de saints au sens chrétien du terme.

L'Église chrétienne rend un culte à ses saints depuis son origine. Dès le IIe siècle, on se réunissait autour de la tombe des martyrs qui en fournirent la première liste. De cette époque date l'habitude de leur rendre hommage le jour de leur mort et de conserver leurs reliques (parties ou totalité du corps ou objets leur étant associés). Après l'arrêt des persécutions contre les chrétiens en 313, les saints sont choisis parmi les chrétiens dont la vie religieuse et les vertus ont été exemplaires, tels des prêtres, des moines. Dès le IVe siècle commencent à circuler des récits de leur vie, ou légendes, tandis qu'un premier calendrier (ou *Martyrologe*) voit le jour. Les saints deviennent en outre les protecteurs de villes, de métiers ou encore d'églises, c'est-à-dire des « patrons » (du latin *patroni*, « protecteurs »). Il est utile de préciser que le culte rendu aux saints est appelé « dulie » (du grec *doulos*, « serviteur ») et celui de la Vierge, la sainte majeure par excellence, est l'« hyperdulie » (« au-dessus de la dulie »). En revanche, le mot « latrie » (du latin *latria*, « adoration ») ne concerne que Dieu, le maître suprême.

De nos jours, l'Église catholique continue de proclamer des saints (canonisation), qui doivent d'abord passer par le statut de « vénérables » serviteurs de Dieu (qui n'autorise pas de culte public), puis de « bienheureux » (béatification). Béatification et canonisation ne sont accordées qu'après une enquête approfondie. Contrairement aux saints, les bienheureux ne font pas l'objet d'une fête nationale ou internationale, mais locale et facultative. En outre, ils sont représentés entourés de rayons, tandis que les saints portent une auréole. Enfin, la liste des saints comprend aujourd'hui des femmes et des hommes, des clercs, des religieux et des laïcs.

Le culte des saints, hommes ayant reçu des dons de Dieu, s'est également répandu dans l'islam, et leurs fêtes, ou *mouled*, se déroulent près de leur tombeau. Il peut s'agir de membres de la famille du prophète Mahomet, de maîtres de confréries *(tourouq)* ou de grands érudits. Ces rendez-vous sont l'occasion d'une grande ferveur, mais sont perçus comme hétérodoxes par les savants de la *charia*, car ils ne correspondent pas aux actes cultuels définis par les textes. Ils sont considérés comme des « ajouts » et, à cet égard, comme une « innovation » *(bidah)* condamnable. Le saint (*el-waly* en arabe) est aussi un mystique ayant atteint un niveau de piété et de foi très élevé, but recherché par les soufis.

➡ *Adonaï, Béatitudes, Bidah, Communion, Esprit saint, Jugement dernier, Juste, Marabout, Marie, Martyr, Tariqa, Tsaddiq, Wali*

SAINT DES SAINTS ✡

Dans le temple de Jérusalem, le Saint des saints (*debir*, « retiré » en hébreu) était la partie la plus sacrée, le siège de la Présence de Dieu *(Chekhinah)*, et seul le grand prêtre était autorisé à y pénétrer, une fois par an, pour la fête des Expiations (Yom Kippour). Là se dressait l'arche d'Alliance. Un voile *(parokhet)* séparait le *debir* du Saint *(hékal)* où opéraient les prêtres. Le premier livre des Rois (6, 15-30) rapporte de quelle manière était décoré le *debir* du Premier temple de Salomon (détruit en 587 av. J.-C.). « Il construisit les vingt coudées [10 m environ] à partir du fond du Temple avec des planches de cèdre depuis le sol jusqu'aux poutres, et il fit pour le Temple le Debir, le Saint des saints. Le Temple avait quarante coudées – c'est le Hékal devant le Debir. Il y avait du cèdre à l'intérieur du Temple, sculpté d'un décor de coloquintes et de rosaces ; tout était en cèdre, aucune pierre ne paraissait. [...] [Le Debir] avait vingt coudées de long, vingt coudées de large et vingt coudées de haut, et qu'il revêtit d'or fin – ; il recouvrit d'or l'autel de cèdre. Salomon revêtit d'or fin l'intérieur du Temple et fit passer des chaînes d'or devant le Debir qu'il revêtit d'or. Tout le Temple, il le revêtit d'or, absolument tout le Temple. Dans le Debir, il fit deux chérubins en bois d'olivier sauvage, de dix coudées de haut chacun. [...] La hauteur d'un chérubin était de dix coudées, et de même l'autre. [...] Et il revêtit d'or les chérubins. »

Dans une synagogue, le Saint des saints de l'ancien Temple est représenté par l'arche qui contient les rouleaux de la Torah.

➡ *Alliance, Arche, Chekhinah, Parokhet, Salomon, Synagogue, Temple, Torah, Yom Kippour*

SAKINA ☪

La *Sakina* (« sérénité »), mentionnée par la sourate *La Vache* (2, 247) à propos de l'arche d'Alliance, est étymologiquement la Présence de Dieu dans un lieu donné, apparaissant dans toute sa Gloire, à Moïse par exemple lors des épisodes du mont Sinaï et du Buisson ardent, ou encore lors de la Transfiguration de Jésus. L'équivalent hébreu de ce mot est *Chekhinah* qui, comme on le voit, possède une racine très proche : elle accompagne en permanence Israël, comme au cours de l'Exode, et, dans la tradition rabbinique, elle est associée à la présence d'anges. Dans le Coran, nous trouvons aussi des anges combattants accompagnant la *Sakina* : « Dieu fit descendre sa Sakina sur son Prophète et sur les croyants. Il fit descendre des armées invisibles. Il a châtié ceux qui étaient incrédules » (*L'Immunité*, 9, 26). Dans *La Victoire*, Dieu donne la victoire aux musulmans : « Dieu était satisfait des croyants [...]. Il connaissait le contenu de leurs cœurs. Il a fait descendre sur eux la Sakina. Il les a récompensés par une prompte victoire et par l'abondant butin dont ils se sont emparés » (48, 18).

➡ *Ange, Buisson ardent, Chekhinah, Exode, Gloire, Sinaï, Transfiguration*

SALAM ☪

Salam alaïkoum (« Salut [paix] à vous ») est dit plusieurs fois dans le Coran, qui préconise de saluer correctement tout croyant sincère, juifs et chrétiens compris. Dans la 19e sourate, *Marie*, Jean le Baptiste se voit promettre la paix à sa naissance, à sa mort, et à sa résurrection (19, 15). *Salam alaïkoum* fait partie des grandes formules de politesse du monde musulman. On la retrouve aussi à la fin des *salat*, les prières quotidiennes.

➡ *Chalom, Salat*

SALAT ☪

La *salat*, mot signifiant « prière » quand il concerne l'humain ou « bénédiction » quand il se rapporte à Dieu, est le deuxième des Cinq Piliers de l'islam. Prononcée en arabe, langue du Coran, seule ou en commun (elle est alors supérieure, selon la *Sunna*), elle intervient cinq fois par jour et constitue, avec la prière du vendredi, l'essentiel de la liturgie musulmane.

La *salat* peut se faire dans n'importe quelle mosquée du monde, à condition d'en respecter le déroulement, notamment la propreté du lieu. On note ainsi la présence de tapis qui, pour ne pas être salis, obligent à se déchausser. Il ne s'agit pas d'un acte rituel mais d'une question d'hygiène. Un musulman priant sur une pelouse, par exemple, peut garder ses chaussures. Le Prophète lui-même et ses compagnons priaient d'ailleurs chaussés dans la mosquée de Médine où il n'y avait pas de tapis, mais du sable. La *salat* peut se pratiquer en dehors d'une mosquée, à condition de se conformer aux moments précis de la journée.

La *salat* doit être effectuée par tout musulman, femme (excepté pendant les règles) et homme, ayant atteint la puberté – les prières des grandes fêtes, comme la fin du jeûne de ramadan, sont l'occasion d'assemblées souvent très impressionnantes. Dans les mosquées, elle est annoncée à des heures précises par le muezzin qui en prononce le premier appel, ou *adhan*, puis le second, ou *iqâma*, appel dans la salle de prière, quand l'imam, qui la conduit, en fixe le début. Après s'être purifié par une ablution, grande *(ghousl)* ou petite *(woudou)*, le priant, correctement vêtu, doit se mettre en condition de prier, en formuler intérieurement l'intention. Il se place devant la *qibla* (direction de la Kaaba de La Mecque). La prière est ensuite codifiée par le *rak'a*, ensemble de formules (*Allahou Akbar* ; la lecture de *al-Fatiha*, première sourate du Coran ; *tassahoud*, ou salutations à Dieu) et de postures (inclinaison du buste, prosternation, position assise) sur un tapis. Le nombre de *rak'a* varie selon les prières. Mais tout musulman peut en ajouter. À la fin, le priant tourne la tête à droite et à gauche pour saluer les autres musulmans en prononçant le *taslîm* (« sortie »), formule de salutation (*As-salamou 'alaïkoum*, « que la paix soit sur vous »).

Les prières sont au nombre de cinq.

La prière de l'aube *(salat al-soubh)*, qui comprend deux *rak'a*, intervient juste avant le lever du soleil. Cet intervalle de temps est dit aussi *al-fajr* (« l'aube »), titre également de la 89e sourate, et nom donné à cette prière au Maghreb. À cette occasion, qui ouvre la journée, le muezzin annonce qu'elle est préférable au sommeil. Le priant, en réponse, reconnaît que la puissance et la force ne sont qu'en Allah, sans qui le jour n'existerait pas. La deuxième prière (quatre *rak'a*) est celle de midi *(zouhr)*. La troisième (quatre *rak'a*) est celle de l'après-midi *(asr)*. *Al-Asr* est aussi *L'Instant*, titre de la 103e sourate (trois versets) du Coran, c'est-à-dire le temps de prière pour « ceux qui accomplissent des œuvres bonnes ; [...] s'encouragent mutuellement à rechercher la vérité ; [...] à la patience ». La quatrième *salat* (trois *rak'a*) se déroule au crépuscule, ou « couchant » *(maghrib)*. Ce mot arabe, francisé en « Maghreb », désigne aussi l'Afrique du Nord, considérée comme le couchant, tandis que le Levant *(Machrek)* correspond à la Syrie, au Liban, à Israël, à la Palestine. Le Maghreb est compris entre la Méditerranée au nord, le désert de Libye à l'est, le Sahara au sud et l'Atlantique à l'ouest. Les pays centraux en sont l'Algérie, le Maroc et la Tunisie, auxquels s'ajoutent la Libye et la Mauritanie. Enfin, la cinquième *salat* (quatre *rak'a*) intervient à la tombée de la nuit *(isha)*.

➡ *Adhan, Aube (L'), Muezzin, Prière, Rak'a, Salam*

SALOMON ✡ ✝ ☪

Le roi Salomon (970-931) est le fils de Bethsabée et de David auquel il succède sur le trône d'Israël. La Bible le considère comme « Salomon le Magnifique », car son long règne, rapporté par le premier livre des Rois (1-11), fut marqué par la paix, au contraire de celui de David, et par son œuvre de grand bâtisseur (5, 15 ; 9, 25), qui comprend notamment l'édification du Premier Temple que son père n'a pu mener à bien. Pour la maison de Dieu, il fait venir des matériaux précieux comme les cèdres de Phénicie (Liban) et multiplie les prouesses architecturales. Habile commerçant, il mène des transactions avec des pays voisins ou plus lointains, tel le royaume de Saba (au sud de l'Arabie) dont la reine lui rend une visite devenue célèbre. Salomon est aussi « le Pacifique », sens de son nom hébreu, Shelomoh, dont est issue la forme grecque Salômôn. Enfin, il est « le Sage » par excellence, qualité reçue de Dieu – des livres bibliques du courant de Sagesse lui sont ainsi attribués. Dans un épisode fameux (3, 17-28), où il est confronté à deux femmes qui se disputent la maternité d'un enfant, il propose de fendre celui-ci en deux d'un coup d'épée pour que chacune en ait sa part : il reconnaît la véritable mère lorsqu'elle préfère donner l'enfant à sa rivale plutôt que de le voir mourir. Mais, comme souvent dans la Bible, Salomon n'est pas entièrement innocent. Il s'est rendu coupable de deux sacrilèges méritant le courroux de Dieu : son mariage avec une Égyptienne et son gynécée regroupant des concubines étrangères, ce qui présente un risque de contaminer le pays par les idoles ; en effet, les « hauts lieux », où Dieu côtoie ces idoles, sont toujours debout. Toutefois, le châtiment n'atteint pas Salomon. Il frappe ses descendants. Après sa mort, en 931, Israël est divisé par un schisme d'où naissent deux royaumes : Juda, au sud, et Samarie, au nord.

Dans les évangiles du Second Testament, Jésus rend hommage à cette figure prestigieuse d'Israël : « La reine du Midi régnera lors du Jugement avec cette génération et elle la condamnera, car elle vint des extrémités de la terre pour écouter la sagesse de Salomon, et il y a ici plus que Salomon » (Mt 12, 42), citation que l'on retrouve presque textuellement chez Luc (11, 31).

Pour l'islam, Salomon (Sulayman, évoqué dix-sept fois dans le Coran), descendant de Noé (6, 84), est inspiré par Allah (4, 163). La sourate 21 (78-81), *Les Prophètes*, en fait précisément (comme David) un prophète, symbole de la Sagesse et de la science, capable de parler aux oiseaux, de se faire obéir du vent. De même, la sourate 27 (15-44), *Les Fourmis*, ajoute que Salomon commanda des armées « composées de djinns, d'hommes et d'oiseaux » et qu'il persuada la reine de Saba, qui se prosternait « devant le soleil et non pas devant Dieu », d'épouser la vraie foi ; elle finit par se ranger à l'islam : « Je me soumets à Dieu, Seigneur des mondes ! » Ailleurs (*Çad*, 38, 30-40), Salomon est qualifié d'« excellent serviteur », capable de se repentir d'une faute (l'épouse idolâtre) : « Oui, Salomon a près de nous une place et un beau lieu de retour. » Cette place explique qu'il ait été le personnage de traditions mystérieuses et merveilleuses.

➡ *Bethsabée, David, Djinn, Idole, Israël, Juda, Phénicie, Rois (Livres des), Saba, Sagesse (Littérature et courant de), Sagesse de Salomon (Livre de la), Samarie, Temple*

SALUT ✡ ✝ ☪

La notion de salut (du latin *salus*, « santé ») est présente dans toutes les religions sous des formes différentes, mais renvoyant toutes à l'essentiel. Elle correspond à la libération des hommes qui, débarrassés de leurs fautes (péchés), tant à l'égard des autres que de la divinité, sont restaurés dans leur relation avec cette dernière. Ils connaissent ainsi le bonheur et la plénitude ici-bas et dans un monde à venir.

Dans les trois religions monothéistes, le salut possède deux dimensions. D'une part, il exige la pénitence, c'est-à-dire la reconnaissance de ces fautes qui aboutit au pardon de Dieu. D'autre part, il conduit à la vie éternelle auprès de Dieu. Cependant, il réclame que chacun adopte des comportements conformes à sa religion et tournés vers le bien. De son côté, Dieu, tout-puissant, écrase tout ce qui s'oppose au bonheur des hommes, comme les démons.

Le judaïsme, dans la Bible, donne au salut une dimension individuelle et, surtout, collective. Il délivre de l'esclavage les Hébreux conduits par Moïse, les escorte dans le désert pendant l'Exode et leur permet de conquérir la terre qu'il a promise, Canaan où naîtra Israël. En échange, chacun, en vertu de l'Alliance scellée avec Dieu, doit respecter sa Loi, c'est-à-dire la Torah. C'est le principe de la conversion, le retour vers Dieu recommandé par les prophètes, gage du salut, tant spirituel que matériel. Dieu, sur qui l'on peut s'appuyer totalement, veille ainsi sur son peuple particulier, Israël, qui peut ainsi, grâce à lui, revenir de l'exil de Babylone, à partir de 538 av. J.-C. Surmontant les épreuves du passé, les juifs vont ensuite développer la réalisation du salut dans le futur, par le Jugement dernier et la figure eschatologique (relative à la fin des temps) du Messie. Le salut prend dès lors une dimension présente et future.

Cette conception du salut est très sensible dans le judaïsme au temps de Jésus. Durant son ministère, Jésus appelle à la conversion des cœurs, laquelle est indispensable pour accéder au salut qui concerne tout le monde et qui coïncide avec la venue prochaine du royaume de Dieu. Il annonce ce salut lors d'une de ses manifestations. Par ses miracles, il rend aux paralysés, aux aveugles et autres lépreux une double « santé » : l'une physique, l'autre sociale, en les réintégrant dans une société qui, à cette époque, les rejette à cause de leur impureté. Le salut ne passe donc plus par le respect scrupuleux de la Loi prôné par les autorités religieuses juives, mais par la miséricorde, le pardon, l'incommensurable bonté de Dieu, qui les donne gratuitement. Le salut passe aussi par la mort et pour la résurrection de Jésus. C'est pourquoi Jésus le Christ (*kristos*, « oint » en grec), qui a donné sa vie pour sauver les hommes, est ressuscité, montrant l'autre dimension du salut, celle de la vie éternelle auprès de Dieu, son Père. Ainsi doit-il revenir à la fin des temps, au côté de Dieu, pour instaurer le Royaume parfait où régnera le bien. Jésus reste ainsi, pour tout chrétien, le Sauveur, ce que rappelle la forme hébraïque de son nom, Yeshouah (« Dieu sauve »). À ce propos, il faut rappeler que la célèbre expression « hors de l'Église, point de salut » remonte au IIIe siècle où celle-ci était confrontée à des courants divergents et devait donc s'imposer. Pour le christianisme, Dieu seul apporte le salut : il a confié à son Fils Jésus la mission de l'annoncer aux hommes.

En islam, le Coran résonne en son cœur du Dieu, « le Miséricordieux », qualificatif inscrit dès la première sourate, *al-Fatiha*, présent dans la *Basmallah* (« Au nom de Dieu »). L'islam considère que le salut passe par le comportement personnel conformément aux qualités demandées par Dieu, qui voit tout, sait tout, entend tout et accorde son pardon à qui il veut. En retour sont promis les jardins merveilleux du paradis. Le croyant doit garder l'espoir *(el-ajâ)* en Dieu, car c'est Lui qui sauve.

➡ *Alliance, Basmallah, Conversion, Démon, Expiation, Fatiha (Al-), Messie, Miséricorde, Péché, Rédemption, Repentir, Royaume*

SAMARIE ✡

Quand les Israélites adoptent la royauté sous Saül (1030-1010), ils occupent des villes qui, pour la grande majorité, existaient avant leur arrivée en Terre promise, Canaan. Jéricho et même Jérusalem en sont des exemples. En 931, Israël se sépare en deux royaumes, dont les relations, pourtant fraternelles, seront souvent houleuses : celui du sud (Juda), gouverné par les descendants de David, rassemble deux des douze tribus d'origine ; celui du nord, où se trouvent les dix autres, prend le nom d'« Israël » (donné par Dieu au patriarche Jacob) et se dote ensuite d'une capitale sous le règne d'Omri (885-874), donc d'une des rares villes vraiment israélites sur ce territoire : c'est Samarie, qui en viendra à désigner également ce royaume. Samarie-Israël, situé sur les grandes routes commerçantes reliant la Phénicie à l'Égypte, bénéficie de cette situation qui le rend plus riche et plus prospère que Juda. Mais, dans l'ensemble, la Bible, dans les prophètes et les livres historiques, en désapprouve les souverains, les meurtres pour l'accession au pouvoir, les intrigues de palais et, surtout, l'infidélité à Yahvé, le Dieu unique. Pour preuve, les baals (divinités étrangères) supplantent Yahvé dans certains sanctuaires, tandis qu'il est représenté par un veau dans d'autres lieux sacrés. Ainsi, les prophètes Élie et Élisée (IXe siècle) s'opposent à Jézabel, princesse phénicienne (Tyr) qui a épousé le roi Achab. En outre, les rois, les prêtres et les « faux prophètes » (à la solde du pouvoir) détournent les Israélites du temple de Jérusalem, la seule et véritable maison de Dieu. À ces reproches s'ajoutent encore de criantes inégalités sociales que ne manquent pas de dénoncer Amos et Osée (milieu du VIIIe siècle). Ces deux prophètes précèdent de peu la catastrophe (voulue par Dieu) dont ils ont brandi la menace et qui s'abat en 722 sur la Samarie : les Assyriens ravagent la capitale, investissent le pays, exilent les habitants en Assyrie et installent à leur place des étrangers, des gentils (non-juifs), les futurs Samaritains. La Samarie ne cessera d'être une simple province des empires successifs, notamment au temps de Jésus.

➡ *Amos, Assyrie, Baal, Canaan, Élie, Israël, Israélite, Jacob, Jésus, Jézabel, Juda, Osée, Phénicie, Prophète, Samaritain, Temple, Veau d'or, Yahvé*

SAMARITAINS ✡ ✝

En 931 av. J.-C., Israël se scinde en deux royaumes : Juda, au sud, et, au nord, un royaume qui prendra le nom de sa capitale construite vers 880 av. J.-C. : Samarie. Mais le Proche-Orient étant soumis au jeu des grands empires, la Samarie est prise en 722 av. J.-C. par l'Assyrie, sa capitale ravagée, la population exilée et remplacée par des étrangers, qui, appelés « Samaritains », vont adopter la religion de Yahvé, le Dieu unique. Juda tombe à son tour en 587, sous les coups de Babylone qui en exile aussi les habitants. Puis le

Perse Cyrus le Grand, le juste, balaie Babylone et, par décret, autorise, en 538, les exilés de toutes nationalités à retrouver leurs patries. Aussi, quand les Judéens rentrent à Jérusalem, ils se heurtent aux Samaritains qui, non contents de refuser la prééminence de la Ville sainte, gênent la restauration du Temple et de la cité, comme le rapporte le livre d'Esdras.

En 30 av. J.-C., la province est donnée par les Romains à Hérode le Grand, qui débaptise Samarie pour Sébaste (aujourd'hui Sébastyeh). Au début du Ier siècle, les rapports se sont encore envenimés entre juifs et Samaritains. Ces derniers, par exemple, rendent leur culte dans un sanctuaire concurrent, sur le mont Garizim, et sont perçus par les juifs comme des hérétiques. En outre, Jean Hyrcan (134-104), fondateur, en Judée, de la dynastie des Hasmonéens (Maccabées), a fait l'objet de violentes incursions en Samarie, endommageant le sanctuaire et la capitale.

Aussi, quand Jésus entame son ministère, vers 28 ou 30, les Samaritains, étrangers considérés comme possédés par les démons, sont fuis comme la peste par les juifs de Palestine. Il est interdit de les croiser, de leur parler, et bien sûr de traverser la Samarie. Jésus paraît respecter cette mesure quand il déclare, dans l'évangile de Matthieu (10, 5) : « Ne prenez pas le chemin des païens et n'entrez pas dans une ville de Samaritains. » Mais il montre aussi que l'Évangile s'adresse à tous, juifs et païens, pauvres et riches, justes et pécheurs... Par exemple, devant des pharisiens, il utilise la parabole du Bon Samaritain qui, au contraire d'un prêtre et d'un lévite, donc des juifs, n'a pas hésité à venir au secours d'un homme blessé par des brigands. Ce qui montre que tout homme est capable de recevoir et de donner l'amour du prochain. Une autre fois, raconte l'évangéliste Jean (4, 1-42), Jésus n'hésite pas à passer en Samarie pour se rendre de Judée en Galilée. Pendant que ses disciples se procurent des provisions, il s'assoit au bord d'un puits et demande à boire à une Samaritaine venue prendre de l'eau. Elle s'étonne qu'un juif lui adresse la parole. Jésus réplique en évoquant sa vie sentimentale, répréhensible aux yeux de la vertu : elle a eu cinq maris et vit en concubinage. Il est un prophète et le Messie, dit-elle ! Jésus annonce alors que l'inimitié entre les deux peuples n'a plus lieu d'être. Bientôt tous les hommes seront rassemblés non dans le temple des Samaritains ni dans celui de Jérusalem (détruit quarante ans plus tard), mais dans le même amour de Dieu, « en esprit et en vérité ». Ce message est encore confirmé quand, après avoir guéri dix lépreux, un seul vient le remercier : c'est un Samaritain. Des apôtres de Jésus, dont Pierre et Jean, poursuivront son œuvre en Samarie où ils fonderont des communautés, ce que relatent les Actes des apôtres du Second Testament.

Aujourd'hui, les Samaritains, au nombre de quelques centaines, parlent l'arabe (leur rapport à l'islam a toujours été riche), ne reconnaissent que la Torah, pratiquent une liturgie en hébreu ancien et fêtent la Pâque (Pessah) sur le mont Garizim. Ils résident à Naplouse, en territoire palestinien, près du mont, et autour de Tel-Aviv, en Israël.

➡ *Actes des apôtres, Esdras, Évangile, Évangiles, Exil, Hérode, Jean, Jérusalem, Jésus, Juda, Judée, Lévite, Maccabées (Livre des), Matthieu, Palestine, Pessah, Pharisien, Pierre, Samarie, Temple, Torah, Yahvé*

SAMSON ✡

Samson est sans doute le plus connu des douze héros du livre des Juges, dont il est le dernier représentant. Il est issu de la tribu de Dan, nom qui contient d'ailleurs la racine hébraïque *dîn* (« juger »). Doué d'une force prodigieuse qu'il puise dans la longueur de ses cheveux, il est décrit comme un homme courageux et téméraire, mais aussi sensuel et amateur de beautés féminines. Cette robustesse doit lui servir à combattre les ennemis de ses compatriotes israélites, en l'occurrence les redoutables Philistins qui ne cessent d'importuner Israël. Comme sa naissance annoncée par un ange, sa force lui a été offerte par Dieu auquel il est voué, en tant que *nazir*. Dans un récit qui s'affirme un véritable conte populaire, on voit Samson déchiqueter un lion avec autant de facilité qu'il tue trente Philistins. Ailleurs, amoureux de son épouse philistine donnée, malgré leur mariage, à un Philistin, il incendie les cultures à l'aide de torches attachées aux queues de trois cents renards ! Alors qu'il est prisonnier, l'Esprit de Dieu lui permet de se libérer sans difficulté et de tuer mille Philistins avec une mâchoire d'âne… Puis il s'éprend de la splendide Dalila (« coquette » en arabe ancien), qui n'est pas philistine mais complice de ce peuple, et l'épouse. À force d'obstination, la perfide réussit à lui arracher le secret de sa force, pour lequel lui ont été promis mille cent sicles d'argent. Profitant de son sommeil, les Philistins rasent « les sept tresses de cheveux » de Samson, lui crèvent les yeux, le jettent pendant des mois en prison d'où ils le tirent parfois lors des cérémonies de Dagôn, leur dieu, l'obligeant à faire l'acrobate – Dagôn est le nom donné par les Cananéens au dieu Dagân, père de Baal, et vénéré à Ougarit, grande cité du nord de la Syrie, qui prospéra du XIVe au XIIIe siècle av. J.-C. Mais les cheveux de Samson ont repoussé : un jour, il parvient à faire écrouler le palais en poussant les colonnes et meurt avec l'assistance : « L'édifice s'écroula sur les princes et sur tout le peuple qui se trouvait là. Ceux qu'il fit mourir en mourant furent plus nombreux que ceux qu'il avait fait mourir pendant sa vie » (16, 30).

➡ *Baal, Canaan, Juges (Livre des), Nazir, Philistin*

SAMUEL, PROPHÈTE ET LIVRE DE ✡

Samuel (« Nom de Dieu » en hébreu) est un prophète et le dernier des Juges. Le livre qui, dans la Bible, porte son nom, fut rassemblé après le retour de l'Exil (à partir de 538 av. J.-C.). Il fut ensuite divisé en deux parties dans la Septante (traduction grecque de la Bible), puis intégré à la Vulgate (traduction latine).

La première partie relate les débuts de la royauté en Israël, à partir de Saül (1030-1010), et s'achève à la mort de ce dernier. La seconde se penche longuement sur le règne de David (1010-970), peu avant sa mort – la suite de l'histoire d'Israël est rapportée par les livres des Rois. Les sources proprement historiques, bien que jointes à des traditions populaires, prennent le pas sur des éléments plus anecdotiques.

Samuel est l'une des grandes figures d'Israël, salué par la Haggadah (ensemble littéraire). Le Talmud, quant à lui, n'hésite pas à le comparer à Moïse. Sa mère Anne (de l'hébreu Hannah, « grâce ») est stérile, mais Dieu la rend féconde. Elle le remercie dans un cantique et promet de consacrer l'enfant à son service. Éli, prêtre de Silo, sanctuaire situé à 30 km environ de Jérusalem, prend en charge le petit Samuel qui est bientôt appelé à devenir prophète dans un récit flamboyant et envoûtant (1 S 3, 1-20). À cette époque, les Philistins menacent les tribus d'Israël qui, divisées mais exhortées par Samuel, se solidarisent autour de Dieu et remportent la victoire. La paix règne sur la Terre de la promesse, jusqu'à ce que les propres fils de Samuel viennent la perturber. Les anciens, sachant que seule la royauté, en usage dans les pays voisins, peut garantir la stabilité, chargent alors le prophète de leur trouver un roi. Yahvé choisit Saül, dont les décisions et les attitudes finissent par décevoir Samuel, qui le prévient alors que Dieu a trouvé un successeur « selon son cœur » : c'est David, qui reçoit l'onction royale de ses mains. Le livre signale simplement la mort de Samuel, tandis que Saül et David se livrent une lutte épique et sans merci.

➡ *Cantique, David, Exil, Haggadah, Juges (Livre des), Onction, Philistin, Saül, Septante, Talmud, Vulgate*

SANCTUAIRE ✡ ✝ ☪

Le sanctuaire est, au sens large, un espace saint (*sanctus* en latin), c'est-à-dire réservé au culte (temple antique, église, chapelle, lieu de pèlerinage...). Au sens strict, c'est un « lieu consacré » (*sanctuarium* en latin), c'est-à-dire voué à ce qu'il y a de plus sacré : Dieu. Dans le judaïsme, le sanctuaire *(michkan)* fut d'abord abrité dans le Tabernacle, la tente que les Hébreux transportèrent durant l'Exode dans le désert et qui contenait l'arche d'Alliance ; seul le Temple (détruit en 70) fut plus grandiose encore et comprenait le Saint des saints *(debir)*, le sanctuaire de Dieu où seul le grand prêtre pouvait pénétrer une fois par an, pour Yom Kippour. Dans les églises chrétiennes, le sanctuaire est la partie du chœur où se déroulent les offices et où est célébrée l'eucharistie : elle est marquée par une séparation (iconostase chez les orthodoxes et les catholiques d'Orient ; barrière chez les catholiques de l'Église romaine d'Occident). En islam, le seul sanctuaire, dans cette acception, est la Kaaba de La Mecque.

➡ *Chekhinah, Icône, Kaaba, Saint, Saint des saints, Tabernacle, Yom Kippour*

SANG ✡ ✝ ☪

Pour les religions de l'Antiquité, le sang jouait un grand rôle lors des sacrifices car il avait le pouvoir d'éloigner les menaces. Pour les trois religions monothéistes, il est le principe de la vie dont chacun est redevable à Dieu.

Le sang est inscrit dans la Bible dès le premier livre, la Genèse (4, 10) : Caïn tue son frère Abel, et Dieu le frappe d'une malédiction pour avoir versé ce sang. Après le Déluge, Dieu demande à Noé et ses trois fils (Sem, Cham et Japhet) de se multiplier pour peupler la Terre. Les hommes seront les maîtres des animaux, mangeront leur chair mais pas leur sang, « l'âme de la chair ». En outre, aucun humain ne devra verser le sang d'un autre, sous peine de châtiment, car l'homme est à l'image de Dieu. Le sang des agneaux sert ensuite à signaler à l'ange de la Mort les maisons des Hébreux en Égypte : la fête de Pessah (Pâque), qui célèbre la libération de l'esclavage en Égypte, trouve là son origine. Le sang joua aussi un rôle dans les sacrifices pratiqués au temple de Jérusalem. Les victimes étaient vidées de leur sang, une partie de celui-ci étant donné à Dieu, l'autre étant répandue sur le sol. Il permettait de redonner vie à la foi corrompue par des fautes, principe de l'expiation, célébrée à Yom Kippour. Depuis la destruction du temple de Jérusalem en 70, les sacrifices d'animaux n'ont plus cours dans le judaïsme ; mais l'abattage rituel *(chehitah)* et les lois alimentaires *(cacherout)* prévoient des normes précises concernant le sang. Nous trouvons ainsi, dans l'ordre Qodachim de la Michnah, le traité Zevahim (« sacrifices ») qui réglementait l'abattage et l'aspersion de sang.

Pour le christianisme, le sacrifice est celui de Jésus mort sur la croix pour le salut des hommes. Il l'a annoncé lors de la Cène, son dernier repas, quand, procédant à une Pâque juive symbolique, il institua l'eucharistie : le pain (son corps, représenté par l'hostie consacrée) et le vin (son sang) constituent, depuis ce temps, le moyen, pour chaque chrétien, de se porter à sa rencontre.

L'islam possède également ses normes d'abattage rituel. Il procède à l'aïd al-Adha (« fête du Sacrifice »), appelée aussi aïd al-Kebir (« Grande Fête »), pour célébrer le sacrifice d'Abraham. Par ailleurs, symbole important, selon les exégètes (spécialistes de l'écriture sacrée), la dictée du Coran, faite à Mahomet par l'ange Gabriel, commença par les versets 1 à 8 de la 96e sourate (chapitre), intitulée *al-Alaq*, *Le Caillot de sang*. Le mot *alaq*, au sens étymologique, signifie l'« adhérence », quelque chose qui s'accroche, qui ressemble à une sangsue ; ce qui correspond à la « nidation » où l'embryon (qui deviendra fœtus) est fixé à l'utérus et vit du sang de sa mère. Mahomet est chargé d'annoncer que Dieu est le Créateur, qu'il a façonné l'homme à partir d'un caillot de sang, qu'il lui a donné la véritable connaissance. L'homme doit revenir sans cesse à lui et se garder de tomber dans les illusions et les fautes qu'entraîne la richesse matérielle. Plus largement, le sang se dit *nafs sâ'ila* en arabe, traduit par « âme liquide », car il contient l'âme, celle des bêtes comme celle des humains.

➡ *Abel, Agneau, Aïd al-Adha, Alaq (Al-), Cacher, Caïn, Chehitah, Connaissance, Eucharistie, Expiation, Genèse, Pessah, Qodachim, Sémite, Yom Kippour*

SANHÉDRIN ✡

Dans la Bible, le livre des Nombres (11, 25) et celui de l'Exode (24, 9-11) rapportent qu'un groupe de soixante-dix sages assista Moïse. Aussi se développa une tradition selon laquelle ces anciens seraient à l'origine du Sanhédrin (du grec *synedrion*, « tribunal », « conseil »), la grande institution juive créée dès le IVe siècle av. J.-C., à partir d'une assemblée née après le retour de l'Exil (VIe siècle av. J.-C.). À l'époque du Second Temple, le Sanhédrin, souverain en matière religieuse, juridique et politique, vit ses pouvoirs limités par les Romains à une dimension essentiellement religieuse, le respect de la Torah. Le premier écrit à en faire mention est le livre de l'historien juif Flavius Josèphe, *Les Antiquités juives*, qui rapporte que, au Ier siècle av. J.-C., Hérode le Grand y comparut pour crime.

Composé de soixante et onze membres, religieux ou laïcs, le Sanhédrin se réunit dans le Temple, précisément dans la salle de la Pierre taillée *(lichkat ha-Gazit)*. Mais si son histoire est à peu près circonscrite, son fonctionnement, dont le mode d'élection des membres, est imprécis. Selon les évangiles et les Actes des apôtres du Second Testament, au temps de Jésus, il est présidé par le grand prêtre et se compose de sadducéens (majoritaires) et de pharisiens, dont des scribes. Mais d'autres sources, juives, avancent qu'il était présidé par un *nassi* (« chef ») assisté d'un *ab bet-din* (« père du tribunal »). En fait, selon certains chercheurs, il devait réunir trois conseils sous la responsabilité de ces deux personnages : la religion et les rites, les fautes envers la Torah, les affaires civiles de Jérusalem. Il était chargé, par exemple, de juger les faux prophètes, toute forme d'impiété ou encore l'adultère.

Le mot « Sanhédrin » désigne aussi le quatrième traité de l'ordre Neziqin de la Michnah, qui développe les prérogatives des tribunaux. Décisionnaire en matière de Halakhah (partie juridique du judaïsme), de décrets *(gezérah)* et d'ordonnances *(taqqanah)*, il fixait aussi le calendrier juif, mais un doute subsiste sur sa capacité à prononcer des condamnations à mort. Jésus, au cours de sa Passion, comparaît en effet devant le grand prêtre, mais c'est Ponce Pilate, le préfet romain, qui fixe la sentence car il a seul le « droit de glaive ». Après la destruction du Second Temple en 70 de notre ère, le Sanhédrin, où prédominent les pharisiens, s'installe à Yavneh (Jamnia) et, après la révolte de Bar-Kokhba (132-135), à Tibériade. En 425, les Romains mettent fin à la fonction de *nassi* et l'assemblée disparaît, laissant l'autorité au *bet din*. Durant cette période s'est illustrée une grande famille de *nassi*, les Gamaliel.

Afin de gérer les affaires religieuses, la création d'un Sanhédrin dans l'actuel État d'Israël est attendue par certains juifs.

➡ *Anne, Bar-Kokhba, Bet din, Caïphe, Exil, Gamaliel, Gezérah, Halakhah, Hérode, Josèphe (Flavius), Michnah, Nassi, Neziqin, Pharisien, Ponce Pilate, Prophète, Romain, Sadducéen, Taqqanah, Temple, Tibériade, Torah*

SARA ✡ ✝

Dans le livre de la Genèse, Sara (ou Sarah), d'abord appelée Saraï, deux noms signifiant « princesse », est l'épouse du patriarche Abraham, et, à ce titre, la première des matriarches d'Israël. Elle suit son époux qui, appelé par Dieu, part de Mésopotamie pour la Terre promise, Canaan. La Genèse la décrit d'une beauté telle que le pharaon d'Égypte, où elle est venue avec Abraham pour fuir une famine, est séduit et prêt à l'intégrer dans son harem. Mais Yahvé, qui veille, intervient et l'en empêche. Longtemps stérile, Sara permet à son époux de s'unir avec sa servante Agar, qui accouche d'un fils, Ismaël, ancêtre du peuple arabe – et vénéré dans l'islam. Devenue féconde par faveur divine, mais sur ses vieux jours, elle conçoit Isaac, « le fils de la promesse ». Sara disparaît à cent vingt-sept ans. Elle est enterrée à Hébron, dans la grotte de Makpéla (« double ») achetée par Abraham.

Dans l'épître aux Hébreux du Second Testament, Sara fait partie de ces ancêtres ayant fait preuve d'une foi exemplaire, comme Abraham, Noé ou Hénoch : « Par la foi, Sara, elle aussi, reçut la vertu de concevoir, et cela en dépit de son âge avancé, parce qu'elle estima fidèle celui qui avait promis. C'est bien pour cela que d'un seul homme, et déjà marqué par la mort, naquirent des descendants comparables par leur nombre aux étoiles du ciel et aux grains de sable sur le rivage de la mer, innombrables » (11, 11-12). La première épître de Pierre la désigne même ainsi : « Sara obéissait à Abraham, en l'appelant son Seigneur. C'est d'elle que vous êtes devenus les enfants, si vous agissez bien, sans terreur et sans aucun trouble » (3, 6).

➨ *Abraham, Agar, Hébron, Hénoch, Isaac, Ismaël, Matriarche, Patriarche, Pierre*

SATAN ✡ ✝ ☪

Dans la Bible, le mot hébreu *satan* (« accusateur », « adversaire ») fut d'abord un nom commun désignant un auxiliaire de Dieu que ce dernier envoie auprès des hommes. Puis il s'appliqua à celui qui accuse les hommes devant Dieu. Ce rôle détestable est décrit avec éclat au début du splendide livre de Job (milieu du ve siècle av. J.-C.), dans lequel le *satan* parvient à convaincre Dieu de punir cet homme, pourtant juste, c'est-à-dire croyant fidèle et sincère. Mais le pauvre Job parvient à s'entretenir avec Dieu qui, reconnaissant sa sincérité, le restaure dans une condition meilleure que la précédente. Cependant, pour la Bible, le *satan* dépend du domaine de Dieu qui, seul, peut déterminer ce qui est bien ou mal. Il prend une dimension supérieure dans les écrits ultérieurs, dont le Talmud et le Midrach, en devenant le tentateur par excellence ; les manuscrits de Qumrân parlent du Bélial (mot hébreu synonyme de « méchanceté »), de l'ange des Ténèbres, toujours prêt à égarer les hommes. Si la tradition populaire s'en est emparé, il reste peu présent dans la liturgie juive.

Satan, spécialiste du mensonge et de la manipulation, devient un personnage à part entière dans le Second Testament. Jésus, peu avant d'entamer son ministère, se retire pendant quarante jours dans le désert de Judée qui s'étend aux portes de Jérusalem. Il y affronte Satan qui cherche à le perdre en lui promettant monts et merveilles. Jésus, chaque fois, en revient à Dieu, montrant son pouvoir de chasser les démons. Le récit est rapporté par les évangiles synoptiques (Matthieu, Marc et Luc). Chez Matthieu, il s'achève par cette exclamation devenue célèbre : « *Vade retro Satanas* » (« retire-toi Satan » ; Mt 4, 7). Jésus sait qu'il peut désormais entamer sa mission, durant laquelle Satan ne cessera d'intervenir. Selon l'évangéliste Jean (13, 27), par exemple, il entre en Judas Iscariote pour le conduire à trahir Jésus. De son côté, l'Apocalypse l'assimile au serpent qui tenta Ève et Adam au paradis, et lutte contre les armées de Dieu. Mais, vaincu, il laisse le royaume de Dieu s'installer sur Terre.

En islam, le mot « satan » (*shaytân* en arabe) est utilisé dans le Coran et dans la Tradition du Prophète (hadith) pour qualifier tout être humain ou tout djinn (créature bénéfique ou maléfique) qui fait et prône le mal. Mais il s'applique souvent, et plus spécifiquement, aux djinns qui tentent les humains et les égarent par le biais des « susurrations » *(el-waswâs)*.

La Septante (IIIe-IIe siècle), traduction grecque de la Bible, a rendu *satan* par *diabolos*, « celui qui divise ».

➡ *Apocalypse, Démon, Diable, Djinn, Job, Judas Iscariote, Midrach, Qumrân, Talmud*

SAÜL ✡

Dans la Bible, le premier livre de Samuel raconte l'histoire terrible de Saül, premier roi d'Israël (1030-1010). Samuel, prophète et dernier Juge, se voit demander par les anciens d'Israël de trouver un roi pour assurer la stabilité du pays où les tribus ont été trop longtemps divisées. Dieu guide son choix vers Saül (« demandé à Dieu »), fils de Qish (« cadeau ») de la tribu de Benjamin, auquel il donne l'onction royale. Saül se révèle bientôt un grand chef de guerre, en battant les voisins d'Ammon et les Philistins. Mais il commet deux fautes impardonnables aux yeux de Dieu. Alors qu'il s'apprête à affronter les Philistins, il s'irrite car Samuel est en retard pour l'holocauste promis à Dieu. Saül procède lui-même au sacrifice. Samuel, en colère, le prévient que Dieu ne le protège plus et qu'il va trouver un roi qui sera plus « selon son cœur ». Ensuite, Saül omet de tuer un ennemi et partage avec ses troupes le butin pris aux vaincus. C'est un anathème ! Samuel ne peut que regretter : « Parce que tu as rejeté la parole de Yahvé, il t'a rejeté, tu n'es plus roi » (15, 23). De fait, le jeune David, son successeur, est oint à Bethléem, et épouse la fille de Saül. Mais ce dernier éprouve une jalousie croissante pour ce gendre : il tente de l'assassiner, le pourchasse à travers le pays, sans succès, entre autres, grâce à l'amitié profonde qui unit son fils Jonathan (« Dieu a donné ») et David. Délaissé par Dieu, Saül sent sa raison chavirer, dévorée par sa jalousie et sa haine pour David. Au final, il fait parler Samuel (mort entre-temps) par la bouche d'une nécromancienne (la « sorcière d'En-Dor ») et ne peut qu'entendre ce qu'il sait déjà : Dieu l'a maudit, il n'est plus et ne sera plus jamais le roi. Il apprend aussi qu'il doit mourir le lendemain. En ce jour, Saül et trois de ses quatre fils, dont Jonathan, meurent sous les coups des Philistins. La tête du roi déchu est fichée sur une pique et exhibée dans toute la Philistie.

➡ *Ammon, Anathème (Loi de l'), Armagêdon, David, Holocauste, Juges (Livre des), Onction, Philistin, Samuel*

SAUM ☪

Le jeûne (*saum* en arabe), recommandé à plusieurs reprises dans le Coran, est le moyen de se purifier pour être en concorde avec Dieu, avec des saints aussi, mais également pour rappeler, souci constant de tout musulman, que la satiété ne peut voisiner avec ceux qui ont faim. Il atteint son point culminant lors du mois de ramadan, le quatrième Pilier de l'islam. Mais il existe d'autres jeûnes dans le calendrier musulman, comme chez les mystiques, ou lors d'Achoura, surtout chez les chiites puisque cette fête commémore la mort d'Hussein, fils d'Ali (cousin et gendre du Prophète) dont ils se réclament.

➡ *Chiisme, Jeûne, Mystique, Ramadan*

SCHISME ✡ ✝ ☪

Le schisme est une « séparation » (*skhisma* en grec). Il correspond en effet à la séparation de deux courants issus d'un même moule politique ou religieux et se différencie donc de l'hérésie, laquelle professe une opinion divergente. Le judaïsme, soudé depuis des siècles autour de son Dieu et de ses Livres sacrés, n'a pas connu de schismes religieux mais divers courants nés d'une longue évolution. En revanche, il a existé un schisme politique, celui du royaume d'Israël qui, en 931 av. J.-C., après le règne de Salomon, se scinda en deux royaumes : la Samarie, au nord, et Juda, au sud.

Il n'en va pas de même du christianisme où l'Église, dès sa naissance, se partagea entre ceux qui souhaitaient conserver les rites juifs et ceux qui y étaient opposés. Mais il en exista d'autres. Le plus célèbre reste celui qui sépara, en 1054, le monde chrétien en deux pôles : les orthodoxes et les catholiques s'excommunièrent mutuellement, cette sanction n'ayant été levée qu'au concile Vatican II (1962-1965). Il exista aussi, dans l'Église catholique, le Grand Schisme d'Occident, qui, de 1378 à 1417, divisa la papauté en deux camps, chacun représenté par un pape – l'un à Rome, l'autre en Avignon. Sans oublier, bien sûr, la Réforme protestante qui, au début du XVIe siècle, bouleversa le monde chrétien d'Occident.

Enfin, l'islam a connu de nombreux schismes. Il inclut ainsi deux grandes familles, que séparent, depuis des siècles, des points fondamentaux : le sunnisme, largement majoritaire, et le chiisme.

➡ *Chiisme, Concile, Hérésie, Juda, Réforme, Samarie, Sunnisme*

SCRIBE ✡ ✝

Les scribes (*soferim* en hébreu, pluriel de *sofer*, « comptable ») occupent une place particulière dans l'histoire du judaïsme. Sachant lire et écrire, ce qui est un grand privilège dans le monde antique où l'analphabétisme est le lot commun, ils sont d'abord, dès David (XIe-Xe siècle), attachés aux cours des rois. Au etour de l'Exil (VIe siècle av. J.-C.), et tandis que la Torah est en cours d'achèvement, ils recopient celle-ci, mais en deviennent aussi des spécialistes et se mettent à l'enseigner, ce qui leur vaut d'être appelés aussi « docteurs de la Loi ». Le premier, et sans doute le plus célèbre, est Esdras (fin du IVe siècle av. J.-C.). Très présents politiquement, les scribes, qui sont des laïcs, donc distincts des prêtres, perdent de leur influence après la fin la Grande Assemblée (IIe siècle av. J.-C.). À l'époque de Jésus, formés par de longues études, ils poursuivent leurs activités de spécialistes et d'enseignants, et se recrutent essentiellement parmi les pharisiens.Selon les évangiles de l'Enfance, Jésus, à douze ans, les subjugue par ses connaissances.

Dans les évangiles, il entame avec eux plusieurs discussions au cours de son ministère, leur reprochant de trop suivre à la lettre le contenu de la Loi sans tenir compte des réalités de la vie juive d'alors, comme le shabbat : « Gardez-vous des scribes qui se plaisent à circuler en longues robes, à recevoir les salutations sur les places publiques, à occuper les premiers sièges dans les synagogues et les premiers divans dans les festins, qui dévorent les biens des veuves, et affectent de faire de longues prières. Ils subiront, ceux-là, une condamnation plus sévère », rapporte Marc (12, 39-40). Pour Matthieu, Jésus a ces mots : « Si votre justice ne surpasse pas celle des scribes et des pharisiens, vous n'entrerez pas dans le royaume des Cieux » (5, 20) ; il couvre ensuite scribes et pharisiens de sept malédictions (23, 13-32). De leur côté, les scribes s'étonnent qu'il s'attribue une autorité de docteur de la Loi sans reconnaissance officielle; ils lui reprochent notamment de vouloir remettre les péchés (en lieu et place de Dieu), de s'afficher avec des publicains (les collecteurs d'impôts), etc., mais certains d'entre eux approuvent ses propos, par exemple sur la résurrection.

Spécialistes en matière de décret *(taqqanah)*, les scribes (appelés « rabbis » à quarante ans) ont produit d'importantes décisions, comme l'institution de la fête de Pourim. La fonction de scribe existe toujours dans le judaïsme. C'est lui qui, témoignant d'une grande compétence, conserve et recopie par exemple les *Sifré Torah* (rouleau comprenant le Pentateuque), les *megillot* (les Cinq Rouleaux) ou encore les *tefillin* (phylactères). Le traité Soferim du Talmud recense les règles de ces écritures.

Dans l'islam, le mot « scribe » est parfois utilisé pour désigner ceux qui sont chargés de recopier le Coran.

➡ *Enfance (Évangiles de l'), Esdras, Exil, Grande Assemblée, Mezouzot, Pharisien, Pourim, Publicain, Rouleaux (Les Cinq), Sanhédrin, Shabbat, Talmud, Taqqanah, Tefillin, Torah*

SECTE ✡ ✝ ☪

La secte (*secta* en latin) réunit, autour d'une doctrine, des disciples qui suivent sa « direction ». Au sens premier, une secte est donc la réunion de personnes adhérant à des principes qui leur sont communs et qui suivent des voies parallèles, mais proches sur l'essentiel, de la religion à laquelle ils appartiennent. Citons, par exemple, pour le judaïsme, les pharisiens et les esséniens ; au temps de Jésus, le christianisme naissant était considéré comme une secte par les juifs. Il exista aussi des sectes au sein de l'islam. Pendant des siècles, les sectes se distinguèrent, puis finirent par se fondre pour la plupart dans la religion commune, l'enrichissant par la même occasion.

Mais le mot « secte » a pris une connotation péjorative en raison du caractère radical de certains de ces groupes. Et, dans un sens plus contemporain, la secte est devenue une organisation fermée, opaque, aux antipodes des principes prônés par les trois religions monothéistes : ouverture, amour, fraternité, charité, paix... Les adeptes, des personnes particulièrement vulnérables, sont envoûtés par de prétendus maîtres se réclamant d'une puissance spirituelle supérieure.

➜ *Essénien, Pharisien*

SÉDER ✡

Le Séder (« ordre » en hébreu) est la manière dont se déroule le premier soir de Pessah, la Pâque (les deux premiers soirs dans la Diaspora). Se substituant au simple sacrifice de l'agneau effectué à l'origine de la fête, il consiste en un enchaînement de rites pratiqués en famille. La première codification apparut dans la Michnah, dans le traité Pesahim de l'ordre Moed, tandis que l'enchaînement de sa liturgie est contenu dans la Haggadah (ensemble littéraire). Le Séder consiste en prières et dispositions alimentaires, le tout renvoyant à la libération des Hébreux d'Égypte, événement fondateur de l'histoire d'Israël.

D'abord, on saisit une coupe de vin et on prononce le *Qiddouch*. Puis, après l'ablution des mains, on trempe un légume vert dans de l'eau salée (larmes des Hébreux), on partage en deux la *matsah* (pain azyme), l'une des moitiés étant réservée pour le « dessert » *(afikomane)*. Pour que les enfants apprennent l'histoire exemplaire des Hébreux, on lit ensuite des récits extraits de la Haggadah. À cette occasion, le plus jeune participant (en général) pose quatre questions (dont « pourquoi manger la *matsah* », « les herbes amères »...) auxquelles répond le chef de famille. Suit la première partie du *Hallel*, accompagnée d'une deuxième coupe de vin symbolisant la rédemption. Après la consommation de la *matsah*, vient celle du *maror* (herbes amères) trempé dans le *harosseth* (pâte faite de pommes, de dattes, de noix, d'amandes, le tout mouillé de vin – cette pâte symbolise le mortier utilisé par les esclaves hébreux). Enfin vient le repas proprement dit, qui doit comprendre un os rôti (rappelant les anciens sacrifices de l'agneau). Après l'*afikomane*, et donc la fin du repas, on récite une formule d'action de grâces avec la troisième coupe de vin, puis la deuxième partie du *Hallel* avec une quatrième coupe, avant de terminer par une formule renvoyant à l'année suivante.

Après le repas, les participants ouvrent la porte du logis, afin d'accueillir le prophète Élie, auquel a été offert une cinquième coupe de vin.

➡ *Ablution, Agneau, Grâce, Had gadya, Haggadah, Hallel, Hébreux, Maror, Matsah, Michnah, Moed, Pessah, Qiddouch, Vigne*

SÉFARADE ✡

Les Séfarades constituent aujourd'hui l'une des deux grandes familles juives, avec les Achkénazes. L'hébreu *Sefarad* (ou *Sepharad)* est utilisé dans la Bible par le prophète Abdias (20) : « Les exilés de cette armée, les enfants d'Israël, posséderont la terre des Cananéens jusqu'à Sarepta, et les exilés de Jérusalem qui sont à Sepharad posséderont les villes du Négeb [région d'Israël]. » On interpréta ensuite cette phrase en appliquant le mot à l'Espagne, puis, au fil du temps, aux juifs originaires de ce pays et du Portugal, ou résidant en péninsule Ibérique : ce furent les Séfarades, francisation de l'hébreu *sefaradim*.

Les juifs s'implantèrent assez tôt en Espagne, mais à une date imprécise. Avant le VIIe siècle, nous trouvons des communautés tranquilles, en liaison avec les autorités juives de Babylone et de Palestine ; puis vient une période de persécutions engagée par les rois convertis au catholicisme, jusqu'à l'arrivée des musulmans en 711. Pendant trois siècles, le judaïsme espagnol prospère ; il produit une littérature prestigieuse, et de grands esprits comme Moïse Maïmonide (1135 ou 1138-1204), auteur du *Michneh Torah*, actualisation brillante de la Torah. Mais la dynastie berbère des Almohades (1130-1269), moins tolérante que celle des Almoravides qu'elle chasse d'Espagne, et la Reconquista (reconquête) catholique qui les évincent du pays poussent les juifs du Sud à rejoindre le Nord. Là, ils peuvent vivre tranquillement, leur culture rayonnant en Europe, à l'image du *Séfer ha-Zohar* de Moïse de León (vers 1240-1305), livre fondamental de la kabbale (mystique juive). Mais les persécutions se généralisent en Espagne et aboutissent, sous la pression de l'Inquisition, à l'expulsion des juifs ou à leur conversion forcée (les convertis sont appelés « marranes »), mesure qui raie de la carte le grand centre juif du Moyen Âge. Les juifs de la péninsule Ibérique, espagnols et portugais, désormais « Séfarades », se répartissent dans les territoires de l'Empire ottoman (dont l'Afrique du Nord), à Venise et à Amsterdam (centre très important), en Palestine qu'ils impriment de leur culture, et jusqu'en Amérique. Ils conservent leurs traditions, leur liturgie, une langue particulière (le judéo-espagnol ou *ladino*, encore parlé de nos jours), éditent leurs grands textes, participent au commerce avec le Nouveau Monde. Actifs dans l'émergence du sionisme, au XIXe siècle, les Séfarades d'Europe sont décimés par la Shoah, notamment en Grèce.

Aujourd'hui, la Diaspora séfarade a ses représentations en France et aux États-Unis. En Israël, le grand rabbin séfarade a une autorité supérieure à son homologue achkénaze, mais les rouages de l'État sont dominés par les Achkénazes, ce qui a créé, selon des commentateurs, une disparité sociale.

➡ *Abdias, Achkénaze, Diaspora, Geonim, Inquisition, Kabbale, Marrane, Michneh Torah, Responsa, Sabbataïsme, Zohar (Séfer ha-)*

SÉFER HASSIDIM ✡

Le *Séfer Hassidim* (« Livre des dévots ») a profondément marqué la Halakhah (guide de conduite du judaïsme) et le monde juif en général. Il s'agit d'une œuvre du hassidisme allemand, attribuée à Yehoudah le Hassid (1150-1217) qui fut un grand maître de ce courant, bien qu'une partie, selon les chercheurs, soit de la main de son père, Rabbi Yehoudah Samuel (première moitié du XIIe siècle) – tous deux sont membres de la prestigieuse famille des Kalonymides.

L'ouvrage est centré sur la conduite éthique individuelle, le péché et sa conséquence, le repentir, autant de caractéristiques de l'homme pieux *(hassid)*.Dans ce livre, pionnier en matière d'éthique du judaïsme, on apprend ce que pouvait être l'existence individuelle et collective à l'époque de l'auteur. Et en premier lieu celle du *hassid* : brimades et quolibets exigeant l'impassibilité et le respect, l'ascèse et le dépouillement pour mieux lutter contre les richesses (source des inégalités), les pénitences pour les péchés qui résultent des tentations. On y trouve décrit jusqu'au mode de vie : par exemple, comment s'habiller, travailler, prier, commercer... Car, tout en aimant Dieu, il faut le craindre.

➡ *Ascèse, Halakhah, Hassidisme, Judaïsme, Péché, Repentir, Tentation*

SÉFER TORAH ✡

Le *Séfer Torah* (« Livre de la Torah »), objet particulièrement sacré du judaïsme, est le rouleau de la Torah, parfois richement ouvragé. Son existence remonte aux rois d'Israël, qui devaient en posséder un exemplaire. Recopié à l'encre noire et à la plume par un scribe, il est conservé dans l'arche sainte de la synagogue. Il en est enlevé lors de l'ouverture *(petiha)* de celle-ci, à diverses occasions (shabbat, jeûnes, fêtes comme Simhat Torah). Les fidèles se lèvent quand il en est sorti et le baisent à son passage, aller et retour. Ce parchemin doit provenir d'un animal abattu selon les règles de la *chehitah* (abattage rituel), ou simplement autorisé à la consommation. Tout juif se doit de participer au financement d'un *Séfer Torah*, même une seule lettre, et, quand il le peut, de l'écrire lui-même.

Au cours du shabbat et des fêtes, et pour les jours ordinaires, la dernière personne à monter (*aliya*) à la *bimah* (tribune) de la synagogue, pour lire le passage du Séfer Torah prévu à cette occasion, est « celui qui finit » (*maftir* en hébreu).

➡ *Aliya, Bimah, Chehitah, Israël, Jeûne, Judaïsme, Kéter, Maftir, Pentateuque, Rois (Livres des), Scribe, Shabbat, Simhat Torah, Synagogue, Torah*

SÉFER YETSIRAH ✡

Le *Séfer Yetsirah* (*Livre de la Création*) fut composé du IIIe au VIe siècle. Cet ouvrage est à la fois philosophique, linguistique (hébreu), et surtout mystique en raison de son influence ultérieure sur la kabbale (mystique juive). Il comprend six chapitres évoquant la création du monde à partir des outils de la Sagesse divine. Ce sont les vingt-deux lettres de l'alphabet hébraïque (pouvant par exemple insuffler la vie au golem), et les *sefirot* (les dix émanations divines), mot qui apparaît pour la première fois dans ce traité et dont l'utilisation sera développée dans le *Séfer ha-Bahir* (*Livre de la clarté*). Ces lettres sont réparties en trois familles : les trois mères *(aleph, mem, shin)*, les lettres à double prononciation et les lettres simples. Les *sefirot*, soumises aussi à Dieu, correspondent aux éléments (air, feu, eau) et à l'Esprit divin, ainsi qu'aux directions du cosmos (points cardinaux, début et fin, haut et bas, etc.).

➡ *Bahir (Séfer ha-), Création, Esprit, Golem, Kabbale, Mystique, Sagesse de Dieu, Sefirot*

SEFIROT ✡

Les *sefirot* sont les dix émanations du monde divin qui, par nature, est infini *(En Sof)*, intemporel, inconcevable.

Le *Séfer Yetsirah* (*Livre de la Création*, IIIe-VIe siècle), grande source d'inspiration de la kabbale, cite pour la première fois les *sefirot* (de l'hébreu *safar*, « compter »). Édité à la fin du XIIe siècle, le *Bahir* (ou *Séfer ha-Bahir, Livre de la clarté*), autre livre fondamental de la kabbale, en reprend le principe. Les *sefirot* y sont qualifiés d'« arbre mystique » ou « de la Sagesse », pour signifier que ces puissances sont à la source de la Création. Le *Séfer ha-Zohar* et la kabbale en développeront ensuite la nature et le rôle.

Comme l'Univers qui a été créé par étapes, les *sefirot* viennent de l'essence même de Dieu (principe dit « de l'émanation »). Elles forment une structure géométrique complexe, ou « arbre sefirotique », au centre duquel rayonne la plus puissante, *Kéter* (« couronne »). Diverses classifications ont été données, mais la plus répandue les classe par ordre décroissant d'importance. Nous trouvons d'abord les trois *sefirot* majeures : *Kéter*, la volonté suprême de Dieu; la Sagesse *(Hochmah)*, inhérente à Dieu, est indispensable dans l'œuvre de création, laquelle ne peut s'organiser sans l'Intelligence (*Binah*). Suivent les *sefirot* correspondant à ce que Dieu dispense. Elles permettent donc de réaliser concrètement la Création : placées à droite et à gauche de l'arbre, elles peuvent voir leur harmonie bouleversé par le péché, dispensant alors le mal au lieu du bien. Il s'agit de *Gevourah* (Rigueur ou Puissance), *Hèsed* (Grâce ou Charité), *Tifèret* (Splendeur), *Nètsa* (Victoire), *Hod* (Gloire), *Yesod* (fondement du monde). La dernière, *Malkhout* (Royaume), est assimilée à la *Chekhinah* (Présence divine) : de principe féminin, elle émane grâce aux trois *sefirot* majeures afin de se manifester à notre monde, qu'elle gouverne.

➡ *Bahir (Séfer ha-), Chekhinah, Création, Gloire, Kabbale, Kéter, Loubavitch, Mystique, Sagesse de Dieu, Séfer Yetsirah, Zohar (Séfer ha-)*

SEIGNEUR ✡ ✝ ☪

Dieu, en tant que Créateur et maître du monde, est le Seigneur (du latin *senior*, « aîné ») de la Terre, de l'Univers, le Seigneur de tous les seigneurs. Il ne dépend de personne et, devant lui, tout homme n'est qu'une minuscule créature, un humble serviteur. Cette prééminence se retrouve dans la Bible sous le nom de « Élohim ». Les juifs, qui ne prononcent pas le Nom de Dieu (Yahvé est la prononciation du tétragramme YHWH, saint par excellence), lui ont substitué celui d'Adonaï (« Mes Seigneurs »). Les évangiles du Second Testament évoquent aussi souvent Dieu sous le qualificatif de « Seigneur » (*Kyrios* en grec, traduction d'Adonaï), mais aussi Jésus en tant que Fils de Dieu. Dans la liturgie, par exemple, le *Te Deum* est un cantique très ancien louant Dieu le Créateur et le Seigneur. Il est interprété à certains offices du jour (heures) et à l'occasion de cérémonies particulières. « Te Deum » en sont les premiers mots en latin : *Te Deum Laudimus, te Dominum confitemur* (« À toi, Dieu, notre louange, nous t'acclamons, tu es Seigneur ! »). Citons aussi le *De profundis*, qui vient du psaume 130 (129), l'un des sept psaumes de pénitence. Il est récité au cours de la liturgie des morts et commence par ces célèbres mots : « Des profondeurs *[de profundis]* je crie vers toi, Seigneur », suivi d'un appel à l'espérance et au pouvoir rédempteur de Dieu.

Dans l'islam, où s'en remettre totalement à Dieu est un fondement de la foi, Dieu reçoit aussi le nom de Seigneur *(Rabb)*, omniprésent dans le Coran.

➡ *Adonaï, Élohim, Fils, Heures, Psaume*

SEMAINE SAINTE ✝

La semaine sainte (dite « Grande Semaine » chez les orthodoxes) est le nom donné aux sept jours qui précèdent Pâques, fête de la résurrection de Jésus. Elle commence par une messe le dimanche des Rameaux (entrée triomphale de Jésus à Jérusalem) ; le jeudi saint ont lieu deux messes, la « messe chrismale » et la « messe de la Cène » (consacrées à l'eucharistie et au sacerdoce) ; le vendredi saint (jour de la crucifixion) est un jour de deuil où le chrétien fait « son chemin de croix », reproduisant les derniers moments de Jésus. La veille de Pâques, le samedi soir, ont lieu une veillée et une messe, la vigile pascale. La semaine sainte est la dernière semaine de carême.

➡ *Carême, Pâques, Passion, Rameaux, Vendredi saint*

SÉMINAIRE ✡ ✝

Le mot « séminaire » vient du latin *seminarium* (« pépinière »), issu de *semen* (« semence »). Dans ces établissements sont formés et éduqués pour l'exercice du culte les rabbins juifs et les prêtres catholiques. L'islam ne possède pas ce type de structure puisqu'il n'existe pas de clergé selon ces critères, du moins dans le sunnisme (largement majoritaire), le chiisme duodécimain (Iran) ayant un système hiérarchique particulier.

D'abord formés au sein des *yechivot*, écoles religieuses supérieures, les rabbins commencèrent à rejoindre des séminaires au XIXe siècle, période qui suivit l'Émancipation des juifs d'Europe et qui nécessita la désignation de responsables de communautés au sens large, et non plus seulement religieux. Cette responsabilité est toujours exercée par les rabbins.

Le séminaire catholique trouve son origine dans des écoles fondées dès le IVe siècle afin de former des clercs. D'abord présents dans les diocèses qui pouvaient en créer, les séminaires furent généralisés à tous les diocèses au concile de Trente (1545-1563), pour améliorer justement une formation jusque-là insuffisante. Nous pouvons distinguer le « petit séminaire », école secondaire dispensant un enseignement général qui ne contraint pas à s'engager ultérieurement dans la vie religieuse, et le « grand séminaire », où les élèves acquièrent un enseignement théologique en vue de recevoir le sacrement de l'ordre.

➡ *Prêtre, Rabbin, Yechivah*

SÉMITE ✡ ✝ ☪

Le mot « sémite » a pour origine Sem, fils de Noé, le héros du Déluge. La Bible, qui, dans le livre de la Genèse, explique l'origine des peuples du Proche-Orient, en fait donc l'ancêtre des Sémites (Gn 6, 9), nom repris en 1781 par un orientaliste allemand.

Les Sémites ne sont pas définis par des critères religieux ou physiques mais par leur langue. Ils se répartissent en effet en quatre grandes familles issues d'un rameau linguistique très ancien datant du IVe millénaire av. J.-C. À cette époque, venant sans doute de la péninsule Arabique, des peuples nomades (la Bible les appelle « Akkadiens » ou « Amorites ») se répandirent progressivement au Proche-Orient, depuis le Sinaï jusqu'à la Mésopotamie (Irak), en passant par la Palestine et Israël (les Hébreux), la Syrie (les Araméens), la Phénicie (Liban). Les Sémites gagnèrent également l'Arabie dès le milieu du Ier millénaire av. J.-C. Ainsi sont apparues des langues, à l'est (assyrien et babylonien, qui formaient l'akkadien), au sud (arabe, éthiopien...), à l'ouest (hébreu, phénicien...) et au centre (araméen, syriaque...).

Le mot « antisémitisme », qui désigne la haine envers les juifs amenant à les rejeter et à les persécuter, n'est donc pas approprié. Car Syriens, Palestiniens, Israéliens sont tous sémites par leur langue. Les termes « antijudaïsme », « judéophobie » ou « antijuif » seraient certainement plus adaptés.

➡ *Arabe, Araméen, Déicide, Déluge, Hébreu, Juif errant, Noé*

SÉPARATION, LA ☪

La Vache, 2e sourate du Coran, évoque longuement la séparation *(talaq)* des femmes et de leurs époux : l'homme a certes une prééminence sur la femme (trait commun à toutes les mentalités de cette époque), mais un mari doit se séparer décemment de son épouse (qui possède des droits) ; il peut annuler sa décision après un délai (Dieu n'y voit pas de faute) mais ne peut prononcer que deux séparations. Elle reçoit une « pension convenable » (proportionnellement aux revenus de l'homme, qui en a le devoir) et peut se remarier après un laps de temps. « N'oubliez pas d'user de générosité les uns envers les autres », rappelle Dieu qui sait et voit tout (2, 237). La 4e sourate, *Les Femmes (al-Nisa)*, précise (4, 128-130) qu'un homme doit traiter ses femmes à égalité et que, en cas de séparation conforme à ses préceptes, Dieu apportera l'abondance à l'un et à l'autre. Auparavant, un arbitre de chaque conjoint aura pu œuvrer à la réconciliation qui, si elle est voulue, amènera Dieu à « rétablir la concorde » dans le couple (4, 35). En outre, Dieu condamne tout homme qui convoite d'autres femmes que les siennes (*Les Croyants*, 23, 6-7). *Al-Talaq* (*La Séparation*, traduit souvent et de manière erronée par *La Répudiation*) est aussi le titre de la 65e sourate : le délai d'attente avant la séparation effective est de trois mois (période qui permet de savoir s'il y a eu procréation), mais les femmes ménopausées sont également concernées. Pour une femme enceinte, le délai correspond au temps de la grossesse, et elle recevra une pension, voire l'aide d'une nourrice si cela se révèle nécessaire.

➡ *Discussion (La), Vache*

SEPT DORMANTS ✠ ☪

La légende des Sept Dormants raconte que l'empereur romain Dèce (250-251), particulièrement actif dans les persécutions contre les chrétiens, s'arrête à Éphèse (Turquie), une splendide ville antique. Là, sept jeunes chrétiens, déserteurs de l'armée impériale pour ne pas adorer les divinités païennes, se sont arrêtés dans une grotte pour s'y reposer. Dèce ordonne de les emmurer vivants. Ils s'endorment et se réveillent sous le règne de l'empereur Théodose II, en 448, soit bien après l'arrêt des persécutions

(313) et le décret sortant le christianisme de la clandestinité. Ils apparaissent peu de temps, annonçant la résurrection des morts au jour du Jugement dernier, et, pour l'y attendre, retournent dans leur grotte qui est murée. Cette légende, au sens religieux du terme (récit de saint), fut composée à Éphèse au Ve siècle, en grec, puis traduite en latin par Grégoire de Tours au VIe siècle, période où le souvenir de ces sept martyrs fit l'objet d'une vénération, tant en Orient qu'en Occident. Une fête, fixée le 28 juillet chez les catholiques, le 23 octobre et le 4 août en Orient, en célèbre la mémoire. D'après une tradition orientale, Marie-Madeleine, installée à Éphèse dans la seconde moitié du Ier siècle, aurait été inhumée dans cette grotte, donc près de deux siècles avant la présence des Sept Dormants.

En islam, le Coran se fait l'écho de la légende des Sept Dormants (*Ahl al-Kahf*, les « gens de la Caverne ») dans *La Caverne* (18, 8-12). Cette 18e sourate, dont la lecture est recommandée lors de la prière du vendredi, les présente aussi comme les messagers du Jugement, thème eschatologique (relatif à la fin des temps) fréquent dans le Coran et très développé par la religion musulmane.

➡ *Caverne (La), Jugement dernier, Légende, Marie-Madeleine, Vendredi saint*

SEPTANTE ✡ ✝

Commencée vers 250 avant notre ère et terminée au siècle suivant, la Septante (« soixante-dix »), la plus ancienne traduction de la Bible, fut faite en grec, à la demande des rois Ptolémées d'Égypte, pour les juifs de la Diaspora qui, pénétrés de culture grecque, ne lisaient plus l'araméen ni l'hébreu. Le travail commença par les cinq livres de la Torah (Pentateuque ou « Cinq Rouleaux »). Une légende prétend que, à Alexandrie en Égypte, soixante-dix (ou soixante-douze) traducteurs travaillant indépendamment en donnèrent en soixante-dix (ou soixante-douze) jours une version identique. Puis, jusqu'au Ier siècle de notre ère, la Septante fut augmentée d'une cinquantaine de traductions de provenances diverses, portant sur les livres de la Bible hébraïque dont certains reçurent des ajouts (Daniel, Esther, Jérémie, Psaumes), et sur d'autres livres qui n'en font pas partie (Esdras, Judith, Maccabées, Sagesse de Salomon, Siracide, Tobie). Enfin, le classement des ouvrages différait de l'original en hébreu et fut plutôt mal accueilli par les milieux rabbiniques de Palestine. Au Ier siècle de notre ère, la Septante fut adoptée par la jeune Église chrétienne qui devait en faire « l'Ancien Testament », tandis que les autorités rabbiniques la rejetaient au siècle suivant.

Cette version resta la principale référence en matière de traduction, jusqu'à la Vulgate (latine) de Jérôme (347-420). Depuis la Renaissance, et Luther (1483-1546) en particulier (promoteur de la Réforme protestante), les traducteurs œuvrent à partir de l'original en hébreu.

➡ *Araméen, Bible, Diaspora, Église, Hébreu, Pentateuque, Réforme, Testament, Torah, Vulgate*

SÉRAPHIN ✡ ✝ ☪

La Bible mentionne une fois les séraphins, dans la vision d'Isaïe qui, en 740 avant notre ère, reçoit dans le temple de Jérusalem sa vocation de prophète (chapitre 6) : « Des séraphins se tenaient au-dessus de lui. Ils avaient chacun six ailes : deux pour se couvrir le visage, deux pour se couvrir les pieds, et deux pour voler. Ils se criaient l'un à l'autre : “Saint ! Saint ! Saint ! Yahvé, Dieu de l'univers. Toute la terre est remplie de sa Gloire.” Les pivots des portes se mirent à trembler à la voix de celui qui criait, et le Temple se remplissait de fumée. Je dis alors : “Malheur à moi ! Je suis perdu, car je suis un homme aux lèvres impures, j'habite au milieu d'un peuple aux lèvres impures : et mes yeux ont vu le Roi, le Seigneur de l'univers !” L'un des S séraphins vola vers moi, tenant un charbon brûlant qu'il avait pris avec des pinces sur l'autel. Il l'approcha de ma bouche et dit : “Ceci a touché tes lèvres, et maintenant ta faute est enlevée, ton péché est pardonné.” »

Dans le judaïsme et le christianisme où ils occupent le haut de la hiérarchie des anges, ainsi que dans l'islam, les séraphins sont les soutiens du trône de Dieu. Dans la 40e sourate du Coran, *Celui qui pardonne*, et dans la sourate 69, *Celle qui doit venir*, ils sont au nombre de huit. Malgré leur nom, issu du pluriel hébreu *seraphim* qui signifie peut-être « brûlants », ils ne semblent pas dénués de vie, tout comme leurs cousins chérubins ce qui éloigne les uns et les autres de la troupe des anges. Ils ne sont pas sans rappeler les figures humaines ou animales qui, au Proche-Orient, étaient associées aux cultes.

➡ *Ange, Chérubin, Isaïe, Prophète, Seigneur, Temple, Vocation*

SERMON ✡ ✝ ☪

Le sermon n'est pas une leçon de morale mais une « conversation » (*sermo* en latin). En cela, il ressortit à la prédication, laquelle est l'art de « prêcher » (*praedicare* en latin), c'est-à-dire d'enseigner. Par exemple, le discours sur la Montagne, prononcé par Jésus, est appelé aussi « sermon ». Ainsi est apparue une discipline particulière, l'homilétique (du grec *homilia*, « enseignement ») dispensée dans les séminaires juifs auprès de rabbins. Le sermon (*drasha* en hébreu), qui englobe divers domaines de la vie et de la foi, est pratiqué dans les synagogues depuis des siècles, mais aussi par l'Église catholique qui, depuis le concile Vatican II (1962-1965), l'a remplacé par l'« homélie ». En islam, il est également d'usage de prononcer un sermon *(al-khoutbah)* avant la grande prière du vendredi, dans les mosquées principales, depuis le minbar (chaire).

➡ *Concile, Messe, Minbar, Montagne (Discours sur la), Vendredi saint*

SHABBAT ✡ ✝ ☪

Respectant la détermination antique des jours, le shabbat (« repos »), septième et dernier jour de la semaine, commence le vendredi soir juste après le coucher du soleil et s'achève le lendemain, samedi, lorsque les étoiles pointent dans le ciel. Il est aussi le jour de congé officiel de l'État d'Israël. En outre, il est à l'origine de l'année sabbatique (année de repos particulier).

Le shabbat a deux origines dans la Bible. L'une, dans le livre de l'Exode (20, 8-11), le rattache au dernier jour de la Création, où, rapporte la Genèse, Dieu se reposa : « Tu te souviendras du jour du shabbat pour le sanctifier. Pendant six jours tu travailleras et tu feras tout ton ouvrage ; mais le septième jour est un shabbat pour Yahvé ton Dieu. Tu ne feras aucun ouvrage, toi, ni ton fils, ni ta fille, ni ton serviteur, ni ta servante, ni tes bêtes, ni l'étranger qui est dans tes portes. » L'autre origine, énoncée par le Deutéronome (5, 12-15), se trouve dans le Décalogue lu par Moïse au mont Sinaï, devant les Hébreux rassemblés pour recevoir l'Alliance avec Dieu : « Observe le jour du shabbat pour le sanctifier, comme te l'a commandé Yahvé, ton Dieu. Pendant six jours tu travailleras et tu feras tout ton ouvrage, mais le septième jour est un shabbat pour Yahvé ton Dieu. Tu n'y feras aucun ouvrage, toi, ni ton fils, ni ta fille, ni ton serviteur, ni ta servante, ni ton bœuf, ni ton âne, ni aucune de tes bêtes, ni l'étranger qui est dans tes portes. Ainsi, comme toi-même, ton serviteur et ta servante pourront se reposer. »

Le shabbat est donc un jour chômé, entouré d'une série de règles, d'interdictions, mais aussi d'aménagements (*érouvim*). Sa naissance se perd en fait dans un très lointain passé, et peut-être a-t-il été emprunté à l'une des civilisations du Proche-Orient, où la consécration divine d'un jour particulier était fréquente. Quoi qu'il en soit, depuis le retour de l'Exil (VIe siècle av. J.-C.), le shabbat est le pilier du judaïsme et de son calendrier, un bien précieux dont les prophètes recommandèrent la stricte observance, sous peine du châtiment de Dieu – lequel s'abattit en effet sur Israël. Dans la Michnah, les règles entourant le shabbat sont consignées dans le traité du même nom, contenu dans l'ordre Moed. Aux trente-neuf interdictions qu'elle contient, le Talmud en a ajouté d'autres, comme les *gezérot* (décrets). Nous trouvons notamment proscrit tout ce qui ressemble à un échange (transport d'un objet par exemple), une activité productrice et commerciale, une production d'énergie (allumer la lumière électrique, laquelle peut cependant fonctionner).

À la synagogue, avant l'office du soir, Maariv, a lieu le *kabbalath shabbat* (« accueil du shabbat »), où on lit notamment des psaumes. À Maariv, la prière de l'*Amidah* est différente des autres jours. Le samedi, Chaharith (matin) et Minhah (après-midi) suivent une liturgie également particulière et variant selon les communautés. Le shabbat est aussi une source de joie familiale. À la maison, le vendredi soir, la femme l'inaugure en allumant deux bougies (symbole de la lumière divine et référence aux deux passages cités de la Bible). Puis viennent des *zémiroth* (cantiques), le *Chalom alekhem* (« que la paix soit sur vous »). Après le *Qiddouch* (bénédiction au-dessus d'une coupe de vin), on bénit le pain *(hallah)* et on mange le repas de fête préparé au préalable. Ce repas se clôt par la *Birkat ha-mazon* (« action de grâces après le repas »). Le lendemain, le déjeuner et le plat dégusté l'après-midi sont aussi précédés du *Qiddouch*.

Le shabbat était bien entendu une institution centrale au temps de Jésus qui, tout en respectant sa sainteté, déclare que tous les interdits qui l'entourent, particulièrement contraignants, ne sont pas conformes à la Torah dont il est issu. Ainsi, il est impossible de guérir des malades, part importante des miracles de Jésus. Les évangiles synoptiques (Matthieu, Marc, Luc) rapportent que, pour Jésus : « le shabbat a été fait pour l'homme et non l'homme pour le shabbat. » Jésus s'affirme comme le « maître du shabbat » ; « Le Fils de l'homme est maître du shabbat », ajoute-t-il dans l'évangile de Marc (2, 27-28). Sa volonté d'adapter à sa nature une législation trop lourde provoque l'opposition des autorités religieuses de Jérusalem et concourt à son arrestation. Jésus est crucifié la veille de Pessah (la Pâque) qui, en cette année, tombe en même temps que le shabbat. Les chrétiens reprendront le principe du shabbat pour le dimanche, leur jour de repos.

Pour le Coran, le shabbat est sacré et ceux qui le transgressent sont transformés en « singes abjects » (*La Vache*, 2, 65) – on retrouve ici une tradition du Talmud selon laquelle des hommes, après l'épisode de la tour de Babel, furent changés en singes. Ce respect du shabbat figure aussi dans les sourates *Les Femmes* (4, 47 et 154), *Al-'Araf* (7, 163) et *Les Abeilles* (16, 124).

➡ *Babel, Birkat ha-mazon, Chaharith, Décalogue, Dimanche, Érouv, Exil, Fils, Genèse, Gezérah, Hallah, Maariv, Maftir, Michnah, Minhah, Moed, Pessah, Psaume, Qiddouch, Sabbatique (Année), Synoptique, Talmud, Torah, Zémiroth*

SHÉOL ✡

Dans la Bible, le *shéol*, mot dont l'étymologie est incertaine, est le séjour des morts, qu'ils aient été bons ou mauvais. Hénoch et le prophète Élie, objets d'une ascension au ciel, font exception. Mais, au contraire des mondes d'en bas en vigueur dans l'Antiquité égyptienne, grecque puis romaine, il est synonyme de vide, de néant. Les défunts ne rencontrent aucune divinité, pas de démon, de diable ni de rites. Il ne s'agit donc pas encore de la résurrection, qui ne sera abordée que par le prophète Ézéchiel, et surtout par Daniel.

➡ *Ascension, Daniel, Élie, Enfer, Ézéchiel, Hénoch, Résurrection*

SIMHAT TORAH ✡

Fêté le 23 du mois de tichri, le lendemain de Chemini Atseret (fin de Soukkot), en Diaspora, et le même jour en Israël, Simhat Torah remonte sans doute à l'époque des *geonim* (présidents des académies du Talmud, au XIe siècle). On y célèbre la fin du cycle annuel des lectures de la Torah, faites semaine après semaine. À la synagogue, on sort alors le *Séfer Torah* (rouleau contenant la Torah) de l'arche sacrée, qui est portée en faisant sept processions *(haqqafot)* autour de la *bimah* (tribune), tandis que sont chantées des actions de grâces et que les participant expriment aussi leur « joie » *(simhat)* par des danses. Le lendemain, marqué par d'autres *haqqafot*, sont lus les derniers chapitres du Deutéronome (33 et 34), dernier des cinq livres de la Torah, puis le cycle de lecture recommence avec les premiers versets de la Genèse, le premier livre de la Torah.

➡ *Arche, Chemini Atseret, Circumambulation, Deutéronome, Genèse, Geonim, Grâce, Haqqafot, Séfer Torah, Soukkot, Synagogue, Tichri, Torah*

SIMON LE ZÉLOTE ✝

Simon, transcription grecque de l'hébreu Shiméôn (« [Dieu] a entendu »), est l'un des apôtres constituant le groupe des Douze, c'est-à-dire les plus proches disciples de Jésus. L'évangéliste Luc (6, 15) l'appelle « le Zélote », mot qui ne renvoie sans doute pas aux zélotes, juifs extrémistes, mais plutôt à une foi déterminée. Matthieu (10, 4) et Marc (3, 18) disent « le Cananéen ». Or, ce nom ne vient pas de Canaan, la Terre promise par Dieu. Il évoque encore le zèle, puisqu'il dérive de l'araméen *qa'najja* et de l'hébreu *qan'ani* (« le zélé »). Simon est associé à Jude, avec qui il part proclamer l'Évangile chez les gentils (non-juifs), avant de subir le martyre.

D'autres personnages nommés Simon jalonnent la Bible (chez les Maccabées notamment) et le Second Testament ; par exemple, Simon le Magicien, auquel se confrontent les apôtres Philippe et Pierre, ou encore Simon, « frère de Jésus », qui remplace Jacques le Mineur à la tête de l'Église, après que celui-ci a été lapidé en 62. On en trouve aussi, et logiquement, dans l'histoire mouvementée du judaïsme au début de notre ère, plus précisément sous le nom Siméon, de même signification que Simon. Siméon bar Giora (Simon, « fils de prosélyte », en araméen) conduit la révolte juive qui, à partir de 66, met à mal les troupes romaines. Animé d'une volonté farouche, pour ne pas dire extrémiste, il est peu apprécié des autorités plus modérées de Jérusalem. Mais, en 69, le chef des prêtres l'appelle dans la ville. À l'intérieur, les dissensions entre juifs jusqu'au-boutistes et modérés tournent à la lutte armée. Pourtant, lorsque Titus, envoyé par Rome, met le siège devant les remparts, tous se soudent pour combattre l'ennemi – Siméon en profitant pour tuer quelques opposants. Lorsque Jérusalem tombe en 70, le Temple est détruit. Siméon et Jean de Gischala, chef des prêtres, sont promenés à Rome lors du triomphe de Titus. Le premier est étranglé, le second est jeté en prison pour y mourir.

Siméon fut également porté par des figures marquantes du christianisme. Le plus impressionnant est certainement Siméon Stylite (vers 390-459). Le stylitisme, comme l'indique l'origine de ce mot, (du grec *stulôs*, « colonne »), est un mouvement d'ermites particuliers à l'Orient. Ces solitaires, reconnus pour leur sainteté, vivaient en haut d'une colonne. Été comme hiver, ils priaient, apostrophaient parfois les passants, se nourrissaient de ce qu'on leur envoyait par l'intermédiaire d'une corde. Particulièrement exalté, Siméon vécut pendant trente-sept ans au sommet d'une colonne, dont il reste la base, à Qalat Siman, en Syrie, où une église lui fut consacrée. Le stylitisme s'essouffla peu après sa mort.

➡ *Apôtre, Gentil, Jacques le Mineur, Jude, Philippe, Pierre, Zélote*

SINAÏ ✡

Le Sinaï, massif montagneux au sud de la péninsule du même nom, entre Égypte et Israël, est le cadre de deux événements majeurs du judaïsme et, par corollaire, du christianisme et de l'islam. D'abord, c'est au pied du Sinaï que se déroule l'épisode du Buisson ardent, au cours duquel Dieu s'adresse à Moïse qui, lorsqu'il lui demande son nom, se voit répondre le tétragramme YHWH, transcrit en « Yahvé ». D'après certains chercheurs, le mot « Sinaï » pourrait même avoir pour origine le mot hébreu *seneh* (« buisson d'épines »), mais cette thèse n'est pas la seule, et l'étymologie du Sinaï reste entourée de mystère. Pour les livres de l'Exode et du Deutéronome, par exemple, le mont Sinaï est appelé Horeb (« montagne aride »), où se rendra aussi le prophète Élie après une série d'épreuves dans le désert. Mais la tradition juive n'a pas jugé primordial d'en localiser précisément le lieu, privilégiant la valeur religieuse de cette Révélation, et de l'épisode suivant.

Toujours selon la Bible, sept semaines après que les Hébreux sont sortis d'Égypte, Moïse, qui connaît le chemin pour l'avoir fait en sens inverse, les conduit jusqu'au Sinaï, avec pour objectif de rejoindre la Terre promise (Canaan). Le 6 du mois de sivan, il gagne le sommet du mont, et Dieu lui remet les Tables de la Loi (Torah), signe de l'Alliance avec son peuple (qu'il a choisi), et le Décalogue, qui contient ses commandements majeurs.

La tradition chrétienne a localisé le mont Sinaï au sud de la péninsule, au djebbel Moussa (« mont de Moïse ») où s'élève le monastère Sainte-Catherine (VIe siècle) et où prirent naissance les fondements de l'ordre actuel du Carmel. Le Coran comprend la sourate *Le Mont*, c'est-à-dire le Sinaï.

➡ *Alliance, Buisson ardent, Canaan, Décalogue, Élie, Exode, Moïse, Mont (Le), Peuple élu, Révélation, Sivan, Théophanie, Torah, Yahvé, YHWH*

SION ✡

Sion désigne une colline sur laquelle Jérusalem était bâtie, quand, à la fin du XIe siècle avant notre ère, le roi David ravit la cité aux Jébuséens, tribu installée en Canaan depuis quelque mille ans. Cette éminence accueillit ensuite le Temple, la maison de Yahvé, le Dieu unique, et se vit ainsi conférer une haute valeur historique et religieuse. Dans la Bible, le nom de Sion est assimilé à Jérusalem, surtout dans les Psaumes et les livres des prophètes : les « fils de Sion » désignent le Peuple élu, et la « fille de Sion » Jérusalem elle-même, soumise aux menaces de l'Assyrie (722 av. J.-C.), puis aux assauts de Babylone (597 et 587 av. J.-C.) ; Sion représente aussi, après l'Exil achevé en 538, la renaissance d'Israël à partir du « petit reste » revenant de sa captivité à Babylone et placé sous l'œil protecteur de Dieu, qui enverra le Messie et régnera sur la Terre. Puis Sion est un appui à la résistance du judaïsme à l'époque des Maccabées (167-63). Pour le Second Testament, enfin, Sion est le symbole de la ville où s'établiront Dieu et la nouvelle Alliance.

Au XIXe siècle, le mot « Sion », reprenant cette impressionnante tradition, a servi de racine au terme « sionisme ». À l'opposé, il a été utilisé par de sinistres propagandistes antijuifs : en 1905, en Russie, où les pogroms sévissaient depuis 1881, fut publié un ouvrage, *Protocoles des Sages de Sion*, rapportant un prétendu complot juif international et qui eut un certain succès après la Grande Guerre, en Europe et aux États-Unis, où il reçut même le soutien actif d'Henry Ford. Les juifs de Suisse entamèrent un procès et démontrèrent l'absence de fondement de ce livre, écrit après 1897 par les services secrets russes. Ces *Protocoles* furent, entre autres, utilisés par Hitler pour justifier la Shoah.

➡ *Alliance, Canaan, Exil, Jérusalem, Maccabées (Livre des), Messie, Peuple élu, Psaumes, Temple, Yahvé*

SÎRA ☪

La *Sîra* est la « biographie » de Mahomet. La plus importante, la plus ancienne et la plus connue est celle rassemblée par Ibn Ishâq (704-767), puis remaniée et complétée par Ibn Hishâm (mort en 830). Né à Médine et mort à Bagdad, Ibn Ishâq réalisa son travail à partir de témoignages et de sa parfaite connaissance des sources. Et Ibn Hishâm, originaire de Bassora (Irak), apporta son érudition en matière de traditions, notamment de hadith. Cette *Sîra* est surtout écrite à la gloire du Prophète, mais constitue également une mine d'informations sur l'homme, le prophète et les décisions qu'il dut prendre au cours de sa mission.

➡ *Hadith, Mahomet*

SIRACIDE OU ECCLÉSIASTIQUE ✡

Le Siracide est un livre faisant partie du courant de Sagesse. Rédigé en hébreu par un auteur du nom de Ben Sira, sans doute dans la seconde moitié du IIIe siècle av. J.-C., il figure dans la version grecque de la Bible (Septante), mais non dans la Bible hébraïque – bien que des passages en hébreu aient été découverts à Qumrân. Il fut traduit en grec par le neveu de l'auteur.

Le Siracide se distingue de Qohélet, autre ouvrage sapiential (du courant de Sagesse) légèrement postérieur, par sa volonté de transmettre aux jeunes générations la longue tradition d'Israël. Ben Sira, juif aisé de Jérusalem, vit à une époque pacifique et prospère. Il respecte la Loi de Dieu (Torah) et les rituels du Temple. Pour lui, la principale richesse est cette Sagesse venue de Dieu, remontant à la Création et contenue dans la Torah, expression de la parole divine, lumière de Dieu. Il décrit les prestigieuses figures d'Israël dans une série de portraits magnifiant l'œuvre et l'amour de Dieu.

Ben Sira fait un éloge magnifique du Temple, en montrant le grand prêtre en train d'officier. Il s'attache également à l'existence générale et quotidienne, tout aussi concernée par la sagesse. Parmi les valeurs fondamentales qu'il prône figurent la mesure, les bons choix, l'éducation des enfants qui doivent le respect aux parents, une « bonne épouse », le repentir des fautes avouées, l'application de la Loi, la charité...

Le Siracide a inspiré la catéchèse de l'Église chrétienne, laquelle a donné à ce livre le titre d'« Ecclésiastique » (« utilisé dans l'assemblée »).

➡ *Catéchisme, Création, Hénoch, Nathan, Qumrân, Sagesse de Dieu, Septante, Temple, Torah*

SIVAN ✡

Sivan (mai-juin) est le 9e mois du calendrier religieux et le 3e mois du calendrier civil. Selon la tradition, la Torah aurait été donnée aux Hébreux au début de cette période de trente jours. Chavouot, qui célèbre ce don, se déroule le 6 et le 7.

➡ *Chavouot, Hébreux, Torah*

SODOME ET GOMORRHE ✡ ✝ ☪

Ces deux villes font l'objet d'un récit particulier dans le livre de la Genèse (18, 17-33 à 19, 1-29), qui les localise dans la dépression de la mer Morte. Les scribes qui consignèrent ce récit, au retour de l'Exil, c'est-à-dire à partir de 538 av. J.-C., et donc des siècles après les faits, l'utilisèrent dans un but très symbolique : mettre en garde Israël contre les manquements à son Dieu, comme l'avaient annoncé les prophètes Isaïe et Ézéchiel par exemple, ce qui sous-entend que ce souvenir était très ancien. Les hommes de Sodome et Gomorrhe se rendent coupables de pratiques sexuelles entre hommes (« sodomie ») réprouvées par la Bible et passibles de mort (Lv 20, 13). Ces mœurs sont à mettre en parallèle avec les mauvaises attitudes d'Israël à l'égard de son Dieu. Pour Israël, le message est précis : il faut placer sa confiance en Dieu ou mourir.

Le patriarche Abraham apprend de Dieu la nouvelle : il va châtier ces cités où tous les mâles sans exception recourent à ces pratiques sexuelles. Il objecte qu'il existe peut-être des justes dans cette ville, voire un seul. Quel que soit le nombre, ils ne méritent pas de périr ainsi. Or, son neveu, Lot, se trouve à Sodome où deux anges, venus d'abord rencontrer Abraham, le retrouvent. Lot les accueille avec toute l'hospitalité des Orientaux, mais les habitants de Sodome ont vent de la nouvelle et exigent qu'on leur livre ces deux étrangers. Lot, son épouse et ses deux filles quittent Sodome, sur le conseil des anges. À l'aube, une pluie de feu et de soufre anéantit les deux cités.

Dans le Second Testament, Jésus prolonge le message des prophètes en l'appliquant à Capharnaüm et aux autres villes du lac de Tibériade : « Au jour du Jugement, il y aura moins de rigueur pour le pays de Sodome et de Gomorrhe », rapporte l'évangéliste Matthieu (10, 15), qui poursuit : « Si les miracles qui ont eu lieu chez toi avaient eu lieu à Sodome, elle subsisterait encore aujourd'hui » (11, 23). En résumé, au jour du Jugement dernier, les villes ayant connu les miracles de Jésus seront châtiées si elles rejettent l'Évangile, et plus durement encore que Sodome. Ce que confirme Luc (10, 12), qui poursuit : « Mais le jour où Lot sortit de Sodome, Dieu fit pleuvoir du ciel du feu et du soufre, et il les fit tous périr. De même en sera-t-il le Jour où le Fils de l'homme doit se révéler » (17, 29). De son côté, Paul, dans son épître aux Romains, déclare : « Si le Seigneur Sabaot [nom guerrier] ne nous avait laissé un germe [les exilés retournés à Jérusalem], nous serions devenus comme Sodome, assimilés à Gomorrhe » (9, 29).

Le Coran range Sodome et Gomorrhe parmi les « cités renversées » (traduction de certains chercheurs), au côté des Adéens et des Thamouds, comme le stipule la 53e sourate, *L'Étoile* : « Il a fait tomber la cité renversée ; il l'a recouverte de ce qui devait la recouvrir » (53). Car, dit la sourate *L'Immunité*, les « prophètes [des cités renversées] leur avaient apporté des preuves incontestables. Dieu ne voulait pas les léser, mais ils se sont fait tort à eux-mêmes » (9, 70-71). Pour l'islam, la faute qu'est l'incroyance est donc impardonnable.

➡ *Abraham, Ad, Ange, Capharnaüm, Étoile (L'), Exil, Immunité (L'), Jugement dernier, Juste, Lot, Paul, Romain, Sabaot, Thamoud*

SOLEIL, LE ☪

Le Soleil (*al-Shams*), 91e sourate, est assez courte (15 versets), mais condense des éléments figurant ailleurs dans ce Livre sacré qu'est le Coran. Cité trente-trois fois dans les sourates, le Soleil, notre unique étoile à la fois crainte et vénérée depuis la nuit des temps, est le maître de la Lune et du jour, tandis que la nuit l'enveloppe. Dieu, le Créateur, est aussi le Maître : il a donné le ciel, la Terre, les âmes. Celles-ci, il a le pouvoir de les corrompre, et de récompenser ceux qui parviennent à purifier la leur. Rappelons-nous ces Thamouds, peuple ancien, qui refusèrent le message de son prophète (envoyé) : cesser d'idolâtrer des animaux, comme la chamelle de Dieu *(naqatou Allah)* que l'on trouve plusieurs fois dans le Coran. Mais ils ne l'ont pas écouté, l'ont traité de menteur et ont poursuivi leurs sacrifices. Dieu les a anéantis car il n'y a pas pire faute que l'incrédulité et l'idolâtrie.

➡ *Clarté du jour (La), Création, Décrochement (Le), Idole, Lumière, Luqman, Nuit (La), Thamoud*

SOPHONIE ✡

Sophonie (forme grecque de l'hébreu Sephanya, « Dieu a abrité », ou « Dieu a caché ») est un prophète de Juda (royaume israélite du sud), que le livre éponyme de la Bible présente comme un descendant du roi Ézéchias (716-687). Il intervient en même temps que le prophète Nahum, plus précisément vers 630, alors que l'Assyrie, empire cruel qui a soumis Samarie (royaume du nord), est proche de sa fin. Cette date s'insère aussi dans le règne du roi de Juda, Josias (640-609), qui mènera une réforme religieuse selon les désirs de Dieu. Sophonie avertit les Israélites contre l'idolâtrie, qui leur vaudra bientôt la colère divine sous la forme du « Jour de Yahvé », thème prophétique récurrent. Les grands coupables sont les dirigeants de Juda. Mais il proclame aussi que le véritable Israël renaîtra d'un « reste » fidèle à Dieu.

➡ *Apocalypse, Assyrie, Josias, Juda, Nahum, Samarie, Yahvé*

SOUFISME ☪

Le mot « soufisme », d'origine arabe (*tasawwouf* signifie « mystique »), sert à désigner la mystique musulmane. Présent dès les débuts de l'islam, soit au VIIIe siècle en Irak et en Syrie, répandu dans le monde musulman au XIIe siècle, il se poursuit de nos jours dans des courants quelquefois très anciens.

En fait, le soufisme émerge véritablement en Irak au IXe siècle, se dotant de traités, se structurant autour d'écoles dirigées par des maîtres (*cheikh*), définissant les moyens d'atteindre l'extase (*wadjd*), comme le *dhikr* (invocations de Dieu) ou le *wird* (litanies extraites du Coran). Pour le soufi, profondément musulman, il ne s'agit pas de se fondre en Dieu ou de s'unir à lui, principe impossible en islam en raison de l'unicité absolue de Dieu, mais de s'abstraire totalement afin de s'abandonner pleinement à lui, de suivre la voie (*tariqa*) vers l'anéantissement de soi (*fana*).

Aux XIe-XIIe siècles, le soufisme, déjà présent en Égypte, se répand au Proche-Orient, et même jusqu'en Iran. Il bénéficie en effet de la protection des Seldjoukides, maîtres de la région. Au XIIe siècle apparaissent les *tourouq* (au singulier : *tariqa*), les « confréries », comme celle de Konya (Turquie), dont les membres sont appelés aussi « derviches ». Surtout à partir du XIIIe siècle, nous trouvons des soufis installés également dans les *ribat*, ces communautés à la fois religieuses et guerrières établies aux marges des territoires de l'islam. Dès lors, le soufisme essaime au rythme de l'islamisation, et bien sûr reste présent dans l'Empire ottoman (1281-1924). En dehors de sa dimension spirituelle, parfois impressionnante, le soufisme a fortement contribué à l'enrichissement de la culture musulmane, dans des domanes tels que l'art des miniatures ou la littérature, tant arabe que persane, avec des poésies dont la beauté stupéfiante ne peut laisser indifférent.

Notons enfin que le manteau est un attribut vestimentaire très symbolique en islam. Les soufis portent ainsi le *khirqah* (« guenille »), fait de laine grossière et rapiécé, afin de symboliser leur attachement à la pauvreté et au renoncement au monde. Revêtir le *khirqah* marque l'appartenance à un rang élevé de la confrérie. Mahomet portait, quant à lui, la *bourda*, manteau de laine de chèvre. Ce vêtement passa de main en main et est aujourd'hui exposé au musée Topkapi d'Istanbul. Il fut le thème de poésies arabes, dont une, célèbre, d'inspiration mystique (XIIIe siècle), du poète al-Burisi.

➡ *Derviche, Dhikr, Faqîr, Marabout, Mystique, Ribat, Tariqa*

SOUKKOT ✡

Soukkot, l'une des trois fêtes de pèlerinage, se déroule le 15 du mois de tichri (septembre-octobre), cinq jours après Yom Kippour (fête des Expiations). Soukkot est aussi appelée « fête de la Récolte » *(hag ha-Asif)* : comme la plupart des rendez-vous du calendrier juif, elle possède une origine agricole. Elle célébrait la nature qui venait de se montrer généreuse, puisqu'elle intervient en automne, après les moissons. Mais de nombreux juifs de Palestine s'éparpillèrent après la destruction du Second Temple, en 70, délaissant ainsi les travaux agricoles et enlevant à cette fête ce caractère originel.

Soukkot est surtout devenue la fête des Tentes, ou fête des Cabanes, ou fête des Tabernacles, car elle commémore les habitats rudimentaires qui servirent d'abri aux Hébreux durant leur séjour dans le désert. À cet effet, les juifs, quelle que soit leur condition sociale, construisent à l'extérieur (jardin, balcon...) une *soukkah* (« cabane » en hébreu), petite hutte de branchages, dans laquelle ils prennent tous leurs repas si le temps le permet. Dans la Michnah, ainsi que dans le Talmud et la Tossefta (textes non retenus dans la Michnah), la manière dont cette *soukkah* provisoire doit être dressée est développée dans le traité du même nom, intégré à l'ordre Moed : dimension d'un homme pouvant manger sur une table, toit léger cachant le soleil, etc.

Pendant les sept premiers jours de Soukkot, la liturgie est marquée par un rite particulier : pendant le *Hallel* (prière d'action de grâces), les fidèles, afin de louer Dieu, agitent un bouquet fait des « quatre espèces » *(arbaah minim)*, selon la prescription du Lévitique (23, 40) : Soukkot se distingue ainsi par l'utilisation de quatre plantes symboliques, ou « quatre espèces » : « Le premier jour vous prendrez de beaux fruits, des rameaux de palmier-dattier *[loulav]*, des branches d'arbres touffus et de saule [*aravot*, parfois remplacé par le gattilier ou agnus-castus dans certaines traductions], et vous vous réjouirez pendant sept jours en présence de Yahvé votre Dieu. » Dans les « arbres touffus », le Talmud a reconnu le myrte *(hadas)*, et dans les « fruits » le cédrat *(etrog)*, cousin du citron. Quoi qu'il en soit, les fidèles portent le cédrat dans la main gauche, et les trois autres plantes dans la main droite : une palme, trois rameaux de myrte et deux branches de saule. L'ensemble est lié par des bandes de palme et prend logiquement le nom *loulav*.

Ces espèces sont également portées en prononçant un extrait des *hochanot* (poèmes) tout en tournant autour de la *bimah* (tribune) de la synagogue. La fête, marquée par la joie, a pourtant pour texte principal Qohélet (ou Ecclésiaste), l'un des Cinq Rouleaux et livre de la Bible connu pour son pessimisme, ce choix se justifiant sans doute par l'approche de l'hiver. Le septième jour a lieu Hochana Rabba (« Grand Hochana »), pendant lequel les fidèles font en procession sept fois le tour de la *bimah*, tout en portant les quatre espèces. Le huitième jour, ou Chemini Atseret, marque la fin de Soukkot et coïncide (en Israël) avec Simhat Torah, la fin du cycle de lecture hebdomadaire de la Torah.

➨ *Chemini Atseret, Exode, Hallel, Hébreux, Hochanot, Michnah, Moed, Tabernacle, Talmud, Tossefta*

STIGMATE ✠

Les stigmates (du grec *stigma*, « piqûre ») sont les douleurs ressenties ou les blessures et les cicatrices arborées par des chrétiens, en général de grands mystiques, aux endroits précis où Jésus reçut les clous de la croix (poignets et pieds), le coup de lance (côté) et la couronne d'épines. L'Église catholique est extrêmement prudente à l'égard de ces phénomènes. Elle ne les considère que lors des enquêtes pour béatification ou canonisation pour lesquelles ils n'ont d'ailleurs jamais constitué un argument en faveur du candidat.

➡ *Crucifixion, Mystique*

SUNNA ☪

Transmis oralement par les compagnons de Mahomet, les actes, paroles et commentaires du Prophète furent consignés par écrit au sein des hadith, la Tradition de l'islam. Cette matière fournit celle de la Sunna (« coutume », « usage », « règle de conduite » en arabe), qui constitue donc la voie indiquée par Mahomet et que doit suivre chaque musulman. La Sunna comprend deux formes : la *sunna al-mouakkadah* (« confirmée »), correspondant à des éléments du vivant de Mahomet, fondateur de l'islam et donc modèle exemplaire ; la *sunna al-zaidah* (« supplémentaire »), relative à des points moins essentiels.

La Sunna est l'ossature, ou encore l'orthodoxie, sur laquelle se reposent les sunnites, famille très majoritaire au sein des musulmans. C'est aussi un complément très important du Coran, et l'une des sources de la *charia*. Par exemple, la pratique et le nombre de prières quotidiennes *(salat)*, l'un des Cinq Piliers de l'islam, ressortissent au Coran et à la Sunna.

➡ *Charia, Coran, Hadith, Orthodoxe, Piliers (Les Cinq), Sunnisme*

SUNNISME ☪

Les sunnites forment la plus grande famille de l'islam, ou communauté (*oumma*), soit environ 90 % des musulmans. Ils sont en effet présents en Arabie Saoudite (berceau de l'islam), au Maghreb, en Égypte, au Proche-

Orient, en Afrique noire, en Indonésie… avec toutes les différences linguistiques qu'impliquent une telle couverture géographique, l'arabe restant la langue sacrée, celle du Coran.

Le mot « sunnite » vient du fait qu'ils accordent, le Coran mis à part, une place prépondérante à la Sunna, coutume transmise par le prophète Mahomet et portant sur la loi, la pratique et autres notions. Cela leur vaut d'être appelés parfois « orthodoxes », c'est-à-dire se réclamant de la « juste opinion ».

Les sunnites respectent la *charia*, loi de l'islam élaborée par quatre écoles juridiques *(madhahib)*. Ils reconnaissent les quatre premiers califes (successeurs de Mahomet), dits « bien-guidés » *(Rachidoun)*, qui remplirent cette fonction éminente de 632 à 661 : Abou Bakr, Omar, Othman et Ali (cousin et gendre du Prophète). Mais le sunnisme n'accorde aucune dimension religieuse et politique aux descendants d'Ali, ce qui l'oppose au chiisme, jugé hétérodoxe (en dehors de l'orthodoxie). Les chiites, en effet, se réclament d'Ali, considéré comme le seul successeur de Mahomet, et d'une lignée d'imams sacrés et historiques descendant de Mahomet, ce que ne peut accepter le sunnisme pour qui le prophétisme s'est arrêté à Mahomet. Les sunnites sont ainsi appelés *ahl al-Sunna wa al-ijma* (« les gens de la Sunna et du consensus »), ou encore *ahl al-Sunna wal al-djamâa* (« les gens de la Sunna de la communauté »).

➨ *Chiisme, Djamâ'a, Hadith, Ijma, Khâridjite, Madhahib, Orthodoxe, Oumma, Sunna*

SYNAGOGUE ✡

La synagogue (du grec *sunagôgê*, « assemblée ») est la *bet knesset* (« maison de la réunion ») en hébreu – la Knesset est l'actuel Parlement de l'État d'Israël. Apparue en Palestine après le retour des juifs de l'exil à Babylone (538 av. J.-C.), elle connut son véritable développement au IIIe siècle av. J.-C.

Au contraire des temples polythéistes de l'Antiquité, la synagogue est, dès son origine, vouée uniquement à la prière, sans le moindre sacrifice, et à la lecture des écrits saints (Torah). Elle s'affirme aussi comme un pôle social où l'on vient gérer et discuter les affaires de la communauté. Cet édifice n'est dévolu au culte qu'après la destruction du Second temple de Jérusalem, en 70. En ce Iᵉʳ siècle, la synagogue s'est répandue en Palestine mais aussi dans la Diaspora. Elle est devenue le cœur géographique et religieux des communautés avec ses offices particuliers et sa liturgie hérités des rituels du Temple, dont les sacrifices sont remplacés par les prières. Autant de pratiques cultuelles qui ont toujours cours.

Mais les persécutions, les spoliations et autres expulsions de l'histoire juive au Moyen Âge n'ont laissé que de très rares témoignages en Europe. De la fin du XVIIᵉ siècle au siècle suivant – celui des Lumières et de l'Émancipation du monde juif – et surtout au XIXᵉ siècle, les synagogues, auparavant petites et modestes, souvent cachées, gagnent en grandeur et en opulence, épousant des styles successifs, tout en étant désormais uniquement centrées sur le culte. Si l'émigration massive de juifs aux États-Unis a favorisé l'édification de nombreuses synagogues dans ce pays, celles d'Europe ont disparu par milliers durant la Seconde Guerre mondiale.

Les synagogues ont resurgi dans ces régions et ont également fleuri dans l'État d'Israël. Elles sont en principe orientées vers Jérusalem et portent l'Étoile de David ou les Tables de la Loi sur leur fronton. À l'intérieur, où domine souvent le blanc, symbole de pureté, l'un des éléments centraux est la *bimah* (« tribune » en hébreu), estrade située en général au centre du bâtiment ; attestée depuis des temps très anciens, elle accueille l'officiant et les fidèles pour la lecture de la Torah. On trouve aussi parfois la *genizah* où sont gardés des attributs sacrés (toutes les synagogues n'en possèdent pas), et l'arche sainte contenant un manuscrit de la Torah et protégée par un voile *(parokhet)*. La synagogue comprend souvent une salle d'étude des textes sacrés, le *bet midrach* (« maison d'étude »).

Les synagogues possèdent un « représentant de la communauté » *(cheliah tsibbour)* chargé de réciter les prières. Dans les communautés très importantes, il s'agit souvent du *hazzan* (« chantre » en hébreu), qui, rémunéré la plupart du temps, est choisi pour ses qualités de chanteur et de musicien, ainsi que pour sa piété.

➡ *Arche, Bimah, Étoile de David, Genizah, Menorah, Parokhet, Rabbin, Tables de la Loi*

SYNCRÉTISME ✡ ✝ ☪

Le mot « syncrétisme » vient du grec *sugkrêtismos* (« union des Crétois »). Il apparaît chez le philosophe grec Plutarque (vers 50-120) pour montrer que les différents pouvoirs de Crète parvenaient à s'unir contre des menaces étrangères à l'île. Il fut adopté par le Hollandais Érasme (vers 1469-1536), grand philosophe humaniste, pour appeler ces mêmes humanistes à se fédérer afin d'affronter la sévérité prônée par la Réforme protestante, née en 1517, et, du même coup, la réaction de l'Église catholique, qui se concrétisera par la Contre-Réforme, au concile de Trente (1545-1563). Le syncrétisme abandonna ensuite sa signification première pour devenir synonyme de fusion de plusieurs croyances en une seule religion. Il diffère donc de l'œcuménisme, qui désigne la réunion de toutes les Églises chrétiennes autour de leur foi commune, universalité voulue par Jésus lui-même.

L'Antiquité offre de nombreux exemples de syncrétisme : par exemple, la religion grecque qui se nourrit d'apports étrangers, et la religion romaine qui s'en inspira tout en assimilant des dieux venus d'Orient. En revanche, si le judaïsme, le christianisme et l'islam ont repris des éléments « païens » (terme chrétien) issus de leur longue histoire et de leurs traditions culturelles anciennes, ils ne peuvent accepter l'irruption d'une autre foi. Ainsi, Achkénazes et Séfarades juifs, sunnites et chiites musulmans possèdent leurs spécificités, mais se rejoignent sur les principes essentiels. De même, le christianisme, en tant que première religion du monde, s'est étendu sur toute la planète. Cela a eu pour conséquence, en Afrique noire et en Amérique du Sud par exemple, la naissance de cultes syncrétiques reprenant des traits ancestraux propres à ces populations.

En Haïti, le vaudou offre un exemple intéressant de syncrétisme. Il est né en Afrique, où il est toujours vivant, précisément au Dahomey (l'ancien royaume du Bénin) et au Togo, régions qui ont fourni de nombreux esclaves transportés au Nouveau Monde dès le XVIe siècle ; ceux-ci parvinrent à conserver leurs traditions malgré les interdits de la culture occidentale blanche et chrétienne. En Haïti, ils réussirent à maintenir leur héritage linguistique et culturel, et à développer le vaudou ainsi que la langue créole. Cette religion se caractérise par le culte rendu aux *lwa* (les

« esprits »), invoqués lors de cérémonies impressionnantes, individuelles ou collectives. Ils forment un véritable panthéon dont le sommet est occupé par le Grand Maître et entretiennent des rapports avec les vivants. Citons le célèbre Baron Samdi, chef des *lwa* de la mort, qui, coiffé d'un chapeau haut de forme et célébré bien sûr le samedi, aime le citronnier et le noir. Autre exemple, Ezili ou Erzulie, *lwa* de l'amour, est fêtée les mardis et jeudis ; présentée comme une mulâtresse séduisante et lascive, elle aime le laurier, les plats raffinés, habite dans les eaux ; associée à la Vierge Marie, elle est fêtée le 16 juillet (fête de Notre-Dame-du-Carmel dans le calendrier catholique) et le 26 juillet (fête de sainte Anne, sa mère et, bien sûr, celle de Marie).

➡ *Œcuménisme, Secte*

SYNOPTIQUE ✙

Dans le Second Testament, les trois premiers évangiles (Matthieu, Marc et Luc) se distinguent du quatrième (Jean) : ils sont dits « synoptiques » (du grec *sunoptikos*, « vue d'ensemble ») car, rédigés dans la seconde moitié du Ier siècle à des endroits différents, ils présentent des points communs qui en font des témoignages troublants et précieux. Ils forment ainsi un ensemble tout en possédant chacun leur spécificité.

Les synoptiques obéissent d'abord au même plan, de la préparation du ministère de Jésus à sa Passion, puis à sa résurrection. On y retrouve ensuite, par deux ou par trois, des sources identiques, des récits communs utilisant parfois les mêmes phrases, des styles se rapprochant fortement dans certains passages... Mais il existe aussi des différences. Matthieu et Luc (surtout) sont, par exemple, les seuls à rapporter l'enfance de Jésus et la Nativité ; et l'ordre et le traitement des événements (paraboles, miracles, apparitions du ressuscité...) peuvent être très distincts.

La conjonction d'éléments communs chez Matthieu et chez Luc, et absents dans l'évangile de Marc, a justement abouti à une théorie : il s'agit de la *Source des paroles de Jésus*, aujourd'hui perdue, mais dont se seraient inspirés les deux évangélistes. En 1880, un théologien lui donna le nom de « Source Q », ce « Q » venant de l'allemand *Quelle* (« source »).

Ce document, dont l'élaboration pourrait remonter aux années 50, donc avant les évangiles canoniques, se compose surtout de paroles *(logoi)* de Jésus, soit environ 300 versets. Jésus est souvent présenté comme le Fils de l'homme. La narration n'étant pas le but recherché, sa mort tragique est simplement évoquée, et seuls deux récits y sont intégrés, les tentations de Jésus au désert, contre Satan (Mt 4, 1-10 et Lc 4, 1-13), et la guérison du serviteur d'un centurion à Capharnaüm (Mt 8, 5-13 et Lc 7, 10).

➡ *Enfance (évangiles de l'), Évangélistes, Évangiles, Fils, Jean, Jésus, Miracle, Nativité, Parabole, Passion, Résurrection, Testament*

T

TABERNACLE ✡ ✝

Durant l'Exode, les Hébreux vivent sous des tentes. Ils sont aussi accompagnés par celle de la Réunion (ou de la Rencontre), où est conservée l'arche d'Alliance contenant les Tables de la Loi transmises à Moïse au Sinaï. À cette tente succéda le temple de Jérusalem. Dans le judaïsme, la fête des Tentes (Soukkot) célèbre ce séjour des Hébreux dans le désert. Elle est aussi appelée « fête des Tabernacles ».

Car la Vulgate, traduction latine de la Bible, utilisa le mot *tabernaculum* pour « tente ». Les catholiques reprirent, avec le « tabernacle », le symbole de la permanence de la Présence divine dans un lieu clos. Ce meuble, en principe placé près de l'autel d'une église, contient les hosties de l'eucharistie, conservées dans un petit vase sur pied, le ciboire. Une lumière discrète en signale la présence, comme la *menorah* (le chandelier à sept branches) éclairait la tente de l'Exode.

➡ *Arche, Eucharistie, Exode, Hostie, Menorah, Moïse, Sinaï, Soukkot, Tables de la Loi, Temple, Vulgate*

TABLE SERVIE, LA ☪

La Table servie (al-Ma'ida) est le titre de la splendide 5ᵉ sourate du Coran. Dieu y rappelle les engagements de tout musulman, comme ne pas chasser quand il se trouve dans les lieux sacrés (principe du *haram*, « interdit »). Il est précisé ensuite que le crime, la haine ou encore l'injustice, par exemple envers ceux qui empêchent les musulmans de pratiquer leur religion, sont prohibés, ce qui bat en brèche les préjugés occidentaux entourant l'islam. Cette sourate apporte en outre un démenti à ceux qui pensent que cette religion est faite d'interdits : sont seulement interdits la divination, le sang, la consommation de viande d'un animal mort sans avoir été abattu, ou encore le porc. Tout croyant qui se voit contraint de manger de tels aliments est pardonné, car Dieu est le Miséricordieux. Nous constatons que nombre de bonnes choses sont permises, dont les mariages avec des juives et des chrétiennes car celles-ci appartiennent aux religions à qui le Livre fut révélé avant le Coran.

Au sujet des ablutions en prélude aux prières, il est dit que Dieu ne veut pas les imposer comme des contraintes s'ajoutant à celles de la vie ordinaire, mais comme une purification *(tahâra)* permettant de recevoir sa grâce (aide). Car il indique une lumière incomparable, dont le Coran est le reflet.

La sourate aborde un autre sujet : les Livres révélés aux juifs (Torah) et aux chrétiens (Évangile) ont été véritables mais Dieu, par le Coran, montre qu'ils ont été rendus incomplets par les hommes. Par exemple, il n'existe pas de péché originel remontant à Adam et Ève, terme créé par saint Augustin (354-430), seulement la responsabilité individuelle, la plus grande des fautes étant l'incrédulité et le polythéisme, telle l'adoration des *Taghout* (5, 60), divinités mentionnées sept fois dans le Coran. Aussi abroge-t-il une grande partie de ces Livres pour montrer que le salut se trouve dans la nouvelle direction, la vérité indiquée par le Coran.

Plus loin figure l'ordre de couper les mains des voleurs, femmes ou hommes, mais le code d'Hammourabi (vers 1792-1750), roi de Babylone (Mésopotamie), prescrivait aussi une telle punition pour divers crimes ; en outre, il était recommandé dans le livre du Deutéronome de la Bible de trancher la main d'une femme qui s'en prend aux parties intimes d'un homme en cas de lutte (25, 11-12).

En conclusion, cette sourate est une mine d'informations sur certaines pratiques de l'islam et sur l'attitude que cette religion adopte à l'égard du judaïsme et du christianisme, c'est-à-dire les gens du Livre *(ahl al-Kitab)*.

➡ *Ablution, Ahl al-Kitab, Cacher, Haram, Livre, Péché, Salut, Talion*

TABLES DE LA LOI ✡

Les Tables de la Loi sont les deux tablettes de pierre que Dieu remet à Moïse sur le mont Sinaï, et sur lesquelles il a gravé les Dix Paroles (Décalogue). En redescendant de la montagne avec ces Tables (rendues légères), Moïse trouve les Hébreux en pleine adoration d'une idole, le Veau d'or. Furieux, il les brise. Dieu lui en remet deux autres, qui prendront place dans l'arche d'Alliance.

➡ *Alliance, Arche, Décalogue, Hébreux, Loi, Moïse, Sinaï, Veau d'or*

TAFSIR ☪

Le *tafsir* (« explication », « élucidation ») n'est pas une interprétation du Coran, car ce Livre sacré de l'islam étant révélé, il renferme la Parole de Dieu et ne peut donc être interprété. Il s'agit d'un commentaire de versets visant à en éclairer le contenu. L'initiative en est attribuée à Ibn al-Abbas, parent du prophète Mahomet. Les commentateurs ont toujours eu recours aux anciennes écritures dans leurs *tafsir* ; c'est ce qu'on appelle *el-içrâiliyyaté*. Les *tafsir* sont toujours compilés. À côté, nous trouvons les *tawil*, « interprétations » mystiques pratiquées par le soufisme, mais aussi par les théologiens.

➡ *Coran, Mahomet, Mystique, Révélation, Soufisme*

TA HA ☪

Ta, troisième lettre de l'alphabet arabe équivalent au *t*, et *Ha*, septième lettre correspondant au *h*, forment le titre de la 20e sourate du Coran, selon l'utilisation, toujours mystérieuse, des « lettres d'ouverture » *(al-huruf al-fawatih)*. Le Coran est descendu sur les hommes non pour les rendre dépendants ou malheureux, mais pour leur apporter la véritable révélation du Dieu créateur, à qui reviennent tant de noms merveilleux (Seigneur, Roi, Très-Haut, Miséricordieux...). Ne s'est-il pas révélé à Moïse auquel il a donné le pouvoir de faire des miracles ? Ne lui a-t-il pas permis de libérer les Hébreux de l'esclavage en Égypte, malgré l'opposition de Pharaon ? Moïse put ainsi conduire son peuple jusqu'à la Terre promise par Dieu, Canaan, d'où sortit ensuite Israël. Dieu, dans cette sourate, ne rappelle ce souvenir que pour montrer son pouvoir, sa puissance. Ceux qui ignorent ses paroles seront châtiés au jour de la résurrection : que chacun se remémore Adam et Ève qui faillirent à la promesse qui les unissait à Dieu, au paradis. Au contraire des enseignements juif et chrétien, le péché n'est pas inscrit dans l'homme. Dieu a ensuite dirigé Adam et Ève dans la voie, sa direction.

➡ *Adam, Fawatih, Moïse, Péché, Résurrection, Révélation, Touwa*

TAJWID ☪

Le mot arabe *tajwid* signifie « ornement », « embellissement », dans le sens d'atteindre à la perfection. C'est l'art de réciter le Coran, Livré révélé par Dieu, en arabe, au prophète Mahomet. Cette déclamation diffère de l'appel à la prière *(adhan)* ou de la lecture ordinaire *(qira'a)* par les critères qui président à son déroulement. La récitation du Coran *(tillawat al-Qo'ran)*, entrecoupée de pauses *(waql)*, se fait en prononçant pleinement les lettres et leurs accentuations si importantes dans cette langue, et selon trois rythmes possibles : lent, en prenant son temps *(tartil)* ; modéré *(tadwir)* ; rapide et enlevé *(hadr)*.

➡ *Arabe, Coran*

TALION ✡ ✝ ☪

Talion (du latin *talis*, « tel ») est le nom donné à une loi contenue dans la Bible, plus précisément dans le livre de l'Exode, deuxième livre de la Torah. Elle est annoncée aux Hébreux par leur guide Moïse, qui a reçu la Torah de Dieu. Cette loi, qui prévoit de châtier un agresseur en lui appliquant le même traitement que celui qu'il a administré à sa victime, est énoncée par des mots devenus très célèbres : « Tu donneras vie pour vie, œil pour œil, dent pour dent, pied pour pied, brûlure pour brûlure, meurtrissure pour meurtrissure, plaie pour plaie » (21, 23-25). Mais la tradition juive n'a pas appliqué cette mesure à la lettre. La punition est financière et non physique. Par exemple, si un homme crève l'œil d'un autre, il devra lui verser un dédommagement.

Dans le Second Testament, Jésus réinterprète cette loi. L'évangéliste Matthieu (5, 38-48), par exemple, rapporte qu'il abolit la loi du talion et prône la non-violence, le pardon de l'ennemi, qu'il faut entourer d'amour. Pour preuve, Jésus a cette célèbre phrase : « Quelqu'un te donne-t-il un soufflet sur la joue droite, tends-lui encore l'autre. »

La loi du talion (*diya* en arabe, « prix du sang ») était aussi présente en Arabie avant la naissance de l'islam, qui la reprit sous la forme d'une compensation matérielle ou d'une sanction en cas de blessure ou de mort. Ainsi, dans la 5e sourate, *La Table servie* (5, 45), il est spécifié que tout dédommagement versé et toute reconnaissance de la faute entraînent le pardon de Dieu.

➡ *Aumône, Charité, Expiation, Repentir, Table servie (La), Torah*

TALLIT ✡

Le *tallit*, appelé souvent *tallit gadol* (« grand *tallit* ») pour le distinguer du *katan tallit* ou *tsitsit* (« petit *tallit* »), est un châle de prière, fait de laine, de soie ou de coton. Quelle qu'en soit la matière, les franges qui ornent les quatre coins du *tallit* doivent être faites dans la même étoffe. Il est réservé en principe aux hommes, est en général porté pendant les offices et lors des principales fêtes du calendrier. À la synagogue, au cours d'une bénédiction, le fait de se couvrir la tête du *tallit* signifie que l'officiant est en contact avec la Présence de Dieu.

➡ *Bénédiction, Office, Synagogue, Tekhèlet, Tsitsit*

TALMUD ✡

Le mot hébreu *talmud* renvoie à la notion d'enseignement, d'étude. L'ensemble d'écrits portant ce titre est une compilation de réflexions de grands érudits juifs sur la Torah, cœur de la Bible hébraïque et de la foi juive. C'est pourquoi le Talmud, ouvrage fondamental du judaïsme, est appelé aussi « Torah orale », en tant que complément de la Torah écrite transmise à Moïse sur le mont Sinaï. Il utilise à la fois l'hébreu, langue sacrée de la Bible et d'Israël, et l'araméen, langue qui s'imposa au Proche-Orient au VIe siècle av. J.-C. environ puis qui se diversifia en dialectes.

Le Talmud reprend la Michnah, commencée quelque trois siècles avant notre ère et achevée vers 200, c'est-à-dire des jurisprudences issues également de la Torah écrite et composées par les *tannaïm* (pluriel de tanna, « maître d'enseignement »). Il est complété par la Gemara (mot araméen signifiant « achèvement » ou « complément »), réflexions et commentaires de la Michnah opérés par des rabbins, les *amoraïm* (singulier : *amora*, « interprète »), de 200 environ à la toute fin du Ve siècle.

Le Talmud est par conséquent le fruit de près de sept siècles d'étude, de discussions et de piété rabbiniques, ce qui explique la place centrale qu'il occupe dans la pratique religieuse. En effet, il a fourni deux ensembles essentiels : la Halakhah (« chemin »), qui porte sur l'aspect juridique du judaïsme, et la Haggadah (« narration »), qui concerne son aspect plus théologique et surtout littéraire, voire légendaire.

Il existe en fait deux Talmuds. Le premier est le « Talmud de Palestine », appelé aussi « de Jérusalem » (Talmud Yérouchalmi) – formule trop restrictive, car il est le fruit du travail de trois académies situées au nord de la Palestine : Césarée, Séphoris et Tibériade. Rédigé en hébreu et dans le dialecte araméen des juifs de Palestine, il fut terminé à la fin du IVe siècle. Le seul manuscrit complet date de 1289. Le second Talmud, et le plus volumineux, est le « Talmud de Babylone » (Talmud Babli). Écrit en hébreu et en dialecte araméen oriental, il est le fruit du travail d'académies installées en Babylonie (actuel Irak), dont celles de Pumpédita et de Sura (non loin de Bagdad). Il fut classé et harmonisé par Rabbi Ashi (352-427), sage et recteur de l'académie de Sura. Le travail colossal de ce dernier fut poursuivi par Rabbina (mort en 499), recteur de Sura et dernier des *amoraïm*, qui donna sa forme presque définitive à l'ouvrage, lequel reçut ensuite quelques compléments dus aux sages suivants, les *saboraïm* (« raisonneurs »), actifs jusqu'au VIIe siècle. Les *geonim* (VIIe-XIe siècle), présidents des académies du Talmud, imposèrent le Talmud de Babylone dans le monde juif. La version de référence est celle de Venise (1520). La pensée des sages, au sein des *yechivot* (« écoles »), a produit ensuite des commentaires du Talmud, les Tosafot.

Le Talmud est le grand sujet d'étude des *yechivot* (singulier : *yechivah*), écoles religieuses supérieures.

➡ *Michnah, Haggadah, Halakhah, Pharisien, Rabbin, Tibériade, Tosafot, Yechivah*

TAMMOUZ ✡

En Mésopotamie, le dieu sumérien Dumuzi (« fils légitime ») était le dieu du grain, de la fertilité, et surtout de la végétation dont il suivait le cycle. En Syrie, et à Byblos, en Phénicie, Dumuzi prend le nom d'Adon (« Seigneur ») et, à la faveur des échanges, gagnera la Grèce pour y devenir Adonis. Parallèlement, Babylone et l'Assyrie adoptent aussi Dumuzi, qui devient Tammouz dans leur langue, l'akkadien. En juillet, quand le soleil assèche la végétation, ce dieu mourait et descendait aux enfers, puis il renaissait au printemps, cycle qui provoquait la désolation ou la fertilité des sols. Il était donc logique de fêter son deuil, pratique que la Bible ne peut que désapprouver.

Des prophètes dénoncent ce culte qu'ils jugent idolâtre : « Tu as oublié le Dieu de ton salut, tu ne t'es pas souvenu du Rocher, ton refuge, c'est pourquoi tu plantes des plantations d'agrément, tu sèmes des semences étrangères ; le jour où tu les plantes, tu les vois pousser, et dès le matin, tes semences fleurissent ; mais la récolte échappe au jour de la maladie, du mal incurable », écrit Isaïe (17, 10-11). Ézéchiel (8, 14-15) rapporte que, transporté au Temple par Yahvé, il voit « les femmes qui y étaient assises, pleurant Tammouz ». Et Yahvé l'avertit : « Tu verras encore d'autres abominations plus affreuses que celles-ci. » Quant à Daniel, il évoque Tammouz comme « le favori des femmes ».

Il est donc logique que le mois au cours duquel était célébré ce deuil ait pris le nom de « tammouz ». C'est le 10e mois du calendrier religieux et le 4e mois du calendrier civil, soit juin-juillet. Traditionnellement, le 17 est un jour de jeûne (Chivah assar be-Tammouz). Il correspond au début du démantèlement du Premier Temple par les Babyloniens en 587 av. J.-C. (en fait le 9), et du Second Temple par les Romains (70 apr. J.-C.). Cette date est suivie de trois semaines de deuil jusqu'au 9e jour d'av (Tichah be-Av) qui commémore la destruction des Temples.

➡ *Adonaï, Av, Babylone, Ézéchiel, Jérusalem, Jeûne, Phénicie, Temple, Yahvé*

TANAKH ✡

Le mot « Tanakh », nom de la Bible hébraïque, est en fait un acronyme (un mot formé de syllabes ou d'initiales d'autres mots). Il est composé à partir des initiales des trois parties de la Bible hébraïque : Torah (Pentateuque), Neviim (Prophètes), Ketouvim (Hagiographes).

➡ *Bible, Hagiographe, Ketouvim, Neviim, Torah*

TANNA ✡

Les *tannaïm* (pluriel de *tanna*, « maître d'enseignement ») sont des rabbins érudits qui représentaient les juifs auprès des Romains. Ces sages intervinrent depuis le tout début de l'ère chrétienne jusqu'à la constitution de la Michnah, réalisée par l'un d'eux, Yehoudah ha-Nassi (vers 135-220). On leur doit, outre la Michnah, d'avoir consigné par écrit la Loi orale, la Tossefta (textes non retenus dans la Michnah) et le Midrach Halakhah. Leur action se situe d'abord à Jérusalem, puis, après la destruction du Temple (70), à Yavneh (Jamnia) où fut transféré le Sanhédrin (grande institution juive) et enfin, après la révolte de Bar-Kokhba (132-135), à Tibériade. Parmi les illustres *tannaïm* figurent Rabbi Aqiva (vers 50-135), à qui est attribuée l'*Avinou* (prière), et son élève, Siméon bar Yohaï (IIe siècle), qui pourrait être l'auteur du *Séfer ha-Zohar*. Les successeurs des *tannaïm* furent les *amoraïm*, artisans du Talmud.

➡ *Amora, Avinou, Bar-Kokhba, Halakhah, Kabbale, Michnah, Midrach, Nassi, Rabbin, Sanhédrin, Talmud, Tibériade, Tossefta, Zohar (Séfer ha-)*

TAQQANAH ✡

Les *taqqanot* (singulier : *taqqanah*, de *tikkoun*, « réparation ») sont des ordonnances prononcées par les sages juifs et les responsables de communautés afin d'adapter les règles du judaïsme (contenues dans la Halakhah) aux évolutions du temps. Depuis l'époque de la Grande Assemblée, donc avant l'ère chrétienne, les *taqqanot* portent sur la liturgie, les prières ou des compartiments de l'existence comme le mariage, le commerce, la fiscalité. Aujourd'hui, en Israël, les autorités juives n'en décrètent que pour ce qui concerne la religion, laissant à l'État et à son Parlement le soin de décider tout ce qui ressortit au domaine civil.

➡ *Grande Assemblée, Halakhah*

TARGOUM ✡

En araméen, langue véhiculaire de l'Empire perse puis de la Palestine au temps de Jésus, le mot « traduction » se dit *targoum*, ou *targum*. De fait, à partir du retour de l'Exil (VIe siècle av. J.-C.), les juifs étaient rares à parler l'hébreu, supplanté par l'araméen. La presque totalité de la Bible hébraïque (sauf Daniel, Esdras, Néhémie), et particulièrement la Torah, fut donc transcrite en version araméenne. Ce sont les *targoums*, dont on a retrouvé des exemplaires dans les célèbres grottes de Qumrân. Ils sont divisés en deux catégories (palestiniens et babyloniens) qui diffèrent sur les plans linguistique, littéraire (conformité babylonienne à l'hébreu par exemple) et juridique, ce dernier domaine révélant des conceptions distinctes au sein des écoles d'où naîtront les deux Talmuds.

➡ *Araméen, Esdras, Exil, Hébreux, Michnah, Néhémie, Qumrân, Septante, Talmud, Torah*

TARIQA ☪

Le mot arabe *tariqa* est la « voie », le « chemin » qu'emprunte le mystique musulman (soufi) pour parvenir à l'illumination totale, notamment par le *dhikr* (innombrables invocations du Nom de Dieu). Il s'applique aussi, et par extension, aux mystiques qui forment des confréries *(tourouq)* vivant dans un édifice communautaire *(ribat)*, et qui s'appellent entre eux « frères » (*ikhwâne*, singulier : *akh*). Chacune de ces confréries est placée sous l'autorité, en général posthume, d'un maître spirituel *(cheikh)* ou d'un ancêtre prestigieux.

Mais cette autorité remonte presque toujours à Mahomet lui-même, voire à son cousin et gendre Ali, par l'intermédiaire de la *silsila*, la « chaîne » de transmission de maîtres successifs. Sur le plan historique, bien que très minoritaires en islam, les *tourouq* ont contribué à l'islamisation des terres conquises et à la résistance contre les tentatives de reconquête, leur âge d'or se situant du XIIe au XVe siècle. Elles sont encore actives aujourd'hui, surtout dans le Maghreb et en Afrique noire.

➡ *Cheikh, Derviche, Dhikr, Ribat, Saint, Soufisme*

TEFILLIN ✡

Les *tefillin* (« objets de prière »), mot issu de *teffilah* (« prière » en hébreu), sont deux petites boîtes de cuir, de forme carrée, abritant des parchemins – elles sont appelées « phylactères » en français, du latin ecclésiastique *phylacterium* (« amulette », « talisman »). Sur le document sacré qu'elles contiennent, le scribe a recopié les quatre passages de la Bible qui sont à la source de cette pratique, laquelle est attestée depuis le IIIe siècle av. J.-C. environ. Deux d'entre eux viennent du livre de l'Exode (13, 1-10 et 11, 16), dont le verset suivant : « Ce sera pour toi un signe sur ta main, un bandeau sur ton front, car c'est par la force de sa main que Yahvé nous a fait sortir d'Égypte. » Les deux autres sont extraits du Deutéronome (6, 4-9 et 13-21), où l'on retrouve le principe des *tefillin*, mais aussi des *mezouzot* (étuis contenant des extraits de la Bible et fixés sur le montant d'une porte) : « Que ces paroles que je te dicte aujourd'hui restent dans ton cœur ! Tu les répéteras à tes fils, tu les leur diras aussi bien assis dans ta maison que marchant sur la route, couché aussi bien que debout ; tu les attacheras à ta main comme un signe, sur ton front comme un bandeau ; tu les écriras sur les poteaux de ta maison et sur tes portes » (6-9).

Aux offices du matin (Chaharith), les juifs continuent de porter ainsi les *tefillin*, un sur le front et l'autre sur un bras, pour montrer leur attachement indissoluble à Dieu. Le shabbat et les fêtes majeures, par leur grande portée religieuse, suffisent à représenter ce lien et n'exigent pas le port des *tefillin*.

➡ *Amulette, Chaharith, Exode, Grande Assemblée, Mezouzah, Scribe, Shabbat*

TEKHÈLET ✡

Tekhèlet (« bleu azur » en hébreu) est le nom d'une teinture que l'on utilisait pour colorer les franges du *tsitsit* et du *tallit*, comme le stipule le livre des Nombres (15, 38) de la Bible : « Tu leur diras, pour leurs générations, de se faire des houppes aux pans de leurs vêtements et de mettre un fil de pourpre violette à la houppe du pan. » Obtenue peut-être à partir d'un coquillage recueilli sur les rivages d'Israël, l'*hilazon*, cette couleur symbolisait le trône de Dieu, ou bien la mer et le ciel, deux de ses créations. Mais cette couleur bleue, qui n'est pas obligatoire dans la Loi juive, a été oubliée, comme sa recette, et les juifs recourent aujourd'hui au blanc.

➡ *Nombres (Livre des), Tallit, Tsitsit*

TEMPLE ✡ ✝ ☪

Depuis près de trois mille ans, le temple de Jérusalem est ancré dans l'âme et la foi juives, dans la littérature, les oracles des prophètes comme Ézéchiel, les écrits rabbiniques, les pèlerinages... Cet édifice, maison de Dieu célébrée par la Bible, est au cœur de l'identité et de l'histoire du judaïsme.

Quand les Hébreux quittent l'Égypte sous la conduite de Moïse, ils sont accompagnés d'une Tente dite « de la Réunion » dans laquelle réside l'arche d'Alliance qui contient les termes du lien unissant Dieu à ce peuple qu'il a choisi. Après la conquête de Canaan, Terre promise par Dieu, vers le XIIIe siècle av. J.-C., commence l'histoire proprement dite d'Israël. La royauté est instaurée avec Saül (1030-1010), et surtout avec son successeur, le prestigieux David (1010-970) qui, ayant fait de Jérusalem sa capitale où il a installé la Tente, est décidé à y construire un sanctuaire digne de Dieu. Pour cela, il choisit une éminence, que la tradition associe au mont Moriyya, où Abraham s'apprêta à sacrifier *(aqédah)* son fils Isaac. Mais Dieu décrète que le privilège de bâtir sa demeure reviendra à son fils Salomon (970-931), le sage par excellence. Ce roi déploie des moyens colossaux durant un chantier de sept ans. La seule description que nous possédions de cet édifice est celle donnée, dans la Bible, par le premier livre des Rois (1 R 5, 15-9, 25). Nous apprenons que le cèdre venu de Phénicie (Liban) et le cyprès voisinaient avec l'or, la pierre et un mobilier splendide. Le bâtiment, rectangulaire, couvrait 200 m^2 et s'élevait à 10 m de hauteur. Il se composait de trois parties : un vestibule *(oulam)*, le Saint *(hékhal)* où se trouvait, entre autres, la *menorah*, chandelier à sept branches, enfin le Saint des saints *(debir)*, qui abritait l'arche d'Alliance. Autour du Temple se dressaient des entrepôts montés sur trois étages et un luxueux palais royal.

Ce Premier Temple est détruit vers 586 av. J.-C. par les troupes de Nabuchodonosor, roi de Babylone, qui exile la population. L'arche est emportée et disparaît. À partir de 538 av. J.-C., le Perse Cyrus le Grand, vainqueur des Babyloniens et nouveau maître du Proche-Orient, autorise les populations exilées à retrouver leur terre. Le retour à Jérusalem commence, ainsi que la reconstruction de la ville et du Temple.

Mais le chantier est long et difficile, le Temple n'étant consacré qu'en 515 av. J.-C., sans avoir retrouvé ses dimensions et sa splendeur première. Le Second Temple est dû à Hérode le Grand, « roi des juifs » (40-4), installé sur le trône de Palestine par les Romains. L'édifice n'est pas décrit dans la Bible, dont la rédaction est déjà achevée, mais par l'historien juif Flavius Josèphe et le traité Middot, de l'ordre Qodachim de la Michnah (*middot* signifie « mesures » en hébreu, en l'occurrence celles du Temple). Il est détruit à son tour en 70 apr. J.-C. par les armées romaines de Titus, à la suite de la révolte juive. Il ne sera jamais reconstruit. Les juifs ne suivent plus les rituels qui y étaient pratiqués, dont les sacrifices, et élaborent progressivement une autre liturgie. En prenant Jérusalem en 638, les musulmans découvrent un lieu désolé, car les juifs se sont dispersés (Diaspora). De nos jours, il ne reste de ce monument prestigieux que le mur occidental, appelé « mur des Lamentations » par les chrétiens. L'ancienne esplanade est occupée par deux hauts lieux de l'islam, la mosquée al-Aqsa (« la Lointaine », 660), nom que le Coran donne au mont du Temple, et le Dôme du Rocher, commencé en 691, d'où Mahomet se serait élevé lors de son ascension au ciel *(miraj)*, pendant son Voyage nocturne *(isra)*. Selon certains auteurs juifs, comme Moïse Maïmonide (vers 1165-1204), le Troisième Temple, bâti au ciel, viendra reprendre sa place à la fin des temps.

Le Second Temple se dresse donc encore à l'époque de Jésus – il ne sera définitivement achevé qu'en 64, soit six ans avant sa destruction. Commencé en 15 avant notre ère sous Hérode le Grand, dédicacé cinq ans plus tard, il s'affirme comme le centre du culte juif, où convergent, par milliers, les pèlerins venus pour les trois grandes fêtes de l'année : Pessah (Pâque), Chavouot (Pentecôte) et Soukkot (fête des Tentes). Le Temple est une source importante de revenus pour les prêtres, surtout pour le grand prêtre, grâce à l'impôt de la dîme et au commerce des animaux destinés aux sacrifices. Sur le plan architectural, le Second Temple est entouré d'une enceinte dont la porte d'accès, monumentale, est couverte d'or. Puis s'étend le vaste parvis des Gentils (non-juifs), entourant le terre-plein central, limite que ces gentils n'ont pas le droit de franchir sous peine de mort. Ce terre-plein, accessible par neuf portes imposantes, renferme en effet deux parties : le parvis des Femmes, où peuvent aussi se rendre les hommes, et le parvis d'Israël, réservé aux hommes s'étant purifiés. Puis s'étend le parvis des Prêtres, où se dresse l'autel des sacrifices et où brûle l'encens. Un voile *(parokhet)* le sépare du Saint des saints protégeant l'arche d'Alliance et où seul le grand prêtre peut pénétrer, une fois par an, pour Yom Kippour. Au nord-ouest de l'enceinte du Temple se dresse la forteresse Antonia, où une garnison romaine surveille en permanence les allées et venues du parvis qui, situé en contrebas, est particulièrement animé lors des grandes fêtes.

Les évangiles du Second Testament permettent de reconstituer les épisodes liant Jésus et le Temple. En tant que juif et selon la coutume, Jésus est présenté au Temple et circoncis à l'âge de huit jours, pour marquer son appartenance au peuple d'Israël. Quand il a douze ans, ses parents le perdent dans la foule et le retrouvent au Temple, la « maison de mon Père », dit-il. Nous savons que, durant son ministère, soit de 28 à 30 environ, il se rend plusieurs fois à Jérusalem, surtout pour les trois grandes fêtes de pèlerinage. Le Temple, où les marchands vendent le bœuf aux riches et la colombe aux pauvres, est un lieu de culte et de sacrifices, mais aussi de rencontres, de réunions et d'échanges. Ainsi, Jésus y prononce plusieurs paraboles et dispense son enseignement, au risque d'une forte opposition : par exemple, un jour, il manque d'être lapidé et doit fuir pour sauver sa vie. Mais le fait le plus marquant est celui qui précède de peu sa Passion. Juste avant la Pâque, Jésus entre triomphalement à Jérusalem, décidé à convaincre les autorités religieuses du Temple de la justesse de son message. Sur le parvis, rapporte l'évangile de Marc (12, 17-64), a lieu une confrontation au sujet de la Torah; ce sont les trois célèbres controverses :« Rendez à César ce qui est à César, et à Dieu ce qui est à Dieu », la résurrection des morts (« Il [Dieu] n'est pas un Dieu de morts, mais de vivants »), les deux grands commandements (foi au Dieu unique et amour du prochain). Dénonçant le trafic lucratif d'animaux, Jésus chasse les marchands du parvis, scène célèbre : « Ma maison sera une maison de prière. Mais vous, vous en avez fait un repaire de brigands », s'écrit-il (Lc 19, 45). Où le culte trouve-t-il sa place alors que Dieu doit être adoré « en esprit et en vérité »,? ajoute-t-il

(Jn 4, 24). Jésus ne rejette pas le Temple, il en dénonce les abus qui s'y commettent. Et s'il promet ce pilier du judaïsme à la destruction, celle-ci reste symbolique. Mais les autorités religieuses du Temple ont décidé de l'éliminer – et non les juifs dans leur entier. Obtenant le concours de Judas Isacriote, elles envoient leur garde arrêter Jésus au jardin des Oliviers. Le Temple reste donc lié, pour des raisons diverses, au christianisme, et les protestants n'exercent pas leur culte dans une église mais dans un temple, appelé ainsi en sa mémoire.

➡ *Av, Caïphe, Chavouot, Dôme du Rocher, Gentil, Hiram, Holocauste, Jérusalem, Judas Iscariote, Lévite, Pessah, Prêtre, Saint des saints, Soukkot, Torah, Yom Kippour*

TESTAMENT ✝

Dès sa naissance, l'Église chrétienne se place dans la continuité d'Israël, dont elle adopte les Livres sacrés qui relatent l'histoire du judaïsme, religion de Jésus. Elle se sert alors, non de la version hébraïque mais de la traduction grecque (Septante) faite dans la Diaspora juive (IIIe-IIe siècle av. J.-C.), donc hors de Palestine, puis enrichie d'autres livres traduits. En vertu de cette continuité, et pour montrer que l'histoire du salut des hommes ne s'est jamais interrompue depuis la Création et se poursuit à travers elle, elle enchaîne par ses écrits propres. Cet ensemble débute par la création du monde, dans le livre de la Genèse, et s'achève par l'Apocalypse de Jean, apôtre de Jésus, ouvrage qui parachève le salut avec le jugement de tous les hommes à la fin des temps.

L'ensemble comprend deux parties appelées « Ancien » et « Nouveau » Testaments. Le mot « bible » vient du grec *ta biblia* (« livres saints »). Mais « l'Ancien Testament », où retentit le premier appel au Dieu unique louéspar juifs, chrétiens et musulmans, est en lui-même un écrit sacré, aussi avons-nous pris le parti de n'appeler « Bible » que cette collection spécifiquement juive, d'une richesse et d'une splendeur incomparables. Il convient donc de distinguer deux étapes à la fois distinctes et étroitement liées dans l'histoire du salut. La première est celle d'Israël où des hommes inspirés par Dieu, les prophètes, jouèrent un rôle essentiel. La seconde est celle de Jésus et de ceux qui se réclament de son enseignement. Le mot « testament » vient du latin *testamentum*, employé par Tertullien (vers 155-vers 225), premier Père latin de l'Église, pour traduire le grec *diathêkê* (« alliance », « traité »), que les traducteurs de la Septante avaient utilisé pour rendre l'hébreu *berith* (« alliance »). Aussi, de nos jours, l'alliance reflétant fidèlement ce que fut le passé biblique, le consensus s'est fait autour d'une autre dénomination : celle de Premier Testament (l'Alliance mutuelle entre Dieu et Israël, le peuple qu'il choisit) et le Second Testament (renouvellement de cette Alliance sans pour autant la rompre, objectif central du ministère de Jésus, qui voulait la débarrasser des pratiques trop contraignantes du judaïsme de son époque).

Le « Second » Testament se présente comme le récit de la mission de Jésus et des premières décennies de son héritage, l'Église. Il se compose de 27 livres retenus à la fin du IVe siècle par le canon (règle) chrétien. Il débute par les quatre « évangiles », mot qui constitue la matrice du message de Jésus, c'est-à-dire la venue imminente du Royaume auquel chacun aura accès, message qui différait de celui de ses coreligionnaires juifs. Les trois premiers auteurs sont Matthieu, Marc, Luc, dont les évangiles respectifs ont des points communs qui leur valent d'être appelés « synoptiques » (« vue d'ensemble » en grec). Le quatrième est attribué à Jean, apôtre très proche de Jésus, et dont l'œuvre se distingue par un style et un contenu personnels. Nous découvrons dans ces évangiles le ministère de Jésus, sa vie, sa mort sur la croix et sa résurrection. Puis viennent les Actes des apôtres, qui rapportent les débuts de l'Église d'abord dirigée par l'apôtre Pierre, puis par Jacques, « frère de Jésus », et où intervient Paul, ancien persécuteur de chrétiens qui s'est converti. Celui-ci consacre une importante correspondance (les plus anciens textes) aux communautés chrétiennes qu'il a visitées, les « épîtres ». Aux épîtres de Paul s'en ajoutent d'autres, signées d'auteurs différents. Puis vient l'Apocalypse de Jean, une merveille littéraire que le canon, d'ailleurs, mit un certain temps à admettre, tant son contenu est stupéfiant. Au final, le Second Testament reste la référence de la foi chrétienne, la tradition s'étant aussi nourrie de livres qui n'y figurent pas, les apocryphes.

➡ *Actes des apôtres, Alliance, Apocryphe, Bible, Église, Épître, Évangéliste, Évangiles, Jean, Matthieu, Paul, Père de l'Église, Salut, Septante, Synoptique, Tanakh*

TÉVET ✡

Tévet (décembre-janvier) est le 4e mois du calendrier religieux et le 10e mois du calendrier civil. Au début du mois s'achève Hanoukkah (fête des Lumières). Le 10, un jour de jeûne (Assarah be Tévet) marque le début du siège de Jérusalem par Nabuchodonosor, roi de Babylone, qui devait aboutir à la destruction du Temple (587 av. J.-C.).

➡ *Babylone, Hanoukkah, Jérusalem, Jeûne, Temple*

THAMOUD ☪

Thamoud est le nom d'un peuple (Thamoudéens) qui, comme les Ads (ou Adéens), incarne l'archétype de l'idolâtrie, des cultes polythéistes, des sacrifices auxquels l'islam mit un terme. Il est mentionné dans quelque vingt sourates du Coran, ce qui en souligne l'importance. Dieu leur envoie un prophète, Çalih, mais ils le repoussent, comme avant eux les Adéens avaient refusé le message du prophète Houd. Ils sont anéantis par un cataclysme, plus précisément par la foudre, rapporte *Celle qui doit venir* (69, 4-5). Historiquement, les Thamouds sont localisés à Madâ'in Salîh, dans le nord-ouest de la péninsule Arabique, ou au Yémen. Ils vénéraient Ruda, qu'un document assyrien du VIIe siècle av. J.-C. cite sous le nom de Rudaiu. Source de joie et de plaisir, cette divinité tutélaire pouvait aussi servir la vengeance.

➡ *Ad, Çalih, Houd, Idole*

THÉOPHANIE ✡ ✝

La théophanie (du grec *theos*, « dieu », et *phaïno*, « montrer ») est la manifestation directe de Dieu.

Dieu, que l'on ne peut représenter car il n'est pas visible, intervient pourtant à des occasions exceptionnelles et à l'aide de signes puissants. Dans le judaïsme, Moïse voit ainsi la Présence de Dieu dans le Buisson ardent, puis dans la nuée lumineuse lors de l'Alliance et lorsque la Loi (Torah) lui est délivrée, au mont Sinaï ; durant l'Exode, il est, comme son peuple, guidé par cette nuée divine. Dans le christianisme, Jésus est le sujet de la Transfiguration, où son corps et ses habits se parent de la Gloire de Dieu.

➡ *Alliance, Buisson ardent, Exode, Gloire, Hébreux, Moïse, Sinaï, Torah, Transfiguration*

THESSALONICIENS, ÉPÎTRE AUX ✠

Thessalonique, en Macédoine (Grèce), où résidaient de nombreux juifs mais aussi des Grecs convertis à la foi au Dieu unique, accueillit Paul en l'an 50, dans l'ensemble avec bienveillance, écoutant son enseignement sur Jésus. Mais Paul fut en butte à l'hostilité de certains juifs qui l'obligèrent à quitter la ville et à gagner Corinthe (Péloponnèse).

Paul rédigea ainsi deux épîtres adressées aux Thessaloniciens et qui constituent les plus anciens écrits du Second Testament – il y cite Timothée, un fidèle compagnon, qui le retrouvera à Corinthe. La première est envoyée depuis Corinthe et datée de 51 environ, donc quelque vingt ans après la crucifixion de Jésus ; la seconde est plus difficile à fixer dans le temps, peut-être peu après ou en même temps que la précédente, et toujours depuis Corinthe. Dans la première, Paul parle des juifs qui ont tué Jésus, mais ce déicide doit être mis sur le compte des événements vécus à Thessalonique – rappelons que Paul, juif lui-même, fut d'abord un persécuteur de chrétiens avant de se convertir. Ces deux œuvres sont fondamentales car elles évoquent le jour du Seigneur, qui sera celui de la résurrection, du retour de Jésus (parousie) à la fin des temps pour sauver ceux qui entreront au royaume de Dieu, c'est-à-dire l'un des fondements de la foi chrétienne.

➡ *Épître, Jugement dernier, Royaume, Timothée (Épître à)*

THOMAS ✠

Thomas est l'un des apôtres de Jésus et l'un des saints les plus vénérés. Ce nom, et prénom, a pour origine l'araméen *toma* (« jumeau »), qui correspond à l'hébreu *taom* (« être double »), et que le quatrième évangile du Second Testament (Jean) traduit par le grec Didyme – Thomas fut ainsi considéré par certains chrétiens comme le « jumeau de Jésus ». Mais les trois autres évangiles le citent simplement parmi le groupe des Douze (apôtres), sans autres détails. Seul Jean mentionne son intervention à trois reprises.

Peu avant la résurrection de Lazare et la Passion de Jésus – qui sent sa fin proche – il déclare : « Allons, nous aussi, pour mourir avec lui ! » (11, 16), ce qui en dit long sur sa détermination. Puis, lors de la Cène, son dernier repas, Jésus institue l'eucharistie et, selon Jean, affirme aux Douze qu'ils le rejoindront au royaume de Dieu par un chemin qu'ils connaissent. Thomas s'étonne : « "Comment saurions-nous le chemin ?" Jésus lui dit : "Moi, je suis le Chemin, la Vérité et la Vie" » (Jn, 14, 1-7). Enfin, après sa Résurrection, Jésus se montre aux apôtres à Jérusalem, et Thomas, absent, affirme plus tard qu'il ne croira à cet événement qu'en voyant les plaies infligées à son maître. De fait, huit jours plus tard, Thomas peut toucher les plaies du crucifié. Il lance cette proclamation de la divinité de Jésus : « "Mon Seigneur et mon Dieu !" Jésus lui dit : "Parce que tu me vois, tu crois. Heureux ceux qui n'ont pas vu et qui ont cru" » (Jn 20, 24-29). Thomas fait ensuite partie du groupe de sept disciples qui ont la chance de voir Jésus sur le bord du lac de Tibériade (Jn 21, 1-14). Puis, excepté une mention dans les Actes des apôtres, il disparaît totalement du Second Testament. D'où vient alors sa vénération ?

Des écrits apocryphes, c'est-à-dire ne figurant pas dans le Second Testament, ont largement contribué à bâtir la tradition entourant Thomas. Il aurait ainsi évangélisé les Mèdes et les Perses, puis l'Inde, plus précisément la côte sud-ouest du Deccan (Kerala) où une « Église de saint Thomas », de rite syro-malabar, l'honore toujours.

Cependant, deux de ces apocryphes revêtent une grande importance. Le premier, *Évangile de Thomas*, commence par cet avertissement : « Voici les paroles secrètes que Jésus le Vivant a dites et que Didyme Jude Thomas a écrites. » Ce texte, écrit peut-être à Édesse (Mésopotamie), a été conservé dans un manuscrit découvert en 1945 à Nag Hammadi (Égypte) et datant du IVe siècle ; mais l'original est beaucoup plus ancien, du début du IIe siècle, voire de la seconde moitié du Ier siècle, ce qui le rendrait presque contemporain des évangiles canoniques. Mais, au contraire de ces derniers, il n'obéit pas à un plan narratif, n'évoque ni la mort ni la résurrection de Jésus. Il rassemble cent quarante paroles *(logoi)* de Jésus, transmises oralement puis consignées, dont l'authenticité est tout aussi complexe à établir que les sentences contenues dans les ouvrages canoniques.

Le second apocryphe, *Actes de Thomas*, aurait été rédigé à Édesse – où, selon une tradition, Thomas aurait été enterré et où sa sépulture était d'ailleurs vénérée. L'original dont nous disposons remonte sans doute à la première moitié du IIIe siècle. Il est complet et surtout en bon état, ce qui est exceptionnel. Pour saint Augustin (354-430), Père de l'Église, ce récit alimentait les hérésies, notamment parce que Jésus y apparaît physiquement, en Inde. En effet, à Jérusalem, les apôtres se partagent le monde et Thomas reçoit l'Inde. Le roi indien Goudnaphar (qui a bien existé vers le Ier siècle) cherche un charpentier (métier de Thomas) pour se construire un palais. Il envoie un certain Habban qui achète l'apôtre (vendu par Jésus parce qu'il ne voulait pas partir en Inde). Et Thomas lui bâtit un palais au ciel. Après de multiples rebondissements, des miracles, des emprisonnements, Thomas finit par subir le martyre ordonné par le roi Mazdaï. Ses reliques sont transportées en Occident (Édesse peut-être). D'ailleurs, une thèse, largement contestée par l'Église parce qu'elle remet en question la résurrection, s'appuie, entre autres, sur des textes sanscrits et tibétains évoquant la présence de Jésus en Inde. Jésus n'aurait donc pas succombé sur la croix. Il aurait sillonné le Proche-Orient et serait mort à l'âge respectable de cent quinze ans, et à Srinagar, capitale du Cachemire, où un tombeau célèbre sa mémoire.

Le prénom Thomas a été porté par d'illustres figures du christianisme. Citons le mystique allemand Thomas Hemerken (vers 1380-1471), dit Thomas a Kempis, qui serait peut-être l'auteur de *L'Imitation de Jésus-Christ*. Ce célèbre ouvrage se compose de quatre livres : les trois premiers rassemblent des conseils relatifs à la vie spirituelle et intérieure ; le quatrième, consacré à l'eucharistie, est l'aboutissement d'une intimité personnelle avec Jésus-Christ. Retenons aussi Thomas d'Aquin (1226-1274), docteur de l'Église et illustre théologien, formé à l'université de Paris par Albert le Grand (1200-1280). Son œuvre est une synthèse entre la pensée des Pères de l'Église et de la Tradition d'une part, et l'esprit rationaliste qui agite son époque d'autre part – courant appuyé notamment par la redécouverte d'Aristote, philosophe grec du IVe siècle avant notre ère, chez qui transparaît (entre autres) le rôle essentiel des sens dans l'élaboration de la connaissance. La *Somme théologique* (1266-1273) de Thomas condense son propos. Dans les *Commentaires des œuvres d'Aristote* (1269-1272), il expose ce qui peut être utilisé de ce philosophe pour l'enseignement théologique. De 1259 à 1269, il écrit aussi la *Chaîne dorée* sur la Parole de Dieu, et la *Somme contre les gentils*, destinée aux missionnaires partis évangéliser les terres musulmanes. Thomas, toujours guidé par la Révélation de Dieu qui anime le croyant, porté vers la contemplation et la prière, a su ménager la foi et la raison, la pensée philosophique et la théologie, la nature et ce qui ressortit à une force supérieure. Sa pensée ou thomisme, pour ces raisons, fut à la fois encensée et combattue.

➡ *Apocryphe, Apôtre, Cène, Eucharistie, Gentil, Hérésie, Lazare, Passion, Résurrection, Révélation*

TIBÉRIADE ✡ ✝

Le lac de Tibériade, qui s'étend en Galilée, au nord de la Palestine, tient son nom de la ville qu'Hérode Antipas, roi de cette province juive au temps de Jésus, fit édifier en l'honneur de l'empereur romain Tibère. Situé à 208 m au-dessous du niveau de la mer et traversé par le Jourdain, c'est une vaste étendue salée de quelque 27 km^2, profonde de 42 à 48 m et très poissonneuse. Il est surtout appelé « mer de Galilée » ou « lac de Kinneret », ou encore « de Gennésareth », du nom d'une des villes prospères établies sur ses rives. Outre Tibériade et Gennésareth, nous trouvons Bethsaïde, Corozaïn, Magdala, sans oublier celle où Jésus choisit de s'établir lors de son ministère, Capharnaüm, qui se trouve à l'ouest.

La pêche est la principale activité du lac, profession qu'exercent aussi les quatre premiers et plus fidèles disciples de Jésus : Pierre et son frère André, Jacques (dit le Majeur) et son frère Jean. Tous quatre, originaires de Bethsaïde, sont d'anciens disciples de Jean le Baptiste, précurseur de Jésus. Celui-ci les rencontre sur le bord du lac et en fait des « pêcheurs d'hommes », rapporte, dans le Second Testament, l'évangile de Marc (Mc 1, 17).

Jésus y revient pour enseigner les foules et, selon les évangiles, pour procéder à des miracles, comme marcher sur les eaux et apaiser une tempête afin de renforcer l'implication des disciples. Nous l'y trouvons aussi après sa Résurrection, suscitant une pêche miraculeuse devant les yeux ébahis d'apôtres, dont Pierre.

Le lac de Tibériade, partie intégrante de la Terre promise aux juifs par Dieu, a joué un rôle dans le judaïsme. Ainsi, le Talmud fut composé, d'une part, en Palestine, d'autre part, à Babylone. Au IVe siècle, les Romains furent confrontés à des combats qui détruisirent Tibériade, Césarée et Séphoris où étaient établies les académies du Talmud. Dès lors, la rédaction du Talmud se poursuivit à Babylone jusqu'en 500 environ et finit par s'imposer au détriment du premier, moins volumineux. En revanche, la Masorah, règles de lecture et de chant de l'hébreu et de l'araméen composant le texte authentique le plus ancien de la Bible, fut mise au point à Babylone et à Tibériade, du VIIe au Xe siècle, mais c'est Tibériade qui s'imposa et survécut, grâce à la famille Ben Nephtali et surtout à celle d'Aaron ben Asher (milieu du Xe siècle).

➨ *Capharnaüm, Hérode, Jacques le Majeur, Jean, Jésus, Masorah, Pierre, Sanhédrin, Talmud*

TICHRI ✡

Dans l'ancien calendrier juif, en vigueur avant l'Exil (VIe siècle av. J.-C.), septembre-octobre correspondait au mois d'étanim, mot d'origine cananéenne signifiant « rivière permanente », en référence aux cours d'eau continuant de couler durant cette période sèche. Après le retour de l'Exil, à partir de 538 av. J.-C., le judaïsme adopta le terme babylonien *tichri*, premier mois du calendrier religieux et 7e mois du calendrier civil. De fait, le Nouvel An (Roch ha-Chanah) est fêté les 1 et 2 et correspond à la notion de jugement de Dieu présent durant tout le mois. Nous trouvons ensuite un jour de jeûne, Gedaliyah (le 3), en mémoire de Godolias (Gedaliyah en hébreu, « Dieu a magnifié »), gouverneur de Juda nommé par Nabuchodonosor après que celui-ci a exilé la population à Babylone. Godolias est établi à Miçpa, à 13 km au nord de Jérusalem et entouré de Judéens restés sur place, dont le prophète Jérémie qui rapporte les événements (40, 5-41, 3). Mais le roi d'Ammon, pays qui n'a cessé d'être ennemi d'Israël, craint que Godolias ne redonne naissance à une nation puissante. C'est pourquoi il envoie Yishmaël (« Dieu entend »), de la famille royale de Juda, qui, avec ses dix complices, tuent Godolias, des Judéens et des Babyloniens.

Le 1er du mois de tichri commence aussi un temps de pénitence, qui trouve son aboutissement le 10, à Yom Kippour (jour des Expiations). Puis vient (15-22 ou 23) Soukkot (fête des Tentes ou des Tabernacles), qui inclut Hochana Rabba et s'achève par Chemini Atseret..

➡ *Ammon, Babylone, Chemini Atseret, Exil, Hochanot, Juda, Roch ha-Chanah, Simhat Torah, Soukkot, Tabernacle, Torah, Yom Kippour*

TIMOTHÉE, ÉPÎTRE À ✠

Dans le Second Testament, deux épîtres de Paul, écrites vers 63-64, sont adressées à Timothée (« qui honore Dieu »), un de ses disciples et proche collaborateur auquel il a confié des missions. Dans la première, Paul l'appelle d'emblée « mon véritable enfant dans la foi » (1 Tm, 1, 1). Il insiste ensuite sur la nécessité de résister aux faux propagateurs de la foi ou « faux docteurs ». La prière reste un des moyens de vivre dans la paix et la quiétude. Suit une réflexion sur la condition féminine de cette époque : « Je ne permets pas à la femme d'enseigner ni de faire la loi à l'homme » (2, 12). Paul s'attache ensuite à montrer comment organiser la communauté (prêtres, diacres), l'attention qu'il faut porter aux plus faibles (vieillards), le devoir pour les esclaves de respecter leur maître, surtout s'il est croyant, tout cela dans un esprit de justice et de charité (amour). La seconde épître à Timothée porte sur le courage que nécessite l'évangélisation, cette force étant procurée par Dieu. Paul y rappelle que le Jugement dernier n'épargnera pas les « égoïstes, cupides, vantards, orgueilleux... », tous ces êtres qu'il faut éviter et dont il donne la liste et les défauts (2 Tm 3, 1-9). Selon une tradition, Timothée aurait subi le martyre à Rome, sous le règne de l'empereur Néron (54-68), comme Paul.

➡ *Charité, Diacre, Épître, Jugement dernier, Juste, Paul, Prêtre, Prière, Thessaloniciens (Épître aux), Tite (Épître à)*

TITE, ÉPÎTRE À ✠

Insérée dans le Second Testament, l'épître adressée à Tite est – avec les deux épîtres de Timothée, envoyées aussi vers 63-64 par Paul – l'une des épîtres dites « pastorales » car elles concernent plus spécifiquement l'organisation des communautés chrétiennes auxquelles elles sont adressées. Tite est un très proche disciple de Paul. Certains chercheurs ont même supposé qu'il pourrait avoir fourni les informations concernant Paul dans les Actes des apôtres, livre rapportant les débuts de l'Église chrétienne. Nous le retrouvons aussi dans l'épître aux Galates, également de Paul.

Dès le début, celui-ci appelle Tite son « véritable enfant en notre foi commune », comme Timothée. Suit un développement sur la place des prêtres (presbytres), la vigilance contre les faux détenteurs de la foi ou « faux docteurs », une série de recommandations morales sans lesquelles le salut ne peut s'opérer : sobriété, femmes soumises à leur mari, pondération de la jeunesse, soumission des esclaves. Cette soumission doit être aussi le fait des fidèles envers les autorités dont ils dépendent, afin de mieux exercer la douceur et la bonté envers les hommes, et d'oublier ainsi les plaisirs futiles, les révoltes inutiles et les inimitiés insensées qui les habitaient naguère.

➡ *Actes des apôtres, Galates (Épître aux), Paul, Prêtre, Salut, Timothée (Épître à)*

TOBIE, LIVRE DE ✡

Ce livre, écrit en hébreu ou en araméen vers 200 av. J.-C., a été traduit en grec par la Septante (version grecque de la Bible), mais ne figure pas dans la Bible hébraïque. Tobit, le père, sa femme Anna et leur fils Tobie (de l'hébreu Tobiyyah, « Dieu est bon ») sont des fidèles de Dieu vivant à Ninive (capitale de l'Assyrie), donc après la ruine de Samarie en 722, l'époque restant indéterminée. Ils sont par conséquent loin de Jérusalem, ce qui ne les empêche pas de respecter la Loi (Torah). Tobit, grâce à Dieu, a pu devenir un commerçant riche et respecté. Pourtant, la cécité le frappe. Anna, obligée de travailler, n'a que faire de cette foi qui n'a pu lui éviter sa condition malheureuse. Tobit s'en remet à Dieu : sachant que nul homme n'est exempt de faute devant son Créateur, il doit forcément avoir commis un péché et préfère mourir. Pendant ce temps, Sarra (forme grecque de Sarah, « princesse »), une veuve juive vivant à Ectabane, en Perse, prie aussi Yahvé. Un démon, Asmodée, lui ayant fait perdre ses sept époux successifs durant la nuit de noces, elle songe également à mourir. L'ange Raphaël (« Dieu guérit ») intervient alors : il accompagne Tobie, le fils, lors d'un périple, lui fait rencontrer Sarra, et, grâce à un subterfuge, parvient à guérir la jeune femme. Puis, il escorte le couple jusqu'à Tobit, qu'il guérit aussi.

Cet ouvrage montre que les juifs de la Diaspora, pauvres ou riches, ont droit au même amour de Dieu que les habitants d'Israël. Si l'on ne peut pas aller au temple de Jérusalem pour y louer Dieu, l'important est de respecter la Torah, que les communautés soient solidaires et que la famille soit la cellule essentielle.

➡ *Ange, Asmodée, Assyrie, Démon, Diaspora, Péché, Samarie, Septante, Temple, Torah, Yahvé*

TOHOROT ✡

Tohorot est le sixième et dernier ordre de la Michnah. Ses douze traités se rapportent à la pureté (*tohorah* en hébreu ; pluriel : *tohorot*) et l'impureté en matière de rituels. On y trouve des considérations portant sur l'alimentation; sur les épanchements humains (dont les règles des femmes), sur les maladies qualifiées de « lèpre » (dont la maladie elle-même), considérées par la Bible comme un châtiment de Dieu et très craintes dans le judaïsme ancien; sur le contact avec les cadavres, hommes ou animaux. Ces développements, particulièrement contraignants, n'ont pour la plupart plus courts aujourd'hui et, après la destruction du Second temple de Jérusalem (70), n'ont pas été repris par le Talmud.

Le traité Kélim (« ustensiles ») se rapporte à la vaisselle et à tout ce qui entourait la préparation et la consommation d'un repas. Oholot est consacré aux moyens de se purifier (cendres de la vache rousse) après avoir été en contact avec un cadavre, dont le sang. Negaïm se concentre sur les « signes de la lèpre ». Parah aborde le sacrifice purificateur de la « vache » rousse. Tohorot traite de tout ce qui conduit à la pureté et, de ce fait, nécessite d'éviter tout ce qui est impur, thème que reprend aussi la Tossefta (textes non retenus dans la Michnah). Miqvaot est consacré au *miqveh*, le grand bain de purification encore en vigueur dans le judaïsme, comme le traité 10, Tevoul yom. Seul traité à être développé dans le Talmud, Niddah est littéralement la « menstruation » : aujourd'hui encore, selon la Halakhah (partie juridique du judaïsme), les femmes sont considérées comme impures pendant et après leurs règles, ce qui nécessite une purification (*miqveh*), et une parfaite collaboration avec la médecine lorsqu'une pathologie (dérèglement par exemple) intervient. Makhchirin se rapporte aux « liquides » susceptibles de rendre impur, comme l'eau entrée en contact avec un cadavre ou des produits transmis par un gentil (un non-juif). Zavim se penche sur les « écoulements » féminins et masculins lors et en dehors des rapports sexuels. Yadayim s'intéresse aux « mains » à purifier en diverses circonstances et à la dîme versée autrefois au Temple. Enfin, Ouqtsin complète les dispositions concernant les aliments purs, surtout les fruits et les légumes.

➡ *Bible, Dîme, Gentil, Halakhah, Jérusalem, Judaïsme, Michnah, Miqveh, Sang, Talmud, Temple, Tossefta, Vache*

TOHU-BOHU ✡

Le tohu-bohu est synonyme de désordre et de confusion. Ce terme trouve son origine au tout début du livre de la Genèse : « Au commencement, Dieu créa le ciel et la terre. Or la terre était vide et vague, les ténèbres couvraient l'abîme et un vent de Dieu agitait la surface des eaux » (1, 1-2). Le « vide » et le « vague » sont les traductions des mots hébreux *tohû* (« désert ») et *bohû* (« vide ») qui décrivent le chaos, c'est-à-dire l'état du monde avant la Création.

➡ *Création, Genèse*

TONNERRE, LE ☪

Le Tonnerre (al-Ra'd), humeur des orages, est redouté par tous les peuples depuis la nuit des temps, et encore aujourd'hui, mais est aussi considéré comme un bienfait. Dans le Coran, la 13ᵉ sourate, qui porte ce titre, rappelle que, comme les montagnes et les rivières, le jour et la nuit, il est une œuvre de Dieu, le Très-Haut, le Dominateur, le Créateur, qui, dans le ciel, a soumis le Soleil et la Lune. Le tonnerre, qui, avec les anges (messagers),

« célèbre[nt] ses louanges avec crainte » (13, 13), peut frapper n'importe qui, selon la volonté de Dieu, Mais il annonce aussi la pluie qui fait pousser la végétation, vigne, palmiers ou céréales, chacun recevant la même quantité d'eau tout en bénéficiant, de la part de Dieu, d'un goût plus ou moins délicieux, expression de la puissance divine, de ses signes. De même, Dieu fait croître l'homme si celui-ci sait changer pour suivre sa direction.

➡ *Clarté du Jour (La), Fawatih, Nuit (La), Très-Haut, Soleil (Le)*

TORAH ✡ ✝ ☪

La Torah, première des trois parties de la Bible hébraïque, constitue le cœur de la foi juive. La traduction grecque de la Bible, la Septante (IIIe-IIe siècle), la désigna sous le nom de « Pentateuque » (« Cinq Rouleaux ») puisqu'elle est formée de cinq livres. Le mot hébreu *torah* signifie « enseignement », « instruction », « transmission ». Il fut traduit par le grec *nomos*, qui signifie « loi », mais cantonner la Torah à un rôle purement législatif est l'éloigner de ce qu'elle représente en réalité. Certes, elle renferme tous les grands préceptes du judaïsme, lesquels évoluèrent au fil du temps, mais elle contient avant tout la Parole de Dieu qui s'exprime dans des domaines divers. Pour le judaïsme et la Bible, la Torah est la révélation de Dieu qui la communiqua à Moïse sur le mont Sinaï. Elle fait ainsi du judaïsme la première des trois religions monothéistes révélées, avec le christianisme (révélation de Dieu par Jésus et l'Évangile) et l'islam (révélation du Coran à Mahomet).

D'une incroyable richesse, la Torah est également complexe. Elle fut composée très tôt en Israël à partir de traditions et de sources de provenances variées, puis, selon les chercheurs, achevée vers 300 av. J.-C. Pour toutes ces raisons, elle ne peut être lue comme un livre ordinaire, en continu, tant elle fait appel à des styles littéraires différents, présentant aussi des anachronismes et des contradictions qui sont à l'origine de nombreux commentaires. Au-delà de ces considérations historiques, elle reste la référence du judaïsme : son respect ou son non-respect déterminèrent les joies ou les peines d'Israël. Ainsi, après le retour des juifs en exil à Babylone, à partir de 538 av. J.-C., la Torah devint la législation régissant la communauté de Judée, quand le prêtre Esdras en fit la proclamation à Jérusalem, en 398 av. J.-C. Évoquée par le reste de la Bible comme une référence constante à la source de la foi, elle contient en effet l'événement fondateur d'Israël : la libération des Hébreux de l'esclavage d'Égypte sous la conduite de Moïse. Dès le IIIe siècle av. J.-C. environ, la Torah fut l'objet de commentaires oraux qui furent réunis plus tard dans la Michnah, achevée vers 200 de notre ère, puis dans le Talmud, terminé vers 500 et appelé « Torah orale ».

La Torah débute par le livre de la Genèse : on y trouve le récit de la création du monde qui montre la puissance de Dieu dès les commencements de l'Univers ; les débuts de l'humanité et le péché qui se répand, forçant Dieu à envoyer le Déluge ; les trois grands patriarches d'Israël, Abraham, le premier à croire au Dieu unique, son fils Isaac et son petit-fils Jacob. Après la Genèse, vient le livre de l'Exode, qui relate l'esclavage en Égypte, Moïse recevant sa vocation, la libération des Hébreux, l'Alliance avec Dieu au Sinaï, le don de la Torah. Le livre du Lévitique évoque les règles concernant les rites et le respect des lois de Dieu. Le livre des Nombres, quatrième livre, prolonge l'Exode : les Hébreux partent du Sinaï et restent trente-neuf ans dans le désert, à l'oasis de Cadès, prélude à la conquête de Canaan, Terre promise par Dieu à Abraham, et futur Israël. Enfin, peu avant d'entrer dans cette terre, les Hébreux reçoivent les dernières recommandations de Moïse contenues dans le Deutéronome. Mais leur guide meurt et ne foulera pas ce pays tant désiré. Josué, son fidèle lieutenant, mènera cette conquête.

En tant que juif, Jésus est formé aux écrits bibliques, au sein d'une de ces écoles qui jouxtent alors les synagogues. Les évangiles du Second Testament montrent d'ailleurs qu'il connaît bien la Bible, les prophètes et la Torah. À son époque, le judaïsme est toujours régi par la Torah, dont le respect scrupuleux n'est pas toujours facile pour les gens du peuple – par exemple, les changements de vaisselle aux repas, les ablutions ou les lois alimentaires. Tout est en effet centré sur la pureté et l'impureté. Sont ainsi considérés comme impurs et à éviter les étrangers (ou gentils) dont les Romains, les pécheurs, les prostituées, les collecteurs d'impôts (publicains), les bouchers qui, par leur métier, sont au contact de la chair morte… De sorte que le quotidien est encadré par des règles particulièrement contraignantes. Jésus, qui respecte, pratique et honore la Torah, car elle est la Parole de Dieu, met cependant l'accent sur ces obligations qui entravent plus qu'elles ne libèrent. Par exemple, un jour de shabbat, jour sacré de repos hebdomadaire, il mange avec des publicains, ce qui est bien sûr interdit. Une autre fois, devant des scribes, il interprète la Torah en utilisant le « je » alors que, d'ordinaire, ces érudits se réfèrent à leur maître. Et, lors du discours sur la Montagne, il a ces mots célèbres rapportés par l'évangile de Matthieu : « N'allez pas croire que je sois venu abolir la Loi ou les Prophètes : je ne suis pas venu abolir, mais accomplir » (Mt 5, 17). Le cœur et l'amour des hommes ne doivent plus être conditionnés par des disposition juridiques, mais par une relation nouvelle avec Dieu fondée effectivement sur l'amour. Car Jésus annonce l'avènement imminent du royaume de Dieu. À l'époque où Matthieu consigna ces propos, c'est-à-dire au début de la seconde moitié du Iᵉʳ siècle, le respect ou non de la Loi était âprement discuté dans la toute jeune communauté chrétienne, composée de juifs et de gentils convertis. Les épîtres de Paul, par exemple, se font l'écho de ces discussions. Et le non l'emporta.

La Torah (*al-tawra* en arabe) est considérée par le Coran comme un Livre révélé par Dieu à Moïse. Elle est, avec les Psaumes, la seule référence aux livres bibliques dans les 114 sourates, où elle est citée près de vingt fois. Mais, comme l'Évangile avec lequel elle est souvent mentionnée, elle n'a été qu'une transition, une première direction dans le projet de Dieu : « Nous avons, en vérité, révélé la Torah où se trouvent une direction et une lumière. […] Nous lui [Jésus] avons donné l'Évangile où se trouvent une direction et une lumière, pour confirmer ce qui était avant lui de la Torah : une direction et un avertissement destinés à ceux qui craignent Dieu », précise *La Table servie* (5, 44-46). Mais le Coran, révélé à Mahomet, est l'aboutissement de la révélation.

➡ *Aliya, Deutéronome, Exode, Genèse, Lévitique (Livre du), Livre, Michnah, Michneh Torah, Nombres (Livre des), Révélation, Royaume, Talmud, Verbe*

TOSAFOT ✡

Les *tosafot* sont des « compléments » (en hébreu), c'est-à-dire des commentaires sur le Talmud et ses traités, plus précisément les réflexions des sages qui se penchèrent sur ce monument au sein de leur *yechivah* (école talmudique). On trouve aussi des *tosafot* portant sur la Torah. L'ensemble de ces travaux a joué un grand rôle dans la compréhension des ressorts bibliques et leur enseignement, et dans l'élaboration des règles du judaïsme contenues dans la Halakhah (pan juridique du judaïsme).

➡ *Halakhah, Michnah, Talmud, Torah, Yechivah*

TOSSEFTA ✡

La Tossefta (« supplément » en hébreu), constituée par les *tannaïm* (sages érudits des Ier-IIIe siècles), est un ensemble de textes qui n'ont pas été intégrés dans la Michnah. Six fois plus importante que cette dernière, elle la paraphrase, l'explique, la contredit ou apporte des propositions inédites. D'ailleurs, elle obéit au même plan : six ordres portant les mêmes noms et quasiment le même nombre de traités. Ces réflexions sont appelées *baraïtot* (pluriel de *baraïta*, « enseignement extérieur »), mais, en cas de désaccord avec la Michnah, c'est celle-ci qui l'emporte. En revanche, si la Michnah manque de précision ou se révèle incomplète, une *baraïta* peut venir l'éclairer ou la compléter, ce qui souligne son importance dans la tradition juive.

➡ *Haggadah, Halakhah, Michnah, Tanna*

TOU BI-CHEVAT ✡

Le 15 *(tou)* du mois de chevat, donc en janvier-février, le calendrier juif célèbre le Nouvel An des arbres (Roch ha-Chanah la-Ilanot en hébreu, *ilanot* signifiant « arbres »). Cette fête mineure, apparue sans doute peu avant l'ère chrétienne, n'est pas d'origine biblique, mais trouve son fondement dans le prélèvement de la dîme sur les arbres fruitiers, dont elle marquait la date de perception. Après la destruction du Second temple de Jérusalem, en 70, sa raison d'être n'exista plus. Mais les juifs de la Diaspora la ravivèrent au

XVIe siècle, dans sa forme actuelle, et continuèrent de commémorer Tou bi-Chevat, pour se rappeler le climat plus favorable et la permanence de la terre (Erets) d'Israël.

La fête, qui gagna la Palestine dans la seconde moitié du XIXe siècle, à la suite de l'élan sioniste, a adopté les « sept espèces » *(chivat ha-minim)* mentionnées dans le Deutéronome (8, 7-10) lorsque cet ouvrage évoque la bénédiction d'Israël : « Mais Yahvé ton Dieu te conduit vers un heureux pays, pays de cours d'eau, de sources qui sourdent de l'abîme dans les vallées comme dans les montagnes, pays de froment et d'orge, de vigne, de figuiers et de grenadiers, pays d'oliviers, d'huile et de miel, pays où le pain ne te sera pas mesuré et où tu ne manqueras de rien, pays où il y a des pierres de fer et d'où tu extrairas, dans la montagne, le bronze. Tu mangeras, tu te rassasieras et tu béniras Yahvé ton Dieu en cet heureux pays qu'il t'a donné. »

Lors de Tou bi-Chevat, les fidèles boivent des coupes de vin (blanc ou rouge) et mangent des gâteaux de blé et d'orge, des fruits (datte, raisins secs, figue, grenade, cédrat, pomme, noix, caroube très abondante dans l'ancien Israël, olive, poire, pistache, mûre), des câpres, des baies d'aubépine, du lupin. Citons aussi l'amande, dont l'arbre, qui annonce le printemps, est le premier à fleurir à cette époque. En Israël, on a aussi coutume de planter des arbres à cette occasion.

Bien que mineure dans le calendrier juif, Tou bi-Chevat est donc très symbolique. C'est sans doute pour cette raison que la Knesset, le Parlement israélien, fut inaugurée à Jérusalem le 15 février 1949, date de la fête.

➨ *Chevat, Diaspora, Dîme, Israël, Jérusalem, Roch ha-Chanah, Temple, Vigne*

TOUR ✡

Jacob ben Acher (1270-1340), fils d'Acher ben Yehiel (vers 1250-1327), grand spécialiste du Talmud et responsable de la communauté juive allemande, s'est distingué par des écrits, commentaires talmudiques et bibliques. Son œuvre principale est le *Tour*, abrégé de *Arbaah Tourim* (« Quatre rangs »), composé de quatre parties. Il emprunta cette division à ce précepte du livre de l'Exode : « Tu [Moïse] le [pectoral du jugement, pour le vêtement sacerdotal d'Aaron] garniras de pierres serties disposées sur quatre rangs : une sardoine, une topaze, une émeraude pour la première rangée ; pour la deuxième rangée, une escarboucle, un saphir et un diamant ; pour la troisième rangée, une agate, une hyacinthe et une améthyste ; pour la quatrième rangée, une chrysolithe, une cornaline et un jaspe ; elles seront serties dans des chatons d'or. » (28, 17-20.) Cet ouvrage, même s'il s'inspire du *Michneh Torah* (1180), livre fondamental de Moïse Maïmonide, est un condensé des règles de la Torah et correspond désormais, en l'absence du temple de Jérusalem détruit en 70, aux besoins de cette époque, tant en Allemagne qu'au sud de l'Europe (comportements, pratiques religieuses, mariages, jurisprudences, lois alimentaires, femmes...). Avec ses quelque 1 700 chapitres au style clair et pédagogique, le *Tour* inspira les codificateurs ultérieurs et continue d'être respecté.

➡ *Aaron, Exode, Michneh Torah, Moïse, Talmud, Temple, Torah*

TOUSSAINT ✠

Au premier mois de leur calendrier, les Celtes célébraient le début de l'année lors de la fête de Samain, à une date correspondant sans doute au 1er novembre actuel, début des jours froids et sombres. Les morts entraient alors en communication avec les vivants. Il semble que, dès le VIIIe siècle, l'Église ait remplacé cette fête païenne par une célébration chrétienne qui se répandit au siècle suivant. Il s'agissait de rendre hommage à tous les saints qui, à cette époque lointaine, étaient quasiment tous d'anciens martyrs.

Jusqu'alors, et depuis le Ve siècle, les martyrs, les saints emblématiques, étaient fêtés autour de Pâques (victoire du Christ sur la mort), selon une pratique venant de Syrie. À Rome, le 13 mai 610, le pape Boniface IV transféra les dépouilles de martyrs des catacombes au Panthéon – qu'il avait dédié à la Mère de Dieu (Marie) et à ces martyrs. Tous ces saints furent dès lors fêtés le 13 mai. Mais le 1er novembre s'imposa sous le pape Grégoire IV (827-844) et, concernant désormais le monde entier, s'étendit à tous les saints, connus ou inconnus, martyrs ou non.

La Toussaint catholique est l'occasion de rappeler que les saints, qui vivent près de Dieu et ont imité le Christ par leur sacrifice, intercèdent en faveur de tous. Elle précède la fête des Morts, le 2 novembre, c'est-à-dire tous les fidèles défunts, rite apparu dès le IXe siècle.

➡ *Catacombes, Marie, Martyr, Païen, Pape, Pâques, Saint*

TOUWA ☪

Dans le Coran, Touwa est le nom d'une vallée sacrée. Son évocation, faite à deux reprises, concerne Moïse et rappelle, dans la Bible, l'épisode du Buisson ardent où il rencontre Dieu. La 20e sourate, *Ta Ha* (20, 8-14), rapporte que Moïse, apercevant un feu, s'en approcha, et qu'alors Dieu se révéla, lui ordonnant d'enlever ses sandales. La seconde évocation, dans la 79e sourate, *Ceux qui arrachent* (79, 16), mentionne juste la vallée.

➡ *Buisson ardent, Moïse, Salat, Ta Ha*

TRANSFIGURATION ✠

Quelques mois avant la crucifixion, Jésus, qui sillonne la Galilée, commence à enregistrer des défections au sein de ses disciples. Ces départs sont dus aux difficultés d'une telle existence, qui exige un engagement total, et à la campagne menée par les autorités religieuses de Jérusalem, décidées à lui barrer la route. Survient alors un événement symbolique, rapporté par les évangiles synoptiques (Matthieu, Marc, Luc), et que la tradition chrétienne situe au mont Thabor (588 m), non loin du lac de Tibériade, et près de Nazareth.

Jésus, conscient que sa Passion est imminente, mène Pierre, Jean et Jacques au « sommet d'une haute montagne » (Mc 9, 2). Soudain, ses habits se parent d'une blancheur incomparable, son visage change. Puis apparaissent à ses côtés, Moïse et le prophète Élie, lequel, selon le judaïsme, doit revenir à la fin des temps pour le Jugement. Stupéfaits, les yeux écarquillés, les trois apôtres voient Jésus parler avec ces deux illustres figures. Une nuée (qui marque la Présence divine) les submerge et une voix clame : « Celui-ci est mon Fils bien-aimé ; écoutez-le » (Mc 9, 7). Quand elle finit par se dissiper, Moïse et Élie ne sont plus là. En descendant de la montagne, Jésus demande aux apôtres de révéler tout cela seulement « quand le Fils de l'homme sera ressuscité d'entre les morts » (Mc 9, 9). Ils obéissent, « tout en se demandant entre eux ce que veut dire : “ressusciter d’entre les morts” » (Mc 9, 10).

Il faut lire dans cet épisode une référence à la théophanie (apparition) de Dieu à Moïse (qui représente la Loi), sur le mont Sinaï où, par ailleurs, une grotte servit d’abri à Élie (qui représente les prophètes), auquel Dieu se manifesta. Jésus se montre ainsi dans sa dimension divine et sa dimension humaine. La tradition chrétienne y lit aussi l’annonce de la Résurrection.

➡ *Apôtre, Élie, Fils, Galilée, Jésus, Jugement dernier, Moïse, Passion, Résurrection, Théophanie, Tibériade*

TRÈS-HAUT ✡ ✝ ☪

Dans la plupart des religions antiques, le ciel occupait une place particulière puisque, en l’absence de connaissances plus précises, le grand vide du cosmos, mystérieux à première vue, générait une crainte et un respect mêlés. Il n’est donc pas étonnant que les trois religions monothéistes situent Dieu dans le ciel, monde inaccessible et mystérieux, dispensant ses humeurs bonnes ou mauvaises, comme la pluie et le tonnerre...

Dans la Bible, Dieu est appelé « le Très-Haut » (El Elyon), dans les Psaumes et le Siracide notamment. Dans les évangiles du Second Testament, Jésus déclare souvent qu’il vient, comme tout, d’en haut. Depuis sa hauteur, Dieu dispense son amour et sa force sur ceux qui sont en bas. Dans l’évangile de Marc (5, 1-20), on assiste à un épisode marquant : un homme possédé par des démons apostrophe Jésus en l’appelant « fils du Dieu Très Haut » ; sur leur demande même, Jésus envoie ces esprits mauvais habiter deux mille porcs qui se précipitent dans la mer, permettant à leur victime de recouvrer sa raison. Cette démonstration de puissance venue de Dieu, c’est-à-dire un miracle, est également rapportée par Luc (8, 26-39). Cet évangéliste rapporte ces mots de l’ange Gabriel venu annoncer la naissance de Jésus (1, 26-38) à Marie : « Il sera grand, et sera appelé Fils du Très-Haut. » Jésus qui, toujours chez Luc (6, 37-35), prônera l’amour de tous les pécheurs, y compris les ennemis : « Aimez vos ennemis, faites du bien et prêtez sans rien attendre en retour. Votre récompense alors sera grande, et vous serez les fils du Très-Haut, car il est bon, Lui, pour les ingrats et les méchants. »

Le Coran se fait aussi l'écho de cette dimension divine du ciel. La 87e sourate, *al-A'la (Le Très-Haut)*, y est consacrée. Ailleurs dans le Coran, Dieu est « l'Élevé » *(al-Azim)*, dit la 2e sourate *La Vache* (2, 255), car il n'existe rien au-dessus de lui. *La Délibération* (42, 4) stipule qu'il est « l'Inaccessible », car rien, décidément, ne peut l'atteindre, l'égaler ; tout juste peut-on comprendre sa volonté et sa miséricorde infinie.

➡ *Annonciation, Dieu, Miracle, Miséricorde, Siracide*

TRINITÉ ✝ ☪

La Trinité est un élément essentiel de la foi chrétienne. Elle fut aussi un sujet de discorde entre Églises catholique et orthodoxe. Les conciles de Nicée I (325), qui condamna l'arianisme, et de Constantinople I (381) en fixèrent le dogme qui distingue radicalement le christianisme des deux autres monothéismes, le judaïsme et l'islam. Lors de ces assemblées, il fut donc proclamé que Jésus (le Fils) était consubstantiel au Père, c'est-à-dire « de même substance » (le mot vient du latin *substantia*). Cette affirmation barrait la route à des hérésies comme l'arianisme, qui considérait Jésus comme inférieur à Dieu, sinon d'une « substance semblable ».

Le chiffre 3, hautement symbolique dans de nombreuses religions, prend ici un sens mystérieux qui fait entrer dans le monde même de Dieu. Les Pères de l'Église en ont vu l'amorce dans l'épisode des trois anges rendant visite à Abraham (Gn 18). Mais si le Second Testament ne cite pas le mot « Trinité », la mention la plus explicite se trouve dans l'évangile de Matthieu où Jésus, après sa Résurrection, recommande à ses apôtres de faire des disciples en « les baptisant au nom du Père, du Fils et du Saint-Esprit. [...] Je suis avec vous pour toujours jusqu'à la fin de l'âge » (28, 18-20). Paul et Jean évoquent aussi la Trinité.

Dieu, personne invisible et omnipotente, est « un », car il est unique. Mais il est aussi « trine », c'est-à-dire trois personnes, car, pour apporter le salut et son amour, il a envoyé son Fils (Jésus-Christ, « le Fils du Dieu vivant », dit Matthieu 16, 16), engendré par l'Esprit saint. De la même manière qu'il descendit sur Jésus au jour de son baptême, l'Esprit habite chaque chrétien dès son baptême effectué au nom de la Trinité, selon la formule de Matthieu.

L'islam, de son côté, rejette la Trinité, en vertu de l'unicité absolue d'Allah que proclame, par exemple, la 112e sourate *Le Culte pur*. Pour le Coran, Jésus n'est que le prophète de Dieu : « Ne dites pas : "Trois" [...] Dieu est unique ! Gloire à lui ! Comment aurait-il un fils ? » dit la sourate 4, *Les Femmes* (171).

➔ *Abraham, Ange, Arianisme, Baptême, Concile, Dieu, Dogme, Esprit saint, Filioque, Fils, Foi, Mystère, Père de l'Église, Prophète*

TROUPEAUX, LES ☪

Les Troupeaux (al-An'am), titre de la 6e sourate du Coran, rappelle que Dieu, bien avant de révéler le Livre à Mahomet, a créé l'homme à partir d'argile. Mais une part de l'humanité, endurcie par ses fausses croyances polythéistes, l'incrédulité et autres certitudes, n'a pas cru en ses prophètes précédents et s'est moquée d'eux. Même un livre écrit ne les aurait pas convaincus. Mahomet, son prophète, est chargé de transmettre sa parole, d'être le premier musulman, c'est-à-dire « soumis à Dieu le Tout-puissant », lequel accordera sa miséricorde aux croyants qui le méritent, lorsque viendra le jour du Jugement. Les autres seront la proie des regrets pendant que le feu de l'enfer les dévorera. Le démon a endurci leur cœur. En revanche, si « la vie de ce monde n'est que jeu et divertissement » (6, 32) et éloigne de la vraie foi, celle du paradis, promise aux justes, les croyants sincères, à ceux qui se repentent, est incomparable car Dieu rassemblera autour de lui toutes les créatures qui lui sont fidèles, y compris les bêtes. Dieu est le Détenteur de la véritable justice, le Maître et le Roi, lui seul « possède les clés du mystère » (6, 59), le pouvoir de faire naître le jour, de transformer la nuit en repos, de faire tomber la pluie pour nourrir la végétation. Il est donc inconcevable qu'une divinité quelconque lui soit associée ou se substitue à lui – c'est le principe du *shirk* (« association »), la pire des fautes. Abraham, le premier croyant en Dieu, n'a-t-il pas vécu et reconnu tout cela ? Dieu l'a récompensé en lui donnant son fils Isaac et son petit-fils Jacob, les deux autres patriarches du peuple d'Israël, auxquels il a indiqué la voie à suivre. Il a comblé aussi ceux qui le méritaient et dont la direction est également à suivre : Moïse qui, assisté de son frère Aaron, a libéré son peuple, les Hébreux, pour le conduire jusqu'à la Terre promise, Canaan, et à qui Dieu a révélé la Torah ; David et son fils Salomon, les plus grands rois d'Israël (XIe-Xe siècle av. J.-C.) ; les prophètes Élie et Élisée (IXe siècle) ; Zacharie et son fils Jean le Baptiste, sans oublier Jésus.

Mahomet doit emprunter ce chemin, et Dieu lui révèle le Coran pour confirmer tout ce qui s'est passé. Il en a le pouvoir : « Il fait sortir le vivant du mort ; et il fait sortir le mort du vivant » (6, 95). Chaque homme est ainsi responsable de ses comportements qui attirent ou le châtiment ou le pardon du Dieu miséricordieux.

➡ *Abraham, Job, Jonas, Joseph, Jugement dernier, Livre, Lot, Mahomet, Mystère, Péché, Torah*

TSADDIQ ✡

Le *tsaddiq* (pluriel : *tsaddiqim*), figure idéale du judaïsme, est, conformément à son sens hébreu (« juste »), celui qui, suivant Dieu, parvient à un état d'exceptionnelle piété, tant par sa foi (respect de la Torah) que par ses actes. Les personnages essentiels de la Bible, comme Noé, le patriarche Joseph ou la reine Esther (une femme) sont des *tsaddiqim*. Dans le hassidisme, courant du judaïsme en quête de pureté, des êtres éminents recevaient ce titre, par exemple des rabbins qualifiés aujourd'hui de *rebbe* (« rabbin » en yiddish).

➡ *Bible, Esther, Foi, Hassidisme, Joseph, Juste, Noé, Patriarche, Rabbin, Torah*

TSITSIT ✡

Comme le stipule dans la Bible le livre des Nombres (15, 37-41), les juifs doivent « se faire des houppes aux pans de leurs vêtements ». De là vient le *tsitsit* (« frange » en hébreu). Le mot désigne la frange elle-même, mais aussi un petit châle de prière moins grand que le *tallit*, et comportant, comme ce dernier, des franges aux quatre coins, teintées au *Tekhèlet*. Fait de laine ou de lin, il est porté le jour sous les vêtements. Lors de la récitation du *Chema* (prière), il est habituel de le baiser dès qu'il est mentionné, afin de se souvenir de respecter les commandements, ses franges représentant le lien entre les hommes et Dieu.

➡ *Chema, Commandement, Nombres (Livre des), Tallit, Tekhèlet*

V

VACHE ✡ ✝ ☪

La vache est un animal emblématique pour de nombreuses religions, de l'Inde à l'Égypte antique. Comme les moutons et les chèvres, elle fournit à la fois le lait, liquide nourricier, sa viande et une peau réservée à de multiples usages. Il n'est donc pas étonnant de la voir figurer dans la Bible. Ainsi, Joseph, petit-fils d'Abraham et fils de Jacob, s'installe en Égypte où il prédit à Pharaon sept années d'abondantes récoltes (symbolisées par sept « vaches grasses ») et sept années de disette (sept « vaches maigres »). Plus tard, quand les Hébreux vivent leur Exode dans le désert, est institué le sacrifice de la vache rousse, couleur liée traditionnellement au péché et au malin. Le roux fait en effet penser au feu, mais un feu associé aux puissances infernales, parce qu'il est un entre-deux, un compromis entre l'ocre (la terre) et le rouge (le feu pur). C'est pourquoi, par exemple, la tradition attribua des cheveux roux à Judas Iscariote, qui, dans le Second Testament, trahit Jésus.

Le déroulement du « rite de la vache rousse » est décrit dans la Bible, plus précisément dans le livre des Nombres (19, 1-22). L'animal doit avoir presque la couleur du sang (expression de la vie), ne présenter aucun défaut (poil blanc par exemple) et n'avoir jamais porté le joug, car il aurait alors servi au domaine profane, c'est-à-dire non sacré. La vache est ensuite sacrifiée et entièrement brûlée ; ses cendres, mélangées à de l'eau, sont alors utilisées pour composer une préparation destinée à purifier ceux qui ont été au contact d'un cadavre, humain ou animal ; on y ajoute du bois de cèdre (symbole de résistance), de l'hysope, plante odorante qui sert à purifier les lépreux (considérés comme subissant un châtiment de Dieu). Cette pratique, ou « offrande d'expiation » (*hattat* en hébreu), se pratiquait au temple de Jérusalem et prit fin après la destruction de celui-ci (70).

Dans la Michnah, le traité Parah (« vache »), intégré dans l'ordre Tohorot, s'intéresse à la manière de choisir, d'abattre et de brûler les vaches rousses. Selon ces écrits, le rite de la vache rousse, considéré comme majeur, était si difficile à percevoir pour les humains que, dit-on, même Salomon, le roi réputé pour sa sagesse, ne pouvait le comprendre.

Le christianisme n'a pas retenu ce sacrifice destiné à expier ses fautes. Dans le Second Testament, l'épître aux Hébreux (9, 13-14) est claire : le sang versé par le Christ qui s'est volontairement sacrifié pour le salut des hommes est infiniment plus purificateur.

Enfin, *La Vache (al-Baqara)* est le titre de la 2e sourate du Coran, la plus longue avec 286 versets. Après avoir évoqué le mystère de Dieu, les fondements de l'islam (aumône, dénonciation de l'incrédulité, nécessité de louer le Dieu créateur, paradis et enfer...), cette sourate se penche sur Moïse et la vache rousse (67-73), puis sur d'autres éléments essentiels : la révélation du Coran ; le pouvoir qu'a Dieu d'abroger des versets du Coran ; la *qibla*, direction de la Kaaba de La Mecque où se tournent les prières des musulmans ; le Hadj ; la communauté musulmane (*oumma*) ; la condition des femmes. Nous y retrouvons aussi Abraham, père des croyants (juifs, chrétiens, musulmans); Saül, premier roi d'Israël, et Goliath, ennemi abattu par David; Jésus; les « gens du Livre » *(ahl al-Kitab)*, c'est-à-dire juifs et chrétiens; ou encore le démon, source du mal.

➡ *Abraham, Ahl al-Kitab, Aumône, Démon, Fawatih, Joseph, Judas Iscariote, Livre, Michnah, Oumma, Qibla, Séparation (La), Versets sataniques, Tohorot*

VEAU D'OR ✡

Trois mois environ après avoir quitté l'Égypte, les Hébreux campent au pied du mont Sinaï. Moïse, leur guide, s'est déjà rendu une première fois sur cette montagne, lors de l'épisode du Buisson ardent. Délaissant momentanément son peuple, il y retourne une deuxième fois, et reçoit le code de l'Alliance, fondement de la Torah. Pour sceller cette alliance, il sacrifie de jeunes taureaux. Puis il y revient une troisième fois, et Dieu (Yahvé) lui remet deux tables de pierre sur lesquelles est gravé le Décalogue (les Dix Paroles), qui stipule notamment : « Tu ne feras pas d'images de moi. » Moïse reste sur le Sinaï pendant quarante jours, et les Hébreux, au bas de la montagne, se croient abandonnés. Moïse serait-il mort ? Inquiets pour leur avenir, ils ont besoin d'un support spirituel. Aaron, le prêtre, cède sous la menace de mort (ce qui pourrait entraîner la disparition du sacerdoce) et accède à leur demande : construire un veau en or, une représentation idolâtre par excellence, qui fait penser à Baal souvent figuré sous la forme de cet animal, ou aux taureaux divinisés d'Égypte, Apis, Boukhis et Mnèvis. En redescendant du Sinaï, Moïse constate le sacrilège : son frère Aaron a construit un autel à cette statue autour de laquelle dansent les Hébreux. Il parvient à calmer la colère de Dieu et, devant les siens, brise les Tables, signifiant ainsi que l'Alliance est rompue. Il fait fondre le métal de l'idole, lequel, réduit en poudre, est mélangé à de l'eau que chaque Hébreu doit boire pour prouver son repentir. Moïse retourne sur le Sinaï où Dieu lui remet deux Tables identiques aux premières : l'Alliance est renouée. Cet épisode célèbre a bien entendu une grande portée religieuse : l'Alliance ne doit jamais cesser, les exigences de Dieu sont grandes, mais son amour et son pardon sont immenses.

L'épisode du Veau d'or est évoqué quatre fois dans le Coran.

➡ *Aaron, Alliance, Arche, Baal, Buisson ardent, Décalogue, Exode, Hébreux, Moïse, Sinaï, Torah, Yahvé*

VENDREDI, PRIÈRE DU ☪

Yawm al-djamâ'a est le jour de la « Grande Assemblée », la grande prière communautaire et collective du vendredi en islam *(al-salat al-djamâ'a).* C'est aussi le titre de la 62e sourate du Coran, qui explicite le contenu particulier de ce rassemblement : « Ô vous, les croyants ! Quand on vous parle de la prière du vendredi, accourez à l'invocation de Dieu ! Interrompez tout négoce. [...] Lorsque la prière est achevée, dispersez-vous dans le pays ; recherchez la grâce de Dieu » (9-10). Cette prière, qui dure une heure environ, a lieu à midi et dans la Grande Mosquée qui, à raison d'une seule par ville, est appelée ainsi mosquée « du vendredi » *(al-djami).*

La prière, obligatoire seulement pour les hommes (les femmes peuvent cependant y participer), nécessite d'abandonner toute activité, notamment le commerce, comme le stipule le Coran. Elle se distingue des autres prières par le sermon *(al-khoutbah)*, prononcé par l'officiant depuis le minbar (chaire) pour rappeler les fondements de la religion et les comportements humains qui en découlent.

Au contraire du shabbat juif, qui commence le vendredi soir et se poursuit le samedi, et du dimanche chrétien, le vendredi n'est pas un jour de repos, chaque État musulman fixant le sien dans la semaine – les musulmans vivant dans un pays non musulman respectent le calendrier local.

➡ *Dimanche, Minbar, Mosquée, Rak'a, Salat, Sermon, Shabbat*

VENDREDI SAINT ✝

Au cours de la semaine, le vendredi est considéré par l'Église catholique comme un jour de pénitence, voire de jeûne, où l'on s'abstient de viande par exemple. Car il est plus spécialement consacré à la Passion de Jésus, celui-ci ayant été crucifié un vendredi après-midi.

Inclus dans la semaine sainte, le vendredi saint honore la mort de Jésus sur la croix, soit deux jours avant le dimanche de Pâques, jour de sa Résurrection, c'est-à-dire de la victoire sur la mort. Il existe depuis les débuts du christianisme mais a trouvé son déroulement particulier, sous une première forme, à partir du VIIe siècle.

Le vendredi saint est, avec le mercredi des Cendres, l'un des deux jours de jeûne complet du calendrier catholique. Un office, et non une messe, prévoit la lecture de passages de la Bible et du Second Testament évoquant des personnages ayant sacrifié leur vie pour leur foi, à l'image de Jésus. Une prière est adressée au monde, et un hommage rendu à la croix, symbole de la souffrance de Jésus. Les fidèles concluent par la communion avec des hosties consacrées la veille, le jeudi saint.

➡ *Cendres (Mercredi des), Crucifixion, Jeûne, Messe, Office, Pâques, Passion, Semaine sainte*

VERBE ✡ ✝ ☪

Le mot « verbe » vient du latin *verbum*, traduction du grec *logos* (« parole »). Dieu n'est pas un créateur ordinaire, qui aurait façonné le monde à partir d'outils perfectionnés. Dans la Bible, la Genèse – premier livre qui débute par la Création – le montre avec éclat : Dieu « dit » et fait.

Ainsi, les prophètes furent chargés, en Israël, de transmettre cette Parole (devenue un nom propre pour en signifier la sainteté absolue) de Dieu (*dabar* en hébreu). Elle exprimait sa puissance, son pouvoir créateur. C'est dans cet esprit que se situe le Second Testament que l'Église considère, avec la Bible, comme l'expression de cette Parole. En outre, Jésus incarne aussi cette Parole. À cet égard, Jean, un des ses apôtres, utilise un mot au sens profond dans les ouvrages qui lui sont attribués : le quatrième évangile, les deux épîtres et l'Apocalypse. C'est le Verbe, vu comme un nom propre tant il condense le mystère même de Dieu. Par Jésus, son Fils, Dieu a donc fait de sa Parole éternelle, fiable et efficace, un homme transmettant sa Gloire, c'est-à-dire sa puissance, sa majesté, sa sainteté, son amour, son pouvoir de pardon. Jésus reste par conséquent le seul médiateur entre Dieu et les hommes. C'est dans cet esprit que l'on doit lire le célèbre début de l'évangile de Jean (1, 1) : « Au commencement était le Verbe et le Verbe était avec Dieu et le Verbe était Dieu. »

Dans l'islam, le Coran se fait aussi l'écho de ce Verbe. Par exemple, la 3e sourate, *La Famille de 'Imran*, stipule que Jean le Baptiste, précurseur de Jésus, « déclarera véridique un Verbe *[kalimah]* venu de Dieu » (39) qui sera compté parmi les justes, nouvelle annoncée ensuite à Marie (45). Pour les musulmans, Jésus vint au monde par la Parole de Dieu, son Verbe, mais il ne fut qu'un prophète, le messager, le transmetteur de sa Parole, la divinité n'appartenant qu'à Dieu.

➨ *Apocalypse, Création, Genèse, Gloire de Dieu, 'Imran (La Famille de), Jean, Jean le Baptiste, Jésus, Juste, Mystère, Prophète*

VERSETS SATANIQUES ☪

La notion de « versets sataniques » est un sujet de vive discussion depuis les débuts de l'islam. Elle concerne des versets que le démon aurait soufflé à Mahomet durant la révélation du Coran. Dieu, tout-puissant et seul dépositaire de ce Livre contenant sa Parole, les auraient abrogés. C'est le principe de l'abrogation *(al-nask)* et de l'abrogé *(al-mansouk)*, que Dieu énonce, par exemple dans la 2e sourate, *La Vache* : « Dès que nous abrogeons un verset ou dès que nous le faisons oublier, nous le remplaçons par un autre, meilleur ou semblable » (206). Car « Dieu sait ce qu'il révèle » (*Les Abeilles*, 16, 101), et les hommes l'ignorent. C'est pourquoi ces versets constituent un mystère que les érudits tentent de percer depuis des siècles.

Selon l'opinion la plus courante, il s'agirait de la 53e sourate, *L'Étoile* : après les versets 19 et 20, qui évoquent des divinités adorées à La Mecque avant l'islam, aurait figuré la reconnaissance de leur grandeur par Mahomet. Cela donne : « Avez-vous considéré al-Lât et al-Uzza [19], et l'autre, Manât, la troisième ? [20] Ce sont là des déesses sublimes et leur intercession est souhaitée [versets abrogés]. » Même si le démon chercha toujours à contrarier l'action des prophètes envoyés par Dieu (Jésus en butte à Satan, par exemple), cela supposerait que Mahomet aurait fait des concessions à ses compatriotes polythéistes de La Mecque pour mieux les rallier, ce qui est en contradiction avec sa mission et avec le Coran. C'est pourquoi, dans *L'Étoile*, Dieu prohibe ces divinités, reléguées au rang de simples noms.

➡ *Al-Lât, Démon, Étoile (L'), Idole*

VERTU ✡ ✝ ☪

Dans l'Antiquité, les Romains estimaient que la valeur et le mérite s'obtenaient par la force (*virtus* en latin), celle-ci étant vue comme exclusivement masculine (*virilis*, de *vir*, « homme »). Dans les trois religions monothéistes, la vertu, qui obéit à la même étymologie, est un comportement conforme aux règles morales de Dieu et qui exige parfois, il est vrai, un effort sur soi-même, une force personnelle. Ainsi s'obtient le mérite devant Dieu.

La Bible, particulièrement son cœur, la Torah, contient de multiples recommandations en vue de perfectionner l'homme qui, cependant, ne sera jamais totalement parfait devant Dieu. Le courant de Sagesse, notamment, avec le livre des Proverbes, a développé de nombreuses considérations morales, et la tradition rabbinique, juste avant et pendant l'ère chrétienne, s'est attachée à réfléchir sur leur contenu (Michnah et Talmud).

Le christianisme attache bien sûr une grande importance aux vertus, qui se répartissent en trois familles. Il existe d'abord les vertus que l'on acquiert soi-même, par son attitude et ses efforts pour s'améliorer, pour gagner en sagesse et en patience. Elles doivent être recherchées en respectant la deuxième famille : ce sont les quatre vertus dites « cardinales », c'est-à-dire centrales, donc essentielles, soit la justice, la prudence, la tempérance (savoir se contrôler) et la force (en général). Enfin, le chrétien reçoit les trois vertus « théologales » (« données par Dieu ») : la foi, l'espérance, la charité.

Dans l'islam, où la notion de péché des origines n'existe pas, tout musulman se doit d'être irréprochable, souci vécu au jour le jour. Sa vie est en effet guidée par sa foi, par la pratique de celle-ci, mais aussi par une conduite personnelle conforme à ce que Dieu prescrit. C'est l'*ihsan*, que l'on peut traduire par « comportement correct ». La Tradition du prophète Mahomet (hadith) contient des réflexions sur cette recherche de perfection dans les actes, toujours animée de la présence de Dieu. Il existe ainsi deux domaines. Le premier porte sur le bon comportement *(adab)* à l'égard de Dieu, du prophète Mahomet, du Coran, de soi-même et des autres (la charité par exemple). Le second domaine concerne les vertus *(ahlaq)* comme la patience ou la fidélité.

➡ *Charité, Foi, Hadith, Kasaba, Michnah, Sagesse (Littérature et courant de), Talmud, Vice*

VICAIRE ✝

Pour les Romains, le *vicarius* (d'où vient le mot « vicaire ») était un lieutenant, un suppléant ou un remplaçant. Dans l'Église catholique, le vicaire remplit un rôle identique : le pape, qui en est à la tête, est le vicaire du Christ. Dans les diocèses importants, l'évêque s'entoure d'un ou de plusieurs vicaires dits « généraux », ses plus proches collaborateurs, qui l'aident dans l'exercice de ses fonctions, et d'un ou de plusieurs vicaires « épiscopaux » à qui est confiée une mission particulière (un territoire, une charge diplomatique...). De même, le curé d'une paroisse (subdivision d'un diocèse) peut avoir un vicaire « paroissial ». Il existe aussi des vicaires « apostoliques », c'est-à-dire désignés par le pape mais dont le territoire qu'ils gèrent n'est pas encore un diocèse ; ces cas relèvent des pays où le christianisme est très peu présent. Enfin, l'évêque qui s'occupe du diocèse de Rome, dont le pape est l'évêque, est appelé « cardinal vicaire ».

➡ *Catholique, Christ, Évêque, Pape*

VICE ✡ ✝ ☪

Le vice est l'ennemi de la vertu car il est littéralement le « défaut » (*vitium* en latin), la « faute » par excellence. Il correspond ainsi à un choix délibéré, dénoncé par le judaïsme et le christianisme comme un péché, par l'islam comme la responsabilité personnelle tout au long de l'existence. Le vice, généré par le mal, produit le mal et éloigne de Dieu. Chaque vice correspond à une vertu. Par exemple, la calomnie s'oppose à la sincérité : dans la Bible, la lèpre s'abattait sur les coupables, et le Coran, notamment dans la 104e sourate, *Le Calomniateur*, réserve à celui-ci les feux de l'enfer. Le christianisme a dressé, au VIe siècle, la liste des sept vices les plus redoutables, appelés aussi « péchés capitaux » en raison de leur importance primordiale : si l'orgueil, l'avarice, l'envie et la colère sont intemporelles, les trois autres ont beaucoup évolué depuis cette époque lointaine ; aujourd'hui, la luxure et la paresse sont abordées selon des critères moraux différents et, concernant la gourmandise, des démarches ont été faites auprès du Vatican pour la retirer de cette liste. En outre, l'Église s'est proposée, en 2008, d'y ajouter des fautes au caractère plus collectif : la pollution, les manipulations génétiques, les inégalités sociales, ou encore le trafic de drogue et la pédophilie.

➡ *Calomniateur (Le), Charité, Enfer, Foi, Péché, Vertu*

VICTOIRE, LA ☪

La Victoire (al-Fath), titre de la 48e sourate du Coran, est celle que Dieu permit au Prophète et à ses compagnons de remporter contre les ennemis de l'islam en faisant descendre sur eux sa *sakina* (Présence). La confiance en la toute-puissance de Dieu, en son amour et en sa miséricorde sont les gages de cette aide divine. Le Coran reprend alors une parabole biblique, contenue dans les évangiles du Second Testament : les vrais musulmans sont comme le grain qui croît et devient une tige forte et persistante, provoquant la colère des impies.

➡ *Parabole, Sakina*

VIGNE ✡ ✝ ☪

La vigne est une liane généreuse. Elle fournit le raisin, son fruit, et le vin.

Cultivée par les Égyptiens qui possédaient même des appellations, par les Grecs et par les Romains, elle était aussi une activité importante au Proche-Orient ancien. La Bible juive s'en fait l'écho à de nombreuses reprises. Dans le livre de la Genèse (9, 18-28), Noé, qui « commença de planter la vigne », a trois fils de qui viendra « le peuplement de toute la Terre » : Sem, Japhet et le plus jeune, Cham. Un jour, enivré par le vin, Noé s'endort tout nu. Cham, au lieu de cacher la nudité de son père, s'en moque et prévient ses deux frères qui, aussitôt, couvrent leur père d'un manteau. Réveillé et dégrisé, Noé maudit Cham, qui sera le « père de Canaan », la Terre où s'établira Israël. La vigne est également présente quand, durant l'Exode, Moïse envoie des éclaireurs pour explorer Canaan : ils reviennent, portant une énorme grappe de raisin sur une perche, car cette terre est exceptionnelle. Le peuple d'Israël est aussi souvent associé à la vigne dont prend soin le plus sublime des vignerons, Dieu lui-même. Les prophètes le proclament à plusieurs reprises, notamment Amos et Osée (VIIIe siècle av. J.-C.), et surtout Isaïe (vers 740-700) dans un poème somptueux, *Le Chant de la vigne* (5, 1-7). Les prophètes Michée, Jérémie et Ézéchiel interviennent aussi en reprenant un proverbe fameux en Israël : « Les pères ont mangé des raisins verts, et les dents des fils ont été agacées. » Ils veulent faire comprendre que la responsabilité d'une faute n'est plus uniquement collective, mais aussi individuelle. Le Cantique des cantiques, splendide chant d'amour, recourt à des allégories fondés sur la vigne. Nous comprenons pourquoi, par exemple, le vin est toujours très présent à Pessah.

Justement, Jésus, quand il institue l'eucharistie lors de la Cène, son dernier repas, où il annonce son prochain supplice, reprend de manière symbolique la Pâque juive. Le vin symbolise son sang et le pain son corps, qu'il va sacrifier pour le salut des hommes, le lendemain, sur la croix. Le vin est alors consommé au moment des fêtes, comme les mariages, et c'est précisément aux noces de Cana que Jésus a procédé à son premier miracle. Cet événement est rapporté par l'évangile de Jean. Le Second Testament recense d'autres évocations de la vigne dans des paraboles. Chez Matthieu, par exemple (Mt 21, 33-46), Jésus raconte celle des vignerons homicides qui tuent les serviteurs et le fils du propriétaire qui leur avait confié sa vigne et les avait envoyés en toucher les légitimes bénéfices ; Dieu rejettera de son Royaume ces vignerons, c'est-à-dire ceux qui, parmi les hommes, s'en sont montrés indignes. Le Royaume, accessible à tous, juifs et païens (étrangers) exige de s'en montrer digne. L'évangéliste Jean (15, 1-17) rapporte aussi ces mots de Jésus : « Moi, je suis la vraie vigne et mon Père est le vigneron. Tout sarment en moi qui ne porte pas de fruit, il l'enlève, et tout sarment qui porte du fruit, il l'émonde, pour qu'il porte encore plus de fruit. »

La vigne est également évoquée par le Coran, qui y voit un bienfait de Dieu, comme le palmier-dattier. Mais ici il s'agit de son fruit, le raisin. Car le vin ne jouit pas de la même considération que dans la Bible et le Second Testament, du moins ici-bas. La 16e sourate, *Les Abeilles*, énonce que vin et vigne sont des signes de Dieu : « Vous retirez une boisson enivrante et un aliment excellent des fruits des palmiers et des vignes. [...] Mangez de tous les fruits. [...] De leurs entrailles sort une liqueur diaprée où les hommes trouvent une guérison » (67-69). Toutefois, cette « guérison » concerne le paradis, réservé aux croyants fidèles, où couleront en effet quatre boissons : eau, lait, miel et vin. Dans la 83e sourate, *Les Fraudeurs* (25-26), ces élus de Dieu pourront goûter un vin merveilleux mélangé à l'eau du Tasnim, source du paradis, alors que le vin est interdit sur la Terre. Ces versets laissent donc entendre que le vin, œuvre du démon, se trouve au paradis : cette question a passionné les commentateurs. Il reste que le vin est – avec les jeux de hasard et les procédés divinatoires – jugé comme « abomination », selon *La Table servie* (5, 90). Se reposant sur ces versets et sur de nombreux hadith, le droit musulman stipule que le vin est interdit, de même que toute substance *(khamr)* qui altère la vigilance de l'esprit. Le vin est une « œuvre du démon », au même titre que « le jeu de hasard, les pierres dressées [sanctuaires des divinités polythéistes] » et la divination, précise encore *La Table servie* (5, 90-91). Il procure un plaisir immédiat, l'ivresse, mais il génère aussi la discorde et la haine. De plus, il éloigne de Dieu car l'ivresse est incompatible avec la prière : « N'approchez pas de la prière, alors que vous êtes ivres », rappelle la sourate *Les Femmes (al-Nisa)* (4, 43). Malgré l'interdiction touchant le vin dans le monde musulman, et qui constitue un cas assez complexe, ce breuvage a inspiré des poètes mystiques (soufis), parfois de manière très explicite : « Je suis le buveur, le vin et l'échanson. Dans le monde de l'unification, tous sont un », écrivait par exemple, le Persan al-Bistamî (mort vers 875), appelé aussi Bâyazid. « Nous avons bu à la mémoire du Bien-Aimé un vin dont nous nous sommes enivrés avant la création de la vigne [donc du monde]. [...] Il n'a pas vécu ici-bas celui qui a vécu sans ivresse, et celui-là n'a pas de raison qui n'est pas mort de son ivresse », ajoutait le poète arabe Ibn al-Fâridh (mort en 1235).

➡ *Cana, Canaan, Caverne (La), Cham, Eucharistie, Hadith, Idole, Jézabel, Parabole, Pessah, Royaume, Séder, Sémite, Soufisme*

VULGATE ⊕

Issue du latin *vulgata versio* (« version la plus répandue »), la Vulgate désigne, depuis le XIIIe siècle, la traduction en latin de la Bible opérée en partie par Jérôme (347-420). Père latin de l'Église, Jérôme (du latin Hieronymus, « nom sacré ») est le conseiller du pape Damase (366-384), qui, mécontent des versions précédentes de la Bible, qu'il juge de mauvaise qualité, lui commande ce travail. Pendant vingt-deux ans, Jérôme travaille à partir de l'hébreu original, à Rome puis à Bethléem, et en s'appuyant sur les versions grecques qu'il estime suffisamment proches, corrigeant au passage les erreurs existant dans la Septante, première traduction grecque, commencée vers 250 av. J.-C. Les quelques livres qu'il n'a pas traduits, les apocryphes (non retenus dans la Bible hébraïque) issus de la Septante, le seront après sa mort. Malgré les oppositions, la Vulgate s'impose en Occident, à partir du VIIe siècle, comme la version latine de référence et Gutenberg l'imprime en 1456. Le concile de Trente (1545-1563) la déclare même « canonique et authentique » (officielle) en matière de doctrine, c'est-à-dire en matière d'enseignement. Cette authenticité ne porte donc pas sur la valeur linguistique de la traduction mais sur sa valeur au regard de la foi. Mais, en 1943, le pape Pie XII promulgue un texte par lequel l'original hébraïque redevient prioritaire. Il le reste aujourd'hui, et la Vulgate ne constitue plus qu'une des versions latines parmi toutes celles que cette œuvre supplanta.

Dans le judaïsme, la Masorah, constituée du VIIe au Xe siècle, est considérée aussi parfois comme une Vulgate. Reproduite dans les bibles hébraïques d'aujourd'hui, elle définit en effet les vocalisations de l'hébreu et de l'araméen composant le texte authentique le plus ancien de la Bible.

La Vulgate désigne aussi la compilation du Coran établie sous Othman, troisième calife (644-656) – c'est-à-dire successeur de Mahomet. Elle est reconnue par tous les musulmans, et donc largement diffusée, car elle contient le texte de la révélation, parole de Dieu donnée à Mahomet.

➡ *Bible, Canon, Concile, Coran, Doctrine, Masorah, Othman, Père de l'Église, Révélation, Septante*

WYZ

WAHHABITE, WAHHABISME ☪

Le wahhabisme est le nom d'un mouvement religieux et politique fondé par Muhammad Abd al-Wahab (1703-1792), dans le Nedjd, région centrale de l'Arabie. Au début du XIXe siècle, il s'oppose violemment aux Ottomans. Wahab était plus perméable à l'hétérodoxie, c'est-à-dire aux ouvertures ou aux innovations, dans le sens défini par l'entrée BIDAH. Lors de la fondation du royaume d'Arabie Saoudite, en 1932, par Ibn Séoud, le wahhabisme, branche du sunnisme, devient la doctrine officielle.

Les wahhabites (qui préfèrent s'appeler « les unitaires », *al-mouwahhidoun*) prônent l'unicité absolue de Dieu, un respect littéral et scrupuleux du Coran et de la *charia*, donc des Cinq Piliers de l'islam ; ils rejettent toute innovation et commentaires en ces domaines dont le contenu originel doit être préservé, même les hadith. C'est pourquoi ils condamnent le chiisme, la mystique et le soufisme, le culte des saints et la visite de leurs tombeaux ou celle des morts ordinaires, qu'ils assimilent à une sorte de polythéisme. La loi religieuse est ainsi la loi de l'État. Le wahhabisme est le support du royaume d'Arabie Saoudite, mais aussi un tuteur à partir duquel croissent des mouvements fondamentalistes.

➡ *Arabie, Bidah, Charia, Chérif, Chiisme, Hadith, Piliers (Les Cinq), Soufisme, Sunnisme*

WALI ☪

Dans le Coran, le *wali-Allah* est un « ami de Dieu ». Le mot *wali* (pluriel : *waliya*), qui implique la notion de protection, s'est étendu ensuite aux hommes que le christianisme qualifie de saints. Le titre de *wali* était aussi appliqué aux gouverneurs dont le pouvoir était la *wilaya*, mot désignant également la circonscription administrative que ce dignitaire gouvernait, chez les Mamelouks ou dans l'Empire ottoman (où elle était appelée *vilayet*). L'Algérie est toujours divisée en quarante-huit *wilayas*.

➡ *Coran, Saint*

YA SIN ☪

Les lettres de l'alphabet arabe possèdent une identité et une vie propres qui, associées, confèrent à cette langue une complexité et une richesse extraordinaires. Cette particularité, qui rend très ardue toute traduction d'écrits arabes, est illustrée par le titre de la 36e sourate du Coran, composé des deux lettres (francisées) *Ya* et *Sin*, dont la signification reste entourée de mystère – ce sont les *fawatih* présentes dans d'autres sourates. Cette sourate débute par la révélation « descendue » sur Mahomet, « pour que tu avertisses », et qu'une parabole sert à illustrer : à la suite d'Abraham, de Moïse et de Jésus, Mahomet est l'envoyé de Dieu. Nous y trouvons en effet condensés les grands traits de l'islam, le paradis et l'enfer, le Dieu créateur, les débuts de l'humanité et le Déluge. Il y est question aussi du Jugement dernier qui attend tous les êtres, dont les incrédules, un jour annoncé par la trompette – le *chofar* juif, instrument également très important. Le thème de la résurrection est développée avec tant de force que cette sourate est souvent récitée pour les morts.

➡ *Chofar, Coran, Déluge, Enfer, Fawatih, Géhenne, Jugement dernier, Parabole, Paradis, Résurrection, Révélation*

YAHVÉ ✡

Yahvé (ou Yahvo) est la forme prononcée du tétragramme YHWH, que Dieu dévoile à Moïse lors de l'épisode du Buisson ardent, récit contenu dans le livre de l'Exode (3, 1-15). Des chercheurs pensent que Yahvé fut d'abord un dieu parmi d'autres divinités importantes (les El) du monde sémitique, sans doute celui d'une tribu du désert, puis qu'il fut adopté par

Israël qui en fit très tôt son Dieu personnel, et bien sûr unique, Dieu ne cessant d'intervenir dans son histoire. Peut-être dès le IIIe siècle av. J.-C., le Nom de Dieu, YHWH, ne pouvant être prononcé dans les milieux pieux, on le remplaça dans la Bible par « Adonaï » (« Mes Seigneurs »), qui illustre bien la royauté totale que Dieu, le Créateur par excellence, exerce sur son peuple et l'Univers.

➡ *Adonaï, Bible, Buisson ardent, El, Élohim, Exode, Moïse, Sémite, YHWH*

YECHIVAH ✡

La *yechivah* (« assemblée », « assise » en hébreu ; pluriel : *yechivot*), est l'école supérieure où l'on étudie le Talmud. Ce type d'établissement remonte au IIe siècle et se propagea dans la Diaspora. À cette époque, chaque maître dirigeait sa *yechivah*. Aujourd'hui, les *yechivot* (ou *kolel*) sont concentrées principalement dans l'actuel État d'Israël, où les étudiants sont pour le moment dispensés de service militaire. La vaste pièce d'étude est appelée *bet midrach* (« maison d'étude » en hébreu), terme qui désigne aussi la salle sacrée où, dans une synagogue, sont étudiés les écrits fondamentaux du judaïsme, comme le Talmud et la Torah. Pour la tradition rabbinique, les sages ayant justement étudié la Torah, mais aussi les érudits et les personnes particulièrement méritantes rejoignent après leur mort l'Académie céleste ou Académie d'en haut *(yechivah chel Maalah)*.

➡ *Diaspora, Michnah, Talmud, Torah*

YHWH, TÉTRAGRAMME ✡

Dans l'épisode du Buisson ardent, rapporté par le livre de l'Exode (3, 1-15), Moïse rencontre Dieu à l'Horeb (mont Sinaï) et lui demande son nom. Dieu dit : « YHWH », tétragramme prononcé *yahvé* ou *yahvo*, mais dont la signification profonde et mystérieuse continue de faire couler beaucoup d'encre. Bien que son origine hébraïque ou amorrhéenne (de Mésopotamie) soit encore discutée, on s'accorde pour le rapprocher du verbe « être ». YHWH pourrait ainsi signifier : « Je suis qui je suis [*Ehyé acher Ehyé* en hébreu], serai qui Je serai », formule qui, influencée par la philosophie grecque, a donné : « Je suis celui qui est. » Au IIIe siècle avant notre ère environ, et peut-être plus tôt, il fut interdit de prononcer le tétragramme, et même de le lire, à l'exception du grand prêtre du Temple qui y était autorisé une fois par an, à Yom Kippour. Il fut dés lors remplacé par Adonaï (« Mes Seigneurs ») et par Élohim.

➡ *Adonaï, Buisson ardent, El, Élohim, Exode, Moïse, Sinaï, Temple, Yahvé, Yom Kippour*

YOM HA-ASMAOUT ✡

Le 5 du mois d'iyyar, Israël fête sa naissance en tant qu'État (14 mai 1948). Cet anniversaire est aussi une fête religieuse, le *yom ha-asmaout* (« jour de l'indépendance »), célébrée en terre d'Israël et dans la Diaspora.

➡ *Diaspora, Israël, Iyyar*

YOM KIPPOUR ✡

Yom Kippour, célébré le 10 du mois de tichri, est le « jour du Pardon » ou « Grand Pardon ». En ce jour de jeûne, qui clôt la période de dix jours commencée à Roch ha-Chanah (Nouvel An), les juifs ne mangent pas, ne boivent pas, ne portent pas de cuir à leurs pieds et s'abstiennent de tout acte sexuel. Par la reconnaissance de ses péchés *(achamnou)* et la demande de pardon, deux démarches qui peuvent se faire aussi bien auprès de Dieu qu'entre juifs, le fidèle se purifie afin de restaurer sa relation avec Dieu. En contrepartie, il devra se rendre meilleur, dans ses intentions et dans ses actes.

Yom Kippour est la fête la plus sainte et la plus importante du calendrier juif – par exemple, il n'est pas remis s'il tombe le jour du shabbat. Son origine puise dans le livre du Lévitique (23, 27-28) qui en précise le culte (*avodah*, qui désigne aujourd'hui un service supplémentaire de la fête) : « Le dixième jour de ce septième mois [septembre-octobre], c'est le jour des Expiations. Il y aura pour vous une sainte assemblée. Vous jeûnerez et vous offrirez un mets à Yahvé. Ce jour-là vous ne ferez aucun travail, car c'est le jour des Expiations où l'on accomplit sur vous le rite d'expiation devant Yahvé votre Dieu. » Plus loin (23, 32), le Kippour, comme le nomment simplement les Séfarades, est qualifié de « repos complet », ou plutôt de « repos solennel », c'est-à-dire *shabbat shabbaton* (« Shabbat des shabbats »). Les prescriptions qui l'entourent sont contenues dans le traité Yoma (ordre Moed) de la Michnah, mais des variantes existent en fonction des communautés. La tradition juive de la Haggadah (ensemble littéraire), quant à elle, le relie au jour où Moïse reçut au Sinaï les secondes Tables de la Loi, après la destruction des premières lors de l'épisode du Veau d'or.

À l'époque du temple de Jérusalem, comme le stipule le Lévitique (16), le grand prêtre devait se vêtir de lin (humilité) blanc (couleur de la pureté). Il commençait par offrir un taureau en sacrifice puis franchissait (unique fois dans l'année) le voile *(parokhet)* séparant le Saint des saints (partie la plus sacrée du Temple) du reste de l'édifice. Ensuite, à l'extérieur du Saint des saints, pour représenter les péchés, il sacrifiait sur l'autel un bouc, dont le sang servait également d'offrande. Enfin, un autre bouc (« émissaire »), porteur de toutes les fautes d'Israël, était envoyé dans le désert où habitait le démon Azazel. Au Moyen Âge, il n'était pas rare d'y substituer une poule que l'on égorgeait puis qu'on faisait tourner autour de la tête en reportant sur elle ses péchés : cette pratique, appelée *kapparot* (« expiations »), au caractère superstitieux, intervient encore la veille de la fête dans certaines communautés juives, mais l'animal est la plupart du temps remplacé par des pièces de monnaie.

Aujourd'hui, Yom Kippour est précédé, la veille, d'un repas plantureux, et, à la synagogue, par l'office du Kol Nidré – certains juifs se préparent par des bains de purification, les *miqvaot* (pluriel de *miqveh*). Des bougies brûlent dans les maisons. Dans la synagogue, où le blanc domine – dont le rideau symbolisant le voile du Temple – les juifs portent le *tallit*. Quatre autres offices marquent la célébration, comprenant, entre autres prières, la récitation d'*Avinou Malkenou* (« Notre Père, notre Roi »), du *Qaddich*, du *Chema*. Le dernier office, une demande de pardon, la *neïla* (« fermeture »), précède la sonnerie du *chofar* qui clôture Yom Kippour.

➡ *Achamnou, Alaq (Al-), Avinou, Avodah, Azazel, Bouc émissaire, Chema, Chofar, Haggadah, Kol Nidré, Lévitique (Livre du), Michnah, Miqveh, Moed, Parokhet, Qaddich, Sang, Shabbat, Tallit, Temple, Tichri, Veau d'or*

YOTSEROT ✡

Le *yotser* (« celui qui crée » ; pluriel : *yotserot*) est un *piyyout* (« poème »). Il encadre le *Chema* (prière), pendant des offices de la journée, lors de fêtes ou à l'occasion de shabbats particuliers. Pratique très courante dans le judaïsme, à l'exemple de la lecture des parties de la Bible et du *Chema*, *yotser* est le premier mot de la première bénédiction avant le *Chema*. Les *yotserot* existent dans la tradition achkénaze (juifs d'Europe centrale et de l'Est).

➡ *Achkénaze, Chema, Office, Piyyout, Shabbat*

ZACHARIE ✡

Zacharie (en hébreu Zekharyah, « Dieu se souvient ») intervient en même temps qu'un autre prophète, Aggée, mais prolonge son action deux ans de plus, soit de 520 à 518, sous le règne de Darius Ier, empereur de Perse, alors maître de la Palestine. Le livre de la Bible qui porte son nom est composé de deux parties. Dans la première (chapitres 1 à 8), qui lui revient, ce rapatrié de l'Exil s'exprime à la première personne, exhortant les juifs à rebâtir le temple de Jérusalem malgré des retards qui le désolent. Lors de visions, il proclame que Dieu interviendra pour restaurer sa demeure et la ville. Ainsi, il loue l'un de ceux qui ont guidé les juifs exilés depuis Babylone : Zorobabel (de l'hébreu Zerubbabèl, « Semence de Babylone », lieu de l'Exil), petit-fils de Joiakîn, avant-dernier roi de Juda, qui reçoit le qualificatif de « germe », c'est-à-dire de ferment d'un retour au pouvoir royal – mais Zorobabel disparaît mystérieusement. De même, Josué, qui mène le chantier du Temple, symbolise le retour du sacerdoce. Le Temple est achevé et consacré en 515 av. J.-C., comme le rapporte le livre d'Esdras. La seconde partie du livre (chapitres 9 à 14), constituée d'ajouts ultérieurs étrangers à Zacharie, consiste en une évocation des temps messianiques et s'achève par un « combat eschatologique » (de la fin des temps) et par la « splendeur de Jérusalem ». L'ouvrage fait partie de la littérature apocalyptique d'Israël.

➡ *Aggée, Apocalypse, Babylone, Eschatologie, Esdras, Exil, Juda, Malachie, Sacerdoce, Temple*

ZAKAT ☪

Inscrite dans le Coran, l'aumône est une forme de solidarité à mettre à l'honneur du monde musulman. Car, expression de l'amour de Dieu pour les hommes, des hommes pour Dieu et des hommes entre eux, elle est l'un des Cinq Piliers de l'islam. Elle se traduit concrètement par une donation légale, une obligation *(fard)*, en argent ou en nature, pour tout musulman capable de l'acquitter. C'est la *zakat* (« devenir pur ») qui, présente au cœur de la foi, peut quand même être considérée comme une forme de dîme – la *sadaqa* est de son côté une aumône volontaire. Les prélèvements sont effectués sur ce qui excède les besoins, donc « le superflu », explique, dans le Coran, la 2e sourate *La Vache* (219). Ils permettent, par exemple par l'intermédiaire de l'État, de secourir les plus nécessiteux ou toute personne accablée par des soucis d'argent, mais aussi de soutenir les œuvres de bienfaisance, les voyageurs dans le besoin et des activités servant l'islam. À l'origine, la *zakat* était prélevée sur des produits agricoles et le cheptel, puis elle s'étendit à d'autres biens. Elle est donnée chaque année lunaire *(el-hawle)* à partir d'un seuil *(nisâbe)*. Mais, très encadrée sur le plan législatif, elle n'est aujourd'hui appliquée *stricto sensu* que par de rares pays musulmans (Pakistan et Arabie Saoudite). En revanche, le don libre est répandu, particulièrement en période de ramadan. Il existe ainsi une autre *zakat* appelée *zakat el-fitr*, qui doit être effectuée, même par le pauvre, à la fin du mois de ramadan, mois du jeûne, et qui correspond en général à l'équivalent d'un repas.

➡ *Aumône, Dîme, Fard, Piliers (Les Cinq), Ramadan, Sadaqa*

ZAOUÏA ☪

La zaouïa (de l'arabe *zawiya*, « retraite », d'après le verbe *inzawâ*, « se retirer ») est, au Maghreb, associée au mot *ribat*, désignant à la fois fondation et communauté religieuse, et la construction qui l'abrite. Ce lieu est étroitement lié au maraboutisme. On vient s'y recueillir sur la tombe d'un saint important, y pratiquer la prière et d'autres rituels liturgiques, faire une retraite, ou encore perfectionner sa connaissance des Écrits saints.

➡ *Marabout, Monachisme, Ribat*

ZAYDISME ☪

Ce courant de l'islam, considéré comme hétérodoxe, est né d'une dissidence du chiisme duodécimain. Le zaydisme, ou *zaydiyya*, porte le nom de Zayd ibn Ali, qui n'est pas reconnu comme le 5e imam, bien qu'il soit le fils du 4e Ali Zayn al-Abidin (mort en 713). Le choix s'étant porté sur son demi-frère, Muhammad al-Bâqir (733), l'insurrection éclate à Koufa (Irak), et Zayd ibn Ali trouve la mort en 740. Son fils, Yahyâ ibn Zayd, poursuit la lutte dans le Khorassan (Iran) avant de périr à son tour (743). De cette lutte pour le pouvoir vont naître deux dynasties : les Zaydites du Tabaristan (864-928), en Iran, près de la mer Caspienne ; et les Zaydites du Yémen (897-1968), pays dont ils ont été chassés du pouvoir par l'instauration de la république, et où ils représentent près de 45 % de la population.

Au fil des siècles, le zaydisme s'est diversifié en courants, présents notamment en Arabie du Sud, au Koweit et aux Émirats arabes unis. Il repose cependant sur des points essentiels : par exemple, et cette position les distinguent radicalement des autres chiites, ils reconnaissent les trois premiers califes (successeurs de Mahomet) dits « bien-guidés » *(Rachidoun)*, Abou Bakr, Omar et Othman, mais considèrent le 4e, Ali, comme insurpassable ; en outre, ils n'accordent pas de statut particulier à leurs imams.

➡ *Calife, Chiisme, Duodécimain, Imam*

ZÉLOTE ✡

Au tournant de l'ère chrétienne apparaît un mouvement que l'historien juif Flavius Josèphe (vers 37-100) qualifiera de « brigands » *(lestsai)*. Il s'agit des zélotes, les « zélés de Dieu » (*qan'ani* en hébreu), secte fondée à l'initiative de Judas le Galiléen, originaire du Golan. Les zélotes, contrairement aux pharisiens dont ils sont proches sur le plan religieux, prennent les armes. Nationalistes, sans pitié, ils mènent une lutte s'apparentant à la guérilla, tuant des Romains, les juifs sous l'autorité de ces derniers, ou tous ceux qu'ils jugent trop modérés. Ils conduisent aussi une action contre le recensement organisé en l'an 6 par Quirinius, légat romain de Syrie dont dépend la Palestine, car seul Dieu est autorisé à recenser ses sujets ou à demander un tribut, et non les Romains ! Judas trouve sans doute la mort après la répression qui suit cette rébellion, en combattant ou sur la croix, comme le rapportent les Actes des apôtres (5, 36-37). En effet, le châtiment qui est réservé aux zélotes, quand ils sont pris vivants, est la crucifixion.

Il est étonnant que les zélotes ne soient pas cités clairement dans les évangiles, si l'on excepte l'apôtre Simon le Zélote (Lc 6,15 et Ac 1, 13), qui, d'ailleurs, n'en fut sans doute pas un. En revanche, il est probable que les deux « larrons » crucifiés avec Jésus aient été membres de la secte, dont des adeptes venaient d'être crucifiés par Ponce Pilate – Marc parle même de « brigands » (15, 27). Et il est possible que d'anciens zélotes aient fait partie des disciples de Jésus, mais la théorie selon laquelle lui-même aurait été zélote est contredite par son message, fait avant tout d'amour et de paix.

➡ *Actes des apôtres, Apôtre, Crucifixion, Disciple, Essénien, Évangiles, Jérusalem, Jésus, Josèphe (Flavius), Judas Iscariote, Marc, Palestine, Pharisien, Ponce Pilate, Romain, Simon le Zélote*

ZÉMIROTH ✡

Chez les Achkhénazes, les *zémiroth* sont les « cantiques domestiques » chantés à table, lors des repas ponctuant le shabbat, afin de louer Dieu et les bienfaits de la fête. Les Séfarades appellent *zémiroth* les extraits de la Bible chantés à l'office du matin, Chaharith. L'origine de ces textes, poèmes et *piyyoutim* écrits par des sages, est très ancienne, certains étant antérieurs au Xe siècle. Des auteurs de la kabbale ont aussi produit des *zémiroth*.

➡ *Cantique, Chaharith, Kabbale, Piyyout, Shabbat*

ZERAÏM ✡

Les « Semences » (Zeraïm) forment le premier ordre de la Michnah. Il a été repris et développé dans le Talmud et la Tossefta (textes non retenus dans la Michnah). Traitant des besoins humains élémentaires, il est consacré à l'agriculture, à son organisation et à ses produits alimentaires, essentiellement en terre d'Israël. Le premier traité, Berakhot (Bénédictions), inaugure logiquement l'ensemble puisqu'il recense les formules pieuses destinées à la nourriture et les louanges au Dieu créateur sans lequel rien ne peut exister ; on y retrouve des prières essentielles comme le *Chema* et l'*Amidah*. La suite concerne les « prémices » (*bikkourim*) à offrir et la dîme (développée aussi dans les traités Demaï, Maaser chéni et surtout Maasérot, « dîme ») ; les règles entourant la septième (traité Cheviit) année, dite « sabbatique », où la terre doit se reposer ; le pain et ce qui doit en revenir aux prêtres (traité Hallah), lesquels reçoivent aussi des parts de la production agricole (traité Teroumot) ; les végétaux et les animaux qu'il convient ou non d'associer (traité Kilayim), notamment à propos du *chaatnez*, vêtement fait de laine et de lin ; les fruits à ne pas cueillir les trois premières années (traité Orlah). Mais tout juif se rappelle aussi qu'il doit réserver un « coin » (traité Péah) de ses cultures aux indigents.

➡ *Amidah, Bénédiction, Chaatnez, Charité, Chema, Dîme, Michnah, Prémices, Sabbatique (Année), Talmud, Tossefta*

ZOHAR, SÉFER HA- ✡

Le *Séfer ha-Zohar* (*Livre de la splendeur*) est un ouvrage fondamental de la kabbale, car il aboutit à une synthèse de tous les courants qui l'on caractérisée depuis l'ouvrage précurseur de la kabbale, le *Séfer ha-Bahir* (fin du XIIe siècle). Le *Séfer ha-Zohar* avance que son auteur serait Siméon bar Yohaï, éminent *tanna* du IIe siècle. Il s'agit en fait d'un pseudépigraphe, soit d'un écrit empruntant le nom d'un illustre personnage. Selon les travaux des chercheurs, le savant juif et grand kabbaliste Moïse de León en écrivit l'essentiel entre 1270 et 1300, le reste ayant été composé sans doute par un de ses disciples. Le *Séfer ha-Zohar* est divisé en dix-huit chapitres où la Torah et le reste de Bible sont interprétés de façon symbolique et mystique. Un long développement est consacré aux *sefirot* (émanations divines et outils de la Création) qui viennent de l'*En Sof* (l'infini de Dieu), par essence caché et insaisissable, et qui les utilise pour se manifester. Il faut préserver l'harmonie entre ces *sefirot*, masculines ou féminines, et pour cela combattre le mal sous toutes ses formes (tentations, péchés, démons...) et respecter les commandements.

➡ *Bahir (Séfer ha-), Bible, Commandement, Création, Démon, Kabbale, Mystique, Pseudépigraphe, Sefirot, Tanna, Torah*

ZOROASTRISME ✡ ✝ ☪

Au VIIIe siècle av. J.-C., les prophètes d'Israël ravivent un judaïsme menacé par les divinités étrangères. Presque en même temps, vers le VIIIe-VIIe siècle, un prophète d'Iran (Perse), Zarathoustra (Zoroastre en grec), réforme la religion de son pays en écartant les cultes anciens du mazdéisme. Dans les textes qui lui sont attribués, les *ghathâs*, partie la plus ancienne de l'*Avesta*, recueil sacré de cette religion, il loue le dieu principal, Ahura Mazda (« Seigneur Sage »), créateur et puissant, qui lutte contre le maléfique Ahriman. À l'issue d'une bataille paroxystique, Mazda doit triompher, car le mal ne peut régner. Cette forme de monothéisme est appelée zoroastrisme, du nom de son promoteur. Il naît donc peu avant Cyrus le Grand (549), fondateur de l'Empire perse, qui libère les Israélites de l'exil à Babylone et leur permet de retourner en Judée pour reconstruire le pays, Jérusalem et le Temple. Il semble que Cyrus n'ait pas appliqué la réforme zoroastrienne, mais les informations sont imprécises. En revanche, il est indéniable que le zoroastrisme devint la religion officielle des Sassanides (226-651), dynastie qui régna sur la Perse (Iran) jusqu'à la conquête musulmane.

Le mazdéisme réformé est toujours pratiqué en Iran, par les Guèbres, et en Inde au sein des Parsis, qui considèrent toujours Zarathoustra comme une figure à l'égal de Jésus et de Mahomet. Population majoritaire d'Azerbaïdjan, pays qui fut conquis par les Perses, les Azéris ont gardé dans leurs traditions des empreintes du mazdéisme voisinant avec la religion musulmane officielle (chiite et sunnite).

Étant donné la longue histoire du zoroastrisme, des chercheurs ont supposé qu'il aurait imprégné le judaïsme, et, à la suite de ce dernier, le christianisme et l'islam. Ils s'appuient pour cela sur certains points communs, comme les notions de Jugement dernier qui récompensera les bons et châtiera les méchants, d'enfer et de paradis, de résurrection des morts, voire les cinq prières quotidiennes de l'islam *(salat)*. D'autres arguments avancent que des écrits prophétiques d'Israël auraient pu être inspirés par l'amanite tue-mouches, champignon hallucinogène entrant dans la composition du *haoma* (« jus »), liquide sacré des zoroastriens hérité des pratiques anciennes, équivalent du *soma* indien. Enfin, dans le Coran, la 22e sourate (chapitre), intitulée *Le Pèlerinage*, mentionne des *majûs* : « Le

Jour de la Résurrection, Dieu distinguera les uns des autres : les croyants, les juifs, les Çabéens, les chrétiens, les Mages et les polythéistes. – Dieu est témoin de toute chose – » (17). Ce mot *majûs*, qui qualifie sans doute les zoroastriens, ou au moins les Perses d'Arabie, a suscité de grand débats, les uns prônant leur rejet par l'islam, les autres affirmant au contraire qu'ils comptaient parmi les religions reconnues, avec les juifs, les chrétiens et bien sûr, les musulmans. Mais Dieu est seul habilité à décider qui peut être rangé parmi les « gens du Livre » (*ahl al-Kitab*).

➡ *Apocalypse, Chiisme, Enfer, Exil, Jugement dernier, Mages (Rois), Mahomet, Paradis, Résurrection, Sunnisme*

ANNEXES

LA BIBLE ET LE SECOND TESTAMENT

BIBLE HÉBRAÏQUE OU TANAKH

Tanakh est un acronyme composé des lettres initiales des trois parties de la Bible hébraïque.

La Torah (Pentateuque)

Les noms hébreux correspondent aux mots par lesquels chaque livre débute :

Beréchit, « Au commencement » (Genèse)
Chemot, « Tels sont les noms » (Exode)
Va-yiqra, « Et Yahvé appela Moïse » (Lévitique)
Be-midbar, « Dans le désert » (Nombres)
Devarim, « Telles sont les paroles » (Deutéronome)

Les Neviim (Prophètes)

Les prophètes premiers : Josué ; Les Juges ; Samuel ; Les Rois
Les prophètes postérieurs

Les grands prophètes : Isaïe ; ; Jérémie ; ÉzéchielLes douze prophètes ou « petits prophètes » : Osée ; Joël ; Amos ; Abdias (Obadiah) ; Jonas ; Michée ; Nahum (Nahoum) ; Habaquq (Habacuc) ; Sophonie ; Aggée ; Zacharie ; Malachie

Les Ketouvim (écrits ou hagiographes)

Les Psaumes
Job
Les Proverbes
Ruth [un des Cinq Rouleaux]
Le Cantique des cantiques [un des Cinq Rouleaux]
Qohélet ou Ecclésiaste [un des Cinq Rouleaux]

Les Lamentations ou Ékhah [un des Cinq Rouleaux]
Esther [un des Cinq Rouleaux]
Daniel
Esdras
Néhémie
Les Chroniques

BIBLE LATINE

Par souci de simplicité et d'uniformisation, les citations figurant dans ce dictionnaire, tant pour la Bible que pour le Second Testament, sont extraites d'une même traduction, celle de La Bible de Jérusalem (Paris, Éditions du Cerf, 1998). Les livres sont suivis de leur abréviation en usage. Selon la convention, les références des citations sont indiquées entre parenthèses dans l'ordre suivant : abréviation du titre du livre, numéro du chapitre, numéro(s) du ou des versets (indiqués en marge des traductions). Par exemple, Jn 1, 24, correspond à l'évangile de Jean, chapitre 1, verset 24.

Le Pentateuque

La Genèse (Gn)
L'Exode (Ex)
Le Lévitique (Lv)
Les Nombres (Nb)
Le Deutéronome (Dt)

Les Livres historiques

Le livre de Josué (Jos)
Le livre des Juges (Jg)
Le livre de Ruth (Rt)
Les livres de Samuel (1 S et 2 S)
Les livres des Rois (1 R et 2 R)
Les livres des Chroniques (1 Ch et 2 Ch)
Le livre d'Esdras (Esd)

Le livre de Néhémie (Ne)
Tobie (Tb)
Judith (Jdt)
Esther (Est)
Premier et deuxième livres des Maccabées (1 M et 2 M)

Les Livres poétiques et sapientiaux

Job (Jb)
Les Psaumes (Ps)
Les Proverbes (Pr)
L'Ecclésiaste ou Qohélet (Qo)
Le Cantique des cantiques (Ct)
Sagesse de Salomon ou livre de la Sagesse (Sg)
L'Ecclésiastique ou Siracide (Si)

Les Livres prophétiques

Isaïe (Is)
Jérémie (Jr) et lettre de Jérémie (Jj) (pour Jérémie et Jérusalem [à qui est destinée cette lettre] ? Mention absente de La Bible de Jérusalem, édition 1986. À voir avec l'auteur.)
Les Lamentations (Lm)
Le livre de Baruch (Ba)
Ézéchiel (Ez)
Daniel (Dn)
Osée (Os)
Joël (Jl)
Amos (Am)
Abdias (Ab)
Jonas (Jon)
Michée (Mi)
Nahum (Na)
Habaquq (Ha)
Sophonie (So)

Aggée (Ag)
Zacharie (Za)
Malachie (Ml)

SECOND TESTAMENT

Les évangiles

L'évangile selon saint Matthieu (synoptique, Mt)
L'évangile selon saint Marc (synoptique, Mc)
L'évangile selon saint Luc (synoptique, Lc)
L'évangile selon saint Jean (Jn)

Les Actes des apôtres (Ac)

Les épîtres de saint Paul

Épître aux Romains (Rm)
Première épître aux Corinthiens (1 Co)
Deuxième épître aux Corinthiens (2 Co)
Épître aux Galates (Ga)
Épître aux Éphésiens (Ep)
Épître aux Philippiens (Ph)
Épître aux Colossiens (Col)
Première épître aux Thessaloniciens (1 Th)
Deuxième épître aux Thessaloniciens (2 Th)
Première épître à Timothée (1 Tm)
Deuxième épître à Timothée (2 Tm)
Épître à Tite (Tt)
Épître à Philémon (Phm)
Épître aux Hébreux (He)

Les épîtres catholiques

Épître de saint Jacques (Jc)

Première épître de saint Pierre (1 P)
Deuxième épître de saint Pierre (2 P)
Première épître de saint Jean (1 Jn)
Deuxième épître de saint Jean (2 Jn)
Troisième épître de saint Jean (3 Jn)
Épître de saint Jude (Jude)

L'Apocalypse (Ap)

LISTE ALPHABÉTIQUE DES ABRÉVIATIONS DES LIVRES BIBLIQUES

(Ab)	Abdias
(Ac)	Actes des apôtres
(Ag)	Aggée
(Am)	Amos
(Ap)	L'Apocalypse
(Ba)	Le livre de Baruch
(1 Ch)	Premier livre des Chroniques
(2 Ch)	Deuxième livre des Chroniques
(Col)	Épître aux Colossiens
(1 Co)	Première épître aux Corinthiens
(2 Co)	Deuxième épître aux Corinthiens
(Ct)	Le Cantique des cantiques
(Dn)	Daniel
(Dt)	Deutéronome
(Ep)	Épître aux Éphésiens
(Esd)	Esdras
(Est)	Esther
(Ex)	Exode
(Ez)	Ézéchiel

(Ga)	Épître aux Galates
(Gn)	Genèse
(Ha)	Habaquq
(He)	Épître aux Hébreux
(Is)	Isaïe
(Jb)	Job
(Jc)	Épître de saint Jacques
(Jdt)	Judith
(Jg)	Juges
(Jj)	Lettre de Jérémie
(Jl)	Joël
(Jn)	Évangile selon saint Jean
(1 Jn)	Première épître de saint Jean
(2 Jn)	Deuxième épître de saint Jean
(3 Jn)	Troisième épître de saint Jean
(Jon)	Jonas
(Jos)	Josué
(Jr)	Jérémie
(Jude)	Épître de saint Jude
(Lc)	Évangile selon saint Luc
(Lm)	Les Lamentations
(Lv)	Lévitique
(1 M)	Premier livre des Maccabées
(2 M)	Deuxième livre des Maccabées
(Mc)	Évangile selon saint Marc
(Mi)	Michée
(Ml)	Malachie
(Mt)	Évangile selon saint Matthieu
(Na)	Nahum
(Nb)	Nombres
(Ne)	Néhémie

(Os)	Osée
(1 P)	Première épître de saint Pierre
(2 P)	Deuxième épître de saint Pierre
(Ph)	Épître aux Philippiens
(Phm)	Épître à Philémon
(Pr)	Les Proverbes
(Ps)	Les Psaumes
(Qo)	L'Ecclésiaste ou Qohélet
(1 R)	Premier livre des Rois
(2 R)	Second livre des Rois
(Rm)	Épître aux Romains
(Rt)	Ruth
(1 S)	Premier livre de Samuel
(2 S)	Deuxième livre de Samuel
(Sg)	Livre de la Sagesse de Salomon
(Si)	L'Ecclésiastique ou Siracide
(So)	Sophonie
(Tb)	Tobie
(1 Th)	Première épître aux Thessaloniciens
(2 Th)	Deuxième épître aux Thessaloniciens
(1 Tm)	Première épître à Timothée
(2 Tm)	Deuxième épître à Timothée
(Tt)	Épître à Tite
(Za)	Zacharie

LES SOURATES DU CORAN

Tout comme dans la Bible, la plupart des traductions du Coran utilisent les chiffres romains pour numéroter les sourates. Il nous a paru plus logique et plus respectueux de recourir aux chiffres « arabes ». Rappelons que nous devons aux savants arabes la diffusion du chiffre zéro, venu d'Inde, comme les autres chiffres… Les sourates sont mentionnées d'abord par leur titre arabe, puis par leur traduction française. Suivent l'ordre de leur révélation, puis la période de la révélation qui leur correspond (La Mecque, la première, ou Médine, la seconde). Ces périodes sont déterminées par les premiers versets. Mais une sourate mecquoise peut contenir ensuite des versets dictés à Médine, et inversement pour une sourate médinoise.

De même que pour la Bible et le Second Testament, toutes les citations contenues dans ce dictionnaire, à l'exception de quelques rares aménagements consécutifs à la relecture attentive, proviennent d'une seule et même traduction, celle de Denise Masson (*Le Coran*, Gallimard, collection « Bibliothèque de la Pléiade », 1967). Ce travail, reconnu comme l'un des plus fidèles à l'arabe, est aussi disponible en collection de poche (« Folio classique »).

Selon la convention, les références des citations sont indiquées entre parenthèses dans l'ordre suivant : numéro de la sourate, numéro(s) du ou des versets (indiqués en marge de la traduction). Par exemple, 1, 1, correspond au premier verset de la première sourate (*Al-Fatiha).*

	TITRE EN ARABE	TITRE EN FRANÇAIS	ORDRE DE RÉVÉLATION	PÉRIODE
1	*Al-Fatiha*	*La Fatiha*	5	Mecquoise (610-622)
2	*Al-Baqara*	*La Vache*	87	Médinoise (622-632)
3	*Al-Imran*	*La Famille d'Imran*	89	Médinoise (622-632)
4	*Al-Nisa*	*Les Femmes*	92	Médinoise (622-632)
5	*Al-Ma'ida*	*La Table servie*	112	Médinoise (622-632)
6	*Al-An'am*	*Les Troupeaux*	55	Mecquoise (610-622)

	TITRE EN ARABE	TITRE EN FRANÇAIS	ORDRE DE RÉVÉLATION	PÉRIODE
7	*Al-Araf*	*Al-Araf*	39	Mecquoise (610-622)
8	*Al-Anfal*	*Le Butin*	88	Médinoise (622-632)
9	*Al-Tawba*	*L'Immunité*	113	Médinoise (622-632)
10	*Yunus*	*Jonas*	51	Mecquoise (610-622)
11	*Houd*	*Houd*	52	Mecquoise (610-622)
12	*Yusuf*	*Joseph*	53	Mecquoise (610-622)
13	*Al-Ra'd*	*Le Tonnerre*	96	Médinoise (622-632)
14	*Ibrahim*	*Abraham*	72	Mecquoise (610-622)
15	*Al-Hijr*	*Al-Hijr*	54	Mecquoise (610-622)
16	*Al-Nahl*	*Les Abeilles*	70	Mecquoise (610-622)
17	*Al-Isra*	*Le Voyage nocturne*	50	Mecquoise (610-622)
18	*Al-Khaf*	*La Caverne*	69	Mecquoise (610-622)
19	*Maryam*	*Marie*	44	Mecquoise (610-622)
20	*Ta Ha*	*Ta Ha*	45	Mecquoise (610-622)
21	*Al-Anbiya*	*Les Prophètes*	73	Mecquoise (610-622)
22	*Al-Hadj*	*Le Pèlerinage*	103	Médinoise (622-632)
23	*Al-Mu'minûn*	*Les Croyants*	74	Mecquoise (610-622)
24	*An-Nûr*	*La Lumière*	102	Médinoise (622-632)
25	*Al-Furqân*	*La Loi*	42	Mecquoise (610-622)
26	*Al-Shou'ara*	*Les Poètes*	47	Mecquoise (610-622)
27	*Al-Naml*	*Les Fourmis*	48	Mecquoise (610-622)
28	*Al-Qasas*	*Le Récit*	49	Mecquoise (610-622)
29	*Al-Ankabût*	*L'Araignée*	85	Mecquoise (610-622)
30	*Al-Rûm*	*Les Romains*	84	Mecquoise (610-622)
31	*Luqman*	*Luqman*	57	Mecquoise (610-622)
32	*Al-Sajda*	*La Prosternation*	75	Mecquoise (610-622)
33	*Al-Ahzab*	*Les Factions*	90	Médinoise (622-632)
34	*Saba*	*Les Saba*	58	Mecquoise (610-622)

	TITRE EN ARABE	TITRE EN FRANÇAIS	ORDRE DE RÉVÉLATION	PÉRIODE
35	*Fâtir*	*Le Créateur*	43	Mecquoise (610-622)
36	*Ya Sin*	*Ya Sin*	41	Mecquoise (610-622)
37	*Al-Sâffât*	*Ceux qui sont placés en rang*	56	Mecquoise (610-622)
38	*Çad*	*Çad*	38	Mecquoise (610-622)
39	*Al-Zumar*	*Les Groupes*	59	Mecquoise (610-622)
40	*Al-Ghafir*	*Celui qui pardonne*	60	Mecquoise (610-622)
41	*Fussilat*	*Les Versets clairement exposés*	61	Mecquoise (610-622)
42	*Al-Shoura*	*La Délibération*	62	Mecquoise (610-622)
43	*Al-Zukhruf*	*L'Ornement*	63	Mecquoise (610-622)
44	*Al-Dukhan*	*La Fumée*	64	Mecquoise (610-622)
45	*Al-Jathiya*	*Celle qui est agenouillée*	65	Mecquoise (610-622)
46	*Al-Ahqaf*	*Al-Ahqaf*	66	Mecquoise (610-622)
47	*Muhammad*	*Muhammad*	95	Médinoise (622-632)
48	*Al-Fath*	*La Victoire*	111	Médinoise (622-632)
49	*Al-Hujurât*	*Les Appartements privés*	106	Médinoise (622-632)
50	*Qaf*	*Qaf*	34	Mecquoise (610-622)
51	*Al-Dhariyat*	*Ceux qui se déplacent rapidement*	67	Mecquoise (610-622)
52	*Al-Tur*	*Le Mont*	76	Mecquoise (610-622)
53	*Al-Najm*	*L'Étoile*	23	Mecquoise (610-622)
54	*Al-Qamar*	*La Lune*	37	Mecquoise (610-622)
55	*Al-Rahmân*	*Le Miséricordieux*	97	Médinoise (622-632)
56	*Al-Waqi'a*	*Celle qui est inéluctable*	46	Mecquoise (610-622)
57	*Al-Hadid*	*Le Fer*	94	Médinoise (622-632)

	TITRE EN ARABE	TITRE EN FRANÇAIS	ORDRE DE RÉVÉLATION	PÉRIODE
58	*Al-Mujadala*	*La Discussion*	105	Médinoise (622-632)
59	*Al-Hashr*	*Le Rassemblement*	101	Médinoise (622-632)
60	*Al-Mumtahina*	*L'Épreuve*	91	Médinoise (622-632)
61	*Al-Saff*	*Le Rang*	109	Médinoise (622-632)
62	*Al-Djoum'a*	*Le Vendredi*	110	Médinoise (622-632)
63	*Al-Munafiqun*	*Les Hypocrites*	104	Médinoise (622-632)
64	*Al-Taghabun*	*La Duperie réciproque*	108	Médinoise (622-632)
65	*Al-Talaq*	*La Répudiation*	99	Médinoise (622-632)
66	*Al-Tahrîm*	*L'Interdiction*	107	Médinoise (622-632)
67	*Al-Mulk*	*La Royauté*	77	Mecquoise (610-622)
68	*Al-Qalam*	*Le Calame*	2	Mecquoise (610-622)
69	*Al-Hâqqa*	*Celle qui doit venir*	78	Mecquoise (610-622)
70	*Al-Maarij*	*Les Degrés*	79	Mecquoise (610-622)
71	*Nouh*	*Noé*	71	Mecquoise (610-622)
72	*Al-Djinn*	*Les Djinns*	40	Mecquoise (610-622)
73	*Al-Muzzammil*	*Celui qui est enveloppé*	3	Mecquoise (610-622)
74	*Al- Muddattir*	*Celui qui est revêtu d'un manteau*	4	Mecquoise (610-622)
75	*Al-Qiyâma*	*La Résurrection*	31	Mecquoise (610-622)
76	*Al-Insan*	*L'Homme*	98	Médinoise (622-632)
77	*Al-Mursalât*	*Les Envoyés*	33	Mecquoise (610-622)
78	*Al-Naba*	*L'Annonce*	80	Mecquoise (610-622)
79	*Al-Nâzi'at*	*Ceux qui arrachent*	81	Mecquoise (610-622)
80	*'Abasa*	*Il s'est renfrogné*	24	Mecquoise (610-622)
81	*Al-Takwir*	*Le Décrochement*	7	Mecquoise (610-622)
82	*Al-Infitâr*	*La Rupture du ciel*	82	Mecquoise (610-622)
83	*Al-Mustaffifin*	*Les Fraudeurs*	86	Mecquoise (610-622)

	TITRE EN ARABE	TITRE EN FRANÇAIS	ORDRE DE RÉVÉLATION	PÉRIODE
84	*Al-Inshiqaq*	*La Déchirure*	83	Mecquoise (610-622)
85	*Al-Buruj*	*Les Constellations*	27	Mecquoise (610-622)
86	*Al-Tariq*	*L'Astre nocturne [Vénus]*	36	Mecquoise (610-622)
87	*Al-A'la*	*Le Très-Haut*	8	Mecquoise (610-622)
88	*Al-Ghâshiya*	*Celle qui enveloppe*	68	Mecquoise (610-622)
89	*Al-Fajr*	*L'Aube*	10	Mecquoise (610-622)
90	*Al-Balad*	*La Cité*	35	Mecquoise (610-622)
91	*Al-Shams*	*Le Soleil*	26	Mecquoise (610-622)
92	*Al-Layl*	*La Nuit*	9	Mecquoise (610-622)
93	*Al-Duha*	*La Clarté du jour*	11	Mecquoise (610-622)
94	*Al-Sharh*	*L'Ouverture*	12	Mecquoise (610-622)
95	*Al-Tîn*	*Le Figuier*	28	Mecquoise (610-622)
96	*Al-Alaq*	*Le Caillot de sang*	1	Mecquoise (610-622)
97	*Al-Qadr*	*Le Décret*	25	Mecquoise (610-622)
98	*Al-Bayyina*	*La Preuve décisive*	100	Médinoise (622-632)
99	*Al-Zalzala*	*Le Tremblement de terre*	93	Médinoise (622-632)
100	*Al-Adiyât*	*Les Coursiers rapides*	14	Mecquoise (610-622)
101	*Al-Qari'a*	*Celle qui fracasse*	30	Mecquoise (610-622)
102	*Al-Takathur*	*La Rivalité*	16	Mecquoise (610-622)
103	*Al-Asr*	*L'Instant*	13	Mecquoise (610-622)
104	*Al-Humaza*	*Le Calomniateur*	32	Mecquoise (610-622)
105	*Al-Fîl*	*L'Éléphant*	19	Mecquoise (610-622)
106	*Quraïch*	*Les Quraïch*	29	Mecquoise (610-622)
107	*Al-Ma'oun*	*Le Nécessaire*	17	Mecquoise (610-622)
108	*Al-Kawthar*	*L'Abondance*	15	Mecquoise (610-622)
109	*Al-Kafiroun*	*Les Incrédules*	18	Mecquoise (610-622)

	TITRE EN ARABE	TITRE EN FRANÇAIS	ORDRE DE RÉVÉLATION	PÉRIODE
110	*Al-Nasr*	*Le Secours*	114	Médinoise (622-632)
111	*Al-Masad*	*La Corde*	6	Mecquoise (610-622)
112	*Al-Ikhlâs*	*Le Culte pur*	22	Mecquoise (610-622)
113	*Al-Falaq*	*L'Aurore*	20	Mecquoise (610-622)
114	*Al-Nas*	*Les Hommes*	21	Mecquoise (610-622)

CALENDRIERS ET FÊTES

JUDAÏSME

Le calendrier

Le calendrier juif, à la fois lunaire et solaire, se compose de douze mois de vingt-neuf ou trente jours. À ceux-là, s'ajoute un treizième mois, le second adar (*adar chéni*), ou adar II, qui vient combler le décalage avec le cycle solaire – comme le fait le 29 février des années bissextiles du calendrier grégorien. Soit sept années de treize mois pour une période donnée de dix-neuf ans. L'ère juive débute traditionnellement à la date estimée de la Création, qui comprend celle de l'homme, soit 3761 av. J.-C.

Les jours (yom), respectant les principes de l'Antiquité et celui du livre de la Genèse (« Il y eut un soir et il y eut un matin : premier jour », 1, 5), commencent au coucher du soleil, pour s'achever le lendemain au même moment. En dehors du shabbat, jour sacré de repos hebdomadaire (vendredi-samedi), ils sont jalonnés de célébrations dont les plus importantes sont les trois fêtes de pèlerinage : Pessah (Pâque), Chavouot (fête des Semaines ou Pentecôte) et Soukkot (fête des Tentes ou Tabernacles). Le calendrier civil, ci-dessous, débute donc avec nisan et se termine avec adar. Le calendrier religieux s'échelonne de tichri à éloul.

MOIS	CORRESPONDANCES	FÊTES
Nisan	mars-avril	15-22. Pessah (Pâque)
Iyyar	avril-mai	18. Lag ba-Omer
Sivan	mai-juin	6-7. Chavouot (Pentecôte)
Tammouz	juin-juillet	17. Jeûne du Chivah assar be-Tammouz, début du démantèlement du Premier Temple (587 av. J.-C.) et du Second Temple (70 apr. J.-C.)
Av	juillet-août	9. Tichah be-Av, neuvième jour de av, destruction du Second temple de Jérusalem (70 apr. J.-C.)
Éloul	août-septembre	

MOIS	CORRESPONDANCES	FÊTES
Tichri	septembre-octobre	1-2. Roch ha-Chanah, Nouvel An 3. Gedaliah, jour de jeûne en mémoire de Gedaliah (Godolias) 10. Yom Kippour, fête des Expiations ou Grand Pardon 15-22 ou 23. Soukkot, fête des Tentes ou Tabernacles 23. Simhat Torah, fin du cycle de lecture hebdomadaire de la Torah
Hechvan	octobre-novembre	
Kislev	novembre-décembre	25. Hanoukkah, début de la fête des Lumières
Tévet	décembre-janvier	Fin de Hanoukkah 10. Jeûne (Assarah be Tévet) : début du siège de Jérusalem par Nabuchodonosor, roi de Babylone ; destruction du Temple (587 av. J.-C.)
Chevat	janvier-février	1. Lecture de la Torah par Moïse 15. Tou bi-Chevat, Nouvel An des arbres
Adar	février-mars	7. Naissance et mort de Moïse 13. Jeûne d'Esther 14. Pourim 23. Dédicace du Second temple de Jérusalem (515 av. J.-C.)
Adar II		

CHRISTIANISME

Le calendrier

Le calendrier chrétien utilise le modèle dit « grégorien » adopté en 1582 par le pape Grégoire XIII. Ce calendrier suit le cycle solaire, une année se composant de 365 jours et 0,2422166 jour. Pour rattraper le temps réel de la révolution terrestre autour du Soleil, il fut décidé d'ajouter un 29e jour au mois de février, tous les quatre ans, année dite « bissextile » – mot pourtant inadapté. En effet, le calendrier grégorien se substitua au calendrier julien de 365 jours et 0,25 jour, en vigueur depuis Jules César, soit 45 av. J.-C., d'où son nom. De même, pour rattraper le temps réel, il fallait ajouter tous les quatre ans un « sixième » (bisextus en latin) jour aux calendes de mars.

Si l'Église catholique suit le rythme grégorien, les Églises orthodoxes respectent toujours le cycle julien, bien que les pays où elles prédominent soient alignés sur toute l'Europe « grégorienne ». Par souci de simplicité, nous n'indiquons ci-dessous que les dates du calendrier catholique romain, lequel débute non pas en janvier, comme l'année civile, mais fin novembre avec l'Avent, préparation de Noël. Nous réclamons donc toute la compréhension des orthodoxes et des protestants.

Le grand jour de la semaine est le dimanche, temps sacré en l'honneur de Dieu. Un dimanche est dit « ordinaire » lorsqu'il ne correspond pas à l'avent, au carême ou à la période de Pâques.

Le calendrier comprend deux cycles : le « cycle temporal » concerne les grandes commémorations de la vie, de la mort et de la résurrection de Jésus (Pâques, Pentecôte, Noël...) ; le « cycle sanctoral », comme son nom l'indique, correspond aux fêtes des principaux saints.

L'année liturgique s'organise autour de quatre célébrations. Les plus importantes sont les solennités (du latin solennitas, « fête solennelle »), qui célèbrent cinq saints majeurs du christianisme : la Vierge Marie, de loin la plus présente de tous dans le calendrier ; son époux Joseph ; Jean le Baptiste (précurseur de Jésus) ; Pierre et Paul, les deux apôtres les plus proches de Jésus et acteurs essentiels des débuts de l'Église ; auxquels s'ajoute la Toussaint. Au sens large, une solennité est aussi une fête majeure à l'échelle d'un diocèse, d'une ville, voire d'une église. La deuxième célébration est la « fête » : apôtres ; évangélistes, dont Jean ; premiers martyrs chrétiens, tel Étienne. Enfin, la troisième est la « mémoire obligatoire » et la quatrième la « mémoire ad libitum » (« selon le désir », c'est-à-dire facultative) : ensemble, elles honorent une centaine de saints. À ces rendez-vous s'ajoutent ceux qui sont spécifiques à un pays, à une région, à une ville, voire à une église, à un ordre religieux ou à un métier. Soit un total de quelque 40 000 saints jalonnant l'histoire du christianisme – le plus ancien calendrier, la Depositio martyrum, remonte au IVe siècle.

Nous reproduisons ici les grands moments du calendrier liés à notre ouvrage.

MOIS	FÊTES
Avent (préparation de Noël, quatre semaines, de la fin novembre au 24 décembre)	
Décembre	8. Immaculée Conception de la Vierge Marie (née exempte du péché originel) 25. Nativité du Seigneur (Jésus) : Noël 26. Étienne, premier martyr chrétien (vers 36) 27. Jean, apôtre de Jésus 28. Saints Innocents, massacre des (massacre des enfants de moins de deux ans ordonné par le roi Hérode le Grand, pour éliminer Jésus) 31. Silvestre ou Sylvestre Ier, pape, mort en 335
Janvier	1. Marie, mère de Dieu ; jour de l'An Dimanche entre le 2 et le 8 janvier, Épiphanie (visite des Mages à Jésus) Dimanche après l'Épiphanie, baptême du Seigneur 25. Conversion de saint Paul 26. Timothée, évêque, disciple de Paul. Tite, évêque, disciple de Paul
Février	2. Présentation du Seigneur Jésus au temple de Jérusalem, et Chandeleur (purification de Marie) 22. Chaire de saint Pierre ; chaire (du latin cathedra, « siège à dossier ») utilisée par saint Pierre et par ses successeurs, les papes
Carême, préparation de Pâques (quarante jours) ; débute le mercredi des Cendres	
Mars	19. Joseph, père de Jésus et époux de Marie 25. Annonciation (annonce à Marie, par l'ange Gabriel, de la naissance de Jésus)
Semaine sainte, précédant Pâques : dimanche des Rameaux (entrée triomphale de Jésus à Jérusalem), Jeudi saint (institution de l'eucharistie au cours de la Cène), Vendredi saint (crucifixion), Samedi saint (veillée pascale)	
Pâques : dimanche entre le 22 mars et le 25 avril ; résurrection de Jésus	
Avril	25. Marc évangéliste
Ascension : jeudi de la 6e semaine après Pâques (montée de Jésus au ciel) Pentecôte : dix jours après l'Ascension (naissance de l'Église) Sainte-Trinité : 1er dimanche après la Pentecôte (le Père, le Fils et l'Esprit saint) Saint-Sacrement, ancienne Fête-Dieu : 2e dimanche après la Pentecôte (fête de l'eucharistie) Sacré-Cœur de Jésus : vendredi suivant le 2e dimanche après la Pentecôte Cœur immaculé de Marie : 3e samedi après la Pentecôte	

MOIS	FÊTES
Mai	1. Joseph, artisan, père de Jésus 3. Philippe et Jacques, apôtres de Jésus 14. Matthias, apôtre de Jésus 31. Visitation de Marie (visite à sa cousine Élisabeth, qui attend Jean le Baptiste)
Juin	11. Barnabé (ier siècle), apôtre de l'Église 24. Nativité de Jean le Baptiste : naissance du précurseur de Jésus 29. Pierre et Paul, apôtres de Jésus
Juillet	3. Thomas, apôtre de Jésus 22. Marie-Madeleine (sainte populaire réunissant en fait trois femmes du Nouveau Testament, dont Marie de Magdala, premier témoin de la Résurrection) 25. Jacques le Majeur, apôtre de Jésus et frère de Jean ; martyrisé vers 44 26. Anne, mère de Marie, et Joachim, père de Marie
Août	6. Transfiguration (Jésus, accompagné de Pierre, de Jean et de Jacques, rencontre Moïse et le prophète Élie au sommet d'une montagne ; annonce de la Résurrection pour la tradition chrétienne) 15. Assomption (élévation miraculeuse au ciel) de la Vierge Marie 24. Barthélemy, apôtre de Jésus 22. Marie Reine – la mère de Jésus « resplendit comme Reine et intercède comme Mère » (encyclique Marialis cultus, nº 6, 1955) 29. Martyre de Jean le Baptiste
Septembre	8. Nativité de la Vierge Marie 14. Exaltation de la Croix ou Croix glorieuse 21. Matthieu, apôtre de Jésus et évangéliste 29. Michel, Gabriel et Raphaël, archanges 30. Jérôme (vers 345-419 ou 420), prêtre et docteur de l'Église, auteur de la Vulgate
Christ-Roi : 34e dimanche	
Octobre	2. Anges gardiens 18. Luc évangéliste 28. Simon et Jude, apôtres de Jésus
Novembre	1. Toussaint (commémoration de tous les saints) 2. Commémoration de tous les défunts 21. Présentation de la Vierge Marie au temple de Jérusalem 30. André, apôtre de Jésus

ISLAM

Le calendrier

Le calendrier musulman suit en totalité le cycle de la Lune (354 jours et 8 heures). Car, dit la 10e sourate (chapitre) du Coran, *Jonas*, « C'est lui [Dieu] qui a fait du soleil une clarté et de la lune une lumière. Il en a déterminé les phases *[manâzil]* afin que vous connaissiez le nombre des années et le calcul du temps » (10, 5).

Le calendrier musulman est donc en décalage de neuf à onze jours sur l'année solaire.

Les douze mois se composent de vingt-neuf ou trente jours. Aussi, pour combler le décalage avec l'année solaire, il faut attendre trente-trois ans. Cela explique la grande mobilité des fêtes et la difficulté à faire correspondre les mois avec le calendrier grégorien. L'ère musulmane débute à l'Hégire (en 622) : Mahomet quitta alors La Mecque pour Médine, où naquirent l'islam et son premier État.

Le grand jour de la semaine, qui n'est pas pour autant un jour de repos – toutefois, il est chômé dans certains pays musulmans –, est le vendredi, jour de la prière communautaire à la grande mosquée de la ville.

Le calendrier musulman est moins chargé que ses homologues juif et chrétien, mais les fêtes qui le rythment sont d'une importance primordiale. À ces rendez-vous s'ajoutent des célébrations de saints, nationales ou locales, et d'autres dates propres à telle ou telle tradition. Mais il n'existe que deux fêtes canoniques : l'aïd al-Adha (fête du Sacrifice) et l'aïd al-Fitr (fête de la Rupture du jeûne [du ramadan]).

Enfin, le Coran parle de quatre mois sacrés, comme le stipule la sourate *L'Immunité* (9, 36) : « Oui, le nombre des mois, pour Dieu, est de douze mois inscrits dans le Livre de Dieu, le jour où il créa les cieux et la terre. Quatre d'entre eux sont sacrés. » Le texte coranique ne précise pas le nom de ces mois. Aussi fut-il décidé de choisir ramadan, le seul cité dans le Coran, et trois mois consécutifs, qui, avant l'islam, avaient déjà un caractère sacré : dhou al-qidah, dhou-al-hijjah et mouharram.

MOIS	FÊTES
Mouharram	1. Nouvel An 10. Achoura (et commémoration du martyre d'Hussein par les chiites)
Safar	
Rabi al-awwal	12. Mouled en-Nabi : nativité du prophète Mahomet
Rabi at-thani	
Djoumada al-oula	
Djoumada al-akhira	
Rajab	27. Miraj : ascension du Prophète
Chaban	
Ramadan	1. Jeûne du mois de ramadan (29 jours) 27. Souvent considéré comme la Nuit du Décret (ou Nuit du Destin), Laylat al-Qadr, la descente du Coran sur Mahomet
Shawwal	1. Aïd al-Fitr, rupture du jeûne
Dhou al-qidah	
Dhou al-hijjah	C'est le « mois du pèlerinage », le Hadj, pèlerinage à La Mecque que tout musulman doit accomplir au moins une fois dans sa vie
10. Aïd al-Adha, fête du Sacrifice, ou aïd al-Kebir	

LES OFFICES QUOTIDIENS

	JUDAÏSME	CATHOLIQUES[1]	ISLAM
Matin	Chaharith	laudes (aurore) prime (lever du soleil) tierce (troisième heure du jour)	Soubh (aube)
Midi	/	sexte (sixième, aux alentours de midi),	Zouhr
Après-midi	Minhah	none (neuvième)	Asr
Soir	Maariv (crépuscule)	vêpres (tombée du jour) complies (coucher du soleil)	Maghrib (crépuscule)
Nuit	/	matines (nuit, autrefois au lever du jour)	Isha (après la tombée de la nuit)

1. Pour des raisons de simplification, nous avons choisi de faire figurer les offices de la famille la plus importante du christianisme, les catholiques. Que les orthodoxes et les protestantsnous pardonnent.
w

CHRONOLOGIE

Par souci de compréhension et d'uniformité, nous avons adopté les noms francisés courants des personnages cités (Mahomet, par exemple). Les dates précédant l'ère chrétienne sont des estimations. La chronologie s'arrête au concile du Vatican II. La suite appartient au monde contemporain...

AVANT L'ÈRE CHRÉTIENNE

DATES	ÉVÉNEMENTS
3761	Création du monde (plus précisément de l'homme) : début du calendrier juif
3500-1900	Empires sumérien et akkadien ; naissance de l'écriture cunéiforme
3100-2100	Égypte : Ancien Empire et pyramides
IIIe millénaire (vers fin)	Patriarches : Abraham (né en 1812 pour la tradition juive), Isaac, Jacob. Jacob et ses douze fils dont Joseph, en Égypte. Prospérité de leur descendance, puis esclavage
Arrivée des premiers Sémites au Proche-Orient	
1720-1560	Égypte : dynastie des Hyksos, peuple sémite
1560-715 env.	Égypte : Nouvel Empire
1304-1238	Égypte : règne de Ramsès II
1250-1220 (vers)	✡Moïse, libération des Hébreux (Égypte), Exode et Alliance au Sinaï. Conquête de la Terre promise (Canaan) par Josué
1200-1040 (vers)	✡Les Juges
1050-1010 (vers)	✡Prophète Samuel et fondation de la monarchie en Israël. Règne du roi Saül (1030-1010)
1010-970	✡Roi David, conquête de Jérusalem
970-931	✡Roi Salomon, construction du Temple
931	✡Schisme d'Israël : Samarie (royaume du Nord), Juda (royaume du Sud)
IXe siècle	✡Prophètes Élie et Élisée

DATES	ÉVÉNEMENTS
750-740 (vers)	Prophètes Amos et Osée. Premières traces écrites de la Bible
745	Téglat-Phalasar III (745-727) fonde l'Empire néo-assyrien
740-700	Prophète Isaïe. Annonce (736) de la naissance de l'Emmanuel (Messie). Prophète Michée (740)
722	L'Assyrie prend la Samarie ; Juda est épargné
622-609	Josias, roi de Juda, tente une réforme religieuse. Les prophètes Nahum, Sophonie, Habaquq
612	Chute de l'Assyrie. Babylone ravage Ninive
609-587	Prophète Jérémie
587	Chute de Juda et de Jérusalem
587-538	Exil des Israélites de Juda à Babylone. Prophète Ézéchiel (597-570) et Deutéro-Isaïe (Is 40-55)
539-333	Cyrus le Grand, fondateur de l'Empire perse, prend Babylone (539). La Perse gouverne la Palestine jusqu'en 333
538	Édit de Cyrus le Grand ; retour des juifs en Judée (Juda)
515	Dédicace du Temple reconstruit. Prophètes Aggée et Zacharie
445	Mission de Néhémie. Achèvement de la Torah. Psaumes, livre de Job, Proverbes, Cantique des cantiques. Livres de Josué, des Juges, de Samuel, des Rois
398	Mission d'Esdras. Livres d'Isaïe (parties), de Joël, de Ruth, de Jonas
333	Alexandre le Grand (356-323) inaugure la période hellénistique
331	Alexandre le Grand soumet les Perses
323	L'empire d'Alexandre est partagé entre ses généraux : Lagides d'Égypte, Séleucides d'Antioche
323-200	Les Lagides gouvernent la Judée. Livres d'Esdras, de Néhémie, Siracide (Ecclésiastique), Qohélet (Ecclésiaste), livres des Chroniques, livre de Tobie

DATES	ÉVÉNEMENTS
IIIe-IIe siècle	Septante, traduction grecque de la Bible, rédigée à Alexandrie (Égypte)
200-63	Les Séleucides en Judée
167	Persécution des juifs par Antiochos IV Épiphane. Les Maccabées libèrent la Judée
IIe-Ier siècle	Livre de Daniel (156). Achèvement de la Bible. Livres des Maccabées, d'Esther, de Judith
142	Indépendance de la Judée (Maccabées)
63	Pompée prend Jérusalem et la Palestine. Domination romaine
37-4	Règne d'Hérode le Grand. Second Temple
6 à 4	Naissance possible de Jésus

ÈRE CHRÉTIENNE

DATES	ÉVÉNEMENTS
28-30	La Judée gouvernée par le procurateur romain Ponce Pilate. Ministère, Passion et mort de Jésus. Naissance de l'Église
36 (vers)	Étienne, premier martyr chrétien
39-60	Missions et épîtres de Paul
47 ou 48	Concile de Jérusalem
50	L'empereur Claude chasse les juifs de Rome
64-67 (vers)	Incendie de Rome et persécution des chrétiens, dont Pierre (64) ; Paul meurt à Rome (67)
65-85 (vers)	Évangiles du Second (Nouveau) Testament
66-73	Révolte juive. Chute de Jérusalem et destruction du Temple (70). Chute de la dernière résistance, la forteresse de Massada (73)
95-100 (vers)	Possible rédaction de l'Apocalypse de Jean (Second Testament)
Fin Ier-IIIe siècle	Pères de l'Église ; querelles de doctrines

CHRONOLOGIE

DATES	ÉVÉNEMENTS
100 (vers)	✝ Mort de Jean
132-135	✡Révolte juive de Bar-Kokhba ; répression et nouveaux départs en Diaspora
200 (vers)	✡ Fin de la Michnah
226	Dynastie perse des Sassanides (226-651)
Fin IIIe siècle	✝ L'Église se répand
313	✝ Édit de l'empereur Constantin : arrêt des persécutions et liberté de culte
323	✝ Pacôme fonde le premier monastère en Égypte
325	✝ Concile de Nicée I présidé par Constantin ; condamnation de l'arianisme ; première approche de la Trinité (Père et Fils) ; Pâques fixé au dimanche
330	✝ Byzance devient Constantinople
379-385	✝ L'empereur Théodose règne sur l'Orient et l'Occident ; le christianisme devient religion de l'empire
381	✝ Concile de Constantinople I ; fin de la définition de la Trinité (divinité du Saint-Esprit)
385	✝ Saint Jérôme traduit la Bible en latin (Vulgate)
395	✝ Saint Augustin crée sa règle monastique
410	✝ Les Wisigoths saccagent Rome
430	✝ Les Francs viennent en Gaule
476	✝ Fin de l'Empire romain d'Occident (Rome) et début du Moyen Âge
481-496	✝ Clovis devient roi des Francs. 496 : date traditionnelle du baptême de Clovis ; début de l'évangélisation des Barbares européens
500 (vers)	✡Fin de la rédaction du Talmud de Babylone
529 (vers)	✝ Saint Benoît de Nursie impose sa règle « bénédictine »
570	☪ Date traditionnelle de la naissance du Prophète, Mahomet
587	✝ Les Wisigoths d'Espagne se convertissent ; recul de l'arianisme

DATES	ÉVÉNEMENTS
610	☪Début de la révélation du Coran à Mahomet, qui mène sa prédication dès 613
614	✡ Les Sassanides prennent Jérusalem
615	☪ Répression des Mecquois contre les premiers musulmans, dont certains se réfugient en Abyssinie (Éthiopie)
622	☪ Hégire : Mahomet fuit La Mecque pour Yathrib (Médine)
630	☪Les musulmans prennent La Mecque
632	☪ Mort de Mahomet
632-661	☪ Les quatre premiers califes dits « bien-guidés » (Rachidoun)
632-634	☪ Calife Abou Bakr
634-644	☪ Les musulmans prennent Jérusalem (638). I Calife Omar : début de l'expansion musulmane ; l'Hégire devient le début de l'ère musulmane
644-656	☪ Calife Othman ; compilation du Coran (Vulgate)
656-661	☪ Calife Ali, fondation du chiisme, un des trois courants de l'islam avec le sunnisme (très majoritaire) et le khâridjisme
660-750	☪ Omeyyades ; nouvelle expansion musulmane, qui gagne, entre autres, le Maghreb
680	☪ Mort d'Hussein
711	✝☪ Les musulmans en Espagne
732	✝☪Bataille de Poitiers ; Charles Martel vainc les Arabes et les Berbères et stoppe leur offensive en Europe
750	☪Abbassides (750-1258) ; la langue arabe est définie (750) ; écoles juridiques musulmanes (750-850)
756	☪Omeyyades d'Espagne (756-1031), ou Marwanides
762	☪Fondation de Bagdad par les Abbassides
787	✝ Concile de Nicée II ; condamnation de l'iconoclasme, règles du culte des images
800	✝ Charlemagne, empereur d'Occident
819	☪Samanides (819-1005)

DATES	ÉVÉNEMENTS
850-930	☪ Mise en forme des hadiths
869-870	✝ Concile de Constantinople IV ; Rome affirme son autorité sur le monde chrétien
909	☪ Fatimides (909-1171) ; fondation du Caire (al-Qâhira, « la Victorieuse ») et de son université d'al-Azhar (969)
932	☪ Bouyides (932-1062) d'Iran
977	☪ Ghaznévides (977-1186) d'Afghanistan et du Penjab (Inde)
An Mil	✡ Grande culture juive en Espagne sous les Omeyyades
1038	☪ Grands Seldjoukides (1038-1194)
1041	☪ Seldjoukides du Kirman (1041-1187)
1054	✝ Schisme entre l'Église d'Orient (orthodoxes) et l'Église d'Occident (Rome)
1056	☪ Almoravides (1056-1147) du Maghreb
1077	☪ Seldjoukides de Roum (1077-1307) et Seldjoukides de Syrie (1078-1117)
1096	✡✝☪ Première croisade. J Exactions chrétiennes contre les juifs, début de la répression. C Renouveau monastique. ☪ Prise de Jérusalem (1099)
XIIe-XIIIe siècle	✝ La chrétienté vit son âge d'or ; style gothique, édification des cathédrales ; débuts de l'Inquisition
XIIe-XVe siècle	☪ Implantations musulmanes en Malaisie, en Indonésie, puis aux Philippines
1123	✝ Concile de Latran I ; fin de la querelle des Investitures
1130	☪ Almohades (1130-1269) du Maghreb
1147-1149	✡✝☪ Deuxième croisade
1174-1250	☪ Dynastie des Ayyoubides, dont Saladin (1171-1193)
1179	✝ Concile de Latran III : condamnation et persécution des cathares ; modalité de l'élection du pape à la majorité des deux tiers
1187	☪ Jérusalem est reprise par Saladin
1189-1204	✡✝☪ Troisième et quatrième croisades
1210	✝ Saint François d'Assise fonde l'ordre des Franciscains

DATES	ÉVÉNEMENTS
1215	✝ Saint Dominique fonde l'ordre des Dominicains. Concile de Latran IV ; une confession et une communion annuelles obligatoires
1217-1229	✡✝☪ Cinquième et sixième croisades
1244	✡Manuscrits du Talmud brûlés en place publique sur ordre de Louis IX (Saint Louis)
1248-1249	✡✝☪ Septième croisade
1250-1517	☪Mamelouks d'Égypte
1258	☪Les Mongols prennent Bagdad ; fin des Abbassides. Mérinides (1258-1465) du Maghreb
2de moitié xiiie siècle	✡Essor culturel juif en Espagne
1264	✡Protection des juifs en Pologne
1268-1270	✡✝☪Huitième croisade ; mort de Saint Louis
1281	☪Ottomans (1281-1924)
1290	✡Les juifs expulsés d'Angleterre
1306	✡Le roi Philippe le Bel fait expulser les juifs de France
1311-1312	✝ Concile de Vienne : condamnation et dissolution de l'ordre des Templiers
1347-1351 (vers)	✡La Peste noire, ou Grande Peste, ravage l'Europe ; les juifs sont accusés de la propager en Allemagne, en Espagne, au Portugal
1354-1396	☪Conquête ottomane des Balkans
1366	✡Venise accueille des juifs
1378-1417	✝ Grand Schisme d'Occident
1414-1418	✝ Concile de Constance : fin du schisme
1450	✡✝ Début de l'imprimerie en Europe
1453	✝ ☪Chute de Constantinople, qui devient Istanbul ; fin de l'Empire byzantin (et du Moyen Âge)
1492	✡Les juifs expulsés d'Espagne et du Portugal. C I Fin de la Reconquista, entamée dès 722
1500	✡☪Les Ottomans accueillent des juifs d'Espagne
1re moitié xvie siècle	✡Les juifs sont expulsés d'Allemagne

DATES	ÉVÉNEMENTS
XVIe-XVIIe siècle	✝ Essor des missions en Asie et en Amérique
1501-1732	☪ Dynastie des Safavides (ou Séfévides) en Iran ; chiisme duodécimain proclamé
1512-1517	✝ Concile de Latran V : concordat avec François Ier
1516	✡ Naissance du ghetto de Venise. I Les Ottomans prennent le Proche-Orient (1516-1517)
1517	✝ Luther annonce le début de la Réforme
1526	✝ ☪ Vienne assiégée par les Ottomans
1528	☪ Les Moghols en Inde
1534	✝ Henri VIII rompt avec Rome ; l'anglicanisme devient la religion officielle en Angleterre
1540	✝ Création des Jésuites (Compagnie de Jésus)
1545-1563	✝ Concile de Trente ou Contre-Réforme ; changements dans l'Église de Rome
1556-1707	☪ Âge d'or des Moghols en Inde
1609-1614	☪ Les morisques sont expulsés d'Espagne
1656	✡ Cromwell fait revenir les juifs en Angleterre
1562-1598	✝ Guerres de Religion en France
1572	✝ Massacre de la Saint-Barthélemy à Paris
1598	✝ Édit de Nantes d'Henri IV ; fin des guerres de Religion
1640	✝ Expansion du jansénisme en France
1685	✝ Révocation de l'Édit de Nantes par Louis XIV
1700-1772	✡ Le Baal Chem Tov et le hassidisme en Pologne
1791	✡ Droits des juifs reconnus en France
1799	✝ Concordat entre Rome et Bonaparte
1815-1848	✝ Restauration de la monarchie ; essor missionnaire dans le monde
1869-1870	✝ Concile du Vatican I ; infaillibilité du pape définie
1894-1899	✡ Affaire Dreyfus en France
1896-1897	✡ Theodor Herzl et le sionisme ; Ier congrès
1897	✡ Des juifs inaugurent le retour en Palestine

DATES	ÉVÉNEMENTS
1905	✝ Loi de séparation de l'Église et de l'État en France
1917	✡Déclaration Balfour autorisant la création d'un foyer juif en Palestine. I Mission officielle du colonel Lawrence (d'Arabie) auprès des Arabes (1916-1918)
1924	☪Fin de l'Empire ottoman ; Mustapha Kemal (1923-1938) proclame la fin du sultanat et du califat, et réforme la Turquie
1929	✝ Accords du Latran entre Mussolini et le pape ; l'État du Vatican est créé
1948	✡Création de l'État d'Israël ✝ Fondation du Conseil œcuménique des Églises
1962-1965	✝ Concile du Vatican II : changements dans l'Église et évolution de l'œcuménisme

INDEX

LES MOTS CI-DESSOUS FONT L'OBJET D'UNE NOTICE

C

D

H

I

J

N

O

P

LES MOT, NOTIONS ET PERSONNAGES LES PLUS IMPORTANTS QUI NE FONT PAS L'OBJET D'UNE NOTICE SONT RÉPERTORIÉS CI-DESSOUS.

INDEX
A

C

D

E

F

I

M

N

O

P

Q

R

T

U

V

imprimé en Allemagne par GGP Media GmbH
dépôt légal : octobre 2009
ISBN : 978-2-501-05704-2
4081295